Chinese
Images of West

中国的西方形象

王寅生 编订

团结出版社
UNITY PRESS

图书在版编目（CIP）数据

中国的西方形象 / 王寅生编订. -- 北京：团结出版
社,2014.1（2021.5 重印）
ISBN 978-7-5126-2762-8

Ⅰ. ①中… Ⅱ. ①周… Ⅲ. ①比较文化—中国、西方国家
Ⅳ. ①G04

中国版本图书馆 CIP 数据核字(2014)第 009540 号

出　　版：团结出版社
　　　　　（北京市东城区东皇城根南街 84 号　邮编：100006）
电　　话：（010）65228880　65244790　（出版社）
　　　　　（010）65238766　85113874　65133603（发行部）
　　　　　（010）65133603（邮购）
网　　址：http://www.tjpress.com
E-mail：zb65244790@vip.163.com
　　　　　tjcbsfxb@163.com（发行部邮购）
经　　销：全国新华书店
印　　装：三河市东方印刷有限公司

开　　本：170mm×240mm　　　16 开
印　　张：34.5
字　　数：526 千字
版　　次：2015 年 1 月　　第 1 版
印　　次：2021 年 5 月　　第 2 次印刷
书　　号：978-7-5126-2762-8
定　　价：88.00 元

再版前言

有价值的图书是需要不断修订再版的。一家出版社图书的再版率，直接决定该出版社的品质与效益。当然，再版时的修订工作也很重要，除经典著作外，时代的演化、问题的变异、材料的丰富、思想的进步，要求对再版的出版物进行必要的修订。我社修订出版《西方的中国形象》与《中国的西方形象》，既源自其独特的内容价值，也考虑到了时间和学术等要素的变化。

17年前我向周宁教授约稿，他在当时自己研究的基础上，为我社编选两本书：即《西方的中国形象》和《中国的西方形象》。一年以后，周宁教授交稿了，两种书的体例与文献跟我构想的差不多。我们开始编稿，在即将付印时，遇到了问题。"中国形象"的说法在当时并不普及，读者很可能不知道什么是"中国形象"。从读者的理解和市场角度考虑，我们觉得有必要改改书名，我打了两次越洋电话，周宁教授当时在英国访学，最后商定的书名是《2000年中国看西方》、《2000年西方看中国》（周宁编著，团结出版社，1998年12月版）。

那已是1998年底，千禧年成为坊间的一个话题。2000似乎有两重意义：既指即将到来的第二个千禧年，又指过去两千年历史。实际上该书准确的意义是指过去的两千年历史。书出了，市场反应还不错，后来又加印，算是当时两种有价值的读物。周宁教授继续他的中国形象研究，在理论深度和材料掌握上固然有所加强，但基本格局没有变。我社也继续关注中外文化交流的选题，先后出版了《风起东西洋》、《帝国的残影》等。

十几年过去了，蓦然回首，却发现当年陌生的术语"中国形象"，如今已出现在大街小巷，寻常百姓的口头。中国崛起、民族复兴，使"中国形象"成为一个显著的问题。我们知道，"中国形象"与"西方形象"，并不是当下的产物，而是长期历史积淀的结果。你想知道今天西方怎么看我们，可能要追溯到晚清晚明，甚至马可·波罗时代。想了解中国的西方形象，可能也不能忽略中国历史上的两个"西方"，一个是象征大智慧大光明的佛教的"西方"，一个是象征现代化与文明进步的"西方"。

我找到周宁教授，跟他谈我的想法。他一口答应，但也谈到难处：再版如果不做大的修订，显然已经落后了；如果按他的研究进度修改成现今状态，又与他近几年的出版物重合。他提出由他的博士生王寅生负责修订，在原有格局上，补充他个人和学界相关的最新研究成果，使该书能够适应当今的文化需求。书稿完成了，有所精简也有所增加，王寅生的修订量不小，修订的意义是实现了。

周宁原作，王寅生修订，修订后面目一新，这是师生两代人的成果；同一套书，原版与修订版，相隔 15 年，面对的读者群几乎也是两代人；在编写修订过程中，编辑与作者通力合作，共同筹划一本书。这是很有意义的经历，我们出版人的乐趣，也自在其中了。

梁光玉

2014 年 11 月 29 日于北京

修订前言

将近 20 年前那段闲散的日子，让我有机会接触到中西交通史的资料，一时有天光乍明的兴奋。适逢光玉兄调任团结出版社，向我约稿，我便建议编一套"西方的中国形象"与"中国的西方形象"的读本，读本由文选、导论、题记或引语构成，试图以第一手资料，展示中国与西方相互认识与想象、理解与误解的过程。读本编好之后，我便去了英国。1998 年冬，光玉给我打过几个越洋电话，只为商量书名。有人提出异议，"西方的中国形象"或"中国的西方形象"，让读者不知所云。我想想似乎也有道理，毕竟那时候"形象"还没有像今天用得那么"流行"。后来书名被改为《2000 年西方看中国》《2000 年中国看西方》，书出在 1998 年年底，马上就是千禧年了，这是一层意思，另一层意思是在过往 2000 年历史上中国与西方如何相互认知与想象。我记不清这个讨巧的点子是谁出的，光玉还是我，反正我俩当时都认可了。以后我常戏称这两套书为"东张西望 2000 年"，有得意也有无奈。

十多年过去了，团结出版社对这套书仍不能忘怀，2013 年底跟我提出修订再版，我又找出这套书，思考如何修订。旧稿简陋，观点不系统，资料选择也不够准确，必须做大的修改。为了能够融入最新研究成果，我请我在读的博士生王寅生负责修订。他在我的研究基础上结合自己的研究心得，认真完成了这套书的修订工作，包括重新编选文章、修订导论，使整本书焕然一新。

《中国的西方形象》修订的篇幅没有《西方的中国形象》那么大，主要原因是第一版出版十九年来，有关研究的进展并不大，修订工作主要是局部的修改与篇幅上的删减。笔者曾为跨文化形象学设定了三组课题，第一、二组课题，西方的中国形象与世界的中国形象研究已顺利展开，第三组课题，中国的西方形象与中国的自我想象，仍无大进展。不仅没有全面开展，甚至在研究的反思中，第三组课题研究的问题与前提、方向与方法都出现疑点。整体研究计划的"延宕"，造成这次修订的困难。好在寅生的博士论文方向与这组课题相关，他修订这本书，可发挥的余地也更大，这也是让我感到欣喜的一点。最后，我还要重复那句话：出版一本书已经不是简单的学术成果，而是朋友友情的纪念，学生成长的见证。再次感谢团结出版社的慷慨与信任，感谢寅生的努力，书将出版，我们一同静候读者的批评。

周　宁

2014 年 6 月 12 日

目　录

前　言

地球是圆的，本无所谓东西。极东就是西，极西也是东。对欧洲来说，中国是东方，对中国来说，美国才是东方，每个民族每个国家，都以自身为定位确定他者的方位。对古希腊人来说，东方基本上等同于波斯帝国；对现代欧洲人来说，东方根据距离可分为近东、中东、远东，中国属于距离欧洲最远的东方，"远东"。对中国人来说，欧洲属于最远的西方，"泰西"。欧洲人有三个"东方"，中国人也有三个"西方"。一是"近西"，即中国历史上所谓的"西域"，指中国新疆乃至中亚一带；二是"中西"，即丝绸之路贯通的印度乃至西亚一带；三是"远西"，即欧洲乃至美洲。这三个"西方"在地理方位乃至文化属性上均有所不同。第一个西方是中国的西北边陲，是汉文化与少数民族文化碰撞交汇的地区，也是世界三大宗教——佛教、伊斯兰教、儒教交流冲突的地方；第二个西方是古代祆教、伊斯兰教、基督教交流冲突的地方；第三个西方是两希文明竞争融汇的地方。中国在历史上先后接触到三个西方，每一个西方都给中国不同的印象与启示。先秦到两汉中国所见的"西方"主要是第一个西方，两汉到两宋中国接触的"西方"主要是第二个西方，明清以降中国面对的"西方"主要是第三个西方。尽管三个西方在地理区位与文化属性上有所不同，但在中国的文化积淀与集体心理想象中，它们三者却有着相关性与连续性。中国言说"西方"的话语在2000多年历史上不断变化，但总有些不变的、连续性的原型因素，这些原型因素最终可以追溯到古老的"华夷之辨"。2000年后中国人言说欧洲或欧洲文明，与2000年前中国人传说"大秦"或"大秦有类中华",有某种"似曾相识"的话语一致性。我们不能说历史总在重复,但可以说,历史总是"押韵"的,某些原型性因素变相地重复出现在历史的不同阶段。中国历史上所说的"西方",尽管在不同朝代所指不同区域不同国家民族,但其地缘文化政治意义,却表现出某种隐秘的连续性,这才应该是跨文化形象学最值得关注的。

一

中国和西方位于亚欧大陆的两端,中间隔着无数荒漠和海洋。人类文明早期,交通不便,山高路远行路难,虽然中西之间几乎没有直接的接触,但两种文明都已有了关于对方的"传说"。在古希腊流传着"塞里斯人"的传说,中国的《史记》、《汉书》、《后汉书》中也有黎轩、大秦、海西国的记载,可能指埃及的亚历山大里亚,也可能是小亚细亚半岛、意大利半岛或巴尔干半岛,可能是托勒密、塞琉西王朝,也可能是罗马帝国。很长一段时间,中西历史上关于对方的"异域形象",都只是无法认真的传奇。那里只不过是出产花蹄牛、地生羊以及奇淫技巧的"幻人"的边远小地方。从汉到宋,史书中记载的西方一直处于不可考证的荒服,偶尔会有个别感沐教化的商人来朝献宝,让中国在四夷归化的幻觉中自我陶醉。

在中国传统观念中,奇珍异宝多产自荒远绝域异域殊方,有物之奇珍,无人文教化。中国的世界观念,素来以夏夷之分为基础。华夏人文教化,浩浩荡荡,四夷拥有奇珍异宝,远来奉献。在夏夷之间,人文与物宝之间的界限,也是文明与野蛮的界限。夷狄、珍宝、野蛮这一类表语可以移置互换。战国时邹衍将世界分为九大洲,中国为其九分之一:赤县神州。以后《淮南子》继承邹衍的理论框架,断言中国之外有八荒,八荒之外还有八极。中国先人虽不认为自己的国家就是全部"天下",但明确相信它是天下的中心。

中国的西方形象属于一种跨文化的观念史研究,重要的是透过中国的西方形象的表述探究中国文化深层意识。形象指某种掺杂着知识与想象的"表述"或话语,并不代表形象之外的任何东西。研究中国的西方形象,涉及到描述和解释两个层次：中国是如何描述西方的，又如何解释这种描述，其潜在的意向结构何在？中国的西方形象是一个文化他者的幻象，是中国自我想象、自我书写的方式。在史书中，之所以还给西方留下了空间，是因为他们作为前来朝贡的异域，可以满足统治者的虚荣。另一方面，又将西方传奇化，观念中排斥其现实性，也是中国自我确认的方式。中国是文明的中心，并且是唯一可选择的文明，中国之外都是蛮荒不化的夷狄之邦，不值得认真对待。这种西方形象在历代史书中不断重复，表现出西方形象叙事中稳定的延续性的特征。在历次与周边少数民族的斗争中，华夏中心的思想非但没有动摇，反而愈加巩固。这些少数民族或许一度征服了中国，但他们除了武力的优势外一无是处，最终还是中国的文化征服了他们。华夏中心成为中国理解世界的基本程式，沉淀成了所有中国人的文化无意识，支配着以后有关西方形象的表述。

但在中国史书中，我们还可以找到一种貌似公正客观的"大秦"形象，大秦国以一个"有类中国"的文明国度，形象质就完全不一样了。《后汉书》中记载大秦国人田作蚕桑，其王皆贤者。到唐代杜佑《通典》中，干脆变成大秦国人"本中国人也"。大秦如此类同于中国。风扬教化，无不文明。

文明国家是大秦形象的基本定位。我们一方面注意到这种形象定位的客观公正的态度，另一方面，我们也思考大秦形象对中国究竟意味着一种什么"国际关系"？或许公正客观是因为没有关系。大秦在中国四邻诸夷之外，既无边市又无边患。天子即使有抚四夷、平天下的雄心壮志，大秦远国，"海水广大"、"四万里外"，也遥遥不可及。正是这种无关才导致客观，无关客观才能创造出一个"其人民皆长大平正，有类中国"的大秦神话。否则，大秦如果与汉帝国有切实的国际关系，军事政治或贸易往来，那么一个同类的文明国家岂不威胁到五服天下、华夏中心主义的世界秩序？大秦形象，在当时切不可认真捉摸，因为人们很容易发现一个"有类中国"的话语势必要造成两个中心。

客观是因为无关。大秦形象实质上是令华夏文化传统尴尬的，只是这种冲突还没有表现出来。当华夏史官在四夷传的最后附带说上几句大秦事时，他是轻松豁达的，大秦远，不论如何都无关紧要。

大秦是因其有类中国，才称为大秦的。这是中国典籍中外夷形象的唯一例外。即使是隋唐以后，东南夷诸邦在文化、组织制度和生活方式上都相当汉化之后，那种类同感在中国依旧不同于当初的大秦形象。因为东南夷的类同是教化抚绥的结果，其中居高临下的感觉是明显的，夏夷之别，依然分明。大秦是一个例外。

本土文化中的异域形象实际上是自我认识的尺度。如果这种异域形象是类同的，那么它对本土文化可构成的意义，至多是微弱的证明。除此之外没有更多的存在理由。异域形象的重要性在于它与本土文化构成某种差异甚至对立。本土文化可以利用这种区别关系对自身文化进行确认与评价。这样，异域文化的本土功能就可能是意识形态化的或乌托邦化的。意识形态化的异域形象，以被否定的形式出现在本土文化的对立面上，它的种种特征都在说明自身的野蛮，本土文化从对照中获得自我确证性的满足感。中国历史上对荒外四夷的陈述，基本上可以纳入这一模式。乌托邦化的异域形象，是本土文化对自身进行否定性批判并试图超越自身的一种方式。它以创造性的想象方式在本土文化的对立面上树立一个正面形象，映衬自身的缺陋与阴暗，达到自我超越的目的。文艺复兴一直到启蒙运动时期，西方文化对中国形象的应用，就是乌托邦式的，他们将想象中的合理制度附诸在中国形象上，马可·波罗创造了一个富饶的契丹蛮子，耶稣会士与伏尔泰创造了道德理想化的中国，这些都曾作为西方文化自身革命的一种动机与动力。

大秦形象进入中国文化，从一开始就踏空了。它对中国文化既没有意识形态化的证实功能，又没有乌托邦式的解放功能。它无法纳入夷狄话语中，也无法与华夏中心话语共存。它的形象是分裂的，物宝是胡夷的，人文又是中国的，陈述的语式是现实的，但陈述的内容，又无法证实。也许一直到近代，西方形象或地中海文明形象，对中国文化都没有构成什么意义，它是一个模糊的、不伦不类的例外。

二

蒙古帝国的铁骑横扫亚欧大陆，欧亚大陆原来林立的王朝国家纷纷在血腥的屠杀下或消失或臣服。但随之而来的是一个世纪左右的蒙元和平时期，手持大汗的金牌就可以从大陆的一端游历到另一端，这为中西两种文明的进一步直接交流创造了条件。这一时期诞生了许多伟大的旅行家，马可·波罗、鄂多立克、白图泰都是这个时候开始旅行。他们来到中国，赞叹大汗的威严，汗八里的华贵，蛮子的富饶。这一时期，中国也有一位伟大的旅行家——列班·扫马，他由元大都出发，向西旅行，到达欧洲，向法国国王腓力四世呈交了信件和礼品，在法国西南部的波尔多城会见英国国王爱德华一世，在罗马教廷向教皇尼古拉斯四世呈递国书。马可·波罗、鄂多立克都写过游记，他们的游记成为那个时代西方中国知识的主要来源，刺激着刚刚走出中世纪的欧洲人的世俗欲望。哥伦布将《马可·波罗游记》带上他的舰队，希望有一天在海平面上发现汗八里金碧辉煌的屋檐。列班·扫马同样写过游记，但如今不光他的游记早已散佚，其人其事也都早已没入历史的尘埃。同样都是远赴异域的旅行家，在各自文化中受到的关注却有如此大的差异，只能让人从中西不同的文化心理中寻找答案。中国的西方形象看似荒诞不经，实际上却并不是缺乏基本的西方知识。东汉的甘英出使时曾写过旅行记，大唐的杜环被俘到大食，著有《经行记》，这两部书同样也散佚了。书籍的散佚并不是一种偶然事件，它基于一个民族的文化心理，是有选择的遗忘。域外蛮荒，荒诞不羁，中国人从来都没有兴趣去追考。儒家文化教会了中国人"知足常乐"，他们满足于自己的一方天地，家园之外的事不去关心。即便个别几个人获得的域外知识，也只能在这种文化冷漠中被遗忘。

散佚是历史的遗忘，文化无意识用遗忘处理所有令人不快或畏惧的记忆。19世纪来中国的西方人常常惊异于中国人如此习以为常地遗忘祖先的知识。元朝汪大渊少年附舶浮海，两下东西洋，游踪广远，后人已不可想象，他所著的《岛夷志略》录岛夷99条，今天可以考证的也有53条。从留下来的朝鲜的《混一疆理历代国都之图》看，汪大渊时代中国人所掌握的世界地理知识非常广博。郑和时代不论就航海还是世界知识，都不见得比汪大渊时代有所进步，知识也在退化。郑和的远航，很快也变得荒渺蹊跷，远航的事迹与所历的国家，似乎都半真半幻，若有若无。历史衰落到人已经无法想象人的事迹，就只好将人的事迹神魔化。《西洋记》根据郑和七下西洋的事迹演义，三宝太监郑和已变成一个蛤蟆精。史料记载的真实由于无法验证，本身已经变得虚幻。而人的经验世界变得如此狭小，虚幻的也会变成真实。在知识消失的地方，想象才开始活跃。出于对异域知识的冷漠，现实世界的知识被人们遗忘，取而代之的想象比现实更能满足那个时代人们的无意识欲求，更符合社会一般想象。西洋海外荒蛮多妖怪，郑和在碧峰长老和张天师协助下，出兵西征，一路除敌斩妖，慑服诸国。

每个民族都有一套理解世界的模式，任何新的知识都必须整合进这一认知范式才能为大众所接受。具体到中国，中国是文明的中心，是唯一可能的文明。中国之外要么是不知礼仪的蛮夷之地，要么是服膺教化的朝贡之国。中国已无法想象还会有其他文明可以与之平等。在观念上，我们发现，明末清初国人对西方的心理有拒绝与归纳两种倾向，拒绝是有意识或无意识地否认佛郎机或红毛夷或西洋国是现实中的国家，将其鬼化或妖魔化；归纳是试图将晚近出现的西方国家纳入南洋朝贡国家系列内，坚持佛郎机或红毛夷近满剌加或爪哇，西班牙与菲律宾是大吕宋与小吕宋。这是一种细微而耐琢磨的文化心态。拒绝与归纳都可以维护既定文化观念中的世界秩序。

三

郑和远航是专制帝国创造的奇迹。其富于想象力与野心的创意、庞大的规模与戏剧化过程、空洞的使命与空洞的结局、忽如其来又戛然而止，种种表现都具有非现实性与非理性的色彩。大明帝国在世界南方海面上消失后留下的势力真空不久将由伊比利亚人的舰队填充。而当葡萄牙人出现在中国海岸时，中国人对这些海上怪兽没有什么好印象。首先他们是外夷番鬼，不知礼仪，其次，他们杀人放火，无恶不作。帝国实行海禁，首先应该对付这些佛郎机人。

伊比利亚人的海上扩张目的有二：寻找财富、传播福音。1557年葡萄牙人窃居澳门，为传教士提供了一个进入中国的立足点。1577年，耶稣会东方巡视使范礼安神父（Valignano）来到澳门。范礼安来自意大利，马可·波罗的同乡。范礼安有意识地请一些意大利籍的神父到中国传教，罗明坚、巴济范、利玛窦，他们在学识与文化修养上都是地道的人文主义者，他们生长在文艺复兴的摇篮，欧洲中国神话的发源地，他们有另一种开放与浪漫。他们来到中国，真正适应了中国文化，儒服方巾，阅读中国文化典籍，学习以中国人的方式结交了一批士大夫。传教士的到来一度对中国人了解西方文化有了重要影响。这些传教士的目的就是要广收信徒，传播福音。这本身就是一种文化活动。与此同时他们还广泛地传播了西方的天文、历法、地理、科学技术、法律和文学艺术各个领域的知识。可以说，传教士来到中国之后，中国人有了了解西方的机会。

那个时代似乎是中西文化交流的蜜月时期。中西方文化都在对方那里发现了可供借鉴之处，异域形象成为本土发展的灵感和动力。传教士们从中国回到欧洲，向欧洲宣传孔夫子的道德哲学，并在社会上掀起一股中国潮。中国如徐光启、杨廷筠、李之藻一些士大夫同样也通过这些来华传教士，接触到了西方近代科学。从那个时代中西方出版的引介彼此文化的书籍中，可以看出当时文化交流的力度和广度。在欧洲，有金尼阁神父整理的《利玛窦中国札记》、曾德昭神父的《大中国志》，基歇尔神父的《中国图志》，柏应理等四位神父编译的《孔夫子：中国哲学家》；在中国有利玛窦和徐光启等人翻译的欧几里得《几何原本》，艾儒略神父在杨廷筠协助下编成的《职方外记》，之后又出《西学问答》，进一步解答了有关西方风土人情的40多个问题，李之藻和利玛窦合作编译了中国最早的西方算术译著《同文算指》。

但这个相互倾慕的时期，很快就结束了。中国形象参与构建了西方的现代性，在现代性视野下，欧洲不再需要一个乌托邦化的中国形象，中国形象开始意识形态化，成为可供西方自我确认的低劣的他者，成为停滞的帝国、专制的帝国、野蛮的帝国。这一转变大概开始于 1750 年左右。中国的西方形象转变得更早，传教士带来的西方知识、影响只局限于宫廷和少数士大夫那里。在社会大众想象中，西方还是隶属蛮夷化外。激烈者已开始大加讨伐。"外夷"所传，不可尽信，甚至尽不可信。魏浚在《利说荒唐惑世》一文中说："利玛窦以其邪说惑众，士大夫翕然信之。……所著《坤舆全国》洸洋窅渺，直欺人以其目之所不能见，足之所不能至，无可按验也。真所谓工之画鬼魅也。"

明清朝代更迭，中国进一步封闭。汤若望、南怀仁虽然借着造大炮，编历法留在中国，却无对科学的真正兴趣；康熙虽然表现出对西方科学的兴趣，但那也只不过是他为了凸显个人的博学，完全无意将之推广。当"礼仪之争"触怒了中国帝王，雍正厉行禁教，传教士再一次被清出了中国，利玛窦和徐光启他们的努力都白费了，只有杀人掠物、烹食小儿的番鬼红夷的形象，定格在中国人的记忆与想象中。

四

如果说在鸦片战争前，中国还可以沉浸在天朝上国、四夷来朝的幻梦里，西方在中国人眼里只不过是远隔重洋的几个鸡零狗碎的番邦小岛，完全没有必要去理会；那么在 1840 年以后的中国历史中，似乎已无法摆脱那个无处不在的西方形象。

时间在遗忘与自满中流逝。从 1518 年葡萄牙人来中国，到 1840 年鸦片战争，中国人有三百多年的时间去与西方交往，了解西方，学习西方。然而，中国人错过了这个机会。鸦片战争爆发了，中国失败。这场战争是残酷的，并不因为它对生灵性命的创伤，因为仅从这方面看，不论在中国历史还是世界历史上，它都远远算不上一场大规模的战争。它的残酷性主要表现在它对中华帝国的臣民百姓、王公贵族所造成的心理创伤上。我们也曾被一些外族征服过，但中国的礼教文化最终又征服了他们，以夏变夷。那些来自草原深处的野蛮人，除了杀人的优势之外，没有任何长处。他们占领了中国，中国驯服了他们。可如今这些西方人并不那么简单，他们不仅有坚船利炮，而且政教文明。

　　中西方以战争的形式遭遇而且中国战败，鸦片战争不论对中西关系还是中国的西方形象，都蒙上了一层宿命的阴影。我们总是以对立的方式思考与感受西方，不论是仇视还是学习。

　　两次鸦片战争并没有打醒中国人，大多数中国人的心目中，西方人依旧是"夷"，问题的关键是如何"尊夏攘夷"、"师夷制夷"。国人心目中的西方想象，重要的往往不是表述一个异域文明，而是证明该异域在本土视野内特定世界观念秩序中的意义与功能。自先秦九州之说开始，国人就形成了自己的一套"世界观"，这种世界观念首先是以内外文野区别确立秩序的。天下九州，中国只占一洲，所谓赤县神州。神州为"海内"，其他为"海外"，海内以天子为中心，五服（甸服、侯服、绥服、要服、荒服）依次向外延伸，由文明而野蛮、由高雅而低劣。中国之外有四夷，中国恩威、四夷宾服。西方出现在四夷之外，对国人的现实与观念秩序，都是一种冲击。国朝朝贡典录中，没有这些国家，他们在知识之外；对清朝统治者来说，西方的威胁不在于一两次战争的失利，开放几个口岸，更重要的是对中国传统世界观念体系的冲击。

　　塑造一个荒远、模糊、怪诞、诡异、危险、低劣、野蛮的西方形象，可以维护国朝人士的世界观念，更重要的是维持这种世界观念秩序中的自我身份认同，尤其是在这种认同出现危机的时刻。将日见强大的西方妖魔化为一个诡异低劣的他者，不但可以证明天朝上国中正文雅，避免西方出现造成的天朝文化身份认同危机，还可以将这种危机的声音压制遮蔽起来。

　　国人心目中的西方想象，关键还在从文化上确认、缓解、超越国朝与西方紧张的现实关系。渲染其怪诞诡异，既可以排斥为异类，又可以从中获得一种优越感，使外来的威胁与自身对这种威胁无可奈何的尴尬都变得可以接受，毕竟是一些不在人伦、不通情理的番鬼红夷，不可一般见识；贬低其文化低劣野蛮，可以从失败与无奈中解脱出来，巩固或重获其文化自信。鸦片战争失利后，清政府同意割让香港，但在道光给耆英的密令中，却说成将香港"赏"给英国，还是一副天朝上国，恩威有加的样子。

在想象的世界秩序中，西方被纳入外番夷狄，构成一个异己的世界，帮助中国人确定自己文化国家存在的位置与意义、切实性与安全性。文化自足傲慢的时代，可能将西方夷狄化，其中有满足与坦然，文化危机的时代，也可能越发强化西方的这种夷狄形象，掩盖或缓解恐惧与焦虑。总之，中国的西方形象是中国创造的西方，它与其说明西方，不如说明中国自身。它是想象关联的，相对独立于现实并试图对现实发挥影响。

五

19世纪末20世纪初，西方的中国形象全面陷入最黑暗的时期，欧洲处处流行着"黄祸"说，中国被排斥出文明国家，停滞在野蛮、半野蛮的世界。但正是这个时候，中国开始在西方这面镜子中关照自己。随着对列强战争的屡次失利，国势颓丧到极点，无异于覆亡，再荒唐的人也无法相信天朝上国与远夷番鬼之说了。中国传统"天下"观念秩序已几近崩塌，观念的转换是非常迅速的，几年前朝野还处处提防几艘仿照西方的船只会以夷变夏，到了甲午战争之后，问题的核心已不是要不要变，而是改变的速度、激烈程度。中国的现代化首先认同了一般意义上的进步观念，然后才认同西方进步与中国停滞的观念。第一步中国只接受了一种世界观念，第二步中国则接受了观念中特定的世界秩序与该世界秩序中西方与中国的关系。从传统的华夏礼治世界秩序到现代西方的进步/进化世界秩序，中国文化观念的转型具有相当的戏剧性。

从"同治中兴"到"戊戌变法"，中国思想界不仅接受了进步观念，也接受了西方进步、中国停滞的观念。进步与停滞是同一概念的正反两面，既意味着一种世界知识秩序，又意味着一种世界权力秩序。进步使西方从野蛮迅速发展到文明，停滞使中国从文明不知不觉地落后到野蛮。承认中国停滞与落后，认同西方的进步与进化，这是中国现代化历程的精神起点。现代化概念中就包含着进步的意义，现代化既表现一种特定目标下历史的进程，又表现出历史进程中不同阶段，古代到现代的价值取向。天朝帝国已不可能故步自封，必须在人类进步的普遍历程中与其他民族一道竞逐富强。1895年甲午海战爆发的时候，严复开始翻译《天演论》，1898年戊戌变法开始，《天演论》出版，中国找到了表达他们思想的理论体系——社会进化论。

改造世界必先改造关于世界的观念。改造中国传统的世界观念的，是西方现代的以进步为核心、以西方与东方、文明与野蛮划分各民族国家等级秩序的世界观念。在空间中，中国必须重新认识世界秩序，承认民族国家组成的世界以及在这个世界中西方列强的优势；在时间中，中国必须重新认识历史，接受进步的观念与中国落后的事实，相信未来总优于过去，人类通过财富与知识的积累、民主与自由的实现，逐步走向幸福。任何一种历史观念都意味着一种相应的价值观念。西方现代文明的优越不是因为它是西方的，而是因为它是现代的。如果我们依旧相信古代优于现代，现代化就没有意义了。

中国在现代化运动的起点上不仅认同了进步观念，而且认同了西方的进步与中国的停滞。西方用中国文明作为"他者形象"完成自身的文化认同，中国也将西方文明作为"他者形象"认同自身。所不同的是，西方文化在认同自身时，没有一种体现话语霸权的"异域形象"塑造他们的视野，而中国在传统的"天下"秩序崩溃之后，已失去自身理解世界的观念模式，它所进入的有关世界秩序的话语系统完全是西方的，不仅包括西方文明自身的知识与价值，还包括西方的"中国形象"。这样，中国在西方话语系统中完成的文化认同，很可能认同的不是中国文明自身，而是西方的中国形象，世界历史的原则是进步/进化，西方文明正在进步/进化，代表着人类发展未来的肯定性方向，中国文明久已陷入停滞，代表着被否定的过去。这是一个知识与价值系统，意味着文化霸权，因为它为世界提供了一种西方中心主义秩序；同时它也是一种神话或意识形态，意味着政治霸权，因为它将野蛮征服等同于文明启蒙，为民族国家成为帝国提供了"正义"的根据。中国开始面对西方冲击变法维新时，它面对的不仅是西方的政治霸权，还有西方的文化霸权。

中国接受了西方进步/进化的观念与西方的"停滞的文明"的中国形象，并将其作为整个现代化运动的精神起点。它既为中国的现代化展示了某种光辉灿烂的前景，又为中国的现代化运动埋伏下致命的文化陷阱。启蒙进步史观将中国固定在空间中，进步是西方的历史，停滞是东方宿命。社会进化论是西方帝国主义时代的意识形态，它设定的世界秩序是由种族的等级性秩序构成的，进化是其形式，竞争是其动力，优胜劣汰是其结局。社会进化论为革新者所用，对中国传统文化极具破坏力与革命性，然而，它也是一柄双刃剑，作为西方帝国主义时代的意识形态，社会进化论既给中国一种激进的社会革命力量，又从根本上否定了这种力量的历史作用。进化的主体是种族。作为种族，中国如果不自觉自强，就会被作为劣等民族淘汰，有"灭种"之灾，可是，在西方社会进化论的世界秩序中华族又被视为劣等民族，无法与西方优等民族并立，注定要被淘汰。所以，社会达尔文主义对中国既是激进的，又是宿命的，它在现代化进程的起点上，为中国提供了自觉自强的力量与可能性；但在终点上；又设置了灾难性的结局。

中国的现代化运动在文化启蒙的起点上接受了停滞／进步话语，其中的背景、前景，问题与困境，也都在这个起点上设定了。中国变法自强、启蒙革命，在政治经济军事上，它要求独立而且与西方对立，但在文化观念上，却与西方同一。而且，二者之间，一方面分立一方面趋同的矛盾，不仅没有缓和，反而逐渐激化。

六

理解异域文明首先应反思本土文明关于异域形象的传统。中国的西方形象传统，如果从黎轩、大秦传说算起，已有两千年的历史了。在 16 世纪葡萄牙人最初出现在中国海岸之前，中国与西方文明的交流稀少且难以实证。从 16 世纪到 19 世纪中叶，中西文明的交往与冲突仅限于中国南方海岸。鸦片战争之后，西方进入中国。中西文明的交流与冲突都是直接的了，面对面的。或许人们认识这种近距离的交往不再会有误解与隔膜，那种从猜测与幻想中生长起来的异域形象，不论是西方的中国形象还是中国的西方形象，已不再会左右我们今天的态度与理解。事实上并不是这样。我们依旧生活在传统中，传统的异域形象依旧制约着我们今天的视野。如果我们坦率而认真地反思我们今天的西方形象，或许还可以找到黎轩与大秦、番鬼与红夷的影子。

中国的西方形象像是一面魔镜，它与其说明西方文明的真实，不如说明中国文化的真实与两种文明接触与交流过程中的理解与误解、接受与冲突的历史过程。在世界文明的格局中交往、冲突与和谐，关键都在于不同民族之间的理解与评价。所以，理解与反思中西文化中关于对方的异域形象，是开始"文明的对话"的起点。

"对话"并不那么容易。每一种文明都有自己的文化传统，有自己对世界的独特看法，有对自己民族的价值观念，甚至感觉经验的本能的捍卫。这样，在对话过程中，各民族之间的差异就必将会影响到对话活动本身。矛盾、冲突在所难免。

面对矛盾，我们可以有三种不同的态度。一是坚信自己的观点和看法绝对正确，对方绝对错误，必须让对方服从自己。这种态度是危险的，十有八九要用暴力来解决问题。或者，最好的结局也只能是中止对话。中止对话是第二种态度，它意味着回到自己的传统中去，把自己重新封闭起来。然而，这样做的后果也是不堪设想的。几乎是必然地要走向消亡，自生自灭。第三种态度，就是要保持清醒的头脑，保持克制与冷静，在对活中不仅要努力理解对方，还要以超越的眼光反观自己。发现自身传统与视野的有限性以及对双方误解与冲突该负的责任。对话既是与他民族他文明的对话，也是与本民族本文明传统的对话。对话是寻求沟通与和平的唯一渠道，无论遇到什么样的障碍也不中止对话。互相了解，求同存异。在今天这样的全球化时代，每一个民族，每一种文明都只有与其他文明，其他民族对话这一条路可走，舍此，别无选择。

世界秩序已由西方主宰了500年左右的时间，近30年来，中国迅速实现了现代化，成为有可能改变世界现今秩序的力量。有中国参与的国际新秩序会比过去的更好、更和平吗？中国已不再是自绝于世界的保守的帝国，如何处理与其他国家的关系，如何回答今后世界的发展走向的问题，是需要中国去思考与回答的。

这个时候，更需要重新回顾中国的异域形象史，特别是西方形象史。反思一直以来是什么陷害了中西之间平等的对话交流。特别是鸦片战争以来的历史，无论是学习西方还是敌视西方，意识深处都反映着中西对立的焦虑，我们总是以对立的方式思考与感受西方。这种对立的情绪一开始帮助中国走上现代化道路，但沿着这条道路，我们将走向何方？通过对中国的西方形象史的回顾与反思，我们或许可以窥见，在主体与他者、中国与西方的身份建构中无处不在的想象和虚构，他们更多的是文化构建而非自然生成物。这或许能帮助我们一定程度上对那个总在无意识中支配我们的古老的思维模式有所警醒，缓解对西方持续不断的焦虑，以更加多元的模式建构自我和国际新型秩序。

大秦风土

导　论

1．汉帝国不断强大

一位匈奴降将告诉汉武帝：匈奴打败了月氏王国，老上单于栾提稽粥用月氏国王的脑壳当酒碗，月氏人恨得咬牙切齿，汉朝不如联合月氏，夹攻匈奴。

公元前 139 年，夏季的夜晚，天空中忽然出现了一颗像太阳一样光耀明亮的巨星。《汉书》的作者除了皇帝的家庭纠葛之外，不记得这一年发生过什么大事。追忆起来，大概就是在这一年，年轻气盛的汉武帝忽发奇想，决定遣使月氏。月氏在匈奴汗国的西北。当匈奴单于抓住这位取道匈奴前往月氏的汉使时，几乎气疯了。汉人如此胆大妄为且不通情理，他咆哮着质问："月氏在吾北，汉何得往使？吾欲使越，汉肯听我乎？"

此时站在暴怒的单于面前的汉使，是位低级禁卫官出身的陕西汉中郡人，名叫张骞。这个名字在中国三千多年挤满帝王将相、后妃太监的历史上，的确不怎么著名。因为很长一段时间内我们的历史学家不仅缺乏良心，还缺乏雄心与同情心。他们无法想象也无法体验在那个时代走入凶险未知、生死未卜的西北蛮荒，需要的是怎样一种勇气与毅力！

张骞通西域（壁画摹本）敦煌莫高窟第 323 窟主室北壁，绘于公元八世纪初

张骞被匈奴拘禁了十年。匈奴人似乎并不那么野蛮。这些生长在草原、

马背上的牧人更懂得人性与英雄的价值。他们为张骞娶了一位匈奴小姐。可是当机会到来的时候，张骞又逃走了。异域十年越发思念故乡寒暑。逃脱的张骞并没有返乡。他继续西行寻找月氏国。黄沙千里、白昼鬼哭。张骞继续西行数十日，抵达大宛王国首都浩罕（Kokand）。难熬的拘禁、危险的逃亡、艰辛的旅途，都已经过去了。大宛国王热情地欢迎这位汉使。大宛是个相当文明的国家，人民定居，农耕兼畜物。离开大宛的旅途对张骞来说是一种享受。大宛国王派向导与骑兵护送张骞到康居。由康居再到月氏王国。

出使的目的地到了。但出使的目的却没有达到。惨败西奔的月氏王国占领了阿姆河流域大夏王国的土地。这里200年前曾是亚历山大大帝的一个城市，名叫素格达纳（Sogdiana）。新居住地土肥水美，他们已不思故土。

接见张骞的那位国王，就是被匈奴人把脑壳当了酒碗的老王的孙子。他能够理解大汉朝廷的美意，但他也希望汉使能理解他。如今他们的土地水肥草美，人民安居，他们为什么要放弃和平宁静的生活，远徙黄沙去征伐匈奴？更何况匈奴人的凶残勇猛，他们还记忆犹新。

归国的路远不轻松。失望是一种压力。最初的使命没有完成。或许是想避开匈奴，或许是想游历更多的国家，张骞选择了另一条路回国。从天山南麓穿过塔里木盆地，沿塔克拉玛干沙漠东边到祁连山南麓，走西羌国返回。不料这一次张骞还是没有逃过匈奴人之手，又被拘禁了一年多后，才借匈奴内乱之机脱身。逃走时旷野中妻儿生离死别的哭声，多少年以后一定还能把他从锦帐的梦中惊醒。

张骞出使西域，是旧大陆人类交通的一次伟大的创举。张骞之后，使节商旅"相望于道"。纪元前的最后一个世纪里，汉帝国向西扩张，西域三十六国，五十五王，天山南北的绿洲国家。一时成为东西交通的要道。历史上著名的丝绸之路开通了。从中国中心角度看，经营西域是抵御匈奴、扩大疆土的政治；从西方角度看，汉人经营西域的意义则在于交通与贸易。

东方是一个世界，西方是一个世界。当地中海将不同民族通过贸易与战争连成一个谁也离不开谁的整体时，东方也以同样的方式组织自己。中国与印度、印度与中亚、中国与中亚、从波斯湾到马六甲、从安息到大夏到中国，贸易与战争同样将东方连接成一个整体。而在这两大文明系统之间，交通与影响却是间接的、间断的，只有一条丝绸之路担当起微弱的联系，依靠那些居间的商业民族，依靠那些逐水草迁徙、"苟利所在，不知礼义"的民族，远播文明的种子，使相互之间有了相互猜测的兴趣，相互了解的可能。在15世纪开始的地理大发现以前，旧大陆文明世界整体历史，应该说是由丝绸之路串起的。而开拓这条路的功绩，应归功于汉帝国的扩张与中亚那些天性喜好迁徙与商旅的民族。

世界一体化的观点将从欧亚旧大陆的文明整体格局内考察丝绸之路与中国古代的西域经营。从这个视点看，一个帝国疆土的扩大本身似乎并不重要。贸易的畅通，不同民族之间相互理解的促进，世界文明一体化中各民族国家之间联系的紧密，所有这些都比帝国与皇帝的野心重要得多。

在中国历史中，西域的概念是一个征伐与德化的概念，是中华帝国虚耗海内，累役于民，"振威德于荒外，致奇货于天府"的政治活动，是一次次虚耗海内、穷兵黩武的有组织性的疯狂。而在世界历史中，汉代经营西域，开通丝绸之路，却是一个文明交通的概念，它疏通了1500年前旧大陆文明的动脉，以绵延万里的丝绸之路为纽带，连接起东西方两个世界。东起长安，西抵地中海，丝绸之路在沙漠、高山、草原与绿洲间穿越欧亚大陆。沿着这条商路传播的，不仅有丝绸、皮毛、牲畜、珠宝、药材、玻璃、铁器之类的器物，还有异族与异域的形象。无论是西方的中国形象，还是中国的西方形象，最初都来源于这条著名的商路。

2．从"黎轩"到"大秦"

张骞出使西域，被中国史书誉为"凿空"之行。辞别汉宫的时候，整个西域，不论对张骞还是汉武帝，都还只是个朦胧的神话。他们不知道西方的天有多高，地有多广，甚至连月氏的方位也不清楚。

13年后张骞回来了，西域第一次进入中国的视界。张骞三次出使，先后到过大宛、大月氏、大夏、康居、乌孙，并派出副使，出使周围的其他地区与国家。公元前2世纪末，汉帝国掌握了西域大部人文与地理资料。司马迁写作《史记》的时候，他至少知道张骞回来报告给汉天子的主要内容："大宛在匈奴西南，在汉正西，去汉可万里……康居在大宛西北可二千里……奄蔡在康居西北可两千里……大夏在大宛西南二千余里……"

除亲身所历之外，张骞在西域还听到很多更远更西国家的传说，例如安息（波斯）以及安息以西几千里的条支，安息以北的黎轩。条支国临西海。所谓西海，就是地中海，黎轩很可能就是罗马或埃及的亚历山大城。

中国之西北，最远处就是黎轩，罗马或亚历山大城。公元前 2 世纪，中国关于西方的知识仅限于中亚，更远就陷入传奇的朦胧。黎轩，或写作犁轩，是中国典籍中关于西方文明（地中海文明）最初的记载。

知识不可企达的地方，幻想开花。远临西海的国度在张骞的想象中与中国古代的西王母传说创造性地重合起来。张骞告诉中国："安息长老传闻条支有溺水、西王母，亦未尝见也。自条支乘水西行，可百余日，近日所入云。"

历史中的安息长老究竟对张骞怎么说的，是什么人通过几道翻译将古波斯语的意思介绍给张骞，我们今天已不得而知。古代生活中，经常是神话传说比经验事实更重要，更权威，因而可信度也更高。当一个民族的智者向另一个民族的使者介绍第三个民族时，第三个民族的神话宗教可能比人种描述更具有识别性。古代两河流域崇拜月神 Si—en'nu 或 Siwan，当安息长老介绍伟大的月神的时候，发音很可能让张骞想起耳熟的西王母。

传闻毕竟是传闻，无法舍弃又无法确实。张骞具有与希罗多德同样可称道的理性。他说他没有见过条支的西王母。在中亚那些国家里，张骞一定还听过关于这个世界更西更远更多的传闻，或许他曾多次耳闻西海那一边的欧洲，这一点从经验与语义两方面都可以得到证实。太阳落入未知的西方世界，而"欧罗巴"（Europe）一词的语义又确是"日落之邦"。

最早出现在中国视野中的欧洲形象不太光彩。它的名字叫"黎轩"，学者们认为它是"亚历山大里亚"，即埃及的托勒密王朝的首都。在地理上它不属于欧洲，但在文化上，却属于古希腊文明。从雅典衰落到公元前后罗马繁荣之间，亚历山大里亚一直是希腊化世界的首都。

西方人最初是如何进入中国的，给中国人留下什么印象？或许根本没有什么印象。前后汉四百年，使节商旅往返，一定会有远方大秦国更多的传闻，只是大家认为这些都没有什么记载价值。后世的研究者只能从中国皇帝的礼单上找西方那个辉煌的文明的影子。

"蹙眉峭鼻，乱发拳须"的欧洲人最初出现在汉代史籍里，见于《史记·大宛列传》与《汉书·西域传》，他们的国家名叫犁靬，他们本人不过是些身长四尺五寸的侏儒人，被安息使节带来中国，献给好奇的汉武帝。后汉有位叫郭宪的书虫子，官做到光禄大夫，一生好搜求各类奇书异闻。鉴于这类浮诞之事均为史官略而不记，他就撰写了一部《汉武帝别国洞冥记》，所言尽为远国殊方的怪事，其中包括汉武帝"元封三年，大秦国贡花蹄牛"一事。大秦是中国典籍中有关欧洲文明的又一个名字。《后汉书·西域传》说大秦"其土多海西珍奇异物焉"。

丝绸古道的烽燧

"张骞怀致远之略，班超奋封侯之志"，"振威德于荒外，致奇货于天府"，随后"驰命走驿，不绝于岁月，商胡贩客，日款于塞下"。自公元前2世纪开始，东起长安，西抵地中海，在沙漠、高山、草原与绿洲间出现一条古老的、连接东西世界的"丝绸之路"。公元97年，班超派自己的秘书（掾）甘英出使"大秦"、"条支"。此时的"大秦"应该是罗马帝国，"条支"所在，约为今天的伊拉克。

甘英从西域都护驻守的龟兹出发，一路西去，最远到安息西界，大海挡住了他的去路。听船夫说："大海辽阔无边，顺风渡海也要三个月，如果遇到逆风，很可能要两年时间。渡海的人，都得备三年粮食。海上旅途孤寂，倍思乡土，而且多有人死亡。"甘英畏途而返。后世有人认为，安息西界的海是地中海。

甘英公元 1 世纪末出使大秦，尽管未竟而还，仍是他那个时代汉人向西走得最远的。此后中国视野中又出现"蒙奇""兜勒"两国。

"（永元）九年，班超遣掾甘英穷临西海而还……于是远国蒙奇、兜勒，皆来归服，遣使贡献。"《后汉书·西域传》记下的"至于海濒，四万里外"的"远国蒙奇、兜勒"，据学者们考证，当为马其顿与色雷斯。根据一是地名读音，二是地理位置。"马其顿"古希腊文、拉丁文均可音译为"蒙奇"，"色雷斯"可译为"兜勒"。[1]

黎轩、大秦、蒙奇、兜勒诸海西远国，在汉人的印象里仍是一片模糊混乱的地方。唯一可识别的就是他们在大海之西，出产奇物幻人。黎轩就是大秦，《后汉书·西域传》"大秦国一名犁靬，以在海面，亦云海西国"。这一点汉人也弄清楚了。至于蒙奇、兜勒，似乎还不确定。这些国家均在远西，向西的陆路可通，向南的海路亦可通。公元 120 年，缅甸的掸国王朝贺，献给孝明皇帝乐人与幻人。这些能够"变化吐火，自支解，易牛马头"的魔术师，自称为大秦人。至迟在公元 2 世纪初，罗马人已能从海路到中国。46 年以后，同一本《后汉书》又记载大秦王安敦的使者自日南来汉，这一段的记载详细多了。从中我们可以看到公元 2 世纪中国关于罗马帝国的知识梗概。

"至桓帝延熹九年，大秦王安敦遣使自日南徼外献象牙、犀角、玳瑁，始乃一通焉。"范晔将公元 166 年罗马皇帝马可·奥利略·安东尼（Marcus Aurelius Antoninus）的使者访华当作中西交通的起点。其实并非如此。至少半个世纪之前，就有马其顿的使者来过。如果算上那些犁靬眩人、罗马兵团的俘虏，可能就更早。而且，这位自南海而来的大秦使者，实际上也不是真正的官使，而是商人假冒的，他贡献的礼品全是印度、锡兰的货。以后我

---

[1] 莫任南：《中国和欧洲的直接交往始于何时》，见《中外关系史论丛》第 1 辑，北京：世界知识出版社，1985 年版，第 26—33 页。

们还将看到许多这类假冒官使招摇撞骗的商人。他们有的发了横财，有的丢了脑袋。大概来中国的都比较幸运，中国人的自尊心与虚荣不允许戳穿他们，明知其诈也就将计就计了。只有蒙古王公发现上当才会恼羞成怒杀了他们。

公元 166 年是否是中西交通的起点，大秦使者是不是真的，如今都不重要。实际上在任何一次最早的史官记载之前，民间的交通都已开始，甚至已达到一定的规模。清末在中国山西灵石县境发掘出的罗马古铜币，是罗马提拜流斯至安东尼时代所铸。当罗马亚历山大城地理学家托勒密写《地理书》时，他明确知道有罗马商人到过赛里斯与秦尼城。他的资料来源是一位名叫蒂蒂亚诺斯的马其顿商人。《后汉书》卷八八《西域传》记叙延熹九年的这次西使朝贡或许跟他有关。《后汉书西域传》还广泛描述了大秦国政治外交、民风物产、金融贸易等方面的情况：

"大秦国一名犁靬，以在海西，亦云海西国。地方数千里，有四百余城，小国役属者数十。以石为城郭，列置邮亭，皆垩墍之。有松柏诸木百草。人俗力田作，多种树、蚕桑。皆髡头而衣文绣，乘辎白盖小车。出入击鼓，建旌旗幡帜。所居城邑，周圜百余里。城中有五宫，相去各十里，宫室皆以水精为柱，食器亦然。其王日游一宫听事，五日而后遍。常使一人持囊随王车，人有言事者，即以书投囊中。王至宫发省，理其枉直。各有官曹文书，置三十六将，皆会议国事。其王无有常人，皆简立贤者。国中灾异及风雨不时，辄废而更立，受放者甘黜不怨。其人民皆长大平正，有类中国，故谓之大秦。"

范晔是南朝时人，他编撰的《后汉书》中对大秦的介绍，反映的是南朝时人的知识水平，也反映了汉后 200 年间交通的进步。

3. 丝绸之路，从陆地到海上

那是中国开拓世界、世界走向中国的时代。前汉李广利征大宛，陈汤远袭郅支，实际上已走完横跨亚欧大陆从长安到罗马的一半路程。后汉班固在中国西域渡过了他充满冒险与刺激的一生，那片土地上似乎没有什么政权是可以持久的。只有勇气与力量才能维持间断的和平。古稀之年，他向汉和帝小心翼翼地提出告老还乡的请求："臣不敢望到酒泉郡。但愿生入玉门关。"如果说他这一生还有什么遗憾，那都是一个真正具有胆识与想象力的冒险家性格注定的：生命有限，未知的世界永远那么广阔。

一个绿洲又一个绿洲，连绵反复的征服与失陷，耗尽了他的一生。他无法走得更远。公元97年，他曾派自己的秘书（掾）甘英出使大秦（即罗马帝国）、条支（约今伊拉克）。二百多年以前，他勇敢的先辈张骞曾派副使去安息，后来安息的使节回访汉朝，带给朝廷的礼物中有硕大的鸟蛋和黎轩的眩人。这个世界还有很多未知的地方，那个神秘的日落之邦，西王母之国，或许听起来就令人向往。

甘英从西域都护驻守的龟兹出发，一路西去，先到达安息。在安息停留间他完成了什么使命，我们不得而知。条支究竟在现今的哪个国家很难说清楚，可能是两河流域，也可能是小亚细亚。往大秦需继续西行。甘英终于来到安息的西界，前面是蔚蓝色的大海。遗憾的是，看惯沙漠、戈壁土色的眼睛，害怕蔚蓝。站在苍茫的大海边，家乡被人梳理过的田野里的嫩绿与南山的青黛就越发诱人。莫名的恐怖与忧虑一阵阵袭来。

刻有安息王朝创建者阿息克头像的银币

甘英决定回去。至于史书中记载的理由，难以让人谅解。他听船夫说："大海广阔无边，顺风渡过也要三个月；如果遇到逆风，很可能要两年时间。渡海的人，都得备三年粮食。海上旅途孤寂，信思乡土，而且多有人死亡。"

站在如今叙利亚或土耳其的某处地中海港口的当年的水手，是不是说过这番话？是以实相告还是吓唬这个异乡人的夸张？用意何在？所有这些，都不重要。重要的是这种消息在甘英那里的反应。公元前6世纪，斯基泰商队前往中亚时，腓尼基船队环非洲海岸的航行，整整历时三年。从印度河口出发，苏拉克斯的舰队也航行了30个月，阿耳戈英雄的远航，奥德赛的返乡，都在海上漂泊许多年，死者大多于生还。然而，这些孤寂与死难的航行，却成了后世水手出航的起点与灵感。为什么如此平平常常的话，就吓住了堂堂的大汉西域都护使节？就在甘英转身而回的那一刻，一个内陆文明的命运就注定了。他们的骏马如风长剑如虹，但他们只能拥有陆地。多少年之后，海洋的世纪到来了，那些水手和海盗的后代修炼成哲学家，会用嘲弄的口吻评述这个一度的东方巨人："……中国人永远畏惧一切"，"他们转过身去，背对着海洋。"（黑格尔语）

甘英是汉家书生。出使西土还是尽他个人本分的。史称他一路收集奇珍异宝，考察风土民情，并做了详细的记录。遗憾的是，所有这些关于西域远国的记载，人们都未看到。历史的遗忘有自然的，有人为的。这一段大概是人为的。试想十个多世纪之后马可·波罗、曼德维尔传奇般的东方游记如何以众多版本在西方走红，我们就知道中国人该是多么可爱的本位主义者。家国之外、生死之外的事，他们都不关心。有趣的是，研究中西交通或丝绸之路的西方汉学家，总想从文献记载中只鳞片爪的细节暗示中证明他们在中国人的心目中多么重要。他们的葡萄与玻璃珠串对中国人生活影响多么大。可事实是，令人遗憾，中国人从来也没有把那些出产大鸟卵、魔术师，叫什么大秦、黎轩、兜勒之类莫名其妙的名字的西土远国当一回事，可能直到1840年都是这样。这是一种什么心理？傲慢？冷漠？保守？疑虑？

或许这四种可能的心态是历史上先后出现的。汉天子治下的中国人，有的只是傲慢与冷漠。他们从祖上继承了一种清晰而又武断的世界观。

战国时邹衍将世界分为九大洲，中国为其九分之一：赤县神州。以后《淮南子》继承邹衍的理论框架，断言中国之外有八荒，八荒之外还有八极。中国先人虽不认为自己的国家就是全部"天下"，但明确相信它是天下的中心。

世界的秩序是由文明规定的，这其中有通达情理的地方，也有傲慢无知的地方。一方面，埃及、两河流域、印度与希腊的文明，都可媲美于中国。为何中国自以为中心？这是无知造成的傲慢。另一方面，在中国人有限的知识范围内，中国确实是文明中心，而文明中心一定就是世界中心，这一点也不错。不论人道主义教育如何改变人们的态度，让人学会尊重人，但文明的中心就是世界的中心，今天还是这样。美国所有有教养的人都不这么说，其他国家的舆论或政府也禁止自己的人民这么想，但事实是规避不了的。美国是当今世界的中心。

今天，美国人对中国的知识比起中国人对美国人的知识，要少得可怜。20世纪80年代末中国作家冯骥才访问美国，发现美国一位搞电脑的青年还不知道中美建交，"中国在美国知名度最高的却是熊猫。"几千年来，人世间的道理大致相同。从今天的美国我们可以想见两千年前汉朝的中国人。如果说他们曾经也想到过大秦或黎轩，那是因为他们有神奇的玻璃与擅长杂耍魔术的侏儒眩人。

甘英遇海而还，似乎注定了陆上帝国的命运。历史上有两条丝绸之路。一条在陆地、一条在海上。如果我们将汉帝国与罗马帝国的交通路线在地图上描画出来，我们将会看到环绕大陆文明世界的一个圆圈，这个圆圈一半是用龙骨划出的，蔚蓝色的；一半是用人与骆驼、马的足迹踏出的，土黄色的。

尽管苏拉克斯的舰队曾经环航阿拉伯半岛，公元前5世纪希腊人就见到从印度运来的孔雀，但真正的东西方海上贸易，要到罗马和平的时代才开始。在这之前，沿岸国家的王公与土匪劫掠杀人、敲诈勒索，使商业成本中的血肉部分大得无法忍受。奥古斯都时代建立的罗马和平把整个地中海世界和埃及的红海沿岸都变成了皇帝的庄园，罗马远征军甚至一度占领了阿拉伯人得意的亚丁湾——幸福的阿拉伯（Arabia Endaemon）。按当时人的说法（斯特拉波），奥古斯都时代一年从埃及港口启锚的商船，就有一百多艘，他们乘春季顺风驶过厄立特里亚海（红海），从亚丁湾进入阿拉伯海，季风驱动的圆弧形航线把他们送到印度西海岸的港口、印度河口的巴尔巴利贡（Barbaricon）、坎拜湾上的婆卢羯车（Baryzaga）或马拉巴尔的穆季里斯。少数更贪心也更勇敢的罗马商人走得更远。他们绕过科摩林角，到达马六甲海峡，再向北航行到支那半岛甚至中国大陆的广州口岸。然而，大多数情况下，贸易是区域中转性的，罗马商人只到印度西海岸港口，在那里出售他们船上运来的罗马帝国的粮食与酒、玻璃、金、银工艺品，购得印度香料与来自中国的丝绸。古罗马时代东西方贸易是区域阶段性的、中转性的，从罗马到中国的全程海运贸易几乎没有，绝大多数是在波斯湾与印度之间、印度与马六甲之间、马六甲与中国之间进行的。有时候携带罗马商品的商人，并不一定来自罗马帝国。

"桓帝延熹九年，大秦王安敦遣使自日南徼外献象牙、犀角、玳瑁……"我们可以设想，这些罗马皇帝安敦的使者，或者冒充使者的罗马商人，若有出色的译员，他们会给中国皇帝讲述许多航海故事。那年他们从意大利的奥斯蒂亚港、埃及的亚历山大港或者近东的推罗港启航，船上装满了小麦、葡萄酒、玻璃器皿、铸着奥古斯都或某个皇帝肖像的金饰品和各种马戏团杂耍动物。红海的夏天晴空万里，他们白天望着枯燥的蓝天，晚上小心翼翼地躲避神出鬼没的海盗。如果一路上没有遇上安息人、且兰人或凶猛的阿拉伯人，顺利地穿过曼德海峡（即泪门），他们的命运就交给印度洋上的季风。从东非到东印度群岛之间广阔的洋面上，每年从10月到第二年3月，刮的是东北季候风，从5月到9月为西南季候风。如果他们冬季进入红海，赶在夏季到来之前进入印度洋，他们将有好风凭借，送他们到印度西岸的某个港口或锡兰岛，在那里他们收购香料、没药、乳香、胡椒，还有从中国运来的丝绸。继续冒险的人可以满载印度特产，穿过马六甲海峡向北，在支那半岛甚至更远的广州港登陆。

将近两个世纪以来从这条海上丝绸之路来中国的罗马帝国的商人，不止那几位安敦王使，只是他们比别人更幸运。自从罗马帝国把地中海变成皇帝的内湖，庞培彻底打击了昼伏夜出的海盗，高额的贸易利润使商人们可以雇得起帝国舰队为商船护航。古罗马商人就更喜欢海上旅行。他们天生就是水手的后代。公元前两千年前迈锡尼的船只就往返在地中海海面上。公元前6世纪，腓尼基的舰队完成了沿非洲海岸的环航。而从公元1世纪至14世纪，西方人的航海知识与技术，基本上没有什么进步。贪欲比知识更能给人以勇气。

欲望、勇气，加上天赐的季风，使那些狂妄而又贪婪的罗马人从地中海到埃及，穿过苏伊士地岬到红海，从亚丁湾进入阿拉伯海，印度就遥遥在望了。从罗马到印度河口，如果赶上顺风，只需6个月的时间。财富已经近在咫尺，贪欲缩小了地球。他们没有理由不继续航行。假冒安敦皇帝的使节的罗马商人就这样绕过马六甲海峡或者直接在马来半岛登陆，由支那半岛上那些汉王朝属国的官员引领着，来到洛阳。

这些商贩在西方默默无闻，来到中国却青史留名了。《梁书》记载，孙权黄武五年（公元 227 年），有大秦商人秦纶来到东吴朝廷。不知道他是用什么语言或通过几道翻译向孙权讲述地中海岸边那个帝国的。总之是引起了孙权的兴趣。他派手下官员刘咸陪同回访，并送给罗马皇帝一队侏儒。大概古今中外的皇帝国王的心总是相通的，他们知道自己人都喜欢奇珍异宝，喜欢声色犬马，好像他们生来这个世界就是为了享受的。可惜刘咸半路殉职，罗马皇帝没能领受秦奈（古罗马时西方对中国的称呼）国王的一番好意。公元 284 年（晋太康五年），又有一个罗马使节到达中国，献了三万幅蜜香纸。这些冒牌的罗马使节一定被搞糊涂了。同一块地方，同一个民族，怎么一时叫秦，一时叫汉，一时吴，一时晋。可爱的赛里斯人总是用朝廷代天下，用政权代民族与国家。不像西方那样，罗马人或法兰西在任何朝代都叫罗马人或法兰西人。

中国官方的史家总是一丝不苟地记下外国人来朝拜献贡的事实，这样可以满足自大感自尊心。因此，一两个狡猾的罗马商人献上一些印度土产，就可以借助方块字名垂千古，实在是一本万利。只顾生前利不想身后名的商人，如今在另一个世界里，一定得意地回忆他那一生中利润最大的一笔投资，就是被人稀里糊涂带到金碧辉煌的秦奈宫殿，他尽量保持镇定，说了一番莫名其妙的话以后，就被光荣地送走了。

且不问动机是否高尚，古代这些商人、冒险家、航海者，都是些最勇敢的人。他们的旅途是难以想象的。古罗马的船长们没有罗盘、六分仪，白天遥遥在望的海岸与夜晚的星星，是他们航行的保证。他们的旅途危险而漫长，从一个港口到另一个港口，几年之后才可能回到家乡。这已是莫大的幸运了，因为很多运气不好的同伴，眼睛早已变成海底的珊瑚。

旅行家们穿越世界，从陆地，从海上。他们带来了异域的器物，也带回种种关于异域的传说。中国历史上所知的所有大秦国的消息，都来自这些旅行家商人。

4. 大秦"有类中国"

早期中国的西方形象，远没有那么多的戏剧性。河西走廊以西，吐蕃、西域、波斯、大食、印度都可称为西方。这是一个模糊的地域概念，并非后来专指希腊文明创造的那种具有个性的西方文化整体概念。在带有世界主义气魄的华夏传统观念中，西方形象很长一段时间里，都是一个若有若无的死角，时代精神与正统历史难以照射得到。

中国文化中西方形象的淡漠，可以追溯两方面的原因：一是历史中交通的阻隔，二是中国文化心理中的华夏中心主义传统。

欧洲属远国绝域。只有赶上强大的帝国时代，才有消息远播到中国。罗马帝国曾给汉王朝留下一些印象，这些印象大都是从中亚与西南亚的商人与汉廷使节那里获得的。帝国后期，据说有罗马使节来朝，但他们所带来的信息，历史上可证实的并不太多。汉帝国西东四百年，主要可据的史料是《史记》、《汉书》、《后汉书》，在这三部史书有关西域国家的记载中，希腊化时代晚期的托勒密王朝、塞琉西王朝、罗马帝国，首先以黎轩、大秦、海西国形象出现在华夏视野内，其中最具体的，还算"大秦"。

从司马迁《史记》到《后汉书》完成，前后将近 5 个世纪。其间的大秦形象不仅从无到有，不断丰富，而且在形象上亦有所改变。

最初的记载只言片语，具有猎奇性。黎轩人、花蹄牛、大鸟卵、日落之邦、身份不明的贡使，所有这些信息，定义都是个别的，偶然而不确实。地中海文明的形象没有任何识别性与明确意义。地中海文明片段离奇的形象在东汉似乎得到改变。当大秦国出现在《后汉书》中时，除了从黎轩到大秦国名上的识别一致性外，其他方面几乎没有什么延续。《后汉书》的描述从形象传说上看是革命性的。猎奇特色不见了，史家试图表现一个实在的国家，它的地域城廓、王室百姓、制度交通、物产经济。至于各种离奇的传说，诸如日落之乡、西王母居住、道多狮虎，飞桥数百里之类，史家认为荒诞不经，无足记之。

大秦国以一个"有类中国"的文明国度出现，形象就完全不一样了。史学家们似乎注意到在东汉帝国的视野内，大秦是一个不同于荒外四夷诸国的文明国家。由此推论，或许可以得出结论，汉朝的中国人并不认为自己是世界上唯一的文明国家，华夏中心主义的傲慢与偏见尚未形成。[1]

文明国家是大秦形象的基本定位。我们一方面注意到这种形象定位的客观公正的态度，另一方面，我们也思考大秦形象对中国究竟意味着什么。

一个民族对另一个民族的感知过程，是一个双向认知与评价的过程，它不仅体现着本土对异域的印象、评价，还体现着对本土与异域之间关系的认识和某种本土意识。它与其说是带有文学色彩的认识，不如说是带有象征色彩的社会活动。

黎轩、大秦、海西国、蒙奇、兜勒，可能指埃及的亚历山大里亚，也可能是小亚细亚半岛、意大利半岛或巴尔干半岛，可能是托勒密、塞琉西王朝，也可能是罗马帝国。而话语对象的游移不定并不妨碍我们探讨第二层意义。一种貌似公正客观的大秦形象意味着一种什么"国际关系"？或许公正客观是因为没有关系。大秦在中国四邻诸夷之外，既无边市又无边患。天子即使有抚四夷、平天下的雄心壮志，大秦远国，"海水广大"、"四万里外"，也遥遥不可及。正是这种无关才导致客观，无关现实才能创造出一个"其人民皆长大平正，有类中国"的大秦神话。否则，大秦如果与汉帝国有切实的国际关系，军事政治或贸易往来，那么一个同类的文明国家岂不威胁到五服天下、华夏中心主义的世界秩序？大秦形象，在当时切不可认真捉摸，因为人们很容易发现一个"有类中国"的话语势必要造成两个中心。

客观是因为无关。大秦形象实质上是令华夏文化传统尴尬的，只是这种冲突还没有表现出来。当华夏史官在四夷传的最后附带说上几句大秦事时，他是轻松豁达的，大秦远，不论如何都无关紧要。

大秦是因其有类中国，才称为大秦的。这是中国典籍中外夷形象的唯一例外。即使是隋唐以后，东南夷诸邦在文化、组织制度和生活方式上都相当汉化之后，那种类同感在中国依旧不同于当初的大秦形象。因为东南夷的类

---

[1] 《剑桥中国秦汉史》第 6 章，中国社会科学出版社，1992 年版。

同是教化抚绥的结果，其中居高临下的感觉是明显的，夏夷之别，依然分明。大秦是一个例外。

"有类中国"的说法不断重复，到唐代杜佑《通典》中，干脆变成"本中国人也"。大秦如此类同于中国。风扬教化，无不文明，然而，甘英之后，19世纪之前，却再也没有中国人想去大秦看一看，而且，自汉以后，中国关于地中海文明的知识，直到明初，也不见得有什么大规模的提高，为什么？是什么样的文化情结窒息了这种探索与了解的冲动？大秦有类中国的文明形象，到底对中国文化意味着什么？

有类中国的大秦形象，在本质上是令华夏文化尴尬的。因此在华夏文化的潜意识深处，便自然产生一种抵制情绪，这种抵制情结的表现形式是这样的，它一方面在重复某种关于大秦的套话。四百余城、白盖小车、田作衣绣、会议国事，金银奇宝之类，使信息产生冗余陈腐之感。另一方面又以无动于衷的口吻暗示其非现实性。几乎所有的记叙者都对大秦王安敦的使者于桓帝延熹九年来贡这唯一的"史实"表示怀疑，而《宋史·拂菻国传》则明确道"历代未尝朝贡"。否定交通史实的依据就等于釜底抽薪，关于大秦任何美好的描述都可能是子虚乌有。大秦形象的这种内在话语结构是值得注意的。表面上关于另一个文明中心的"事实"陈述，在潜在层次上，已设置了否定这种陈述内容的话语机制。于是在逻辑上就造成了一种悖论状况。

异域文明的类同形象的真实性，正受到话语自身与语境的质疑。在"正史"这一话语场中，虚构是一种例外。而有关大秦文明的许多陈述，都可能成为不可证实的虚构。中国唯一可以接触到的，至多不过是琥珀、琉璃、夜光璧、明月珠之类的奇珍异宝，在中国传统观念中，奇珍异宝多产自荒远绝域异域殊方，有物之奇珍，无人文教化。中国的世界观念，素来以夏夷之分为基础。华夏人文教化，浩浩荡荡，四夷拥有奇珍异宝，远来奉献。在夏夷之间，人文与物宝之间的界限，也是文明与野蛮的界限。夷狄、珍宝、野蛮这一类表语可以移置互换。

中国的世界秩序，以夏夷区分为尺度。大秦形象与这种秩序观念之间存在着本质的矛盾，这种矛盾是否有可能构成对正统观念的破坏呢？

本土文化中的异域形象实际上是自我认识的尺度。如果这种异域形象是类同的，那么它对本土文化可构成的意义，至多是微弱的证明。除此之外没有更多的存在理由。异域形象的重要性在于它与本土文化构成某种差异甚至对立。本土文化可以利用这种区别关系对自身文化进行确认与评价。这样，异域文化的本土功能就可能是意识形态化的或乌托邦化的。意识形态化的异域形象，以被否定的形式出现在本土文化的对立面上，它的种种特征都在说明自身的野蛮，本土文化从对照中获得自我确证性的满足感。中国历史上对荒外四夷的陈述，基本上可以纳入这一模式。乌托邦化的异域形象，是本土文化对自身进行否定性批判并试图超越自身的一种方式。它以创造性的想象方式在本土文化的对立面上树立一个正面形象，映衬自身的缺陋与阴暗，达到自我超越的目的。文艺复兴一直到启蒙运动时期，西方文化对中国形象的应用，就是乌托邦式的，他们将想象中的合理制度附诸在中国形象上，马可·波罗创造了一个富饶的契丹蛮子，耶稣会士与伏尔泰创造了道德理想化的中国，这些都曾作为西方文化自身革命的一种动机与动力。

大秦形象进入中国文化，从一开始就踏空了。它对中国文化既没有意识形态化的证实功能，又没有乌托邦式的解放功能。它无法纳入夷狄话语中，也无法与华夏中心话语共存。它的形象是分裂的，物宝是胡夷的，人文又是中国的，陈述的语式是现实的，但陈述的内容，又无法证实。也许一直到近代，西方形象或地中海文明形象，对中国文化都没有构成什么意义，它是一个模糊的、不伦不类的例外。

5. 忧郁的 3 世纪

亚欧大陆两端的帝国，几乎同时陷入困境。忧郁的 3 世纪开始的时候，大汉天朝气数已尽。宦官、女后、外戚、朋党，加上儿童皇帝，搞得天下大乱。公元 189 年，董卓在荒郊野外的茅棚里追到出逃的小皇帝，皇帝吓得连话都不会说了。董卓的羌兵入京，袁绍、袁术、曹操这些未来的英雄都跑了。十年以后，董卓死了，袁术也死了，3 世纪的第一个秋天，曹操与袁绍在官渡决战。此后代替袁绍与曹操争雄的是西蜀的刘备与东吴的孙权。220年，汉献帝被曹丕所废，中国一下子有了魏蜀吴三家皇帝。

　　古罗马的日子也不好过，蛮族开始跨越边境防线，那些铸有奥古斯都、图拉真或安敦皇帝头像的金币越来越不值钱，赋税增加，田园荒芜，黄金时代之后的凄凉与失落感笼罩着整个社会。不久以前，公元193年，罗马禁卫军捕杀了吝啬刻板的珀蒂纳克斯皇帝，他们缺钱花，将帝国拍卖给大富翁朱利埃纳斯，随后，不列颠军团的副将、潘诺尼亚军团的副将、叙利亚军团的副将纷纷自立为皇帝。而可怜的朱利埃纳斯，登基不出两个月就被杀了。以后的两个多世纪里，罗马帝国与汉后的中国一样盛产皇帝。国家害了热病，机会多得像瘟疫。

波斯波利斯王宫遗址

　　亚欧大陆中部崛起。当两端的帝国衰落时，从两河流域到阿富汗，出现了庞大的萨珊波斯帝国。凶猛的安息王朝被征服了。善良的贵霜帝国像真正的佛教徒那样割让。于是河谷盆地纵横、高山峻岭亘绵、草原广阔的中亚，几乎成了一个拜火的帝国[1]，两河流域、波斯、花拉子模、费尔干纳、木康大

---

[1]　萨珊波斯帝国奉祆教为国教，又称拜火教。

夏或巴克特里亚，如今拥有了一个皇帝，阿尔德布尔一世或沙普尔一世。他将打败贵霜的大部队，俘虏罗马皇帝（200 年，瓦勒里安皇帝战败被俘）。在 365 年前后的卡斯行瑞埃（Castorius）地图上，清晰而恐怖的轮廓线说明，从地中海通往东方的所有路线，都被萨珊王朝的重甲骑兵控制着。波斯人，如今他们成了东西贸易垄断性的大老板。最难过的是丰收之后的荒凉。黄金时代过去了，不知什么时候开始，世界对一向意气飞扬的罗马人变得很苛刻，很残酷。美丽诱人的红海被野蛮的阿比西尼亚[1]人和阿拉伯人占领，阿尔苏姆王国的国王们自称是所罗门王（King of Solomon）和示巴女王（Queen of Sheba）的后裔，他们不知羞耻，可毕竟很强大，控制了从曼德海峡到亚丁湾之间这段狭长的海路。罗马商人时运不济，他们或者望着亚历山大港外的海水发呆，苏黎世地岬已成为死胡同；或者硬着头皮去贿赂阿克苏姆王国和官吏，让阿拉伯商人再狠狠地赚上一大笔。怎么样他们都会破产的。忧伤的 3 世纪。水上陆上，道路都被堵死了，帝国的王公贵族，新入主的蛮族首领，都喜欢柔软轻薄的丝绸，曾经诅咒奢侈的教会如今也在教堂里用丝绸排场，苦行的教士死后还要用丝绸裹尸。丝绸越来越重要。商人们可以为社会需求提供的巨额利润去拼命。北方草原的路也断了。草原上都是野蛮人，避犹不及。罗马恺撒的后代突然发现自己的帝国正在变成一座让野蛮人包围起来的监狱，出路都被堵死。北方的日耳曼人，南方的波斯人，东方阿提拉手下的匈奴骑兵先后出现。帝国陷入重围，当年闯荡天下的罗马商人，如今只能从波斯人、埃塞俄比亚人、阿拉伯人手中转购远自中国的丝绸。一个世纪之间，丝绸的价格翻了几十倍，公元 301 年，戴克里先皇帝将每磅赛里斯生丝的价格定为 274 个金法郎。

公元 3 世纪，中国与欧洲一度开启的交通又中断了。中国南海的商舶依旧可以航行到亚丁湾或马拉巴尔，但那里却见不到大秦帝国的商船。北方中国陷入混乱，胡夷入主中原，桑林麦田，城廓村落几度变成杂草丛生的牧场。这一时候，如果有丝绸、铁器流入中亚，也不是作为贸易品，而是北朝诸国

---

[1] 即埃塞俄比亚。

劫掠中原的战利品。

一个多世纪的战乱几乎灭绝了黄河以北的华夏文明，直到 439 年。北魏王朝统一北方，重建的和平才开始慢慢恢复中断已久的交通。太延年间（435——439），魏太武帝遣使董琬与高明招抚西域，为西方九国带去拓跋王朝的恩赐。此后，在秦西封（萨珊首都）与平城（北魏首都，今山西大同市）之间遥远的商路上，又有了杰特或其他中亚民族的商队。《北史》记载公元 5 世纪从玉门关通西域，共有四条商路，而所有的路最终都消失在萨珊波斯帝国的版图上。

路在人的脚下延伸，跨越大漠高山，自然从来不曾阻碍人。随着那些顽强的粟特商队东来西往，转销叙利亚市场上的生丝比以前多了。君士坦丁堡的皇帝们可以慷慨地拿着在叙利亚"闺房"加工的丝织品去拉拢经常威胁帝国的匈奴骑兵。野蛮人在享受上的文明进度往往快得惊人。粟特人是中古丝绸之路上的搬运工。他们把丝绸搬到波斯帝国，也把波斯帝国的石榴、没药搬到中国。随着商队东来的犍陀罗艺术大师在中国的石头上琢出希腊与印度风格的佛教造像。

在查士丁尼大帝从波斯僧侣间谍那里获得蚕种之前 100 年，萨珊壁画师把波斯壁画绘在元魏新都洛阳的宫殿里。424 年北魏太武帝从月氏人获得玻璃制造的机密："其国商贩京师，自云能铸五色琉璃。于是采矿山中，于京师铸之，既成，光泽美于西方来者。乃诏为行殿，容百余人，光色映彻，观者见之莫不惊骇，以为神明所作。自此，围中琉璃遂贱，人不复珍之。"在此之前，大秦国能吸引中华的，也不过是侏儒眩人、珊瑚琥珀、夜光璧或五色琉璃。而在此之后，单薄的大秦形象，很可能将与五色琉璃一同贬值。中国与西方交往常无所利，输出物资如丝绸、铁器多关国计民生，输入的奇珍异玉却是些无所补益的奢侈品。清醒的官员们常把通使西域当作皇帝好大喜功、臣子沽名钓誉的劳民伤财之举。《北史》评论"自占开远夷，通绝域，必因宏放之主，皆起好事之臣"，纯粹是以"四夷劳中国"，"以无用害有用"的荒唐。公元 6 世纪末，华夏大地经过几百年的战乱磨难，又盼到统一的曙光。最好的战争也不如最坏的和平。589 年，隋文帝渡江灭陈，南北一统，盛运再临中国。短暂的隋朝像秦朝，大唐像汉，而他们都是周王朝的继续。世事流转，百代兴亡，然而，由大小兴安岭、阴山、天山、昆仑山、喜马拉雅山和黄海、东海、南海围起的这片广袤的土地，始终坚守着一个统一的宿命，一个完整自足的世界。

6. 拂菻国，一名大秦

汉帝国灭亡，造就了三国时代许多英雄，却没有造就真正的帝王。晋朝的统一转眼间灰飞烟灭，蛮夷涂炭中原。以后的两个多世纪里，我们看到大漠南北，西域内外的蛮族源源不断地迁入中原，等再次统一的机会终于成熟时，隋杨唐李的血脉里，都注入了胡夷的血。

将近四个世纪，王朝朝立暮覆，战乱频仍。然而历史却在血腥中进步。蛮夷以野蛮的方式为中国注入了活力，新的政治制度在元魏时代已开始出现。游牧民族的开放文明打破了中国的统一性，却为中国文化带来许多世界内容。唐《洛阳伽蓝记》记叙元魏时代，洛阳永明寺有"百国沙门三千余人。西域远者乃至大秦国，尽天地之西陲"。洛阳：

> 永桥以南，圜丘以北，伊、洛之间，夹御道有四夷馆。道东有四馆。一名金陵，二名燕然，三名扶桑，四名崦嵫。道西有四馆，一曰归正，二曰归德，三曰慕化，四曰慕义。吴人投国者，处金陵馆。三年以后，赐宅归正里。……北夷来附者，处燕然馆。三年以后，赐宅归德里。……北夷酋长，遣子入侍者，常秋来春去，避中国之热，时人谓之雁臣。东夷来附者，处扶桑馆，赐宅慕化里。西夷来附者，处之崦嵫馆，赐宅慕义里。自葱岭已西，至于大秦，百国千城，莫不款附。商胡贩客，日奔塞下，所谓尽天地之区矣。乐中国土风，因而宅者，不可胜数。是以附化之民，万有余家。门巷修整，阊阖填列。青槐荫陌，绿柳垂庭。天下难得之货，咸悉在焉。（《洛阳伽蓝记》卷三）

《隋书·裴矩传》引裴矩《西域记·序》中记丝绸之路：

> ……发自敦煌，至于西海，凡为三道，各有襟带，北道从伊吾经蒲
> 类海、铁勒部、突厥可汗庭，度北流河水，至拂菻国，达于西海。其中道，
> 从高昌、焉耆、龟兹、疏勒、度葱岭，又经钹汗、苏对沙那国、康国、曹国、
> 何国、大小安国、穆国至波斯，达于西海。其南道从鄯善、于阗、朱俱
> 波、喝槃陀度葱岭，又经护密、吐火罗、挹怛、帆延、曹国至北婆罗门，
> 达于西海。其三道诸国，亦各自有路，南北交通。其东女国、南婆罗门
> 国等，并随其所往，诸处得达。故知伊吾、高昌、鄯善，并西域之门户也。
> 总凑敦煌，是其咽喉之地。（《隋书》卷六七《裴矩传》）

从汉到唐，中西交通有很大进步。这种进步表现在两方面：一方面是中国，治乱都为胡夷往来提供了机会，另一方面，更为主要的，是胡商、胡僧、胡使源源不断地远来中国，传播西方世界的物产与消息。几乎在胡夷入侵中原的时候，北方蛮族也践踏了罗马皇帝在莱茵河一带修筑的边界栏墙（Limes），罗马帝国的西北部完全陷入蛮族之手，城市被夷为平地，男子死在疆场，妇孺都成为夷主的奴隶。大秦国的百姓跟华夏百姓几乎同时承受着同样的苦难，上帝或佛陀，谁怜悯他们！在那段愁苦的日子里，基督西去，菩萨东来，希望的灵光映在黑夜中哭泣的心里，渐渐幻出彩虹。

西罗马帝国灭亡。东罗马或拜占庭帝国继承地中海文明传统，君莅君士坦丁堡（Constantinple）。这座位临博斯普鲁斯海峡的帝都，在希腊人那里叫作（Stambolin，或 Bolin）斯丹波或波，在阿拉伯人那里称为伊斯坦布尔（Istambul），在西班牙人那里称为艾斯丹波里（Estomboli），在土耳其人那里称为斯坦布尔（Stambol），在唐宋时代的中国，它叫作拂菻（Bolin）。公元 568、576 年，拜占庭帝国的使者两次出使西突厥。中国的"拂菻"大概是从突厥语译出的。那位拜占庭讲的是希腊语，Bolin 或 stambolin，从希腊语而突厥语，由突厥语而汉语，就成为拂菻。汉译名有两种方法，或按音节全译，如音节太多，则译尾音或其中重读的音节，如 Sanmar Kant（撒马尔罕）译

为康居，Alexandar 译为黎轩或迟散。

拂菻之名，最早出现在《隋书》（《裴矩传》卷6、《铁勒传》卷84、《波斯传》卷83）。《大唐西域记》卷1"拂菻国"、慧超《五天竺国传》中"大拂菻国"与"小拂菻国"，译音不同，所指大概都是拜占庭帝国。隋唐以后，直到佛朗机人（指葡萄牙、西班牙人）出现在明代，中国文书中一直拂菻与大秦并用，指地中海文明的代表拜占庭帝国。在这将近10个世纪的时间里，中西交通也曾有过机会。但对中国来说，都错过了。除了文化心理的原因，大概还有历史的原因。中国以农立国，疆域广阔，国内经贸足以自给，对外通商，大多以丝绸铁器之类国民生计之物换取奢侈性的奇珍异玩，实际无益。政治扩张，有大海荒漠高山为阻，想象与事功都无法伸展太远。地缘状况使中国相对独立于世界。帝国进退，始终在华夏农耕世界与外夷游牧世界之间。大秦海西，去四万里外，远不可及，也无需远徙之劳。

从汉到唐宋，大秦形象有细节出入，无总体知识的增加。有些特征被遗忘了，有些情节则添加进来。《晋书》记大秦，除照搬《后汉书》并有所删减或遗漏外，渲染了一些猎奇色彩，如"屋宇皆以珊瑚为，琉璃为墙壁，水精为栏础"。汉唐之间四个世纪，多南北分立。南方基本上没有与西方接触的机会，海路交通自公元3世纪就阻断了。出现在南朝文书中只鳞片爪关于大秦的记载，也多是奇幻之说。《太平广记》卷八一《梁四公记》记杰公语域外奇谈："西至西海，海中有岛，方二百里。岛上有大林，林皆宝树。中有万余家。其人皆巧。能造宝器，所谓拂菻国也。岛西北有坑，盘坳深千余尺。以肉投入，鸟衔宝出。大者重五斤。彼云是色界天王之宝藏……"谈到这里，拂菻记事，离正史已相去遥远，出入情节，似乎都在《西游记》或《一千零一夜》中，辛伯达航海的故事中，也有往山间深谷投羊肉作饵，鹰将羊肉衔出的故事，宝石粘在肉上被带出峪。同样的故事还可见于塞浦路斯岛康士坦蒂亚主教艾庇法涅斯的记载。

大秦形象游移不定。恰好说明它始终没有进入华夏文化话语的主流。魏晋南北朝时代，有关大秦形象的描述，在北方比在南方丰富。北方中国的大秦形象基本上承继了《后汉书》的话语传统，并在细节上有所补充、变化，这意味着新的信息传入的可能。《魏略·西戎传》中关于大秦的陈述较为全面，除复述《后汉书》的内容外，在人文制度、地理物产方面，似有所补充。另首次提到迟散城，乌丹城、安谷城和大秦的别支封国：如泽散王、驴分王、且兰王、贤督王、氾复王、于罗王。学者们对这些城廓都有过落实的考证。*

《魏略·西戎传》对大秦的记载是这一时期最为丰富的，在此后一千年内都是最丰富的。它不仅详述了国土制度，人伦物产，对交通路线的描述也较为准确、具体："大秦道既从海北陆通，又循海西南，与交趾七郡外夷通。又有水道通益州、永昌，故永昌出异物。"大秦形象在名称、细节上有所变化、补充，但整体形象却延续如一。奇珍异宝的因素时多时少，但"有类中国"的基调却始终不变。《魏略》甚至想当然断定大秦"其海傍出，犹渤海也，而东西与渤海相望，盖自然之理。"（《魏略》卷一〇二《西域传》）

大唐天下，疆域辽阔，五方杂处。四夷称臣。"贞观十七年拂菻王波力多遣使献赤玻璃、绿金精等物。太宗降玺书答慰，赐以绫绮焉。"（《旧唐书》卷198）《旧唐书》记载除这一次贡纳外，还有乾封二年（667年）、大足元年（701年）、开元七年（719年）共四次拂菻王遣使来朝，献过"底也迦"、狮子羚羊。"底也迦"是用鸦片、没药、蛇胆合成的药丸。《本草纲目》说有红黑两色。这大概是最早进入中国的鸦片。至于遣使的拂菻王波力多，西方汉学家考证为罗马教皇西奥多罗一世（Pope Theodorus I）或叙利亚总主教帕特拉克（Patriaeh）。将 Pope Theodorus 连起来读或读 patriach，都可得波力多译音。

开元七年最后一次遣使，按《旧唐书》记载，来的是位"大德僧"。今天的说法，一位主教。唐代宗教政策宽容，道教、佛教、伊斯兰教、祆教、摩尼教、景教都可以自由传播。明天启5年，长安的农民锄地的时候，挖出一块唐建中二年的《景教碑》。景教是基督教别派，主要在东方传教，贞观九年（635年）由叙利亚人阿罗本等传入中国。他们在长安一带传教，建成大秦寺，四百多年以后（宋仁宗熹七年，公元1062年），苏轼游长安旧地时，仍有大秦寺在。[1]

---

[1] 《苏东坡诗集注》卷二："壬寅二月，有诏，令郡吏分往属县，减决囚禁。自十三日受命出府，至宝鸡、虢、郿、盩厔四县。既毕事，因朝谒太平宫而宿于南溪溪堂。遂并南出而西，至楼观、大秦寺、延生观、仙游潭。十九日乃归，作诗五百言，以记凡所经历者，寄子由。"（诗略）

住在唐朝的大城市里，北方的长安、洛阳，南方的扬州、广州，都有机会听到大秦或拂菻的消息。然而，今天我们从唐代文书中见到的有关大秦的记述，却稀少、贫乏得可怜。旧新唐书的记载，无甚新意。有些细节的补充，如飞鸟羽翼般的王冠、肚脐扎在土中的羊羔、鬼市之类，也大多是猎奇性的。《通典》中的大秦论是一次综合。拂菻形象也没有什么改观。有唐一代，大秦知识流入中国，一定比前代丰富许多，然而，这些信息并没有留在文本中。大秦形象在中国，所缺的不是历史中可提供的知识，而是文化传统中对异域的关注。杜环751年在怛罗斯战役中被黑衣大食俘虏，流离西亚十多年后，才从海道乘大食商船取广州回国。劫后余生，杜环著《经行记》，记述自身遭遇与西亚风土人情。然而，这部书却被不经意地丢失了。《通典》保存了其中一些内容，多是杜环在阿拔斯王朝做奴隶时听说的，诸如大秦人颜色红白，"男子悉著素衣，妇人皆服珠锦。好饮酒，尚干饼，多淫巧，善织络……其俗每七日一假，不买卖，不出纳，唯饮酒，谑浪终日。"天灾人祸，中国书被焚烧、散佚的太多。甘英、杜环之类的异域记述都看不到了。相同的情况在西方，柏朗嘉宾[1]东使记，希尔特贝格[2]被房东方行记，却被传抄许多次，留传至今。

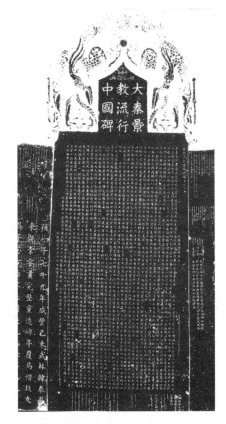

大秦景教流行中国碑，公元781年
（唐建中二年）立

散佚是历史的遗忘，文化无意识用遗忘处理所有令人不快或畏惧的记忆。

[1] 柏朗嘉宾，教士，1245年出使蒙古，到达上都哈剌和林。
[2] 希尔特贝格，巴伐利亚贵族，被俘后在奥斯曼苏丹和帖木耳大帝宫中当俘虏，逃回欧洲后口述《旅行记》。

7. 世界帝国，从长安到巴格达

和平或战争，总有外国人争先恐后到中国来，使者、商人或军人。如果有少数中国人流落荒外，也是一段伤心的历程。亚美尼亚的史家摩西著《史记》（五世纪），说亚美尼亚望族中有两支是从中国逃难西迁的。玄奘西游，在石国以南（撒马尔罕附近）见过的一个由三百多户中国人筑居的小城，服饰礼节，已类突厥，但语言仍是中国本色。中国最终还是要统一。隋唐从很多方面都令人想想秦汉，一个成霸统一的短期王朝之后紧接着是一个长期繁盛的王朝。统一之后，万国归属，天下盛世，中国人没有理由也没有必要再去国怀乡了。天下三分，人文厚土、华夏之外，就是夷狄与禽兽的世界。即使有怀远之志，仗剑仕游，也不过大江南北，长城内外。李白是唐朝最浪漫的人了。一生好游，但从未想到过大秦或海西国。那时候，中国就是世界。

公元630年初春，也就是贞观三年，定襄道行军总管李靖与通漠道行军总管李世击破东突厥汗国。俘获十几万人、几十万牲畜。唐太宗李世民从骊山温泉回宫，大赦天下。三月三日，几十名蛮族酋长、君主、跪在皇宫门前，请求李世民接受他们奉上的尊号："天可汗"。"我是中国天子，难道还要兼作可汗成？"李世民故作姿态，文武百官、四夷酋长，随之山呼万岁。以后李世民每对西北蛮夷君主颁发诏书，都不忘记署上"天可汗"。心情好的人总足宽容大量，天可汗历数了被俘的东突厥颉利可汗阿史那咄苾的五条罪状，又赦免了他。这位高贵的野蛮人一时激动得痛哭流涕。他被安排到太仆馆，吃好喝好，此生从此休了。那是多么好的年头啊！春夏之交的一个夜晚，太上皇李渊在凌烟阁设筵，款待他那出色的儿子，同时还有高官、贵戚，晚风透着花香，月色清朗，半醉半醒之间，李渊亲自弹琵琶，世民随声起舞，人生得意，莫过于此。

大唐盛世，文治武功，都是中国历史上最辉煌的时刻，也是公元第一个一千年世界文明的顶点。如果说中国由来已久的华夏中心主义的幻梦还曾有一度接近现实，那只能是唐代贞观之治时的中国。

那时候，世界走向中国，四邻蛮夷，纷纷归附贡献，万里之外，亦有商贾来。

家乡就是世界，谁还想孤征远举，谋生绝域？大唐盛世的中国人，有出游的条件，却无出游的动机。从汉到唐，有治有乱，然而苦难与幸福都没能使中国人产生远徙异域他乡的念头。高山大漠、草原沧海限制了他们的想象力，华夏中心的幻觉也使他们世世代代满足于这一片黄土一顶蓝天之间。家乡有多大，世界就有多大。

很多人说，大唐盛世是外向型的，世界主义的。就世界走向中国来看，的确如此。可是，中国却没有走向世界。如果不遇到饥荒，帝国绝不允许他的人民出去随丰就食。玄奘和尚上表申请"过所"（出国护照），未准，只好偷渡出关。广州华商因为尝试了一些贸易自由，一次就有五百多人被杀。唐"关市令"规定："锦、绫、罗、縠、绸、绵、绢、丝布、牦牛尾、珍珠、金银、铁，并不得度西边、北边诸关及至缘边诸州与易。"（《唐律疏议》）有来无往，开放的另一面落空了。四邻蛮夷纷纷归服，"天可汗"准备赐给他们。天可汗命令凉州都督李大亮上疏说："要归服远方的异族，必须先安抚近地的领夷，世界一棵树，中国是树根，四方蛮夷是树叶……"

大唐盛世里，任何世俗的动机，都不足以使中国人远徙海西绝域。人生一世，大唐帝国之外，还有什么可以想象的？

那时候，唐朝住着许多外国人。广州、扬州、洛阳、长安，都是当时世界上最繁华的城市。天竺人、波斯人、大食人、僧伽罗人、爪哇人、突厥人、回鹘人、吐火罗人、粟特人、高丽人、日本人，在城里都有自己的居住区，享受着一定的治外法权。他们可以在中国贸易也可以定居，他们可以娶中国姑娘，但不能带回自己的国家。数不清的波斯舶、大食舶、昆仑舶，装载着没药、珍宝、丝绸锦缎，停在广州城外珠江的江面上。暖风湿润，夹着两岸荔树、柑橘黄花、班兰的清香与沉醉的人烟味儿。从南到北的大运河，帆樯连绵不断。扬州位于长江与运河交接处，比广州更为繁华，富贵公子与落魄文人去那里花钱，胡商夷贩则去那里挣钱。十年一觉，歌台舞榭，扬州旧梦。南方城市充满生气，但总不够富贵雍容，洛阳、长安，都有千年的历史，高官显贵，将军墨客，都有大家气。胡商从南海来，大多在广州，从内陆来，多到长安或洛阳。洛阳有南市，长安有东西两市。贞观之治时的国都长安，东西10公里，南北8公里，比现在的西安市还大。对于那些初来乍到的西方人，佛寺青楼、胡僧胡姬、红墙碧绿、胡乐胡声。市景宛若仙境。

大道如青天。你无法想象得更多。了解世界，尽可在中国。李白仗剑远游长安那些年里，帝国都城是一座活的博物馆。珠翠珍宝，怪禽异兽，蛮花胡草，康国、吐蕃的龙马、皮毛，大食的鸵鸟、没药，回鹘的骆驼、毡毯，天竺的孔雀、菩提树、红、白莲花，林邑的大象、爪哇的犀牛、吐火罗的狮子、老虎、拂菻的珊瑚琥珀水精玻璃、波斯树脂、麦加香膏、梵夹、蛮笺、高丽纸，各种贡品商品，来自远国绝域。长安是世界之都，那里可以看到波斯的流亡公子、大食的商人、回鹘的高利贷者、日本的留学生、龟兹的乐人舞会、非洲或爪哇的昆仑奴、突厥的俘虏。那里可以兼容佛教徒、道教徒、景教徒、摩尼教徒、袄教徒与前来避难的伊斯兰教徒。公元8世纪间，世界上没有任何一处，可以有这番宏大的帝国气象。

然而，帝国沉浮，往往就在转瞬之间。华夏帝国几乎就在它达到繁盛高峰的顶点的同时，衰落就开始了。贞观之治出现时，回历纪元已经开始。穆罕默德是人类历史上少有的改变世界的英雄。在他之前，阿拉伯半岛上粗犷的贝都因人一直过着默默无闻的生活。是这位伟大的先知的启示与热情，让他们与那死寂的海与芬芳的灌木丛、椰枣树一同燃烧起来。穆罕默德死的时候，阿拉伯半岛上几乎所有的民族都已成为穆斯林兄弟，真主安拉勇敢的信徒与骑士，并准备随时离开贫瘠的家乡，占领世界。

四大哈里发时代（622—661），圣战旗帜下的阿拉伯征服开始。633年秋天，近10000名骑骆驼的战士突然出现在肥沃的新月地带。在这些希望能为安拉战死，直接升入天堂的勇士面前，刚刚战胜波斯人的拜占庭军队竟不堪一击。雅尔穆克一役，哈里发欧麦尔的大将哈立德全歼希拉克略皇帝的军队，西奥多拉斯将军战死。640年，拜占庭帝国的叙利亚省落入阿拉伯人之手。一年以后，号称"拜占庭粮仓"的埃及陷落，坚定的希拉克略皇帝也去世了。几乎在向西扩张的同时，欧麦尔的将军瓦噶斯出征伊拉克。637年6月，波斯萨珊王朝的首都泰西封陷落，波斯国王叶兹德吉尔德三世在伊朗高原东奔西走15年，终于被木鹿附近的一个磨坊主杀死。他的儿子卑路斯带着一些遗臣逃到唐朝的长安，最后客死中国。

泰西封陷落之前，叶兹德吉尔德可能向唐朝求援。《新唐书·西域传》记"观十二年（638 年）（波斯）遣使者波以半朝贡，又献'活褥蛇'"。唐太宗没有反应。一百年后，751 年，唐军高仙芝部在恒逻斯与大食兵团遭遇。三万远征军几乎全军覆没。这是唐帝国扩张中的一次标志性的转折。因为四年以后的安史之乱，使唐朝彻底放弃了中亚，在以后的几个世纪中，伊斯兰文化彻底改变了中亚的信仰与生活方式，撒马尔罕的佛像与布哈拉的祆教寺院都被捣毁了。谁信奉伊斯兰教就可以不纳税，于是一部《古兰经》从摩洛哥海岸一直念到河西走廊。

一种诞生在沙漠中的信仰，在一个世纪内建立了一个地跨欧亚非三个大陆的庞大帝国。655 年，阿拉伯海军彻底击溃拜占庭舰队，君士坦斯二世五百多艘战舰葬身海底，鲜血染红了古老的地中海。661 年倭马亚王朝将伊斯兰帝国的首都从绿洲城市麦地那迁到具有悠久文明历史的大马士革。曾经是罗马帝国的一个内湖的地中海，如今几乎成为穆斯林兄弟征服的国土中的一个内湖。波斯化的阿拔斯王朝在 750 年取代了倭马亚王朝，首都从叙利亚的大马士革迁到巴格达。这个位于底格里斯河与幼发拉底河之间的岛屿般的城市，是一个世界市场。中国的丝绸、瓷器、纸张、鞍剑、肉桂，吐蕃的麝香，印度的黄金与孔雀，还有数学、哲学，马来群岛的香料、撒马尔罕的地毯、波斯的白银、珍珠，埃塞俄比亚的黑奴、象牙，埃及的亚麻布，希腊的医学与地理学，俄罗斯的蜂蜜、黄蜡，西班牙的金属，都被运到这里贸易。感谢真主，为他们保留了这样一个美丽的地方。全世界都知道，《天方夜谭》里著名的哈里发哈伦·赖世德（786—809）统治下的巴格达，是人间天堂。

伊斯兰文明从拜占庭帝国夺取了小亚细亚、富饶的埃及和新月地带，从大唐帝国手里夺取了中亚，从撒马尔罕到新疆。8 世纪初，倭马亚王朝东方总督哈札只曾许诺他的将领穆罕默德·本·卡西姆与屈底波·并波悉林，谁征服大唐，谁就出任中国总督。白衣大食[1] 没有踏上中国的土地，40 年后，黑

---

[1] 中国以"大食"称阿拉伯人，源于波斯语（Tazi）。白衣大食指倭马亚王朝，因其旗帜尚白；黑衣大食指阿拔斯王朝，因其旗帜尚黑。

巴格达哈里发的旗手与乐手，13世纪画作。

衣大食的呼罗珊[1]总督阿布·穆斯林在恒逻斯打败唐军高仙芝部，三万人死亡被俘。这些事在中国，没有什么影响。帝王百姓，似乎都没有醒悟到大食帝国的扩张，对整个世界意味着什么。也许世界秩序已从大唐和平轮转到伊斯

---

[1] 呼罗珊（Khurasan），今伊朗东北部。

兰和平，以后将是蒙古和平，伊比利亚和平，不列颠和平，美利坚和平。人类的福祉不会只停留一方。

中华帝国文治武功，在 8 世纪中叶之前，已达到顶峰。阿拔斯王朝建立，安史之乱发生，不久世界的中心就从长安移到巴格达了。

恒逻斯战役后到巴格达做过多年俘虏的中国人杜环，回来后说大食"郛郭之内，里闬之中，土地所生，无物不有。四方辐辏，万货丰贱，锦绣珠贝，满于市肆。驼马驴骡，充于街巷。"[1]

衰落的唐朝对此似乎没有什么反响。《旧唐书·大食传》记载开元初年，倭马亚王朝的使者来大唐谒见玄宗，已经不肯下跪[2]。

他的态度令人想起一千多年后强大的不列颠帝国的使者马戛尔尼，在乾隆皇帝面前同样不肯下跪。

公元 9 世纪的巴格达，已取代一个世纪之前的长安，成为新的世界文明的中心。

8．拂菻国，历代未尝朝贡

751 年，罗马地震。在东方，阿拔斯王朝（黑衣大食）的军队与大唐高仙芝的部队在恒逻斯（江布尔）遭遇。由于葛罗禄部叛变，与大食军团前后夹攻，高仙芝惨败。

在世界格局内观照中国历史，751 年是一个转折点，从此之后，中国的国运就衰落了。4 年以后，安禄山叛乱，唐军放弃的不止是中亚，还有准噶尔盆地，塔里木盆地直到甘肃一带。这个地区在以后的几个世纪里，逐渐伊斯兰化了。以华夏文化影响中亚，中国要再等一千年。从汉到唐一千年，华夏帝国一直在扩张，那些年里苦难与幸福都崇高得令人激动。以后的一千年，国运衰落，苦难变得可怜，幸福开始糜烂。读历史像读一部用秽语描写酷刑

---

[1] 《经行记》，见杜佑《通典》卷 93。

[2] "开元初，遣使来朝。进马及宝钿带等方物。其使谒见，唯平立不拜。宪司欲纠之。中书令张说奏曰'大食殊俗，慕义远来，不可置罪。'上特许之。寻又遣使朝献。自云在本国惟拜天神，虽见王亦无致拜之法。"——《旧唐书》卷 198《西戎传》。

的发霉的经卷。

唐室倾覆，天下大乱。赵氏家族一统江山后，大宋国运，一直贫弱不振。天下变得很小，东有契丹，西有西夏，南蛮屡平不定，国土小得不及大唐的一半。文人统帅军队，坐在营帐饮酒赋诗，豪情都抒发在想象里。开封一座都城，落在了无遮拦的平原上。胡骑随时都可能出现在黄河对岸。生逢此时，国君百姓，谁还能想得更远？

《宋史·拂菻国传》记述的拂菻国，于先前的大秦形象已有较大的改变。大秦形象的主要特征都不见了。单从制度风俗、人伦物产的描述上看，拂菻国似乎已成另外一个国家："国地甚寒，土屋无瓦"，根本没有先前所描述的大秦文明气象，倒是更像那些漠北西域的蛮国。

《宋史·拂菻国传》首先断定拂菻国"历代未尝朝贡"。然而又将1081年的一次贡献当作拂菻第一次通使中国："元丰四年十月，其王灭力伊灵改撒始遣大首领你厮都令厮孟判来献鞍马、刀、剑、珍珠。"此灭力伊灵改撒是否东罗马帝国的皇帝，颇可怀疑。史学界中有一种意见认为是东罗马皇帝迈克尔（Michael Ducas）或其政敌布里延涅斯·恺撒（Bryennius Cae-sar）。另一种意见否定灭力伊灵改撒是东罗马皇帝，塞尔柱突厥的副王称为"Melek-i-Rum Kaisar"，应该是遣使之人。塞尔柱人公元10世纪开始从吉尔吉斯草原西侵，11世纪中叶已建立起庞大的塞尔柱帝国，版图东起锡尔河流域，西至叙利亚和小亚细亚，北宋神宗、哲宗时代正值黄金盛期。塞尔柱国王也曾称自己为罗马王（King of Rum）。伊斯兰世界里，直到15世纪，还称小亚细亚和土耳其帝国为罗马（Rum）。如果这样，《宋史·拂菻国传》描述的拂菻国，种种特征都更似塞尔柱帝国。正史中作为拂菻国的拜占庭帝国消失了。大秦形象出现混乱。其中简陋的陈述与模糊的所指，似乎都在说明一种知识传统的断裂。拂菻国的形象变得似是而非。"有类中国"的基位一变，大秦形象的内质也就变了。此时的拂菻国，在形象类型上，完全无异于中亚西亚的大食帝国或突厥王朝。

两宋的世界知识极为有限，帝国的版图在缩小，异域视野也在缩小。一个民族大概从那时开始学会偏窄与猜妒。大秦形象消失了，历史的局限终于帮助文化心理传统排除了一个"例外"的，也无关紧要的异域形象。以后很久，足有十个世纪，中国在这个世界上也没找到过一个"有类中国"的异域形象。

《西园雅集图》（部分），宋代文人宴游之乐。

宋代像一个败落的大家族，在最后的日子里靠典当旧物维持奢侈空洞的生活。精神上物质上都已没有新的刺激或动力，人们以一种看透了或看破了的聪明谋求黑夜降临之前最后的享受。那时代的市民生活与文人情趣曾经受到推崇，因为那是绝望背景下人可以尽最大努力争取到的最大的幸福与意义。如果不是同样体验到那种绝望，人们不会推崇两宋风格的。生活的圈子越来越少，幻想中的将士夜里挑灯看剑，英雄如梦。南宋孝宗时永嘉人周去非曾在桂林做官，回乡后被故人们当作远游并见多识广的人。为了回答那些好奇的乡亲们没完没了的纠缠，他干脆编了一本书，名叫《岭外代答》，应酬那些询问。周去非的世界知识的确不敢恭维，他说："大秦国者，西天诸国之都会，大食蕃商所萃之地也……"

周去非述大秦事，既分不清天上与人间，又分不清罗马与大食，一个没出过远门又没接触过外人的文官，既缺乏世界知识，又缺乏对已有资料的判断力。周去非《岭外代答》十卷所叙述的域外故事，大多摘自书本趣闻，又没有进行条理化的组织，简略散乱的大秦国形象，缺乏异域文化应有的影响力。

历史上很多时候，中国似乎不是没有了解西方的可能或条件，而是没有这种意愿。8世纪中叶一系列戏剧性的转折之后，中国历史上最辉煌的王朝开始衰落。以后的四个世纪里，大食军团与伊斯兰文化向东推移，覆盖了曾经汉化的中亚腹地。而汉文化则转向富饶湿润的中国南方，渐渐一个粗犷勇武、具有组织扩张性格的北方文化类型被一个精巧活泼、讲究个人享受的南方文化所取代。两宋三百年，彻底完成了这种转化。中国的文化、经济重心的南移，意味着中国通向世界的道路不再是黄尘荒漠，雪岭大山间的内陆丝绸古道，而是广州、泉州、杭州，南方沿海那一线放洋的口岸。公元8到15世纪，是阿拉伯人海上冒险的时代，当大食商人穿过南海抵达中国时，他们会在珠江入海口和晋江入海口处或杭州湾某一个当时世界最繁华的城市登陆。那时候的广州、泉州、杭州，都可能给那些辛伯达兄弟们提供发财的机会。

刺桐港（泉州）是宋元时代中国海外交通的中心。14世纪摩洛哥旅行家伊本·拔图塔在刺桐登岸时，发现"刺桐港是世界上最大的港口"，他说："我在港内看见大船百余艘，小帆船不计其数"。来自海外的货物在这里集散，犀牛角、象牙、龟甲、鳄鱼皮、孔雀羽、麝香、龙涎香、无花果香料、玫瑰油、栀子花汁、靛蓝、红花染料、藤黄树胶、芦荟、樟脑、苏合油，各种金银珠宝，香料药材从这里运往中国内地，而丝绸锦缎、细纱抽纱、瓷器、布匹纸张、铜器铁制品等中国货，又从这里运往南洋、印度、西亚与东非。拔图塔注意到中国此时已有健全的海关与港口管理制度，货物到岸都要经过盘点、过秤、重新包装、入库，船政官员对进出港口每艘船都进行检查、征税。以后，在蒙元世纪那些欧洲旅行家的笔下，我们还可以多次见到这座城市。

每年季风季节，都有大食、占城、马八儿、中国的大型海船满载货物往来于中国东南沿海与南洋群岛、印度、西亚与非洲海岸。9世纪黄巢义军攻入广州，屠杀波斯、大食商贾 12 万人。广州港从此衰落了很长时间。公元 1078 年，北宋神宗元丰年，开封朝廷在刺桐设舶司，管理船政，征收税捐。刺桐一时胡贾蚁聚，番货荟萃。南宋嘉定年间，赵汝适任刺桐舶司使。在万商云集的港口，他有很多机会可以接触到异域人物风情。后来他写了两卷《诸蕃志》，记述他所知道的海外国民。遗憾的是，他对书本上的知识更感兴趣。他的舶司使之便，没有给他提供太多的信息。或许他是天朝官员，只管征税，不屑与蕃商交往。

《诸蕃志》记大秦，依旧是秀才不出门，全知天下事的办法。周去非的《岭外代答》曾给他提供了很多信息。赵汝适描述的大秦形象，尽是汉唐人零散知识的重复。从甘英到赵汝适，一千年过去了。那么多交往的经验，却没有增加多少中国关于大秦的知识。思想与想象都被锁定在前人的书本里。赵汝适也提到地中海地区的其他一些国家，如"斯加里野国"（意大利西西里岛 Sicilia）、芦眉国（东罗马帝国 Rum，西亚人称 Rome 为 Rum）、木兰皮国（摩洛哥，阿拉伯人称之为 Maghribel Aksa，意为"泰西"）。这些消息可能来自大食商人，赵汝适的记述，却只有略略几笔，多在猎奇。

两宋间海外交通发达，但胡商带来的域外知识，并没有进入正统文化视野内。港口开放了，心灵却关闭着。世界上真正的路与桥，都铺在人心里。

唐朝是一个世界帝国，宋朝是一个本土帝国。世界帝国的胸怀在于王者无外，德化天下。那种居高临下的态度不可能产生了解域外的冲动。宋朝的目光渐渐狭小，世界性的骄傲被本土性的固执取代，对异域的关心也就更淡了。公元 987 年，阿拉伯人阿布尔法拉奇（Abulfaraj）在巴格达见到刚从中国回来的景教徒纳奇兰（Najran），后者告诉他，中国已经没有一个景教徒了，那里的教堂都被焚毁，教徒死于非命。实际早在 9 世纪中叶武宗排佛之后，景教在东土就已基本灭绝了。12 世纪末金朝陕西东路兵马都总管判官杨云翼游长安时，一百年前苏轼见到的那座大秦寺已经倒塌，只有空荡荡的寺基留在那里遣人诗兴：

寺废基空在，人归地自闲。

绿苔昏碧瓦，白塔映青山。

暗谷行云度，苍烟独鸟还。

唤回尘土梦，聊此弄澄湾。

——杨云翼《大秦寺诗》

9．伊斯兰帷幕

先知说："追求知识，甚至远至中国。"穆斯林兄弟默诵着"法谛海"，从贫瘠的家乡出发，走向世界。骆驼是沙漠中的船，三角帆帆船是海上的骆驼。这两样交通工具，使伊斯兰文明成为一种世界性的文明。

在荒凉的商路上，信奉真主的商人们建立起许多这样的商队客栈

伊斯兰文明在战争与贸易中传播。从四大哈里发时代到地理大发现这将近一千年里，是穆斯林商人连接起世界，沟通欧洲与东亚。那时候，巴格达、巴士拉、西拉夫、开罗、亚历山大等一系列伊斯兰帝国的城市，是世界水陆贸易的中心。巴格达的码头，有六七公里长，日常停泊着几百艘各式各样的商船。辛巴达们从那里出发向西到地中海沿岸，那里有犹太人的经销网，东方的奢侈品经过犹太人进入法兰克人的基督教世界。伊斯兰世界中心的商品也曾到中国，大食商人可能直航广州或泉州，也可能由印度、锡兰或马来亚的商人转销。中世纪伊斯兰文明进行的世界贸易，主要是一种季风贸易。从东非到苏门答腊之间广阔的印度洋上，每年10月到来年3月刮东北季风，5

月到 9 月刮西南季风。东北季风将商船从古吉拉特送到亚丁湾，西南季风则将亚丁湾的船送到马拉巴尔。穆斯林商人通常 10 月间从波斯湾启航，乘东北季风到印度或马六甲，他们在那里与可能来自中国的商船贸易。他们也可以经过短暂修整后乘南季风在广州或泉州登陆。那里有许多阿拉伯商人。他们在中国度过夏天，当东北季风刮起的时候，他们就返航了。从中国到马来亚、印度，都有穆斯林商人熟悉的贸易港口，他们在那里交易、居住，为当地政府交纳关税，当地政府则负责保护他们的财产与人身安全，并赋予他们一定的治外法权。

当初选择底格里斯河中游的小村子巴格达建都的时候，曼苏尔哈里发就想到与中国的交通："这个地方（巴格达）是一个优良的营地，此外，这里有底格里斯河，可以使我们接触像中国那样遥远的国度，并带给我们海洋所能提供的一切。"阿拉伯人是一个同时从事陆上征服与海上贸易的民族。《道里邦国志》曾经记录了从巴格达到长安的呼罗珊大道。黑衣大食商贾的骆驼，曾经在这条路上奔走了近一个世纪。白衣大食的时代，世道变了，大唐衰落，吐蕃扩张，陆路已不安全。于是海路就热闹起来，阿曼湾的城市苏哈尔有出色的城市、漂亮的大船与大片大片的乳香园、椰子林。这里是《一千零一夜》中那个辛巴达的故乡，至少在三个世纪之前，他们已见过中国的商船出现在城外的海湾。

贸易交通把中国的丝绸、瓷器带到阿拉伯世界，也把香料、珠宝带到中国，物资流通，有很多可以称述的，但文化影响却细乎其微。阿拉伯人学会了造纸，知道了指南针、火药，并把它传到西班牙、意大利，他们更喜欢中国的占卜、炼丹，那个时代最受人尊重的科学大师，满脑子都是炼"点金石"、"长寿丹"的配方。

伊斯兰世界跟中国有很多交往。在西方，他们也通过犹太经销商跟拜占庭帝国、拉丁罗马打交道。公元 3——13 世纪，中国与西方如果有可能相互猜测了解，伊斯兰世界是他们的中介。然而，这个中介绝大多数时间里不是被仇视阻塞了就是被冷漠忽略了。中国人既没有从那里获得多少西方的消息，欧洲人也没有获得多少中国的消息。在中国，这种阻障在于一种异域冷漠症式的文化情结，在西方，则是基督教徒与伊斯兰教徒，法兰克人与撒拉逊的宗教世仇。大海、沙漠、高山与草原，都可以逾越，可人心却难以逾越。人是在心理，而不是在地理上被分隔开的。

伊斯兰文明是一道帷幕，整个中世纪，中国了解西方，西方了解中国，都必须通过这道帷幕。遗憾的是，这道帷幕基本上是不透明的。西方封闭在基督教信仰与神话中，中国则封闭在华夏中心主义的幻觉与偏见中。罗马帝国衰落以后，西方的中国形象渐渐被淡忘了，大唐盛世之后，中国的西方形象也逐渐淡化、含混。回顾历史，从黎轩、蒙奇传说到大秦有类中国的形象的形成，汉帝国四百年间中国的西方形象不断发展，就关注的程度与细节的丰富而言，已达到中国历史上的一个高峰。以后13个世纪，直到葡萄牙人、西班牙人来到中国海岸，中国的西方形象不但没有继续发展，反而逐渐被遗忘，变得零碎、混乱。大唐中国具有世界性，但此时的罗马帝国已分崩离析，重新陷入野蛮状态的欧洲自然不会引起唐人的关注。宋人的眼光锁定在本土，几个世纪一晃而过。重新将中国与欧洲联系起来的，是另外一种力量，一种在草原深处积蓄了许多世纪最后爆发的原始野蛮的力量。它突然之间撕开帷幕。遗憾的是蒙元世纪只向西方打开了中国，没向中国打开西方。

10．蒙元世纪的"开放"

征服开放了帝国本土，却没有开放帝国的胸怀。1203年，秋高马肥的季节，一个叫铁木真的蒙古也速该部酋长的长子，在土喇河与克鲁伦河发源地间的折折运都山，打败了强大的突厥克烈部。文明世界上谁也不知道发生在草原深处这一次看似平常的战争，几十年以后将给整个人类世界带来多么大的灾难与改变。

三年以后，也是草原的黄金季节，铁木真已基本上征服了蒙古草原上的游牧部落，他们的酋长们正聚集在鄂嫩河发源地，召开"忽邻勒塔"（宗王大会）。从匈奴时代起古老的蒙古草原已见识过许多次这样的大会。但这一次不同。萨满巫师阔阔真庄严地宣布：那天他骑着有灰斑点的骏马访问天空，长生天腾格里（蒙古崇拜的大神，蒙语中腾格里意为"天"）告诉他，铁木真将成为人世间唯一的可汗。大家都感动地信服了，当成吉思汗（Jenghiz Khan，意为"世界统治者"）的呼声从草原响起，惊飞的宿鸟在寂静的蓝天上划出恐怖的曲线。

草原沸腾了。九尾白旄纛（成吉思汗的军旗）已成为所有突厥蒙古人的军旗。他们"世世代代生活在毡帐下"，他们是"苍色的狼与惨白色的鹿的儿孙们"，是坚强而又凶残的战士。

他们已准备好了，从匈奴时代一直准备到今天。从贝加尔湖畔，肯特山脚下，他们将呈扇形出击：向左征服中国，向前征服突厥斯坦与伊朗，向右征服俄罗斯草原。成吉思汗在山顶上祈祷："长生的腾格里啊！我是武装起来了……"他们将用围猎羚羊、鹿群、野马与老虎的方式，捕猎在文明中沉浸已久的娇嫩的民族。首先是西夏王国，在那里他们发现了一个懦弱的、不堪一击的国王。西夏成为他的藩属后，成吉思汗挥师东征大金帝国，1215年攻陷北京。烧杀抢掠持续了一个月，当他们运送战利品的最后一组车队离去的时候，这座城市已成为废墟。然而，这只是一系列屠杀与毁灭的开始。在顺利地征服中亚的哈喇契丹帝国（西辽）之后，1219年夏，成吉思汗的部队已集结在额尔齐斯河上游，他们将征服信仰伊斯兰教的花剌子模帝国，其领地包括乌浒河外地区、呼罗珊、阿富汗与伊拉克——阿只迷。花剌子模国王摩诃末布置在锡尔河防线与乌浒河外各堡垒的雇佣兵不堪一击。1220年2月，成吉思汗的部队进入繁华的商城布哈拉，城市被抢掠一空，灭绝性的屠杀开始了，最后是场大火。3月攻陷古城撒马尔罕，除了少数技师外，所有的居民都被杀了，其中包括投降者与妇女儿童。空气中弥漫着焦腥味，大地在蒙古马蹄的蹂躏下呻吟，痛苦已经无法言说了。一年以后，花剌子模帝国的首都玉龙杰赤陷落，城民无一幸存，蒙古人掘开阿姆河，湍急的河水转瞬间就淹没了整个城市。蒙古人是残暴狡猾的战士与杀手。他们杀掉所有的投降者与留守的居民。然后伪装撤走，等侥幸者回到城里时，他们又反扑过来，开始新一轮的屠杀。国王摩诃末逃到里海中的一个荒岛上，1220年底在那里悲惨地死去了。蒙古骑兵仍在横扫花剌子模富饶的城市，伊拉克——阿只迷的雷依城，阿富汗的巴里黑，呼罗珊的马鲁、你沙不儿，然后就是巴米安、哥疾宁、赫拉特……所有这些城市都被毁灭，"凡是活人都杀死"。成吉思汗的小儿子拖雷攻下你沙不儿，让他妹妹主持集体屠杀；这位死了丈夫的公主"一直杀到狗和猫"，让士兵割下所有被害者的头颅，分为男人、女人和小孩，堆成三座血淋淋的金字塔。中亚伊斯兰文明的辉煌被彻底毁灭了，被残暴抹去的城市遗址上，鲜血滋润的青草正在茂盛地生长。

游牧民族喜欢草原，不理解农耕与城市文明的价值。他们的暴行还不只因为天性残忍，游牧民族的文化偏见也是重要原因。他们毁了摩拉维亚、佩斯城后，就回到波兰草原上度过 1241 年整个夏天与秋天。成吉思汗晚年也曾想将中国北方 1000 多万臣民全部杀绝，使耕种了几十个世纪的田地重新变成牧场。这些穿兽皮的野蛮人永远忘不了他们天苍苍、野茫茫的故乡。

蒙古人在伊斯兰世界的暴行无可比拟，这一点无论是欧洲，还是中国，相对而言都幸运得多。从中亚逼近西亚，蒙古兵团放过了巴格达坐以待毙的哈里发教廷，越过阿塞拜疆、格鲁吉亚进入高加索北方草原。基辅大公率领的俄罗斯军队在第聂伯河抵抗了几天，他投降了，投降后按照野蛮人的惯例又被杀了。1227 年，成吉思汗在甘肃西北逝世，几天以后，西夏首都宁夏被陷，按照这位世界统治者的遗嘱，全城百姓被屠杀，40 位如花少女与许多珍宝陪着这位戎马一生的英雄入葬。

草原深处刮起的野蛮飓风几乎摧毁了亚洲大陆的文明世界。野蛮踏灭文明的血腥故事，在历史上已重复了无数次，但这一次不同，其规模与残酷程度直到 20 世纪末，还可以算空前绝后的。成吉思汗死了，蒙古恐怖还在蔓延。窝阔台大汗时期，华北的金朝覆灭了，长达 47 年的征服南宋的战事已经开始。札阑丁在蒙古人离去之后，又在伊朗西部复兴古花剌子模帝国。1230 年底那个冬季，绰儿马罕那颜率领的蒙古兵团卷土重来。基尔曼、洪儿思、伊拉克——阿只迷、阿塞拜疆、尼时宾、伊斯法汗、大不里士，整个西亚的灾难降临了。十年前发生在中亚的血腥屠杀如今复演在西亚。1258 年 2 月，首都巴格达陷落，不可一世的哈里发被装在一麻袋里，扔到马群中踩死，屠杀与破灭延续了 17 天，伊斯兰世界似乎已经没有任何反抗的能力了。塞尔柱苏丹凯哈武思二世将自己的肖像绘在一个双鞋底上献给旭烈兀，希望伟大的汗王能将他高贵的双脚踩在他这个贱人头上。

蒙古恐怖仍在继续，旭烈兀继续西征肥沃的新月地带。古老的叙利亚顷刻之间被蹂躏了，每一座城市先后都经历了一场充分戏剧化的野蛮屠杀，蔑牙发儿斤失陷，蒙古士兵将酋长哈米勒的肉割下来，切成小块一一塞到他嘴里，他在品尝自己的血肉中死去，头颅被蒙古士兵挑在长矛上，去大马士革游行。

人类的创造力表现在各个领域。从长安到大马士革，古老的丝绸之路上，几乎所有的城市都被毁灭了，半个世纪血光一闪，对于淹没在恐惧与苦难中的个体生命，它可能分外漫长，但对于恢宏无情的人类的历史，它又是那么短暂。血腥屠杀终于创造了广泛的和平，1276 年，忽必烈占领南宋首都临安（今杭州），三年以后，最后一个宋朝皇帝淹死在广东外海的碧波里。于是，从中国海到地中海，历史上第一次，也是唯一一次，统一成一个帝国。

蒙古人在亚欧大陆创造了一个世界帝国。世界旅行主要是欧洲人的机会。

在那一系列骇人的屠杀之后，欧洲商人与教士一千年来第一次可以自由地在东方旅行，他们感慨万千，"大汗给人民以和平"，这是中世纪西方历史学家庄维尔（JOINVILLE）在《圣路易传》中的话。这话在中国人，伊斯兰世界听来，显得那么冷血，不近人情。成吉思汗式的和平对东西方旧文明世界，可能意味着完全不同的东西，战争与和平的印象相差那么遥远。对东方文明，蒙古征服是短暂的屠杀后漫长的奴役，对西方文明，蒙古征服则是一场虚惊打开了一扇门，突然展现的机会与希望，让他们激动得忘乎所以。他们可以去东方发财致富，也可以去东方传播基督精神，大汗的金牌将保护他们的安全。13 世纪中叶，东方史学家阿不合乞说："在成吉思汗统治下，所有在伊朗与都兰（即突厥斯坦）之间的地区是那样的平静，以至于人们能够顶着黄金一盘而从大地东端走到西端，他不会受到任何人的一小点暴力。"[1]一个世纪以后，我们在意大利的一本《通商指南》中，几乎看到同样的话在重复："据曾经过去契丹的商人讲，从塔纳至契丹的路途，不论白天黑夜，都十分

---

[1] 转引自勒尼·格鲁塞：《草原帝国》，魏英那译，西宁：青海人民出版社，1991 年版，第 282 页。

安全……"

征服开放了中国。在此后的一个世纪里，至少有100位欧洲人到过中国。这是历史中有记载的，或许没有记载的数字还有数十数百倍。欧洲人是那个时代进入中国的诸色目人中的一种。但他们似乎对中国人没有什么影响。"也里可温"教（景教）、基督教重新进入中国，影响所及大概仅在蒙古人与色目人中。"爱薛"之类的拂菻国人随蒙古大军进入中国，斡罗思军士驻扎大都，诸如此类事件被记载在历史中，却没有证据说明它们也被记载在中国人的心灵里。到一个世纪以后蒙古人被赶出中国，中国人很快

蒙古旅行家。钦察细密画

就将这些入侵者忘得一干二净。大明帝国是宋帝国的延续，一个更加封闭的本土帝国，在北方修筑长城，在南方厉行海禁。一统天下，天下就是皇帝的家。

---

*见张星烺编注的《中西交通史料汇编》第一册，第41—42页：

（一）夏德谓迟散二字古音读［如的散（Disan）］或为埃及尼罗河之亚历山大港之讹音。

（二）乌丹二字古音读俄丹（Odan）。仅依读音考之，莫近于阿丹那（Adana）矣。阿丹那即今代亚丁港（Aden）。唯依地位考之，则红海西岸之密俄斯忽尔谟斯（Myos Homus）似乌丹也。此地古代为埃及红海滨大商港，有商道自此市西南行至阔勃脱斯城（Koptos），与尼罗河水道接。再顺流下至亚历山大港。古代东方印度等国货物由此道西往者甚多。

（三）安谷城即幼发拉底河下流之鄂尔柯城（Orchoe），亦古代大商埠也。

此城又名乌路库（Uruku），犹太人曰爱莱克（Erek），希腊人曰 Orxoe，现代名为瓦儿喀（Warka）。

（四）乌迟散古音读如俄的散（Odisan），亦即亚历山大港。

（五）泽散古音读如大散（Dasan），亦为亚历山大之讹音，此城似即幼发拉底河口之察拉格司斯巴锡奴（Charax Sposinu）大商港也。此港古代希腊人确有 Alexandria pros Tigrichi 之名。"其治在海中央"者，或指四周有幼发拉底河水环绕也。"最与安息安谷城相近者"，近 Orehoe 城也。

（六）驴分即幼发拉底河上游之尼斯福流姆城（Nicephorium），此城为由东方幼发拉底河往安都城（Antioch）必经之路也。

（七）且兰或为叙利亚东部之柏尔米拉城（Palrryra），又名塔德摩尔（Tadmor）。

（八）思陶或为底格里斯河右岸锡塔克（Sittake）城，在克泰锡封（Ktesiphon）之北。

（九）氾复似为俄伦泰斯河（Orontes）右岸之爱买沙城（Emesa），在大道上，南通倍脱拉，北通安都城。

（十）贤督国或即大马色克城（Damask），在爱买沙之南。

（一一）斯宾即克泰锡封。

（一二）阿蛮即爱克巴塔那（Acbatana），今名哈玛丹（Hamadar）。

（一三）于罗即希拉城（Hira），在幼发拉底河西岸，古巴比伦城旧址西南，与后代苦法（Kufa）城相邻。于罗城为阿拉伯移民建于公元二百年左右。时波斯之安息朝濒亡，不能阻止外来之阿拉伯人侵占该地。于罗附近之安巴城（Anban）不久亦为阿拉伯人所取。

（一四）斯罗国即赛流西亚城（Selaucia），在底格里斯河西岸，与克泰锡封城隔河相对。（以上注参见夏德《中国与罗马东边地》第180—200页）"

一、黎轩与蒙奇、兜勒

1. 黎轩眩人：最早出现在中国的西方人形象

安息在大月氏西可数千里。……其西则条枝，北有奄蔡、黎轩。（《史记》卷一二三《大宛列传》）

而汉始筑令居以西，初置酒泉郡以通西北国。因益发使抵安息、奄蔡、黎轩、条枝、身毒国。而天子好宛马，使者相望于道。诸使外国一辈大者数百，少者百余人。人所赍操大放博望侯时。其后益习而衰少焉。汉率一岁中使多者十余，少者五六辈，远者八九岁，近者数岁而反。……

初，汉使至安息，安息王令将二万骑迎于东界。东界去王都数千里。行比至，过数十城，人民相属甚多。汉使还，而后发使随汉使来观汉广大，以大鸟卵及黎轩善眩人献于汉。（《史记》卷一二三《大宛列传》）

译文：

安息（今伊朗）在大月氏（西域）以西数千里处。……它的西面是条枝（阿拉伯半岛），北面有奄蔡（今咸海至里海一带）、黎轩（罗马）。……

——（《史记》卷一二三《大宛列传》）

汉朝时开始在西部围地筑屋，并设置酒泉郡同西北各国往来。此后更常派使者出使安息、奄蔡、黎轩、条枝和身毒国。武帝喜欢大宛马，故出使大宛的使者络绎不绝。出使外国的使者多的达数百人，少的一百多，他们所携带的物品大大超过博望侯张骞时。其后因对西域情况日益熟悉，派去的使者便逐渐减少了。汉朝大概一年派使者十余次，少时五六次，远的八九年才回来，近的几年就返回了。……

当初，汉朝使者到安息，安息王下令率骑兵二万出东疆迎接。东疆距离王都数千里远，快走到时，已经过了几十座城，百姓跟随而来的很多。汉使返回时，安息也派使者同他们一起回汉朝，想看看汉之博大，并将大鸟蛋及黎轩魔术师献给汉帝。

——（《史记》卷一二三《大宛列传》）

2．"黎轩"可能是著名的亚历山大城。伟大的亚历山大城。伟大的亚历山大大帝为整个希腊化世界建立的首都，在汉武帝的印象里，不过是出魔术师的边远小地方，就像两千多年后许多美国人只知道中国是出熊猫与兵马俑的地方。

乌弋山离国，王去长安万二千二百里，不属都护，户口胜兵，大国也。东北至都护治所六十日行。东与罽宾，北与扑挑，西与犁轩、条支接。（《汉书》卷九六上《西域传上》）

安息国，王治番兜城，去长安万一千六百里，不属都护。北与康居、东与乌弋山离、西与条支接。……武帝始遣使至安息，王令将将二万骑迎于东界。东界去王都数千里。行比至，过数十城，人民相属。因发使随汉使者来观汉地。以大鸟卵及犁轩眩人献于汉，天子大说。（《汉书》卷九六上《西域传上》）

译文：

乌弋山离国，其都城距离长安一万二千二百里，不属西域都护府管辖，国家人口远胜兵士，是个大国。其向东北到都护府治所有六十天的行程。它东部与罽宾、北部与扑挑、西部与黎轩、条支接壤。

——（《汉书》卷九六上《西域传上》）

安息国，都城在番兜城，距离长安一万一千六百里，不属都护府管辖。它北部与康居、东部与马弋山离、西部与条支接壤。……汉武帝时开始派使者到安息，安息王下令率二万骑兵到东部边界迎接。东边界距离都城数千里远。接近东界时，已经过了几十座城，跟随而来的百姓很多。安息王也派使者同汉使者一道回朝，并将大鸟蛋及黎轩魔术师献给武帝，武帝非常高兴。

——（《汉书》卷九六上《西域传上》）

3. 黎轩幻人蹙眉峭鼻，乱发拳须，黎轩眩人，原是些其貌不扬的侏儒。

前汉武帝时，遣使至安息。安息献犁轩幻人二，皆蹙眉峭鼻，乱发拳须，长四尺五寸。（《通典·边防九》唐杜佑著。）

译文：

前朝汉武帝时，曾派使者到安息。安息进献了二名黎轩魔术师，他们都是剑眉、高鼻，头发蓬乱，胡须卷曲，身高四尺五寸。

——唐杜佑《通典·边防九》

4. "蒙奇"、"兜勒"遣使来汉，如果蒙奇确为马其顿，蒙奇来使为谁？同时代西方地理学家托勒密提到过一位旅行到赛里斯的马其顿商人蒂亚诺斯……

和帝永元六年，班超复击破焉耆，于是五十余国悉纳质内属。其条支、安息诸国，至于海濒，四万里外，皆重译贡献。九年，班超遣掾甘英穷临西海而还。皆前世所不至，《山经》所未详，莫不备其风土，传其珍怪焉。于是远国蒙奇、兜勒[1]皆来归服，遣使贡献。（《后汉书》卷八八《西域传》）

和帝永元十二年冬十一月，西域蒙奇、兜勒二国遣使内附，赐其王金印紫绶。（《后汉书》卷四《和帝本纪》）

译文：

汉和帝永元六年，班超再次攻破焉耆，此后五十多个国家全部送上人质归属汉朝。条支、安息等国，一直到地中海滨，方圆四万里远，都献上贡物。永元九年，班超派属员甘英向西走到地中海才返回。这是前代人所未到过，《山海经》所未记载的。甘英沿路考察风土人物，收集奇珍异宝。

---

[1] 蒙奇、兜勒究何在，李光廷（汉西域图考）尚无考证，其他更无论矣。今波斯里海以东诸地，属古何国，考据家皆已证明，了如指掌。蒙奇、兜勒必在更西，方符《后汉书》原文"于是远国"之义也。余意蒙奇即马其顿（Macedonia）之译音，而兜勒则吐火罗（Tuhara）之译音，故录此节于此。——张星烺先生注。

此后远方之国蒙奇（马其顿）、兜勒（吐火罗）都来归服，派使者前来进贡。

——（《后汉书》卷八八《西域传》）

和帝永元十二年冬十一月，西域蒙奇、兜勒二国派使者前来归服，和帝赐其王金印、紫绶。

——（《后汉书》卷四《和帝本纪》）

二、天涯何处大秦国

1. 若有若无的大秦，汉武帝时，大秦国入贡过花蹄牛……

元封三年，大秦国贡花蹄牛。其色驳，高六尺，尾环绕其身，角端有肉，蹄如莲花，善走多力。帝使辇铜石，以起望仙宫。迹在石上，皆如花形。故阳关之外花牛津，时得异石，长十丈，高三丈，立于望仙宫，因名龙钟石。武帝末，此石自陷入地，唯尾出土上，今人谓龙尾墩也。（《别国洞冥记》）

译文：

元封三年，大秦国进贡花蹄牛。颜色斑驳，身高六尺，尾巴卷长，足以环绕全身，牛角顶部有肉，蹄印有莲花，能走远路，力气大。武帝用它拉铜石，要建座仙宫。花蹄牛足迹印在石头上，形状都像花。因此阳关之外，花牛渡口处时常挖得到奇石，长十丈高三丈，立在望仙宫中，称之龙钟石。武帝末年，这块石头陷入地中，只有尾部露出地面，今人称之龙尾墩。

——（《别国洞冥记》）

2. 海水广大，甘英使大秦无果而还，听说自安息泛海南行，可抵大秦，大秦国盛产奇珍异宝……

和帝永元九年，都护班超遣甘英使大秦，抵条支。临大海欲度，而安息西界船人谓英曰："海水广大，往来者逢善风，三月乃得度。若遇迟风，亦有二岁者，故入海人皆赍三岁粮。海中善使人思土恋慕。数有死亡者。"英闻之乃止。十三年，安息王满屈复献师子及条支大鸟。时谓之安息雀。自安息西行三千四百里至阿蛮国。从阿蛮西行三千六百里至斯宾国。从斯宾南行渡河，又西南至于罗国九百六十里。安息西界极矣。自此南乘海，乃通大秦。其土多海西珍奇异物焉。（《后汉书》卷一一八《西域传》）

译文：

　　和帝永元九年，都护班超派甘英出使大秦，抵达条支。到地中海边时，甘英想过海。安息西部边界有船夫对甘英说："海水浩瀚，来往者遇顺风，3 个月就能渡过；若遇逆风，两年才能到，所以渡海的人都带好 3 年的干粮。海中航行，容易使人思乡恋土，不少人死在途中。"甘英听后，打消了过海的念头。永元十三年，安息王满屈又进献狮子和条支大鸟，时人称之安息雀。从安息向西走三千四百里到达阿蛮国（阿曼），从阿蛮国西行三千六百里到达斯宾国（波斯古都 Ktesiphon），从斯宾国向南走，过河，再往西南方向走九百六十里到达于罗国（Hira 古城），安息算是最西部的国家了。从这儿向南渡海，可抵达大秦。其国有丰富的珍奇异物。

　　　　　　　　　　　　　——（《后汉书卷》一一八《西域传》）

3．自海上来的大秦人，也是些能奇技淫巧的魔术师。

　　永宁元年，掸国王雍由调复遣使者诣阙朝贺，献乐及幻人，能变化吐火，自支解，易牛马头，又善跳丸，数乃至千。自言我海西人，海西即大秦也。掸国西南通大秦。（《后汉书》卷八六《西南夷传》）

译文：

　　永宁元年，缅甸掸国王雍由调复派使者来朝庆贺，进献艺人和魔术师，魔术师能变化、吐火，自身肢解，调换牛头马首，又擅长跳球，可跳一千多下。

他自称海西人，海西即大秦。掸国西南可通往大秦。

——（《后汉书卷》八六《西南夷传》）

4. 什么时候开始，大秦国变成一个"有类中国"的文明国度，它的地域城廓、王室百姓、制度交通、物产经济……

大秦国一名犁鞬，以在海西，亦云海西国。地方数千里，有四百余城，小国役属者数十。以石为城郭，列置邮亭，皆垩塈之。有松柏诸木百草。人俗力田作，多种树、蚕桑。皆髡头而衣文绣，乘辎耕白盖小车。出入击鼓，建旌旗幡帜。所居城邑，周圜百余里。城中有五宫，相去各十里，宫室皆以水精为柱，食器亦然。其王日游一宫听事，五日而后遍。常使一人持囊随王车，人有言事者，即以书投囊中。王至宫发省，理其枉直。各有官曹文书，置三十六将，皆会议国事。其王无有常人，皆简立贤者。国中灾异及风雨不时，辄废而更立，受放者甘黜不怨。其人民皆长大平正，有类中国，故谓之大秦。土多金银奇宝，有夜光璧、明月珠、骇鸡犀、珊瑚、琥珀、琉璃、琅玕、朱丹、青碧。刺金缕绣，织成金缕罽、杂色绫。作黄金涂、火浣布，又有细布，或言水羊毳，野蚕茧所作也。合会诸香，煎其汁，以为苏合。凡外国诸珍异皆出焉。以金银为钱，银钱十当金钱一。与安息、天竺交市于海中，有利十倍。其人质直，市无二价。谷食常贱，国用富饶。邻国使到其界首者，乘驿诣王都，至则给以金钱。其王常欲通使于汉，而安息欲以汉缯彩与之交市，故遮阂不得自达。至桓帝延熹九年，大秦王安敦遣使自日南徼外献象牙、犀角、玳瑁，始乃一通焉。其所表贡，并无珍异，疑传者过焉。或云其国西有弱水流沙，近西王母所居处，几于日所入也。《汉书》云："从条支西行二百余日，近日所入"，则与今书异矣。前世汉使皆自乌弋以还，莫有至条支者也。又云"从安息陆道绕海北行，出海西，至大秦。人庶连属，十里一亭，三十里一置。终无盗贼寇警，而道多猛虎师子，遮害行旅。不百余人，赍兵器，辄为所食。"又言"有飞桥数百里，可渡海北诸国。"所生奇异玉石诸物，谲怪多不经，故不记云。

天竺一名身毒，在月氏之东南数千里。……西与大秦通，有大秦珍物。（《后

第一编 大秦风土 | **49**

《汉书》卷八八《西域传》）

译文：

　　大秦国（罗马）又名犁鞬，因在地中海以西，所以又称为海西国。国土方圆数千里，有四百多个城市，几十个依附的小国。国人用石头砌城墙，城内设邮亭，都是用白土砌成的。有松柏等各种树木及百草。民俗多农耕劳作，多种树、养蚕。百姓都是光头，穿着绣了花纹的衣服，乘着有帷幔的白盖的车。出入时都击鼓，举着旌旗。都城周长达一百多里，城中有五座王宫，各相距十里。皇宫内的柱子都以水精做成，食具也是这样。大秦王每天到其中的一座宫中处理国事，五天轮完。他常让一个人拿着布袋跟随在王车旁边，有事要汇报的人，只要将奏书投入布袋。大秦王到王宫后，取出奏书，判断其正误曲直。国中设有官属、文书、三十六将，他们可直接参议国事。大秦王不固定，所立的都是贤能者。若国家遇到灾祸或风雨不时，该国王便要被废，重新立王，被废者也甘受流放不抱怨。大秦人都身材高大，五官端正，像中国人，所以称之大秦。大秦多产金银奇宝，有夜光璧、明月珠、骇鸡、珊瑚、琥珀、琉璃、琅玕、朱丹和青碧。他们擅长用金线刺绣，能织成金线毡、杂色绫。他们作有黄金涂、火浣布，还有细布，又称水羊毳。用野蚕茧作成。他们将各种香料混合在一起，熬成汁，作成苏合。凡是外国的奇珍异宝，大秦都有。他们以金银为货币，十枚银钱相当于一枚金钱。他们在海上与安息、天竺做生意，可获利十倍。大秦人质朴直率，作买卖时不讲价。国中粮食多，价廉，国用丰富。邻国使者到大秦国界后，可乘驿站的马到达都城，大秦王会赐给他金钱。大秦王常想派使者到汉朝，但安息人又想用汉朝的丝织品同他们交易，因此大秦使者受阻，不能直接接触汉朝。直到汉桓帝延熹九年，大秦王安敦派使者从日南（越南）境外来华，出使汉朝，进献象牙、犀角、瑇瑁，两国才开始交往，他们所进贡的，并无多少珍奇之物，怀疑是作传者弄错了。有人说大秦国西部有弱水、流沙河，靠近西王母所居之地，差不多是太阳没入的地方。《汉书》中记载"从条支向西走二百多天，到靠近太阳没入的地方"，就和如今书中所言不同。前代汉朝使者都到达乌弋就返回，而没有到达条支的。《汉书》

中又记载"从安息陆路沿海向北走，出地中海西部，即到达大秦。百姓居住在一起，十里设一亭，三十里设一驿站，从无盗贼及敌寇出现。路上多猛虎、狮子，拦害行人，若不满百人，即便带着兵器，也会被它们吃掉。"又记载"国中有数百里长的飞桥，可到达地中海北部各国。"所产的奇异的玉、石等物，谲怪不经，因此此处不记载。

天竺又名身毒，在月氏国东南几千里远处。……其向西与大秦国交往，国中有大秦国的奇珍异宝。

——（《后汉书》卷八八《西域传》）

5. 大秦人"长大平正，似中国人而胡服，自云本中国一别也"。从"蹙眉峭鼻、乱发拳须"的侏儒眩人到"长大平正"的胡服中国人，百年间异域形象的变异，令人惊诧。

《魏略·西戎传》曰：大秦国一号犁靬，在安息、条支西，大海之西。从安息界安谷城乘船直截海西，遇风利二月到，风迟或一岁，无风或三岁。其国在海西，故俗谓之海西。有河出其国，西又有大海。海西有迟散城。从国下直北至乌丹城。西南又渡一河，乘船一日乃过。西南又渡一河，一日乃过。凡有大都三，却从安谷城陆道直北行之海北，复直西行之海西，复直南行经之乌迟散城，渡一河，乘船一日乃过。周回绕海，凡当渡大海六日，乃到其国。国有小城邑合四百余，东西南北数千里。其王治滨侧河海，以石为城郭。其土地有松、柏、槐、梓、竹、苇、杨柳、梧桐、百草。民俗，田种五谷。畜有马、驴、骡、骆驼。桑蚕。俗多奇幻，口中出火，自缚自解，跳二十丸巧妙。其国无常主，国中有灾异，辄更立贤人以为王。而生放其故王，王亦不敢怨。其俗，人长大平正，似中国人而胡服，自云本中国一别也。常欲通使于中国，而安息图其利，不能得过。其俗能胡书。其制度，公私宫室为重屋，旌旗击鼓，白盖小车，邮驿亭置如中国。从安息绕海北到其国。人民相属。十里一亭，三十里一置。终无盗贼，但有猛虎狮子为害，行道不群则不得过。其国置小王数十，其王所治城，周回百余里，有官曹文书。王有五宫，一宫间相去十里。

其王平旦之一宫听事，至日暮一宿。明日复至一宫，五日一周。置三十六将，每议事，一将不至则不议也。王出行，常使从人持一韦囊自随。有白言者，受其辞，投囊中。还宫乃省为决理。以水晶作宫柱及器物，作弓矢。其别枝封小国，曰泽散王，曰驴分王，曰且兰王，曰贤督王，曰汜复王，曰于罗王。其余小王国甚多。不能一一详之也。国出细絺。作金银钱，金钱一当银钱十。有织成细布，言用水羊毳，名曰海西布。此国六畜皆出水，或云，非独用羊毛也。亦用木皮或野茧丝作，织成氍毹、毦氈、罽帐之属皆好。其色又鲜于海东诸国所作也。又常利得中国丝，解以为胡绫，故数与安息诸国交市于海中。海水苦，不可食。故往来者希到其国中。山出九色次玉石，一曰青，二曰赤，三曰黄，四曰白，五曰黑，六曰绿，七曰紫，八曰红，九曰绀。今伊吾山中有九色石，即其类。阳嘉三年时，疏勒王臣槃献海西青石、金带各一。又今《西域旧图》云，罽宾、条支诸国出琦石，即次玉石也。大秦多金、银、铜、铁、铅、锡、神龟、白马、朱髦、骇鸡犀、玳瑁、玄熊、赤螭、辟毒鼠、大贝、车渠、玛瑙、南金、翠爵、羽翮、象牙、符采玉、明月珠、夜光珠、真白珠、虎珀、珊瑚、赤白黑绿黄青绀缥红紫十种流离、璆琳、琅玕、水精、玫瑰、雄黄、雌黄、碧、五色玉、黄白黑绿紫红绛绀金黄缥留黄十种、氍毹、五色毦、五色九色首下毦氈、金缕绣、杂色绫、金涂布、绯持布、发陆布、绯持渠布、火浣布、阿罗得布、巴则布、度代布、温宿布、五色桃布、绛地金织帐、五色斗帐、一微木、二苏合、狄提、迷迭、兜纳、白附子、熏陆、郁金、芸胶、薰草木，十二种香。大秦道既从海北陆通，又循海而南，与交趾七郡外夷通。又有水道通益州永昌，故永昌出异物。前世但论有水道，不知有陆道。今其略如此。其民人户数，不能备详也。自葱岭西，此国最大，置诸小王最多，故录其属大者矣。泽散王属大秦，其治在海中央。北至驴分，水行半岁。风疾时一月到。最与安息安谷城相近。西南诣大秦都不知里数。驴分王属大秦。其治去大秦都二千里。从驴分城西之大秦渡海，飞桥长二百三十里。渡海道西南行，绕海直西行。且兰王属大秦。从思陶国直南渡河，乃直西行之且兰三千里。道出河南，乃西行。从且兰复直西行之汜复国六百里。南道会汜复，乃西南之贤督国。且兰、汜复直南，乃有积石。积石南乃有大海，出珊瑚、珍珠。且兰、汜复、斯宾、阿蛮北，有一山东西行。大秦海西东各有一山，皆南北行。贤督王属大秦。其治东北去汜复六百里。汜复王属大秦。其治东北去于罗三百四十里渡海也。于罗属大秦。其治在汜复东北渡河，从于罗东北又渡河。斯罗国属安息，与大秦接也。大秦西有海水，海水西有河水，河水西南北行有大山。西有赤水，赤水西有白玉山，白玉山有西王母，西王母西有修流沙，流沙西有大夏国，坚沙国、属繇国、月氏国，四国西有黑水。所传闻西之极矣。（《三国志》卷三〇《魏书》）

译文：

　　《魏略·西戎传》中说：大秦国又名犁轩，在安息、条支国以西，地中海的西部。从安息国界的安谷城乘船直到地中海西部，遇顺风两个月可到，逆风有时要一年时间，而无风有时就需三年才能到达。大秦在地中海西部，因此俗称海西。国中有河流经过，西部又有大海。大海西部有迟散城。从大秦国一直往北，可至乌丹城。向西南，有一条大河，乘船一天可过。再向西南又有大河，乘一天船可过。那儿共有三座城市，从安谷城沿陆路一直向北，走到地中海北部，再一直往西走到地中海西部，又一直朝南经过乌迟散城（亚历山大港），过一条河，乘一天船即可。大秦国四周环海，共须渡海六日，才到其国。国中有四百多个小城，方圆数千里。大秦王治理好边境的河海问题，用石头建起城墙。城中有松、柏、槐、梓、竹、苇、杨柳、梧桐以及各种草类。百姓以种植五谷为业。畜养马、驴、骡、骆驼。也养蚕。国中有许多奇人，口中能吐火，能自缚自解，能巧妙地跳二十丸杂技。大秦国没有固定的国王，倘若国中遇到灾祸，就要另立贤明者为王，并流放故主，故主也不敢生怨。大秦人身材高大，模样周正，像中国人，只不过穿着胡服。他们自称是中国人的另一支。大秦常想和中国往来，但安息人贪私利，阻挡他们前来。他们有自己的文字。按大秦国规定，王宫及族屋规模都要大，要竖旗帜，人进出时击鼓，乘有白盖的小车。国家同中国一样设置驿站、邮亭。从安息绕地中海北部可到达大秦。国中百姓居住在一起。每十里设一邮亭，每三十里建一驿站。国中从无盗贼，但有猛虎、狮子危害百姓生命，行人非成群结队不能安全通过。大秦国设数十位小王，都城方圆百余里，有各种官属和文书。国王有五座王宫，各相距十里。国王每天白天到其中一宫中处理国事，晚上睡在这里，次日再到另一宫，五天一个循环。国中有三十六将，议论国事时，只要有一将不到，就不议。国王出外时，常让一名随从拿着个皮袋子跟在身边。遇到有人反映情况，随从便将其书面材料投进皮袋中。回到宫中，国王自会处理。宫中用水晶作柱子及其他器物，弓和箭也用水晶做成。大秦国属下封了些小国，有泽散王、驴分王、且兰王、贤督王、汜复王、于罗王等，其他的小王国还很多，不能一一列举。国家出产细布。以金、银钱为货币，一枚金钱相当于十枚银钱。细布据说是用水羊的细毛织成，称为海西布。这个国家的六畜都在水中生养，有人说细布不单用羊毛织，也用树皮或野茧丝作成，产品有氍毹、毾㲪、罽帐等。其颜色是地中海东部各国的布品所少见的。大秦人常从中国丝绸中获利，他们将中国丝作成胡绫，所以多次同安息等国家在海上进行贸易。海水苦涩，不能食用，艰苦的海上航行使使者及商人们很少到达大秦。国中山上出一种九色次玉石，有青、赤、黄、白、黑、绿、紫、红、红青九种颜色。我国伊吾山中的九色石，就与之同类。汉顺帝阳嘉三年时，疏勒王臣槃进献一块海西青石和一根金带。《西域旧图》中说，罽宾和条支等国出产奇异的石头，即次玉石。大秦物产丰富，有金、银、铜、铁、铅、锡、神龟、白马、朱髦、骇鸡犀、玳瑁、玄熊、赤螭、辟毒鼠、大贝、车渠、玛瑙、南金、翠爵、羽翮、象牙、符采玉、明月珠、夜光珠、真白珠、琥珀、珊瑚、赤白黑绿黄青绀缥红紫十种、流离、璆琳、琅玕、水晶、玫瑰、雄黄、雌黄、碧、五色玉、黄白黑绿紫红绛绀金黄缥留黄十种氍毹、五色毾㲪、五色九色首下毾㲪、金缕绣、杂色绫、金涂布、绯持布、发陆布、绯持渠布、火浣布、阿罗得布、巴则布、度代布、温宿布、五色桃布、绛地金织帐、五色斗帐、一微木、二苏合、狄提、迷迭、兜纳、白附子、熏陆、郁金、芸胶、薰草木等十二种香料。大秦有陆路通地中海北部，沿地中海往南，又可与交趾七郡等外夷往来。沿水陆，大秦又与益州永昌相通，因此永昌常有奇异的物品。前人说通往大秦只有水路，这是不知有陆路的缘故。现在大致的情况就是这样。大秦国的人口，不能详细地知道。葱岭以西，大秦国为最大，分封的小王最多，这里介绍其属国中较大的。泽散王附属于大秦，治所在地中海中央。从北部到驴分，沿水路要半年时间，顺风时一个月就够了。泽散距离安息安谷城最近。从西南方向到大秦都城，不知距离多少。驴分王附属于大秦，其治所距离大秦都城二千里。从驴分城西部到大秦，有两百三十里长的飞桥，走海路沿西南方向，绕海一直向西可以抵达。且兰王附属于大秦。从思陶国一直往南，过底格里斯河，再一直朝西走三千里到且兰。过河的南面，再西行。从且兰再朝西走六百里到汜复国。西南方向的贤督国与汜复国接壤。从且兰、汜复两国一直往南，有积石。积石南面是大海，出产珊瑚和珍珠。且兰、汜复、斯宾和阿蛮北部，有一座东西方向的山。大秦东西部各有一座山，都是南北走向。贤督王附属于大秦，其治所在汜复西南部六百里处。汜复王附属于大秦，其治所沿东北方向过海三百四十里可到达于罗。于罗附属于大秦，治所沿汜复东北部过河可到。斯罗国 (Selaucia，赛流西亚城) 附属于安息，与大秦接壤。大秦以西有大海经，大海以西有大河，河水流向西南方，河的北部有座大山。大山以西有赤水，赤水以西有白玉山，白玉山以西有西王母山，西王母山以西又有流沙，其西有大夏国、坚沙国、属繇国、月氏国，四国以西有黑河。这是传闻中最西端的了。

—— （《三国志》卷三〇《魏书》）

6. 汉桓帝延熹九年，大秦商人自海路来到中国，他向孙权证明，大秦人并不像中国人知道的那样，是些侏儒魔术师……

中天竺国……西与大秦、安息交市海中。多大秦珍物——珊瑚、琥珀、金碧、珠玑、琅玕、郁金、苏合。苏合是诸香汁煎之，非自然一物也。又云大秦人采苏合，先笮其汁以为香膏，乃卖其滓与诸国贾人。是以辗转来达中国，不大香也。郁金独出罽宾国，华色正黄而细，与芙蓉华里被莲者相似。国人先取以上佛寺，积日香槁，乃粪去之，贾人从寺中征雇，以转卖与佗国也。汉桓帝延熹九年，大秦王安敦遣使自日南徼外来献。汉世唯一通焉。其国人行贾，往往至扶南日南交趾。其南徼诸国人，少有到大秦者。孙权黄武五年，有大秦贾人字秦论来到交趾。太守吴邈遣送诣权。权问论方土风俗。论具以事对。时诸葛恪讨丹阳，获黝歙短人。论见之曰："大秦希见此人。"权以男女各十人，差吏会稽刘咸送论。咸于道物故，乃径还本国也。（《南史》卷七八《夷貊传》，又《梁史》卷五四《诸夷传》）

译文：

　　天竺国……向西与大秦、安息两国在海上进行贸易。多得大秦的奇物——珊瑚、琥珀、金碧、珠玑、琅玕、郁金和苏合。苏合是由各种香料熬成的，不是自然产物。传说大秦人制苏合，先榨出香汁做成香膏，再将其渣滓卖给其他国家的商人。因此苏合辗转来到中国，已经不大香了。郁金为罽宾国所独产，花为正黄色，细小，跟荷花花蕊的颜色相似，汉朝人先用它来敬佛，日子长了，鲜花枯萎时再拿开，商人将其转卖给其他国家。汉桓帝延熹九年，大秦王安敦派使者从日南（越南）来华进贡。这是汉朝时唯一一次两国往来。大秦人做生意，往往到扶南（柬埔寨）、日南（越南）和交趾。南疆各国人，少有到大秦的。孙权黄武五年，大秦商人秦论来到交趾。太守吴邈送他来见孙权。孙权向他问起大秦的风土人情，秦论一一举例回答。当时诸葛恪讨伐丹阳，俘获一名侏儒，秦论见了，说："大秦很少见到这种人。"孙权送给秦论男女随从各十人，并派会稽刘咸护送他。刘咸在半路上病故，秦论便径直回国。

　　　　——（《南史》卷七八《夷貊传》，又《梁史》卷五四《诸夷传》）

7. 历史上很多时候，知识并没有进步，《晋书》记载中的大秦，信息重复而凌乱。

　　大秦国一名犁鞬，在西海之西。其地东西南北各数千里。有城邑，其城周回百余里。屋宇皆以珊瑚为梲栭，琉璃为墙壁，水精为柱础。其王有五宫，其宫相去各十里。每旦于一宫听事，终而复始。若国有灾异，辄更立贤人，放其旧王。被放者亦不敢怨。有官曹簿领，而文字习胡。亦有白盖小车，旌旗之属，及邮驿制置，一如中州。其人长大，貌类中国人而胡服。其土多出金玉宝物、明珠、大贝。有夜光璧、骇鸡犀及火浣布。又能刺金缕绣，及织锦缕罽。以金银为钱。银钱十当金钱之一。安息、天竺人与之交市于海中，其利百倍。邻国使到者，辄廪以金钱。途经大海，海水咸苦，不可食。商客往来，皆赍三岁粮。是以至者稀少。汉时都护班超遣掾甘英使其国。入海，船人曰："海中有思慕之物，往者莫不悲怀。若汉使不恋父母妻子者可入。"英不能渡。武帝太康中，其王遣使贡献。（《晋书》卷九七《四夷传》）

译文：

大秦国又名犁鞬，在地中海以西。国土向东南西北四个方向各延伸数千里。有城池，周长一百多里。房屋都用珊瑚作梁，用琉璃作墙壁，用水晶作柱基。国王有五座王宫，各相距十里。国王每天到其中的一座宫中处理国事，周而复始。国家若遇到灾祸，就重立贤能者为王，旧主被流放，被流放的旧主也不敢抱怨。国家有各类官署、文书，国人用胡人文字。也有白盖的小车、旌旗之类，以及邮亭、驿站，同中土一样。大秦人高大，外貌像中国人，只是穿着胡人的服饰。国中多产金玉宝物、明珠、大贝。有夜光璧、骇鸡犀及火浣布。大秦人又能用金线刺绣、织丝线毡。他们以金银为货币。十银相当于一金。安息、天竺人和他们在海上贸易，获利百倍。邻国使者到，国王会赐给他金币。中土到大秦要经过大海，海水咸苦不能食用。商人往来，都带好 3 年的干粮。因此到达大秦的人很少。汉朝时，都护班超派遣甘英出使大秦。到地中海边，船夫说："海中有令人思家的怪物，去的人莫不恋家伤怀。如果汉朝使者有不思念父母妻儿的可入海。"甘英没有去。晋武帝太康年间，大秦王曾派使者来进贡。

—— （《晋书》卷九七《四夷传》）

8．大秦国王出现在《那先比丘经》中。

那先问王："王本生何国？"王言："我本生大秦国，国名阿荔散。"那先问王："阿荔散去是间几里？"王言："去是二千由旬，合八万里。"

那先问王："曾颇于此遥念本国中事不？"王言："然，恒念本国中事耳。"那先言："王试复更念本国中事，曾有所作为者。"王言："我即念已。"那先言："王行八万里，反覆何以疾？"王言："善哉，善哉！"（《那先比丘经》卷下）

译文：

那先问国王："你原本生于哪个国家？"国王说："我本生于大秦国，国名是阿荔散（即埃及亚历山大港）。"那先又问国王："阿荔散离这儿多远？"国王说："离这儿两千由旬，合八万里。"那先问："你在这儿会怀念本国中事吗？"国王回答："是的，我常怀念本国中事。"那先说："你试着再想想本国中那些你有所作为的事。"国王回答："我立即想想。"那先说："你走八万里，来往怎么如此迅速？"国王答道："善哉，善哉！"

—— （《那先比丘经》卷下）

9. 大秦国都在叙利亚的安都城（Antioch），"其人端正长大，衣服车旗，拟仪中国"，因此才被称为大秦。

大秦国，一名黎轩，都安都城[1]。从条支西渡海曲一万里，去代三万九千四百里。其海傍出，犹渤海也。而东西与渤海相望，盖自然之理。地方六千里，居两海之间。其地平正，人居星布。其王都城分为五城，各方五里，周六十里。王居中城，城置八臣，以主四方，而王城亦置八臣，分主四城。若谋国事及四方有不决者，则四城之臣集议王所。王自听之，然后施行。王三年一出观风化。人有冤枉诣王诉讼者，当方之臣，小则让责，大则黜退，令其举贤人以代之。其人端正长大，衣服车旗，拟仪中国，故外域谓之大秦。其土宜五谷桑麻，人务蚕田。多璆琳、琅玕、神龟、白马、朱鬣、明珠、夜光璧。

---

[1] 《魏书》所记大秦，其都城曰安都，盖指叙利亚首府安梯俄克（Antioch）而言也。唐末，阿拉伯地理家麻素提（Mas'udi）谓当回教徒征服叙利亚时，安梯俄克城之读音，已缩为安梯（Ant or Anta）云。（见《黄金牧地》Prairies d'Or，III，407）《魏书》之安都音与安梯正同。《魏略》作安谷城（见前），盖取其首尾二音也。赵汝适《诸蕃志》大秦国条，亦作安都。——张星烺先生注。

东南通交趾，又水道通益州永昌郡，多出异物。大秦西海水之西有河。河西南流，河西有南北山。山西有赤水，西有白玉山。玉山西有西王母山，玉为堂云。从安息西界，循海曲，亦至大秦四万余里。于彼国观日月星辰，无异中国。而前史云条支西行百里日入处，失之远矣。（《魏书》卷一○二《西域传》）

译文：

　　大秦国又叫犁轩，以安都城为都城。从条支向西过海一万里可达，距离代国三万九千四百里。大海紧靠其国国土，像渤海一样。其国东西与渤海相望，这是天地造化而成。国土方圆六千里，处于两海之间。地势平坦，百姓散居各地。王城有五座，各方圆五里，周长六十里。大秦王居住在中城。国中设八位要臣，总领四方大事，王城中也设八位臣子，分别掌管其他四城大事。如果要商讨国家大事及国中繁难之事，要臣们便集中到国王居住处，共同商议。国王听取众人的意见后才下命令。国王每三年出巡一次，考察各地民情。若某地有人到国王处诉冤情，那么掌管该地的大臣，轻则受责斥，重则被罢免，另外推举贤能者取代他。大秦人相貌端正，身材高大，衣服、车辆及旗帜，都模仿中国，因此外邦人称之大秦。大秦国土壤适宜种植五谷桑麻，百姓以农耕、养蚕为业。物产丰富，有璆琳、琅玕、神龟、白马、朱鬣、明珠、夜光璧。东南方向通交趾，又可从水路通往益州永昌郡，国中多珍奇之物。大秦以西是海，海之西有大河，河水流向西南方向，河以西有座南北走向的大山。山之西有赤水，赤水以西是白玉山。白玉山之西有西王母山，据说山上用玉盖房子。从安息西疆，沿海路也可通大秦，距离约四万多里。从大秦国观测日月星辰，与中国相似。而前朝史书上说条支向西走一百里，便是日落处，差得太远了。

——（《魏书》卷一○二《西域传》）

10．五方杂处的元魏都城，你可以在永明寺见到大秦国僧人。

　　永桥以南，圜丘以北，伊、洛之间，夹御道有四夷馆。道东有四馆。一名金陵，二名燕然，三名扶桑，四名崦嵫。道西有四馆，一曰归正，一曰归德，三曰慕化，四曰慕义。吴人投国者，处金陵馆。三年以后，赐宅归正里。……北夷来附者，处燕然馆。三年以后，赐宅归德里。……北夷酋长，遣子入侍者，常秋来春去，避中国之热，时人谓之雁臣。东夷来附者，处扶桑馆，赐宅慕化里。西夷来附者，处之崦嵫馆，赐宅慕义里。自葱岭已西，至于大秦，百国千城，莫不款附。商胡贩客，日奔塞下，所谓尽天地之区矣。乐中国土风，因而宅者，不可胜数。是以附化之民，万有余家。门巷修整，阊阖填列。青槐荫陌，绿柳垂庭。天下难得之货，咸悉在焉。 （《洛阳伽蓝记》卷三）

永明寺，宣武皇帝所立也。在大觉寺东。时佛法经像，盛于洛阳。异国沙门，咸来辐辏，负锡持经，适兹乐土。宣武故立此寺，俾以憩之。房庑连亘，一千余间。庭列修竹，檐拂高松，奇花异草，骈阗阶砌。百国沙门三千余人。西域远者乃至大秦国，尽天地之西陲。绩纺百姓，野店邑房相望，衣服车马，拟仪中国。 （《洛阳伽蓝记》卷四）

译文：

在永桥以南，圜丘以北，伊水和洛水之间及御道两旁设有四夷馆。御道以东有四座，即金陵馆、燕然馆、扶桑馆和崦嵫馆；御道以西有四馆，分别命名归正、归德、慕化和慕义。东吴人前来投诚，令他居住在金陵馆；三年之后，在归正馆中赐给他一座宅子。……北夷有人来归附，安排他住燕然馆，三年后，在归德馆选座宅子赐给他。……北夷族长，派儿子来朝陪侍，经常是秋来春去，以避开中国夏季的炎热，当时人称之雁臣。东夷来归附的人，居住扶桑馆，再赐给慕化里的宅子。西夷来归附的，住崦嵫馆，以后赐给慕义馆的宅子。从葱岭以西到大秦国，百国千城，没有不前来归附的。异族商贩，每日奔走于塞下，真可谓足迹踏遍华夏。因为喜爱中国的民俗民风而居住下来的异国人，数不胜数。前来归附的百姓，有一万多家。他们聚居处门巷齐整，一家挨着一家。门前青槐荫陌，绿柳垂庭。天下难得的物品，都集中在这里。

—— （《洛阳伽蓝记》卷三）

永明寺是宣武皇帝所建，在大觉寺以东。当时佛法、佛经、佛像，盛行于洛阳。不同国家的佛教徒，都集中在这里，他们拖着锡杖，手持经书，来到这东方乐土。因此宣武帝建永明寺，以便他们在此停歇。寺中房屋紧挨，其有一千多间。庭院中种着行行修竹，高高的松枝轻拂着屋檐，奇花异草，满布在庭阶旁。来华的各国佛教徒共三千多人。西域最远可到大秦国，那是天地的最西端，其国百姓织麻纺线，民屋、客店鳞次栉比，人民所穿的衣服、所乘的车马，都模仿中国。

——（《洛阳伽蓝记》卷四）

11. 大秦又名犁靬、海西国，其地平正，人居星布，有文明、多奇宝、出幻人，与安息诸胡交市于海上，汉始通中国，传说大秦国西有弱水流沙，近西王母处，日落之乡。"欧罗巴"（Europe）一词的意义确为"日落之邦"。

大秦，一名**犁靬**（**靬**居言反。一云前汉时犁**靬**国也），后汉时始通焉。其国在西海之西，亦云海西国。其王理安都城，宫室皆以水精为柱。从条支西渡海曲万里，去长安盖四万里。其地平正，人居星布。其地东西南北，各数千里，有四百余城。小国役属者数十。西有大海，海西有迟散城。王城有官曹簿领，而文字习胡。人皆髡头而衣文绣。亦有白盖小车旌旗之属，及十里一亭，三十里一堠，一如中州。地多师子，遮害行旅。不百余人，持兵器，辄为所食。其王无常人，皆简立贤者。有灾异及风雨不时，辄废而更立。受放者无怨。其人长大平正，有类中国，故谓之大秦。或云，本中国人也。

土有骇鸡犀（《抱朴子》云，通天犀有一白理如綖者，以盛米，置群鸡中，欲啄米，至辄惊去，故南人名为骇鸡也）。合会诸香，煎其汁以为苏合。土多金、银、奇宝、夜光璧、明月珠、琥珀、琉璃、神龟、白马、朱髦、珫瑁、玄熊、赤螭、辟毒鼠、大贝、车渠（《广雅》云：车渠，石，似玉）、玛瑙（《广雅》云：玛瑙，石，似玉）。出西海，有养赞者，似狗，多力犷恶（赞藏宗反，犷古猛反）。北附庸小邑，有羊羔。自然生于土中。候其欲萌，筑墙院之，恐为兽所食也。其脐与地连，割之绝则死，击物警之，乃惊鸣，遂绝，逐水草，无群。又有木难，出翅鸟口中结沫所成碧色珠也，土人珍之（曹子建诗云：珊瑚间木难）。有幻人，能额上为炎烬，手中作江湖，举足而珠玉自堕，开口则耗乱出。（前汉武帝时，遣使至安息，安息献犁轩幻人二，皆蹙眉峭鼻，乱发拳须，长四尺五寸。旛音烦。耗人志反。）有织成细布，言用水羊毛，名曰海西布。出细布。作氍、毾帐之属，其色又鲜于海东诸国所作也。又常利得中国缣素，解以为胡绫绀纹。数与安息诸胡交市于海中。西南涨海中可七八百里，行到珊瑚洲。水底有磐石。珊瑚生其上。大秦人常乘大舶，载铁网，令水工没，先入视之，可下网乃下。初生白而渐渐似苗。坏甲历一岁许，出网目，间变作黄色，支格交错，高极三四尺者，围尺余。三年色乃赤好，后没视之，知可采，便以铁钞发其根，乃以索系网，使人于舶上绞车举出。还国理截，恣意所作。若失时不举，便蠹败。

其王常欲通使于汉。涂经大海，使客往来，皆赍三岁粮，是以至者稀。桓帝延熹初，大秦王安敦遣使自日南徼外献象牙、犀角、玳瑁，始乃一通焉。其所表贡，并无珍异，疑传者隐之。至晋武帝太康中，其王遣使贡献。

或云其国西有弱水流沙，近西王母所处，几于日所入也。……

小人，在大秦之南，躯才三尺。其耕稼之时，惧鹤所食，大秦每卫助之。小人竭其珍以酬报。

轩渠，其国多九色鸟，青口绿颈，紫翼红膺，绀顶丹足，碧身缃背，玄尾，亦名九尾鸟，亦名锦凤。其青多红少谓之绣鸾。常从弱水西来。或云是西王母之禽也。其国币货同三童国。

三童，在轩渠国西南千里，人皆眼有三睛珠。或有四舌者，能为一种声，亦能俱语。常货多用蕉越犀象，作金币，率效国王之面，亦效王后之面。若丈夫交易，则用国王之面。王死则更铸。（以上三国，与大秦邻接，故附之。）

泽散，魏时闻焉，属大秦。其地在海中央，北至驴分，水行半岁，风疾时一月到。最与安息城谷相近。西南诣大秦都，不知里数。

驴分。魏时闻焉，属大秦。去大秦都二千里，从驴分城西之大秦渡海飞桥，长二百四十里。发海道西南，绕海道直西行至焉。（《通典》卷一九三）

译文：

大秦，一名犁轩（轩居言反切。一说是前汉时犁轩国），后汉时开始与中原交通。其国在地中海以西，又称海西国。以安都城为京城，王宫都用水晶做柱子。从条支国向西过海万里可以抵达，距离长安大概有四万里。其国国土平整，民居星罗密布。国土向东南西北各延伸数千里，有四百多座城池。归属的小国有几十个。西面有大海，海洋以西有迟散城。京城中设各官员文书，学习胡人文字。其国人都光头，穿绣花衣。也有白盖小车、旌旗之类，及十里设一亭，三十里建一土堡，与中原一样。大秦多狮子，危害来往行人。若路人不满百，手中无兵器，就会被狮子吃掉。国王不固定，都由国人挑选贤能者担任。国中遇到灾祸或风雨不时，就将旧主废去，重立新主。旧主被流放，不敢有怨言。大秦人身材高大，相貌端正，同中国人相似，因此称之大秦。有人说，大秦人原本便是中国人。物产有骇鸡犀（《抱朴子》中载，通天犀身上有一种像帽子的东西，用以盛米，放在鸡群中，鸡想啄米，通天犀便叫起来把鸡吓走，因此南方人称之骇鸡）。他们将各种香料会合在一起，熬出其汁做成苏合。物产丰富，有金、银、奇宝、夜光璧、明月珠、琥珀、琉璃、神龟、白马、朱髦、玳瑁、玄熊、赤璃、辟毒鼠、大贝、车渠（《广雅》中说车渠石像玉）、玛瑙（《广雅》中说玛瑙石像玉）。

有种叫赞的兽类，产于地中海，有人饲养它，比狗更有力。粗悍凶恶。北边归附的一个小城里，有种羊羔，自然生长在土地上。它要长起来时，当地人便筑墙围着它，怕被野兽吃掉。羊羔的脐带与地相连，割断它，羊羔便死去。敲东西惊吓它，它才惊叫起来，脐带自断，此后羊羔自逐水草而食，不群居。又有一种木难，为出翅鸟口中涎沫凝结而成，绿色珠状，当地人很珍惜它（曹子建诗中主说：珊瑚间木难）。有幻术师，额上能起火，手中能出水，抬脚珠玉便掉出来，张开嘴可以吐出旗子。（汉武帝时，曾派使者到安息，安息进献了两名犁轩幻术师，都是蹙眉、高鼻、乱发、卷须，身高四尺五寸。旛读作烦。眊人志反切。）大秦人织成一种细布，说是用水羊毛织成，叫做海西布。这种布可做成罽毡帐之类，颜色比地中海东部各国所产布更鲜艳。又常得中国的白绢，拆解开织成胡绫。大秦人多次与安息等国人在海上做生意。从西南方渡海七八百里，可到珊瑚洲。海底有磐石，珊瑚生长在石上。大秦人常乘着大船，载着铁网，令船夫先下海观察，到可下网处才将铁网放下。

开始时，珊瑚露出白色像苗的东西，一年多来，取出铁网来看，有些已变成黄色，柯枝交错，最高的三四尺，周长一尺多。三年后颜色变红，再入水观察，知道可以采了，便用铁钞挖出珊瑚根，再用绳了系好铁网，让人在船上将它绞出。回国后，他们将珊瑚整理剪截，做成各种形状。若错过时间才将铁网举出，珊瑚便朽败了。

大秦王常想与汉朝交往。但途经大海，使者及客商往来，都得带好 3 年的干粮，因此来华的人少。汉桓帝延熹初，大秦王安敦派使者从日南境外来华进献象牙、犀角、玳瑁，两国这才开始往来。大秦使者进贡的物品，并没什么珍奇的，恐怕是作传者将它们隐去不提。到晋武帝太康年间，大秦王又派使者来进贡。

有人说其国西部有弱水、流沙，靠近西王母的居处，是太阳没入的地方。……

小人国，在大秦国以南，国人身高才三尺。耕种时节，他们怕鹤飞来吃掉庄稼，大秦常派人前来帮助。小人国更拿出他们全部的珍宝酬谢大秦。

轩渠国，国中多九色鸟，青嘴、绿颈、紫翼、红胸、红青顶、红足、碧身、浅黄背、黑尾，又叫九尾鸟，或锦凤。那些青色多红色少的九尾鸟叫做绣鸾。九尾鸟多从弱水西边来，有人说是西王母的禽鸟。轩渠国的货币及物产与三童国一样。

三童国，在轩渠国西南方千里远处。其国人眼中都有三颗眼珠。有的人有四条舌头，能发一种声，也能四条舌头一起说话。通常的物产是焦布、越瓜、犀牛和大象。货币是金币，大都模仿国王的相貌，也模仿王后的相貌。男人做生意，就用国王相币。国王去世后，金币重铸。（以上三个国家，与大秦相邻，因此附录在后。）

泽散国，魏时就知道这个国家了。它臣属于大秦。地处地中海中央，向北到驴分国，沿水路要走半年，顺风时一个月就到了。泽散国离安息最近，从西南方向到大秦都城，不知有多远。

驴分国，魏时就听说了，臣属于大秦。离大秦都城二千里，从驴分西部到大秦有飞桥架于海上，长二百四十里。西南方向过海。然后一直朝西走可以到达。

——（《通典》卷一九三）

11．1294 年到北京传教的罗马天主教修士孟德·高维奴在信中说："中国这些地区从未来过任何一个使徒或使徒的弟子"。元代天主教在北京、泉州等地都有天主教堂，景教的活动就更为广泛。1368 年元朝灭亡，这些教徒教士又跟着蒙古人亡命塞外或回返原籍。教皇此后半个世纪间派往中国的教士都下落不明。1555 年，元朝灭亡近 200 年后，耶稣会士巴瑞托在澳门写道："中国从来没有听到过福音和天主降世的事情。"利玛窦进入中国之后，起初也以为基督福音从未光临中国，直到那位开封的犹太人后代艾举人来访，方知中国确有一种崇拜十字架的宗教。他在 1605 年 7 月 26 日的信中道："几天以前我们才确知，过去五百年间，中国有相当数量的基督教徒……"叙利亚景教徒阿罗本神甫在贞观九年（公元 635 年）将景教传入中国，有"大唐景教碑"为证，唐武宗禁教，在中国传播 200 年的景教竟突然绝迹……

朕闻三代以前，未尝言佛。汉魏之后，像教浸兴。是由季时传此异俗，因缘染习，蔓衍滋多。以至蠹耗国风，而渐不觉，以至于诱惑人意，而众益迷。洎于九州山原，两京城阙，僧徒日广，佛寺日崇。劳人力于土木之功，夺人利于金宝之饰。置君亲于师资之际，违配偶于戒律之间。坏法害人，无逾此道。且一夫不田，有受其馁者；一妇不蚕，有受其寒者。今天下僧尼，不可胜数，皆待农而食，待蚕而衣。寺宇招提，莫知纪极。皆云缋藻饰，僭拟宫居。晋宋齐梁，物力凋残，风俗浇诈，莫不由是而致也。况我高祖、太宗以武定祸乱，以文理华夏。执此二柄，足以经邦。岂可以区区西方之教，与我抗衡哉。贞观、开元亦尝厘革，划除不尽，流衍转滋。朕博览前言，旁求舆议。弊之可革，断在不疑。而中外诸臣，协心正意。条疏至当，宜在必行。惩千古之蠹源，成百王之典法。济人利众，予何让焉。其天下所拆寺四千六百余所，还俗尼僧二十六万五千人，收充两税户。拆招提兰若四万余所，收膏腴上田数千万顷，收奴婢为两税户十五万人，隶僧尼，属主客，显明外国之教。勒大秦、穆护、祆三千余人并令还俗，不杂中华之风。于戏！前古未行，似将有待，及今尽去，岂谓失时。驱游惰不业之徒，已逾十万，废丹无用之室，何啻亿千。自此清净训人，慕无为之理。简易齐政，成一俗之功。将使六合黔黎，同归皇化。尚以革弊之始，日用不知。下制明廷，宜体予意。宣布中外，咸使闻知。会昌五年八月。（《唐大诏令》卷一〇三《唐武宗拆寺制》）

武帝即位，废浮图法。天下毁寺四千六百、招提兰若四万。籍僧尼为民二十六万五千人，奴婢十五万人，田数万顷，大秦、穆护、祆二千余人。上都、东都每街留寺二，每寺僧三十人。诸道留僧以三等，不过二十人。腴田鬻钱，送户部。中下田给寺家奴婢，丁壮者为两税户，人十亩。以僧尼既尽，两京悲田养病坊，给寺田十顷，诸州七顷，主以耆寿。（《新唐书》卷五二《食货志》）

会昌五年秋七月，上恶僧尼耗蠹天下，欲去之。道士赵归真等复劝之。乃先毁山野招提兰若。至是，整敕上都、东都两街，各留二寺，每寺留僧三十人。天下节度观察使治所及同、华、商、汝州各留一寺。分为三等，上等留僧二十人，中等留十人，下等五人。余僧及尼，并大秦、穆护、祆僧皆勒归俗。寺非应留者，立期令所在毁撤。仍遣御史分道督之，财货田产并没官，寺材以葺公廨驿舍，铜像钟磬以铸钱。（《资治通鉴》卷二四八）

译文：

我听说夏商周三代以前未曾谈到佛。汉魏之后，佛教渐渐在中国传播。从那时起传入这种异俗，并逐渐蔓延滋生，以至于败坏国风，而国人不能觉察。佛教诱惑人意，而国人更为之所迷。至于华夏九州，山川平原，两京城阙间，僧徒越来越多，佛寺越建越高。大兴土木，耗费人力；佛寺佛像镶金饰宝，侵害民财。把君臣父子关系作为师徒关系来对待，用戒律来违背夫妻之情。坏法害人，没有比这更严重的。况且一夫不种田，就有人挨饿；一妇不养蚕，就有人受冻。如今天下的僧尼，数不胜数，都靠农夫种田、妇人养蚕提供衣食。各地庙宇蔑视国纪已经到了极点。庙宇装饰得金碧辉煌，超过了皇宫的规模。晋宋齐梁四国，国力空虚，民风刻薄不正，都是佛教所导致的。我朝高祖、太宗以武力平定祸乱，以文德治理天下。执此二柄，足以治国。怎能以区区西方异教，和我抗衡呢？贞观、开元年间也曾整顿并革除佛教，但未全部铲除，以至该教仍滋生各地。我广泛阅读前朝言论，并征求各方意见。认定这种弊害应当革除，须当机立断。中外各臣也齐心协力，意见一致。有关条文制作完毕，则立即实行。惩戒千古之祸源，以成后世之典章，造福万民，这样的责任落到我身上，我又怎么敢推辞？全国拆毁寺庙四千六百多座，令二十六万五千名僧尼还俗，收作两税户。拆毁招提、兰若四万多所，收回上好的肥田数千万顷，将寺院奴婢十五万人收为两税户。令僧尼还俗，以表明我国对外国宗教的态度。勒令大秦景教教徒及拜火教者三千多人还俗，使其不能败坏中华风气。唉！先朝对此未有所行动，好似在等待后人的反应，今日将这一弊害完全除去，怎能说是失时？将游惰无所事事之徒赶向田园，人数已超过十万；废弃无用的神龛、庙宇，何止亿千座！从此以清净之风训导万民，仰慕无为之理。简易政治，以成就一世的功劳。将使天下黎民，一同归附于皇天教化。革除弊害之初，天下对此尚不明了。诏书送下，告知朝廷官员，令其明了我之用意。将诏令向中外宣布，使各国都知道此事。会昌五年八月。

——（《唐大诏令》卷一〇三《唐武宗拆寺制》）

武帝即位后，废佛法。全国拆毁寺院四千六百座、庙宇四万座。令二十六万五千名僧尼及十五万奴婢登记为民，数千万顷良田登记入库，收归国有，景教徒、拜火教徒二千人被勒令还俗。长安、洛阳两都每条街道留下寺院两座，每座寺院留三十人。各道（道为唐行政区划单位）留少量僧人，分三等，总计不超过二十人。良田拍卖，钱送到户部。中、下等田给寺院奴婢，其中丁壮年者还俗为两税户，每人十亩地。因为僧尼都已还俗，所以两京悲田养病坊给寺院十项田地，各州给七顷，为其养老送终。

——（《新唐书》卷五二《食货志》）

会昌五年秋，七月，武宗憎恶僧尼败坏天下，想驱除他们。道士赵归真等也多次劝他采取行动。于是，先拆毁山林中的庙宇。诏令长安、洛阳两京街道，各留下两座寺院，每寺留三十名僧人。全国节度观察使治所及同、华、商、汝四州各留一座寺院。分三等，上等寺留僧二十人，中等留十人，下等五人。其余僧尼及景教徒、拜火教徒一并还俗。不应留下的寺院，限期拆毁。

派御史分道监督，寺院的财物田产一并入官，建寺的木材用以修葺官署、驿舍，铜像、钟磬熔后用来铸钱。

——（《资治通鉴》卷二四八）

12．大秦僧人在四川、陕西都曾建有大秦寺，禁教之后，寺院荒废，苏轼游览的大秦寺，一百年后就只剩下寺基了，世事沧桑，杨云翼《大秦寺诗》道："寺废基空在，人归地自闲。"

杜《石笋行》："雨多往往得瑟瑟。"按《华阳记》开明氏造七宝楼，以珍珠结成帘。汉武帝时，蜀郡遭火，烧数千家，楼亦以烬。今人往往于砂土上获珍珠。又赵清献《蜀郡故事》，石笋在衙西门外，二株双蹲，云珍珠楼基也。昔有胡人，于此立寺，为大秦寺。其门楼十间，皆以珍珠翠碧，贯之为帘。后摧毁坠地。至今基脚在。每有大雨，其前后人多拾得珍珠瑟瑟金翠异物。今谓石笋非为楼设，而楼之建，适当石笋附近耳。盖大秦国多璆琳琅玕，明珠夜光璧，水道通益州永昌郡，多出异物。则此寺大秦国人所建也。杜田尝引《酉阳杂俎》谓蜀少城饰以金璧珠翠，桓温怒其太侈，焚之之事为证，非也。（吴曾《能改斋漫录》卷七《杜·石笋行》）

译文：

杜甫《石笋行》中说："雨多往往得瑟瑟。"根据《华阳记》载，开明氏造七宝楼，用珍珠连缀成帘。汉武帝时，蜀郡遭到大火，数千家被烧掉，七宝楼也烧成灰烬。现在的人常可在砂土上捡到珍珠。赵清献的《蜀郡故事》中又记载，石笋在郡衙西门外，两株石笋相对而蹲，有人说是七宝楼基。从前有胡人，在此处建寺，即大秦寺。门楼共十间，都用珍珠碧玉连结成门帘。后来寺毁，珍珠掉入地中。现在楼基还在。每遇天下大雨，附近的人们便能捡到珍珠、金翠等宝物。现在人说石笋并非建楼时设，而是这座楼正建在石笋附近。可能大秦国多美石、美玉、明珠、夜光璧，又能从水路通达益州永昌郡（今云南大理），因此永昌一带多宝物。这样看来，大秦寺就是大秦人建的了。杜田曾引《酉阳杂俎》中所载，以成汉内城用各种金璧珠翠镶饰，桓温憎恨它太过奢侈，一把火将它烧毁之事为证据，证明大秦寺事，是错误的。

——（吴曾《能改斋浸录》卷七《杜·石笋行》）

周至县大秦寺

　　壬寅二月，有诏，令郡吏分往属县，减决囚禁。自十三日受命出府，至宝鸡、虢、郿、盩屋四县。既毕事，因朝谒太平宫而宿于南溪溪堂。遂并南山而西，至楼观、大秦寺、延生观、仙游潭。十九日乃归，作诗五百言，以记凡所经历者，寄子由。（诗略）（《苏东坡诗集注》卷二）

译文：

　　宋仁宗嘉祐七年二月，有诏令命各郡吏前往属地，处置囚犯。我自从十三日受命出府，到宝鸡、虢、祐、盩屋四个县。事情办好后，我前去朝拜太平宫，当晚便住在南溪溪堂。于是我从南山一直往西，遍游楼观、大秦寺、

延生观、仙游潭。十九日才返回，并作诗五百字，将所经历的记载下来，寄给子由。（诗略）

——（《苏东坡诗集注》卷二）

13. 大秦国者，西天诸国之都会，大食蕃商所萃之地也……周去非记大秦事，既分不清天上与人间，又分不清罗马与大食……

大秦国者，西天诸国之都会，大食蕃商所萃之地也。其主号麻啰弗，以帛织出金字缠头。所坐之物，则织以丝罽。有城郭居民。王所居舍，以石灰代瓦，多设帘帏。四围开七门，置守者各三十人。有他国进贡者，拜于阶陛之下，祝寿而退。屋下开地道，至礼拜堂一里许。王少出，惟诵经礼佛。遇七日，即由地道往礼拜堂拜佛。从者五十人。国人罕识王面，若出游，骑马，打三檐青伞，马头项皆饰以金玉珠宝。递年大食国王号素丹遣人进贡。如国内有警，即令大食措置兵甲，前来抚定。所食之物，多饭饼肉，不饮酒，用金银器，以匙挑之。食已，即以金盘贮水濯手。土产琉璃、珊瑚、生金、花锦、缦布、红马脑、真珠。天竺国其属也。国有圣水，能止风涛。若海扬波，以琉璃瓶盛水洒之，即止。（《岭外代答》卷三）

译文：

大秦国是西方各国的中心、大食商人聚集之地。其国主称麻啰弗，用织有金字的丝织品缠头。他坐的器物，是丝织的毡子。大秦有城池、居民。国王居住的宫舍，用石灰代瓦，宫中多设帘帏。周围有七个宫门，各派三十人看守。他国前来进贡的使者，在宫阶之下叩拜，说完祝寿的话便退去。宫内屋下挖有地道，离礼拜堂有一里路左右。国王较少出宫，只在宫中诵经礼佛。每到礼拜日，便从地道前往礼拜堂拜佛。随从五十人。国中百姓很少见到国王的面容，国王出游时，骑着马，打着三檐青伞，马的头部和颈部都佩饰着金玉珠宝。大食国王素丹每年派人前来进贡。倘若国中有紧急变故，便命大食准备兵士战甲，前来平定。大秦人吃的多为饭、饼、肉，不喝酒，食具为金银打制的调羹。吃罢，用金盘蓄水洗手。物产有琉璃、珊瑚、生金、花锦、缦布、红马脑、珍珠。天竺国为其属国。大秦国中有圣水，能使风涛平静。海上波涛汹涌时，用琉璃瓶装些圣水，洒向海面即可。

——（《岭外代答》卷三）

14．在万商云集的世界性港口刺桐（泉州）做官管理航运外贸的赵汝适，有很多了解世界的机会，对于中国的大秦传说，他又添上了斯加里野国（西西里？）芦眉国（东罗马）与木兰皮国（摩洛哥？）……

大秦国（一名犁靬），西天诸国之都会，大食番商所萃之地也，其王号麻啰弗，理安都城。以帛织出金字缠头。所坐之物，则织以丝罽。有城市里巷。王所居舍，以水晶为柱，以石灰代瓦，多设帘帏。四围开七门，置守者各三十人。有他国进贡者，拜于阶之下，祝寿而退。其人长大美皙，颇类中国，故谓之大秦。有官曹簿领，而文字习胡。人皆髡头而衣文绣。亦有白盖小车旌旗之属，及十里一亭，三十里一堠。地多狮子，遮害行旅，不百人持兵器偕行，易为所食。宫室下凿地道，通礼拜堂一里许。王少出，惟诵经礼佛。遇七日，即由地道往礼拜堂拜佛。从者五十余人。国人罕识王面，若出游则骑马用伞。马之头项皆饰以金玉珠宝。递年，大食国王有号素丹者，遣人进贡。如国内有警，即令大食措置兵甲抚定。所食之物，多饭、饼、肉，不饮酒。用金银器，以匙挑之。食已，即以金盘贮水濯手。土产琉璃、珊瑚、生金、花锦、缦布、红玛瑙、珍珠，又出骇鸡犀，骇鸡犀即通天犀也。汉延熹初，其国主遣使自日南徼外来献犀象、玳瑁，始通中国。所供无他珍异，或疑使人隐之。晋太康中又来贡。或云其国西有弱水流沙，近西王母所处，几于日所入也。按杜环《经行记》云，拂菻国在苫国西，亦名大秦。其人颜色红白，男子悉着素衣，妇人皆服珠锦。好饮酒，尚干饼。多工巧，善织络。地方千里，胜兵万余。与大食相御。西海中有市，客主同和。我往则彼去，彼来则我归。卖者陈之于前，买者酬之于后。皆以其直值诸物旁，待领值，然后收物，名曰鬼市。（《诸蕃志》卷上）

译文：

大秦国（一名犁轩），是西方各国的中心，大食商人聚集之地。国王叫麻啰弗，首都是安都城。国王用织有金字的丝物缠头。国王坐的，是丝织的毡子。国中有城市、街巷。国王居住的宫室，用水晶做柱，用石灰代瓦，宫内多设帘帏。四周共设七个大门，各派三十人看守。他国前来进贡的使者，在宫阶之下叩拜，说完祝寿的话便退去。大秦人身材高大，面目美好白皙，像中国人，因此称之大秦。国中有各类官员、文书，学的是胡字。国人都光着头，身穿绣花衣。国中也有白盖小车、旌旗之类，十里设一亭，三十里建一土堡。大秦国多狮子，危害来往行人。如果人不满一百，手中不带兵器，则容易被狮子所害。王宫中挖有地道，直通礼拜拜堂，约一里路。国王较少出宫，只在宫中诵经礼佛。每到礼拜日，国王便从地道前往礼拜堂拜佛。跟随的有五十多人。百姓很少见到国王，国王如果出游，必骑马打伞。马的头部和颈部都佩饰了金玉珠宝。大食国王素丹每年派人前来进贡。如果国内有变故，就令大食备好兵士、战甲来平定。大秦人吃的食物，多是饭、饼、肉，不喝酒。他们用金银打制的汤匙挑着吃。吃后，用金盘装水洗手。物产有琉璃、珊瑚、生金、花锦、缦布、红玛瑙、珍珠。又有骇鸡犀，骇鸡犀即通天犀。汉桓帝延熹初年，大秦国主派使者从日南（越南）境外来华，进献犀、象、玳瑁，两国才开始通使。所献之物并非珍异，有人怀疑作传者将它隐去了。晋太康时大秦使者又来进贡。有人说大秦国西边有弱水、流沙，靠近西王母的居处，几乎是太阳下山的地方了。根据杜环的《经行记》所说，拂菻在苦国以西，又称大秦。其国人肤色红白，男子都穿素色衣，妇人都穿镶珠的丝衣。他们爱喝酒，爱吃干饼。他们心思奇巧，善于织络。国土方圆千里，有强兵一万多。可与大食相抗。地中海中有集市，买卖双方很和谐。我来则他去，他来则我归。卖方将货物放在前面，买方再付钱，都将相当于货物价值的钱放在货物旁，卖方将钱取走后，买方再将物取走，这叫做鬼市。

—— （《诸蕃志》卷上）

斯加里野国

斯加里野国近芦眉国界，海屿阔一千里。衣服风俗语音与芦眉同。本国有山穴至深，四季出火。远望则朝烟暮火，近观则火势烈甚。国人相与扛舁大石。重五百斤或一千斤，抛掷穴中。须臾爆出，碎如浮石。每五年一次，火从石出，流转至海边复回。所过林木皆不燃烧。遇石则焚热如灰。（《诸蕃志》卷上）

译文：

斯加里野国（西西里岛 Sicily）靠近芦眉国（东罗马）国界，岛宽一千里。国人之衣服、风俗、语音均与芦眉相同。国中有入地极深的山洞，四季出火。远远看去，朝为烟，暮为火，近看便见火势汹涌。国中百姓纷纷扛大石头，重五百斤或一千斤，投入洞中。一会儿，大石爆出，碎如浮石。每五年一次，大火从石上烧出，流转到海边再回来。沿途所过树木都不燃烧，而火遇石头，石头便焚烧成灰。

——（《诸蕃志》卷上）

芦眉国

芦眉国自麻啰拔西陆行三百余程始到，亦名眉路骨国。其城屈曲七重，用黑光大石砌就。每城相去千步，有番塔三百余。内一塔高八十丈，容四马并驱而上，内有三百六十房。人皆缠头塌顶，以色毛段为衣，以肉面为食，以金银为钱。有四万户，织锦为业。地产绞绡、金字越诺布、间金间丝织锦绮、摩挲石、无名异、蔷薇水、栀子花、苏合油、硼砂及上等碾花琉璃。人家好畜驼马犬。（《诸蕃志》卷上）

译文：

芦眉国（东罗马）从麻啰拔（在今印度马拉巴尔海岸）向西沿陆路走三百多天可到，也叫眉路骨国。其国城池弯弯曲曲，共七重，用黑亮的大石砌成。

每座城相距一千步，有三百多座塔。中间的一座高八十丈，可容四匹马并驾齐驱，登上塔顶，塔内有三百六十间房。其国百姓都缠着头，身穿彩色毛织品。以肉、面为食，用金、银铸钱。国中有四万户人家，都以织绵为业。物产有绞绡、金字越诺布、间金间丝织锦绮、摩挲石、无名异、蔷薇水、栀子花、苏合油、硼砂及上等碾花琉璃。百姓多畜养驼、马和狗。

——（《诸蕃志》卷上）

木兰皮国

大食国西有巨海。海之西，有国不可胜数。大食巨舰所可至者，木兰皮国尔。（《诸蕃志》卷上）

译文：

大食国以西有大海。大海以西，有许多国家，不可胜数。大食国巨船所能到达的，是木兰皮国（摩洛哥）。

——（《诸蕃志》卷上）

三、拂菻国又名大秦

1. 远通拂菻之道——丝绸之路。

炀帝即位，……时西域诸蕃多至张掖与中国交市。帝令矩掌其事。矩知帝方勤远略，诸商胡至者，矩诱令言其国俗山川险易，撰《西域图记》三卷，入朝奏之。其序曰：……发自敦煌，至于西海，凡为三道，各有襟带。北道从伊吾经蒲类海、铁勒部、突厥可汗庭，度北流河水，至拂菻国，达于西海。其中道，从高昌、焉耆、龟兹、疏勒，度葱岭，又经钹汗、苏对沙那国、康国、曹国、何国、大小安国、穆国至波斯，达于西海。其南道从鄯善、于阗、朱俱波、喝槃陀度葱岭，又经护密、吐火罗、挹怛、帆延、漕国至北婆罗门，达于西海。其三道诸国，亦各自有路，南北交通。其东女国、南婆罗门国等，并随其所往，诸处得达。故知伊吾、高昌、鄯善，并西域之门户也。总凑敦煌，是其咽喉之地。（《隋书》卷六七《裴矩传》）

译文：

隋炀帝即位，……当时西域各蕃国多到张掖与中国作贸易。炀帝命裴矩掌管此事。裴矩知道炀帝励精图治，胸怀远谋，因此各国商人来，他便引导他们描述其国民情风俗以及山川形胜，并据此写成《西域图记》三卷，入朝奏报炀帝。《西域图记》的序言是：从敦煌出发，直至地中海，共有三条通道，每条通道上都分布了一些国家。北道从伊吾经蒲类海、铁勒部、突厥可汗庭，渡过伊犁河，到达拂菻国（东罗马），再到地中海；中道从高昌、焉耆、龟兹、疏勒、过葱岭，再经钹汗、苏对沙那国、康国（撒马尔罕）、曹国、何国、大小安国、穆国到达波斯，再到地中海；南道从鄯善（楼兰）、于阗（和田）、硃俱波、喝槃陀度葱岭，又经护密、吐火罗、挹怛、忛延、漕国到达北婆罗门，再到地中海。三条要道上的各个国家，又各自有路，南北交通。东女国、南婆罗门国等，各道都可通达。所以可判定伊吾、高昌、鄯善，同是西域的门户。它们集中于敦煌，故敦煌堪为咽喉之地。

—— （《隋书》卷六七《裴矩传》）

2. 东罗马或拜占庭帝国首都君士坦丁堡，在希腊人那里叫作 Stambolin 或 Bocin，在阿拉伯人那里称作 Istambul，西班牙人称之为 Estomboli，土耳其人称为 Stambol，唐宋时代中国所说的"拂"，可能就指君士坦丁堡。

拂菻国一名大秦，在西海之上，东南与波斯接。地方万余里，列城四百，邑居连属。其宫宇柱栿，多以水精琉璃为之。有贵臣十二人，共治国政。常使一人，将囊随王车，百姓有事者。即以书投囊中。王还宫省发，理其枉直。其王无常人，简贤者而立之。国中灾异及风雨不时，辄废而更立。其王冠形如鸟举翼，冠及璎珞，皆缀以珠宝。着锦绣衣，前不开襟，坐金花床。有一鸟似鹅，其毛绿色，常在王边，倚枕上坐。每进食，有毒。其鸟辄鸣。其都城叠石为之，尤绝高峻。凡有十万余户，南临大海。城东面有大门，其高二十余丈。自上及下，饰以黄金，光辉灿烂，连曜数里。自外至王室，凡有大门三重，列异宝雕饰。第二门之楼中，悬一大金秤，以金丸十二枚，属于衡端，以侯日之十二时焉，为一金人，其大如人，立于侧。每至一时，其金丸辄落，铿然发声引唱，以纪日时，毫厘无失。其殿以瑟瑟为柱，黄金为地，象牙为门，扇香木为栋梁。其俗无瓦，捣白石为末，罗之涂屋上，其坚密光润，还如玉石。至于盛暑之节，人厌嚣热，乃引水潜流，上遍于屋宇，机制巧密，人莫之知。观

13 世纪的君士坦丁堡

者惟闻屋上泉鸣，俄见四檐飞溜，悬波如瀑，激气成凉风，其巧妙如此。

风俗，男子剪发，披帔而右袒。妇人不开襟，锦为头巾。家资满亿，封以上位。有羊羔生于土中。其国人侯其欲萌，乃筑墙以院之，防外兽所食也。然其脐与地连，割之则死，唯人着甲走马及击鼓以骇之，其羔惊鸣而脐绝，便逐水草。俗皆髡而衣绣。乘辐軿白盖小车。出入击鼓，建旌旗幡帜。土多金银奇宝。有夜光璧、明月珠、骇鸡犀、大贝、车渠、玛瑙、孔翠、珊瑚、琥珀。凡西域诸珍异，多出其国。隋炀帝常将通拂菻，竟不能致。

贞观十七年拂菻王波多力遣使献赤玻璃、绿金精等物。太宗降玺书答慰，赐以绫绮焉。自大食强盛，渐陵诸国，乃遣大将军摩拽伐其都城。因约为和好，请每岁输之金帛，遂臣属大食焉。乾封二年，遣使献底也伽。大足元年，复遣使来朝。开元七年正月，其主遣吐火罗大首领献狮子羚羊各二。不数月，又遣大德僧来朝贡。（《旧唐书》卷一九八）

译文：

拂菻国又名大秦，在地中海上，东南部与波斯接壤。国土方圆万余里，有城池四百多座，堡垒、村落、城市相连不绝。王宫的屋顶、柱子和窗子，多用水晶、琉璃做成。国中有要臣十二人，共同治理国政。国王常派一随从，背着皮袋跟在车旁，有事要投诉的百姓，就把状子投进袋中。国王回宫后开袋一一处理。国王没有固定的人选，由国人挑选贤能者担任。若国中遇灾难或风雨不时，则废去旧主，重立新主。国王的王冠形如鸟翼，王寇及其璎珞，都缀有珠宝。国王穿锦绣衣，前不开襟，坐金花床。有一只像鹅的鸟，毛为绿色，常在国王身边倚坐。国王吃东西时，若食物中有毒，鸟儿就鸣叫起来。都城用石头砌成，高峻无比。城中共有十万多户人家，南面靠大海。城东有城门，高二十多丈。从上到下，都用黄金装饰而成，光辉灿烂，可照射数里远。从王宫外至王室，具有三重大门，均用异宝雕饰。第二重门的门楼中，悬挂着一杆大金秤，秤端连着十二枚金球，标志着一天的十二个时辰，并铸了一个金人，和真人一般高大，站在金秤旁。每一个时辰到，金球便掉下，铿然有声。并准确报时，毫厘不差。殿门用瑟瑟做柱，黄金铺地，象牙做门，檀香木做房梁。拂菻国的风俗，屋上无瓦，将白石捣成粉末，散涂在屋顶，坚密光润，如玉石一样。到盛夏时节，人们不堪燥热，便引水暗流，上达屋顶。其设计巧妙，旁人不得知晓。参观者只听到屋上泉水淙淙，不久便见四檐飞流，倒挂成瀑布，水流下时激气成凉风，这种装置非常巧妙。

按拂菻国的风俗，男子剪发，身披披肩而右半身裸露。妇人衣服不开襟，头裹绣花头巾。家中资财上亿的，可封以上位。国中有种生于土中的羊羔，快出生时，人们便筑起院墙，防止野兽把它吃掉。羊羔的脐带与地相连，割断它，羊羔立即死去，只有人身穿盔甲骑马、击鼓惊吓它。它才惊叫一声，脐带自断。这以后它便会自寻草地而食。国人以光头、穿绣花衣为俗，出门乘坐有帷幔的白盖小车。进出都击鼓，并高竖旗帜。国中物产丰富，多金银奇宝。有夜光璧、明月珠、骇鸡犀、大贝、车渠、玛瑙、孔翠、珊瑚、琥珀。凡是西域有的珍奇异物，多出于拂菻。隋炀帝多次想与拂菻通使，都未能如愿。

贞观十七年，拂菻王波多力派使者进献赤玻璃、绿金晶等物品。唐太宗派人写信答谢，并赐给绫罗绸缎。大食（阿拉伯）国渐渐强盛，超过周围各国，并派大将军摩栧攻打拂菻都城。后两国和好，拂菻每年贡奉金银玉帛，臣属于大食。高宗乾封二年，拂菻国派使者送来底也伽药。武则天大足元年，又派使者来华。玄宗开元七年正月，拂菻国王派吐火罗大首领进献狮子、羚羊各二头。过了几个月，又派总主教来朝进贡。

——（《旧唐书》卷一九八）

3. 贞观 17 年，拂王波力多遣使朝贡，西方汉学家们考证，《新唐书》中所说的波力多或为罗马教皇 Pope Theodorusi，或为叙利亚总主教 Patriach。

　　拂菻，古大秦也，居西海上，一曰海西国。去京师四万里。在苫西，北直突厥可萨部，西濒海，有迟散城，东南接波斯。地方万里，城四百，胜兵百万。十里一亭，三亭一置。臣役小国数十，以名通者曰泽散，曰驴分。泽散直东北，不得其道里。东渡海二千里至驴分国。重石为都城。广八十里，东门高二十丈，扣以黄金。王宫有三袭门，皆饰异宝。中门中有金巨称一，作金人立，其端属十二丸，率时改一丸落。以瑟瑟为殿柱。水精琉璃为棁，香木梁，黄金为地，象牙阖。有贵臣十二，共治国。王出，一人挈囊以从。有讼书投囊中，还省枉直。国有大灾异，辄废王更立贤者。王冠如鸟翼，缀珠。衣锦绣，前无襟。坐金蒲榻。侧有鸟如鹅，绿毛。上食有毒，辄鸣。无陶瓦，屑白石墁屋，坚润如玉。盛暑引水上，流气为风。男子翦发，衣绣，右袒而帔。乘辎軿白盖小车。出入建旌旗，击鼓。妇人锦巾。家赀亿万者为上官。俗喜酒，嗜干饼。多幻人，能发火于颜，手为江湖，口幡眊举，举足堕珠玉。有善医能开脑出虫，以愈目眚。土多金、银、夜光璧、明月珠、大贝、车渠、玛瑙、木难、孔翠、琥珀。织水羊毛为布，曰海西布。海中有珊瑚洲，海人乘大舶，堕铁网水底。珊瑚初生磐石上，白如菌，一岁而黄，三岁赤，枝格交错，高三四尺。铁发其根，系网舶上，绞而出之。失时不取即腐。西海有市，贸易不相见，置直物旁，名鬼市。有兽名羹，大如狗。犷恶而力。北邑有羊，生土中，脐属地，割必死。俗介马而走，击鼓以惊之，羔脐绝，即逐水草，不能群。贞观十七年，王波多力遣使献赤玻璃、绿金精。下诏答赉。大食稍强，遣大将军摩栧伐之。拂菻约和，遂臣属。乾封至大足再朝献。开元七年，因吐火罗大酋献师子、羚羊。自拂菻西南度碛二千里，有国曰磨邻，曰老勃萨。其人黑而性悍。地瘴疠，无草木五谷。饲马以槁鱼。人食鹘莽，鹘莽，波斯枣也。不耻烝报，于夷狄最甚，号曰寻。其君臣七日一休，不出纳交易，饮以穷夜。（《新唐书》卷二二一下）

译文：

拂菻，即古大秦国，位于地中海上，又称海西国。距离长安四万里，在苫国（叙利亚）以西，北通突厥可萨部，西面濒临海洋，有迟散城，东南与波斯接壤。国土方圆万里，有四百多座城池，有百万强兵。城中十里设一亭，三十里建一土堡。有数十个附属小国，如泽散、驴分等。泽散国在其东北方，不知从何路可达。向东渡海二千里到达驴分国。国之都城用巨石砌成，宽八十里，东门高二十丈，上铺黄金。王宫有三重门，都用珍宝镶饰。中门内有一杆巨大的金秤，旁边站着一个金人，秤端连着十二颗金球，每一时辰到，一颗金球便掉下来。宫中用瑟瑟做殿柱，用水晶琉璃做梁上短柱，用香木做梁，用黄金铺地，用象牙做门。国家有十二名重臣，共同治理国事。国王出外时，命一随从背着皮袋跟在身边。百姓有要投诉的，可将讼书投入袋中，国王回宫后再作审理。国中遇到大灾祸，则废去旧王重立新王。王冠形状像鸟翼，上面缀有珠宝。国王穿着彩色绣花衣，衣服无前襟，坐在金花床上。旁边有只形状像鹅的鸟，浑身绿毛。国王的食品中如果有毒，鸟儿便鸣叫起来。王宫屋上不盖瓦，铺的是白石碎屑，坚润如玉。盛夏季节，人们引水到房上，水流下时激荡成凉风。拂菻国男子剪发，穿绣花衣，右半身袒露，身披披风。出入时乘坐有帷幔的白盖小车，并击鼓、树旗。妇人头裹彩色头巾。家财达亿万的封为上官。国人喜好喝酒，爱吃干饼。拂菻国有许多魔术师，脸上能起火，手上能出水，口中能吐旗子，双脚一抬，珠玉便掉下来。有医术高明的医生，能对病人开脑出虫，治愈眼疾。其国物产丰富，多金、银、夜光璧、明月珠、大贝、车渠、玛瑙、木难、孔翠、琥珀。能将水羊毛织成布，称为海西布。海中有珊瑚洲，船夫乘着大船，将铁网扔到海底。珊瑚最初生长在磐石上，像菌类一样白，一年后变黄色，三年后变红色，枝柯交错，高三四尺。铁钞将其根部挖出，系在网上拖出海面。珊瑚若错过了时节取出，则自行腐烂。地中海上有集市，做买卖时卖主不出面，买主直接取物，将钱放在旁边，称作鬼市。国中有种叫做"黌"的野兽，形状比狗大，粗野、凶狠有力。北城有一种羊，生长在土地中，脐带连着地，割断脐带羊便死去。当地习俗，人穿盔甲骑马奔走，并击鼓惊吓它，羊羔的脐带便断开，以后能自随水草而食，但不能群居。贞观十七年，拂菻王波多力派使者送来赤玻璃、绿金晶。太宗以书答谢，并赐礼回赠。大食国强大起来后，派大将军摩栧攻打拂菻。拂菻求和，以后便附属于大食。乾封及大足年间，拂菻国二次派使者来朝进献。开元七年，拂菻国派吐火罗酋长进献狮子、羚羊。从拂菻国西南部过沙漠二千里，有磨邻、老勃萨两个国家。其国人肤色黑、性情彪悍。国土贫瘠，不见草木五谷。当地人用干鱼喂马，自己吃的是鹘莽。鹘莽是波斯枣。亲属通婚，不以为耻，称为寻（袄教）。其国君臣七天休假一次，这一天停止一切交易。假日之夜，国人狂饮，通宵达旦。

——（《新唐书》卷二二一下）

4. 世界帝国中的拂菻传说

拂菻通唐

景云二年（公元 708 年）十二月，拂菻国献方物。（《册府元龟》卷九七〇）

天宝元年（公元 742 年）五月，拂菻国王遣大德僧来朝。（《册府元龟》卷九七一）

译文：

景云二年（公元 708 年）十二月，拂菻国来唐，进献贡物。

——（《册府元龟》卷九七〇）

天宝元年（公元 742 年）五月，拂菻国王派总主教来朝进贡。

——（《册府元龟》卷九七一）

拂菻降附于唐

高仙芝……开元末，表为安西副都护，四镇都知兵马使。小勃律，其王为吐蕃所诱，妻以女。故西北二十余国，皆羁属吐蕃。自仁琬以来，三讨之，皆无功。天宝六载。诏仙芝以步骑一万出讨。……功一岁乃成。八月，仙芝以小勃律王及妻自赤佛道还连云堡，与令诚俱班师。于是拂菻、大食诸胡七十二国，皆震慑降附。（《新唐书》卷一三五《高仙芝传》，又见《新唐书》卷二二一下《大勃律传》）

译文：

高仙芝在开元末年，被封为安西副都护，四镇都知兵马使。小勃律王被吐蕃诱骗，娶了吐蕃的公主。因此西北部二十多个国家，都臣属于吐蕃。自仁琬以来，三次讨伐吐蕃，都无功而返。天宝六载，唐明皇命高仙芝率一万名步兵出讨吐蕃。……一年后，大功告成。同年八月，高仙芝将小勃律王及其妻子从赤佛道送还连云堡，和边令城一道班师回朝。于是拂菻、大食等七十二国，都震慑于天朝皇威，前来归附。

——（《新唐书》卷一三五《高仙芝传》，又见《新唐书》卷二二一下《大勃律传》）

拂菻国人物器样画与僬侥国

拂菻国人物器样二卷。鬼神样二卷。外国杂兽二卷。右六卷，西域僧迦佛陀画，并得杨素家。（《唐人说荟·贞观公私画史》）

小人国在大秦南。人才三尺。其耕稼之时，惧鹤所食，大秦卫助之。即僬侥国，其人穴居也。（《括地志》）

译文：

拂菻国人物画、器物画二卷。鬼神图二卷。外国杂兽图二卷。这六卷图画，为西域迦佛陀师所画，从杨素家得到。

——（《唐人说荟·贞观公私画史》）

小人国在大秦南面。国人身高三尺。农耕时，国人怕鹤飞来吃庄稼，大秦人每每相助。小人国即僬侥国，其国人采用穴居方式。

——（《括地志》）

5. 伊比利亚半岛在唐人的传说中是荒远可怕的虫豸之乡——蠮螉国

唐宁王傅袁嘉祚为人正直不阿，能行大节，犯颜悟主，虽死不避。后为盐州刺史，以清白尤异升闻。时岑羲、萧至忠为相，授嘉祚开州刺史。嘉祚恨之，频言其屈。二相大怒，诟嘉祚曰："愚夫！"叱令去。嘉祚方惆怅，饮马于义井。有一人背井坐，以水濯手，故溅水，数惊嘉祚马。嘉祚忿之，骂曰："臭卒伍，何事惊马！"其人顾嘉祚曰："眼看使于蠮螉国，未知死所，何怒我焉。"嘉祚思其言，不能解，异之。明复至朝，果为二相所召。迎谓曰："知公迹素高，要公衔朝命充使。今以公为卫尉少卿，往蠮螉国报聘。可乎？"嘉辞以不才。二相日行文下。嘉祚大恐，行至义井，复遇昨惊马人。谓嘉祚曰："现宰相欲令使远国，信乎？"嘉祚下马拜之。异人曰："公无忧也，且止不行，其二相头已悬枪刀矣，焉能怒公？"言毕不知所之。间一日，二相皆诛。果如异人言矣。其蠮螉国在大秦国西数千里。自古未尝通。二相死，嘉祚竟不去。

（《太平广记》卷八二《袁嘉祚》）

译文：

唐宁王的老师袁嘉祚为人刚正不阿，有气节，敢于直刺君王的过失，虽死不避。后任盐州刺史，因清白超群而声名远播。当时岑羲、萧至忠为宰相，任命嘉祚为开州刺史。嘉祚心怀怨恨，多次叫屈。二位宰相大怒，骂嘉祚说："愚夫！"将他赶走。嘉祚心中惆怅，到义井旁饮马。有一个人背对着井坐着，用水洗手，故意溅出水来，几次惊吓了嘉祚的马。嘉祚怒骂："臭小子，为何惊吓我的马？"那人看着嘉祚说："眼看就要出使蠮螉国（西班牙）了，不知将死在哪里，对我发什么火！"嘉祚暗想他说的话，想不明白，感到奇怪。第二天上朝，两位宰相果然召见他，对他说："我们知道你名声好，品行好，所以要你奉命充当使者。现在升你为卫尉少卿，出使蠮螉国，行吗？"嘉祚以自己不才推辞。两位宰相当日便发下文书。嘉祚心中恐慌，走到义井旁，又遇到昨天惊马的人。他对嘉祚说："现在宰相想派你出使远国，你信了吗？"嘉祚赶紧下马叩拜。那异人又说："你不必担忧，先别出行，那两位宰相的头已悬在枪刃上了，哪里还能对你发火呢？"说完后，他不见了。隔了一天，两位宰相都被诛杀，果然如异人所说。蠮螉国在大秦国以西数千里处，自古不曾往来。二位宰相死后，嘉祚终究没有前往。

——（《太平广记》卷八二《袁嘉祚》）

6. 玄奘说拂国富饶多珍宝

波剌斯国西北接拂菻国，境壤风俗同波剌斯，形貌语言，稍有乖异。多珍宝，亦富饶也。拂懔国西南海岛，有西女国，皆是女人，略无男子。多诸珍货，附拂懔国，故拂懔王岁遣丈夫配焉。其俗产男，皆不举也。（《大唐西域记》卷一一）

译文：

波剌斯国西北部与拂懔国接壤。拂懔境内风俗与波剌斯国相同。国人的体型、外貌、语言同波剌斯国稍有不同。国中多珍宝，物产丰富。拂懔国西南海岛上有西女国，国中都是女人，几乎无男人。西女国多奇珍异货，附属于拂懔国，因此拂懔国每年派男子前去，与西女国女子相配。当地习俗，若生下男孩，都不让他存活。

——（《大唐西域记》卷一一）

7. 慧超记大小拂临国

又从波斯国北行十日，入山，至大寔国。彼王住不本国，见向小拂临国住也。为打得彼国，彼国复居山岛，处所极罕，为此就彼。

又小拂临国，傍海西北，即是大拂临国。此王兵马强多，不属余国。大寔数回讨击不得，突厥侵亦不得。土地足宝物，甚足驼、骡、羊、马、叠布等物。衣著与波斯、大寔相似，言音各别不同。（《五天竺国传》）

译文：

从波斯国向北走十天，翻山，到达大寔国。大寔国王不住在本国，有时住在小拂临国（叙利亚及巴勒斯坦一带）。为了征服小拂临国，而小佛临国也位于山岛之中，少有人到，国王为征服它才去。

小拂临国，靠海西北部即大拂临国。国中兵强马盛，不附属于任何国家。大寔国多次讨伐大拂临，均未成功，突厥也数次侵犯未遂。大拂临国物产丰富，驼、骡、羊、马、布等非常充足。其国人衣着与波斯、大寔是相似，但语音有所不同。

——（《五天竺国传》）

8. 杜环751年在怛逻斯战役中被黑衣大食俘虏，流离西亚十多年，才从海道乘大食商船过南洋取广州回国。这位劫后余生的旅行家写过一部《经行记》，记述自己流落中亚、西亚、南亚的遭遇与所到之处的风土人情。可惜这部书散佚了。

拂菻国在苫国西，隔山数千里，亦曰大秦。其人颜色红白，男子悉著素衣。妇人皆服珠锦。好饮酒，尚干饼，多淫巧，善织络。或有俘在诸国，守死不改乡风。琉璃妙者，天下莫比。王城方八十里，四面境土，各数千里。胜兵约有百万。常与大食相御。西枕西海，南枕南海，北接可萨突厥。西海中有市，客主同和。我往则彼去，彼来则我归。卖者陈之于前，买者酬之于后。皆以其直置诸物傍，待领直然后收物，名曰鬼市。又闻西有女国，感水而生。又云摩邻国在秋萨罗国西南，渡大碛，行二千里至其国。其人黑，其俗犷，少米麦，无草本。马食干鱼，人餐鹘莽。鹘莽即波斯枣也。瘴疠特甚。诸国陆行之所经也，胡则一种，法有数般。有大食法，有大秦法，有寻寻法。其寻寻烝报，于诸夷狄中最甚，当食不语。其大食法者，以弟子亲戚而作判典。纵有微过，不致相累。不食猪狗驴马等肉，不拜国王父母之尊。不信鬼神，祀天而已。其俗每七日一假，不买卖，不出纳，唯饮酒，谑浪终日。其大秦善医眼及痢。或未病先见，或开脑出虫。（《通典》卷一九三）

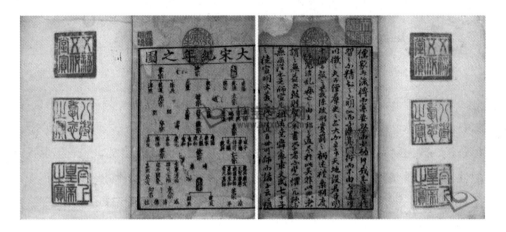

清宫天禄琳琅《通典》

译文：

　　拂菻国在苫国（叙利亚）以西，隔山数千里，又称大秦。其国人肤色红白，男子都穿素衣，妇人都穿彩色绣花衣。爱饮酒，喜欢吃干饼，心思奇巧，善于织络。其人有被俘虏在他国的，宁死不改乡风。国中琉璃奇妙，举天下不能比。都城方圆八十里，四面国土各数千里。国家有强兵约百万，常与大食国相战。西临西海，南临南海，北部与可萨突厥接壤。西海上常有集市，客主关系默契。我来则彼去，彼来则我归。卖方先将物品排列出来，买方再付钱。都将相当于物品价值的钱放在物品旁，卖方取走钱后，买方再拿走物品，称之鬼市。又听说拂菻之西有女国，感于水而生。摩邻国（摩洛哥）在秋萨罗国（西班牙）西南方，过沙漠，再走二千里可到达。摩邻国人肤色黑，民俗粗犷，国中少米麦，无草木。马吃干鱼，人吃鹘莽，鹘莽是一种波斯枣。国中毒气重。各国陆路都须经过此地，国家只有一个，法却有数种。有大食法（回教）、大秦法（景教）、寻寻法（袄教）。袄教实行亲属通婚之义，在诸夷狄中最突出。进食时不允许说话。大食法，以弟子亲戚主持审判，纵有小过，不至于互相连累。不吃猪、狗、驴、马等肉，不拜国王及父母。不信鬼神，祭的是天主。其风俗每七天休假一次，这一日不做买卖交易，只喝酒，狂欢终日。大秦国医生善于治疗眼疾及痢疾。有的未病就先预见到了，有的将病人脑部开刀，取出病虫治疗。

——（《通典》卷一九三）

9．拂国海中有珊瑚

拂菻国海去都城二千里，有飞桥。渡海而西，至且兰国，自且兰有积石，积石南有大海。海中珊瑚，生于水底。大船载铁网下海中。初生之时，渐渐似菌。经一年，挺出网目间，变作黄色。支格交错。小者三尺，大者丈余。三年色青，以铁钞发其根，于舶上为绞车，举铁网而出之，故名其所为珊瑚州。久而不采，却蠹烂糜朽。（《太平广记》卷四〇三《珊瑚》引自《洽闻记》）

译文：

拂菻国海域离都城二千里，有飞桥通达。渡海向西，到且兰国，且兰国有积石，积石南是大海。海底生长着珊瑚。其国人用大船载着铁网，并放网入海。珊瑚初生时像菌类。一年后。取网出来看，珊瑚变成黄色，柯枝交错。小的三尺长，大的一丈多。三年后，变成青色，用铁铲挖出珊瑚根，然后在船中拉网，铁网出水后，珊瑚便采得了。因此这个地方被称作珊瑚州。珊瑚长成后，若长期不采，便自行腐烂。

——（《太平广记》卷四〇三《珊瑚》引自《洽闻记》）

10．《宋史》断定拂国"历代未尝朝贡"。1081 年才第一次通使。遣使者一为拂菻国王灭力伊灵改撒。西方汉学家猜测宋人所说的灭力伊灵改撒可能是东罗马皇帝 Michael·Ducas 或其政敌 Bryennius·Caesar，还有一种可能，他是塞尔柱突厥的副王——Melek-i-Rum·Kaisar。

拂菻国东南至灭力沙，北至海，皆四十程。西至海三十程。东自西大食及于阗、回纥、青唐，乃抵中国。历代未尝朝贡。元丰四年十月，其王灭力伊灵改撒始遣大首领你厮都令厮孟判来献鞍马、刀、剑、珍珠。言其国地甚寒，土屋无瓦。产金、银、珠、西锦、牛、羊、马、独峰驼、梨、杏、千年枣、巴榄、粟、麦。以葡萄酿酒。乐有箜篌、壶琴、小篳篥、偏鼓。王服红黄衣。以金线织丝布缠头。岁三月，则诣佛寺，坐红床，便人舁之。贵臣如王之服，或青、绿、绯白、粉红、黄、紫，并缠头跨马。城市田野皆有首领主之。每岁惟夏秋雨。得奉给金钱锦谷帛以治事，大小为差。刑罚罪轻者杖数十，重者至二百。大罪则盛以毛囊，投诸海。不尚斗战。邻国小有争。但以文字来往相诘问，事大亦出兵。铸金银为钱，无穿孔。面凿弥勒佛，背为王名，禁民私造。元祐六年，其使两至。诏别赐其王帛二百匹、白金瓶、袭衣、金束带。（《宋史》卷四九〇）

译文：

拂菻国向东南到灭力沙，向北到海，有四十天的路程。向西到海须走三十天。向东到西大食及于阗（和田）、回纥、青唐（柴达木），到达中国。从前历代未与中国通使朝贡。神宗元丰四年十月，拂菻国王灭力伊灵改撒始派大首领你厮都令厮孟判来朝，进献鞍马、刀、剑、珍珠。并说拂菻国气候寒冷，屋上不铺瓦。物产丰富，有金、银、珠、西锦、牛、羊、马、独峰驼、梨、杏、千年枣、巴榄、粟、麦等。用葡萄酿酒。乐器有箜篌、壶琴、小篳篥、遍鼓。国王穿红黄两色衣，用金线织的丝布缠头。每年三月，国王到佛寺，去时坐红色床，令人抬着。贵臣穿着与国王相似，有青、绿、绯白、粉红、黄、紫等色，也缠头巾、骑马。城市、田野都有首领掌管。每年只有夏、秋两季下雨。首领们为国办事，可得俸禄金钱、锦、谷或帛，大小数量有差别。刑罚有规定，罪轻的棒打数十下，重的二百下。大罪则用皮袋装着，投入海中。拂菻国人不好斗不好战。邻国间稍有争执，只通过文书往来诘问，遇到大事也出兵。用金、银铸钱，钱中不穿孔。

正面刻弥勒佛像，背面刻国王名字，禁止民间私造。哲宗元祐六年，拂菻国曾两次派使者来。哲宗回赐其国王二百匹丝织品、白金瓶、衣服、金束带。

——（《宋史》卷四九○）

四、元代中国所知的欧洲

1. 蒙古人征服钦察，被俘的钦察酋长不肯下跪：我是一国之主，怎能苟且偷生，何况人又不是骆驼，怎能向人下跪？这位酋长叫八赤蛮，被蒙哥的弟弟拨绰腰斩，同时被杀的还有阿速酋长喀察俄哥拉。

　　土土哈，其先本武平北折连川按答罕山部族。自曲出徙居西北玉里伯里山，因以为氏，号其国曰钦察。其地去中国三万余里，夏夜极短，日暂没即出。曲出生唆末纳，唆末纳生亦纳思，世为钦察国主。太祖征蔑里乞，其主火都奔钦察，亦纳思纳之。太祖遣使谕之曰：“汝奚匿吾负箭之麋？亟以相还，不然，祸且及汝。”亦纳思答曰：“逃鹯之雀，丛薄犹能生之，吾顾不如草木耶？”太祖乃命将讨之。亦纳思已老，国中大乱。亦纳思之子忽鲁速蛮遣使自归于太宗，而宪宗受命帅师，已扣其境。忽鲁速蛮之子班都察举族迎降，从征麦怯斯有功。率钦察百人，从世祖征大理、伐宋，以强勇称。尝待左右，掌尚方马畜。岁时挏马乳以进，色清而味美，号黑马乳。因目其属曰哈喇赤。（《元史》卷一二八《土土哈传》）

　　九年丁酉春，蒙哥征钦察部，破之。擒其酋八赤蛮。（《元史》卷二《太宗本纪》）

　　尝攻钦察部，其酋八赤蛮逃于海岛。帝闻，亟进师。至其地。适大风刮海水去，其浅可渡。帝喜曰：“此天开道与我也。”遂进屠其众，擒八赤蛮，命之跪。八赤蛮曰：“我为一国主，岂苟求生。且身非驼，何以跪人为？”乃命囚之。八赤蛮谓守者曰：“我之窜入于海，与鱼何异？然终见擒，天也。今水回期且至，军宜早还。”帝闻之，即班师，而水已至。后军有浮渡者。（《元史》卷三《宪宗本纪》）

蒙古骑士

蒙古诸王会议后，决遣大军前进。蒙哥（Mangu）将左翼军，沿里海傍行，擒八赤蛮（Bachman）。八赤蛮为俄楼烈克（Olerlik）族人，钦察国诸首领中，最才能者也。阿速国酋长喀察俄哥拉（Kachar Ogola）亦被擒。八赤蛮军先败逃，蒙古军追之，久不能得。啸聚逃亡军士及盗贼，浙复成军，屡攻蒙古人，掳掠其财物，出没无常，使之疲于奔命，匿于窝尔加河畔深林中，不易擒获。蒙哥令备船舶二百艘，每艘载军士一百人。自将一队，沿窝尔加河畔，抄掠其森林。其弟拨绰（Bud-jek）将别队，抄掠河之他岸。至一地，有军营遗迹，为新近遗弃者。一老妇告蒙古人曰："八赤蛮退藏岛内近处。"蒙古人无船可渡。以追八赤蛮。天忽起大风，河水骤退。蒙古兵涉河，生擒八赤蛮。其从人或被溺，或被杀。蒙古军尽获其所有，不伤一卒而还。八赤蛮乞蒙哥亲杀之，蒙哥不从。命其弟拨绰腰斩之。阿速酋长喀察俄哥拉亦同时被杀。蒙古诸王在附近度1237年（元太宗窝阔台皇帝即位之九年丁酉岁）之夏。夏后，拔都、斡儿达、别儿哥（Barkai）、阔端、不里、科儿康（Kulkan）攻伐博克夏国（Bokshas）、不儿塔斯国（Burtasses）。（拉施特《史记》，见白莱脱胥乃窦《中世纪研究》第一卷第310页）

兔儿年（十四年己卯，即宋宁宗嘉定十二年），再命速别额台（Subtai）勇士征迤北康邻（Kankaly）等十一部落。渡亦得勒（Etilia）、札牙黑（Jayac）二水。直至乞瓦儿　客儿绵等城。（《元朝秘史》卷一三）

再有康邻、乞卜察(Kipchak)等十一种城池百姓。曾命速别额台征进去了。为那里城池难攻拔的，上头如今再命各王长子巴秃(Batu)、不里(Buri)、古余克(Kuyuk)、蒙格(Mangu)，等做后援征去。诸王内教巴秃为长。在内出去的，教古余克为长。凡征进去的诸王、驸马、万千百户，也都教长子出征。这叫长子出征的缘故，因兄察阿歹说："将来长子出征呵，则人马众多，威势盛大。"闻说那敌人好生刚硬，我兄察阿歹谨慎的，上头所以教长子出征，其缘故是这般。……再速别额台的后援巴秃大王等，降其康里、乞卜察等三种，破其斡鲁思种城，悉杀虏其人。惟阿速惕等城百姓，虏得虏了，归附得归附了，立苍鲁合臣，探马赤官，镇守而回。（《元朝秘史》卷一四）

译文：

土土哈，祖先本是武平北折连川的按答罕山部族。自从曲出迁居到西北的玉里伯里山，便以山名作为姓氏，国称钦察。钦察距离中国有三万多里，其国夏夜很短，太阳下山不久又出来。曲出生了唆末纳，唆末纳生了亦纳思，世代都是钦察国主。太祖征讨蔑里乞时，其国主火都逃奔至钦察，亦纳思收留了他。太祖派使者前去晓谕亦纳思说："你为什么藏起我射了一箭的麋鹿？立刻将他归还，不然的话，灾祸要连累到你了！"亦纳思回答："从鹰嘴里逃出的鸟雀，草丛尚能使它逃命存活，我难道连草木都不如吗？"太祖于是下令讨伐钦察。亦纳思年近衰老，国中顿时大乱。亦纳思的儿子忽鲁速蛮派使者向太宗表示归顺，但宪宗奉命率兵，已临迎钦察国境。忽鲁速蛮的儿子班都察率全族投降，又在征讨麦怯斯时立功。土土哈领着一百名钦察人，跟随世祖征讨大理、讨伐宋，以勇敢而获誉。他曾侍奉在世宗左右，掌管宫中马匹。逢年挤马乳献给世宗，色清而味美，叫做黑马乳。因而称他们为哈剌赤。

——（《元史》卷一二八《土土哈传》）

九年丁酉春，蒙哥征讨钦察部，攻破成功。钦察酋长八赤蛮被俘。

——（《元史》卷二《太宗本纪》）

宪宗曾攻打钦察部，其酋长八赤蛮逃到海岛上。宪宗得知后，加速进兵。到海边，正遇上退潮，海水低浅可以渡过。宪宗大喜，说："这是上天为我开道。"

于是斩杀钦察部人，活捉八赤蛮。宪宗令他下跪。他说："我身为一国之主，怎能苟且求生？况且我非骆驼，为何对人下跪？"宪宗便下令将他囚禁。八赤蛮对看守的人说："我逃到海上，跟鱼儿有什么两样？但我最终被擒，这是天意啊。如今涨潮的时间快到了，大军应当早些归还。"宪宗听说后，立即班师，但水已涨起来了。后来军中有人泅渡而返。

——（《元史》卷三《宪宗本纪》）

蒙古诸王集合商议之后，决定派大军前进。蒙哥率领左翼军马，沿里海边行进，捉拿八赤蛮。八赤蛮是俄楼烈克族人，钦察国历代首领中，他最有才能。阿速国酋长喀察俄哥拉也被擒获。八赤蛮的军队先是败逃，蒙古军在后面追击，久追不获，逃亡军士及沿路盗贼互相招呼着聚集起来，渐渐地凑成军队，多次攻击蒙古人，劫掠其财物，出没无常，使蒙古军疲于奔命。他们躲藏在伏尔加河畔的深林中，不易被擒获。蒙哥派人准备好二百艘船，每艘载一百名军士，并亲率一队军士，沿着伏尔加河畔，抄掠森林。蒙哥的弟弟拔绰率另一支军队，抄掠伏尔加河岸其他地方。到一处，他们发现军营遗迹，是新近遗弃时留下的。一位老妇人告诉蒙古人："八赤蛮藏在岛上。"蒙古人没有船，无法过河追八赤蛮。这时天上忽然刮起大风，河水骤然后退。蒙古兵过河后，活捉八赤蛮。他的手下人有的溺水而死，有的被杀。蒙古军缴获了他们所有的财产，不伤一卒地回来。八赤蛮乞求蒙哥亲手杀了他，蒙哥不听，令弟弟拔绰将八赤蛮拦腰斩杀。阿速酋长喀察俄哥拉也同时被杀。蒙古诸王在这一带度过了一千二百三十七年（元太宗窝阔台皇帝即位之九年丁酉岁）夏天。夏季过后，拔都、斡儿达、别儿哥、阔端、不里、科儿康攻打博克夏国和不儿塔斯国。

——（拉施特《史记》，见白莱脱胥乃窦《中世纪研究》第一卷第 310 页）

兔儿年（十四年己卯，即宋宁宗嘉定十二年），二次下令速别额台勇士征讨北部康邻等十一个部落。他们渡过伏尔加河及马拉尔河，一直到达乞瓦儿绵客儿绵（基辅城）等城池。

——（《元朝秘史》卷一三）

还有康邻、乞卜察（钦察）等十一个城池的百姓。曾命速别额台前去征讨。因为那些城池难以攻破，上头如今再次命令各王长子巴秃、不里、古余克、蒙格等为后援赶往前线。诸王内部叫巴秃为长，出去后，便以古余克为首。此次应征的诸王、驸马和万户、千户、百户，也都叫长子出征。叫长子出征的缘故，按兄察阿歹的说法："将来长子出征，就会人马众多，威势强大。"听说敌人非常强硬，我兄察阿歹很谨慎，上头之所以叫长子出征，其原因就是这个。……又速别额台的后援巴秃大王等，攻下康里（康邻）、乞卜察等三城池，攻破斡鲁斯（俄罗斯）城，将其百姓全部杀死。只有阿速惕等城的百姓，有的被俘，有的归附。立苍鲁合臣、挥马赤官镇守，大军返回。

——（《元朝秘史》卷一四）

2. 蒙古人征服俄罗斯，踏平钦察，将阿速部洗劫一空。

帝遣使趣哲伯疾驰以讨饮察，命曷思麦里招谕曲儿忒、失儿湾沙等城，悉降。至谷儿只部及阿速部，以兵拒敌，皆战败而降。又招降黑林城，进击斡罗斯[1]于铁儿山，克之，获其国主密只思腊。哲伯命曷思麦里献诸术赤太子诛之。寻征康里，至孛子八里城，与其主霍脱思罕战，又败其军，进至钦察，亦平之。（《元史》卷一二〇《曷思麦里传》）

癸未（公元1223年），速不台上奏，请讨钦察，许之。遂引兵绕宽甸吉思海，辗转至太和岭，凿石开道，出其不意。至，则遇其酋长玉里吉及塔塔哈儿，方聚于不租河，纵兵奋击，其众溃走。矢及玉里吉之子，逃于林间，其奴来告而执之。余众悉降，遂收其境。又至阿里吉河，与斡罗思部大小密赤思老遇，一战降之，略阿速部而还。（《元史》卷一二一《速不台传》）

译文：

皇帝派使者催促哲伯快马加鞭征讨钦察，命曷思麦里招谕曲儿忒、失儿湾沙等城，他们都投降了。谷儿只部和阿速部，以兵抗敌，都战败了，不得不投降。又招降了黑林城，在铁儿山进击斡罗斯（俄罗斯），获胜，擒得其

---

[1] 即俄罗斯，又作阿罗斯、兀鲁思、乌鲁斯。《元朝饿史》作斡鲁斯，皆系蒙语 Oros 的音译。

国主密只思腊。哲伯命曷思麦里将他献给术赤太子，太子杀了密只思腊。不久，征讨康里，在孛子八里城与其主霍脱思罕对战，大败康里军队。进军钦察，也踏平了该地。

—— （《元史》卷一二〇《曷思麦里传》）

癸未（公元 1223 年），速不台上奏疏，请求征讨钦察，皇帝同意了。于是速不台领兵绕过宽甸吉思海（里海），辗转到达太和岭（高加索山）。军士们凿石开道，出其不意。翻过山后，就遇见钦察酋长玉里吉和塔塔哈儿，正聚集在不租河边。速不台纵兵奋击，钦察军士溃逃。玉里吉的儿子被箭射中，逃入林中，他的奴仆前来告发，于是他被俘获。其余军士都投降了，钦察被攻破。又进军阿里吉河，与斡罗思部大小密赤思相遇，一战败之，使之投降，于是将阿速部洗劫一空才返回。

—— （《元史》卷一二一《速不台传》）

3. 元朝在中国服役的俄罗斯军人斡罗思军士

至顺元年（公元 1330 年）二月辛未，置宣忠扈卫亲军都万户府，秩正三品，总斡罗思军士，隶枢密院。冬，十月，立宣忠扈卫亲军都万户营于大都北。市民田四百三十余顷，赐之。十二月，宣忠扈卫斡罗思屯田官给牛种农具。癸酉，诏宣忠扈卫亲军都万户府，凡立营司境内，所属山林川泽，其鸟兽鱼鳖，悉供内膳。诸猎捕者坐罪。二年夏四月甲寅，改宣忠扈卫亲军都万户府为宣武斡罗思扈卫亲军都指挥使司（又见卷九九《兵志》）、赐银印。壬申，散遣宣忠扈卫新籍军士六百人还乡里。期以七月一日还营。九月，阿苏及斡罗思新戍边者，命辽阳行省给其牛具粮食。十二月癸丑，左钦察卫撒敦献斡罗思十六户，酬以银百七锭，钞五千锭。以河间路清池南皮县牧地赐斡罗思驻冬。仍以呼哩所牧官羊给之。三年正月，诸王章吉献斡罗思百七十人。酬以银七十二锭、钞五千锭。己亥，给斡罗思千人衣粮。七月甲申，燕铁木儿献斡罗思二千五百人。八月辛丑，诸王阿儿加失里献斡罗思三十人，渐丁百三人。（《元史》卷三、四、五、六《文宗本纪》）

至元元年夏四月丙寅，诏以钞五十万锭、命徽政院散给达达、兀鲁思怯薛丹、各爱马。（《元史》卷三八《顺帝本纪》）

译文：

元文宗至顺元年（公元 1330 年）二月辛未，设宣忠扈卫亲军都万户府，官位正三品，总管斡罗思军士，隶属枢密院。同年冬，十月，将宣忠扈卫亲军都万户营设在大都（北京）北部，并赐买来的民田四百三十多顷。十二月，宣忠扈卫斡罗思屯田官供给牛和农耕器具。癸酉，诏令宣忠扈卫亲军都万户府，凡营区之内所属山林川泽，其鸟兽鱼鳖，都供皇家御用。其他猎捕者有罪。至顺二年夏四月甲寅，将宣忠扈卫亲军都万户府改名为宣武斡罗思扈卫亲军都指挥使司（又见卷九九《兵志》），赐给银印。壬申日，将宣忠扈卫新入籍的六百名军士遣散回乡，限其七月一日还营。九月，命辽阳行省供给阿苏及斡罗思新来戍边的军士农具及粮食。十二月癸丑，左钦察卫撒敦进献斡罗思十六户，诏令酬银一百零七锭、钞五千锭。将河间路清池南皮县牧地赐给斡罗思过冬，仍将呼哩放牧的羊给他们。至顺三年，诸王之一章吉进献斡罗思一百七十人，诏令酬银七十二锭、钞五千锭。己亥，发给一千名斡罗思人衣服和粮食。七月甲申，燕铁木儿进献斡罗思人二千五百名。八月辛丑，诸王之一阿儿加失里进献斡罗思人三十名，未成年者一百零三人。

———（《元史》卷三、四、五、六《文宗本纪》）

世祖至元元年夏四月丙寅，诏令将钞五十万锭，命徽政院散发给充当怯薛丹、各爱马（元之禁卫军）的达达及兀鲁思人。

———（《元史》卷三八《顺帝本纪》）

4. 蒙古人远征欧洲，攻下波兰（孛烈儿）、德意志（捏迷斯）似乎不费周折，只是进攻马札儿部主怯怜（匈牙利国王 Kiraly）时遇到阻力，拔都的大将八哈秃阵亡，速不台渡过秃纳河（多瑙河），攻占马茶城（布达佩斯）。

兀良合台初事太祖，时宪宗为皇孙，尚幼，以兀良合台世为功臣家，使护育之。宪宗在潜邸，遂分掌宿卫。岁癸巳，领兵从定宗征女真国，破万奴[1]于辽东。继从诸王拔都征钦察及兀鲁思、阿孛烈儿诸部。丙午，又从拔都讨孛烈儿及捏迷斯部，平之。（《元史》卷一二一《兀良合台传》）

经哈啲里山，攻马札儿部主怯怜。速不台为先锋，与诸王拔都、吁里兀、昔班、哈丹五道分进。众曰："怯怜军势盛，未可轻进。"速不台出奇计诱其军，至漷宁河。诸王军于上流，水浅马可涉。中复有桥，下流水深。速不台欲结筏潜渡，绕出敌后。未渡，诸王先涉河与战。拔都军争桥，反为所乘，没甲士三十人，并亡其麾下将八哈秃。既渡，诸王以敌尚众，欲要速不台还，徐图之。速不台曰："王欲归自归，我不至秃纳河马茶城，不还也。"乃驰至马茶城。诸王亦至，遂攻拔之而还。诸王来会。拔都曰："漷宁河战时，速不台救迟，杀我八哈秃。"速不台曰："诸王惟知上流水浅，且有桥，遂渡而与战。不知我于下流结筏未成，今但言我迟，当思其故。"于是拔都亦悟。后大会，饮以马乳及葡萄酒，言征怯怜时事曰："当时所获，皆速不台之功也。"（《元史》卷一二一《速不台传》）

阔里吉思，蒙古阿齐台氏，曾祖巴斯不花从攻乃蛮、钦察、斡罗思、马扎儿、回回诸国，常为先锋破敌。太祖嘉之，赐以虎符。（《元史》卷一三四《阔里吉思传》）

译文：

兀良合台初为太祖效力时，宪宗为皇孙，年龄还小。太祖因为兀良合台家世代为功臣，所以命他护育宪宗。宪宗尚在私宅，兀良合台便掌管宿卫。太祖十一年癸巳，兀良合台领兵跟随定宗征讨女真国，在辽东打败万奴王。接着又跟随诸王拔都征讨钦察和兀鲁思、阿孛烈儿诸部落。丙午，又跟随拔都讨伐孛烈儿和捏迷斯两个部落，将它们都平定了。

—— （《元史》卷一二一《兀良合台传》）

---

[1] 万奴王传说是东夏王族的王，东夏为一女真政权，在金朝衰亡之际，为求女真的复兴，脱而自立，领有吉林、黑龙江两省大帝，存在了十余年，国号初名大真，后为东夏。此处据上海古籍出版社、上海书店影印本《二十五史》作"女真国"。

经过哈咂里山(喀柏吞山 Carpathian Mountain)，攻打马札儿(布达佩斯)部部主怯怜（匈牙利国王之称号）。速不台为先锋，与诸王拔都、吁里兀、昔班、哈丹分五道并进。众将说："怯怜军势正盛，不可轻进。"速不台便想出一条奇计引诱敌军到潺宁河。诸王在河上流驻军，河水低浅，马可涉水而过。中流有桥，下流水很深。速不台想结筏子暗中过河，袭击敌后。还未过河，诸王已先过河与敌军对战。拔都的军队想占住桥，反被敌军钻了空子，损兵三十人，旗下大将八哈秃也战亡了。过河之后，诸王认为敌人兵将尚多，想劝速不台返回，慢慢商议此事。速不台说："你们想回去请自便，我不到秃纳河（多瑙河）马茶城（布达佩斯），决不归还。"于是纵马奔到马茶城。诸王也到了，攻下了城池才返回。诸王聚在一起，拔都说："潺宁河大战，速不台援救事迟，使我将八哈秃战亡。"速不台说："诸王只知上流水浅，且有桥，便渡河与敌军对抗。不知道我在下流筏子还未结好。如今只说我来迟了，诸王应当想想这里面的缘由。"于是拔都醒悟过来。此后又逢聚会，拔都敬速不台马乳和葡萄酒，谈到征讨怯怜时事，他说："当时所获，都是速不台的功劳。"

——（《元史》卷一二一《速不台传》）

阔里吉思，是蒙古阿齐台氏，其曾祖巴斯不花参与攻打乃蛮、钦察、斡罗思、马扎儿、回回等国，常为先锋，破敌无数。太祖很夸奖他，赐他虎符。

——（《元史》卷一三四《阔里吉思传》）

5. 基督徒一直想联合蒙古人打击伊斯兰教徒，旭烈兀派兵远征富浪，兀都算滩欣然投降，富浪可能就是明人所称"佛朗机"，波斯人称欧洲为 Farang。

戊午（公元 1258 年，蒙古宪宗八年，宋理宗宝祐六年）旭烈兀命侃西渡海收富浪。侃喻以祸福。兀都算滩曰："吾昨所梦神乃将军也。"即来降。（《元史》卷一四九《郭侃传》）

国西（密昔儿之西）即海。海西有富浪国。妇人衣冠如世所画菩萨状。男子胡服，皆好善。寝不去衣。虽夫妇亦异处。（刘郁《西使记》）

译文：

戊午（公元 1258 年，蒙古宪宗八年，宋理宗宝　六年），旭烈兀命郭侃向西过海攻富浪国。郭侃以祸福之道晓谕其国主，兀都算滩说："我昨晚梦见的神就是将军啊。"于是来降。

——（《元史》卷一四九《郭侃传》）

密昔儿之西便是海。海西有富浪国。其妇人的衣帽同世人所画菩萨的穿戴很像。男子穿胡服，都好行善。睡觉时不脱衣服。即便是夫妻，也分居两处。

——（刘郁《西使记》）

6．元朝是个世界帝国，施政远及俄罗斯、北非……

三年（公元 1253 年），遣必阇别儿哥括斡罗斯户口。（《元史》卷三《宪宗本纪》）

元贞元年（公元 1295 年）夏四月丙戌，诸王也只里以兵五千人。戍兀鲁思（即俄罗斯）界，遣使来求马。帝不允。（《元史》卷一八《成宗本纪》）

延祐元年（公元 1314 年）夏四月壬辰，诸王脱脱薨，以月思别袭位。（《元史》卷二五《仁宗本纪》）

延祐七年（公元 1320 年）三月丙申，斡罗思等丙附，赐钞万四千贯，遣还其部。（《元史》卷二七《英宗本纪》）

泰定三年（公元 1326 年）九月戊辰，命欢赤等使于诸王怯别、月思别、不赛因三部。（《元史》卷三〇《泰定帝本纪》）

至顺元年（公元 1330 年）八月丁巳，北边诸王月即别遣使来京师。（《元史》卷三四《文宗本纪》）

至顺三年秋七月甲午，北边诸王月即别遣南忽里等来朝贡。（《元史》卷三六《文宗本纪》）

（顺帝后至元）至元二年，月即别遣使来求分地、岁赐，以赈给军站。京师元无所领府治。三年，中书请置总管府，给正三品印。至正（原作至大据西史改正）元年（应作二年），月即别薨，子札尼别嗣。其位下旧赐平、阳、

晋州、永州分地。岁赋中统钞二千四百锭。自至、元五年己卯岁始给之。（《元史》卷一一七《术赤传》）

至正十三年秋九月辛卯，札你别之地献大撒哈剌、察亦儿、米西儿刀弓锁子甲，及青白西马各二匹，赐钞二万锭。（《元史》卷四三《顺帝本纪》）

译文：

宪宗在位三年（公元 1253 年），派必阇别儿哥登记斡罗思人户口。

—— （《元史》卷三《宪宗本纪》）

成宗元贞元年（公元 1295 年）夏四月丙戌，诸王之一也只里率兵五千人，戍守兀鲁思（即俄罗斯）边界，派使者来求马，成宗没有答应。

—— （《元史》卷一八《成宗本纪》）

仁宗延祐元年（公元 1314 年）夏四月壬辰，脱脱王去世，命月思别继位。

—— （《元史》卷二五《仁宗本纪》）

延祐七年（公元 1320 年）三月丙申，斡罗思等部归附，赐钞一万四千贯，令其归还本部。

—— （《元史》卷二七《英宗本纪》）

泰定帝泰定三年（公元 1326 年）九月戊辰，命欢赤等人出使诸王怯别、月思别和不赛因三部落。

—— （《元史》卷三〇《泰定帝本纪》）

文宗至顺元年（公元 1330 年）八月丁巳，北边的月即别王派使者来京都。

—— （《元史》卷三四《文宗本纪》）

至顺三年秋七月甲午，北边的月即别王派南忽里等来朝进贡。

—— （《元史》卷三六《文宗本纪》）

顺帝后至元二年，月即别派使者来求得分地、每年固定的赏赐，以赈补军饷。京城原本没有所辖府治。三年，中王请求设置总管府，给正三品官印。至正元年，月即别去世，其子札尼别继位。从前赐给他的平阳、晋州、永州分地，每年二千四百锭的赋税从至元五年己卯年开始交纳。

—— （《元史》卷一一七《术赤传》）

至正十三年秋九月辛卯，札你别进献大撒哈剌（撒哈拉）、察亦儿、米西儿（埃及）刀、弓、锁子甲，以及青白西马各两匹。顺帝赐给钞二万锭。

——（《元史》卷四三《顺帝本纪》）

7. 西域弗林人爱薛入仕元朝，掌管历法，或许耶稣会士400年后在中国朝廷里的职位，早在爱薛时代就确定了。

爱薛，西域弗林人。通西域诸部语，工星历医药。初事定宗，直言敢谏。时世祖在藩邸，器之。中统四年，命掌西域星历医药二司事。后改广惠司，仍命领之。世祖尝诏都城大作佛事，集教坊妓乐及仪仗以迎导。爱薛奏曰："高丽新附，山东初定，江南未下，天下疲弊。此无益之费，甚无谓也。"帝嘉纳之。至元五年，从猎保定。日且久，乃从容于帝前，语供给之民曰："得无妨尔耕乎！"帝为罢猎。至元十三年，丞相伯颜平江南还。奸臣以飞语谗之。爱薛叩头谏得解。寻奉诏使西北宗王阿鲁浑所。既还。拜平章政事，固辞。擢秘书监，领崇福使，迁翰林学士承旨，兼修国史。大德元年，授平章政事。八年，京师地震，上弗豫。中宫召问："灾异殆下民所致耶？"对曰："天地示警，民何与焉。"成宗崩，内旨索星历秘文。爱薛厉色拒之。仁宗时，封秦国公。卒，追封太师开府仪同三司上柱国拂林忠献王。子五人，也里牙秦国公、崇福使。腆合翰林学士承旨。黑厮光禄卿。阔里吉思同知泉府院事。鲁合广惠司提举。

（《元史》卷一三四《爱薛传》）

译文：

爱薛，西域弗林人。他通晓西域各部落语言，擅长天文、历法、医药。最初为定宗效力，敢于直言和向定宗提意见。当时世祖还在藩王邸，很器重他。中统四年，朝廷命爱薛掌管西域星历、医药二司。后来这二司改称广惠司，仍命爱薛掌管。世祖曾下令在京城里大作佛事，并召集教坊妓乐及仪仗队为前导。爱薛说："高丽刚刚归附，山东也才平定，江南尚未攻下，天下因战事而疲惫。这种没有任何益处的浪费，非常没意义。"世宗很高兴，采纳了他的意见。至元五年，爱薛跟随世祖到保定狩猎。世祖打猎的时间长了，爱薛从从容容地在他面前，对当地百姓说："会影响你们耕种吗？"世祖听了，便停止打猎。至元十三年，丞相伯颜平定江南还朝，有奸臣借流言蜚语谗害他。爱薛以头叩地死谏，才解除了皇上对伯颜的恶感。不久，爱薛奉皇命出使西北宗王阿鲁浑治所。回朝后，拜为平章政事，爱薛坚决推辞。升为秘王监，掌管崇福司。再迁为翰林学士，兼修国史。成宗大德元年，任命爱薛为平章政事。八年，京城发生地震，成宗心中不悦，问大臣们："这灾异大概是百姓们招来的吧？"爱薛回答说："这是天地在告诫我们，与百姓何干？"成宗驾崩后，内宫传旨要星历秘文，爱薛严厉地拒绝了。仁宗时，封爱薛为秦国公。爱薛去世后，追封为太师开府仪同三司上柱国拂林忠献王。他有五个儿子，如也牙为秦国公，崇福使；腆合为翰林学士承旨；黑厮为光禄卿；阔里吉思为同知泉府院事；鲁合为广惠司提举。

——（《元史》卷一三四《爱薛传》）

8. 元代入华的基督教被称为"也里可温教"。前承唐景教，后启明清天主教，是一个被人遗忘了的环节。

中统三年三月己未，括木速蛮、畏吾、也里可温、答失蛮等户丁为兵。（《元史》卷五《世祖本纪》）

中统四年十二月甲戌，敕也里可温、答失蛮、僧、道种田人租，贸易输税。（《元史》卷五《世祖本纪》）

至元元年春正月癸卯，命儒、释、道、也里可温、答失蛮等户旧免租税，今并征之。（《元史》卷五《世祖本纪》）

至元七年九月庚子，敕僧、道、也里可温有家室不持戒律者，占籍为民。（《元史》卷七《世祖本纪》）

至元十三年六月庚午，敕西京僧、道、也里可温、答失蛮等有家室者，

与民一体输赋。（《元史》卷九《世祖本纪》）

至元十九年夏四月丙午，敕也里可温依僧例给粮。……

九月，招讨使杨庭坚招抚海外南番，皆遣使来贡。……寓俱蓝国也里可温主兀咱儿撒里马亦遣使奉表，进七宝项牌一、药物二瓶，又管领木速蛮、马合马亦遣使奉表。同日赴阙。……

冬十月己丑，敕河西僧、道、也里可温有妻室者，同民纳税。（《元史》卷一二《世祖本纪》）

至元二十九年秋七月癸亥，也里嵬里、沙沙尝签僧、道、儒、也里可温、答失蛮为军。诏令止隶军籍。（《元史》卷一七《世祖本纪》）

至大四年四月，罢僧、道、也里可温、答失蛮、头陀白云宗诸司。（《元史》卷二四《仁宗本纪》）

泰定元年二月癸未，宣谕也里可温各如教具戒。……十一月己酉，诏免也里可温、答失蛮差役。（《元史》卷二九《泰定帝本纪》）

天历元年，命高昌僧作佛事于延春阁。又命也里可温于显懿庄圣皇后神御殿作佛事。（《元史》卷三二《文宗本纪》）

天历二年三月丁丑，僧、道、也里可温、术忽、答失蛮为商者，仍旧制纳税。（《元史》卷三三《文宗本纪》）

译文：

中统三年三月己未，搜刮木速蛮（指回教徒）、畏吾儿（回纥）、也里可温（指基督徒）、答失蛮（回教中之僧侣）等户壮丁为兵士。

——（《元史》卷五《世祖本纪》）

中统四年十二月甲戌，命令也里可温、答失蛮、僧道们种田，交租，互相贸易往来并上税。

——（《元史》卷五《世祖本纪》）

至元元年春正月癸卯，下令儒、释、道、也里可温、答失蛮等从前免租税的人家，今年一并征税。

——（《元史》卷五《世祖本纪》）

至元七年九月庚子，命令僧、道、也里可温中有家室、不守戒律的，登记为普通百姓。

——（《元史》卷七《世祖本纪》）

至元十三年六月庚午，命令西京（今山西大同）的僧、道、也里可温、答失蛮等中有家室的，和普通百姓一样交税。

——（《元史》卷九《世祖本纪》）

至元十九年夏四月丙午，诏令按僧例供给也里可温粮食。……

九月，招讨使杨庭坚招抚海外南番，各番族都派使者来朝贡。……住在俱蓝国的也里可温首领兀咱儿撒里马也派使者送来贺表，进献一枚七宝项牌、两瓶药物；木速蛮、马合马也派使者进献贺表，他们同日到朝。……

冬十月己丑，诏令河西僧、道、也里可温中有妻室的，同普通百姓一样纳税。

——（《元史》卷一二《世祖本纪》）

至元二十九年秋七月癸亥，也里蒉里、沙沙曾经将僧、道、儒、也里可温、答失蛮划归军人。诏令他们只入军籍。

——（《元史》卷一七《世祖本纪》）

至大四年四月，除去僧、道、也里可温、答失蛮、头陀、白云宗诸司。

——（《元史》卷二四《仁宗本纪》）

泰定元年二月癸未，宣谕也里可温各按教律受戒。十一月己酉，诏令免去也里可温、答失蛮差役。

——（《元史》卷二九《泰定帝本纪》）

天历元年，诏令高昌僧人在延春阁作佛事（基督教之祈祷仪式）。又命也里可温在显懿庄圣皇后神御殿作佛事。

——（《元史》卷三二《文宗本纪》）

天历二年三月丁丑，下令僧、道、也里可温、术忽（犹太人）、答失蛮中行商的、按旧制纳税。

——（《元史》卷三三《文宗本纪》）

第二编

"佛郎机"与"红毛夷"

导 论

1. 郑和的远航与大明帝国的"天下"

华夏旧地江河易帜，或许对全世界都是一件非写不可的事。至少在自命不凡的天子看来是这样："……朕既为天下生，华夷无闻，姓氏虽异，抚宇如一……"洪武皇帝曾让那位名叫捏面伦的拂菻人把他从乞丐到皇帝的故事讲给教皇听。开国之初，带着他的《即位诏谕》出使远夷番邦的使者还有很多，他们奔赴中亚、西亚、南亚、东南亚、东北亚，大概所有这些地方的君主们都听说另一位大可汗登上了契丹王位。他们一时还弄不清楚这意味着什么，蒙古可汗与中国天子有什么区别。明朝开国很多年以后，从中亚到地中海流传的中国消息，还把中国称为契丹，中国的君主是大可汗。直到17世纪西方人才弄明白耶稣会士笔下的中国就是马可·波罗所说的契丹。

永乐皇帝有许多理由遣使出洋，诏谕即位是其中之一。北穷沙漠，南极溟海，日出日没之间，舟车可到之处，在天子的野心与胸怀中，都是帝国天下。让他们知道与让他们臣服一样重要，这是名正言顺的动机。另外，也许还有一点隐秘不便直言。永乐皇帝的江山是从他侄子建文皇帝那里夺来的。1402年七月，他占领金陵，宫内一场大火留下几具烧焦了的尸体，谁也无法确定其中有一具属于那位倒霉的皇帝。建文帝下落不明，这成了雄才大略的成祖的一块心病。《明史》中说："成祖疑惠帝亡海外，欲踪迹之，……命和及其侪王景弘等通使西洋。"圣意渊深，这种说法很吸引人也很令人

派遣郑和下洋的永乐皇帝（1403—1424）

怀疑。严肃的现代学者大多否认这一动机，根据在于明朝史料中都没有提到"踪迹建文"一事。问题是我们今天看到的明朝几种主要文献，都是官方或半官方性的，其真实性本身就值得怀疑。专制意识形态中的历史经常是政治家用来扯谎或遮人耳目的工具。郑和出使是否受暗查建文帝的密旨，我们只能猜测。郑和在海上遭遇海寇陈祖义，这是下洋以后的第一次战役，也是七下西洋中最大的一次战役："杀贼党五千余人，烧贼舡廿艘，获其七艘，及铜伪印二颗，主擒祖义等三人。"郑和下手如此之狠，大概寻找陈祖义这类汉人海寇才是郑和的秘密使命，因为可怜的建文帝最有可能隐匿于他们之间。历史像疯长的杂草，或许真有这方面的动机，但若把它当作唯一的动机，恐怕就是为前朝修史的清朝人的偏狭了。[1]

历史像疯长的杂草，无数的根埋在遗忘的泥土里。后人只能站在远处观望，看大气象推测。成祖是朱元璋的第四个儿子，1380年受封燕王，他进入北京的时候，元朝灭亡不久，皇宫尽管已经烧毁了，汗八里当年的繁华还在。那是马可·波罗、鄂多立克参观居住过的城市，至今仍有不少蒙古人、波斯、印度、阿拉伯的商人、传教士；还可以看到异域珍宝的市场、清真寺、基督教堂；还可以听到各色各国人说着他们通用的波斯语。在这个国际都市生活了20年，朱棣的胸襟与气魄也像一百多年前入主的蒙古大汗，他们残酷勇敢，有世界野心，他们的帝国不仅是汉族的故乡中原，还应包括世界上所有有人居住的地方。汗八里成就了朱棣，"靖难"之役，篡位登基，深入漠北，亲征蒙古、派庞大的舰队出使外洋，最后定都北京，他的种种壮举背后，都可以让人联想到一个国际都市的生活背景给他的胸怀与野心。更何况大明王朝是汉唐天下的继承者，怀夷柔远、君万邦、抚四海，是华夏天子早有的政治理想。遗憾的是，历史上实现这种理想的机会的确不多，不是能力有限就是野心有限。

永乐大帝比以往或以后的许多代华夏君主都幸运，时运与实力都为他准备好了。"……自成祖以武定天下，欲威制万方，遣使四出招徕，由是西域

---

[1] （清）张迁玉等的《明史》，傅维鳞的《明书》（顺治间）、万斯同、王鸿绪的《明史稿》（康熙）、沈德符《野获编》、赵士哲的《建文年谱》，均持此说，实际上明朝已提出异议。（明）朱国桢《皇明大政记》卷九："建文仁弱，帝座一倾，窜入蛮夷中，其何能为，文皇帝岂不见及此。"

大小诸国莫不稽颡称臣，献琛恐后，又北穷沙漠，南极溟海，东西抵日出日没之处，凡舟车可至者，无所不届。自是，殊方异域、鸟言侏禽之使，辐辏阙庭。岁时颁赐，库藏为虚。而四方奇珍异宝，名禽歹兽进献上方者，亦日增月异。……"（《明史·西域传》）1405年他派遣郑和出洋，昭示恩威，普赉天下，使威德遐被，四方宾服，建立万邦悦服的世界秩序。这是他不可否认的动机，甚至可以说是主要动机。装备一个如此庞大的船队，第一次将帝国的声威传播到海上。在中国历史上也是绝无仅有的创举。它的使命恐怕还不仅在政治上耀强示富、宣敷教化。在华夏帝国的政治格局中，海外远夷至关紧要，中国不需要外洋番邦，而基督教世界出现在中国南海之前，也没有任何可以威胁帝国的力量来自海上。因此，远航的政治使命多少有些虚荣的色彩。另一方面，远航船队的经济使命可能还实在一些。洪武皇帝实行海禁，"商旅阻遏，诸国之竟不通。"东南沿海的私商贸易基本停止。海禁不仅使百姓市无番货，帝国府库也空虚了。或许派遣帝国船队出海，贸采奇货重宝，不仅可以充溢府库，还可以以正规的官商贸易取代私商贸易，将民间自由散漫的番贸纳入朝贡赉赐的政治体系中，经济贸易与帝国政治就被异想天开地结合在一起了。专制暴君不喜欢任何例外的东西，他们的猜妒与强权，几乎都到了病态的地步。

永乐皇帝可能还有许多理由派遣船队出海。后世学者努力做各种牵强附会的猜测：诸如配合平定安南之乱；剿灭海上武装走私集团与方国珍、张士诚的余党；结盟印度从后方牵制帖木耳帝国……与死者猜谜确实很辛苦，诸种可能除了结盟印度克制帖木耳外，都既不可证实又不可证伪。帖木耳大帝在郑和出使前半年已死了，他的儿子沙哈鲁很快就与明朝修好并遣使来华。后人纷纭喧闹，历史用沉默嘲弄他们的无聊。其实过往许多惊天动地的事，原也不一定有什么郑重其事的原因。尤其是在专制帝国，君主的个人癖好、无聊念头，一时感慨，都能驱赶无数受惯奴役的人用自己的体力与智慧去创造奇迹。

从1405年到1433年，郑和七次出航，一次似乎都比前一次走得更远，也更近西方。他为自己的帝国与自己的舰队骄傲，他们年复一年地航行，访问，代皇帝赏赐礼品，带那些荒蛮小国的王使来中国，再一次又一次地把他们送回去。第四次出洋以后，郑和的舰队越来越多地停泊在阿拉伯海沿岸的港口，并最远航行到马达加斯加一带。

在大明帝国那些喜欢热闹的好心人看来，远航是件"惠此中国，以绥万方"的壮举。可中国有什么实惠，四方是否又因此而绥宁？一方面是船队采买："由是明月之珠，鸦鹘之石，沉南、龙诞之香，麟狮、孔翠之奇，樟脑、薇露之珍，珊瑚、瑶琨之美，皆充舶而归。"（黄省曾《西洋朝贡典录序》）另一方面是番使献贡："其忽鲁谟斯国进狮子、金钱豹、大西马。阿丹国进麒麟，番名祖剌法，并长角马哈兽。木骨都束国进花福鹿、并狮子。卜剌哇中进千里骆驼，并驼鸡。爪哇、古里国进麋里羔兽。"

朝贡使节献贡，大多是象牙、犀角、沉香乌木、孔雀鹦鹉、狮子羚羊、马哈兽、花福鹿，可以在宫内装饰珍宝馆、动物园。而四方夷却是否就因接受中国大量的礼物而慕化宾服，天下太平呢？

在世界视野内，这种远航可能既表露了帝国的强大，也表露帝国的无知，国际交往如果没有平等精神，即使是恩惠施舍也令人难以忍受，编造一个自我陶醉的华夏中心主义的世界神话，只能造成自己对世界的无知，这种无知总有一天将导致荒唐的误解与残酷的冲突。

描绘 1414 年郑和下西洋时榜葛刺国进贡的麒麟《瑞应麒麟图》"……仁哉兹兽，旷古一遇，照其神灵，登于天府。"

狂妄白大妨碍自己了解世界，却不能防止世界看透自己。最早发现华夏文明的伟大的伊斯兰世界，也最早抓住中国人的这种自大狂的特征。郑和开始远航的前两年，西班牙公使克拉维约在撒马尔罕的帖木耳皇宫听说中国人狂妄无知：他们以为自己才长了两只眼睛，其他民族全是独眼龙。而郑和远航结束半个世纪以后，一位中亚国公——布哈拉商人赛义德·阿里—阿克伯·契达伊在中国旅行经商后，也发现中国人的这一特点："……在中国人和可汗的心目中，他们天下第一，中国就是全世界。他们认为除了自己的帝国之外，世界上不再存在任何文明国度了。他们甚至连我们王国的名字也不知道。出现这样的情况无疑是由于中国人不习惯于离开契丹而前往世界的其它部分旅行，也不习惯于亲自考察一下在世界上还有除他们之外的其它大城市和王国。他们自认为，除了中国之外，全世界只是一片辽阔的牧场，原则上属于他们的可汗。不幸的事实是中国中原的大部分敌对者都是牧民，都是天朝边缘上的以转场放牧为生的部族。正是由于这些人，汉人才认为，除了中国中原之外，全世界都是由某些游牧人居住的草原。"[1]

狂妄无知使人盲目，它会使一切英雄壮举变得空洞滑稽。世界还不理解中国那些奇怪的自以为是的念头，中国也不了解世界。冲突还没开始，和平还需要等很多年，其中充满了误解与磨难。

天下有多大？帝王的野心是否容得下？28 年间七下西洋，突然开始，又突然结束，像几幕戏，一场盛大的海上典礼。郑和远航是专制帝国创造的奇迹。其富于想象力与野心的创意、庞大的规模与戏剧化过程、空洞的使命与空洞的结局、忽如其来又戛然而止，种种表现都具有非现实性与非理性的色彩。我们很难在历史与中国的世界观念中找到郑和远航的成果。大明帝国在世界南方海面上消失后留下的势力真空不久将由葡萄牙人的舰队填充。而当葡萄牙人出现在中国海岸时，中国人对海上的事竟漠然无知，一如既往。

郑和远航，在很多方面都令人想起穆天子浪漫的西游，那是中国人的故

---

[1]　《中国志》的作者契达伊，生活于侯赛因·贝卡拉算端［1470—1504］执政时期。祖籍可能是布拉拉，青年时代在撒马尔罕渡过。曾出使明朝中国。引文见［法］阿里·玛扎海里：《丝绸之路——中国—波斯文化交流史》，耿昇译，北京：中华书局，1993 年版，第 159—160 页。

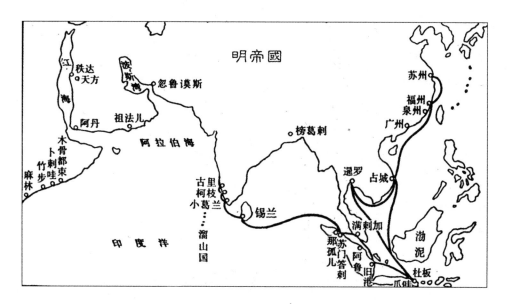

郑和第1-3次航海图

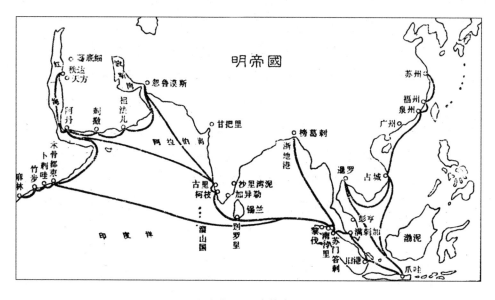

郑和第4-7次航海图

事，他们慷慨、有教养、仁慈，甚至有些多愁善感。慷慨的馈赠，热情的宴会，伤感的离别，一切都浪漫得令人难以置信。郑和远航在中国很快变成说得天花乱坠的传奇，出现在评话、戏曲、通俗演义时，没有人记得其现实性。200年后郑和的远航已变得荒渺蹊跷，远航的事迹与游历的国家，似乎都半真半幻，若有若无。万历年间，坊间正流行罗懋登的《三宝太监西洋记通俗演义》。三宝太监郑和已变成一个蛤蟆精（见第16回），千百舟子当年牵星观斗的航行，现实到寻常，如今因为不可思议，只好让碧峰长老从中呼风唤雨、翻江倒海，成帝国水师西洋取宝之行。人的远航停止后，神魔的"远航"开始。史料记载的真实由于无法验证，本身已经变得虚幻。而人的经验世界变得如此狭小，虚幻的也会变成真实。历史衰落到人已经无法想象人的事迹，就只好将人的事迹神魔化。

郑和远航是东方两大文明——华夏文明与伊斯兰文明在历史中结合并创造出的瞬间的辉煌，如此壮丽的航海事业，为什么突然开始，又突然结束，这种结合为什么那么脆弱，易于破碎？远航莫名其妙地开始，莫名其妙地结束。大明帝国舰队的帆影在那个沉醉的夏季最后消失在海面上，世界南方海域与南方世界一切如故，好像什么都没有发生。难道这种结合与创造竟没有成就或历史？一度的辉煌很容易变成虚荣，壮丽也显得空洞。华夏文明带有浪漫主义色彩的帝国理想，是否借助这一系列盛大的远航创造出世界新秩序？它是一个时代的开始，还是一个时代的结束？难道有过无数次壮举的华夏文明注定只能把所有的光荣与梦想都锁定在陆地上？这一次也是唯一一次的努力，之后，就再也没有机会了？

郑和辉煌的远航结束的时候，葡萄牙人的海上冒险才刚刚开始。一个世纪以后，1517年8月，葡萄牙船队抵达珠江口。他们是葡萄牙国王曼努埃尔的使节，要见中国皇帝。中国人感到吃惊。

2. 佛郎机^[1]人

1517年8月，三艘葡萄牙船驶入珠江口，在广州怀远驿前鸣炮致意。广

---

[1] 佛郎机是中国对葡萄牙、西班牙的称呼，来自阿拉伯客商。有时也统称欧洲人。

葡萄牙使团在广州登陆。见《安德拉德中国游记》荷兰文插图版本的版画。

州城惊恐万分。天朝从来没有听说过这么一个国家，也无法理解竟然用杀人攻城的火炮来表示友好与尊重。中国官员让野蛮的佛郎机贡使在光孝寺学习三天礼仪，然后才定好日子引他们去见总督陈西轩公。最初出现在中国面前的葡萄牙人好像是令人失望的。《广州通志夷情上》记："佛郎机素不通中国，正德十二年，驾大舶突至广州澳口，铳声如雷，以进贡请封为名。"又胡宗宪引当时在广州做金事的顾应祥的记述："正德丁丑（十二年），予任广东金事，署海道事，蓦行大海船二只，直至广城怀远驿，称系佛郎机国进贡。其船主名加必丹。其人皆深目高鼻，以白布缠头，如回回打扮，即报总督陈西轩公亲临广城。令于光孝寺习仪三日，而后引见。查《大明会典》并无此国入贡，具本参奏，朝廷许之，起送赴部。时武宗南巡，留会同馆者将一年。今上登极，以其不恭，将通事明正典刑，其人押回广东，驱之出境，去讫。其人在广东久，好读佛书。"（胡宗宪《筹海图编》）

第一支葡萄牙人使团在中国的遭遇非常悲惨。不少人死于热病与痢疾。幸存者又被关进广州监狱，施以重刑。很少有活着逃出中国的。中国人对这些海上怪兽没有什么好印象。首先他们是外夷番鬼，不知礼仪，其次，他们杀人放火，无恶不作。帝国实行海禁，首先应该对付这些佛郎机人。

1521 年春，喀尔乌率领另一支葡萄牙舰队满载胡椒、檀香木来到屯门岛，正赶上北京朝廷的剿匪诏书到广州。海道副使汪鋐率强大舰队迅速围困了屯门岛，并开始在海上拦截葡萄牙商船，对骄横的葡萄牙人来说，1521 年夏天是个灾难。他们的货物被扣押，商人被砍头或投入广州死牢。入秋后汪鋐又发动新的攻势，屯门岛已经守不住了，晚秋的一个黑夜，喀尔乌率领他残存的三艘船逃走。此时第一支葡萄牙使团可能正在从南京到北京的路上。

顽固的葡萄牙人似乎不理解这一切是怎么回事。侥幸逃生的一些葡商，很快又随一支新船队重返屯门岛，据说他们是奉葡王之命，与中国人重修旧好的。舰队长官康丁何（Martin Alfonso de melo Coutinho）从屯门致书广州总督，希望重开贸易。广州总督不予理睬，很快他们就被中国巡海船队围困起来。中华帝国连和平贸易都无法忍受，更不必说是海盗的烧杀抢掠了。他们的遭遇更可怕。葡萄牙史书中不愿意记录这段不光彩的往事，巴罗斯说他们不过是"用钱买了几个小孩，就把易怒的中国人惹恼了"。这次围剿对葡萄牙来说的确是一个惨痛的教训，《明实录》世宗嘉靖三年记载：

> 佛郎机国人别都卢寇广州，守臣擒之。初都卢恃其巨铳利兵，劫掠满剌加诸国，横行海外，至是率其属疏世等千余人，驾舟五艘破巴西国，并寇新会县西草湾。备倭指挥柯荣，百户王应恩率师截海御之。转战至稍州，向化人潘丁苟先登，众兵齐进，生擒别都卢、疏世剌等四十二人，斩首三十五级，俘被掠男妇十人，获其二舟。余贼米尔丁、甫思多灭尔等复率三舟接战，火焚先所获舟，百户王应恩死之，余贼亦遁。巡抚都御史张岭，御史涂敬以闻，都察院覆奏，上命就彼诛戮枭首。[1]

---

[1] 张维华先生释别都卢为 Pedro 之译音，疏世利又名张天泽，"巴西"为苏门答腊北部 Pasai。见张维华：《明清之际中西关系简史》，济南：齐鲁书社，1987 年版，第 16 页。

此后两三年内，天朝里不再有佛郎机人的消息。然而，这些对上帝与黄金同样热衷的"番鬼"，是不会因为流血而罢休的。他们沿着中国海岸向东北寻找新的贸易口岸。闽浙沿海一带海禁较松。他们先到福建漳州、泉州，后开发浙江宁波。从汕头到宁波海岸近处的许多岛屿：南碇岛、南渊岛、月港、烈屿、鼓浪屿、大担、二担岛、厦门、金门，一时都成了这些扮成暹罗人、满剌加商人的佛郎机人的贸易据点。从1524年至1548年间葡萄牙冒险家在中国东南沿海享有相当一段和平的日子。他们发现经常能够跟沿海的中国百姓站在同一战线上。后者的家乡襟山带海，用不足耕，他们世代以贩海为生，恬波涛而轻生死，[1]是葡萄牙人的天然伙伴。福建同安林希元曾说："佛朗机之来，皆以其地胡椒、苏木、象牙、苏油、沉束、檀乳诸香，与边民交易，其价尤平。其日用饮食之资于吾民者，如米面猪鸡之数，其价皆倍于常，故边民乐与为市。"[2]

好日子无法长久，在官府的眼里，沿海居民嗜利忘义，私通番货，犯禁出洋，无异于海寇。那些从大明帝国腹地来的有正义感的官员，总是神经质般地要驱番禁海。嘉靖二十六年，副御使朱纨巡抚浙江，兼浙闽海防，这位正直清廉而又冥顽不化的南京人，厉行海禁。此时葡萄牙人在宁波双屿港已经营了一小块居留地，二十多年过去了，这里已有他们的市政厅、医院、慈善堂、长官、书记员、公证人、警察和胆大妄为的盗匪，他们贸易、传教，有时施舍，但更多的是抢劫杀人、

朱纨（1494—1550）半身像

---

[1] 许孚远："闽之福兴泉漳，襟山带海，用不足耕，非市舶无以助衣食。其民恬波涛而轻生死，亦其习使然，而漳为甚。……当事者尝为厉禁，然急之而盗兴，盗兴而寇入。"见许孚远《敬和堂集》《明经世文编》卷400。

[2] 见《林次崖先生文集》，林希元与翁见愚别驾书。

绑架买卖儿童。1548 年，初到任的朱纨首先拿这个"番鬼城"开刀。他命令都司卢镗攻城。葡萄牙冒险家平托的《东方旅行记》（Peregrinaçaô）不无夸张地记载了这场劫难：

中国政府 Chaem（按：疑指朱纨，Chu-wan），令 Haitau（按：海道，疑指卢镗）出军，民帆船三百艘，小艇（用桨橹者）八十艘，舟中共六万人，皆在十七日内集合者。海道与我国（即葡萄牙）之舰队相若。上述大队船舰乃专来袭击此不幸之葡萄牙殖民地者。事变之经过非葡人意料所及，而余亦不能不认余之证述必有遗漏，此实出于学力之不足，纵有敏锐之头脑，亦不克充分想象当时之情景。兹就余目睹者略述于下。此次上帝所予可怖之惩戒，几达五小时之久，凶猛之敌人使 Liampo（指双屿港）境内，一无遗存。凡为彼等所见者，一律破坏焚毁。此外，复有基督徒一万二千人（按：恐为一千二百人之误）被害，内有葡萄牙籍八百，俱在三十五艘小艇及四十二艘巨舰中焚毙者。金锭、胡椒、檀香、丁香、肉豆蔻，及其他货物，损失二百万金。[1]

葡萄牙人更加恼羞成怒。他们纠集海寇南下进犯漳州、月港、诏安、走马溪，都司卢镗与巡海副使柯乔率官军迎击，俘获番贼海寇 96 人，绝大多数就地问斩。死难者大概很多都不是什么番鬼而是所谓"私自出海、货番诱寇"的大明百姓。时《漳州府志》记"月港贾人，辄往贸易，官军还通贩愈甚。总督闽浙都御史朱纨厉禁，获通贩者九十余人，行柯乔及都司卢镗就地斩之。"（《漳州府志》卷 47）被杀头的贼首李光头也是个中国人。所谓"贼首"，可能是违禁贩海的私商头目。厉行海禁的官员总是很苦恼，沿海百姓贩海为生，

---

[1] Fernao Mendez Pinto, Peregrinaçaô & cartas, Vol.I, Lisboa：Fernando ribeirode Mello/ Edicoes Afrodite, 1989, Livro-LXX.PP, 240–241, 平托这本《远游记》初版于 1614 年，出版之后不久即译成多种文字，研究中西交通史者多参考此书，但其可靠程度甚值怀疑，不少人称平托乃"吹牛大王"、"谎言者"。可是，这本书也并非全为无稽之谈，因为它所记载的某些事情，即使稍为有点夸大，但在中国资料还有可资核对的，虽然有时候地名、人名与时间无法勘合。此旅行记曾于 1936 年由法国汉学家沙海昂（A.J.H.Charigron）译成法文本，名为"Apropos desvoyages aventureax de Fernand-Mendez Pinto"并附加笺注，由北平北堂印书馆出版。本节中译文见方豪：《中西交通史》下册，台北：中国文化大学出版部，1983 年版，第 672–673 页。

私通番寇，民匪一家。他们的头脑生就只能理解皇帝的诏书而不是百姓的生活。朱纨曾深有感慨地兴叹："去外国盗易，去中国盗难……"

朱纨狂热地执行海禁，双屿、走马溪之役是他最辉煌的成就。然而，朱纨等人的清肃海防之功，并不像后人肆意利用的那样，是爱国主义民族主义的壮举。因为海禁不仅禁番商外来，也禁国人出洋。而且对后者实施得往往比前者更严酷。走马溪一役中被擒的葡萄牙人并不多，有名有姓的只有七个：浪沙罗的哗唎、佛南波、兀亮别唎、鹅必牛、鬼亦石、喇哒。还有一名"贼妇""哈的哩"。浪沙罗的哗唎可能是 Lansarote Pereira 的译音，平托的《东方旅行记》中曾提到过这个人，是双屿葡萄牙人居留地的市政长官，曾下令劫掠华人村庄，屠杀百姓 13 人。而当时双屿围剿，确有两艘葡萄牙船突围逃走。佛南波可能是 Fernao Borges，兀亮别唎 Galeoto Pereira，喇哒 Rada，至于"鹅必牛"、"鬼亦石"就难以想象了。这些葡萄牙人并没有被杀，而是解送到福州审判后，流放到广西桂林去了。他们中不少人又从那里逃出中国。

葡萄牙人被俘不久，朱纨就遭弹劾落职。罪名是擅专刑戮·滥及无辜。朱纨在降罪之前服毒自尽，柯乔与卢镗都被罢了官。前往福建核查此案的钦差杜汝桢回京后禀报：那些被俘的所谓佛朗机夷王，不过是满喇咖的商人，唯一的罪过就是勾结中国私商贩海。

朱纨死后 40 年，万历皇帝为之平反昭雪。后人感到惋惜，一位正直清廉的官员竟被闽、浙一带豪贵买通朝廷要官陷害至死了。然而，究竟该如何理解朱纨之死，他是朝廷海禁愚昧偏狭政策的牺牲品还是纯粹宫廷阴谋的牺牲品？历史往往难找公正，因为它是由不同"权力的眼睛"观看到的。杜汝桢、陈宗夔的调查结论是："'前贼乃满喇咖国番人，每岁私招沿海无赖之徒，往来海中，贩鬻番货，未尝有僭号流劫之事。二十七年（此当作二十六年），复至漳州、月港、浯屿等处。各地方官，当其入港，既不能羁留人质，疏闻庙堂，反受其私赂，纵容停泊，使内地奸徒，交通无忌。及事机彰露，乃始狼狈追逐，以致各番拒捕杀人，有伤国体。其后诸贼已擒，又不分番民首从，擅自行诛，使无辜并为鱼肉，诚有如九德所言者。纨既身负大罪，反腾疏上告捷，而镗、乔复相与佐成之，法当首论。其冒功坐视诸臣，通判翁粲，指挥李希贤等罪次之。

指挥金事汪有临，知府卢璧，参将汪大受又次之。拒捕番人方叔摆等四名，当处死。余佛南波二者等五十名，当安置。见存通番奸徒，当如律发配发还。'于是兵部三法司再覆如汝桢等言。纨、镗、乔遂得罪，翁桀等下巡按御史提问，汪有临等夺奉有差。纨为人清廉，勇于任事，开府闽浙，首严通番之禁，海中为之肃清。走马溪之役，虽张皇太过，然勘官务入其罪，功过未明。纨竟坐忧恐，未就讯，仰药而死，公论惜之。"（《明实录》卷363）

官方定案常有隐情，杜撰者十有八九。可民间又有何评价呢？王世贞《弇州史料》云："……公有文武才略，清疆峭深，恶墨吏大猾如仇雠，前后所操切，黄墨以下，多望风解印绶去。视事日，悉扫一切应酬，夤夜申约束通海内地奸民。当是时瓯、粤诸贵人多家于海，其处者与在朝者谋，务破败公所为，至革巡抚为巡视，稍削其权。公闻之益怒。数上章廷辨［辩］，因而有侵执政语，执政闻之，亦不善也。公提兵平漳州同安寇，抚岛夷六百人。移填［镇］定海，数破贼余皇，又大破贼于温槃南麂诸洋，凡数上捷，仅一拜赏。而最后悉平佛朗机黑白番舶，虏其酋并余众四百余。有传其为变者，公传令悉诛之，言官遂訾公妄杀。时公以移病得预告，而削职听勘之命下矣。"[1]

而闽人林希元又有另一种看法，他认为朱纨剿灭佛朗机人，从根本上就是错误的。"天下事有义不当为而冒为之，言之则起人疑，不言则贻民害，与其不言而贻民害，宁言之而起人疑，此仁人不忍之心，若今之攻佛郎机是也。佛郎机之攻，何谓不当为？夫夷狄之于中国，若侵暴我边疆，杀戮我人民，劫掠我财物……则当治兵振旅，攻之不逾时也。若以货物与吾民交易……则不在所禁也。佛郎机之来，皆以其地胡椒、苏木、象牙、苏油、沉、束、檀、乳诸香，与边民交易，其价尤平，其日用饮食之资于吾民者，如米面猪鸡之数，其价皆倍于常，故边民乐与为市，未尝侵暴我边疆，杀戮我人民，劫掠我财物。且其初来也，虑群盗剽掠累已，为我驱逐，故群盗畏惮不敢肆，强盗林剪，横行海上，官府不能治，彼则为吾除之，二十年海寇，一旦而尽。据此则佛郎机未尝为盗，且为吾御盗，未尝害吾民，且有利于吾民也。官府切欲

---

[1] 方豪：《中西交通史》下册，台北：中国文化大学出版部，1983年版，第672—673页。

治之，元诚不见其是。掳掠河泊官印，虏崇武百户，南日山官军，索银于官府，一日杀小嶝屿民一百七十余，前后焚烧深扈居民数百家，杀死数百人，焚张都宪之家，杀其叔父，虏其子女，劫其财物，此海寇之患也。诈称都府之兵，毁龙亭，犯城郭，虏劫乡官子女财物，杀死人民不计其数，此山寇之患也。佛郎机之来，即今五年矣，曾见有是乎？无是而欲攻之，何也？佛郎机虽无盗贼劫掠之行，其收买子女，不为无罪。然其罪未至于强盗。边民略诱卖与，尤为可恶，其罪不专在彼。而官府又未尝以是攻之。……"（林希元《与翁见愚别驾书》）按林希元的看法，葡萄牙人又几乎是无辜的，除了曾用钱买中国儿童。历史的真相究竟怎样？当事人的话是否就可信呢？

朱纨在《甓余杂集》卷四"六报闽海捷音事"中详细地记叙走马溪一役：

> 正月二十六日，等旧浯屿夹板、尖艚、叭喇唬等项贼船，同佛郎机夷王船陆续追出境。内有夷船于二月十一日复回，至诏安县洪淡巡检司地方灵宫澳下湾抛泊。卢镗、柯乔会同出兵埋伏贼夷所泊山顶。本月二十日兵船发走马溪，次日贼夷各持鸟铳上山，被梅岭伏兵乱石打伤跑走下船，卢镗亲自擂鼓督阵，将夷王船二只，哨船一只，叭喇唬四只围住。贼夷对敌不过，除铳标矢石落水及连船飘沉不计外，生擒佛郎机国王三名。一名矮王，番名浪沙罗的哗唎，系马六甲国王子；一名小王，番名佛南波二者，系马六甲国王孙；一名二王，番名兀亮别唎，系麻六甲国王嫡弟。白番鹅必牛……共一十六名，黑番鬼亦石……共四十六名，俱各黑白异形，身材长大，贼首喇哒，贼封大总、千户等项名色李光头名李贵……共一百十二名；番贼妇哈的哩等二十九口，斩获番贼首级三十三颗，通计擒斩二百三十九名口颗。……前项贼夷，去者远遁，而留者无遗，死者落水，而生者就缚，全闽海防，千里清肃。

而同一件事在葡萄牙史料中，又完全是另一番面貌：

> ……1549 年，舰队的军官更严密防守海岸，封锁了中国的港湾和通

16世纪葡萄牙战舰，1560年布鲁盖尔的木刻画。

道，以致葡人既得不到货物又得不到粮食。但不管警戒防卫多严，因沿岸岛屿很多（它们成排沿中国伸延），舰队不可能严密把守到没有货物运送给葡人。

但是货物并没有多到把船装满，也不能把他们运往中国的货物处理掉。因此他们把没有处理的货物留在两艘中国船上，这是中国人早从中国开出来的，在葡人庇护下作海外贸易（按本书导论所说，这两艘船属于迪额郭·伯来拉，则应为外国船，和此处说法有出入。或本为中国船而为迪额郭·伯来拉所拥有？——中译者注）。他们留下三十名葡人看守船只和货物，让他们保卫这两条船，并设法在中国某个港口售卖留下来交换中国货的商品，吩咐完华他们就启航赴印度。

中国舰队的官兵发现了仅留下来的两艘船，别的都开走了，就向它们发起进攻。因为受到当地某些商人的唆使，他们向官兵透露了这两艘船上有大批货物，而防守的葡人很少。因此他们设下埋伏，在岸上布置一些中国人，携带武器好像要进袭船只跟葡人打仗（因为船靠近陆地），以激怒葡人，让他们出船交锋；这样两艘船就没有防卫，暴露给舰队，那舰队可就近攻击它们，藏在突入海中的一个岬石背后（即发生在诏安县铜山半岛走马溪之战）。留下来看守船只的人被惹怒，他们本应怀疑有埋伏，却没有留意，其中一些人冲出去跟岸上的中国人交战。舰队的士兵守在埋伏中，见对方中计，以迅雷不及掩耳之势进袭两艘船，杀了些在上面发现的葡人，杀伤另一些躲存的葡人，占领了这些船。

大队长，即卢镗（Luthissi）（达·克路士把卢镗误认为一种官职），因这次胜仗而得意洋洋，他那份快乐劲简直叫人吃惊。他立即对一些和葡人同时被俘的中国人施加酷刑。他拼命劝诱四名看来比别人神气的葡人承认他们是马六甲王。他终于劝服了他们，因为他答应待他们比别人好，同时又以利诱。他在夺获的衣物中找到一件袍和一顶帽，就问一些和葡人同时被俘的中国人那是什么服饰，他们让他相信那是马六甲王的衣物，所以他马上命令照样再做三件袍和三顶帽，这样他把他们四个人都打扮成一个模样，使他的欺诈变真，使他的胜仗更加辉煌。此外还有卢镗的贪婪，他想可否拘留他在船上夺得的大批货物。因此他既企图因打败马六甲王会得到皇帝对他忠心服务的厚赏，又企图占有他虏获的货物，拿去向中国人显示他的赫赫战功。为了更安全地做到这点，不被人一眼识破骗局，他对那些和葡人同时被俘的中国人施行大处决，杀掉其中一些，还决定要杀余下的。

这些事情传到他上司海道耳里（即海道副使柯乔，达·克路士多少把他和都堂朱纨弄混了——原注），他严厉谴责他的作法，立刻派人叫他不得再杀余下的人，要他当即去见他，把虏获物通通带去，既有余生的人又有商货。卢镗奉命动身去见海道；他命令准备四乘轿子给那四个叫做叛王的人坐，体面地送他们去。其余葡人则坐囚笼，头露出，脖子用木板夹紧，使他们不能把头缩进去，受伤的人亦如此，沿途暴露在阳光和露天里。

他们就在这种条件下吃喝，如此听任大小便，这对他们是极大的折磨和痛苦，而且他们坐在这些囚笼里，由人抬着走。卢镗耀武扬威地带着俘获物经过当地，前面飘扬着四面旗子，写着四位马六甲王的名字。他喧赫和威风地入城，响起号声，前有人呼叫通报卢镗大人取得大捷，俘虏了马六甲四名大王。城镇的大人物都以隆重仪式迎接他，奔走去看这次新的胜利。

当卢镗全副排场到达海道所在地时，他把事情经过和取胜的详情禀报，并露出他的计划：同意他俩瓜分货物，继续假扮马六甲王，那么两人均可得到皇帝的宠荣和恩赏。

这么决定后，他们一致同意，为保守秘密，卢镗应继续干他开始干的事，也就是杀掉在那里被俘的所有中国人。他们即刻命令执行，因此共杀了九十多名中国人。其中有几名小孩。他们仍留下三、四名青年和一个男人，通过这些人（把他们控制在自己手里）他们可以向皇帝证明他们所冀图的，那就是指葡人为盗，隐瞒了他们夺取的货物，也通过他们证实那四人是马六甲王。（按世宗嘉靖二十八年七月《实录》所记，这次战役"见获佛朗机国王三人"，显指此事，但数字不合，大概有一方记录有误。——中译者注）葡人不懂中国语言，得不到当地任何人的支持和保护，只有死路一条。

他们这些有权力的人想把他们自己的故事编造得没有破绽，按他们的意图进行到底。他们不想杀葡人，让他们活着。但这些老爷不能那么秘密，那么安全的做这件事，他们的诈骗反为人所知，受到百姓的普遍谴责。百姓们都谴责他们滥杀和酷刑，因为在中国如无皇帝批准而杀人，是一件不寻常的事，如我们在先所述及。这个国家的法官甚至在执行死刑时，都是很缓慢和持重的，如我们前面也所指出。此外，他们杀的那些人在当地有亲属，为死者悼伤。

因此，通过这些人，及一些热心执法，不同意这种罪大恶极和诈骗勾当的老爷，这件事传到皇帝耳里，他得知葡人是带着货物到中国进行贸易的商人，不是海盗，其中四人被称作王，其目的是要皇帝给他们（即海道和卢镗）重赏和恩赐。这两人已窃取了大宗货物，而为掩饰这些罪行，他们滥杀无辜和孩童。皇帝得知这些后，他为此十分生气和痛心，马上命令迅速而慎重地处理此事……

地理大发现时代的商船

　　皇帝派出钦差，经过调查，判决如下：

　　"兵部（Pimpu）奉圣旨，因 Chaipun Huchim Tutao（可能是朱纨的一些官衔的缩写，或巡持福建都堂等类似官职）未奉圣命，私隐消息，于捕获若干百姓后下令将彼等处死。朕为伸张正义，旨遣 Quusi tuam（杜汝祯或陈宗夔）为钦差以了解真相，彼携诸大员同往，此系朕所遣以向朕报告有关葡人及海道、卢镗之实情，后二者曾上奏称葡人系海寇，至我沿海劫掠屠杀。得知真情后，彼等完成朕命归来。兵部及朝中大臣阅视文件，用心审核，将情况奏朕。朕亦命刑部（Ahimpu）、AtuChae（可能指都察院）及若 Athog lissi Chupuim（不详）细审，因事关重大，朕命善视此等文献，以期秉公执法。诸人审阅后，显见葡人已至泉州沿海交易多年，彼等所采取之方式不为合宜，而应往我市场上交易，此乃我诸港之一贯习俗，朕迄今不知此等人为何许人，朕现知泉州百姓赴彼等海上之船买卖，由此而知彼等系商人而非海寇，非如上奏之所言。朕不谴责商人之协助葡人，但朕觉察泉州官府失职，因有船只抵我港口，官府应知其是否为商，是否愿付税，若彼等愿付税，应即上报。若彼等已付税，则无需加害。或若将彼等捕获，应报朕得知，朕将下旨将彼等开释。虽则依法抵我港口之船只需按丈量付税，此等人系来自远方，无需若此，可任其交易及赴其邦国。再者我之幞头知此等人为商人而未报朕，瞒而不报，此乃多人遭捕杀之因。幸存者因不能言，唯翘首向天，内心祈求上苍施公道，他们除天外不知道至高的上帝。除此等事而外，朕亦知海道及卢镗为贪求葡人之大宗货物而行为不端，无视所捕并夺其财货之人为歹徒抑为良善。治海之官员亦知此等人为商侣而未予朕以奏明，官吏均若邪恶，系罪魁祸首。把朕遣钦差所奏，朕尚知海道及卢镗据有文书可知葡人系商而非盗，既已知晓，犹不以捕获为满足，复以谎言奏朕，且不以杀人为意，虽孩童亦加杀害，有断足者，有断手者，终将彼等悉斩首，奏称捕杀马六甲王。朕以此为实情，深感痛切，因迄今未奉朕旨而横施酷刑，此后朕禁止若此行为。又葡人抗拒我之船舰，宜予拘捕而勿杀戮我百姓。再者彼等至我国海域交易犹如海寇而非商人，为时已久，故此若彼等原为土著如今之为异邦人（此句意义不清，或指混在葡人中的中国人），则触犯死律而没其财货，彼等亦非无过失。部堂下令屠杀人众，称朕将因此擢升彼，而迎害之百姓，既失头颅，其心若灵若血，乞求上苍主持公道。朕知此极恶，目不忍睹血泪斑斑之上书，朕心深为哀怜，未知官府因何不将捕捉之人开释，致使朕无缘得知此暴刑。［要知道异教皇帝天生仁慈，并有其宽大之国法，如我们所说在对待死囚方面十分宽宏而且执行缓慢。下面继续论判决。］因有此等事，朕擢升 Senfuno（不详）为首官，因彼克尽职守，奏朕以实情。亦擢升首官 Quinchio（不详），因彼奏报捕丁在海上偷与葡人交易。

　　朕将行恶之人贬抑为贱民。再者，因把总（Pachou）与葡人交通，受贿而许当地商人与葡人交易，犹谎报葡人为海寇，至我国便行劫掠。彼亦以此言通告官府，官府即回称彼系欺罔，因官府已知其非。故某某及某某［这里他列举了十位老爷］，汝等宜被贬为红帽，以示惩处，而汝等本理应更遭贬抑。

察院（Chaa），汝因捕获此等人而称汝应擢升，肆行若此之暴虐而称不畏朕。某某［这里他列了九个人］，汝等称朕将为捕获此等人而擢升汝辈，而汝等［他举了很多名字］不畏朕而谎报。朕亦知汝等受贿。但因汝等若此行为，朕将汝等某某及某某［提了很多］贬斥。［他剥夺了他们老爷的称号。］

海道和卢铠残杀若干百姓，汝等竟容许。但既同意，汝等为帮凶亦犯同等之罪。Chiru（知府？）及 Chachifuu（不详），汝等亦依海道及卢铠之意，参与杀戮，无视有罪及无辜。故此朕罚汝等为红帽。

卢璧（Lupuu）有善心，因都堂欲杀这些百姓时彼称应先报朕知。朕免其无罪，理应受奖，朕仍命彼官留原职。

朕命 Sachi（不详）为广西城（指桂林）按察使。Antexeo（汪大受）宜罢黜。Assao 能与葡人交谈，宜有职衔和常职，遣往其出生地浙江（Chaqca）。［这是充当葡人翻译，替他们辩护的青年，他们给他老爷的称号和薪俸。］

Chinque（不详），系出海与葡人交易且欺骗葡人之首商，携带大宗货物到岸，宜向彼索还，妥加保管以备葡人之给养及花费。朕罚彼及其四名同伙为红帽，任官府放逐至相宜之地。

其余因此案而犯罪及囚禁之人，朕命官府按罪惩治。

朕命察院将都堂押来，由朝廷大臣详审其过失，朕将依朕意裁决。此都堂亦为海道及卢铠之同谋，因卢铠及海道邀彼参与，将没入葡人财货私分与彼，彼等确不敢胆大妄为。［此人听见对他的判决，上吊自杀（按明文献所记，朱纨仰药而死，不是上吊），称天生全身，无人可取走他的头。］在押之慐头应予再审，立即发落。

Chichu（不详）即刻免去老爷之职，永不叙用。

Chibee（不详）系六人和二十人之首，朕命将彼及其下人释放，因彼等仅犯轻微过失。欠钱之人应即时归还。

若官府判定死罪，Famichim（不详）及 Tommichar（不详）应处死，若非是，则由官府另判。

阿丰索·德·帕瓦（Afonso de Paiva）及伯罗·德·塞阿（Per de Cea）[这两人是葡人]、安东尼奥（Antonio）和费朗西斯科（Francisco）[这些人是奴隶]犯下杀我舰队士兵之罪，应与卢镗及海道入狱，按国法任其缓死。

尚余生的葡人及其奴仆，共计五十一名，朕命押送广西城，并命该城善视之，因朕习于待人公道，故亦开恩于彼等。舰队之老爷无可责怪，朕命予以开释。朕若此处治所有人等，官员可见联系出自善意而为这。朕命从速办理此案。"

皇帝的判决到此为止。

这次的判决的过程明显地说明，这些虔信偶像的和野蛮的民族有他们自己的良好司法手续和顺序，也表明上帝使得一位不认识真神的皇帝本性仁慈。他作出的极大的努力，以及他对大案的慎重，看来是这个国家善治和德政的根源，以致尽管中国如我们所说是那样大，它却维持多年的和平而无叛乱。上帝护佑它，因为没有敌人入侵破坏，也因为它保持了繁荣昌盛和富强。这个国家的严厉司法是控制百姓易犯的罪恶倾向和骚动的根本，它是那样严格，乃致狱中通常都满是犯人，如我们所说，人数很多的。倘若赶上荒年，在内地及沿海都必须不断保持很多战舰以镇压许多武装叛乱的盗寇劫掠。

免死的葡人当即被送往皇帝指定的地方，沿途都得到充足的供应，住在（如我们前面所说）皇帝为老爷在各城镇旅行而设置的馆舍。他们分队被押送乘坐人抬的竹轿，由小老爷照看，为他们在各地备好各种用品，直到把他们交给广西城的老爷。

此后他们每月只从皇帝那里领得一斛（foo）大米（相当于一个人所能驮的量），其余所需，各人从劳动获得。后来他们再被分成三三两两一群到各地去，以防止他们早晚再集合成一股力量。

被判死刑的马上被投入死狱。阿丰索·德·帕瓦找到条路子使开释的葡人知道，他们曾立即鞭杖他四十以示欢迎，这使他疼痛难忍，唯求上帝安慰。

> 那些获释，不时这几个，不时那几个，通过一些中国人的活动，到了葡人的船上，那是在广州城进行交易的葡商用重贿买通中国人，把他们偷运上船的。[1]

传说某位苏丹曾建造一座华丽的宫殿，宫殿的四壁镶满了各种各样的小镜子。任何人走进这座宫殿，都会发现自己突然变成了无数个。一次一只狗闯入王宫，它惊恐极了，无数条像他一样凶猛的狗在向它狂吠。它扑上去跟自己的幻影打仗，最后撞死在墙上。

由各种文献组成的历史，经常就像那座镶满镜子的宫殿。

葡萄牙人亦商亦盗，从大西洋、印度洋到太平洋，一路顺风。然而到中国海岸，行不通了。当年曼努埃尔国王让他们了解中国的每一个细节，三十多年过去，了解的代价是惨痛的。中国皇帝与非洲海岸的酋长、阿拉伯印度东南亚的苏丹们，不可同日而语，中国像座高墙大院，他们这些水怪怎样才能越墙而入呢？

朱纨剿海之后，大西洋的海盗商人们突然学得文明了。他们悟到野蛮在比较原始的地方是有效的，文明有文明的方式。失败最容易让人明白事理。1550年前后，葡萄牙商人又返回广东外海。这时期的广州形势比较宽松。中国是个很奇妙的国家，一切都因人而异。官员有的厉行海禁．有的通融贸易，不管干什么，他们都有一套大道理，都有一套应付皇帝对付百姓的办法。嘉靖八年，广东巡抚林富奏请朝廷重开海禁，将贸易点外移到珠江口外的一些海澳，竟没再发生像正德十二年那样尴尬的事，稀里糊涂地让番邦船舶闯入广州江面放炮。

1550年以后当葡萄牙人重返广州外洋时，他们发现在广海、望峒、浪白、蠔镜、十字门、虎头门、屯门、鸡栖等海澳，均有安南、暹罗的商船与中国贸易，那里的守澳官就能决定一切。葡萄牙人迅速入泊浪白澳、上川岛，1555年时，

---

[1] ［英］C.R.博克舍编注：《十六世纪中国南部行纪》，何高济译，北京：中华书局，1990年版，第135-147页。

留居浪白澳的葡人已达四百多。然而，上川岛、浪白澳并不是理想的贸易点，上川岛离广州太远，浪白澳水上险恶。他们寻找机会进入澳门（蠓镜），那里更近中国大陆，港湾优良，气候适宜。1557年，这些贪婪而又勤奋的葡萄牙人已开始在半岛上盖起砖石结构的房屋，打算永久居住下去。

葡萄牙人自有可爱的一面，他们四海为家，热衷于充当世界脚夫，把欧洲的日用品搬到印度，把非洲的象牙、黄金搬到欧洲、亚洲.当他们发现将印度、东南亚的香料运到中国和运到葡萄牙一样赚大钱的时候，他们就不回葡萄牙了。如果果阿、柯钦的葡萄牙当局对他们管束太多，他们就宁愿待在澳门。

欧洲最早的澳门全景图（1598）

问题不是什么时候葡萄牙人入居澳门，而是以什么方式入居澳门。1556年，葡萄牙船长莱昂·德·苏萨（Leond de Sousa）在致路易亲王（Dom luoiz）的信中说：他与中国官员成功地达成一项协议：1.中国海道允许葡萄牙商船朝贡贸易，但必须以马六甲人的名义，因为葡萄牙人声名狼藉；2.商船纳税20%，但仅从货值的一半中抽分。公正地看，这项协议有些不合情理。协议双方不像是公开谈判人而像暗下的合谋者。为什么中方教葡萄牙人假冒马六甲人，谁帮谁蒙骗谁？为什么名义上税额为 20%，实际抽分只有 10%？谁是受损者谁又是得益人？那位中国海道可疑，他为什么替葡萄牙人遮掩，帮葡萄牙人逃税？唯一的理由只能是受贿。中文史料似乎证实了这种怀疑：

> 嘉靖三十二年，夷舶趋濠镜者托言舟触风涛，缝裂，水湿贡物，愿借地晾晒。海道副使汪柏徇贿许之，时仅蓬累数十间，后工商牟利者始渐运砖瓦木石为屋，若聚落然。自是诸澳俱废，濠镜为舶薮矣。
>
> ——郭裴《广东通志》

> 三十二年，番舶诡言舟触风涛，愿借濠镜地曝诸水渍贡物。海道副使汪柏许之。初仅茂舍，商人牟奸利者，渐运瓴壁榱桷为屋。佛郎机遂得混入。高栋飞甍，栉比相望。久之遂专为所据。藩人之入居澳，自汪柏始。
>
> ——张汝霖、印光任《澳门纪略》

过去的无礼是因为无知，葡萄牙人终于摸索到以文明的方式进入中国的渠道。实际上苏萨本人直言不讳，他曾通过一位名叫西眇·德·阿尔梅达（Simao de Almeida）的葡商向中国官员送礼，"相信我的话，贿赂既可以买通人，也可以买通上帝。"（奥维德）这一手是绝对成功的，据葡萄牙人说：他们很快就可以自由出入广州，中国人不再叫他们番鬼（Fancu），而是番人（fanqim），前面这个词的意思是"魔鬼般的人"，后面这个词的意思是"另一个海岸"。[1]

澳门并无割让。直到 1849 年，中国朝廷一直拥有澳门的主权。天朝国土上的这块化外飞地的性质始终说不清楚，因为中葡双方都不愿意把它说清楚，那样会引起不必要的冲突。葡萄牙人是最理解中国的西方人，他们在很多方面已经中国化了，打拱作揖，请客送礼，马戛尔尼的英国使团到来的时候，葡萄牙神父说：我们跟中国人很容易相处，跟英国人总是合不来。汪柏受贿败

---

[1] 克路士：《中国志》第二十三章，见［英］博克舍编：《十六世纪中国南部行记》，北京：中华书局，1990 年版，第 132 页。

露，那笔贿金巧妙地转成"地租"，澳门葡商当局向香山县衙缴交租金，明清两朝均在澳门设海关，征舶税，置澳官主持行政司法，这种不明不白的状况一直延续到1849年亚马留总督叛乱。国际形势变了，葡萄牙人终于有条件对抗了。

西方不少文献中都说，澳门是葡萄牙人帮助中国政府平寇有功，中国政府赠送给他们的，有皇帝送给他们的金笺（galden chop）为证。实际上谁也没见过这个金笺，助剿平寇之功又始终无法落实。或许葡萄牙人确实在某一次剿匪平叛中协助过广州或香山当局，但中国朝廷从未因此而将澳门送给他们。葡萄牙人以行贿的方式在澳门建立了一个准殖民地，但又一直无法在历史中为其找到"正当合法"的根据。这是他们想方设法地虚构历史的心理背景。天真而又贪婪的葡萄牙人想象以和平的方式建立殖民地，但殖民地从来就不是能以和平的方式获得的。他们在等待饥会。不幸的葡萄牙，他们开创的世界他们自己控制不了。这个勇敢的民族正因为人数太少而越来越弱小。

中国人对这些澳夷的防范心理一刻也没有放松。移民越来越多，用惯于夸张的文言文来说，是"举国而来，扶老携幼，更相接踵"。[1]中国人不信任他们。官场上听不到"番鬼"的惊呼了，民间仍很流行。非我族类则无我仁性，他们"诡行异服，弥漫山海，剑芒耀目，火炮震天，喜则人而怒则兽，其素性然也"。[2]有什么办法可以根除隐患，摆脱这些危险的夷人？武力剿灭和平劝退？甚至断绝粮食供应，用大石头填塞出入海口？各种办法想尽了，无奇不有。官员们忙着上奏本，在这方面他们训练有素，每本都慷慨陈词：上策、中策、下策，最终还是一个"以柔道治之"，设城池置官吏，不动而安。

于是，中华帝国海岸上，出现了这样一座不明不白的"外国城市"。

3. 吕宋传说

1517年，第一支葡萄牙使团在广州怀远驿等候中国朝廷的进京恩准时，

---

[1] 《南海县志》，嘉靖四十三年，庞尚鹏《抚处濠镜澳夷疏》。
[2] 《南海县志》，嘉靖四十三年，庞尚鹏《抚处濠镜澳夷疏》。

另一位葡萄牙贵族、船长来到卡斯蒂利亚王宫。这位英雄已经对自己的国君彻底失望了。他将一个重要的秘密告诉西班牙国王：世界的另一面还有一个比印度，马六甲更富有的地方：名叫香料群岛。他的一位朋友，浪漫的谢兰，如今住在那里，写信告诉他，"我在这里找到了一个新世界，比瓦斯科·达·伽马发现的那个世界更富庶和更辽阔。"他的另一位朋友，博博的鲁伊·法利罗，完全能够证明这个富饶的香料群岛就在教皇划给西班牙的那一半世界上。而他，一位有经验的勇敢自信的船长，有把握将卡斯蒂利亚国王的舰队从新世界带到那里，再将香料群岛的香料带回西班牙。他的计划是，环航地球。

上帝一直等着他。费尔南·达·麦哲伦，给地球围上一条光荣的腰带吧！

1522 年 9 月 6 日，麦哲伦舰队唯一幸存的维多利亚号驶回塞维利亚。对那个时代的西班牙来说，麦哲伦远航的重要意义还不在环航地球。维多利亚号载回的香料以及他开辟的从新大陆到香料群岛的航线更引人注目。遗憾的是，香料群岛的确不在教皇赏给西班牙的那半面地球上。只有麦哲伦遇难的菲律宾群岛，（1521 年 4 月 26 日，麦哲伦死于宿务岛海滩与土著人的一场冲突中）才有可能属于西班牙。1565 年春，西班牙舰队从墨西哥出发，在米古尔·罗柏兹·德·列格兹比（Miguel Lopez de Legazpi 巴斯克绅士，已定居墨西哥）率领下，远征菲律宾。4 月占领宿务，正是麦哲伦的 44 年忌日。我们不知道这位巴斯克绅士以什么方式纪念英雄先辈。征服宿务显然没有什么收获。扩张必须继续，1567 年，列格兹比在给西班牙国王菲利浦二世的信中说："在我们的殖民

航海家麦哲伦，见巴黎 1584 年版《名人肖像录》。

地的北面，几乎是离此地不远的地方，有名叫吕宋和岷都洛的大岛，中国人和日本人每年均至该地贸易。他们运来丝绸、毛巾、镜、瓷器、香料、铁器、锡器，有色棉布和其他的小器皿，他们运回黄金和蜡。"

1570 年 5 月，列格兹比派高第（Matin de Goite）率舰队远征吕宋。攻陷马尼拉的战役比他们想象得更艰难，苏里曼（Soliman）酋长是一位真正的爱国者，他的抵抗让野蛮的殖民骑士吃惊。马尼拉失陷了，屠杀抢劫是预料之中的。在满者伯夷王的后裔们的宫殿化为灰烬以后，入侵者用皮鞭与棍棒逼迫土著人，其中可能还有华族移民，为他们修筑西班牙式城堡与天主教堂。

"尔等祗顺天道，恪守朕言，循理安分，勿得违越，不可欺寡，不可凌弱，……"吕宋是大明帝国的藩属，据《明史》记载：洪武五年，永乐八年吕宋都曾遣使入贡。永乐皇帝的使者也曾前往赍诏。如今灾难来了，中国的皇帝能做什么？中国朝廷听到一个荒诞无稽的诈骗传闻，觉得很有趣："有佛朗机者，自称干系腊国，从大西来，亦与吕宋互市。酋私相语曰：'彼可取而代之也。'因上黄金为吕宋王寿，乞地如牛皮大，盖屋，王信而许之。佛朗机乃取牛皮剪而相续之，以为四围，乞地称是。王难之，然重失信远夷，竟予地，月征税如所部法。" [1]

1574 年，西班牙征服吕宋的事业尚未完成，土著人仍不时起义、反抗，殖民者只有待在自己的城堡里，才绝对安全。他们抱怨那些土著人，除了割掉人头之外，没有其他志向。这一年冬天，北吕宋海岸上突然出现了一支有 60 余艘船的舰队。这支舰队在 11 月的最后一个清晨开始围攻马尼拉，四百名突击队迅速越过从海岸到城区之间的开阔地。他们是吕宋久已熟悉的"生理人"（Singley，菲律宾将中国人称为生理人）。

从远处观看的吕宋土著人突然兴奋起来，他们欢呼着、召唤着，或许他们以为，大明帝国的舰队来了。华人攻城并没有成功。两天以后，他们又发

---

[1] 见《东西洋参考·吕宋篇》，《明史·吕宋传》也这样说。

动了第二次进攻，几千艘舰船在马尼拉外海面上排成半月形的战阵，炮击之后，一千多名将士在他们的首领亲自指挥下分三个方向对西班牙守城发动进攻。其中有八十多人破城而入。然而西班牙援军已经到了。攻城再次受挫。华人船队撤退，启航去了彭加丝兰（Pangasinan）省。令人困惑的是，他们似乎放弃了攻城计划，在彭加丝兰省扎营，准备定居那里。

1574 年底进攻马尼拉的这支华人船队，根本不是中国朝廷的舰队，恰恰相反，他们是中国朝廷追剿的"海盗"，首领叫林凤（Limahong），潮州人。他的部下绝大多数是无家可归的农民、手工业者，讨海为生的渔人，多来自中国广东、福建沿海，也有一些日本人、琉球人（台湾），甚至菲律宾人。在这支五六千人的船队中，至少有一千多名妇女，船上装满了各种生活用具。他们是来菲垦殖的移民。与西班牙人一样，他们可能都是非法的海盗或合法的移民；与西班牙人不一样，西班牙人身后有一个帝国支持他们的海外扩张，而林凤那些中国人的身后，则是一个不惜任何代价，不惜与任何异族合作，时刻准备剿灭他们的帝国。这一点最初连西班牙人也不明白，或许他们还真以为是大明帝国的舰队来了。局势危在旦夕，第一次攻城之后，马尼拉附近就集结了上万名菲律宾土著（摩洛人）起义者。西班牙人驻菲总督向国王报告："当这个地方的土著，他们是摩洛人，看见第一日所发生的事件，认为中国人是胜利者，他们全体在第二日反叛。在很短的时间内，马尼拉市附近，集合了上万名摩洛人，他们乘着小舟投奔那些海贼。他们说，他们已派通讯员去甲未地传递消息。吕宋各地的神甫都被他们拘捕，侮辱，他们抢劫了他们的财产并威胁要处死他们。他们亵渎教堂，在里面杀羊，杀死一切可能找到的西班牙人及其奴隶……"

恐慌很快就过去了。林凤在彭加丝兰定居下来，不再想进攻马尼拉。西班牙将领儒安·德·萨尔西多（Juan de Saceao）率领一支由 250 名西班牙人和 2500 名菲律宾兵组成的队伍从马尼拉出发征讨正准备在彭加丝兰安居乐业的林凤。他们很吃惊，他们在彭加丝兰登陆后发现林凤的部队没有一点警备。西班牙军队发起进攻，但没有能够取胜，他们把林凤围困在山寨里。这时，另一件事发生了，彭加丝兰河口又出现一艘中国船。船上的中国官员让翻译转告西班牙人，他们是奉中国当局的命令前来追剿海寇林凤的。西班牙人喜出望外，原来中国人间有这么大一条裂痕。萨尔西多让这位中国官员回马尼拉等着，他肯定会擒获林凤交给他，或死或活。此时他又增添了新的自信。林凤不过是海寇，中国当局与西班牙人都准备消灭他。西班牙文献说中国官员 Omoncon 激动得"数次拥抱西班牙人"。[1]

菲律宾画家所绘林凤作战图，但人物形象似乎来自清代

这位名叫 Omoncon 的中国官员是潮州把总王望高，受福建巡抚刘尧海之命追剿海寇林凤到吕宋。在马尼拉，王望高受到菲律宾总督拉维扎列斯（Guide. de.Lavezares）的热情接待，彭加丝兰的围攻仍在继续，并没有像狂妄自信的萨尔西多许诺得那么轻松。王望高等不及了，要先回国，剿完林凤后他再来。谁也没有想到，几个月的围困之后，林凤在山寨里造了 33 艘船，8 月 2 日夜晚沿河道突围，入海远去。四月，王望高率领 10 艘船再次到菲律宾。热情好客的拉维扎列斯已死于心脏病，新任总督桑迪（Dr Francisco de Sande）接待了他，并告诉他林凤突围逃走。王望高失望极了，我们不知道他第一次回去如何向巡抚大人禀报他的剿匪战功的。总之，这一次他必须有所交代。他采取了什么措施？我们无从猜测，只有西班牙方面的记载可寻。桑迪总督向

[1]　这是异想天开的捏造。中国人没有这样的礼节，王望高或许高兴，但绝不会像西班牙人那样得意忘形地拥抱，这段记载或许应作相反的理解，西班牙人拥抱中国官员。

西班牙国王奏的报告中说："这十艘船运来一些商品，虽然很少，但他们以高价出售。他们是一群卑贱、无耻而且可恶的族人。他们在这里的港埠停留了六个多月，向我们索要礼品，并且说带回礼品能够博得他们上司的好感，对西班牙人去他们的国家也大有好处。一听到林凤逃跑，这些人和土著人一样害怕。他们恳求我们写一封信给中国，证明林凤已经死了。为此他们设法买到许多人头，这些都是土著人的收藏品，他们想回去说这就是林凤他们的人头，由他们战胜割下的。他们百般劝我写信为他们做证。我告诉他们：西班牙人不会说谎，我们不要再讨论这些猥劣的问题了。……当他们在这里的时候，我待他们很好，但是除了送礼之外，没有别的方法软化他们的心。虽然，在我看来，武器将是更有效的。"[1]

此时中国朝野大概想象不到，这些吕宋蛮夷（明人分不清吕宋与西班牙，西班牙人占领吕宋，就称西班牙为吕宋。《明史》就这样记载。后来知有西班牙，又称大吕宋与小吕宋，以示区分。）竟想用武器对付中国。王望高返回后，中国当局知道：王望高指挥吕宋夷兵剿灭林凤。吕宋仿效暹罗、真腊那些小国前来朝贡，连地方小官都对他们的贡品"不屑一顾"，与其上给皇帝，有损了国格，不如就地私分了。《明实录》神宗卷五四记：

> 万历四年九月丙申：巡抚福建金部御史刘尧海奏报，把总王望高等以吕宋夷兵败贼林凤于海，焚舟斩级，凤溃图遁，复斩多级。并吕宋所赍贡方物以进。下所司。辛亥，礼部议赍吕宋番夷例以闻，报可。

《泉州府志》30 卷记：

> 吕宋迫逐林凤，有所俘获，上献，因请得入贡. 比于暹、腊诸国。台下议，凤（指泉州同知陆一凤）曰："不闻职方氏有吕宋也，奈何以小夷效顺，秽我大鸿胪典。"台曰："当如何？"曰："疆场之利，专

---

[1] 转引自陈台民：《中菲关系与菲律宾华侨》，菲律宾以同出版印行，1961 年版，第一册，第 128 页，译文有所改变。

之可也。以台劳，取羁縻而已。"诸与议者咸服。

"贡物"就这样被堂而皇之地私吞了。这些官吏无知、狂妄，而且贪污腐败。

西班牙人听说他们的"礼品"被当作贡品，大为恼火。桑迪说这是他为什么不予王望高索要礼品的理由。从中国回来的西班牙修士还告诉他们：中国官员如何谎报军情，贪功邀赏，如何私吞礼品，如何涂改菲律宾总督给中国当局的信。王望高第一次经菲带入中国的圣奥古斯丁会修士马丁·德·拉达（Martin.dc.Rada），此时已返回菲律宾。

西班牙殖民者与中国人贸易、冲突，一再筹划入侵中国，然而这些事都发生在海外，中国朝廷不关心也不知道。由于看到西班牙金币银元流入中国，闽南的两位风水先生忽发奇想，上奏朝廷说，吕宋有机易山，山中有树，产金豆，如果派人去采集，每年可获黄金 10 万两，白银 30 两。万历三十年（1602），苦于国库空虚的神宗皇帝将信将疑，派太监高采前去勘察。高采是福建税使，知道这是胡说，又派海澄丞王时和、百户于一成随那位名叫张嶷的风水先生渡海前往吕宋。菲律宾总督很吃惊问他们："中国派你们来开山，山各有主，怎么能随意开采？如果中国有金山，我们可以去开采吗？何况你们说山中树上产金豆，树是什么树？"王时和一时答不上来，风水先生张嶷诡辩："山中遍地黄金，还要问什么树所生吗？"哄堂大笑。

西班牙人无论如何也无法相信世间竟有这般荒唐事。王时和走后，他们开始怀疑这是明朝政府的阴谋。他们按他们的思路猜测别人：莫非他们是间谍，明朝政府准备进攻菲律宾，他们来探听情报，或许此时在菲律宾受西班牙人欺压的中国侨民见到明朝官员到来也有所期望与传闻。西班牙人感到恐慌，他们没收吕宋华侨的铁器。

大规模的屠杀开始了，中国侨民死难者两万余人。《明史·吕宋传》详细记录了此事的经过。另《名山藏》也有记述："夷人故虐侮中国人，至是益疑。会中国人被夷虐者，怨望出大言，夷益恐，尽买中国人手中铁，虽机上刀、灶上釜，悉厚倍其直。诸中国人铁皆空，遂大杀中国人，死者二万余。"《闽书》记："吕宋夷人，虑我欲图其国，俟嶷去，尽市贾客家刀铁，一日聚众悉擒

杀之。漳泉贾客，徒手受刃死者，
以数万计。"

4. 红毛夷

　　闯入中国视野的荷兰人，
最初的绰号是"红毛夷"。17
世纪初，继伊比利亚人之后，
他们来到中国海岸。

　　葡萄牙人在中国的待遇得
天独厚。后来的西方扩张主义
者对此无不嫉妒得咬牙切齿。
西班牙人、荷兰人先后都想攻
占澳门。这个美丽的东方上帝
之城对葡萄牙祖国已没什么用
了。狭小的葡萄牙无力支撑一
个广大的海上帝国。他们的船

17 世纪澳门地图

队被荷兰人截获，马六甲和印度的那些港口也纷纷失守于荷兰人、英国人。
西方人向东方的扩张是波浪式的，一浪压过一浪，15世纪是伊比利亚人的世纪，
葡萄牙与西班牙人忙着在教皇的裁判下进行瓜分世界的野蛮竞赛，然而一向
贫瘠动乱的伊比利亚半岛很快就因为纵欲过度而一蹶不振，而被他们用香料
喂大的联合省这时候出来与他们瓜分天下。或者说是瓜分他们的天下。

　　荷兰人早就对葡萄牙帆船上卸下胡椒的价格不满，他们要派自己的船队
直接去东方收购香料。1580 年葡萄牙并入西班牙帝国，伊比利亚半岛的所有
港口都向荷兰船关闭。荷兰人采取行动。在葡萄牙船上服役的荷兰水手是最
初的向导。1592 年，随葡萄牙舰队多次前往澳门的荷兰人达克·庞帕（Dirck
G Pomp）回到家乡，变成荷兰的马可·波罗，各种离奇的中国故事为他赢得
了"达克·中国"的绰号。荷兰人终于明白了葡萄牙船是如何在中国走运的。

1596 年，荷兰远方贸易公司（Compagnie van Verre）派出四艘船前往爪哇西部的万丹港收购香料，四年以后，另一支荷兰舰队已驶入珠江口。荷兰人从葡萄牙人手里抢走了东印度群岛、锡兰和印度的几个港口，并在台湾岛、南非好望角开辟殖民地。然而荷兰再次纵欲过度。别忘了它是一个不幸的水灾泛滥的小国，而且还有英国法国如狼似虎地守在门口。倒霉的事情经常发生。当荷兰船队不远万里、历尽艰险地将从东方搜刮抢掠来的财富运到英吉利海峡，眼看就要大功告成的时候，英国或法国的私掠船突然出现，一劳永逸地抢走了船上的一切。英法海盗胜利的嚎叫让荷兰水手痛不欲生。1652—1654 年间，英国海军抢掠了 1700 艘荷兰商船作为战利品。一个世纪以后，荷兰人又衰落了。下一幕拉开的时候，东方海面上的大魔鬼将由英国人扮演。

黄金的 17 世纪属于荷兰人。他们的船更大，炮火更猛，人也更精明残暴。17 世纪是荷兰人的世纪，荷兰"红夷"与新世纪一同出现在中国海岸。他们是打着上帝旗帜的魔鬼，热衷于杀人放火截船掠货之类的恐怖事件。他们的两副面孔，一副是用在海上的恶棍面孔；一副用在陆上，他们也派使节去北京朝贡，跟着那些鸡零狗碎的小国叩头下跪。同样，不管他们如何表现，中国朝廷总让他们一无所获地回去。中国让西方人无可奈何。

鸦片战争之前，葡萄牙人、荷兰人与头脑清楚的西班牙人都没有要征服中国。征服中国是一件真正不可想象的事。17 世纪中叶，中国天下大乱，我们发现没有谁趁此机会入侵。恰恰相反，他们根据自己的利益选择支持中国政权一方，葡萄牙人支持明朝。荷兰人支持清朝。近代中国从巨人症或自大狂转入受虐幻想狂。总以为西方列强从来到中国海岸的那一天起，就想入侵中国。那时候或许他们还只是一些利欲熏心的商人、想入非非的宗教狂或逞凶斗狠的海盗。在他们的印象中，中国是一个神话般的帝国。

人类的交流险象丛生，相互理解的能力是微不足道的。西方人总以为贸易是自由的，而自由贸易的权力是绝对的，这是那些在经济上无法自给的国家发展出的一种信仰式的理论。而中国这样一个经济自足的封闭世界，对外贸易没有任何意义。一方认为自己拥有绝对的贸易权力的而不惜诉诸暴力，另一方认为强制的贸易就是侵略，中西方的冲突最初是不同经济观念的冲突。

只是任何一方都不能理解对方也不愿意做出任何理解的努力。

荷兰人阿尔布克尔克总督在马六甲时，把华人当作盟友，而荷兰的第一支舰队来到中国海岸的使命是打击澳门的葡萄牙人。

1601 年初秋，南中国海的一阵台风把雅克布·范·莱克将军指挥的荷兰舰队吹到广州外洋，他们看到"一个很大的市镇，有很多西班牙风格的房舍，山顶上有个葡萄牙教堂，教堂顶上有个很大的十字架"。可以断定，这就是葡萄牙得意的东方"天主圣名之城"——澳门。范·莱克派水手前去通报，不料一上岸就被扣留了。后来去寻找泊地的快艇也没有回来。这对初到中国的荷兰人，是一次很沉重的打击。他们是懂得仇恨的，但谁是凶手呢？

一年以后，另一支荷兰船队在爪哇西岸劫掠了一艘葡萄牙商船，船上的一些航海文件引起了他们的注意：葡萄牙人自己说，是他们吊死了 17 名荷兰水手，还将幸免的另外 4 名送到果阿服苦役。荷兰人明白了，凶恶的伊比利亚人不仅在欧洲是他们的敌人，在东方也是他们的敌人。船长范·赫姆斯克咬牙切齿地发誓要"为荷兰人在澳门所遭受的虐待报仇雪恨"。他们的办法是在整个东方海域劫掠葡萄牙商船，并寻找机会攻占澳门。

然而，荷兰人到东方的目的还不只是海盗。抢劫强占、杀人放火毕竟只是他们的副业。他们的主业是做生意，把南亚、东南亚的胡椒、香料、珍贵木材与宝石贩到中国，再将中国的丝绸贩到日本，用从日本获得的白银到东南亚购买香料，最后运回欧洲。其中发财的奥妙在于东方贸易的利润已足够支付他们最后在香料群岛采集他们运往欧洲的货物。在海盗生意天才们编织的东方贸易网中，中国是个关键。他们从一开始就意识到这点，要打开中国门户，像葡萄牙人那样在中国海岸获得一块贸易领地。

熟悉国情的中国商人给荷兰人出的主意是贿赂中国官员。葡萄牙人当初就是这样做的。1602 年荷兰东印度公司(voc)成立不久，就派华威克（Wijbrant Van Waarwick，即中国史籍中的"韦麻朗"）率领一支舰队前往中国。几年前他曾作为范·莱克那支倒霉的舰队中的一员在海上眺望过澳门天主教堂上的十字架。他的舰队首先停泊在北大年，希望能随暹王的朝贡使团一同去中国碰碰运气。不料使团还没派出，那位暹王先死了。一条路堵死了，还有

往来于福建－长崎间的中国海商的商船

另一条。他们在北大年结识了几位中国海商，据说其中有一位名叫恩浦 Impo 的刚从荷兰回来。这些中国海上冒险家或者"汉奸"告诉他们两条重要信息：一、闽海的澎湖屿可营可守，不如占据作贸易据点；二、朝廷驻闽税吏高采是个贪婪的太监，他喜欢吃童男童女的脑髓也喜欢受贿。范·华威克从这几位殷勤的中国人那里获得了希望，他一面启航前往澎湖列岛，一面派华人去行贿地方军民。在中国史籍中，那几位替荷兰人出谋划策，通报行贿的中国商人叫李锦、潘秀、郭震。据说范·华威克曾得到过高采的回话，后者提出要荷兰人先预付 4—5 万银元。不知这是高太监的真意还是李锦之流的虚构。

1605 年夏天的整个台风季节里，华威克都在焦急地等待大陆的消息，同时在岛上修筑居住点与堡垒。意想不到的是，他派去的通事带来的不是什么好消息，而是一支庞大的中国海道的舰队。五十多艘中国船已将他们团团围住。他们所有的计谋与努力，都显得有些可笑。上岸前来谈判的中国村官沈有容说得很明白：你们是上了奸人的当，中国政府怎么能容忍你们在这里筑起堡垒来。你们会为你们的行为后悔："中国断不容远人实逼处此，有诳汝逗留者，即是愚尔。四海大矣，何处不可生活。""堂堂中国，岂乏金钱巨万万，尔为鼠辈所诳，钱既不返，市又不成，悔之何及。"

荷兰史料中没有说明范·华威克是如何撤离澎湖列岛的。历史经常不是记忆的工具而是遗忘的工具。每个民族、每个时代都根据自己的价值尺度将实际发生的事件中极少一部分有利的东西选择出来留在记忆里，同时拒绝绝大部分内容，让它们消失在时间深处演算的虚无中，一种记忆就意味着一种遗忘。历史与其说是让我们记住过去的事实，不如说是规定了过去的哪些事我们应该忘记掉。在中国文献中，这段英雄故事被描述得非常具有戏剧性，沈有容的慷慨陈词让听不懂中国话的荷兰"蕃酋"感动得流泪，"汝言任理，汝心亦善，我今已入困境，何遑言及侵入中国？"沈有容设宴为幡然悔悟的范·华威克送行，范·华威克感激地赠送给沈村官一些炮弹，并挥泪告别。

这段"番夷慕化"的故事浪漫得让人难以置信，或许沈有容报上的炮弹是荷兰人仓皇撤离时扔下的。被感化的野蛮头人（番酋）在中国典籍中的名字叫"韦麻朗"（Wijbrant 的译音）。1605 年 12 月，范·华威克在澎湖湾受困五个月后挂帆离去。此后十几年，荷兰人一直无可奈何。他们明白他们的东方贸易系统如果不解开中国结，就是一盘死棋。而广东可能比闽南更重要，1607 年曾往广州的荷兰船长玛特里夫（C.Matelieff）说："假如我们要寻求贸易机会．就只能前往广州。……因为中国皇帝诏令，漳州可发舶往各国，但不许外国船进入。与此相反，外国人可到广州，但不许中国船从广州前往外国。违者处以重刑。"[1] 荷兰人认为他们不得不使用武力了。问题是除了武力之外……他们想不出更加明智的办法。巴达维亚[2] 总督库恩（Jan Pieterszoon Coen）在给荷兰东印度公司的信中说："根据我所了解到的中国法律与国情，与中国的贸易根本无法用和平的方式取得。因此我命令部下，中国人如果不给我们方便，又不愿与我们通商，我们就毫不犹豫地使用武力，在各地攻击他们。"我们不知道是该佩服他的勇气还是该佩服他的运气。总

---

[1] 参见［荷］包乐史：《中荷交往史》，荷兰：路口店出版社，1989 年版，第 43 页。

[2] 今译雅加达

之没有什么可以吃惊的，他们一直在这样做。"在各地攻击他们"，这个"他们"可以包括西班牙人、葡萄牙人、英国人、印度人、马来人、日本人、中国人。1622年，11艘荷舰载着600名士兵在莱尔逊（C.Reijerson）指挥下开赴中国。库恩给他的命令是："一，占领澳门，切断菲律宾与澳门的航线。二，占领澎湖，建立商馆，开辟与福建的贸易。三，如与中国开战，尽可能掠夺中国男、女、儿童，充实巴城、安汉和万丹的居民。"[1]

　　气势汹汹的莱尔逊把整个远征演成一出残暴的闹剧。我们有幸从当时一位船长的"航海记"[2]中得知他们是如何在王国旗帜下扮演凶手的。6月24日，荷兰舰队开始进攻澳门。他们把西班牙人与葡萄牙人统统称为"西班克"（Speck），意思是"咸肉"。这场战役对荷兰人是灾难，随着莱尔逊司令一同登陆的600名士兵，有130人丧命，莱尔逊本人也被打穿肚皮。库恩总督的第一次任务无法完成。受伤的强盗转向澎湖列岛，夏季的风暴与失败的恼怒使他们歇斯底里。他们疯子般地在闽浙沿海抢劫商船村舍，烧杀绑架。在邦特库的《东印度航海记》中，我们时常看不出这伙暴徒有什么策略或明确的目的。或许他们认为，行凶到令人难以置信的程度，中国人就会允许他们通商了。强盗的逻辑经常愚蠢得可笑。他们重新在澎湖列岛修筑工事。与福建地方政府谈判并不时派那些心狠手辣的荷兰英雄截获商船并上岸烧杀。用抢来的猪肉与鸡蛋配上从荷兰运来的葡萄酒，在中国海岸狂欢。直到有一天早晨，他们发现自己又被一万多名将士和150艘舰船的中国军队包围了。

　　新上任的福建巡抚南居益亲自督战，他刚从山西回来，身上还带着中国北方的野气。二十多年前华威克的命运再次降临到继莱尔逊任荷兰舰队司令的松克（M·Sonck）头上，1624年8月25日，松克被迫拆除两年来建在澎湖的荷兰堡垒，率舰队前往台湾。不同的是，这次出面与松克交涉的，不再是某个大义凛然的军官，而是一个中国海商或海盗——李旦。荷兰人放弃澎湖退走台湾，这段历史，大概既不像中国文献描绘得那般神武，也不像荷兰

---

[1] 包乐史、庄国土：《〈荷使初访中国记〉研究》，厦门：厦门大学出版社，1989年版，第30页。

[2] 《东印度航海记》，[荷兰]威·伊·邦特库作，邦特库1618年到东方，1625年返回荷兰，1622年任格罗宁根号船长随莱尔逊舰队入侵中国。

史述中的那般体面。

　　库恩的第二次任务又没有完成。在澳、闽、浙沿海这两年里，荷兰舰队唯一有成就的，就是"尽可能掠夺中国男、女、儿童"。威·伊·邦特库船长的《东印度航海记》毫不掩饰甚至带有几分得意地介绍他们在中国海岸的暴行。在他那混乱的记忆中，整个 1623 年在中国海岸，只有 60 天是难以忘记的。而这 60 天中发生的最主要的事，都是如何截获中国帆船，抢劫焚烧中国村庄，抓住中国人把他们押在荷兰船上送往巴达维亚。如果他们逃跑，就射杀他们。1623 年 1 月 1 日，邦特库船长把 84 名中国人移交给"哈勒姆"号送到巴达维亚去，这是一年的开端，似乎很有意义。这一年 5 月 1 日据说是这样过的：

　　……我们在中途又遇到一艘中国帆船，满载价值成千上万的东西，开往马尼拉群岛去，其中载有二百五十人之多。我们把大部分人接管过来，我们把它夺取过来，只留下二十或二十五人，并把我们的人员十五六名和他们放在一起，我们把这艘中国帆船系在我们的船尾，拖着它走。

　　那时我们船上已有好几百个中国人了，我们生怕他们的力量会超过我们，因为前面已经讲过，我们只有五十个健康强壮的人了。我们让我们的人腰间各佩一刀，好像他们都是军官似的。

　　到了夜晚，我们让所有的中国人都进入底舱，然后用横杆把舱口拴住，上面到处都点了灯，因而把下甲板照得通明；舱口有五六个人守着，刀出了鞘；早晨，我们打开舱口，让中国人到甲板上来解决一些必须解决的事，或者料理一些其他事务；所以我们船上挤满了人。我常常到房舱里去睡，却睡不着。当我走上甲板，中国人立即让开一条路，拱手跪在两旁，他们犹如羔羊。他们讲了一个故事，说他们国内有一个预言，他们的国土将被那些长红胡子的人征服，而我恰恰长着一品红胡子，因而他们看到了我更加害怕。但这不过是说说罢了，到底怎样，只有天晓得。然而，我们不敢相信他们。

　　白天，他们坐在舷墙或护桅索承扣板上面，梳洗他们的头发。他们的头发长得那么长，以致有许多人站起来后，头发一直拖到小腿上，他们把它搓得像一根辫子，盘在头上，用一枚簪穿进去使它牢固，簪旁还有一只梳子。我们把他们统统带到佩斯卡多尔列岛去；在那里，把他们同我们从别的大船和单桅船上带来的其他中国人成对成对地缚在一起。我们利用他们运土到城堡中去，是的，当城堡建成时，他们的人数已达一千四百名之多，后来都被押送到巴达维亚去出售。[1]

这类事荷兰船长们已经经历得很多了。他们从来没有怜悯过那些死难的中国人，从来没有想到过他们在巴达维亚会思念故乡亲人。总之，邦特库船长在离开中国海岸后不久就要求回到荷兰去，他的理由很动人："因为一个人尽管可以航行到并亲眼目睹什么光辉灿烂的地区、海岸和王国，尽管可以享受到无论什么条件、利益和快乐，如果不为一种希望所支持，那么这一切也不过是可怜的乐趣，这种希望就是一旦有机会时能够在故乡叙述我们的冒险活动；因为正是在那种希望之中，我们才能称我们的行程为'旅游'，不然，这样的毫无希望的徘徊流浪实无异于充军。"[2]

那个时代的西方把他们当作令人敬佩的英雄！他们宣称自己是勇敢的冒险家、发现者，是最强大的军队，最精明的商人、他们的传说让所有人身上最野蛮的那部分血液沸腾。可是，总有一天，当他们想到要照镜子或为自己做一座雕像时，他们会为自己的名声与传说忧虑。在中国海岸，他们变成专门烹食小儿、长着血淋淋的红头发、面目狰狞的魔鬼。

荷兰人终于明白了，在庞大的中华帝国面前，他们不过是一小股逞凶斗狠的海盗、红毛夷。靠杀人放火、打家劫舍是不会吓住那个见过大世面的衰老的帝国的。他们准备去经营台湾，以外交手段与中国接触，他们为自己的鲁莽与凶残后悔，指挥荷兰舰队退走台湾的松克博士写信给巴达维亚总督说：

> 我们在中国沿海一带的行为，使中国人更加反对我们，把我们看作

---

[1]　[荷兰]威·伊·邦特库：《东印度航海记》，姚楠译，北京：中华书局，1982 年版，第 95~96 页。

[2]　[荷兰]威·伊·邦特库：《东印度航海记》，姚楠译，北京：中华书局，1982 年版，第 108 页。"导言"，第 20 页。

无异于谋杀犯、暴君和海盗。我们对待中国人确实是凶狠和残酷的，而且依我看来，凭这些行为是绝不可能达到同中国通商的目的的。

我们还不如没有来到中国海岸为好。我希望阁下等在莱耶尔策司令尚未离开巴达维亚之前，能确切地获悉中国人的力量和风俗习惯以及这个国家的各种情况。这样，全中华帝国和皇帝本人才不会对我们采取敌对和复仇的态度。如果可能的话，在本公司能达到同中国进行非常有利的通商夙愿以前，现在应该首先用最恰当的方式消除这些以及其他各种障碍和不幸的事。

1624 年，荷兰开始在台湾鲲身岛修筑城堡。

1655 年 7 月 14 日，第一支荷兰使团自巴达维亚出发，一年又三天以后，到达北京。那时已是大清帝国。

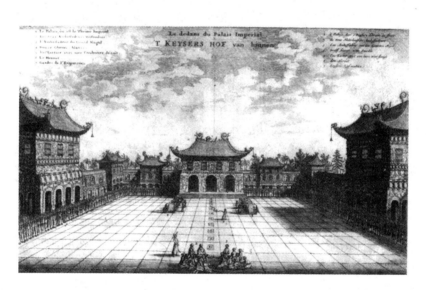

荷兰使团觐见顺治皇帝，尼霍夫铜版画。

5. 基督进入中国

"我们决定无论用什么方式都要进入中国"。沙勿略选了一个最阴暗的季节来到上川岛。朱纨剿海刚过不久，偷偷回到广州外洋的葡萄牙商人，小心翼翼地在上川岛浪白澳一带活动。混迹于私商海盗间、沙勿略知道，此时整个中国海岸都武装起来对付葡萄牙人。达·伽马带到东方来的伊比利亚冒险家们，都是些趣味单调、举止野蛮的亡命之徒，他们善于用火炮跟黄金与香料打交道。对上帝的事业一知半解，而且偏激冲动。他们在东方把自己的形象都败坏了。如今帝国的大门对神圣福音关闭得更紧。

沙勿略在上川岛的弥留之际

　　沙勿略死在上川岛，最终也没有进入中国。1555 年，耶稣会士侬埃兹·巴瑞托（Melchior Nunes Barreto）来到广州，与中国当局交涉走马溪一役的葡萄牙俘房事宜，他在广州待了三个月就被赶出去了，下面是一年以后多明我会修士加斯帕·达·克路士，他在柬埔寨传教一年，除了害一场大病外，只给一个要进坟墓的人施了洗礼。当他听说中国百姓"有归信基督教的资质"、"明白道理"时，他就登上一条中国商船来到广州，勉强在那里留了几个星期，写出一本详细介绍中国的报道。1563 年，三名耶稣会士陪着葡萄牙使团从果阿前往北京，被中国当局阻止在澳门。中国不欢迎任何外国人，尤其是喜怒无常，诡服异行的佛郎机。《明史·佛朗机传》记载："四十四年，伪称满剌加入贡，已改称薄都丽家，守臣以闻，下部议，言必佛郎机假托，乃却之。"中国官员没听说过南海番国有所谓薄都丽家的。使团返回不久，两名耶稣会士，方济各·佩瑞斯（Francisco Peres）与伊曼努尔·德克萨拉（Emmanuel Teixeira），潜入广州，被当局发现后请求居留。广州布政司问他们是干什么的，他们说是教上帝之道的夫子。布政司又问他们会说中国话吗？他们说不会。那就很遗憾了。不会说中国活，带着通事怎么向中国人宣教？修士无言以对。

1557 年葡萄牙人窃居澳门，为传教士提供了一个进入中国的立足点。神父们想方设法从那里出发，潜入广州，又垂头丧气地回到那里。倒霉的巴端托在澳门恶言恶语地给耶稣会总部抱怨："如果欧洲的王公们能够停止他们之间那些无聊的争吵，发动整个基督教王国，一定能迫使中国当局接受传教，让中国老百姓倾听福音，大批皈依，因为我们的道德与宗教对他们都是有益的。"[1] 这是一时恼怒下的胡说八道，他也知道。平静下来的时候，他还是温和派，他主张教皇派一个正式使团去北京觐见中国皇帝，请他恩准公开传教。而就传教士来说，他们必须学会中国语言，了解中国，善于与中国的知识阶层打交道。巴瑞托不久在捕鱼海岸殉教，没有机会实践他的中国福音计划。

沙勿略死后很长一段时间，中国福音事业都没有什么进展。罗马教廷中已经有人对葡萄牙人的"保教"使命表示怀疑。1567 年，西班牙耶稣会士 J.B·李贝拉（Jnan Bautista Ribera）来到澳门。几次越境企图失败之后，这位恼羞成怒的西班牙殖民地神父得出一个结论：福音只有用武力带入中国。三年后他被召回欧洲，四处奔走，宣传武力征服中国，配合当时菲律宾的西班牙殖民者的侵华论调。这些狂热的叫嚣在欧洲很少有人响应。欧洲还没有精神准备，马可·波罗以来不断丰富的中国神活使他们无法想象去征服一个如此强大的东方帝国。

最有希望的事业也是最艰难的事业。失望的情绪慢慢抑制了他们最初的

---

[1] Donald F. Lach, *Asia: in the Making of Europe* Voll, P297。

兴奋，有人说，"不管使用不使用武力，进入中国都比登天还难。"沙勿略死后四分之一个世纪过去了，中国的福音依旧没有一点生机。此刻他们面临着三种选择：一、撤出澳门，去亚洲的其他地方发展他们的福音事业，二、武力进犯，以世俗的暴力的方式获得传教的自由；三、寻找一种温和的新途径，设法博得中国知识阶层与上流社会的信任与好感，争取传教的机会。16世纪已经剩下最后的四分之一，沙勿略真正的继承人还没有降临。

"我们决定无论用什么方式都要进入中国"。可关键的问题是，用什么方式！1577年，耶稣会东方巡视使范礼安神父（Valignano）来到澳门。在莫桑比克，他曾遇到过李贝拉，后者警告过他不要妄想中国，可到澳门后，他发现事实本来并不那么令人悲观，只是让头脑简单的伊比利亚人搞糟了。他们的民族主义与重商主义热情都会危害福音事业，他们缺乏耐心与方法。

范礼安神父像（1601）

他们的胡作非为几乎使博爱的福音变成魔鬼的面具或海妖的歌声。范礼安认为，中国是一个独特的东方国家，在中国传教可能使用的方法，不仅应该有别于基督教历史上所使用过的传教方法，而且与他们目前在亚洲其他国家所使用的方法也不同。因为，这一次，基督教面对的是一个高度文明的国家，传教变成一种文化对话。基督教面临着挑战，他们首先应该考虑的不是归化中国，而是如何让中国先接纳他们，只有先"中国化"，然而才能使中国基督化。

伊比利亚时代快要结束了。范礼安神父很快就发现这些堂吉诃德的危险性。范礼安来自意大利，马可·波罗的同乡。或许他认为，只有意大利人，才能够理解中国、进入中国。他们与中国人一样，是一个世界性帝国的后代，从古罗马时代继承的胸襟与气度能使他们相互理解，更何况他们的祖先曾有过多次交往，从安敦皇帝的时代到马可·波罗。范礼安有意识地请一些意大利籍的神父到中国传教，罗明坚、巴济范、利玛窦，最初进入中国的传教士，都是他的同乡。他们在信仰人生使命上，是上帝的使者，天主教徒，但在学识与文化修养上，却是地道的人文主义者，他们生长在文艺复兴的摇篮，欧洲中国神话的发源地，他们有另一种开放与浪漫，是伊比利亚乡村绅士或萨格里什水手想不到的。他们去中国，准备以中国的方式出现在那里，对中国文化的景仰与涵化，在以后漫长的日子里，既是他们的成就与幸福，也是导致他们灾难的根源。

或许因为他们是马可·波罗的后代，或许他们来自文艺复兴的故乡，或许他们有真正的人文主义涵养，他们更懂得中国的价值与文化的意义。如果不仅是为了香料，整个东方都没有比中华帝国更重要的地方。范礼安神父写过一本小册子，名叫《论中国的奇迹》。从战乱野蛮的印度与东印度群岛来到中国，中华帝国的富足与和平不管是亲眼目睹还是道听途说，都令他印象深刻："中国可说是与东方其他王国都不一样，但它还要超过它们；这是整个东方最重要、最丰富的事物；它在若干方面，例如富饶、完美方面，都与欧洲非常相似，在许多地方犹有过之。"他列举了中国的七大奇迹：

一、中国土地辽阔，是世界上领土最大的帝国，为抵御鞑靼人而建立在北方的长城，令人难以置信。

二、中国人口众多，至少有六千万纳税丁口，150多个府、150多个州、1120多个县，不可思议。（葡萄牙人中谣传中国母亲每个月都生孩子、一胎可以生五个）。

三、中国国强民富。食物"无穷无尽"，而且极其便宜。

四、中国物产丰富，处处可见贵金属与奇珍异宝，中国皇帝的岁入超过欧洲所有的国王和领主。

五、中国山川壮丽，城镇繁荣，"真是奇迹一般"。

六、中国人最为勤劳，那里没有一寸土地落荒，没有一个人不自食其力，无论城市与乡村都见不到乞丐。

七、最后。"在已发现的国家中"，中国"是最和平、治理得最好的国家，这尤其使人惊奇，是因为那些异教徒并没有神圣真理的光芒教导他们如何治理的真正办法"。

"无论用什么方式都要进入中国"。范礼安神父在沙勿略之后开始巡视东方的时候，基督教的传教事业正面临着考验。印度显然已经希望渺茫了。大莫卧儿王阿克巴尔听不懂基督教玄乎其玄的教理与虚无缥缈的福音，尤其无法接受一夫一妻制。没有耐心的耶稣会士失望地回到果阿。中国的大门紧闭着，北京仍很遥远。东方是一片神秘的沼泽。当年由《圣经》、十字军传说与《马可·波罗游记》之类的旅行故事培养起来的探险家，谁也没有想到它是如此广阔，如此深邃。那些看上去混乱昏庸、神志恍惚的印度人，也曾创作过玄奥的《吠陀》，这已是西方人无法想象的。基督教文明是一种自恋自大的文明。更没想到的是，当他们深入东方时，却遇到了一个比他们更加自恋自大的华夏文明，那里竟对神圣的福音不屑一顾。不可思议的事太多了。传教士身上除了上帝的信仰外，还有欧洲式的自命不凡，这种感觉正面临着考验，因为他们发现，中华帝国还不是病态无知的自大，这种奇特的文明中的确有某种伟大的东西，至少从外观上是这样。他们出色的德行、开明的政治与对知识的崇拜，都使人想起柏拉图描述的理想国的图景。这是一项比地理大发现更重要更深入的文明大发现，发现"中国实现了柏拉图仅仅理论上设想的事情，即，作为真正牧民者的'哲人'占统治地位"（利玛窦神父一再重复这一评价）。

"无论用什么方式都要进入中国"。越是拒绝就越是神秘，就越有吸引力。此时，在那些虔诚勇敢，志向高远的传教士的心目中，异想天开的中国传教事业朦胧之中已具有了双重意义，将神圣的天国福音从西方带到中国，再将世俗的理想国福音从中国带回西方。这是一项真正的理想事业。1577年10月，耶稣会东方巡视使范礼安神父来到澳门，重新继承沙勿略的事业。中国是可以进入的，但必须以中国人的方式。1579年7月，他前往日本巡视教务时，留了一封信给两周以后到达澳门的罗明坚神父，让他抓紧时间学习汉语。

耶稣会士将以中国的方式进入中国。

1582年底，沙勿略逝世整30年后，罗明坚神父终于接到广州制台慷慨的许可，"在肇庆建堂久住"。他们喜出望外，迈出这一步几乎是个奇迹，甚至连他们自己都不敢相信："我们曾竭力猜测制台抱着什么目的，才作出这样万难的叫我们喜出望外的事情（指这样接待他们——原注）。……我们认为说得过去的理由有：一、他在第一次接见就对罗明坚神父有好感，……除了一座铁制自鸣钟外，罗明坚送给他几具沙漏计和若干眼镜，却看见神父……并不接受回仪：银两或其他都不要。……特别是神父在禀帖中说，既以侍奉上帝和学习各种科学为业，他在国内即已知道中国人多么善良、性情温顺、爱好和平，许多礼仪和风俗习惯都优异于人，还实行许多种科学，又有大量合情合理的书籍以及正当生活的深渊（原文如此！——原注）；因而他早想前来学习它，来通过生活在这样优秀的民族中间认识中国的伟大。这就是他为什么离开本国，不惜花上三年的工夫，远渡重洋，历尽千难万险，来到中国的动机；不过，鉴于在澳门不可能达到此目的，他请求允许留在内地，生于此，死于此。这样，制台仿佛认为这种申请对于中国人从某种意义上说非常体面，……接受这样的人，把他们从野人、禽兽一般变文明、讲理性，是一大善举：他们实际上就是这样看待葡萄牙人，认为他们野蛮、没有教育、不懂礼貌礼仪。……第二个理由（促使制台接受我们的）……是看见其他官员接待我们都非常体面，虽然他们并不习惯与外国人交往，……除非是非常小心戒备而且在公开场合。……三、制台的主簿特别客气，例如在允许利玛窦来的问题上，他回答时……口气表明澳门所有的神父也可以批准。……"[1]

1582年，耶稣会士罗明坚、巴范济在广州过了中国第一个圣诞节，新年到来的时候他们启程去肇庆。"愿中国的基督保佑"，他们剃光发须，穿上和尚的长袍、一切都努力像中国人那样，罗明坚用怪声怪调的汉语对肇庆知府说："我们是僧人，事奉天帝，来自天竺国，航海四年，向慕中国政治昌明，

---

[1]〔法〕裴化行：《利玛窦神父传》，管震湖译，北京：商务印书馆，1993年版，第81—32页。

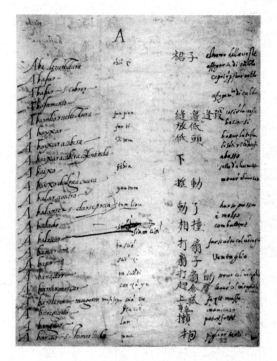

罗明坚、利玛窦、钟巴相（钟鸣仁）所编的
《葡汉辞典》手稿

愿得一块清净土，建屋造堂，不问澳门商务，终生事奉天帝。彼等自有劝慕之钱，丝毫不会麻烦府台，敢祈府台允如所请，彼等将终生感恩戴德。"[1]

建堂肇庆是耶稣会士进入中国的开始。罗明坚一到肇庆就迫不及待地写信给尚在澳门的利玛窦，让他开春就携带年前从果阿带来的自鸣钟前往广州给主簿大人拜寿。谁知利玛窦正兴冲冲地准备出发，巴范济、罗明坚却灰溜溜的回到澳门。肇庆的官员调动，他们被赶出来了。中国的官吏实在重要。决定一切的是人而不是制度。

他们越来越多地懂得什么是中国方式。最后还是从葡萄牙商人那里布施来的钱财使一个中国官吏为上帝打开了福音进入中国的大门。罗明坚与利玛窦带着自鸣钟之类的礼物再次回到肇庆，那是 1583 年 10 月。两年以后，肇庆建起了一座天主教堂——"仙花寺"。这个完全佛教化的名字是肇庆知府王泮送给他们的，他还送了一幅匾额让他们挂在堂中：题为"西方净土"。

罗明坚后来返回欧洲，在故乡的田园中安度晚年。利玛窦则深入中国，从肇庆到韶洲，从韶洲到南昌、南京，最后到北京。27 年后就死在那里，葬入北京紫禁城外二里沟一杨姓太监自建的佛寺里。30 年的"自愿流放"的生涯使他成为基督教"在华传教事业的奠基人"。他的后继者精辟地总结出他生平的成就：

---

[1] 许明龙主编：《中西文化交流先驱》，北京：东方出版社，1993 年版，第 4 页。

为了渗入中国人的心灵，

一、他把教士服换成中国士大夫服。教士服装使他混同于佛僧；和尚当时还很有势力，但士人和官吏都深予鄙弃。相反，士大夫阶层到处极受尊敬。

二、他的布道不是采取群众方式。中国人厌恶演讲大会。他进行教育都是在人人可以进入的房间里通过闲谈。

三、他使用中国典籍来证明他的基督教学说符合中国古代优秀的一切，它使士大夫中间最有学问者所发现的一切臻于完善。因此，基督教学说不是"外国的"。

四、他用纯正中文而且是高雅的文言文来写书，阐述基督教学说，而这种基督教学说的设想主要是作为一种高度的智慧，一种完美的伦理法则。

五、他运用自己的科学知识……获致士大夫、卓越科学家的美名。轻视洋人的心理为之消除。[1]

就这样，耶稣会士们穿起中国服装，带上自鸣钟、地球仪、三棱镜送给中国的官员、皇帝，对中国人说，他们不远万里来到中国，是因为仰慕中国文化的光辉。他们给中国人介绍西方地理学、数学、物理学，帮助中国人制造科学仪器与大炮，结交中国的显官名士。他们学会一口流利的汉语，读过四书五经；他们先剃光须发，把自己装扮成和尚，后来发现僧人的地位并不高尚，又蓄留须发，戴起儒士的方巾；他们学会中国人的忍耐、平和、客套，在官员面前一动不动地下跪，在迫害与苦难面前不动声色。所有这些中国化的方式都为了进入中国，将基督教传入中国。

这一次，远游的福音是否能够落户中国？

如果说圣托马斯从印度乘中国船到汗八里传教纯粹是异想天开。至少阿罗本神甫在贞观九年（公元635年）将景教传入中国，元代也里可温教（蒙

---

[1] ［法］裴化行：《利玛窦神父传》，北京：商务印书馆，1995年版，第625页。

古语称基督教）随蒙古入侵者进入中国，方济各会修士孟德·高维奴到汉八里传教，建立天主教中国教区，是有实可考的。沙勿略之后，耶稣会士进入中国，是基督教第三次进入中国。他们将以何种方式进入，又以何种方式生存呢？前两次努力的可悲结局是否会再次降临到他们头上？唐武宗禁教，在中国昌兴二百年的景教竟突然绝迹。北宋年间曾到中国旅行传教的景教徒纳奇兰回去后哀叹全中国只有他一个基督徒。1294 年到北京传教的罗马天主教修士孟德·高维奴在信中说："中国这些地区从未来过任何一个使徒或使徒的弟子"。元代天主教在北京、泉州等地都有天主教堂，景教的活动就更为广泛。1368 年元朝灭亡，这些教徒教士又跟着蒙古人亡命塞外或回返原籍。教皇此后半个世纪间派往中国的教士都下落不明了。1555 年，也是两百年后，耶稣会士巴瑞托在澳门写道："中国从来没有听到过福音和天主降世的事情。"利玛窦进入中国之后，起初也以为基督福音从未光临中国，直到那位开封的犹太人后代艾举人来访，方知道中国确有一种崇拜十字架的宗教。他在 1605年 7 月 26 日的信中道："几天以前我们才确知，过去五百年间，中国有相当数量的基督教徒……"

福音第三次进入中国，在一个具有深远文化传统的民族面前，它将再次经受考验。背井离乡的传教士可能领受到从大马士革到罗马的路上圣徒保罗的崇高感，但是否能享有他后世的辉煌呢？奇迹是否能够在历史中重现？罗明坚、利玛窦之后，许多杰出的耶稣会士来到中国。龙华民、艾儒略、庞迪我、金尼阁、汤若望、卫匡国、南怀仁、卜弥格、白晋、张诚、傅圣泽、戴进贤、郎世宁……传教点从肇庆、韶州，发展到南昌、南京、北京……南明皇室逃到华南的时候，一次就有五十多名皇室成员领洗。满清入主中国后，汤若望、南怀仁又受宠于顺治、康熙皇帝。他们用他们的知识与德行创造了中西交流的一段蜜月神话。然而，他们的贡献不可低估也不可夸大。就中国而言，他们对中国文化究竟有过什么影响或多大的影响？他们那一心向化、顺势亲善的态度是进一步滋长了中国的自大狂症，还是让中国人懂得向别人学习的道理？对西方而言，靠美德的光彩、中国化的知行方式与西洋科技吸引中国，以隐喻的方式传播福音，是否能够真正感化中国、皈依中国？或许这种中国化的方式本身已削弱了基督教文化自身的冲击力？因此，当"礼仪之争"最终爆发，雍正皇帝开始百年禁教的时候，耶稣会士一个多世纪的努力竟荡然无存。

这片土壤，是否适应于福音生长？

6. 祖先的知识一再被遗忘

如果从东汉桓帝九年大秦王安敦遣使来朝算起，到利玛窦来华也有将近1500年的历史。想当年张骞"凿空之行"、法显玄奘西游、杜环经行西亚、郑和七下西洋、汪大渊浮海万里，国人不仅漫游世界，也将世界知识带回中国，胸怀眼界，何等开阔。至少在利玛窦来华1000年前，中国人已经知道罗马帝国，知道那些通往"海西国"的道路，知道"大秦"的风土文明，不仅引为同类，而且颇有些羡慕。但中国人关于海外的知识的遗忘速度也是惊人的，远的不说，就连本朝人郑和远航，200年后也变得荒渺蹊跷，远航的事迹与所经历的国家，似乎都半真半幻，若有若无。利玛窦在北京那些年里，坊间正流行罗懋登的《三宝太监西洋记通俗演义》。碧峰长老给永乐皇帝呈上一个"经折儿"，图中画着西洋18国，长老说："西洋是个总名，其中地理疆界，一国是一国……第一国，金莲宝象国；第二国，爪哇国；第三国，女儿国；第四国，苏门答剌国；第五国，撒发国；第六国，溜山国；第七国，大葛兰国；第八国，柯枝国；第九国，小葛兰国，第十国，古俚国；第十一国，金眼国；第十二国，榜葛剌国；第十三国，木骨国；第十四国，忽鲁国；第十五国，银眼国；第十六国，阿丹国；第十七国，天方国；第十八国，邦都鬼国。"（第15回）这18国半真半幻。知识贫乏的时候，想象才活跃起来。

200年前郑和下西洋（1405–1433），远至东非与阿拉伯半岛。300年前汪大渊（1311–？），少年附舶浮海，两下东西洋，游踪广远，甚于郑和，[1]后人已不可想象，他所著的《岛夷志略》录岛夷99条，今天可以考证的也有

---

[1] 马欢随郑和出洋前就研读过《岛夷志略》，下洋经历证明了汪大渊"所著者不诬"（见《瀛涯胜览》序文）。但《瀛涯胜览》只记了20个国家地区，远不如《岛夷志略》广博。《星槎胜览》多处抄袭《岛夷志略》，记载少而零乱，更不如《瀛涯胜览》。至于《西洋番国志》，除了"行文瞻雅"一些外，内容与《瀛涯胜览》大同小异。

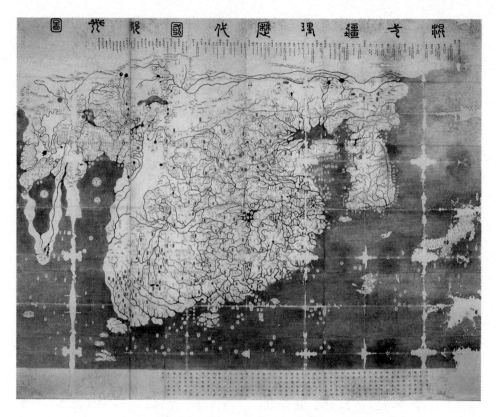

本能寺版《混一疆理历代国都之图》

53 条。[1] 郑和时代不论就航海还是世界知识，都不见比汪大渊时代有所进步。
知识也在退化。李约瑟研究中国科技史，发现 1402 年由朝鲜李荟和权近绘制
的《混一疆理历代国都之图》，是在 1330 年左右李泽民的《声教广被图》和
1370 年左右僧清浚的《混一疆理图》的基础上合成的。遗憾的是两幅中国的
地图已经失传，从留下来的朝鲜的《混一疆理历代国都之图》看，汪大渊时
代 [2] 中国人所掌握的世界地理知识非常广博，中国人的西方地理知识不仅比同
时代西方人掌握的中国地理知识多，而且还有可能比西方人掌握的西方地理
知识还多："……图中的西方部分很值得注意，其中一共有将近 100 个欧洲

---

[1]　参见冯承钧：《中国南洋交通史》，北京：商务印书馆，1937 年版，第九章，"元代之航海"。
[2]　《声教广被图》和《混一疆理图》均可能在汪大渊生前问世，汪大渊生于 1311 年，约逝于明初。

地名和 35 个非洲地名，非洲的形状很正确地画成三角形，而且三角形的尖端所指的方向也是正确的。图中非洲北部的撒哈拉，与许多中国地图（包括《广舆图》在内）上的戈壁沙漠一样，画成黑色。在亚历山大里亚所在的位置上绘上了一个塔状物，以代表亚历山大里亚的著名灯塔。地中海的轮廓画得很好，但绘图者没有把它画成黑色，这也许是因为绘图者不能肯定它是不是一个普通的海的缘故。德、法等国的国名均用音译（A-lei-man-ia 和 Fa-li-his-na），而且还绘上了亚速尔群岛。从所使用的符号来判断，朝鲜的平壤被认为是世界上两个最大的首府之一，而另一个被认为具有同等重要意义的城市则位于欧洲，从它所在的位置来看，大概是指布达佩斯。从这幅地图可以看出，绘图者所掌握的西方地理知识是相当广博的，比欧洲人当时所掌握的中国地理知识明确得多。"[1]

万历朝国人的世界知识，已经收敛到爪哇，爪哇以远若有若无，半真半幻。利玛窦到中国的时候，葡萄牙人、西班牙人到中国海岸，已经有半个多世纪，不久荷兰人也来了。这些长身高鼻、猫眼鹰嘴、拳发赤须、诡服异行的"佛郎机"或"红毛夷"，不论对沿海的百姓还是帝国的官吏皇帝，都是一个谜。他们来自何方何国，来意如何，不甚了了。书籍散佚是集体遗忘的证据。当年广博的世界地图已经不知去向，没有人关心甚至没有人相信。1275 年前后，马可·波罗到达北京的时候，北京的景教徒列班·扫马从房山"十字寺"出发，去耶路撒冷朝圣，后来又受波斯伊儿汗王之托出使欧洲，远至巴黎。遗憾的是列班·扫马用波斯文写的游记、出使报告、日记以及书信全部散佚了。[2] 元朝地图上可能出现近 100 个欧洲地名，明朝人却基本上不知道欧洲何处。

利玛窦神父没有赶上中国人胸怀世界的时代。万历年间，他到中国；发现中国人想象的中国那么大，几乎容不下世界，想象的世界又那么小，几乎容不下西方。大明皇朝际天极地，帝国之外，不是蛮荒大漠，就是凶险的海洋，

---

[1] [英]李约瑟：《中国科学技术史》第 5 卷，"地学"，第 1 分册，第 154—155 页。在第 155 页注释中李约瑟指出，"无论是伊德里西或是伊本·赫勒敦（Ibn Khaldun），都没有提到亚速尔群岛；而在朝鲜的这幅 1402 年的世界地图中却绘上了亚速尔群岛，这是很不寻常的，因为亚速尔群岛直到 1394 以后才被葡萄牙人再次发现，而且直到 1430 年才为大家所周知。"

[2] 参见周宁：《中国的马可·波罗——列班·扫马西行研究》，见《国际汉学》，第九辑，郑州：大象出版社，2003 年版。

叙利亚文本《宗主教马·雅伯拉哈和列班·扫马传》一页

几个鸡零狗碎的小岛，加起来不如帝国的一个省大。中国人的这种自我感觉，让利玛窦神父伤透脑筋。中国人不了解世界，怎么了解世界中的西方，不了解西方，怎么能了解西方的基督教，还有他，这个泰西和尚……利玛窦到京师，自称大西洋人，礼部上书称，大明会典记载到西洋琐里国，并无大西洋国，利玛窦其人可疑，其国也"真伪不可知"。

利玛窦最初到中国，在肇庆教堂接待室的正面墙壁上，挂起了欧洲绘制的世界地图，世界有五大洲，中国是亚细亚洲的一部分，并非像中国人想象的那样，是世界的全部或"天下"。中国人对外部世界的轻蔑与恐惧交织在一起，是一种复杂的民族心理。神父用心良苦，他想用地图改变中国人心中那种无知的自大与莫名的恐惧。"就国家的伟大、政治制度和学术的名气而论，他们不仅把所有的别的民族都看成是野蛮人，而且看成是没有理性的动物。他们看来，世上没有其他地方的国王、朝代或文化是值得夸耀的。这种无知使他们越骄傲，则一旦真相大白，他们就越自卑……另有一个结果也同样重要。他们在地图上看到欧洲和中国之间隔着几乎无数的海洋陆地，这种认识减轻了我们到来所造成的恐惧。为什么要害怕一个天生离他们那样遥远的民族呢……"[1]

利玛窦和他的同道们继续传播他们的地图，介绍天下有五大洲，亚细亚、欧罗巴、利未亚、亚墨利加、墨瓦腊泥加，希望能够改变中国人的世界观念与欧洲人的看法。徐光启在南京见过赵可怀、吴中明进士刻印的《山海舆地图》，李之藻与友人造访利玛窦时，也见到他悬挂在堂前的"大地全图"。神父感到欣慰，不仅一些有知识的中国人开始接受他的《山海舆地图》，对欧洲文教制度有好感，万历皇帝传旨将大西洋和尚利玛窦献的万国全图印在宫里的屏风上。利玛窦1610年在北京过世，13年后，艾儒略神父在杨廷筠协助下编成《职方外记》，卷首"五大洲总图界度解"之后分五卷，亚细亚总说、欧逻巴总说、利未亚总说、亚墨利加总说和四海总说，其中欧逻巴总说对欧洲的介绍尤其详细。艾儒略还是感觉书不尽言，1637年又出《西学问答》，进一步解答了有关西方风土人情的40多个问题，对方域、列国、饮食、衣服、宫室、制度、立学、设官、宗教、政形、武备等方面都有生动的描绘。国朝总算有人明白，如谢肇淛《五杂俎》所言："天主国，更在佛国之西，其人通文理，儒雅与中国无别。"[2]

但是，毕竟明白的人太少。利玛窦、艾儒略、毕方济、南怀仁，由明入清，百年间编制坤舆万国全图，金尼阁来中国，带来了七千多部图书，其中大量介绍欧洲，从山川风俗，到政教、军事、物产、技艺各个方面，一应具备。但国朝很少人知道，更少人相信。张维华指出："明人于欧西地理始终不明，而于西士所言及其著述，亦始终疑为伪妄。"[3]创修于顺治二年（1645年）的《明史》中，表述的欧洲国家观念，仍一片混乱。葡萄牙、西班牙、荷兰都被误

---

[1]　[意]利玛窦、金尼阁：《利玛窦中国札记》上，何高济等译，北京：中华书局，1983年版，第181页。
[2]　谢肇淛：《五杂俎》，卷4，《地部2》，北京：中华书局，1996年版。
[3]　张维华：《明史欧洲四国传注释》，上海：上海古籍出版社，1982年版，第131页。

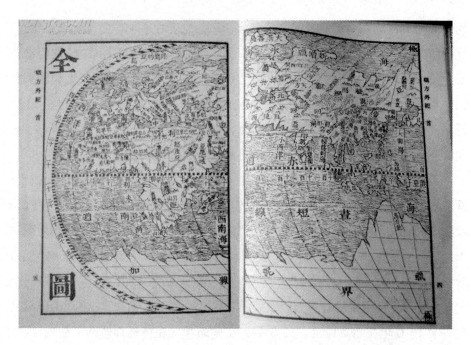

民国 25 年上海商务印书馆影印出版的《职方外纪》中的世界地图

当作南洋国家，近满剌加、吕宋或爪哇，虽然听说意大利在大西洋，但不相信利玛窦的万国全图与五大洲之说，评价"其说荒渺莫考"，"其所言风俗、物产多夸。"。顾炎武算当时饱学之士，《天下郡国利病书》写佛郎机，也不外是流行套话："佛郎机国在爪哇南，古无可考……素不通中国……略买食小儿，烹而食之。"[1]

　　传教士们煞费苦心，国人们不是不闻不问，就是将信将疑。当然，将信将疑者还算是温和，激烈者已开始大加讨伐。"外夷"所传，不可尽信，甚至尽不可信。魏浚在《利说荒唐惑世》一文中说："利玛窦以其邪说惑众，士大夫翕然信之。……所著《坤舆全国》洸洋窅渺，直欺人以其目之所不能见，足之所不能至，无可按验也。真所谓画工之画鬼魅也。……中国当居正中，而图置稍西，全属无谓。……焉得谓中国如此蕞尔，而居于图之近北？其肆

[1] 顾炎武：《天下郡国利病书》，册 33："交趾西南夷"，第 47—48 页，见"四部丛刊三编"史部，上海：上海书店 1985 年影印本。

无忌若此？！"[1] 明清之际，中国并不是没有获得世界知识的条件，而是没有接受世界知识的心态。

往事已经忘却，大秦或拂菻，早成为无稽之谈；新知依旧漠然，欧罗巴或大西洋国，妖妄怪诞，说了也没人相信。就连徐光启那一代人的西学知识，也很快被遗忘了。只有那些迷山蹈海、诡诈莫测、杀人掠物、烹食小儿的番鬼红夷的形象，定格在中国人的记忆与想象中。葡萄牙人西班牙人来了，被称为佛郎机，荷兰人来了，被称为红毛夷或红毛番，英国人又来了，也分不清究竟是荷兰人还是英国人，总之一头红发，便是红毛番夷。英国人在1638年到中国海岸，1717年广东碣石总兵陈昂的奏折上才提到一个"英圭黎"，与荷兰难分别，都属于"红毛"。[2] 同时有台湾知县蓝鼎元《粤夷论》道："红毛乃西岛番总名，中有荷兰、佛兰西、大西洋、小西洋、英圭黎、干丝腊诸国，皆凶狡异常……"[3] 有关西方的观念，还是那么乱七八糟。

清代绘制的《进贡图》

---

[1]《圣朝破邪集》卷3；转引自张维华：《明史欧洲四国传注释》，上海：上海古籍出版社，1982年版，第130页。

[2] 广东碣石总兵陈昂奏曰："臣遍观海外诸国，皆奉正朔，惟红毛一种奸宄莫测，中有英圭黎诸国，种族虽分，声气则一，请饬督抚关部诸臣设法防范。"《清朝文献通考 四夷考六》卷二百九十八，杭州：浙江古籍出版社，1988年影印本。

[3]《香山县志》杨光荣修、陈澧纂，卷八，"海防"第22—23页。

知识变成荒渺莫考的传说时，真正荒渺莫考的传说也可能变成人们信奉的知识。荷兰、佛兰西、英圭黎、干丝腊诸国，尚有国可考，但大西洋、小西洋，又是何国何处？《大清一统志》于乾隆八年（1743）成书，书中所论西洋，一塌糊涂，西洋国可在印度洋附近，也可在西南大海中，佛郎机、荷兰与苏门答腊、爪哇相邻。45 年后，乾隆五十四年，和绅等奉旨编修的《钦定大清一统志》完成，外国都被列为朝贡国，西方国家有荷兰、西洋、俄罗斯、西洋锁里、佛郎机等，地理方位、人文制度，一样的混乱模糊。利玛窦、艾儒略、徐光启、杨廷筠的努力全白费了。乾隆三十二年（1767），纪晓岚等校订《清朝文献通考》，《四夷考》中还在批判《职方外记》"所言未免夸张"，五洲之说"语涉诞诳"。更有甚者，时人平步青愤愤不平，认为明人甘受利玛窦之流奸佞小人的侮慢蒙骗而不自觉。利玛窦将欧洲译为"欧逻巴"，用字就有夸大之嫌，而将将亚洲译为"亚细亚"，用心更为险恶，"亚"者，有"次"、"丑"、"细"、"微"等意，见《尔雅》、《说文》等，分明是在侮辱国人。[1]

最大的侮辱还在将来，当凶狡奸宄的红毛打破国门的时候。鸦片战争失败了，道光皇帝才想起让人打听清楚英国到底在什么地方。可就在他的皇宫中，就有一百多年前传教士为他祖父康熙皇帝绘制的《坤舆全图》，其中清楚地标明英国的所在位置与远来中国的航线。受道光皇帝旨意去询问鸦片战争中被俘的英国士兵英国与俄罗斯距离中国远近的姚莹也发现，利玛窦、艾儒略、南怀仁所刻万国坤舆图将海陆诸国何者接壤、孰为东西、相距远近等标示得已经非常清楚。[2]

7．华夷天下的观念秩序将我们保护起来

中国并不是没有了解西方的机会与条件，而是没有了解西方的动机与心态。明季西方人大批来到中国之后，中国人也开始零星地到西方去了。1681年底，一位名叫周美爷（闽南话：Tsiu Bi-ya）的华人医生，随荷兰驻巴达

---

[1] 相关论述见邹振环：《晚清西方地理学在中国》，上海：上海古籍出版社，2000 年，第 9—50 页。

[2] 参见《康輶纪行》卷五，第 1 页。

维亚总督高恩（Rijklof van Goens）至荷兰，一年以后返回巴达维亚。1702年10月，福建莆田人黄嘉略随梁弘仁神父到欧洲，10月中旬到伦敦，月底到巴黎，又转赴罗马晋见教皇。他在巴黎生活了14年，娶了法国妻子，编就了一部《汉语法》，最后死在巴黎（1716年）。这些人去欧洲，在中国没有任何影响。就现在所知，去西方的中国人最早留下记录的是山西人樊守义（1682—1735）。他从少年时代就是虔诚的基督教徒。1707年随艾若瑟（Jos Anti Provana，1692-1720年）从澳门出发，到了欧洲和美洲。1719年从葡萄牙启程，1720年回到广州，写成了《身见录》一书，记述他这十余年在欧美的见闻。遗憾这部书并未刊行。从1720年到1820年杨炳南根据谢清高遍游海外诸国的经历编成《海录》，又一百年过去了。西方人越来越多，国人了解西方的机会也越来越多，西方文明的种种优势，也越来越明显，但在社会一般观念中，西方形象依旧是那般模糊怪诞。有了解西方的机会与条件，但没有了解西方的动机与心态。这不是一个简单的知识问题，而是文化形态问题。

国人的西方形象中包含着三方面的内容：1、国人有关西方的知识与想象，2、国人在表述西方时隐喻的自我认同与世界观念，3、对国朝与西方的现实关系的确认。这三个方面的内容是相互关联、互为诠释的。国人的西方想象夹杂着知识与形象，而且想象的成分远远大于知识。海国荒远、交通稀少，可以解释想象侵蚀知识的原因，但交通改善、交往增加，却并不一定及时改变国人的西方形象结构。这样，问题就已经不是一个纯粹的知识问题，而涉及到文化价值。西方形象出现在国人的世界观念中，意义不单是证明一个海外国家，还在证明中华帝国的自我身份认同，证明中华帝国关于自我与他者、内与外、中心与荒远、文明与野蛮的观念秩序。

国人心目中的西方想象，重要的往往不是表述一个异域文明，而是证明该异域在本土视野内特定世界观念秩序中的意义与功能。自先秦九州之说开始，国人就形成了自己的一套"世界观"，这种世界观念首先是以内外文野区别确立秩序的。天下九州，中国只占一洲，所谓赤县神州。神州为"海内"，其他为"海外"，海内以天子为中心，五服（甸服、侯服、绥服、要服、荒服）依次向外延伸，由文明而野蛮、由高雅而低劣，尽管中国历史上异族入侵与征服一再打破这种形象的秩序，但每一次现实的挫折，都更加强化国人关于这种世界秩序的想象与信仰的强度。蒙元入侵之后，明代的华夏中心主义优越感比历史上任何时候都强，满清征服之后，国人的华夷之防心态越发敏感顽固。因为这种内外等级的世界秩序，直接关切自身文化的合法性问题。中国之外有四夷，中国恩威、四夷宾服。西方出现在四夷之外，对国人的现实与观念秩序，都是一种冲击。国朝朝贡典录中，没有这些国家，他们在知识之外；这些国家横行海上、威胁内陆，在帝国的权力之外。在观念上，我们发现，晚明清初国人对西方的心理有拒绝与归纳两种倾向，拒绝是有意识或无意识地否认佛郎机或红毛夷或西洋国是现实中的国家，将其鬼化或妖魔化；归纳是试图将晚近出现的西方国家纳入南洋朝贡国家系列内，坚持佛郎机或红毛夷近满剌加或爪哇，西班牙与菲律宾是大吕宋与小吕宋。这是一种细微而耐琢磨的文化心态。拒绝与归纳都可以维护既定文化观念中的世界秩序。

想象的国际关系

有了解西方的机会与条件，但没有了解西方的动机与心态。这不是一个简单的知识问题，而是社会文化问题。塑造一个荒远、模糊、怪诞、诡异、危险、低劣、野蛮的西方形象，可以维护国朝人士的世界观念，更重要的是维持这种世界观念秩序中的自我身份认同，尤其是在这种认同出现危机的时刻。将日见强大的西方妖魔化为一个诡异低劣的他者，不但可以证明天朝上国中正文雅，避免西方出现造成的天朝文化身份认同危机，还可以将这种危机的声音压制遮蔽起来，所谓"戒世人侈谈异域"，如果是人伦社会，尚可以探究，而鬼蜮魔窟，就不应多语了。

国人心目中的西方想象，关键还在从文化上确认、缓解、超越国朝与西方紧张的现实关系。西方扩张势力到中国，犯边扰民，首先是他们的贸易与传教事业冲击中国原有的国家与世界秩序，然后是政治与军事势力与经济文化力量结合以来，冲垮中华帝国的内外防线。对于这种危险的现实关系，国人的西方形象有一种压抑、排斥与缓解的文化功能。强调其荒远模糊，可以在无意识中远离威胁，使威胁变得似是而非，从而减少压力；渲染其怪诞诡异，既可以排斥为异类，又可以从中获得一种优越感，使外来的威胁与自身对这种威胁无可奈何的尴尬都变得可以接受，毕竟是一些不在人伦、不通情理的番鬼红夷，不可一般见识；贬低其文化低劣野蛮，可以从失败与无奈中解脱出来，巩固或重获其文化自信。往往是西方的侵扰冲击越激烈，国人关于西方野蛮的想象与传说就越活跃。国人的西方想象在特定国际关系背景下具有文化减压的功能。我们注意到，在国朝历史上，西方越是表露其强大，它在国人想象的文化秩序中，形象就越是野蛮低劣。

"总要有一点点秩序，将我们保护起来，躲开混乱。最令人痛苦的莫过于某种事物难以捉摸，某种观念稍纵即逝，或遁于无形，或没有遗忘，或陷于我们不再能够把握的他者……"[1] 德鲁兹（Deleuze）与加塔利（Guattari）在谈到观念秩序的意义时这样说。西方人出现在帝制时代晚期的中国文化视野内，冲击了华夏天下的观念秩序，该秩序内在的协调机制迅速反应，或者将西方纳入其藩属贡纳体系中，或者将其排斥到鬼国魔域，在观念中抹杀其现实性。从汉唐到明清，中国的西方形象中，除了知识的退化之外，另一点最值得注意的特征就是，汉唐文化中的西方形象，强调的是其共同人性的一

---

[1] Deleuze and Guattari, *What is Philosophy?* .Trans. By Hugh Tomlinson and Graham Burchell, Columbia University press, New York, 1994, P201-202.

面，大秦有类中国；而明清文化中的西方形象，强调的是其不同于人性的一面，番夷甚至鬼魔。在中华帝国晚期的文化心态中，西方形象是一个被压抑被置换表现的他者，有关西方的表述，都是一种意识形态[1]，它在不同文本中构筑同一种西方形象，它们的价值不是认识或再现西方的现实，而是构筑一种天朝文化的世界观念秩序中必要的关于"外番"的意义，国朝文化从中既可以"把握"西方，又可以认同自我。

一、佛郎机的狰狞面目

1. 明代中国所说的佛郎机，指葡萄牙人或西班牙人，此处专指葡萄牙人。他们剽劫行旅，烹食小儿，掠买良民、筑室立寨，打算久居不去，而且还派使者进京献贡，那是 1518 年……

佛郎机，近满剌加。正德中，据满剌加地，逐其王。十三年遣使臣加必丹末等贡方物，请封，始知其名。诏给方物之直，遣还。其人久留不去，剽劫行旅，至掠小儿为食。已而夤缘镇守中贵，许入京。武宗南巡，其使火者亚三因江彬侍帝左右。帝时学其语以为戏。其留怀远驿者，益掠买良民，筑室立寨，为久居计。

2. 佛郎机人凶残狡诈，侵夺邻邦，为害海上，扰乱内地。

十五年，御史邱道隆言："满剌加乃敕封之国，而佛郎机敢并之，且啗我以利，邀求封贡，决不可许。宜却其使臣，明示顺逆，令还满剌加疆土，方许朝贡。倘执迷不悛，必檄告诸蕃，声罪致讨。"御史何鳌言："佛郎机最凶狡，兵械较诸蕃独精。前岁驾大舶突入广东会城，炮声殷地。留驿者违

---

[1] 阿尔杜塞研究意识形态的意义时使用"想象"（imaginary）以避免传统的认识论的真假之分，他说意识形态是"表现系统包括概念、思想、神话或形象，人们在其中感受他们与现实存在的想象关系"。参见 Louis Althusser and Etienne Balibar, *Reading 'Capital'*, Trans Ben Brewster, London: Verso, 1979, "Introduction".

制交通，入都者桀骜争长。今听其往来贸易，势必争斗杀伤，南方之祸殆无纪极。祖宗朝贡有定期，防有常制，故来者不多。近因布政吴廷举谓缺上供香物，不问何年，来即取货。致番舶不绝于海澨，蛮人杂沓於州城。禁防既疏，水道益熟。此佛郎机所以乘机突至也。乞悉驱在澳番舶及番人潜居者，禁私通，严守备，庶一方获安。"疏下礼部，言："道隆先宰顺德，鳌即顺德人，故深晰利害。宜俟满剌加使臣至，廷诘佛郎机侵夺邻邦，扰乱内地之罪，奏请处置。其他悉如御史言。"报可。

3．佛郎机使者亚三被杀，皇帝拒绝佛郎机的朝贡。

亚三恃帝骄甚。从驾入都，居会同馆。见提督主事梁焯，不屈膝。焯怒，挞之。彬大诟曰："彼尝与天子嬉戏，肯跪汝小官邪？"明年，武宗崩，亚三下吏。自言本华人，为番人所使，乃伏法。绝其朝贡。其年七月，又以接济朝使为词，携土物求市。守臣请抽分如故事，诏复拒之。其将别都卢既以巨炮利兵肆掠满剌加诸国，横行海上。复率其属疏世利等驾五舟，击破巴西国。

4．官军破佛郎机贼寇，缴获番船番炮。副使汪鋐上书奏请引进佛郎机火炮，装备大明帝国边防，可惜边防将士们不会使用。中国发明火药，远播西方后制成火炮，再传入中国时，中国人自己竟不会使用，彼一时，此一时。

嘉靖二年遂寇新会之西草湾，指挥柯荣、百户王应恩御之。转战至稍州，向化人潘丁苟先登，众齐进，生擒别都卢、疏世利等四十二人，斩首三十五级，获其二舟。余贼复率三舟按战。应恩阵亡，贼亦败遁。官军得其炮，即名为佛郎机，副使汪鋐进之朝。九年秋，鋐累官右都御史，上言："今塞上墩台城堡未尝不设，乃寇来辄遭蹂躏者，盖墩台止瞭望，城堡又无制远之具，故往往受困。当用臣所进佛郎机，其小止二十斤以下，远可六百步者，则用之墩台。每墩用其一，以三人守之。其大至七十斤以上，远可五六里者，则用之城堡。每堡用其三，以十人守之。五里一墩，十里一堡，大小相依，远近相应，寇将无所容足，可坐收不战之功。"帝悦，即从之。火炮之有佛郎机自此始。然将士不善用，迄莫能制寇也。

5. 禁海或市番，明人左右为难。有利有祸，时抚时剿，转眼间 50 年。佛郎机人往来不绝，中国沿海商人趋之若鹜。1566 年他们自称蒲都丽家人出使大明帝国，大明朝臣自以为识破佛郎机贡使假冒蒲都丽家的骗局。实际上蒲都丽家才是葡萄牙人的准确汉译名称。番商或夷贼闯入中国半个世纪了，中国官方还弄不清楚他们的国家概况。于此可见一个民族的闭塞与无知。西班牙人占领吕宋，中国似乎也算到葡萄牙头上，许多烦恼似乎都是由无知造成的，广东总督说，边境有夷人，犹如背上长了疽疮……

初，广东文武官月俸多以番货代，至是货至者寡，有议复许佛郎机通市者。给事中王希文力争，乃定令，诸番贡不以时及勘合差失者，悉行禁止，由是番舶几绝。巡抚林富上言："粤中公私诸费多资商税，番舶不至，则公私皆窘。今许佛郎机互市有四利。祖宗时诸番常贡外，原有抽分之法，稍取其余，足供御用，利一。两粤比岁用兵，库藏耗竭，籍以充军饷，备不虞，利二。粤西素仰给粤东，小有征发，即措办不前，若番舶流通，则上下交济，利三。小民以懋迁为生，持一钱之货，即得辗转贩易，衣食其中，利四。助国裕民，两有所赖，此因民之利而利之，非开利孔为民梯祸也。"从之。自是佛郎机得入香山澳为市，而其徒又越境商于福建，往来不绝。

至二十六年，朱纨为巡抚，严禁通番。其人无所获利，则整众犯漳州之月港、浯屿。副使柯乔等御却之。二十八年又犯诏安。官军迎击于走马溪，生擒贼首李光头等九十六人，余遁去。纨用便宜斩之，怨纨者御史陈九德遂劾其专擅。帝遣给事中杜汝祯往验，言此满剌加商人，岁招海滨无赖之徒，往来鬻贩，无僭号流劫事，纨擅自行诛，诚如御史所劾。纨遂被逮，自杀。盖不知满剌加即佛郎机也。

自纨死，海禁复弛，佛郎帆遂纵横海上无所忌。而其市香山澳、壕镜者，至筑室建城，雄踞海畔，若一国然。将吏不肖者反视为外府矣。壕镜在香山县南虎跳门外。先是，暹罗、占城、爪哇、琉球、浡泥诸国互市，俱在广州，设市舶司领之。正德时，移于高州之电白县。嘉靖十四年，指挥黄庆纳贿，请于上官，移之壕镜，岁输课二万金，佛郎机遂得混入。高栋飞甍，栉比相望，闽、粤商人趋之若鹜。久之，其来益众。诸国人畏而避之，遂专为所据。四十四年伪称满剌加入贡。已，改称都蒲丽家。守臣以闻，下部议，言必佛郎机假托，乃却之。

万历中，破灭吕宋，尽擅闽、粤海上之利，势益炽。至三十四年，又于隔水青州建寺，高六七丈，闳敞奇闶，非中国所有。知县张大猷请毁其高埔，不果。明年，番禺举人卢廷龙会试入都，请尽逐澳中诸番，出居浪白外海，还我壕镜故地，当事不能用。番人既筑城，聚海外杂番，广通贸易，至万余人。吏其土者，皆畏惧莫敢诘，甚有利其宝货，佯禁而阴许之者。总督戴耀在事十三年，养成其患。番人又潜匿倭贼，敌杀官军。四十二年，总督张鸣冈檄番人驱倭出海，因上言："粤之有澳夷，犹疽之在背也。澳之有倭贼，犹虎之傅翼也。今一旦驱斥，不费一矢，此圣天子威德所致。惟是倭去而番尚存，有谓宜剿除者，有谓宜移之浪白外洋就船贸易者，顾兵难轻动。而壕镜在香山内地，官军环海而守，彼日食所需，咸仰于我，一怀异志，我即致其死命。若移之外洋，则巨海茫茫，奸宄安诘？制御安施？似不如申明约束，内不许一奸阑出，外不许一倭阑入，无启衅，无弛防，相安无患之为愈也。"部议从之。居三年，设参将于中路雍陌营，调千人戍之，防御渐密。天启元年，守臣虑其终为患，遣监司冯从龙等毁其所筑青州城，番亦不敢拒。

6. 佛郎机人来自大西洋，身段相貌都像一千多年前的黎轩人。他们好经商，守信义，曾信佛教，后改宗天主。他们来中国，本是谋求贸易的，并无恶意。明朝疑虑过甚，捕风捉影……

其时，大西洋人来中国，亦居此澳。盖番人本求市易，初无不轨谋，中朝疑之过甚，迄不许其朝贡，又无力以制之，故议者纷然。然终明之世，此番固未尝为变也。其人长身高鼻，猫睛鹰嘴，拳发赤须，好经商，恃强凌轹诸国，无所不往。后又称干系腊国，所产多犀象珠贝，衣服华洁，贵者冠，贱者笠，见尊长辄去之。初奉佛教，后奉天主教。市易但伸指示数，虽累千金不立约契，有事指天为誓，不相负。自灭满剌加、巴西、吕宋三国，海外诸藩无敢与抗者。

（《明史·佛郎机传》）

译文：

16世纪初横行印度洋的葡萄牙舰队，1521年的绘画作品。

　　佛郎机（明人对葡萄牙人与西班牙人的通称，本传专指葡萄牙）靠近满剌加（即马六甲）。明武宗正德年间，佛郎机人占据马六甲，将其国王逐走。正德十三年，又派遣使臣加必丹末等携带贡礼来华，请求封赏，明人方知佛郎机其名。消息传至京中，武宗下令付给使臣们与其贡礼相当的钱物，遣其归还。但佛郎机人久留广州一带不愿离去，并劫夺财货，掠卖人口，甚至烹食附近幼儿。其后佛郎机人因讨好某宦官得利，被准允进京。武帝南巡时，佛郎机之使臣火者亚三贿赂宠臣江彬，得以侍奉君侧，武帝常以学其语言为游戏。至于那些留在广州怀远驿的佛郎机人，则掠卖良民不加收敛，甚至筑屋围寨，作长居此地的打算。

正德十五年，御史邱道隆进言："满剌加是我朝的封国，而佛郎机竟占领它，并诱我朝以私利，想求得封赏，陛下决不能答应。应赶走佛郎机使臣，晓以我朝之大义，令其归还满剌加领土，之后方准允其朝见进贡；倘若佛郎机人执迷不悟，恶性不改，我朝应发文告所属诸蕃，声讨其罪行。"御史何鳌也进言："佛郎机人凶残狡诈，所携兵器又比其他蕃族精良。前年，他们驾着大船，直逼广东会城，炮声举城皆闻。那些留在怀远驿的佛郎机人违背我朝规定，进行买卖交易，而侥幸进京的，又桀骜不驯，意欲争宠。今若听任其往来贸易，则势必引起争斗，导致伤亡，南方的灾祸，也许就没有止境了。我朝历来对诸蕃的朝贡有时间上的规定，海防也有一定的制度，所以前来朝见进贡的外蕃不多。近来因为布政使吴廷举说上供的香物缺乏，遂不按规定时间，外蕃来，便纳其贡物，以至于番船在沿海一带络绎不绝，番人竞相出没于各州城。海防既已疏漏不禁，番人又熟稔于沿海水路，这就是佛郎机乘机侵入的原因。请陛下降旨，将滞留于广东沿海的番船及非法居住的番人全部逐出境外，禁止与番人私下往来，加强沿海守备，以求一方安定。"奏疏送到礼部，礼部议道："邱道隆曾为顺德县令，何鳌又恰为顺德县人，所以深知其中的利害。应等满剌加使臣入朝，谴责佛郎机侵夺邻邦、扰乱内地的罪过，再奏请朝廷处置；其他有关事宜则均按御史意见处理。"武宗对此表示同意。

佛郎机使者亚三因得侍武宗左右而骄横，武宗南巡后回京，他也随驾入都，暂居四夷馆。见到提督主事梁焯，亚三拒不下跪。梁焯大怒，鞭打他。江彬知道后，大骂梁焯道："他曾和天子一道游戏，正在得意时，能向你这样一个小官下跪吗？"第二年，武宗驾崩，亚三被下到吏部审讯。他声称自己本是华人，被番人利用，于是伏法被诛。由此断绝佛郎机朝贡之路。同年七月，佛郎机又以接济使臣衣粮为名，携带土产贡物请求交易。广东守臣奏报朝廷，建议按旧例抽分，朝廷下令拒之不纳。佛郎机大将别都卢在以巨炮利兵肆掠满剌加诸国之后，一直横行海上；其后又率属将疏世利等驾船五艘，击破巴西国。

明世宗嘉靖二年，佛郎机人入侵广东新会县西草湾。备倭指挥柯荣、百户王应恩率军抵御。双方转战至稍州地带，向化人潘丁苟率先登上敌船，其余兵将紧随在后，生擒别都卢、疏世利等佛郎机人四十二名，斩首三十五级，缴获船只二艘。其余贼寇又率船三艘反扑，两军交锋时王应恩阵亡，贼寇也战败逃走。官军缴获了他们的大炮，即命名为佛郎机，副使汪鋐将它送至京城。嘉靖九年秋天，汪鋐进宫为右都御史，他向朝廷建议："如今边塞上都设置了墩台城堡，然而敌寇一来就遭到破坏，这是因为墩台只作瞭望之用，城堡上又没有制远的武器，所以官军往往受困。应当使用我所进献的佛郎机炮，这种炮小的不足二十斤重，但射程可达六百步远，可用于墩台，每个墩台用一门，派三人看守；该炮大的重达七十斤以上，射程有五六里远，可用于城堡。每座城堡放置三门，派十人看守。五里建一墩台，十里设一城堡，大小相依，远近相应，敌寇若来，将无处藏身，这样，官军就可坐收不战之功了。"世宗大喜，采纳了他的意见。佛郎机炮传入中国即从此始，但将士们不善使用，所以迄今未能用它克敌制胜。

当初，广东文武官员每月的俸禄，多以番货充代，现在番货来得少了，便有人建议恢复与佛郎机的通市贸易。给事中王希文力争不可，于是朝廷下令，凡诸蕃进贡不按规定时间及不符合要求的，一律禁止。由此蕃船几乎绝迹。巡抚林富进言："广东的公私诸种费用，多靠商税，番船不来，公私费用两乏。今若允许佛郎机互市贸易，将有四利：过去，在诸蕃的常贡之外，有抽成之法，只要略取少量，便足以供皇宫使用，此利一；两粤连年用兵，以至库藏耗竭，若用商税充军饷，可备不测，此利二；粤西财用素来依靠粤东，朝廷小有征发，便难以筹足。若准允番船进行贸易，则上下财困均可解决，此利三；今广东百姓多以行商为生，小有资本便能辗转贩卖，其衣食所需均从中获得，此利四。允许番船前来贸易，利国利民，这是顺应百姓的需要并为之造福，而非仅为图利降祸于民。"世宗同意了他的意见。从此佛郎机人得以在香山澳（即澳门）一带从事贸易活动，他们甚至贩货到福建，往来两省，络绎不绝。

到嘉靖二十六年，朱纨任浙江巡抚，下令严禁与番人通商。佛郎机人无所获利，便聚众侵入漳州的月港和浯屿。副使柯乔率官军抵御。二十八年，佛郎机又侵犯诏安，官军在走马溪与之对抗，生擒贼首李光头等九十六人，其余贼寇逃散。朱纨未经审讯，便将俘虏处斩。御史陈九德与朱纨素有摩擦，遂以此为由弹劾他独断专行。世宗派给事中杜汝祯前往调查，回报说那些俘虏系满剌加商人，每年召集我沿海一带无业游民，往来贩卖商货，并无借佛郎机名打劫之事，而朱纨却擅自将他们处死，御史的弹劾确凿有据。于是朱纨被逮捕，不久自杀身亡。他们不知道，其实满剌加就是佛郎机。

朱纨死后，海禁又松弛，佛郎机人横行海上无所顾忌。那些在香山澳、壕镜一带作买卖的商人，甚至筑屋建城，雄踞于广东沿海，俨然一独立小国。华人将吏不顺从者，反被视为外族。壕镜在香山县南虎跳门外。从前，暹罗（今泰国）、占城（今越南）、爪哇、琉球（台湾）、浡泥等国互通贸易，都集中在广州，我朝亦在此设市舶司统领各国贸易。正德年间，将市舶司转移到高州的电白县。嘉靖十四年，指挥黄庆受贿，请求上级准允移市舶司于壕镜，每年上税白银二万两，佛郎机人乘此机会混入。他们住的是高楼，屋角飞檐，一栋挨着一栋，福建、广东两省商人趋之若鹜。久而久之，佛郎机人数增多，势力更大，各国商人敬而远之，壕镜便逐渐被佛郎机所占据。嘉靖四十四年，他们伪称满剌加进贡，后来又改名蒲都丽家。广东守臣报知朝廷，礼部议后，认为这必定是佛郎机假托之名，于是拒绝不纳。

明神宗万历年间，佛郎机攻下吕宋（即今菲律宾），从此尽占闽、粤海上之利，气势更加嚣张。万历三十四年，他们又在一水之隔的青州修建寺庙，高达六七丈，宽敞宏伟且神秘，为中国寺庙所不能比。知县张大猷请求朝廷准许毁其庙墙，但没有结果。次年，番禺举人卢廷龙进京参加会试，他上书请求尽逐澳门各蕃商，令其居住在浪白外海，以归还我壕镜国土，他的意见未被采纳。佛郎机建城之后，又聚集海外各番，扩大贸易流通，多达万余人。管理该地的官吏，都对之畏惧不敢加以指责；更有甚者，收受了佛郎机人的贿赂，对其行为表面禁止而背地里许可。总督戴耀在任十三年，养成其患。佛郎机人还暗藏倭寇，与官军为敌，常有杀伤。万历四十二年，总督张鸣冈发文遍告佛郎机人，令其将倭寇驱逐出海，并上书道："广东澳门有夷人，犹如人背上长了疽疮；澳门有倭寇，犹如老虎添翼。如今一旦驱贼出境，不费一箭，这是天子神威和德行的力量所致。只是倭寇被逐去但番商尚在，有人说应当剿除，也有人说应当将他们移到浪白外洋，令其在船上进行贸易，可是军队难以轻易调动。而壕镜在香山县内，官军只要沿海包围起来，番人日常所需食物等，都得依靠我们。这样，他们一怀异志，我们便可制其于死地。倘若将他们移到外洋，大海茫茫，奸徒从何查问，抵御措施如何实行？倒不如反复强调约束之法，不许任何番商擅自出城，也不准任何倭寇擅自进入，国人不挑起争端，也不放松防守，彼此相安无患。"奏书送到礼部，议后准行。三年后，朝廷在中路雍陌营设参将府，调千名兵士戍守，防备逐渐严密。明熹宗天启元年，守臣担心佛郎机终究是个祸患，便派遣监司冯从龙等摧毁他们所筑的青州城，佛郎机人也不敢抗拒。

葡萄牙水手使用航海仪器

当时，大西洋人（即欧洲人）来中国，都居住在香山澳。佛郎机前来，原为发展贸易，起初并无不轨之阴谋，明朝疑之过度，最后竟不许其上朝进贡，但又没有能力完全制服他们，所以举朝议论纷纷。而直至明朝覆没，佛郎机也没有造成大侵害。这些番人身长、鼻高、猫眼、鹰嘴、卷发、赤须，喜好经商，依恃强大欺凌别国，无处不到。佛郎机后又改称干系腊国（Castilla 的译音），其国富饶，所产多犀角、象牙、珠贝。他们穿的衣服华丽整洁，高贵者戴帽，低贱者戴笠，面见尊长时撤去。他们起初信奉佛教，后改信天主教。做买卖时，他们伸出指头表示价格，即使累计千金也不立契约；遇到事情则指天发誓，彼此不相负。佛郎机自从攻下满剌加、巴西、吕宋三国之后，海外各蕃族没有敢与之对抗的。

——《明史·佛郎机传》

7. 西班牙殖民者入侵吕宋，在中国人的传说中成为一段欺诈故事：牛皮乞地故事。不久以后，中国人还将用同样的故事解释荷兰人入侵台湾岛。

吕宋居南海中，去漳州甚近。洪武五年正月遣使偕琐里诸国来贡。永乐三年十月遣官赍诏，抚谕其国。八年与冯嘉施兰入贡，自后久不至。万历四年，官军迫海寇林道乾至其国，国人助讨有功，复朝贡。时佛郎机强，与吕宋互市，久之见其国弱可取，乃奉厚贿遗王，乞地如牛皮大，建屋以居。王不虞其诈而许之，其人乃裂牛皮，连属至数千丈，围吕宋地，乞如约。王大骇，然业已许诺，无可奈何，遂听之，而稍征其税如国法。其人既得地，即营室筑城，列火器，设守御具，为窥伺计。已，竟乘其无备，袭杀其王，逐其人民，而据其国，名仍吕宋，实佛郎机也。先是，闽人以其地近且饶富，商贩者至数万人，往往久居不返，至长子孙。佛郎机既夺其国，其王遣一酋来镇，虑华人为变，多逐之归，留者悉被其侵辱。

8. 华人不堪奴役，杀了"佛郎机酋长郎雷敝里"。明朝廷替佛郎机"伸冤"，将起义首领捕归大理寺。中国朝廷的"公正"是真正世界主义的，表现在对外邦殖民者屠杀中国百姓不闻不问，宽宏大度，对中国起义者有罪必究……

二十一年八月，酋郎雷敝里系媵侵美洛居，役华人二百五十助战。有潘和五者为其哨官。蛮人日酣卧，而令华人操舟，稍怠，辄鞭挞，有至死者。和五曰："叛死，棰死，等死耳，否亦且战死，曷若刺杀此酋以救死。胜则扬帆归，不胜而见缚，死未晚也。"众然之，乃夜刺杀其酋，持酋首大呼。诸蛮惊起，不知所为，悉被刃，或落水死。和五等尽收其金宝、甲仗，驾舟以归。失路之安南，为其国人所掠，惟郭惟太等三十二人附他舟获返。时酋子郎雷猫吝驻朔雾，闻之，率众驰至，遣僧陈父冤，乞还其战舰、金宝，戮仇人以偿父命。巡抚许孚远闻于朝，檄两广督抚以礼遣僧，置惟太于理，和五竟留安南不敢返。

初，酋之被戮也，其部下居吕宋者，尽逐华人于城外，毁其庐。及猫吝归，令城外筑室以居。会有传日本来寇者，猫吝惧交通为患，复议驱逐。而孚远适遣人招远，蛮乃给行粮遣之。然华商嗜利，趋死不顾，久之复成聚。

9. 大明皇帝竟相信风水先生的话，派人去菲律宾采"金豆"。菲总督惊奇地问金豆何树所生，风水先生大言不惭："此地遍地都是黄金，还用问哪种树产金豆吗？"

其时矿税使者四出，奸宄蜂起言利，有阎应龙、张嶷者，言吕宋机易山素产金银，采之，岁可得金十万两、银三十万两，以三十年七月诣阙奏闻，帝即纳之。命下，举朝骇异。都御史温纯疏言：

近中外诸臣争言矿税之害，天听弥高。今云南[1]李凤至污辱妇女六十六人，私运财贿至三十巨舟、三百大扛，势必见戮于积怒之众。何如及今撤之，犹不失威福操纵之柄。缅酋以宝井故，提兵十万将犯内地，西南之蛮，岌岌可忧。而闽中奸徒又以机易山事见告。此其妄言，真如戏剧，不意皇上之聪明而误听之。臣等惊魂摇曳，寝食不宁。异时变兴祸起，费国家之财不知几百万，倘或剪灭不早，其患又不止费财矣。

臣闻海澄市舶高采已岁徵三万金，决不遗余力而让利。即机易越在海外，亦决无遍地金银，任人采取之理，安所得金十万、银三十万，以实其言。不

---

[1] 一说为"广东"，现据上海古籍出版社、上海书店影印本《二十五史》作"云南"。

过假借朝命．阑出禁物，勾引诸番，以逞不轨之谋，岂止烦扰公私，贻害海澄一邑而已哉。

昔年倭患，正缘奸民下海，私通大姓，设计勒价，致倭贼愤恨，称兵犯顺。今以朝命行之，害当弥大。及乎兵连祸结，诸奸且效汪直、曾一本辈故智，负海称王，拥兵列寨，近可以规重利，远不失为尉佗。于诸亡命之计得矣，如国家大患何！乞急置于理，用消祸本。

言官金忠士、曹于汴、朱吾弼等亦连章力争，皆不听。

事下福建守臣，持不欲行，而迫于朝命，乃遣海澄丞王时和、百户干一成偕嶷往勘。吕宋人闻之大骇。华人流寓者谓之曰："天朝无他意，特是奸徒横生事端。今遣使者按验，俾奸徒自穷，便于还报耳。"其酋意稍解，命诸僧散花道旁，若敬朝使，而盛陈兵卫迓之。时和等入，酋为置宴，问曰："天朝欲遣人开山。山各有主，安得开？譬中华有山，可容我国开耶？"且言："树生金豆，是何树所生？"时和不能对，数视嶷，嶷曰："此地皆金，何必问豆所自？"上下皆大笑，留嶷，欲杀之。诸华人共解，乃获释归。时和还任，即病悸死。守臣以闻，请治嶷妄言罪，事已止矣，而吕宋人终自疑，谓天朝将袭取其国，诸流寓者为内应，潜谋杀之。

10. 潘和五起义与高采采金导致菲律宾西班牙殖民者屠杀华人，"二万商民尽膏锋刃"。中国朝廷强调大明皇朝绝不会为自己的百姓复仇，那些流落海外的都是"贱民"，"岂以贱民，兴动兵革"。"明朝皇帝皇恩浩荡，中朝大国仁义为先"。对于西班牙刽子手，大皇帝也"不忍加诛"。西班牙殖民者一直害怕中国会兴师问罪，还派间谍探听消息。他们万万想不到中国政府发了一纸空文后就没有任何反应了。他们放心了，有恃无恐，以后这类大屠杀，还发生过若干次，一次比一次残酷。

明年，声言发兵侵旁国，厚价市铁器。华人贪利尽鬻之，于是家无寸铁。酋乃下令录华人姓名，分三百人为一院，入即歼之。事稍露，华人群走菜园。酋发兵攻，众无兵仗，死无算，奔大仑山。蛮人复来攻，众殊死斗，蛮兵少挫。

酋旋悔，遣使议和。众疑其伪，扑杀之，酋大怒，敛众入城，设伏城旁。众饥甚，悉下山攻城。伏发，众大败，先后死者二万五千人。酋寻出令，诸所掠华人赀，悉封识贮库。移书闽中守臣，言华人将谋乱，不得已先之，请令死者家属往取其孥与帑。巡抚徐学聚等亟告变于朝，帝惊悼，下法司议奸徒罪。三十二年十二月议上，帝曰："嶷等欺诳朝廷，生衅海外，致二万商民尽膏锋刃，损威辱国，死有余辜，即枭首传示海上。吕宋酋擅杀商民，抚按官议罪以闻。"学聚等乃移檄吕宋，数以擅杀罪，令送死者妻子归，竟不能讨也。其后，华人复稍稍往，而蛮人利中国互市，亦不拒，久之复成聚。

11. 佛郎机的势力越来越大了。

时佛郎机已并满剌加，益以吕宋，势愈强，横行海外，遂据广东香山澳，筑城以居，与民互市，而患复中于粤矣。

（《明史·吕宋传》）

译文：

吕宋（今菲律宾）地处南海之中，距离漳州很近。明太祖洪武五年正月，曾派遣使者同琐里（Soli 的译音，即今印度科里伦河口）等国前来进贡。成祖永乐三年十月，派官员带着诏书到吕宋进行安抚。八年，吕宋与冯嘉施兰国（今菲律宾西部滨海之 Pangasinan 省）一起上朝进贡，此后便很久不来。神宗万历四年，官军追赶海盗林道乾到吕宋，吕宋人帮助除盗有功，便恢复了朝贡。当时佛郎机势力强大，与吕宋有贸易往来。久而久之，佛郎机（指西班牙）见吕宋国小可侵占，便献上重礼，并向其国王乞求牛皮般大的一块地，以建屋居住。吕宋国王未料到佛郎机人的狡诈，便答应了。于是佛郎机人割裂牛皮，连接起来直至几千丈长，围起吕宋大片国土，然后乞求吕宋国王如约割让。国王大惊，但事先已经许诺，无可奈何，只好听任他们占去，再按国法稍微征些地税。佛郎机人占得土地之后，便建屋围城，装置好火器等防守器械，作窥伺吕宋国并完全侵占它的打算。后来，他们竟乘吕宋没有防备，杀害了他们的国王，赶走了百姓，将吕宋占据了。国名仍叫吕宋，实际上是佛郎机。先前，福建人因为吕宋距离不远且国土富饶，都愿意到这里来做买卖，人数多达数万，且一来就久居不归，直到孙辈。佛郎机人夺得吕宋后，其国王派一名酋长镇守此地。他担心华人闹事，便将他们大量驱逐回国，留下不归的全部受到欺凌。

万历二十一年八月，佛郎机酋长郎雷敝里系胜入侵美洛居（今摩鹿加岛），迫使二百五十名华人助战，其中有个叫潘和五的作了哨官。佛郎机人白天沉睡不起，而命令华人驾船，稍有懈怠，便用鞭子抽打，华人甚至有被打死的。和五说："反叛是死，鞭打是死，都是死，不然的话打仗也会死，不如刺杀这贼酋以自救。成功了，我们扬帆归去，不成功被绑去受死，也为时不晚。"华人们纷纷表示同意。他们趁夜黑刺杀了酋长，并举着他的头颅大呼。佛郎机人被惊醒，不知道如何是好，于是全部被杀，有的落水而死。和五等人收拾好他们的金银宝贝、盔甲等，驾船返回。到安南（今越南）时，他们迷路了，遭到安南人抢劫，只有郭惟太等三十二人搭上别人的船只得以生还。当时佛郎机酋长的儿子郎雷猫吝驻扎在宿务（Cebu 的译音，岛名），得知此事后，率领众部下飞驰而至，派一名僧人向明朝政府陈述父冤，请求归还战船，金银宝贝。并斩杀仇人以偿父命。福建巡抚许孚远将此事奏报朝廷，朝廷发文给两广官府，命其按礼节遣送僧人，然后将郭惟太拘捕到大理寺，潘和五则留在安南不敢回来。

此前，佛郎机酋长被杀，其居住在吕宋的部下，便将华人全部赶出城外，烧毁了他们的房屋。等到郎雷猫吝回来，又令华人在城外建屋居住。正好这时有传言说日本贼寇来了，猫吝害怕华人与之勾结酿成祸害，便重新讨论驱逐华人的事。而许孚远正好派人招这些华人回国，佛郎机人就发给他们干粮，让他们回去。但是中国商人贪利，宁死不回头，久而久之到吕宋的华人又聚集起来。

当时，朝廷派出的矿税使者遍布各地，蜂起言利。有叫阎应龙和张嶷的，传言说吕宋机易山（Cavite 之译音，即加溢城）产金银，若开采出来，每年可得十万两金，三十万两银。万历三十年七月，张嶷上疏，谈及采金一事，

16 世纪西班牙战舰

皇帝同意了。诏命一下，举朝震惊。都御史温纯急忙上疏说：

"近来朝内外大臣争言矿税的弊害，但皇上无从知道。如今云南税使李凤至污辱妇女六十六人，私运个人财宝达三十大船、三百大扛，这样发展下去，必为积怒之众所杀。不如及时撤去税使，仍不失我朝威望及控制权柄。缅甸酋长因为开采宝井一事，将举兵十万进犯云南内地，西南蛮人，也是一个忧患啊。而福建的好利之徒又提到机易山采金一事，这是胡说八道，如作戏一般，没想到以皇上之聪明，竟听信了他们的话。我们这些作臣子的惊魂不安，寝食不宁。若变乱兴起，不知将耗费国家资财几百万，而如果祸患不早些剪除，其危害又不仅仅是耗费资财啊。

"我听说海澄市舶使高采每年征银三万两，争利时他不遗余力。即便机易远在海外，也没有遍地金银任人采取之理，从哪里得到十万两金，三十万两银来确证他们的话呢！他们不过是假借皇命，擅自出境，勾引外番，以逞其一己不轨之阴谋。这种行为何止是混淆公私、贻害海澄一县啊。

"当年倭寇为患，就是因为奸民出海经商，勾结大族，设计控制价格，导致倭寇愤怒，才起兵反叛的。如今借皇命去采金，危害更大。等到战祸不断，这些奸人又将效仿汪直、曾一本等人的伎俩，背海称王，拥兵列寨，这样他们近则可谋重利，远则不失为尉佗。这些人的阴谋得逞了，不是国家的大患又是什么？乞求皇上将其捕至大理寺审理，以除祸根。"

言官金忠士、曹于汴、朱吾弼等也接连上疏，力争此事不可为，但神宗不愿采纳。

诏命下发到福建官府，众官不想执行，但迫于皇命，不得已派海澄县令王时和、百户干一成同张嶷一道前去勘探。吕宋人得知，大惊失色。寓居在吕宋的华人告诉他们："天朝没有这个想法，只是奸人横生事端。现在朝廷派使者来验证，是想使奸徒自感困窘，以便回报罢了。"酋长稍微放松情绪，命僧人们在路旁散花，做出敬重天朝使者的模样，但暗中备好了兵士。王时和等人到后，酋长设宴款待。席间他问道："天朝要派人来开山。山各有主，如何能开？譬如中国有山，能容我国开采吗？"并说："树上长了金豆，是什么树上长了？"王时和答不上未，看着张嶷。张嶷说："此处遍地是黄金，何必问从哪里来？"满座大笑起来。酋长扣留张嶷，想杀他，华人们不停地解释，酋长才放他回国。时和回到任上，惊悸而死。守臣奏报朝廷，请求治张嶷妄言之罪。事情过去了，但吕宋人仍怀疑天朝要攻打其国，而寓居此地的华人将为之内应，于是暗中计划屠杀华人。

第二年，吕宋扬言要发兵攻打别国，出高价买铁器。华人贪利，将铁器全部出卖，于是家无寸铁。酋长遂下令登记华人的姓名，三百人分为一院，进来就杀害。事情暴露后，华人逃到菜园里。酋长发兵攻过来，华人没有武器，死伤不计其数，余者逃到大仑山。吕宋人又攻过来，华人以死抵抗，吕宋人稍稍受挫。酋长得快就后悔了，派使者前来议和。华人怀疑他弄诈，将使者打死。酋长大怒，召集兵士入城，埋伏在城墙旁。华人饥肠辘辘，全部下山攻城，不料伏兵四起，华人大败，先后有二万五千人死去。不久，酋长下令所有掠夺来的华人的财产，全部封好，贴上标记入库。然后他写信给福建守臣，说华人要反叛。他不得已先下手，现在请死者亲属前来领走其妻儿和财物。巡抚徐学聚立即将此变故奏报朝廷，神宗大惊，悲悼不已，令法司判决奸徒的罪行。万历三十二年十二月，法司议定其罪名呈上，神宗说："张嶷等欺骗朝廷，在海外挑起变端，以至于两万商民受害，国威为之折损，张嶷死有余辜，立即斩首，告知海内外人。吕宋酋长擅自杀害我国商民，也一并议罪告之。"徐学聚等便发文至吕宋，列举其擅杀之罪，令其将死者妻儿送回，但到底没有讨伐吕宋。这以后，华人慢慢地又到吕宋去，而吕宋人同华人贸易有利可图，也不拒绝他们，久而久之华人又多起来。

这时佛郎机已吞并了满剌加，再加上吕宋，势力更加强大，足以横行海上。于是又占据了广东香山澳，筑城定居下来，同中国商人做生意，这样祸害又集中到广东来了。

——（《明史·吕宋传》）

12. 荷兰人希望与中国通商。中国商人劝他们行贿通官，他们则想以武力占澎湖。

和兰，又名红毛番，地近佛郎机。永乐、宣德时，郑和下西洋，历诸番数十国，无所谓和兰者。其人深目长鼻，发眉须皆赤，足长尺二寸，顾伟倍常。

万历中，福建商人岁给引往贩大泥、吕宋及咬𠺕吧者，和兰人就诸国转贩，未敢窥中国也。自佛郎机市香山，据吕宋，和兰闻而慕之。二十九年驾大舰，携巨炮，直薄吕宋。吕宋人力拒之，则转薄香山澳。澳中人数诘问，言欲通贡市，不敢为寇。当事难之。税使李道即召其酋入城，游处一月，不敢闻于朝，乃遣还。澳中人虑其登陆，谨防御，始引去。

海澄人李锦及奸商潘秀、郭震，久居大泥，与和兰人习。语及中国事，锦曰："若欲通贡市，无若漳州者。漳南有澎湖屿，去海远，诚夺而守之，贡市不难成也。"其酋麻韦郎曰："守臣不许，奈何？"曰："税使高采嗜金银甚，若厚贿之，彼特疏上闻，天子必报可，守臣敢抗旨哉。"酋曰："善。"锦乃代为大泥国王书，一移采，一移兵备副使，一移守将，俾秀、震赍以来。守将陶拱圣大骇，亟白当事，系秀于狱，震遂不敢入。初，秀与酋约，入闽有成议，当遣舟相闻，而酋卞急不能待，即驾二大舰，直抵澎湖。时三十二年之七月。汛兵已撤，如入无人之墟，遂伐木筑舍为久居计。锦亦潜入漳州侦探，诡言被获逃还，当事已廉知其状，并系狱。已而议遣二人谕其酋还国，许以自赎，且拘震与俱。三人既与酋成约，不欲自彰其失，第云："我国尚依违未定。"而当事所遣将校詹献忠赍檄往谕者，乃多携币帛、食物，觊其厚酬。海滨人又潜载货物往市，酋益观望不肯去。当事屡遣使谕之，见酋语辄不竞，愈为所慢。而采已遣心腹周之范诣酋，说以三万金馈采，即许贡市。酋喜与之，盟已就矣，会总兵施德政令都司沈有容将兵往谕。有容负胆智，大声论说，酋心折，乃曰："我从不闻此言。"其下人露刃相诘，有容无所慑，盛气与辨，酋乃悔悟，令之范还所赠金，止以哆啰嗹。玻璃器及番刀、番酒馈采，乞代奏通市。采不敢应，而抚、按严禁奸民下海，犯者必诛，由是接济路穷，番人无所得食，十月末扬帆去。巡抚徐学聚劾秀、锦等罪，论死、遣戍有差。

13. 荷兰人占据台湾。

然是时佛郎机横海上，红毛与争雄，复泛舟东来，攻破美洛居国，与佛郎机分地而守。后又侵夺台湾地，筑室耕田。久留不去，海上奸民，阑出货物与市。已，又出据澎湖，筑城设守，渐为求市计。守臣惧祸，说以毁城远徙，即许互市。番人从之，天启三年果毁其城，移舟去。巡抚商周祚以遵谕远徙上闻，然其据台湾自若也。已而互市不成，番人怨，复筑城澎湖，掠渔舟六百余艘，俾华人运土石助筑。寻犯厦门，官军御之，俘斩数十人，乃诡词求款。再许毁城远徙，而修筑如故。已又泊舟风柜仔，出没浯屿、白坑、东碇、莆头、古雷、洪屿、沙洲、甲洲间，要求互市。而海寇李旦复助之，滨海郡邑为戒严。

其年，巡抚南居益初至，谋讨之。上言："臣入境以来，闻番船五艘续至，与风柜仔船合，凡十有一艘，其势愈炽。有小校陈士瑛者，先遣往咬𠺕吧宣谕其王，至三角屿遇红毛船，言咬𠺕吧王已往阿南国，因与士瑛偕至大泥，竭其王。王言咬𠺕吧国主已大集战舰，议往澎湖求互市，若不见许，必至构兵。盖阿南即红毛番国，而咬𠺕吧、大泥与之合谋，必不可以理论。为今日计，非用兵不可。"因列上调兵足饷方略，部议从之。四年正月遣将先夺镇海港而城之，且筑且战，番人乃退守风柜城。居益增兵往助，攻击数月，寇犹不退，乃大发兵，诸军齐进。寇势窘，两遣使求缓兵，容运米入舟即退去。诸将以穷寇莫追，许之，遂扬帆去。独渠帅高文律等十二人据高楼自守，诸将破擒之，献俘于朝。澎湖之警以息，而其据台湾者犹自若也。

14. 料罗湾战役，郑芝龙大败荷兰舰队。郑和远航整整 200 年后，中国人重新争雄海上……

　　崇祯中，为郑芝龙所破，不敢窥内地者数年，乃与香山佛郎机通好，私贸外洋。十年驾四舶，由虎跳门薄广州，声言求市。其酋招摇市上，奸民视之若金穴，盖大姓有为之主者。当道鉴壕镜事，议驱斥，或从中挠之。会总督张镜心初至，力持不可，乃遁去。已，为奸民李叶荣所诱，交通总兵陈谦为居停出入。事露，叶荣下吏。谦自请调用以避祸，为兵科凌义渠等所劾，坐逮讯。自是，奸民知事终不成，不复敢勾引，而番人犹据台湾自若。

　　其本国在西洋者，去中华绝远，华人未尝至。其所恃惟巨舟大炮。舟长三十丈，广六丈，厚二尺余，树五桅，后为三层楼。旁设小窗置铜炮。桅下置二丈巨铁炮，发之可洞裂石城，震数十里，世所称红夷炮，即其制也。然以舟大难转，或遇浅沙，即不能动。而其人又不善战，故往往挫衄。其所役使名乌鬼，入水不沉，走海面若平地。其柁后置照海镜，大径数尺，能照数百里。其人悉奉天主教。所产有金、银、琥珀、玛瑙、玻璃、天鹅绒、琐服、哆啰嗹。国土既富，遇中国货物当意者，不惜厚资，故华人乐与为市。

（《明史·和兰传》）

译文：

　　和兰（即荷兰）又名红毛番，地理位置靠近佛郎机。明永乐、宣德年间，郑和七次下西洋，曾经过数十个番国，但没有和兰。和兰人深目、长鼻、头发、眉毛、胡须都是红色的，脚有一尺二寸长，比普通人更加魁伟颀长。

　　万历年间，福建商人每年按规定造船出洋，贩卖货物到大泥（Patani 的译音，属暹罗）、吕宋及咬嚼吧（即爪哇）等国，和兰人就到这些地方转贩，而不敢窥视中国。佛郎机占据香山做买卖，又攻下吕宋，和兰人闻而慕之。万历二十九年，他们驾着大船，携带巨炮，直逼吕宋而来。吕宋人全力抵抗，他们便转攻香山澳。澳中官吏多次责问其缘由，和兰人答说想与中国互通贸易，而并不敢作贼寇。主管官吏对之感到棘手。税使李道召其酋长进城，留他居住游玩了一个月，但不敢告知朝廷，然后才送他归还。澳人担心和兰人登陆，防守甚严，和兰人才引兵离去。

海澄人李锦及奸商潘秀、郭震，久居大泥，与和兰人熟悉。和他们谈到中国的事情，李锦说："若想与中国通贸易，没有比从漳州更好的。漳州南面有澎湖屿，那里远在海外，如果夺下并占领此地，贸易往来就不成问题了。"和兰酋长麻韦郎说："当地官员不许，有什么办法呢？"李锦答道："税使高采酷好金银，如果多加贿赂，由他上书说通皇帝，皇帝必准允，当地官吏敢抗旨不遵吗？"酋长叫好。李锦便代替大泥国王修书三封，各给高采、兵备副使和守将，叫潘秀、郭震带来。守将陶拱圣看信后大惊，立即告知地方官，将潘秀逮捕入狱，郭震于是不敢前去。当时，潘秀与和兰酋长约定，若入闽后与官吏们达成协议，便派船通报。可是酋长急不可待，不久便驾着两艘大船，直抵澎湖。这是万历三十二年七月的事。当时澎湖岛上守兵已撤走，和兰人如入无人之地，并当下伐木造屋，作长久居留的打算。李锦也潜入漳州侦察，谎称自己被和兰人捉拿而逃还。长官早已察得他的行踪，便将他一并打入监牢。不久，官员们商定派李锦、潘秀二人前去晓谕和兰酋长，令其领兵归还，二人也得以将功赎罪，并捕获郭震命他同去。三人曾跟酋长有约，这时不想暴露自己的失职，便只说："我国尚犹豫不定。"而官府派出携文书前往劝谕的官员将校詹献忠等人，又多得和兰人贿赂的钱、丝织品和食物，贪图他们的酬金。沿海商人也偷运货物，到岛上去转卖，于是和兰人更加观望着不肯离去。漳州守臣多次派使者前去说理，见到和兰酋长，使者词不达意，于是逐渐受到怠慢。而税使高采已经派心腹周之范去拜见了和兰酋长。劝说他只要馈赠三万两白银给高采，就允许和兰与中国互市。酋长大喜，忙送上银两。盟约商定之后，恰逢总兵施德政命都司沈有容带兵前来。沈有容凭着胆气和智慧，对着酋长大声评理，酋长心服，说："我从未听过这样的话。"他手下人亮出兵刃，有容无所畏惧，依旧盛气凛然，雄辩滔滔。酋长悔悟，叫周之范归还先前所赠银两，只将哆啰哖、玻璃器皿及番刀、番酒送给高采，

"沈有容谕退红毛番韦麻郎等"碑，
现存于台湾澎湖县马公市澎湖天后宫。

请他代奏皇帝允许互市。高采不敢答应。而漳州官府又严禁中国商人出海，违者斩首。和兰人补给困难，食物匮乏，于十月底驾船而去。巡抚徐学聚弹劾潘秀、李锦等私通番人之罪，他们分别被判处死罪和流放。

但当时佛郎机横行海上，和兰欲与之争雄，因此又驾船东来，并攻下美洛居国（Molucca 的音译），与佛郎机分地而守。后来又侵占了台湾，在岛上筑屋耕田，久留不肯离开。沿海的人，擅自出海，贩货与他们交易。此后，和兰人又占领了澎湖，并筑起城墙进行防守，逐渐为求得与中国互市作打算。守臣担心遭致祸患，便派人劝说和兰人只要毁城远迁，就答应互市。和兰人接受了。天启三年，他们果然毁掉城墙，驾船而去。巡抚商周祚遂将和兰人遵告远迁等事奏报朝廷。但他们仍旧占据着台湾。两国没能互通贸易，和兰人心怀怨恨，又在澎湖筑起城墙，并劫掠中国渔船六百多艘，令华人运土石筑城。不久，和兰人进犯厦门，官军抵抗，俘虏和斩首数十人，于是，和兰人假称求和。官府又提出通商的条件是他们毁城远迁，但和兰人依旧在岛上修城筑屋。后来又把船停靠在风柜仔，出没于浯屿、白坑、东碇、莆头、古雷、洪屿、沙洲、甲洲各岛间，威胁官府要求通商。而海盗李旦又与之通好，助其势力。沿海各郡县于是戒严。

那一年，巡抚南居益刚上任，谋划着征讨和兰人，他上书说："我上任以后，听说有五艘番船连续驶来，同停泊在风柜仔的船只会合，共十一艘，气焰更加嚣张。有位叫陈士瑛的小校，先前被派往咬𠺕吧（爪哇）通报其国王，到三角屿时遇到和兰船只。和兰人说咬𠺕吧王已前往阿南国（即和兰），于是和陈士瑛等一道去大泥国，拜见其国王。大泥王说咬𠺕吧国王已广集战船，计划到澎湖求得贸易权，若我国政府不答应，则必发动战争。大概阿南是和兰的番国，而咬𠺕吧，大泥两国与之合谋，想和他们讲道理是行不通的。当今之计，非用兵不可。"奏书上还列举了调动军队，筹足军饷的方案。兵部商议后，采纳了南居益的意见。天启四年正月，官府派兵先夺下镇海港并在此筑城，且筑且战，和兰人只好退守风柜城。南居益增兵前去援助，双方交战数月，和兰人还是不退。官府于是大发兵，几路军一齐攻进。和兰人处境窘困，两次派使者前来，请求战事暂缓，容他们运米上船后再退兵。各将领认为穷寇莫追，答应了。不久他们扬帆退去。只有敌帅高文律等十二人凭借高楼自守，被官军擒获，献给朝廷。澎湖岛之危解除了，但和兰人依旧占据着台湾岛。

荷兰在台湾修筑的热兰遮城堡，荷兰插图（1671）。

崇祯年间，和兰人被郑芝龙打败，此后多年不敢窥视中国内地。后来他们与香山佛郎机通好，同海外诸番贸易往来。崇祯十年，他们驾着四艘船，经由虎跳门逼近广州，扬言要与中国通贸易。其酋长招摇过市，老百姓视之为可获利的财源，大概当地有些大户人家在为他们撑腰。官府鉴于壕镜被占的往事，商议要将他们逐出，但有人从中阻挠。正好总督张镜心刚上任，极力主张不与夷人通商，和兰人才退去。后来，他们又为奸民李叶荣所诱惑，暗通总兵陈谦，使其提供和兰人居、停、出、入的方便。事情暴露后，李叶荣被投入监狱。陈谦自请调离以求避祸，被兵科凌义渠等弹劾，入狱接受审讯。从此，有异心的华人知道阴谋最终不能成功，便不敢再勾结番人，而和兰人仍然占领着台湾。

和兰本国在欧洲，距离中国极远，华人从未到过。其国人仰仗的只是巨船大炮。他们的船长三十丈，宽六丈，厚两尺多，竖立着五根桅杆，后面是三层船舱。舱旁开设小窗，放置铜炮。桅杆下放着二丈长的大铁炮，炮发时，能摧毁石城，响震数十里，世人所说的红夷炮，便是这种构造。但因为船太大，难以转头，有时遇到浅滩，便动弹不得。而和兰人又不善作战，所以虽有巨炮，也常常战败受挫。他们所役使的是乌鬼，入水不下沉，在海面上走动如履平地。船舵后放有照海镜，直径达数尺，能照射几百里远。他们全部信奉天主教。物产有金、银、琥珀、玛瑙、玻璃、天鹅绒、琐服、哆啰嗹。由于国土富饶，所以和兰人看到中国有称意的货物，便不惜重金购买，因此华人乐意与他们贸易往来。

——《明史·和兰传》

二、意大里亚自古不通中国？

1. 意大利居大西洋中，明朝人似乎已想不起来它与那个海西国大秦有什么关系……

意大里亚，居大西洋中，自古不通中国。万历时，其国人利玛窦至京师，为万国全图，言天下有五大洲。第一曰亚细亚洲，中凡百余国，而中国居其一。第二曰欧罗巴洲，中凡七十余国，而意大里亚居其一。第三曰利未亚洲，亦百余国。第四曰亚墨利加州，地更大，以境土相连，分为南北二洲。最后得墨瓦腊泥加州为第五。而域中大地尽矣。其说荒渺莫考，然其国人充斥中土，则其地固有之，不可诬也。

2. 利玛窦说世界有五大洲、中国人将信将疑；利玛窦自称大西洋人，中国人也将信将疑；利玛窦在中国久居不去，中国朝廷更有人多虑多疑。中国人，不习惯外面的世界，外面的观念，外面的人与神。

大都欧罗巴诸国，悉奉天主耶稣教，而耶稣生于如德亚，其国在亚细亚洲之中，西行教于欧罗巴。其始生在汉哀帝元寿二年庚申，阅一千五百八十一年至万历九年，利玛窦始泛海九万里，抵广州之香山澳，其教遂沾染中土。至二十九年入京师，中官马堂以其方物进献，自称大西洋人。

礼部言："会典止有西洋琐里国无大西洋，其真伪不可知。又寄居二十年方行进贡，则与远方慕义特来献琛者不同。且其所贡天主及天主母图，既属不经，而所携又有神仙骨诸物。夫既称神仙，自能飞升，安得有骨？则唐韩愈所谓凶秽之余，不宜入宫禁者也。况此等方物，未经臣部译验，径行进献，则内臣混进之非，与臣等渎职之罪，俱有不容辞者。及奉旨送部，乃不赴部审译，而私寓僧舍，臣等不知其何意。但诸番朝贡，例有回赐，其使臣必有宴赏，乞给赐冠带还国，勿令潜居两京，与中人交往，别生事端。"不报。八月又言："臣等议令利玛窦还国，候命五月，未赐纶音，毋怪乎远人之郁病而思归也。察其情词恳切，真有不愿尚方锡予，惟欲山栖野宿之意。譬之禽鹿久羁，愈思长林丰草，人情固然。乞速为颁赐，遣赴江西诸处，听其深山邃谷，寄迹怡老。"亦不报。

3. 帝国只能有一种组织、一种信仰，任何例外的东西都会引起大臣与皇帝的怀疑与警惕。这些以历法学家混入中国的大西洋人，以天主教妖术惑众……

已而帝嘉其远来，假馆授粲，给赐优厚。公卿以下重其人，咸与晋接。

玛窦安之，遂留居不去，以三十八年四月卒于京。赐葬西郭外。

其年十一月朔日食。历官推算多谬，朝议将修改。明年，五官正周子愚言："大西洋归化人庞迪我、熊三拔等深明历法。其所携历书，有中国载籍所未及者。当令译上，以资采择。"礼部侍郎翁正春等因请仿洪武初设回回历科之例，令迪我等同测验。从之。

自玛窦入中国后，其徒来益众。有王丰肃者，居南京，专以天主教惑众，士大夫暨里巷小民，间为所诱。礼部郎中徐如珂恶之。其徒又自夸风土人物远胜中华，如珂乃召两人，授以笔札，令各书所记忆。悉舛谬不相合，乃倡议驱斥。四十四年，与侍郎沈㴶、给事中晏文辉等合疏斥其邪说惑众，且疑其为佛郎机假托，乞急行驱逐。礼科给事中余懋孳亦言："自利玛窦东来，而中国复有天主之教。乃留都王丰肃、阳玛诺等，煽惑群众不下万人，朔望朝拜动以千计。夫通番、左道并有禁。今公然夜聚晓散，一如白莲、无为诸教。且往来壕镜，与澳中诸番通谋，而所司不为遣斥，国家禁令安在。"帝纳其言，至十二月令丰肃及迪我等俱遣赴广东，听还本国。命下久之，迁延不行，所司亦不为督发。

四十六年四月，迪我等秦："臣与先臣利玛窦等十余人，涉海九万里，观光上国，叨食大官十有七年。近南北参劾，议行屏斥。窃念臣等焚修学道，尊奉天主，岂有邪谋敢堕恶业。惟圣明垂怜，候风便还国。若寄居海屿，愈滋猜疑，乞并南都诸处陪臣，一体宽假。"不报，乃怏怏而去。丰肃寻变姓名，复入南京，行教如故，朝士莫能察也。

4．来华的意大利人会造炮，懂历法。此外，来中国的还有德国人、西班牙人、葡萄牙人，他们说起本国物产，多有所夸大。

其国善制炮，视西洋更巨。既传入内地，华人多效之，而不能用。天启、崇祯间，东北用兵，数召澳中人入都，令将士学习，其人亦为尽力。

崇祯时，历法益疏舛，礼部尚书徐光启请令其徒罗雅谷、汤若望等，以其国新法相参较，开局纂修。报可。久之书成，即以崇祯元年戊辰为历元，名之曰崇祯历。书虽未颁行，其法视大统历为密，识者有取焉。

其国人东来者，大都聪明特达之士，意专行教，不求禄利。其所著书多华人所未道，故一时好异者咸尚之。而士大夫如徐光启、李之藻辈，首好其说，且为润色其文词，故其教骤兴。

时著声中土者，更有龙华民、华方济、艾如略、邓玉函诸人。华民、方济、如略及熊三拔，皆意大里亚国人，玉函，热而玛尼国人，庞迪我，依西把尼亚国人，阳玛诺，波而都瓦尔国人，皆欧罗巴洲之国也。其所言风俗、物产多夸，且有职方外纪诸书在，不具述。

（《明史·意大里亚传》）

译文：

意大里亚（今意大利）位于欧洲，自古不与中国相通。神宗万历年间，意大里亚人利玛窦来到京城，作有《万国全图》，说天下有五大洲。第一是亚细亚洲（亚洲），共一百多个国家，中国是其中之一；第二是欧罗巴洲（欧洲），共七十几个国家，意大里亚是其中之一；第三是利未亚洲（非洲），也有一百多个国家；第四是亚墨利加州（美洲），面积最大，土地相连，分为南北二洲。最后是墨瓦腊泥加州（今麦伦哲海峡以南之地），为第五大洲。天下国土就包括在这五大洲之内。这种说法荒唐难以考辨，但欧洲人遍迹于我国，可见其国土的确存在。

欧洲大多数国家，都信奉天主教。他们信仰的上帝耶稣出生在如德亚（犹太），该国在亚细亚洲之中。耶稣向西传教，一直到欧罗巴洲。他出生的时间是汉哀帝元寿二年庚申，经过一千五百八十一年后即万历九年，利玛窦开始泛海远航九万里，抵达广州的香山澳，于是天主教传入中国。到万历二十九年，利玛窦进北京，天津税监马堂将其贡物献给皇上，利玛窦自称是大西洋人。

礼部上疏说："《大明会典》中只记载了西洋琐里（soli，在今印度科里伦河口）国而无大西洋国，其真假不可得知。且利玛窦在华居住了二十年才进献贡物，这就与那些远道慕义而来，特地献宝的人不同，况且他所进献的天主圣像、圣母像，不能列入正统，而他携带的又有神仙骨等物。既然称作神仙，便自能飞升，怎么会有骨？这就是唐代韩愈所说的凶秽一类的东西，不宜进入宫廷。何况这些贡物，未经礼部审查，便直接进献，故内臣胡乱进献之过及臣等渎职之罪，都不容推卸。至于利玛窦虽奉旨到礼部，却未前来接受查问，而私下居住在僧舍，我等不知他是何意。但历来各番朝贡，按例都有回赐，其使臣也必被赐宴。请求皇上赐给他冠带令其回国，不能让他偷偷居住在两京，与国人交往，生出事端。"奏书送上后，没有下文。八月，礼部又上疏说："臣等曾商讨令利玛窦回国，今已过去五个月，未得到皇上回音，难怪他远道而来之人郁闷而病思念故乡。臣等体察他情词恳切，确有不愿得陛下赏赐，而只想栖宿于山林之意。就好像禽鹿等久被囚禁，愈发思念森林绿草，人的感情也是这样。请陛下速颁赏赐，送他去长江以西等地，听任其怡情寄迹于深山邃谷。"奏书送上，也没有回音。

此后，皇帝因利玛窦远道而来，感到高兴，拨给他馆舍，令其授业，赏赐相当丰厚。公卿以下官僚因此看重他，都和他往来交好。利玛窦心安了。于是留住京城，直到万历三十八年四月去世。他去世后，赐葬北京西城外。

这一年十一月初一，出现日食。历官对此推算谬误很多，众官员商议重新修改历法。次年，五官正周子愚说："大西洋人庞迪我，熊三拔等深通历法。他们带来的历书，其中许多内容是中国史籍中没有记载的。应当令其翻译成汉语，以便采纳。"礼部侍郎翁正春等人于是提出效仿本朝洪武初译修西域历法事例，令庞迪我等一起翻译西法。神宗同意了。

自利玛窦到中国后，意大里亚人来华的越来越多。有位叫王丰肃的，住在南京，专以天主教迷惑百姓，士大夫和里巷小民多被其诱惑。礼部郎中徐如珂对此感到厌恶。那些人又夸耀欧洲风土人情远胜于中华，徐如珂叫来两人，给他们纸笔，让他们凭记忆写下所听到的话。这些话全部乖舛谬误与事实不相符合。于是徐如珂倡议驱逐来华传教士。万历四十四年，他与侍郎沈潅、给事中晏文辉等联名上疏斥责传教士以邪说蛊惑中国百姓，并怀疑他们是佛郎机人假扮，请求皇上迅速将其驱逐出境。礼科给事中余懋孳也说："自从利玛窦来华，中国重又出现天主教。至于南京的王丰肃、阳玛诺等人，煽动蛊惑群众不下万人，每月初一、十五朝拜天主的人动辄以千计。我国对通番及旁门左道向来禁止，如今他们公开夜聚晓散，同白莲、无为等教派一样。他们还往来于壕镜，与澳门各番勾结，倘若有关部门对此不加斥责，那么国家的禁令安在？"皇上采纳了他们的建议，于当年十二月下令遣送王丰肃及庞迪我等到广东，任其回国。但诏命下达很长时间后，他们拖延着不走，有关部门也不加督促。

四十六年四月，庞迪我等奏报："我与先臣利玛窦等十几人，远渡重洋九万里，来到贵国观光，忝居官位已十七年了。近日许多官员参劾我们，商讨要将我们逐出。私下想想，我们焚修学道，尊奉上帝，若有邪心阴谋，宁愿遭到恶报。请皇上怜爱我等，待顺风时再返回本国。我等若寄居在海岛，更要招致猜忌，请求皇上同意宽赦我等及南京各处的异国陪臣。"奏书送上，没有回音，庞迪我只好快快离去。不久，王丰肃改名换姓，又到了南京，依旧传教，朝中官员竟未曾发现。

意大里亚人擅长造炮，比西洋炮更大。他们的炮传至中国，华人纷纷仿制，但所造之炮不能使用。天启、崇祯年间，东北发生战事，朝廷多次召留在澳门的意大里亚人进京，令将士们学习他们的造炮技术，他们教得也很卖力。

崇祯年间，历法谬误更多，礼部尚书徐光启奏请令罗稚谷、汤若望等欧洲人，以其国新历法为参照，开局纂修中国历法。皇上同意。历法修成后，以崇祯元年戊辰为历元，称为《崇祯历》。该历书虽未颁布实行，但比《大统历》更为严密，有识者多使用它。

来华的意大里亚人，大都是聪明有特殊才能的。他们的心思专注于传教，而不为求利。他们所著的书多是华人从未听说过的，所以一时间好奇的人都崇尚他们。士大夫如徐光启、李之藻等，更是率先接受他们的观点，并为其润色词句，因此天主教在中国迅速兴起。

当时扬名中国的欧洲人，还有龙华民、毕方济、艾如略、邓玉函等人。华民、方济，如略及熊三拔，都是意大里亚人；玉函是热而玛尼（日耳曼）

国人；庞迪我是依西把尼亚国（西班牙）人；阳玛诺是波而都瓦尔国（葡萄牙）人。这些国家均属欧罗巴洲，他们说及本国的风俗、物产时多有夸张，并有《职方外纪》等书记载，这里不详细叙述。

—— 《明史·意大里亚传》

第三编

西学东渐：强盗或师长

导论

1. 在冲突中交流

如果说在鸦片战争前，中国还可以沉浸在天朝上国、四夷来朝的幻梦里，西方在中国人眼里只不过是远隔重洋的几个鸡零狗碎的番邦小岛，完全没有必要去理会；但 1840 年以后的中国历史，似乎已无法摆脱那个无处不在的西方形象。

时间在遗忘与自满中流逝。从 1518 年葡萄牙人来中国，到 1840 年鸦片战争，中国人有三百多年的时间去与西方交往，了解西方，学习西方。然而，中国人错过了这个机会。人类文明发展的历史是相互交流、交融的历史，你不去，别人就要来。由于中国的封建政权一再地做出违反人类历史进程的决定，一次又一次地颁布"海禁"，一次又一次地禁止海外贸易，1840 年，西方国家只好用大炮和战舰来验证这个规律了。因为在西方人的观念中，自由贸易是与天赋人权、民族国家平等外交联系在一起的。三百多年间西方人闯入东方，始终想与这个曾经令人敬慕、令人迷惑、令人恼怒的帝国建立贸易与外交关系。可任何一次，不管是以强盗的方式还是以乞丐的方法，他们都没能冲破那道牢固的华夷防线。中华帝国不肯平等对待任何一个国家，因为中国君临天下、抚有四海。鸦片战争爆发了，中国失败。这场战争是残酷的，并不因为它对生灵性命的创伤，因为仅从这方面看，不论在中国历史还是世界历史上，它都远远算不上一场规模大的战争。它的残酷性主要表现在它对中华帝国的臣民百姓、王公贵族所造成的心理创伤上。我们也曾被一些外族征服过，但中国的礼教文化最终又征服了他们，以夏变夷。那些来自草原深处的野蛮人，除了杀人的优势之外，没有任何长处。他们占领了中国，中国驯服了他们。可如今这些西方人并不那么简单，他们不仅有坚船利炮，而且政教文明。鸦片战争之后，中国一些有识之士发现，这些"犬羊夷狄"竟然在很多方面都优于中华。冯桂芬曾提出"四不如夷"，"人无弃材不如夷，地无遗利不如夷，君民不隔不如夷，名实必符不如夷"。中国在痛苦中苏醒，带着深深的心理创伤看世界，看西方，我们必须学会师夷之长，才能保家保国保种保救，奋发图强。

英军炮击广州

历史的停滞与健忘经常令人灰心丧气。鸦片战争之后中国的洋务派提出的师夷之长、中体西用的观点，实际上早在三百年前徐光启就提出过："惟尽用西术，乃能胜之。欲尽其术，必造我器尽如彼器，精我法尽如彼法，练我人尽如彼人而后可。"[1] 鸦片战争失败了，道光皇帝才想起让人打听清楚英国到底在什么地方。可就在他的皇宫中，就有一百多年前传教士为康熙皇帝绘制的《坤舆全图》，其中清楚地标明英国的所在位置与远来中国的航线。第一次鸦片战争失败，绝大多数中国人沉湎于一种"雨过忘雷"（林则徐语）的闲逸中。只有极少数几个人感觉到事态的严重，或许中国正面临着一次亘古未有的灾变。1844 年，魏源刊行《海国图志》。这是一部功利主义色彩与华夏中心主义色彩都很浓的著作。尽管如此，他所综论的世界局势与提出的"以夷攻夷、以夷款夷，师夷之长技以制夷"的观点，依旧发聋振聩。在《海国图

---

[1] 徐光启：《西洋神器既见其益宜尽其用疏》，见《徐光启集》，上海：上海古籍出版社，1984 年版，第 289 页。

志》的基础上，1849 年徐继畬又刊行了《瀛环志略》，徐继畬以更诚恳、更客观的态度介绍西洋各国，甚至避免使用中国人已说得口滑、写得手滑的"夷"字。遗憾的是，《瀛环志略》没有《海国图志》影响那么大，这或许能够说明当时中国人普遍的接受心理。在绝大多数中国人的心目中，西方人依旧是"夷"，问题的关键是如何"尊夏攘夷"、"师夷制夷"。

鸦片战争以及随之而来的列强入侵使中国人对西方充满了敌意。这是以冲突方式进行的文化交流在所难免的。另一方面，客观地看，列强的入侵，也的确迫使中国人走出封闭的家园，踏上西去的旅程。1866 年（同治五年），清政府终于下定决心，派出了斌椿父子率领同文馆学生一行五人，作为中国的代表团出访欧洲，开了官方派人出洋的先河。鸦片战争之后去西方的中国人，大都留下了日记、游记。为我们今天了解当时中国人眼中的西方形象提供了宝贵的资料。

清政府派遣出去的主要是两类人。一是外交使节，一是技术人员（官员）。外交使节代表国家利益，所接触的一般也都是政界要员，他们多从城市、社交、政治活动和技术设施中看西方。作为中国第一个外交使团主要成员的志刚在其《初使泰西记》中，记下了美国外部大臣华尔特邀请各国使节参加的一次茶会，对"凡地球四面七、八万里之人，能于一夕一处相会"，大为感慨：

> ……届时而往，已有各国使臣及大员咸集，并有女客亦系各客内眷。逐一执手相见，因言：凡地球四面七、八万里之人，能于一夕一处相会，实为罕有。众宾无不欢悦。因思此等聚会，虽系西国之俗，而实具深意。盖总理各国事务者，时与各国亲信大臣聚首言欢，融为一气；无论潜消衅隙，即偶有抵牾，无不可尽之言，言无不可输之情，而连环交际，无非排解调处之人。是以各国之势，易于联属。此与人臣无外交之义，其用不同。（同治七年闰四月十三日）。

这只是中国使臣所参加的无数次聚会中的一次。但是，它却是具有象征意味的。"地球四面七、八万里之人，能于一夕一处相会"，其中就有中国人。

它说明中国已正式进入了世界关系体系。这对于中国人认识西方无疑具有划时代的意义。

另外一些带着具体的任务去西方考察的技术人员，则从实际的业务中看到了西方的特长。比如徐建寅在《欧游杂录》中记述访问德国基尔海军基地的情形，从军舰的仪器设备，鱼雷，铁甲等军事装备，到航行速度，以及船坞的情况，都有精确、翔实的记录。这种科学的实地考察，彻底打破了"地生羊"的神话。对于改变中国人对西方的印象，起到了巨大作用。通过这种考察，中国人才算切实地了解了西方文明的意义。

不管是外交使节，还是技术人员，他们在从事自己的工作之余，也亲身体验了西方的社会生活，因而留下了大量的对西方社会的见闻记录。徐建寅是这样描述乘"电梯"的感受的：

> 登楼不必由梯，有小房如亭，人坐其中，用压水柜机可以縋升上下。欲至某层楼，亭即小驻。跨亭而出，已登四层楼矣。

这种先进的技术对于中国人来说与黎轩眩人、"地生羊"一样地神奇而不可思议。但是，中国人毕竟是亲身体验，而且明白其原理了，这与想象中的怪物，不可同日而语了。

亲眼所见，亲身经验了西方社会的种种神异之后，中国人的内心起了很大的变化，中国的西方形象也变得日益复杂起来。"师夷"与"制夷"、"崇敬"与"敌视"、"接受"与"防范"、"变夷"与"变夏"，等等矛盾往往表现为激烈的论争，有时又表现在同一个人的内心，像刘锡鸿这样倾向于保守，心胸也不够开阔的人，一方面批评"西历不应天象"，说"西人测算之学号称最精，乃参差其日以为月，致一月之终始曰，与月魄绝不相符，命名曰月，其实则全乖矣。"而另一方面，也极赞英国政俗之美："到伦敦两月，细察其政俗，惟父子之亲，男女之别全来之讲，自贵至贱皆然。此外则无闲官，无游民，无上下隔阂之情，无残暴不仁之政，无虚文相应之事"（《英轺私记》），可见，在东西方文化碰撞交流的过程中，随着中国人对西方了解的深入，对于西方的看法，也在慢慢发生变化。

2. 始终是番鬼夷狄

虽然当时一些有远识的社会精英已经认识到"师夷之长"的重要性，但当时普遍的社会语境中，还是夷狄其邦、禽兽其人，将其妖魔化。我们从时人时文中，很容易摘出这样的"套话"：诸如夷人犬羊之性，贪得无厌，反复无常……见利则趋，见害则避；惟利是图，惟威是惧……遇事专论强弱，不论是非，强而无耻，狡而无刚；恃坚船利炮，恫吓要挟，用意殊险，为计弥毒……

在那个时代，最偏执也最愚昧的往往是最有知识的人，或者说饱读诗书的人。潇湘名士王闿运，在《陈夷务疏》中竟有这样的荒唐分析。他说西方人的火轮船是"至拙之船"，大炮是"至蠢之器"。船尚轻捷，可夷船没有煤火，就不能动；枪炮尚灵活，可夷炮笨重，不便搬运。世人皆以为洋船洋炮可慕可惧，王老先生独不以为然！[1]1865年，英国人赫德爵士向总理衙门提交了一份《局外旁观论》，一年以后，威妥玛也提交了一份《新义略论》，两份文件都建议清朝办洋务、变新法、经济世道、奋发图强，否则将有灭国之灾。恭亲王将这两份文件上奏，上谕大臣们就这两份文件所言悉心妥议，各抒己见。结果大臣们的相关奏折密陈，大多认为"夷酋"居心叵测，用语狂妄，不要因狡夷险语，一变至道之谋。

精英阶层鄙夷仇夷，多少也会影响到社会下层，这是所谓意识形态示范作用。鄙夷仇夷的文化偏见以正统形式在社会流传，构成一种主流意识形态，而且，奇怪的是，正是在这些受尽奴役的无知百姓中，中国天朝大国的观念才最根深蒂固。在乡民眼里，洋人不过是"半人半畜"的"倮虫人"。这又与番鬼红夷有什么区别？太平天国以拜上帝教起义，洪秀全自称是耶稣的胞弟。当他得知英国人拜上帝已有八、九百年了，便下诏给这些"西洋番弟"。

---

[1] 王闿运：《陈夷务疏》，见《湘绮楼文集》，第91—105页。《续修四库全书》，1568，集部，别集类，上海：上海古籍出版社，1995年版。

来往于加尔各答与广州之间的鸦片飞剪船

在太平天国的眼里，外国人不过是"不远千里而来归顺我朝"的番夷。四海之内皆兄弟，而兄弟是"番"弟，太平天国也是要奉行"天朝礼制"的。在金陵的天王宫挂着一幅"太平天国万岁全图"，从这幅图中我们可以得知太平军的世界观："中有一大方地，四周是洋海，地即中国；中又有国上方地，围有四墙，是为天京。香港没有存在，日本只是一个小点，北京也没有存在。在西北方有两小岛名为英吉利及法兰西。"太平天国像满清王朝那样要求英使按朝贡者的礼制觐见天王，英使只好借口不去拜会洪秀全了。

太平天国的世界观是有典型意义的。实际上由于宗教的联系，太平天国对西方人还是最为友善的。在大众中间，西方人是欺我中华、谋我国土的不共戴天的番鬼。半个世纪以后爆发的义和拳运动，就是这种仇外卑夷、忠君爱国观念的奇怪混合触发的。

番鬼化或夷狄化，是中国表述西方的一种话语传统。15、16世纪葡萄牙、西班牙、荷兰、英国人到南方海岸，中国就开始在华夏四夷的地理神话框架内"鬼化"他们。"佛郎机"、"红毛夷"，长身高鼻、猫眼鹰嘴、拳发赤须、诡服异行、烹食小儿……鬼话流传久了，连西方人自己也戏称自己"番鬼"，有位叫威廉·亨特的美国人写了一本书，记述19世纪初广州的西方人生活，书名就叫《广州"番鬼"录：缔约前"番鬼"在广州的情形》。西欧人到东南海疆，番鬼模样；俄国人到北方边境，在国人眼里，还是鬼模鬼样，被称为"罗刹"，东正教堂也被蔑称为"罗刹庙"。罗刹是佛教传说中的恶鬼，食人血肉，绿眼如灯，头大如斗。

"形象并不代表形象之外的任何东西"[1]。中国天下四方夷狄的世界观念秩序中被妖魔化的西方形象，一旦形成，就以某种似是而非的权威性左右着中国关于西方的"看法"与"说法"，为不同场合发生的文本提供用以表述西方的词汇、意象和各种修辞技巧，体现出观念、文化和历史中的某种权力结构，并开始向政治、经济、道德权力渗透。所谓中国的西方形象，不再是关于远国绝域的某个或某几个国家的知识，而变成一种象征，一个可以表现未知与恐惧、傲慢与自满的意象或词汇体系，诸如夷狄之邦，犬羊之性。

在想象的世界秩序中，西方被纳入外番夷狄，构成一个异己的世界，帮助中国人确定自己文化国家存在的位置与意义、切实性与安全性。文化自足傲慢的时代，可能将西方夷狄化，其中有满足与坦然，文化危机的时代，也可能越发强化西方的这种夷狄形象，掩盖或缓解恐惧与焦虑。总之，中国的西方形象是中国创造的西方，它与其说明西方，不如说明中国自身。它是想象关联的，相对独立于现实并试图对现实发挥影响。

3．蛮夷之地，无可同情

1876年12月1日傍晚，郭嵩焘在上海虹口码头登上英国 P&O 公司的邮船 Travancore 号，于当晚12点准时启航。中

清廷第一任驻英大使——郭嵩焘（1818—1891）

---

[1] James Hillman, *Archetypal Psychology: A Brief Account*, Spring Publications, Inc, Dallas, Texas, 1981, P6.7.

国第一任驻外公使郭嵩焘的使西历程，从此开始了。

原计划郭嵩焘一行乘法国轮船一个月以前启程，推迟行期，是使团翻译马格里的主意。他坚持中国公使要搭乘英国轮船，别有一番用意。他在自己的旅行日记中解释：搭乘英国轮船，从上海到南安普敦，沿途停靠的港口，香港、新加坡、锡兰、亚丁、马耳他、直布罗陀，全是英国的殖民地。这样，中国使团每见到一块陆地，必见到英国国旗，得出印象一定是，全世界都是大英帝国的，大英帝国就是全世界。[1]

全世界都是大英帝国的，大英帝国就是全世界。让一位出洋的天朝官员形成这种印象，马格里爵士可谓用心良苦。当年利玛窦到中国，发现中国人想象的中国那么大，几乎容不下世界，想象的世界又那么小，几乎容不下西方。如今马格里想让中国人发现，世界如此广大，七万里波涛，却不出英国，天下就是大英帝国，大英帝国就是天下。将祖国当作世界，是一种独特的帝国幻觉，不独中华帝国有，大英帝国也曾有，当今的美国新帝国主义想象中，同样有。问题不在于是否有这种心态或幻觉，而在于这种幻觉离现实有多远。

大英帝国日不落，郭嵩焘的印象还真是这样。50多天的航程中，郭嵩焘感慨良多，见过到过的英国殖民地，已经跨越了半个地球。世界广大、新奇不穷且不说，从上海到伦敦，凡西方人所在，政教修明，足够让人震惊。郭嵩焘将自己的旅行日记寄回国内，作《使西纪程》刻印，夸饰英国"政教修明"、"环海归心"，一时引起轩然大波。

在国人的心目中，西方蛮夷之地，西方人犬羊之性，原本无可同情，更不必说羡慕了。郭嵩焘受命出使英国，朝野一片哗然。办夷务已是迫不得已，士人不屑；使夷邦更是奇耻大辱！朝中士林冷嘲热讽，传出这样的赠联："出乎其类，拔乎其萃，不容于尧舜之世；未能事人，焉能事鬼，何必去父母之邦！"家乡父老群情愤慨，几乎烧了长沙城里郭嵩焘家的房子。郭嵩焘顶着压力出使，《使西纪程》又引起更大麻烦。翰林院编修何金寿上书弹劾，朝廷下令

---

[1] J.D. Frodsham, *The First Chinese Embassy to West*, Oxford：Clarendon Press, 1974, "Introduction.

郭嵩焘日记手稿。图中"二十日"下最后一句原文为："中国之不能及，远矣！"到编写《使西纪程》手稿时，为避免过度刺激国内士大夫，则改为："足知彼土富强之基之非苟然也。"

毁版，不久郭嵩焘也被撤回，罪名是有伤国体，诸如天寒外出，披了洋人的外衣，冻死事小，失节事大；见巴西国主，擅自起立致敬，有损天朝尊严；听音乐会，索取节目单看，仿效洋人。当然，还有一些小节，诸如让洋人画像，与洋人握手，带夫人出席洋人的宴会之类。

郭嵩焘真正开罪国人的，不是小节行为，而是大胆议论。郭嵩焘在《使西纪程》、《伦敦与巴黎日记》等著述中，盛赞西方的民主制度、现代教育与科学，所谓"西洋立国以政教为本"……在当时的中国，如果赞叹西方富甲天下，船坚炮利，尚不会引起人们太多的反感。夷人奇技淫巧，不足以动摇国人的文化自信，所谓"立国之道，尚礼仪不尚权谋；根本之图，在人心不在技艺"。盛赞西方政教人心修明美善，

就大逆不道了。华夏天下，礼教国家，是朝野人士唯一可以自恃自傲自卫自慰的，动摇了这一点，就动摇了国人的信念基础。郭嵩焘的观点言论，恰好动摇了这一点，中国处处不如人，从器物制度到学问人心。多年以后梁启超回忆起这段事时说："光绪二年，有位出使英国大臣郭嵩焘，做了一部游记。里头有一段，大概说：现在的夷狄和从前不同，他们也有二千年文明。嗳呦！

可了不得。这部书传到北京，把满朝士大夫的公愤都激动起来了，人人唾骂……"[1]

有伤国体的真正含义，是有伤国人的观念。在国人眼里，西方人即使富强，也不过是些诡服异行的野蛮人，所谓"夷"、"外夷"、"逆夷"、"洋夷"、"夷人"。中国人即使屡遭战败，屡受屈辱，也不失天朝上国的尊严与体面。将西方夷狄化，事关重大。它不仅关系到国人世界观念秩序的安全，也关系到国朝政治秩序的安全，因为夷夏传统已成为天朝统治的合法性基础。动摇了中国四夷的观念秩序，同时也就动摇了满清皇朝的合法性，尤其在大敌当前，灾祸连绵、战则丧师、和则辱国的艰难时刻，就更不容动摇。郭嵩焘不见容于天下，可想而知。

流俗以西方为夷狄之邦，犬羊之性，郭嵩焘却敢冒天下之大不韪，不仅说"夷狄之民，与吾民同"，而且，更有甚者，说在西方眼里，中国才是夷狄，这样，自然就触犯了众怒。林语堂曾经分析过中国人的文化优胜的偏见："在中国人的眼里，中国的文明不是一种文明，而是唯一的文明，而中国的生活方式也不是一种生活方式，而是唯一的生活方式，是人类心力所及的唯一的文明和生活方式。"[2]

4．知识与观念的不平衡

且不可高估郭嵩焘同时代中国人的西方知识，尽管此时洋人洋货已深入中国内陆，斌椿、志刚、张德彝等已经出洋，坊间可见《初使泰西记》（志刚）、《航海述奇》（张德彝）等著作，但流行的西方形象，仍是中国四夷传统内的夷狄形象。在此我们可以发现两种不平衡，一是知识与观念的不平衡；二是物质生活与文化观念的不平衡。

所谓知识与观念的不平衡，指的是特定时代社会中，新知识已经出现，但并没有广泛传播并改变人们的流行观念。新知识成为奇谈怪论，旧观念我

---

[1] 梁启超：《五十年中国进化概论》，见《申报五十周年纪念文集》。
[2] 林语堂：《中国人》，杭州：浙江人民出版社，1988 年版，第 30 页。

行我素。因为这种旧观念是作为一般社会意识形态或"常识"存在的，具有相当的稳定性与包容性。所谓物质与观念的不平衡，是指同一种文化类型的影响冲击，往往在物质层面与精神层面上是不平衡的，特定时代可能在物质上崇洋在精神上鄙洋甚至仇洋。不仅文化结构与价值的改变大大落后于物质的改变，而且，同一社会中物质趋向与文化趋向还有可能相互矛盾。我们发现，中国社会物质生活层次上的崇洋风早在 1870 年代就已经出现，而文化价值上的鄙洋风直到 1890 年代依旧存在。

郭嵩焘出使英国的时候，鸦片战争发生已经 30 多年了。后世觉得不可思议的是，当年鸦片战争失败，朝野人士竟无动于衷，用林则徐的话说，是"大有雨过忘雷之意"。实际上，这并不是纯粹因为愚昧麻木，而是因为一种特殊的文化优胜心态。从林则徐感慨到郭嵩焘出洋，35 年过去，国人已经知道，世界广大，天朝并不际天极地；西方强盛，商贸器物，无不胜出中华。但是，即使明白这番事理，人们心目中的西方形象，依旧是鬼夷模样。流行观点认为，鸦片战争后中国开洋看世界，认识西方，走上艰难的现代化历程。实际上，就认识西方而言，不论在观念形式还是历史时间上，这种判断都存在着偏差。

观念是有惰性的，中国人的西方形象的改变，没有那么早也没有那么容易。第一次鸦片战争结束不久，魏源的《海国图志》（1842）、徐继畬的《瀛环志略》

满清格格与西洋太太互换装扮

（1848）就出版了。这两本介绍西方地理人文的书，在当时社会朝野间究竟有多大影响，尚值得怀疑。康有为"渐收西学之书"，其中包括《海国图志》与《瀛环志略》，为讲授西学做准备，已经到了1885年。[1]1890年，梁启超入京会试，返程途经上海，"从坊间购得《瀛环志略》读之，始知有五大洲各国。"[2]此时距《海国图志》与《瀛环志略》出版，已近半个世纪，如果这类书与这类书所介绍的知识多少已普及，像康有为、梁启超这样博学敏感的读书人，不可能在蒙学过程中一点都不知道。

晚清社会真正开洋看世界的时间，从朝廷到士林到民间，至少应该比一般理解的推迟半个世纪。这是时间问题，另外，一两本书出现，可能只代表着一种奇谈怪论，不会改变一般的流行观念。通常情况下，人们不是通过一种新知识认识世界，而是通过一种固有的、带有坚固的文化价值的"世界观"认识世界。这种世界观是意识形态化的，由一些似是而非的"常识"与"传说"构成，它排斥新知识，也"消化"新知识，新知识作为一种"想象兴奋剂或调味品"被纳入旧有的世界观框架。晚清中国社会，一边是关于西方或世界的新知识出现，一边是中华四夷的旧观念依旧流行，如果有人想了解西方，很容易找到适合的西学读物，但是，在绝大多数人的头脑中，世界还是中国中心至大，四夷偏远渺小，与利玛窦见识的中国人的世界观差不多。

两次鸦片战争，并没有在观念上将中国人打醒。这一阶段最让国人担忧或振奋的，不是海疆不靖，而是"发捻之乱"，即太平天国与捻军起义。所谓"发捻之乱"平定之后，"洋夷"已从海疆之忧酿成腹裹之患。朝廷士林感觉，如今"洋务"或"夷务"成了要务，非办不可了。鸦片战争以来，天朝一败再败，一辱再辱。本来西方人来，只是要贸易，一场鸦片战争打下来，西方人不仅可以贸易，还额外获得一块"割地"。第一次鸦片结束签署了南京条约，本来西方人只想履行条约，不料清朝当局阳奉阴违，战事再起，第二次鸦片战争结束，西方人不仅可以自由出入贸易，还可以自由贩卖"洋药"自由传播"洋教"，并且把"夷使"派到紫禁城下长住。过去中国人不肯平

---

[1] 康有为：《康南海自编年谱》，见《戊戌变法》（四），上海：神州国光社，1953年版，第112—116页。
[2] 梁启超：《三十自述》，见《戊戌变法》（四），上海：神州国光社，1953年版，第49页。

等对待西方，如今西方不肯平等对待中国；过去中国人蔑视西方人，夷狄禽兽，如今西方人蔑视中国人，野蛮或半野蛮。

同治中兴的一个重要任务就是办"洋务"，而办洋务必先知"夷情"。朝廷相继派官员出洋，出洋者也在写游历见闻，但这些活动这些文字，究竟有多大影响，未必可知。同治年间朝野对洋人洋务的看法分为两派，一派为洋务派，主张办洋务通夷情，练兵制器，借法自强；另一派为保守派或清流派，主张断洋货、拒洋人、明夷夏之防，自强在人心不在器技。这两派对洋人洋务的态度虽然迥然不同、水火不容，但内心深处的西方形象，却差别不大。洋人不过夷狄，夷情狡狯，兵法诡秘，和约洋务不过是迫不得已。所谓"庚申必应和约、现在必应羁縻、将来必应决裂"[1]，购置洋器、西法练兵、富国强国，最终的目的不是与西方交通，而是驱逐外夷，重建天下一统。

办洋务是与敌周旋，通夷情是知悉敌情，有如此多的敌意，又如何认识西方？中国起先无意了解西方，后来有意了解西方，却无诚意，而且，更有甚者，无诚意而有敌意。了解西方，无诚意而有敌意，不仅妨碍了国人对西方的认识与对自己的认识，而且始终妨碍着西方形象的"人化"。朝野间始终将西方当作敌人强盗，这一点与日本面对西方的诚意完全相反，于是，同治中兴与明治维新，一败一成，效果也完全相反。

西方人在中国，摆不脱那番夷狄番鬼模样，天朝也始终迈不开真正变法自强的步子。郭嵩焘当年"极意夸饰"西方"法度严明、仁爱兼至、富强未艾，环海归心"[2]。朝野清流恼羞成怒。眼见洋务运动购船买炮的富国强兵计划失败了，郭嵩焘1891年去世，中法战争已经发生，甲午战争即将到来，去世前不久，郭嵩焘悲痛地说："吾在伦敦，所见东西两洋交涉利害情形，辄先事言之，……而一不见纳。距今十余年，使命重叠，西洋情事，士大夫亦稍能谙知，不似从前之全无知晓。而已先之机会不复可追，未来之事变且将日伏日积而不知其所穷竟，鄙人之引为疚心者多矣！"[3]

---

[1]　《奏陈驱逐洋人之法六条》，见《同治朝筹办夷务始末》第64卷，第2页。

[2]　李慈铭评《使西纪程》，见李慈铭：《越缦堂读书记》，中册，北京：中华书局，1963年版，第482页。

[3]　郭嵩焘：《玉池老人自叙·续记》。

5. 洋药与洋教

朝野对西方无诚意有敌意，不仅使中国的西方知识固陋，也使中国的西方形象丑陋。知识与观念的不平衡是一回事，物质生活与文化观念的不平衡是另一回事。洋枪洋船曾使林则徐等大为震惊羡慕，徐继畲也曾盛赞英国"强而富"、法国"文采精丽"。洋务运动大量购买洋货，一时间洋纱、洋糖、洋靛、洋钉、洋药、洋教日渐深入普及中国，甚至在国内某些地方出现一种物质生活上的崇洋时尚。郭嵩焘发现国人日日沉浸于鸦片，恬不知耻，实在不可思议。该禁的不禁，不该禁的要禁。西方的钟表玩具、呢绒洋布，都成了家中宝贝，却惟独容不下铁路电报之类现代设施。西方人修好的吴淞铁路，因为激起民愤，被大清的官员买下拆毁了。"……中国人心有万不可解者。西洋为害之烈，莫过于鸦片烟，英国士绅亦自耻其以害人者，力谋以禁绝之。中国士大夫甘心陷溺，恬不为悔，数十年国家之耻，耗劫财力，毒害生民，无一人引为疚心。钟表玩具，家皆有之，呢绒洋布之属，遍及穷荒僻壤。江浙风俗，至于舍国家钱币而专行使洋钱，且昂其价，漠然无知其非者。一闻修造铁路电报，痛心疾首，群起阻难，至有以见洋人机器为公愤者……蒙不知其何心者。"[1]

中国烟民

[1] 《养知堂书屋文集》，第 11 卷，第 1-2 页，见《续修四库全书》，1547，集部，别集类，上海：上海古籍出版社，1995 年版。

鸦片乃洋祸之源，当年国人也曾痛心疾首。禁烟引起鸦片战争，可是，鸦片战争之后，鸦片更加泛滥，朝野却对禁烟无动于衷了。第二次鸦片战争使贩卖鸦片与基督教传教合法化，于是，洋药之外，又加了一个洋教问题。国人似乎对洋教比洋药更敏感、更愤怒。为什么举国汹汹，要禁洋教，却对禁洋药无动于衷？

鸦片战争之前，国人感觉洋祸在洋药，中国与西方的冲突在贸易之争；鸦片战争之后，国人感觉洋祸在洋教，中国与西方的冲突在教义之争。在朝廷士大夫看来，夷人传教，流毒最宽，贻祸最久。首先是对礼教秩序的冲击，基督教只顺上帝，不孝父母，数典忘宗、弃伦灭理；其次是对政治秩序的冲击，基督教扶植愚民、蔑视朝廷、犯上作乱，人还是中国之人，心却已是夷人之心了。在民间百姓看来，传教士行踪诡秘，言谈怪诞，他们强占土地，干涉诉讼，支持教民为非作歹。总之，洋药害人，洋教害人更甚；通商之弊小，传教之弊大。鸦片战争之后，教案不断，有民间冲动，也有官方诱引姑息。

广东和平县的传教士和他的信徒，约拍摄于1881–1890年间。

英人既以鸦片毒中国，复以耶教诱良民，朝廷百姓，一时都有排教仇教情绪。晚清流行的有关西方的负面形象，也多跟基督教相关。朝廷士大夫的观点态度，我们很容易从当时的各类文本中得到，所谓洋教败坏民风、有碍吏治、污染渐深、流毒日广、居然异类、隐然敌国之类的言论，比比皆是。民间的想法看法，虽然没有直接的文字记录，从接连不断的教案中，也不难猜得出。天津教案爆发，朝廷委派曾国藩全权处理，曾国藩仔细调查教案起因，原来尽出于一些民间谣言，诸如教堂用障眼法、迷魂药，诱拐人口、奸淫妇女、杀害儿童、挖眼剖心……分析这些谣言的起因，原来都是捕风捉影、无中生有。愚民多疑，看到教堂终日大门紧闭，就开始猜测传言其中一定有不可告人的秘密；洋人的房子均有地窖，隔潮储物，国人没有这个习惯，就猜想其中一定有阴谋罪恶；看到教民进入教堂，不知在教堂内干什么，又久久不出来，就怀疑被教士谋害了；看到教堂施入教洗礼，更觉得不可思议，怎能把活人按入水底？教堂也为人看病，外科手术让小民联想起挖眼剖心……谣言越传越玄，疑虑越想越深，最后是某个不法教民拐卖人口，事发后逃入教堂，流传已久的谣言似乎被证实了，激起民变。[1]

　　鸦片战争前，国人仇洋，主要在仇洋药；鸦片战争之后，国人仇洋，主要在仇洋教。耶教邪教，惑人害命，败伦乱纪……民间有关基督教的邪恶想象，在晚清社会非常普遍，不独天津教案一例。被誉为开洋看世界的先驱魏源在《海国图志》也如此描绘基督教："受教者先令吞丸一枚，归则毁祖先神主，一心奉教，致死不疑。有泄其术者，服下药，见厕中有物蠕动，洗视之，则女形寸许，眉目如生，诘之本师，曰：'此乃天主圣母也。'凡入教人病将死，必报其师。师至，则妻子皆跽室外，不许入，良久气绝，则教师以白布囊死人之首，不许解视，盖目睛已被取去矣。"同治元年的《天主邪教集说》描绘西俗"无异于禽兽"："父死子可娶母，子死父可娶媳，亦可娶己女为妇。每七日一礼拜，……群党喃喃诵经。事毕，互相奸淫以尽欢。"[2] 士林言论，

[1]　《奏陈查明津案大概情形》，见《曾文正公奏稿》第29卷，《续修四库全书》，500，史部，诏令奏议类，上海：上海古籍出版社，1995年版。

[2]　转引自周积明文：《晚清西化（欧化）思潮析论》，载《天津社会科学》，2002年第1期。

与民间谣传相差不远。有关洋教的邪恶形象，不独在民间流行，上至朝廷，下至百姓，谣言毁谤、猜疑仇恨，大致相同。最终酿成义和团，要杀洋人、灭洋教，绝非偶然。

义和团排教灭教，是中国朝野鄙夷仇夷情绪的总爆发。团民设坛烧香、画符念咒，毁铁路、砸海关、拔电杆、封邮局、杀洋人、灭洋教，逞一时之快；朝廷昏聩，也想借这些"天兵天将"，将"外夷"赶尽杀绝，解多年心头大患。结果是义和团没有能够排外灭洋，反而引得西方列强联合大举进犯，义和团一哄而散，朝廷仓皇出逃。民误国，官也误国。

1900年10月，八国联军进驻北京后不久，美国传教士、同文馆馆长、后来的京师大学堂总教习丁韪良回到美国，在纽约港上岸的时候，身上还挎着一杆长枪。

"你一定是从哪里打猎回来了？"替他搬行李的男孩好奇地问。

"是的，从亚洲，大海的那一边。"丁韪良回答。

"打的什么猎物？"

"老虎，喔，应该是鬣狗"。

起初是国人不肯平等地对待洋人，后来是洋人不肯平等地对待国人。"鬣狗"（hynenas）这个词，在英语中还有另一个意思，指凶残、阴险、贪婪的人。如今是洋大人将天朝百姓夷狄化了。丁韪良在他的著作《北京之困：中国对抗世界》一书的"致读者辞"中写到这段轶事[1]，虽然只是个恶意的玩笑，其中却不自觉地流露出特定的文化偏见。国人将洋人人化神化的同时，洋人也开始将国人鬼化兽化。留辫子、打阳伞、猪眼、大肚子、狡猾的笑容、动作呆板、吃老鼠、抽鸦片、撒谎偷窃的中国人形象，被固定为集体想象中的某种"原型"，统称为"中国猪"。

---

[1] W.A.P.Martin, *The Siege In Peking: China Against the World*, New York: Fleming H.Revell Company, 1900, P7.

6. 在西方的镜子中反观自身

改造世界必先改造关于世界的观念。随着对列强战争的屡次失利，国势颓丧到极点，无异于覆亡，再荒唐的人也无法相信天朝上国与远夷番鬼之说了。中国传统"天下"观念秩序已几近崩塌，越来越多的中国人试图在西方文化体系中寻求理解世界、改造世界的观念模式。在西方文化体系中，进步与停滞是一对核心概念，它为现代性提供了自我确证的时空向量。进步是全人类的普遍命运，人在历史的进步中创造文明，甚至进步就是文明本身，停滞无异于自绝于文明。接受这一对核心概念，是中国的现代化运动的精神起点。

但进步／停滞不仅是一种知识秩序，它还代表着权力体制。它不仅是一个线性的时间观，而且可将讲空间代入时间，世界不同地区被纳入一个等级秩序中。不同民族文明的意义和价值要在历史进步中去理解，所有民族和国家，都必须在历史中确认自己的位置，然后才在世界的共时格局——即文明、野蛮的等级秩序——中找到自己的位置。这种世界秩序是以西方为中心的，西方是进步的主体，西方是文明进步的，而东方则是野蛮停滞的。从东方到西方代表了时间上从过去到现在，从野蛮到文明。中国位处远东，是最黑暗的国度，停滞于历史的原点，全年不变，存在于历史之外。

中国的现代化首先认同了一般意义上的进步观念，然后才认同西方进步与中国停滞的观念。第一步中国只接受了一种世界观念，第二步中国则接受了观念中特定的世界秩序与该世界秩序中西方与中国的关系。从传统的华夏礼治世界秩序到现代西方的进步／进化世界秩序，中国文化观念的转型具有相当的戏剧性。如果沉浸在天不变，道亦不变的传统文化的道德圆满中，中国根本不会理会中西冲突的现实与现实背后的理念：西方／进步与中国／停滞。甚至可能将西方关于中国停滞的否定性的批判当作肯定性的恭维，因为千年不变的停滞恰好说明中国文明的永恒性。只有认同西方的进步观念，才会将文明的停滞当作一种缺陷，并开始革新的现代化历程。我们是在这个意义上理解进步与停滞是一对核心概念作为中国现代化文化的精神起点的。

"同治中兴"外改革，内复古，器物上的一些局部变革是为了保持制度与文化上的不变。停滞尚不为耻。但那个时代最敏锐的思想已经意识到，进步是合理的，历史的必然，停滞是文明的污点。这是接受现代西方进步——进化观念的开始。王韬一面主张孔道不易，一面又主张"穷则变，变则通"，而且认为中国历史是不断变通的，"泰西之士尝阅中国史籍，以为五千年来未之或变也。夫中国亦何尝不变哉！"[1] 王韬认同了西方的进步／进化的观念，但不接受中国停滞，王韬的"中国之变"辩解是不能奏效的。因为变化不等于进步，也可能是像黑格尔所说的，在激烈的动荡中重复庄严的毁灭，或者马克思所说的，不管其政治变化多么剧烈多么频繁，其"社会状况却始终没有改变"。实际上证明中国历史不断变通，既不能反驳停滞论，又不能确立进步观，因为仅仅变化可能只是没有终极目标的历史循环或有终极目标的复古主义。鸦片战争以来半个世纪内忧外患，失败与耻辱感终于动摇到中国人的世界与历史观念。以天朝帝国为核心的永恒不变的华夏天下秩序，被世界各民族激烈的生存竞争的进化秩序所取代。观念对社会变革的冲击力往往并不亚于一场战争。承认中国文明的停滞以及中国文明由于停滞在世界文明的进程中已从文明堕入野蛮，是一件非常令人沉痛的事。康有为在《上清帝第五书》中说："夫自东师辱后，泰西蔑视，以野蛮待我，以愚顽鄙我。昔视我为半教之国者，今等我于非洲黑奴矣。昔憎我为倨傲自尊者，今则侮我为聋瞽蠢冥矣。按其公法均势保护诸例，只为文明之国，不为野蛮，且谓剪灭无政教之野蛮，为救民水火……"[2]

从"同治中兴"到"戊戌变法"，中国思想界不仅接受了进步观念，也接受了西方进步、中国停滞的观念。进步与停滞是同一概念的正反两面，既意味着一种世界知识秩序，又意味着一种世界权力秩序。进步使西方从野蛮迅速发展到文明，停滞使中国从文明不知不觉地落后到野蛮。承认中国停滞与落后，认同西方的进步与进化，这是中国现代化历程的精神起点。现代化概念中就包含着进步的意义，现代化既表现一种特定目标下历史的进程，又表现出历史进程中不同阶段，古代到现代的价值取向。天朝帝国已不可能故

---

[1] 王韬：《变法》，《弢园文录外编》卷一，北京：中华书局，1959 年版。

[2] 康有为：《上清帝第五书》，见《康有为政论集》上册，北京：中华书局，1981 年版。

步自封，必须在人类进步的普遍历程中与其他民族一道竞逐富强。1895年甲午海战爆发的时候，严复开始翻译《天演论》，1898年戊戌变法开始，《天演论》出版，中国找到了表达他们思想的理论体系——社会进化论。

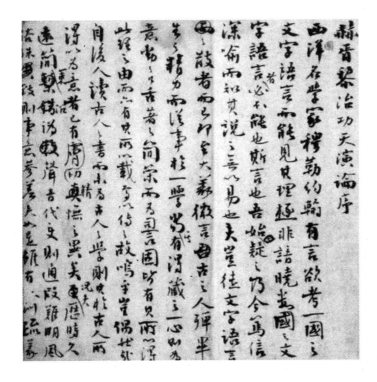

严复《天演论》手稿

西方现代化的进程首先是思想革命，然后是制度，最后是器物革命（工业革命）；中国接受西方影响开始的现代化，历程与西方正好相反，这三次革命的顺序颠倒过来，首先是器物革命，然后是制度从改革到革命，最后才是从戊戌变法开始到五四运动达到高峰的思想文化革命。在思想文化的革命中，西方的历史发展观念从启蒙运动的进步到19世纪社会达尔文主义的进化，中国接受西方现代文明的历史观念，顺序也颠倒过来，从进化到进步。

中国在民族危难之机，接受了西方朝着未来特定目标在线性时间中发展的进步史观中最激进、也是最保守的形式——进化论。严复认识到，中西文明的根本区别即在进化观。"尝谓中西事理，其最不同而断乎不可合者，莫大于中之人好古而忽今，西之人力今以胜古。中之人以一治一乱，一盛一衰为天行人事之自然，西之人以日进无疆，既盛不可复衰，既治不可复乱，为学术政化之极则。"[1] 严复将一部批判斯宾塞的著作"译成"一部宣扬斯宾塞进化论的著作，发现进化论不仅是一种认识世界的知识还是一种可以指导中国自强保种的价值观和行动纲领。其中既有严酷得让中国人惊醒的宿命论，又有高昂的让中国人奋斗的激进主义。物竞天择，适者生存，一方面是弱为强肉、愚为智役，劣种灭而优种存爪牙用而杀伐行的残酷，另一方面则是沉毅用壮、自由竞逐、天道运会，自强不息的乐观。进化论不仅可以说明现实、唤起奋争，而且还可以在西方最现代的理论与中国古老的道家哲学之间，找到可理解的共通点：天地不仁，以万物为刍狗。[2]

改造中国传统的世界观念的，是西方现代的以进步为核心、以西方与东方、文明与野蛮划分各民族国家等级秩序的世界观念。在空间中，中国必须重新认识世界秩序，承认民族国家组成的世界以及在这个世界中西方列强的优势；在时间中，中国必须重新认识历史，接受进步的观念与中国落后的事实，相信未来总优于过去，人类通过财富与知识的积累、民主与自由的实现，逐步走向幸福。任何一种历史观念都意味着一种相应的价值观念。西方现代文明的优越不是因为它是西方的，而是因为它是现代的。如果我们依旧相信古代优于现代，现代化就没有意义了。思想文化的革命最后开始。康有为的"三世说"已超越了治乱变通的历史循环论，明显具有普遍历史的进步／进化观念。康有为是否读过《天演论》，仍是一个学术公案[3]，但"三世说"显然受到进化论的影响。保皇者康有为在进化论基础上提出三世说，革命者孙中山在进步／进化论基础上将人类历史分为四个时期：洪荒、神道、君权、民权。[4] 孙

---

[1] 严复：《论世变之亟》，见《严复集》第一册，第1页。

[2] 严复多次表示老子之说"独与达尔文、孟德斯鸠、斯宾塞相通"。详尽论述见（美）本杰明·史华兹：《寻求富强：严复与西方》，叶凤美译，南京：江苏人民出版社，1995年版，第4、10章。

[3] 汤志钧《戊戌变法史论丛》（第129页）提出康有为"三世说"提出"应该在一八八六年以后，实系深受严复译赫胥黎《天演论》的影响"。康有为《康南海自编年谱》中自述，他1884年已"以三世推将来"。1887、1890、1891年他又多次提到三世说，都在严复翻译《天演论》之前。梁启超说康有为三世说"在达尔文主义未输入中国以前，不可谓非一大发明也"。康有为的自述可能是真的。梁启超的赞誉就未必属实。早在《天演论》翻译出版之前，达尔的学说已传入中国。在华传教士的《格致汇编》1877年《混沌说》一文就开始介绍达尔文的生物进化论。1884年同文馆出的《西学考略》介绍的更详尽。而此时严复已开始宣传斯宾塞的社会进化思想。

[4] 《孙中山选集》，北京：人民出版社，1956年版，第160页。

中山的四个历史时期的发展观中启蒙主义的进步思想已经压倒了社会达尔文主义的进化论，为从改良到革命提供了历史观念上的过渡的可能。在进步／进化论上，改良派与革命派的观点都是相同的，所不同的是中国社会的进化方式在此危难之机，应该选择渐进还是激进。

中国在现代化运动的起点上不仅认同了进步观念，而且认同了西方的进步与中国的停滞。西方用中国文明作为"他者形象"完成自身的文化认同，中国也将西方文明作为"他者形象"认同自身。所不同的是，西方文化在认同自身时，没有一种体现话语霸权的"异域形象"塑造他们的视野，而中国在传统的"天下"秩序崩溃之后，已失去自身理解世界的观念模式，它所进入的有关世界秩序的话语系统完全是西方的，不仅包括西方文明自身的知识与价值，还包括西方的"中国形象"。这样，中国在西方话语系统中完成的文化认同，很可能认同的不是中国文明自身，而是西方的中国形象，世界历史的原则是进步／进化，西方文明正在进步／进化，代表着人类发展未来的肯定性方向，中国文明久已陷入停滞，代表着被否定的过去。这是一个知识与价值系统，意味着文化霸权，因为它为世界提供了一种西方中心主义秩序；同时它也是一种神话或意识形态，意味着政治霸权，因为它将野蛮征服等同于文明启蒙，为民族国家成为帝国提供了"正义"的根据。中国开始面对西方冲击变法维新时，它面对的不仅是西方的政治霸权，还有西方的文化霸权。

中国文明陷入停滞，在中国已达成无人争议的共识。改良派与革命派的冲突在于如何摆脱停滞，保守派与革新派的冲突在于要停滞还是要进步，他们观点分立，但前提同一，都假定中国文明的停滞。西方的中国形象开始塑造中国的中国形象。面对西方这种强势的世界化扩张，东方不同文明类型的反应是不同的。西亚、中亚的伊斯兰文明与南亚的印度文明，在经济体系上被轻易并入西方文明的世界秩序，但在观念上却拒不承认这一秩序。东亚华夏文明始终拒绝这一西方中心主义世界经济—殖民体系，但在观念上却彻底接受了西方文化的世界秩序与价值，其核心思想即认同西方的进步／进化观念并承认东方的停滞。1896年梁启超论"不变法之害"时，已将中国与印度的守旧相提并论，1912年的"中国立国大方针"在"物竞公例，惟适乃存"

的社会进化论普遍原则下分析西方"三百年来一日千里，我则二千年间凝滞不前，遂乃主客殊形，强弱易位"。[1] 变法失败，进步／进化的环节从变法到革命，在革命将进步／进化极端化的同时，中国认同中国文明停滞的西方的中国形象，也极端化了。《新青年》第 6 卷第 1 号发表鲁迅的《随感录四十二》，鲁迅说起初听英国医生将中国人称为"土人"还有些"不舒服"，因为"土人"就是野蛮人，"不免有侮辱的意思"，但仔细想想，也有道理，毕竟都是事实，毕竟"所谓国粹，没一件不与蛮人的文化恰合"，也就只好承受了，"实是别无办法"。

7. "进步"观念中的陷阱

中国接受了西方进步／进化的观念与西方的"停滞的文明"的中国形象，并将其作为整个现代化运动的精神起点。它既为中国的现代化展示了某种光辉灿烂的前景，又为中国的现代化运动埋伏下致命的文化陷阱。启蒙进步史观将中国固定在空间中，进步是西方的历史，停滞是东方宿命。社会进化论是西方帝国主义时代的意识形态，它设定的世界秩序是由种族的等级性秩序构成的，进化是其形式，竞争是其动力，优胜劣汰是其结局。社会进化论为革新者所用，对中国传统文化极具破坏力与革命性，然而，它也是一柄双刃剑，作为西方帝国主义时代的意识形态，社会进化论既给中国一种激进的社会革命力量，又从根本上否定了这种力量的历史作用。进化的主体是种族。作为种族，中国如果不自觉自强，就会被作为劣等民族淘汰，有"灭种"之灾，可是，在西方社会进化论的世界秩序中华族又被视为劣等民族，无法与西方优等民族并立争，注定要被淘汰。所以，社会达尔文主义对中国既是激进的，又是宿命的，它在现代化进程的起点上，为中国提供了自觉自强的力量与可能性；但在终点上，又设置了灾难性的结局。

中国的现代化运动在文化启蒙的起点上接受了停滞／进步话语，其中的

---

[1] 梁启超：《变法通议》，载《时务报》1896 年 8 月 19 日版，见《饮冰室合集·文集》之二十八，北京：中华书局，1989 年影印本。

背景、前景，问题与困境，也都在这个起点上设定了。中国变法自强、启蒙革命，在政治经济军事上，它要求独立而且与西方对立，但在文化观念上，却与西方同一。而且，二者之间，一方面分立一方面趋同的矛盾，不仅没有缓和，反而逐渐激化。现实是，现代的就是西方的；而中国追求的是，现代的但不是西方的。中国的现代化运动在文化观念上陷入了两个相互关联的二难境界中，中国与西方、传统与现代，或此或彼，而且中国的就是传统的，西方的就是现代的。

西方有关世界秩序的话语系统，为中国的现代化进程设置了致命的文化陷阱。超越这一陷阱就成为中国现代化的文化情结。自强文化的动机将导致自灭文化的结局。文化保守主义复活的同时，新兴的马克思主义也出现了。实际上大家都想超越同一种困境，超越停滞与进步、传统与现代、中国与西方的二元对立的二难境界，建立一种既非现代的又非传统的，既非中国（传统）的又非西方（现代）的中国现代文化。启蒙主义将中国冻结在历史的起点上，进步也无法超越地理环境的宿命，进化论为中国昭示了在种族竞争中优胜的可能，同时又将中国人当作卑劣的黄种人锁定在世界的种族等级秩序中。如果我们没有忘记中国的现代化运动的动机是西方的冲击，中国的停滞、专制、腐败、贫困，都是比较西方而言，从这个角度社会进化论作为中国现代化运动的观念基础，就有致命的缺陷，它既是革命的，又是宿命的，中华民族可以参与世界竞争，但注定无法优胜。

必须选择另一种意识形态，超越停滞／进步的话语系统为中国现代化进程设置的陷阱。

中国从死寂的僵化到剧烈的动荡，共和取代了帝制，军阀混战又撕裂了共和，用社会进化论武装起来的中产阶级民族革命，导致社会普遍的激愤与幻灭感开始蔓延。在普遍认同的观念中，中国曾经停滞是确定的，必须进步也是确定的，不确定的只是选择哪一条道路。五四前后西方各种思潮涌入中国，激进有多种激进，保守有多种保守，但社会进步总是大多数人的共识，分歧只在渐进与急进。当年的变法领袖变成保守派，新兴的革命者扮演激进派，陈独秀与康有为争论开始的时候，李大钊说"南海圣人"属于 100 年前，而

《插图》画报纪录的巴黎和会的历史照片。左上图用圈标出的是参加会议的两名中国代表。

独秀先生当在 100 年后。[1] 此时的中国精英文化，已经变成坚定的进步／进化主义者，向 100 年前等于停滞，向 100 年后等于进步。选择进步是理所当然的。陈独秀为《新青年》写的"宣言"是中国的进步宣言。革命是进步的先锋，选择革命已经是不可避免的了。尤其是在巴黎和会之后，中国人普遍醒悟到，我们诚心师从的西方，原来不是圣人是恶魔，夷狄不改其性。毛泽东对这种历史选择的分析非常透彻："很奇怪，为什么先生老是侵略学生呢？中国人向西方学得很不少，但是行不通，理想总是不能实现。多次奋斗，包括辛亥

[1] 李大钊：《新的！旧的》，载《新青年》第 4 卷第 5 号。

革命那样全国规模的运动，都失败了。国家的情况一天一天坏，环境迫使人们活不下去。怀疑产生了，增长了，发展了。第一次世界大战震动了全世界。俄国人举行了十月革命，创立了世界上第一个社会主义国家。过去蕴藏在地下为外国人所看不见的伟大的俄国无产阶级和劳动人民的革命精力，在列宁、斯大林领导之下，像火山一样突然爆发出来了，中国人和全人类对俄国人都另眼相看了。这时，也只是在这时，中国人从思想到生活，才出现了一个崭新的时期。中国人找到了马克思列宁主义这个放之四海而皆准的普遍真理，中国的面目就起了变化了。……走俄国人的路——这就是结论。1919年，中国发生了五四运动。1921年，中国共产党成立。……就是这样，西方资产阶级的文明，资产阶级的民主主义，资产阶级共和国的方案，在中国人民的心目中，一齐破了产。资产阶级的民主主义让位给工人阶级领导的人民民主主义，资产阶级共和国让位给人民共和国。这样就造成了一种可能性：经过人民共和国达到社会主义和共产主义，达到阶级的消灭和世界的大同"。[1]

中国为了进步，为了百年之后，选择了革命的马克思主义。起初，李大钊那一代人，用进化论解释马克思主义，后来，中国的马克思主义者又用马克思主义解释进化论。辛亥革命只是一场高层小圈子内的政治革命，而共产党领导的革命将是一场社会革命。革命或许是残酷的，但为了未来的光明，历史必须忍受牺牲。传统文化指向过去，变法文化指向现时，而"五四"新文化则指向未来。马克思主义为冷酷客观的进化论增添了理想主义色彩，让中国人在残酷绝望的现实中，看到燃烧般的绚烂的红色。《共产党宣言》是一个预言，俄国十月革命证实了这一预言，中国从中看到了最后的生机，傅斯年说俄国革命"是现代应当有的事件，将来无穷的希望都靠着他做引子"。[2]

马克思主义在中国的最后胜利，让西方人吃惊，传教士哀叹他们在中国400年的努力，40年间就让马克思主义扫荡得了无痕迹；政治家困惑不解，如果基督教天国的许诺太空泛，难道资产阶级的进步与富强、自由与民主、科学与教育，这些具体的现实也没有吸引力吗？其实不尽然。中国不是放弃

[1] 毛泽东：《论人民民主专政》，见《毛泽东选集》第4卷，北京：人民出版社，1991年版，第1470–1471页。
[2] 傅斯年：《社会革命——俄国式革命》，载《新潮》第1卷，第1号。

了这一切，而是在马克思主义中魔术般地获得了这一切：历史的起点、现实的进程与未来的目的。马克思主义是更加完美的进步哲学，也更符合中国国情。亚细亚生产方式是那个停滞的东方起点，生产力和生产关系的矛盾斗争正可以说明并指导中国的社会及其革命。共产主义，既是一种预言又是一种美好的许诺。尤其是俄国革命一夜之间竟将预言变成现实，其中那个戏剧般的转机暴力革命，令人惊喜狂奋。西方文明的世界化时常令人感到无可奈何，连东方的复兴也是西方形式的。

没有任何一种西方学说可以像马克思主义那样，解决中国现代化中的文化问题，我们是在超越中国现代化的文化陷阱意义上理解"只有马克思主义才能救中国"。启蒙主义与社会达尔文主义的进步／进化的基本态度没有变，但进步／进化的方式却更明确也让人感到更有希望。既往历史与既定地理环境的重负突然之间被超越了。革命成为历史发展的契机，它可以通过暴力在最短的时间内通过改变生产关系而促进生产力。启蒙主义的科学技术、财富制度的漫长积累中的进步让人感到遥遥无期，社会进化论在物竞天择的自由背后设置的种族等级的世界秩序更让人绝望。马克思分析东方的停滞的原因是由亚细亚社会形态原始的单一结构的非对抗性造成的，马克思主义者领悟到，阶级斗争不仅可以以社会对抗的形式超越停滞，而且可以导致突变式的进步。马克思说社会发展必然经历几种既定的生产方式，它不可以跨越，但可以缩短历史在某一个生产方式阶段上停留的时间。

历史的跃进是最吸引人的浪漫。马克思主义不仅证明中国可以摆脱停滞，而且还证明中国可以通过一系列的革命，在人类历史的征程中赶上并超过西方，重温天朝文明之梦。西方仍在资本主义生产方式中挣扎，而中国，通过一场暴风骤雨式的翻天覆地的革命，则凯旋般地进入了社会主义，当中国站在共产主义乐园的门口时，西方又重新沦为野蛮人，魔鬼的身影将消失在中华民族历史大跃进荡起的尘埃中。

只有马克思主义才能救中国。它使我们超越历史文化在中国现代化运动中设置的所有陷阱，达成中国现代文化的圆满。社会达尔文主义的种族等级秩序被超越了，历史的主体从民族换成"人民"，人民是一个阶级概念，既不是西方现代世界秩序中低劣的、黄种的华族，又不是中国传统的愚昧驯服的百姓，"人民"是创造历史的主人。启蒙主义者设置的东方与西方的地理／文化界限也被打破了，划分世界的尺度不是民族或东方与西方，而是无产阶级与资产阶级。无产阶级与资产阶级的二元对立的世界秩序，超越了东方与西方的界限，东方也有资产阶级，西方也有无产阶级。[1] 这样，中国现代化运动中非中国即西方的二难困境也摆脱了。

8．真正的距离

对于中国人看西方的历史作了走马观花式的巡礼之后，一个问题在我们面前出现了。中国人眼中的西方形象经历了一次次变化，背后的原因是什么？如果我们回答了这个问题，那么我们是否可以找到今天我们面对西方的立场？进而找到各文明之间的对话的方式？

纵观中国人认识西方的历史，决定中国人对西方看法的因素之中，首先应该是地理交通。长达上千年的岁月中，中国人一直和西方缺乏大规模的真正的交流，对西方的印象只能靠传闻和想象，这种状况主要是由于交通条件决定的。即使有个别西方人零星地来到中国，那种艰苦之状也是可想而知的。而十五世纪以后，随着航海技术的提高，西人大批东来，则又是从反面说明了这个问题。

当两个文明不能直接接触之时，他们之间的交流活动中，信息的变异就是一个重要问题。损耗还在其次，最重要的是增殖或变质。在这种情况下，交流双方都不可能正确理解对方。

其次是心理交通。当 166 年大秦人来到中国之后，或者 1518 年大批葡萄牙人来到中国之后，中国人仍然没有积极的反应。在这里表现出来的则是中国自给自足的农业自然经济生成的封闭心态。中国的土地和气候条件孕育了一个发达的农业文明，他们的土地足以养活生活于其上的众多的人口。与外

---

[1] Prasenjit Duara, *Rescuing History From the Nation： Qustioning Narratives of Modern China*, University of Chicago Press，1995.

界的交往，在相当长的时间内没有必要。另外，也由于中国在东亚地区的大国地位，中国人形成了根深蒂固的华夷尊卑的大国心态。华夏为尊，异族为卑。还有，在汉族与其他民族的长期争中，又生成了"非我族类，其心必异"的排外、疑外心理。几者相加，使得固步自封，闭关自守的局面千年不变。

　　和地理交通的距离相比，造成心理交通距离的文化观念具有更为重要的意义。1815 年，葡萄牙人来到中国以后，可以说交通的问题已经解决，然而，中国人仍然无动于衷，这大概只能归咎于文化观念了。随着科技的进步，交通和信息交流的问题已得到解决，通过 Internet，几乎可以直接和世界各国的人进行交流。然而即使这样，也难免隔膜、误解与冲突，心理距离还在起作用，它决定着我们对异域异族的看法，也决定着我们塑造异族形象的方式。

　　鸦片战争以后，中西方交流活动中，政治和经济利益问题越来越明显。中国人对西方的看法，也日益为这些要素所左右。这首先表现在中国朝野在对西方关系上的敌意、挫折、屈辱与怨恨的复杂心态上。道光皇帝在给耆英、伊里布的密令中称："逆英犯顺以来，屡肆猖獗，贪黩凶狠，难以理喻。"可以说措辞严厉、刻毒。然而，下文中却又同意将香港"赏"给英国人，"为汝计算，获利甚广，永无猜疑，……傥舍此不图而终年交战，有何益处？"明明是充满敌意，却又要装出替对方打算的样子，暗地里将对方骂得狗血淋头，表面上却又要装得和颜悦色。之所以如此，不过是受到西方强大的军事政治压力而不得不如此。在强权的压力之下，中国人对西方的印象只能是扭曲的。

　　其次，政治对于中国人眼中的西方形象的影响还表现在这个形象随政治局势的变化而变化。曾几何时，中国政府把列强看成了心腹大患，恨得要死，怕得要命。然而，当太平天国运动在全国兴起，清政府为了镇压这次造反，又利用了洋人的力量。洋人也由敌人而变成了朋友。与此同时，一度将洋人当作同拜天主的番弟的太平天国，又因西方人助清祸害天朝，而与西洋番弟不共戴天。第一次世界大战后，中国作为战胜国一度得到美国总统威尔逊的支持，然而，巴黎和会以后，中国发现自己被列强再次出卖，美国的形象又一落千丈，为中国人所不齿了。

　　第三，中国的落后状况，也使中国人产生了对西方的崇拜和迷信。戊戌

美国人华尔领导洋枪队

变法以后，很多中国知识分子从改良的梦幻中清醒过来，知道清政府不可能再有所作为，要想实现强国梦，只有学习西方一条道路可走了。因而产生了典型的劣势心态，把西方的一切都作为中国的榜样。从先进的科学技术，到政治体制、法律，乃至生活方式，都极力推崇。打破了天朝大国的神话之后，又产生了"西方"神话。

　　文化传统，政治经济利益对于中国人眼中的西方形象，广而言之，对于整个文化交流所起的作用，并不相同。就起作用的方式而言，文化传统所起的作用是在无意识中进行的，当我们考察中国人眼中的西方形象时，一个不可回避的问题就是认识的图式，或者说是理解的前结构或期待视野问题。中国人都是在中国文化传统中，受到中国文化的熏染成长起来的，他们对于世界的看法，就完全是中国式的。前代人对于域外的印象就会通过文化的承传活动而成为下一代人的视界。下一代人在亲自接触到外国人并对之形成印象之前已经有了先入为主的印象。他对于外国人的印象应该是新旧印象重叠。这样，每一个中国人对西方人的印象都不可能超越自己文化传统与这种传统塑造的西方形象。中国文化中的西方形象传统就像是一副有色的眼镜，每一个人都是戴着这副眼镜来看西方的。因此，变色，变形，误解，扭曲也就是不可避免的。当然，每一代人也都给下一代留下一些新的印象，每一代人所接触到的那副有色眼镜的颜色都有差异。他们自己也在不同程度上改变着那颜色。但是，没有一个人可以不戴这副眼镜。这就是文化的宿命，人的宿命。

相比较而言，政治经济的局势则是变动不居的，暂时的。每一代人都有不同的处境。他们也只能根据当时的情况做出判断：谁是我们的敌人，谁是我们的朋友。根据临时的形势所做的判断有时就随时局的改变而失去了意义。但是有时却又能沉淀下来，而构成有色眼镜上的一种色调，影响下一代。鸦片战争后中国人对西方的敌意，或者戊戌以后尤其是 20 世纪以来中国人的西方神话都是明证。

尽管政治经济局势对于中国人眼中的西方形象的影响不像文化传统的影响那么深刻，那么隐蔽，但是，毫无疑问，它对于每一代的中国人来说，其影响却更直接，也更有效。

一个复杂而有趣的现象是，所谓的政治经济局势，也在很大的程度上取决于文化传统。以鸦片战争为例，从时局角度看，是西方用坚船利炮打开了中国的大门，随之而来的是杀戮和掠夺。这都是事实。中国人因此对西方的印象极坏，恶之入骨，也完全应该。但是，如果换个角度深究一下，列强之所以要武力入侵，则是因为清政府的闭关锁国政策，而这种闭关锁国政策，一方面来自自然经济的现实，另一方面则是来自天朝大国的狂妄无知。这样，政治经济的局势问题又变成了文化传统的问题了。另外，对于西方列强的反抗、反感，也不能排除民族主义的成分。想一想义和团"扶清灭洋"的口号，这一点就不言自明了。所谓的政治经济局势，实际上无法摆脱文化传统的影响。并且，有一些政治经济利益本身就是文化传统的一部分。对封建的落后的价值观念所决定的利益的维护，就是文化传统在作祟。

具体到每一个人而言，影响到一个具体的中国人对西方看法的，还有他本人的生活态度。毫无疑问，这种生活态度也可以算作是文化传统。然而，在丰富的文化传统中，一个人之所以选择这种生活态度而没有选择另外一种则带有个人性。这种个人化的生活态度也会对他本人形成对西方文明的印象产生直接的影响。王韬的才子气使他出游时呼酒醉美，冶游谑浪，以至回国后还对那些异域歌妓相好念念不忘。这种生活态度不仅影响到他的社会交往和他的观察对象，也使他对日本社会的评价有不同于常人之处。相反的情况则表现在同文馆学生张德彝身上。他是个充满好奇心而又有点守旧的青年。他一方面对巴黎的歌楼舞馆，酒肆茶房做了仔细的观察，对妓院中的收费也都很明了。描绘妓女"有假惊者，有佯羞者，有偷视者，故作引人之态"。似乎很在行。但是，他对于巴黎妇女的装束却又颇不以为然。"闻法京妇女家道稍裕者，其梳裹妆饰，一切需人而理。若鬌发超群，裙衫别致，必缓步街游，以供途人顾盼，斯亦诲淫之甚者矣。"（《再述奇》）这些纯属个人生活态度所产生的评价，纯属个人爱好的描述，一旦在社会上流传，对于那些没有亲身经历的人来说，多少会有一点误导，使人们的想法产生某种程度的偏差。

如果文化传统、政治经济局势和个人生活态度都对一个民族看待外来文化产生了不可排斥的影响，那么，所有的文化交流、就只能是一种以差异为前提的对话，差异是绝对的，对话交流，融合则只能是相对的。

在这样的前提下，今天的中国人面对西方时所做的反应既不应该是盲从，也不应该是保守。盲从永远没有前途。因为别人的东西只是别人的。你无从把它变成你的。当你不顾自己是否真的需要，而一味追逐西方的时尚，你所得到的只是一种无用的变异的赝品。如同固步自封，拒斥一切外来文明是违反人类文明历史规律一样，放弃自己的真正需要，而把追随西方本身当成需要也同样是违反文明交流法则的。

同样，保守表面上是一种自卫的做法，好像只有保守才是文明的出路。其实，"保守"本身就是一种丢掉了传统之后的反应。"保守"的行为与西方保护少数民族的文化政策有某种相通之处。因为那不是西方的，西方才意识到要去保护。保守主义者，也已经意识到了那个需要他们拯救的传统已经离他们远去了。所以要保护，要重新提倡。

面对异族文化，正确的反应应该是能觉察到对方与我们的不同。根据我们是否需要而去进行选择。我们前面所说的文化传统，政治经济局势，以及个人的生活态度，都是在不知不觉中起作用的。另一方面，社会历史是在不断变化的，已经改变了的东西，无须我们再去"保守"。哪怕是我们认定以前做错的事情，那文化上的损失和破坏也不可能靠当下人们的保守而得到补救。时间已经流逝了，社会的境况已经变了。没有一个人能说他可以弥补以前由于错误而造成的文化上的损失。我们只能从当下需要出发做出选择，处理好当下出现的问题。

所谓的文化交流、对话，也只能是一种活动，一种永远都在进行的活动。或者说"未完成"的活动。一种文化在解决当下的问题时，向其他文化学习、借鉴，在与对方保持不断接触、交往的过程中与对方调整好关系，以达到动态的平衡，这才是文化交流的目的所在。努力是漫长的，不知是否会有一天，不同的民族在一个阳光灿烂的早晨相遇，他们异口同声地说出了一个不谋而合的愿望。从此，人类和平相处，同舟共济。那时，不同民族人们的内心会豁然开朗。

考察中国人眼中的西方形象，有两个层面的问题须要注意，一是中国人对西方世界的描述和记录，一是中国人对西方的态度和评价。当然，这两者是相互联系，不可分割的。对西方世界的描述可以改变人们对它的态度和评价，已有的态度和评价也会影响到对西方世界的描述和记录。这不仅表现在观察的角度上，也表现在对所看到的东西所进行的选择和取舍上。

形象本身也是一个复杂的问题。它不可能只是客观的记录，如果真的能做到"客观"，那倒好了。我们就找到了超越我们文化之上的标准了。推而广之，其他民族看我们的时候，也可以使用这种超越文化之上的客观标准。这样一来，世界大同的时代就指日可待了。然而，可惜的是，这仅仅是一种不切实际的幻想而已。每一种形象的形成都是观察者带着主观色彩的活动。他们所看到的只是他们自己眼中的东西，主观的东西。

于是，我们这里所选的资料就不是从一个固定的，单一的视角描绘西方形象的。大致说来，我们所选的资料包括两种类型。一是官方文件。它代表着某一特定历史时期政府的对外政策，也从中表现出了政府对西方的印象。有些材料中，也可能有政府出于主权和国家利益考虑而采用的外交策略，也可能有出于意识形态方面的考虑而使用的行政手段。不过无论如何，它们都可以完整地体现一个时代统治者的西方形象。另一方面是个人的记述，包括通信，日记，游记，谈话等形式，这些资料的涉及面十分广阔，触及到了西方社会生活的各个领域。从日常生活、饮食起居，到市容市貌、到政治体制，到科学技术，到社会礼仪，到文化艺术等等，无一不包，几乎可以说是一部西方社会生活的百科全书。这些个人资料比官方文件更生动，更全面，也更可靠。

然而，这种丰富的资料也有另外一个方面的问题。即，由于它们的个人性质，它们在很大的程度上是不统一的。这种不统一有时可以互相补充，参照成为一个优点，使我们可以更全面，更完整地了解当时人们对西方的看法。但有时也难免相互矛盾，使我们莫衷一是。

这种众声喧哗的局面实际上使理想化的统一的西方形象成为不可能了。不过，我们也注意到仍然有不少看法在社会上有较大的影响。流传甚广。这些资料，理所应当地成为我们的选择对象。但是，另一方面，我们也注意到，不同的看法，不同的印象才是合情合理的，是绝对存在的。因此，那些新奇的见解也就成为我们的选择对象了。比如，对于美国的印象，一般认为那里既富庶又自由，强盛而又民主。梁启超却大发宏论，除了说"美国无首都"之外，还就美国的选举、女权、民族问题、政府职能等方面，做了与常见相反的介绍。这虽然可以说是梁启超个人的政治态度决定的，但也确实为我们描绘了一个全新的美国形象。当我们要对中国眼中的西方形象做全面的，总体的考察时，梁启超的描述就是不可或缺的了。

在我们看来，完整的西方形象，不仅是由对西方社会生活的各个领域的描述构成的，也是对西方各个国家的记述构成的。完整的西方、抽象的西方都是不可能存在的。我们所说的西方形象，是具体的形象，是具体的国家，具体的民族甚至具体个人的具体生活的描述。这里的西方，不仅包括西欧，也包括美国。它是所谓的发达国家群体，或者说是所谓的"列强"。因此，我们在选择材料时，尽量地照顾到对于不同国家的记述，尽量让这个"西方"形象的涵盖面大一点，丰满一点。

就态度和评价方面而言，其中的问题也十分复杂。总体而言，官方对于西方的态度和评价，不同于民间。在皇帝的上谕，大臣的奏折以及条约、宣言、决议中，我们所看到的是过于政治化的"西方"形象。也许由于官方是代表整个国家，群体在发言，这些文件中对西方的评价也是"站得高，看得远"。基本特点是在讨论实际的政治经济利益。但无论如何．这是我们研究中国人对西方的看法时不可回避的问题。它实际上构成了中国人对西方看法的一个部分。

　　另一方面，民间的立场却是相当切实的。如果说官方的态度过多地受到政治经济局势的影响，那么，民间的态度则更多地受到民族文化心理与个人的生活态度的影响。官方文件中反映出的是国家大事，而民间的记述则反映的是日常生活。政治经济局势随着时势的改变常常出现戏剧性的变化，而日常生活的变化则是相对缓慢的。

　　因此，相对而言，民间的个人记述中反映出的西方形象要稳定而切合实际一些。我们在选编时，也就偏重于民间的记述了。

　　无论是官方还是民间，对于西方都有不同的评价和态度。两种不同的态度从中国人一开始接触到西方时就存在着。从鸦片战争时期的"主战"与"主和"之争，到"维新"与"保守"之争，到"帝党"与"后党"之争，都体现出了官方在面对西方时的矛盾态度。同样，在民间，西方形象也不尽统一，只是差异所造成的冲突不会表现得那么激烈。最后，值得注意的是，官方与民间、社会上层精英与下层乡民之间的西方形象，经常不同甚至是矛盾的。这一矛盾不仅有助于我们理解中国的西方形象的演变发展，还有助于我们理解中国近现代的社会与历史。

一、天朝眼中的夷人夷务

1．1839 年 3 月 18 日，钦差大臣林则徐到达广州第 8 天，通过中国行商严谕外国商人呈缴鸦片，同时颁布此谕令，禁烟由此开始。林则徐决心已下，鸦片一日不绝，他一日不回。暂可封舱，久可封港，断绝一切海外交通。中国疆土广大，百产丰盈，完全可以不与西方往来，而西方无中国之茶叶、大黄则无以为命。

谕各国夷人知悉：

照得夷船到广通商，获利甚厚，是以从前来船，每岁不及数十只，近年来至一百数十只之多。不论所带何货，无不全销；愿置何货，无不立办。试问天地间如此利市马头，尚有别处可觅否？我大皇帝一视同仁，准尔贸易，尔才沾得此利，倘一封港，尔各国何利可图？况茶叶、大黄，外夷若不得此，即无以为命，乃听尔年年贩运出洋，绝不靳惜，恩莫大焉。尔等感恩即须畏法，利己不可害人，何得将尔国不食之鸦片烟，带来内地，骗人财而害人命乎？查尔等以此物蛊惑华民，已历数十年，所得不义之财，不可胜计。此人心所共愤，亦天理所难容。

从前天朝例禁尚宽，各口犹可偷漏。今大皇帝闻而震怒，必尽除之而后已。所有内地民人贩鸦片开烟馆者，立即正法，吸食者亦议死罪。尔等来至天朝地方，即应与内地民人同遵法度。本大臣家居闽海，于外夷一切伎俩，早皆深悉其详，是以特蒙大皇帝颁给平定外域屡次立功之钦差大臣关防，前来查办。若追究该夷人积年贩卖之罪，即已不可姑容。惟念究系远人，从前尚未知有此严禁，今与明申约法，不忍不教而诛。

贩卖鸦片的趸船

查尔等现泊伶仃等洋之趸船，存有鸦片数万箱，意欲私行售卖。独不思海口如此严拿，岂复有人敢为护送？而各省亦皆严拿，更有何处敢与销售？此时鸦片禁止不行，人人知为鸩毒，何苦贮在夷趸，久碇大洋，不独枉费工资，恐风火更不可测也。合行谕饬。谕到，该夷商等速即遵照，将趸船鸦片尽数缴官。由洋商查明何人名下，缴出若干箱，统共若干斤两，造具清册，呈官点收，验明毁化，以绝其害，不得丝毫藏匿，一面出具夷字汉字合同甘结，声明嗣后来船永不敢夹带鸦片，如有带来，一经查出，货尽没官，人即正法，情甘服罪字样。

闻该夷平日重一信字，果如本大臣所谕，已来者尽数呈缴，未来者断绝不来，是能悔罪畏刑，尚可不追既往。本大臣即当会同督部堂、抚部院，禀请大皇帝格外施恩，不特宽免前愆，并请酌予赏犒，以奖其悔惧之心。此后照常贸易，既不失为良夷，且正经买卖，尽可获利致富，岂不体面？倘执迷不悟，犹思捏禀售私，或托名水手带来，与尔无涉；或诡称带回该国，投入海中；或乘间而赴他省觅售；或搪塞而缴十之一二，是皆有心违抗，怙恶不悛，虽以天朝柔远绥怀，亦不能任其藐玩，应即遵照新例，一体从重惩创。

此次本大臣自京面承圣谕，法在必行，且既带此关防，得以便宜行事，非寻常查办他务可比。若鸦片一日未绝，本大臣一日不回，誓与此事相始终，断无中止之理。况察看内地民情，皆动公愤，倘该夷不知改悔，惟利是图，非但水陆官兵军威壮盛，即号召民间丁壮已足制其命而有余。而且暂则封舱，久则封港，更何难绝其交通。我中原数万里版舆，百产丰盈，并不藉资夷货，恐尔各国生计从此休矣。尔等远出经商，岂尚不知劳逸之殊形，与众寡之异势哉？至夷馆中惯贩鸦片之奸夷，本大臣早已备记其名，而不卖鸦片之良夷，亦不可不为剖白。有能指出奸夷，责令呈缴鸦片，并首先具结者，即是良夷，本大臣必先优加奖赏。祸福荣辱，惟其自取。

今令洋商伍绍荣等到馆开导，限三日内回禀，一面取具切实甘结，听候会同督部堂、抚部院示期收缴，毋得观望透延，后悔无及。特谕。（1839 年 3 月 18 日）

（《林则徐谕各国夷人呈缴烟土稿》）

（中国史学会主编：《鸦片战争》第 2 册，上海：上海人民出版社，1957 年版，第 242—244 页）

2. 林则徐主张禁烟，反对禁海，1840 年 5 月 26 日林则徐上此折时，英国远征军已开赴中国，一个月后不是中国封关禁海，而是英国炮舰封锁珠江口，并北上进攻舟山……

……窃以封关禁海之策，一以绝诸夷之生计，一以杜鸦片之来源。虽若确有把握，然专断一国贸易，与概断各国贸易，揆理度势，迥不相同。盖鸦片出产之地，皆在英吉利国所辖地方，从前例禁宽时，原不止英夷贩烟来粤，即别国夷船，亦多以此为利。而自上年缴清趸船烟土以后，业经奏奉恩旨，概免治罪，即未便追究前非。此后别国货船，莫不遵具切结，层层查验，并无夹带鸦片，乃准进口开舱，惟英吉利货船，聚泊尖沙嘴，不遵法度，是以将其驱逐，不准通商。今若忽立新章，将现未犯法之各国夷船，与英吉利一同拒绝，是抗违者摈之，恭顺者亦摈之，未免不分良莠，事出无名，设诸夷禀问何辜，臣等即碍难批示。且查英吉利在外国最称强悍，诸夷中惟米利坚及佛兰西，尚足与之抗衡，然亦忌且惮之。其他若荷兰、大小吕宋、连国、瑞国、单鹰、双鹰、堪波立等国，到粤贸易者，多仰英夷鼻息，自英夷贸易断后，他国颇皆欣欣向荣，盖逐利者喜彼绌而此赢，怀忿者谓此荣而彼辱，此中控驭之法，似可以夷治夷，使其相间相睽，以彼此之离心，各输忱而内向。若慨与之绝，则觖望之后，转易联成一气，勾结图私。左传有云，彼则惧而协以谋我，故难间也。我天朝之驭诸夷，固非其比，要亦罚不及众，仍宜示以大公。且封关云者，为断鸦片也。若鸦片果因封关而断，亦何惮而不为。惟是大海茫茫，四通八达，鸦片断与不断，转不在乎关之封与不封。即如上冬以来，已不准英夷贸易，而臣等今春查访外洋信息，知其将货物载回夷埠，转将烟土换至粤洋，并闻奸夷口出狂言，谓关以内法度虽严，关以外汪洋无际，通商则受管束而不能违禁，不通商则不受管束，而正好卖烟，此种贪狡之心，实堪令人发指。

是以臣等近日更不得不于各海口倍加严拿，有一日而船烟并获数起者，可见英夷货去烟来之言，转非虚捏。不然，以外洋风浪之恶，而英夷仍不肯尽行开去，果何所图？若如原奏所云，大小民船，概不准其出海，则又不能。缘广东民人，以海面为生者，尤倍于陆地，故有渔七耕三之说。又有三山六海之谣，若一概不准其出洋，其势即不可以终日。至捕鱼者只许在附近海内，此说虽亦近情，然既许出洋，则风信靡常，远近几难自定，又孰能于洋面而阻之？即使责令水师查禁，而昼伏则夜动，东拿则西逃，亦莫可如何之事。

林则徐筹建"靖远"炮台的奏折

臣林则徐上年刊立章程，责令口岸澳甲，编列船号，责以五船互保。又令于风帆两面，及船身两旁，悉用大字书写姓名，以及里居牌保，惟船数至于无算，至今尚未编完。继又通行沿海县营，如有夷船窜至该辖，无论内洋外洋，均将附近各船，暂禁出口，必俟夷船远遁，始许口内开船。其平时出入渔舟，逐一验查，只许带一日之粮，不得多携食物。若银两洋钱，尤不许随带出口，庶可少除接济购买之弊。

至大黄、茶叶二物，固属外夷要需，惟臣等历查向来大黄出口，多者不过一千担，缘每人所用无几，随身皆可收存，且尚非必不可无之物，不值为之厉禁。惟茶叶历年所销，自三十余万担至五十余万担不等。现在议立公所，酌中定制，不许各夷逾额多运，即为箝制之方，然第一要义，尤在沿海各口，查拿偷漏，若中路封关，操之过蹙，而东西各路，得以偷贩出洋，则正税徒亏，而漏卮依然莫塞。是以制驭之道，惟贵平允不偏，始不至转生他弊。若谓他国买回之后，难保不转卖英夷，此即内地行铺互售，尚难家至目见，而况其在域外乎？要知英夷平日，广收厚积，本有长袖善舞之名，其分卖他夷，以牟余利，乃该夷之惯技。今断绝贸易之后，即使从他夷转售一二，亦已忍垢蒙耻，多吃暗亏。譬如大贾殷商，一旦仅开子店，寄人篱下，已觉难堪。惟操纵有方，备防无懈，则原奏所谓该夷当畏惧而求我者，将于是乎在矣。至于备火船，练乡勇，募善泅之人等事，则臣等自上年至今，皆经筹商办理，惟待相机而动。即各山淡水，上年本已派弁守之，始则夷船以布帆兜接雨水，几于不能救渴，然而觅诸山麓，随处汲取不穷，则已守不胜守，似毋庸议。

总之，驭夷宜刚柔互用，不必视之太重，亦未便视之太轻，与其泾渭不分，转致无所忌惮，曷若薰莸有别，俾皆就我范围。而且用诸国以并拒英夷，则有如踏鹿，若因英夷而并绝诸国，则不啻驱鱼。此际机宜，不敢不慎。况所杜绝者，惟在鸦片，即原奏亦云，凡有夹带鸦片夷船，无论何国，不准通商，则不带鸦片者，仍皆准予通商，亦已明甚。彼各国夷人，原难保其始终不带，若果查出夹带，应即治以新例，不但绝其经商，如其无之，自不在峻拒之列也。

（《林则徐等复奏曾望颜条陈封关禁海事宜析》，《林文史公政书》，转引自中国史学会主编：《鸦片战争》第2册，上海：上海人民出版社，1957年版，第200—203页）

3. 1841 年 1 月，远在北京的道光皇帝一再命令"痛加剿洗，以示国威"，而亲临广东的琦善[1]，则只想和谈，甚至擅自和义律签订"穿鼻草约"，"私许香港"。卖国罪责难逃，问题是当时是否还有其他办法。

谨将奴才酌拟章程底稿，录呈御览。

为酌定章程事：

照得英吉利国，现已将天朝浙江省之定海县缴还，求为奏恳大皇帝恩施，准令照前来粤通商，并给予寄居之地一处。所有善后各事宜，自应详加酌定，俾垂永久。为此开列章程如左：

一、既经奏请大皇帝恩旨，准令英吉利国之人仍前来广通商，并准就新安县属之香港地方一处寄居。应即永远遵照，不得再有滋扰，并不得再赴他省贸易，以归信实。

一、嗣后英吉利国来广商船，应仍照前在黄埔报验纳税，所有一切贸易事宜，亦应仍前与例设洋商妥为议办，不必与天朝在粤官员通达公文。至税则向有一定，从无更改，自毋庸多为置议。

一、嗣后英吉利国来粤商船，如有夹带鸦片烟土及一应违犯天朝例禁之物者，即将船货没官。即一切正经货物如有漏税走私者，亦将船货没官。其夹带鸦片禁物及漏税走私之人，即行治罪。

一、英吉利国前此所称负屈之处，现已概行说定，即照所议办理，以后永无异议。

以上各条，分写汉字夷字，一样两份，彼此各执一纸，先由英吉利国掌事大臣盖用印信前来，天朝再行盖用钦差大臣关防，以期永远存照。

朱批：一片呓语。

[齐思和等整理：《筹办夷务始末》（道光朝）第 2 册，北京：中华书局，1964 年版，第 815—816 页]

---

[1] 琦善 (约 1790—1854)，满洲正黄旗人，博尔济克特氏。字静庵，一作静安。因私签"穿鼻草约"而被革职，后又起用，镇压太平军，病死军中。

4. 三元里抗英之后，广东一时出现许多抗英檄文，此处《尽忠报国全粤义民申谕英夷告示》即为一例。

查尔英夷素习，豺狼成性，抢夺为强……用鸦片烟害我百姓，骗我银钱，尔……邦素不食此物，何以毒我天朝？

《三元里人民抗英图》，广州博物馆馆藏。

……尔等占据内河，强梁霸道，不过要在此通商，好卖鸦片烟，岂知买卖要人情愿，如今我们不愿与尔交易，尔偏要求人，羞也不羞？尔之货物，我们很不稀罕，我们要买货物，自有恭顺各国，同我交易，货物多得很，何必定与尔交易耶？尔如今如此可恶，我们痛恨已极，若不杀尽尔等猪狗，便非顶天立地男子汉。我们一言既出，万不折回，一定要杀，一定要砍，一定要烧死尔等，就请人劝我，亦必不依，务必要剥尔之皮，食尔之肉，方知我们利害也。特先示谕尔义律、吗哩逊、颠地、担拒等，及各无父无君汉奸知之。

（钞本《平夷录》，第7卷，转引自中国史学会主编：《鸦片战争》第4册，上海：上海人民出版社，1957年版，第12、14—15页）

5．一年以前琦善因私许香港而被道光皇帝革职发落，一年以后，道光皇帝愿意答应"英逆"的条件，甚至比琦善还多。

鸦片战争屡战屡败，道光帝刚刚密谕耆英、伊里布："广东给过银两，烟价碍难再议，战费彼此均有，不能议给；其平行礼可以通融；贸易之所，前已谕知耆英将香港地方暂行赏借，并许以闽、浙暂准通市"（7月26日），第二天，7月27日，镇江沦陷的奏折就到了。恰如道光帝自己的朱批道："何至受此逼迫，忿恨难言。"此时离丧权辱国的"南京条约"签署，只有一个月了。

（一）廷寄（1842年7月16日）

谕军机大臣等：逆英犯顺以来，屡肆猖獗，贪黩凶狠，难以理喻。惟该逆肇衅，究不外牟利之心，此朕所深知。本日阅耆英等呈递照钞伪示，内有因该逆商船，误伤广东商人三名，故中国不许通商，该国求和，不肯保奏朝廷等语。广东现在通商，未闻该夷有误伤商人之事，且该逆如果真心求和，于通商而外别无妄求，朕亦何乐而不罢兵？即令仅止求给香港一处，栖止贸易，或该国船只，偶至闽、浙口岸，暂时停泊，售卖货物，旋即驶去。虽非旧例，然随时变通，朕岂不思保全沿海生灵，聊为羁縻外夷之术。无如该逆逞凶陷地，屡肆鸱张，既来犯境，即不得不集兵防堵。今观伪示，该逆有悔罪之意，或可乘机开导。著耆英即密派陈志刚等前往该处，作为己意，谕以大皇帝恩威并用，即如上年〔二十一年〕在广东讲说时，一面议及通商，一面即攻坏炮台，大皇帝大度包容，并不计较，亦未有因误伤人命，不许尔国通商之事。何以尔国径赴沿海各省，安行滋扰，占我城池，伤我百姓，须知天道好还，众怒难犯，尔国似此行为，揆之天理人情，顺乎逆乎？亦安能常享贸易之利乎？今汝既有悔罪之意，何不趁此商量，如果能将各船全数退回广东，即刻罢兵，我必奏明大皇帝，将香港一处，赏给尔国堆积货物，与中国照常贸易。此外沿海省份，如福建、浙江海口，或每年约定时候，将货船驶至口岸，我国必派官员代汝照料，不得在此二处羁留。为汝计算，获利甚广，永无猜疑，即将此言告知尔国王，亦必欢喜乐从。倘舍此不图而终年交战，有何益处？汝等如以我言为然，亦不必另求派钦差大臣前来，我实可作主代汝转奏，降旨允行，以为凭据。总之，通商二字，我中国并未不准，求和二字，汝国从未提及。今既有此意，我必极力成全，将此情节上达朝廷，大家同享太平之福。本大臣现授广州将军，不日到粤，将尔国安定一切，广东官员亦必照此办理，尔国尽可放心也。耆英得有复信后，该夷如何登答，即著据实密奏，断不准走漏消息，致懈军心。倘该逆执迷不悟，妄肆要求，种种挟制，出于情理之外，朕亦惟有一面防堵，一面攻剿而已。将此密谕知之。

英国人作画，皇家爱尔兰团在厦门战斗。可以看见身着"虎灭羊（洋）"军服的清军

[齐思和等整理：《筹办夷务始末》（道光朝）第4册，北京：中华书局，

1964 年版，第 2054—2055 页]

（二）廷寄（1842 年 7 月 26 曰）

据耆英片奏，探见逆夷登岸，京口情形危迫。又据伊里布奏，驰往京口，会同耆英筹办一折。伊里布现往镇江，著即会同耆英妥筹商办。前因该夷恳求三事：一、还烟价战费，一、用平行礼，一、请滨海地作贸易所。已有旨密谕耆英：广东给过银两，烟价碍难再议，战费彼此均有，不能议给；其平行礼可以通融；贸易之所，前已谕知耆英，将香港地方暂行赏借，并许以闽、浙沿海暂准通市。该逆既来诉冤，经此次推诚晓谕，当可就我范围。惟前据该逆照复，似以耆英、伊里布不能作主为疑。恐其心多惶惑，不肯遽敛逆锋，著耆英、伊里布剀切开导，如果真心悔过，共愿戢兵，我等奏恳大皇帝，定邀允准，不必过生疑虑。该大臣等经朕特简，务须慎持国体，俯顺夷情，俾兵萌早戢，沿海解严，方为不负委任，不必虑有掣肘，以致中存畏忌，仍于事无益也。将此密谕知之。

[道光给耆英、伊里布的密令，1842 年 7 月 16 日。齐思和等整理：《筹办夷务始末》（道光朝）第 4 册，北京：中华书局，1964 年版，第 2127 页]

6. 鸦片战争种下了百姓仇恨西方人的种子。广州义民抗夷情绪高昂。英国人一直无法进入广州城。

两江总督耆英在街头贴出告示，要求市民不要反对洋人入城，差点酿成市民暴动。用他的话说是"群情汹汹"。道光二十七年正月（1847.1），英军借口英国人被广州市民殴打致伤，袭击广州城。为此耆英上奏本，道光皇帝批："总期民夷两安，怨讟悉泯，以定民情而消夷衅。"朝廷与百姓对洋人的态度迥然不同。

〔缺衔〕穆特恩、耆英、官文奏：

英夷自就抚通商，数年以来，渐已相安。惟福州、上海等处俱准夷人进城，而广东因旧制不准进城，该夷等屡请屡拒。二十五年冬间，夷酋德庇时曾以缓交舟山，要求挟制，经臣耆英以舆情不洽，严行拒绝。迨该夷将舟山如约退还，仍以进城一节止可暂缓，不宜竟废等情，载诸条款。是该夷进城之念，未尝或息，而粤民又复各存成见，彼则请之愈急，此乃拒之愈坚。上年〔二十六年〕秋间，有英夷二人私行入城，被居民殴打受伤，经官兵送出，未致毙命。冬间该夷请于洋行夷馆前，两花园中间墙上搭一过桥，以便往来瞻眺。其地不过二丈内外，而居民出而阻止。本年正月有夷人数名，赴距省四十里之佛山镇闲游，复被该镇聚集多人，用石殴击，经官兵救护送出，始免受伤，旋据地方官禀报，正在查办间。

德庇时代表作 1846 年伦敦版《中华帝国及其居民概述》中的插图

讵该夷酋德庇时带同火轮船二只，划艇三板二十余只，夷兵一千余名，于二月十八日突入省河，在十三行湾泊。时值提臣赖恩爵巡洋公出，沿途各炮台因粤省系通商马头，夷船出入，事所恒有，且该夷就抚以后，毫无衅隙，猝不及防，亦不便开炮轰击，以致该夷兵肆行无忌，间有爬上炮台，将炮眼钉塞。臣耆英因夷情叵测，势甚猖獗，一面会同臣穆特恩、臣官文调集满、汉绿营官兵及社学壮勇，将防堵守城各事宜，迅速布置。一面派委署肇罗道赵长龄、在籍道员潘仕成、候补知府铜麟、即补同知宁立悌、督标中军副将昆寿，前往夷船，探其来意。该夷目等唯以华民欺凌夷人，官不拿办，求为伸究。并弥欲前往佛山镇向居民滋扰泄忿。迨该委员等向其逐层驳诘，该夷目等无理可说，则以另有要事，必须臣耆英出城与德酋面议等语。

臣以佛山夷民〔民夷〕互斗，事属细微，且官兵救护，并未受伤，只可由官查究，该夷何得前往私行报复？抑或其中另有别情，自应亲往面见该酋，查询明确，以便相机酌办。当于十九日带同委员黄恩彤、赵长龄、潘仕成等，前赴夷楼，面见德庇时，先责以负约之非，次询其称兵之故。据该酋声称：伊等自五口通商，所有福州、上海等处俱准进城，惟广州屡求不允，非惟进城之夷人被炮〔殴〕受伤，即城外市镇闲游之夷人，亦不免任意欺辱。且洋行前两园中间搭一过桥亦不可得，受侮难甘，是以带兵来省，欲往佛山与粤民较论。并请即行进城，赴臣耆英署内回拜，如不依允，伊即带兵闯入。其言甚为愤激，叠加开导，该酋佛山之行尚可中止，而进城之请意殊坚执。

臣查夷人进城，不过以入署见官为荣，尚非别有他志，即如福州等处俱准进城，数年以来，并未滋扰，是其明证。若不准进城，则深以为辱，无如粤民过存轻视，屡向聚殴，该夷偶有所求，如租地建房等细事，亦复率众阻挠，地方官以民为本，又未便重拂舆情，曲徇该夷所请。臣数年以来，与前抚臣黄恩彤，于民夷交涉事件，斟酌调停，实已智尽能索，而不意犹有今日之变，抚衷愧怍，无地自容。除会同臣穆特恩、臣官文将一切防守事宜，妥为办理，既不得过事张皇，致开兵衅，尤不可稍存疏懈，误堕奸谋。并率同司道督饬文武，将地方保卫弹压，镇静筹办，免致匪徒乘间窃发，良民因而惊扰。一面督同各委员，向夷酋相机驾驭，先阻其滋扰佛山，再将进城一节，体察酌办。

〔耆英等关于英公使带兵强行要求进入广州城的奏折，1847 年 4 月 21

日。齐思和等整理：《筹办夷务始末》（道光朝）第 6 册，北京：中华书局，1964 年版，第 3080—3081 页]

7．两次鸦片战争之间，中英冲突从未间断。在中国的百姓与朝廷眼里，英夷的形象越来越不一样。

江苏巡抚陆建瀛奏：

窃臣起程前赴上海，行抵野鸡墩地方，密加查访，麦都思系英夷传教之人，六吉系英夷行医之人，均属该夷所推重，时常私往附近厅县游行，或与民人口角龃龉，回沪时辄讳匿不言，恐人知觉无颜。此次在青浦互殴，经青浦县查知护送回沪，该夷等再三拦阻，虑为众夷所知，是以一到即结。咸道以为夷情恭顺，越日致书麦都思等，问其伤痕曾否平复？该夷变羞成怒，以致领事阿利国遂谓该道不为严办斗案，转生轻侮，并欲阻止米船，遣人赴督臣衙门控诉。迨署臬司倪良耀督拿各犯，解沪审办，候补道吴健彰又复明白开导，该夷目已极输服，委无另有起衅别故。惟该夷遣人赴督臣控诉之船，内有通事夏巴，甚属狡黠，恐其不即转帆，已饬候补道吴健彰谕知阿利国，令作夷字信缄，由臣飞寄督臣，转交夏巴阅看，俾免逗留。

朱批：知道了。

[江苏巡抚陆建瀛密查青浦麦都思案。即"青浦事件"。的奏折，1848 年 4 月 13 日。齐思和等整理：《筹办夷务始末》（道光朝）第 6 册，北京：中华书局，1964 年版，第 3134—3135 页]

8．英国人骄纵频年，目的全在与中国贸易，认识到这一点，是洋务的前提与基础。如果早有此认识，1840 年的中国是否还有战争之外的另一种选择？

两广总督徐广缙、广东巡抚叶名琛奏：

臣等于本月十五日，接据文翰照复，已属无可置辩，不得已，复以来署拜谒为词，并恳求保护夷商，以免欺凌。当即复以来省自可接见，惟衙署建于城内，为城所限，不能从心。届期当在城外伍家仁信栈相见，以敦邻谊而洽众情。复据香港探事禀报：文酋本定于十三日驶入省河，查探消息，并有十五日定欲进城之议，嗣因探明省城官民，齐心保卫，防御森严，加以众绅士公启劝导．深知众怒难犯，遂尔畏葸中止。十四日即有夷示张贴公司行，布告各国夷商，现已罢议进城，大家安心贸易。自因各国前曾交存货物，如有损失，责以赔偿，势将内溃，是以急张此示，以安抚众夷商之心。十九日复据委办夷务之在籍候选道许祥光、候补郎中伍崇曜来署面禀：夷人举动，无论大小事件，总以新闻纸为确据。不但本国取信永以为凭，抑且各国通知不能更议，今英夷将新闻纸遍告各国，罢议进城，仍求照旧通商。众夷商均谆恳伍崇曜速为疏通，察请酌办。是其计已决，无可疑虑。

臣等查夷人之所系恋者惟在贸易，则所以钤制之者亦惟在贸易，英夷骄纵频年，从未稍受裁抑，今既力穷而思所变计，自当乘势而予以转圜，可止则止，勿为已甚。惟华商现停贸易业经一月有余，原为英夷坚欲进城，必受扰累，是以共同议定，不与交涉。查停贸本非官所禁止，则开市自毋庸由官令行，当嘱委办夷务之绅士等，密令众商与之申明约束，既不进城，自可通商，何时反复，即行停止。于羁縻之中，仍寓裁制之意。然受降如受敌，况兵刃未交，尚未穷蹙，何敢稍存大意？所有水陆各路，仍饬一体严防，城厢保卫，亦当如前缜密，总使无隙可乘，庶更有威可畏。容俟文酋如何照复，再当察看情形，酌将调兵募勇渐次撤回，以昭慎重而安反侧。并将广东绅士劝导文酋公启，录呈御览。

朱批：所办可嘉之至！朕心甚慰，如此棘手之事，卿不动声色，使彼自屈，较之军功，尤堪嘉尚。

[徐广缙等关于英人不敢进城已见明文的奏折，1849 年 5 月 1 日。齐思和等整理：《筹办夷务始末》（道光朝）第 6 册，北京：中华书局，1964 年版，第 3179—3180 页]

9．耆英等奏麦都思案已拟结并申明洋人控诉应由总理五口大臣受理折

钦差大臣协办大学士两广总督耆英、两江总督李星沅、江苏巡抚陆建瀛奏：

上海地方通商以来，本尚安静，夷目阿利国虽不及前日巴富尔之明白，而以理劝导，亦颇折服。惟充当翻译之夏巴，屡欲挑唆生衅，均经苏松太道咸龄及各该地方官刚柔并用，设法开导，幸而无事。即该夷违约远行，致被我民殴逐，已非一次，该夷既虑我民与之为难，又畏其公使责以违约，每多隐忍不言。现在麦都思等在青浦县地方与看守粮船之水手争殴一案，该夷明知粮船水手与居民气类各殊，且已奏明遣散，所留看船舵水，散布各县，为数不多，无足介意，并可挟制地方官，为阻挠海运米船之计。乃天夺其魄，夏巴来省捏诉，阻风搁浅，行程不能迅速。臣李星沅、臣陆建瀛于得信后，飞饬署臬司倪良耀等星夜驰往，会同该道咸龄，设法访获水手王名付等十名，当堂枷责，向阿利国妥为劝谕，该夷目俯首无辞，海运米船开行无

耆英（1787 – 1858）像

误。迨夏巴回至上海，则已技无可施，惟以麦都思等被抢失物为词，狡执不服，屡讯王名付等，实系因斗殴而抢夺，尚非虚诬。已照律将为首之王名付拟流，为从之倪万年拟徒，由臣李星沅咨部完结。该夷及各水手亦已无可置喙，不致再留嫌隙，苏松太道咸龄、署青浦县知县金熔办理均无不善，应请免其置议。

至该夷以斗殴细故，借口前有条约，赴省控诉，任意乖执，势将接踵效尤，自应以杜其入江之念为第一要义。但该夷性极狡谲，若明言不准入江，彼必以为我之所忌在此，动辄阑入，威制不可，理喻不能，终鲜善全之策。臣等公同筹议，查原定佛兰西通商条约内，傥有不平之事，该领事官径赴总理五口大臣处控诉，如无总理五口大臣，即申诉省垣大宪一条，系因钦差大臣并

非常设之官，各该夷遇有事件无可控诉而设。现在钦差大臣关防系两广总督兼管，仍有总理五口大臣，该夷遇有控诉事件，应令遵照原定条约，赴总理五口大臣处申诉，不准前赴各处省垣控告，庶可折其桀骜，杜遏将来。

其上海口岸，前经英夷德啻会同前任苏松太道宫慕久议定，该夷行走之地，以一日往还为断。前夷目巴富尔照会苏松太道文内，亦有准其雇买船只轿马，水陆往来，均不得在外过夜之语。今青浦县离上海九十里，来回一百八十里，穷日之力，断难往返，该夷违约远行，地方官公事繁多，安能照料周遍？应遵旨豫为劝谕，以免再滋衅端。惟该夷公使业已更换，新到之啻，臣者英尚未谋面，未便贸然照会。若亲赴上海面加晓谕，则该夷一经赴省控诉，即有总理五口大臣亲临查办，诚如训谕，恐启其骄恣妄求。现将大局筹定，函商臣陆建瀛，意见亦复相同，此外别无应行赴苏查办之事。臣者英业以顺道查知为由，将原定条约剀切申明，札知阿利国遵照。并会同密致署两广督臣徐广缙，督饬六品顶戴委员黄恩彤、运司赵长龄照会该国公使，妥为办理，以仰副皇上训诫谆谆之至意。

[齐思和等整理：《筹办夷务始末》（道光朝）第 6 册，北京：中华书局，1964 年版，第 3139—3141 页]

10. 太平天国是一场革命，而不是简单的农民造反。他们由基督教《旧约全书》、儒教乌托邦、禁欲主义和原始共产主义构成的不伦不类的意识形态，一时让西方人捉摸不透。

有人看到其基督教一面，认为它将开放中国，基督教福音将遍布中国。有人则看到其封建儒教乌托邦的一面，天朝与中国历代皇朝一样，都把外国人当作"不远千里而来归顺我朝的番夷"。洪秀全说天父是他父亲，耶稣是他胞兄，而英国人是他番弟。友好是友好了，但总让人感觉不舒服。听说太平天国占领金陵，有可能进攻上海。英国公使文翰从香港到上海，并深入天京（南京）。他想表明英国的中立态度，弄清楚太平军对英国人的态度，要求太平军承认他们与清政府的条约。他原约定会晤洪秀全，临时又借口"风雨大作，身感不适"，取消了会见。

因为他听说他要"严格遵守""天朝礼制"，天王"为天下万国之真主"。他预感到他有可能像马戛尔尼勋爵觐见乾隆皇帝时那样被要求下跪。

下面是英使文翰致太平天国的照会。

（1849 年 5 月 22 日）

大英国钦使大臣总理香港地方军务统辖广州、福州、厦门、宁波、上海五口通商事宜世袭子爵文为移知照会事：照得本大臣于昨日——即英之四月二十七日——午刻，乘座大英哈尔吐火轮师船来京，当委翻译官密登岸告知本大臣已抵此处，并商订何时可会贵王。旋据翻译官密回舟禀称：已准贵王、翼王面订今日午刻委员来船，接引本大臣进城至贵王府面议一切事件。兹者午刻已过一二时余，未见委员来舟，缘各处有应办事宜，不能久泊此处，为此合将欲商事件移知：溯我英国与中国通商在广州，已二百余载，前十数年又新立和约并通商章程，议定广州、福建［州］、厦门、宁波、上海五口，凡英国商民均可建造房屋，携眷居住，照例纳税贸易，不得稍有妨碍，各处俱设本国领事，专管本国商民事件。又有本大臣奉我国君主旨驻扎香港，统辖五口英国商民国务，凡与中国官员交涉事宜，俱归本大臣经理，迄今十数载，并无变异。近来闻得中国人与满洲人兴动干戈，又闻贵王已得守金陵，传播不一，有满洲官晓谕云借西洋国火轮船十数只，由长江直上与贵王军兵打仗等情，此皆满洲官之假语谎言。查我英国往各国贸易居住，凡各该处有兵戈，向例均不干预，今在中国，焉有借用火轮船相帮之理。至于满洲官雇广艇置买西洋船只，本大臣并不闻问，所有英国商民船只，均不准其雇用。其买卖英国人商船者，与买洋布及各货无异，难以禁止，如他国买卖船只，本大臣更难阻挡，但买去之船，俱不许用我国之旗号。设有我国人民仍旧在船为满洲官使用者，实属不该，本国决不护庇。总之，贵王与满洲相敌，我英国情愿两不干预，独是英国在上海建造许多房屋居住，并礼拜堂及堆货栈房，黄浦江内是有英船多只来往停泊，刻下贵王已抵金陵，与上海近在咫尺，闻得贵王军兵欲到苏、松一带，后至上海时，贵王之存心立意欲与英国如何办理之处，先愿闻知。

（金毓黻等编：《太平天国史料》，北京：中华书局，1959 年版，第 183—184 页）

11. 太平天国对英国人是友好的。他们按照"天下一家"、"四海之内皆兄弟也"的儒家思路，把英国人当作同信同敬天父的"番弟"，如今"不远千里而来归顺我朝"。"西洋番弟"，多么稀奇古怪的名字。当太平天国越来越希望获得这些"番弟"的支持时，西方人已弄明白了这一群由"伪造的启示""蛊惑"起来的"强盗群"，最终是不可能成功的。他们开始帮助满清政府，镇压太平军。"番弟"的形象又变成"番鬼"，洪仁玕悲痛地说："我朝祸害之源，即洋人助妖之事。"李秀成追悔："要防鬼反为先，此是真实之语。"

下面是太平天国谕英使文翰。
（1853 年 4 月 30 日）

太平天国礼拜，《太平天国亲历记》插图。

真天命太平天国天朝禾乃师赎病主左辅正军师东王杨、右弼又正军师西王萧谕尔远来英人知悉：尔等英人久已拜天，今来谒主，特颁谕抚慰，使各安心，请除疑惑。天父上主皇上帝自始创造天地、海陆、人物于六日中，由是天下为一家，四海之内皆兄弟也。彼此之间，既无差别之处，焉有主从之分？自人类受魔鬼之试诱，深入人心，忘却天父上帝给予生命、维持生命之恩惠，忽视天兄耶稣代人赎罪之无极功德；将泥土木石为神，淫昏颠倒。胡人满洲窃取天朝，其祸尤烈。所幸天父、天兄降福与尔英人，使尔知奉天父上帝，知敬天兄耶稣，真理赖以宣传，福音赖以保全。更幸今天父上主皇上帝大发慈悲，派天使传吾主天王升天，亲自授以威权，肃清三十三天各种妖魔，因此，妖魔尽被驱逐下地狱矣。尤幸者，天父上帝大发慈悲，乃于戊申年三月下凡，救世主天兄耶稣广示恩惠，亦于是年九月降临。六年以来，天父、天兄指导各事，显示神力，已有无数奇能证据，灭绝无数妖魔，庇护天王，统治斯土。尔海外英民，不远千里而来归顺我朝，不仅天朝将士兵卒踊跃欢迎，即上天之天父、天兄当亦嘉汝忠义也。兹特降谕，准尔英酋带尔人民自由出入，随意进退，无论协助我天兵歼灭妖敌，或照常经营商业，悉听其便。深望尔等能随吾人勤事天王，以立功业，而报答天神之深恩。为此用特示以吾主太平诏命，告谕尔等英人，使凡人皆识崇拜天父、天兄，而且得知吾主天王所在之处，凡人当合心朝拜其受命自天也。特此谕示，一体周知。太平天国癸好[1]三月二十三日

（罗尔纲编注：《太平天国文选》，上海：上海人民出版社，1956 年版，第 83—84 页）

12. 洪秀全[2] 赐西洋番弟诏（节录）

（1858 年）

朕诏西洋番弟明，天情迥不比凡情：天父上主皇上帝，普天大共圣父亲，

---

[1] 1853 年为农历癸丑年，太平天国自订经年，改"癸丑"为"癸好"
[2] 洪秀全（1814—1864），广东花县人，原名仁坤。1851 年在桂平金田村发动起义，建号太平天国。

朕之胞兄是耶稣，朕之胞弟是秀清。戊申三月上帝降，托传东王乃世人，是年九月救主降，托传西王形迹彰。爷哥带朕坐天国，大显权能坐天堂，建都天京开天国，万国臣民朝父皇。真神殿在天朝内，基督殿同永荣光。

太平天国将士

……

……癸好三年斩魔蛇，乙荣灭兽赖爷哥，蛇兽伏诛永一统，普天同唱太平歌。西洋番弟朝上帝，爷哥带朕坐山河。朕今实情诏弟等，欢喜来朝报爷哥。朕据众臣本章奏，方知弟等到天都，朕诏众臣礼相待，兄弟团圆莫疑狐。朕虑弟们不知得，故降诏旨情和孚。西洋番弟朝上帝，人间恩和在斯乎！钦此。

（罗尔纲编注：《太平天国文选》，上海：上海人民出版社，1956 年版，第 58、60—61 页）

13. 咸丰[1] 皇帝感到内忧外患。太平天国几乎摧毁了大清帝国，哪里还顾得上外夷。英国人只要别再生事端就好。

谕军机大臣等：

叶名琛奏，英、米、佛各国请重订条约，现已设法开导阻止一折。据称米夷伯驾照会内称，条约章程第三十四条载，十二年后两国派员酌办，本年六月期满，请代奏，英夷包呤（吟）、佛夷顾思亦先后照会等语。前年该国夷酋驶至天津，呈出祈请各条，率多谬妄，经崇纶等正言斥驳，碍难入奏。其中惟上海欠税，非从前所及料，广东茶税，系随后增加，民夷相争之案，本为条约所载，恐现在办理不善，允其查办，当经谕令叶名琛、怡良等酌量办理。现在该夷酋等又以十二年届期，恳请代奏。米酋伯驾并有起程赴京之语，虽经叶名琛力为阻止，但恐伯驾从中煽惑，约同包呤（吟）、顾思等复行北驶，不可不防。各夷议定条约，虽有十二年后公平酌办之说，原恐日久情形不一，不过稍有变通，其大段断无更改，故有万年和约之称。况前年到津，业已加恩酌免关税等项，天朝怀柔远人之意，不可谓不厚，若再借词晓渎，断难允准。叶名琛惟当据理开导，绝其觊觎之心。如其坚执十二年查办之语，该督等亦只可择其事近情理，无伤大体者，允其变通一二条，奏明候旨，以示羁縻。

若该夷酋等竟至上海等口，有妄求代奏之件，著怡良等谕以两广总督为办理夷务之钦差大臣，无论何事，总须回粤呈请，两江总督不能代奏。设有欲至天津之语，并著叶名琛等，谕以天津本非通商口岸，尔等前往，显背条约，上次天津所派大臣，已与尔等言明，尔若再至天津，断不能再派大员与尔等会晤。如此剀切晓谕，庶可杜其妄念。至伯驾在粤既居心叵测，此时若到上海，怡良等务须暗中防范，毋令勾通粤逆，别生事端。

（《筹办夷务始末》，咸丰朝，第13卷，第13—14页）

---

[1] 咸丰，清文宗爱新觉罗·奕詝年号（1851—1861）。

14. 咸丰关于天津谈判的"上谕"

（1858 年 4 月 26 日）

谕军机大臣等：

本日谭廷襄等奏俄夷投递公文，并将英、米、佛三夷公文进呈一折。该夷等投递谭廷襄文书，经军机大臣拆阅，皆系求转递大学士裕诚照会，并不知该督已到天津。其照会裕诚文内，均请钦派大臣前往会议。而俄、米之意，皆欲从中调处和释，自可因其所请，设法羁縻。前谕崇纶等接见该夷，但不可同时相见，须有先后次第。俄夷与中国和好多年，自宜先行接晤，待以宾礼。谕以英、佛两夷占踞广东省城，劫我大臣，无礼太甚。大皇帝念系叶名琛办理不善，将其革职，另派大臣前往查办，可谓至公至明。今贵使臣来意，欲从中调处，傥于中国体面无伤，未始不可从权代奏，恳已恩施。若伊等不知愧悔，尚有无礼干求，我等不能代奏，即奏亦不能应允。至米酋并未助恶，亦可假以词色，将该英夷无理之处，令其评论是非。倘其为英、佛说合，亦告以如与中国体面无伤，尚可代奏。其佛酋于咸丰四年曾助官兵在上海剿贼，经巡抚入奏，蒙恩嘉奖。今大皇帝念其从前恭顺，上年广东之事，又非其起意，不过不该助恶。如其自知愧悔，尚可曲加宽恕。但须以后不助英夷为害，仍与通商如旧。至英夷于前年即在广东构兵，实为首恶。所烧商民房屋，几至万家，现在广东百姓，齐心恨怼。若在广东通商，日后必至受亏，应如何调处，日久相安，必须由广东大臣办理，看其若何答复，再行酌量措词。惟日内崇纶等是否与该夷接见，如尚未见该夷，必欲待另派大臣到津相见，则于十六日之前，即可差人告以所递文书，裕诚已奏闻奉旨，因谭廷襄在近处阅兵，添派来津，与崇纶等一同相见。设或崇纶等已与夷酋相见，而该夷既投文请另派大臣，仍望回音，亦可告以添派谭廷襄同见，惟中国体制，凡事皆须请旨遵行，不能便宜行事，因崇纶等本系钦差大员，遇事原可商办，不过因俄国坚请，而谭廷襄位分较尊，故令前来会议。至该夷所请，尚无眉目。兹据军机大臣等将思虑所及，约拟各条，请朕阅定，发交该督等存之于心，以便相机应对。倘该夷未说到此，万勿先提。此外非礼要求，在所难免，全在临时斟情酌理，设法开导，此时难以悬拟。一切情形，随时驰奏，仍严密防范，毋稍大意。所有该夷投递裕诚文书，着钞给阅看。所投谭廷襄公文，一并发给阅看。谭廷襄本日已降旨补授直隶总督矣。

一、接见俄夷。若伊云为英、佛二国说和而来，可告以该二国在广东劫我大臣，占我城池，烧我民间房屋数千间，无礼已极。现闻广东百姓同伸义愤，欲向该二国不依。假使贵国遇此无理之人，岂能恕他。惟贵大臣远来说合，原是美意。是以大皇帝添派本总督到津，先行接见贵大臣，以表我两国和好之意。但不知该二国有无悔过之心，如尚不自悔，亦无可与言。倘知悔过，则大皇帝之意，该二国尚稍有区别。因佛国于咸丰四年，在上海助战剿匪出力，若能改悔不复助恶，当念其从前恭顺，曲从宽恕。至英夷首恶，断难宽容。今有贵大臣前来说合，或可望有转机。但须中国可行之事，无伤体面，或与贵国有利益之处，方可入奏也。倘俄夷欲在五口通商，可告以贵国现有三口通商，倘再加二处，亦合五口之数，似尚可行，当为具奏。

一、接见米利坚。如该酋云欲为英、佛说合，可告以贵大臣在广东未曾助逆攻城，大皇帝嘉尔守信秉义，是以此次到京，令本总督等接晤。今欲为二国说合，但未知其能否悔过，如不知悔，亦难与讲理，倘知自悔，央贵国出来议和，但须事属可行，无伤体制，必可代奏，恳大皇帝施恩。若言关税之事，告以此地无从查悉，现有新任钦差大臣在广东，必能秉公酌议，使贵国获沾利益。

一、接见佛兰西。告以两国在五海口通商，得沾利益，不应帮同英国举兵枘衅，致犯背约之名。我中国素守礼义，从不薄待外夷。即如咸丰四年尔国提督在上海助我剿匪，经巡抚入奏，大皇帝念其恭顺，从优嘉奖。此次误助英夷，实属不料。然英夷烧去商民房屋数千家，广东百姓，齐心痛恨，将来必至受亏。尔国素知礼义，若诚心悔过，以后不与英夷同志，必当代恳大皇帝照旧通商。广东之事，退出省城后，即不与计较。

一、接见英吉利。告以尔等在广东劫我大臣，占我城池，广东商民诉称房屋被尔烧去，几及万间，齐心忿恨，誓欲报仇，正欲向尔国问明何故如此背约无礼。今尔前来甚好。咸丰五年，尔国到天津，我国大臣奏请减免上海关税，为数不少，此乃大皇帝厚恩，何不知感。前年所烧民房，作何赔偿。若不到广东与钦差说明，将来必受广东百姓之亏。该夷言兵费，则云兴兵自尔，受累彼此相同，我方要向尔索赔也。前因叶总督办理不善，大皇帝已将其革职，另派大臣查办，可谓至公至明。后来署总督柏贵，与尔和好，闻已开市通商，乃尔国巴夏里又放出狱囚，抢去库银是何道理。尔国何不将把巴夏里惩办。若该夷言及关税抽厘等事，可告以此地无从查悉，必须回到广东向新任总督讲明，如果尔国悔过，交还省城，黄总督必当秉公奏请。如不在情理之中，彼亦不敢奏请也。

（《筹办夷务始末》咸丰朝，第 20 卷，第 30—34 页）

15. 英法联军炮击大沽，兵临天津。咸丰帝忙派大学士桂良和吏部尚书花沙纳到天津议和。全部接受英、法、美、俄四国的要求。值得注意的是，此时朝廷一部分人已承认洋人并不是要征服中国，而是要获得自由贸易与平等外交的权力。

1858 年 6 月 28 日，桂良等上奏咸丰：

英法联军炮轰大沽炮台

夷人之结怨于中国者，因自道光二十八年以后，事事推托，置之不理，彼以为有冤莫诉，是以无论如何开导，总欲进京。现在天津夷务，一误于广东，再误于上海，三误于海口，故至此也。此时夷人窥破中国虚实，凡我国家艰难困苦情状，了如指掌，用敢大肆猖獗，毫无顾忌。所深幸者，英酋额尔金荣禄已极，尚无贪功之志。其所以如此为难者，皆其下威妥马、李泰国辈为之。李泰国狡骄异常，虽前此啗以重利，仍于暗中陷害，万分可恶；若袭而杀之，恐立起兵祸，故未敢轻举耳。

此时欲主战者，大抵皆谓养痈贻患，不如决胜疆场。不知津口已为该夷所踞，一旦决裂，天津不战自失。说者曰：愿捐津邵城池，不可令其进京。岂知夷人得天津后，得有巢穴，仍须带兵北窜。官军战胜，必将添调兵船。万一关阻不住，竟近都门，战则不敢侥幸，抚则愈难为力。无论该夷彼时就抚，所愿愈奢，即照现在款目抚之，事已迟矣。况该夷枪炮迅利，前见夷兵在津郡爬城，其疾如梭，若抵都门，祸恐难测，此战之不可者一也。天津民情汹汹，数日不和，必将内变。附近天、河两府土匪，以及各属盐枭，久欲观衅而动，一闻有警，盗贼四起，官军应接不暇，此战之不可者二也。直隶库款支绌，运、道各库帑项皆空；兵勇见贼多易奔溃；火药有限，炮械无存；天津以北，道途平坦，无险可扼，此战之不可者三也。国家内匪未净，外患再起，征调既难，军饷不易，此战之不可者四也。各夷就抚，迅议通商，则关税日充，兵饷有出；不抚而战，虽未闭关，而税课有限，南军待哺嗷嗷，无从筹画，此战之不可者五也。奴才等非不知后患可虞，必应求万全无弊之策，然进既不可战，退又不可守，于两弊相形之中，聊为避重就轻之法。

夷人之欲驻京，一欲夸耀外国，一欲就近奏事，并非有深谋诡计于其间也。观其不敢害叶名琛，知有畏忌天朝之意。观其仍肯交还广东，即时退出海口，知无占踞地方之心。若即时进京，兵船未退，都中必致惊惶。今议一年始行复来，并不带兵，即数十人，……国家待之以礼，彼为钦差，即与一品官平行，必无他意。且彼必欲挈眷，是仿古人为质者，防范倘严，拘束甚易。且以数十人深入重地，不难钤制。纵恐日久结匪，祸生不测，不知都城虽大，严为稽查，奸宄无由混迹。该夷雇工使用，必由官为经理，所雇之人，即可窥其动静。夷人最怕花钱，任其自备资斧。又畏风尘，驻之无益，必将自去。此驻京之可从权允准也。

各口通商一节，该夷必欲仍在天津，矢口不允，据云非登州、牛庄两口，万不可易。查牛庄虽近盛京，而夷船万难入口，且买卖无多，只有豆子一项，该夷断不能在彼设立马头。登州口岸亦小，并难安设洋行。以此易换天津，聊为彼善于此。至于内江通商，上止汉口，下至镇江，言明系军务完竣再议，并不得逾三口；虽镇江只肯于一年后前往，而通商所在，该夷以买卖为重，决与河运无碍。此海口、内江之尚可从权允准也。

奴才等伏思该夷之与中国龃龉，均由疑虑所致；今番感激圣恩，从此待以宽大，示以诚信，果然永敦和好，可省国家兵力，亦是羁縻一法。

内地游行，并非处处有多人前往，既有执照，即好查验，非系海疆省份，未必各处皆到。夷人最恐中国看伊不起，如果伊国自有匪类，且以为耻。昨因夜间有夷人在街市抢劫，经奴才等知照各夷，查出系英国兵丁，彼即自行严惩。将来许入内地，或能自爱，亦未可知。此游历州县之尚可从权允准也。

至于兵费一节，减至四百万两，仍归广东查办。税课一层，有必欲求减之处，有必欲议改之处，未免中国吃亏，而将来贸易宽广，或可以盈补绌。其余条款，多系好争体面，及整顿商船各事，于国体尚属无碍。

英夷从前所求，既多且难，辩说二十余日，剩至此数条，不容再为商量。今因内线可用，始得稍减两层。据云再题改字，决不敢言，惟有带兵进京。奴才等愿以身死，不愿目睹凶焰扰及都城。再四思维，天时如此，人事如此，全局如此，只好姑为应允，催其速退兵船，以安人心。

（《筹办夷务始末》咸丰朝，第27卷，第1—4页）

16. 第二次鸦片战争间，皇帝与大臣只有一个想法：保全抚局。

（1858 年 10 月 18 日）

谕军机大臣等：

本日桂良等奏，会商办理情形一折。所弥夷情诡谲，未可轻议条约。免税不过夷商感恩，欲其罢弃全约，势必不行等语。办理错谬，已于折内批示矣。此次桂良等前往上海与该夷会议，原欲为一劳永逸之计，前经叠次谕令遵照内定办法。本月初七日，复严切寄谕。桂良等接奉历次谕旨，自当激发天良，力图补救。若仍毫无把握，不过希图塞责，自问当得何罪。该夷条约，以派员驻京，内江通商，及内地游行，赔缴兵费始退还广东省城四项，最为中国之害。桂良等能将此四项一概消弭，朕亦尚可曲从。若只挽回一二件，其余不可行之事，仍然贻患无穷，断难允准。……

（《筹办夷务始末》，咸丰朝，第 31 卷，第 31 页）

17. 大沽之战后咸丰"仍宜设法保全抚局"的上谕。

（1859 年 6 月 30 日）

谕军机大臣等：

此次夷酋普鲁斯等，以互换和约来津，带领兵船欲进大沽海口，已谕令在拦江沙外停泊，静候桂良等到京商办。复恐夷情躁急，未肯久待，又谕僧格林沁、恒福等，令由北塘进口，暂在天津安设馆驿，仍候桂良等到后办理。讵该夷不收照会，不遵理谕，屡将海口所设铁戗等件，撤毁多件。五月二十五日夷船闯入，先行开炮，官军不得不回击。夷船受伤多只，犹以步队撼战，势甚猖獗。我军击毙夷兵数百名，生擒二名，余皆败窜。计夷船入内河者共十三只，惟一船逃出拦江沙外。据生擒夷兵供称，皆英夷号称提督之赫姓主见，是日赫姓因桅折压伤其骸不能转动。现在各船仍泊拦江沙外。

英夷背约恃强，先行开衅，并非我中国失信。惟念古来驾驭外夷，终归议抚，若专意用兵，终非了局。现仍令僧格林沁办理防剿事务，另派恒福督同文煜办理抚局。英夷背约称兵，固难与之理论；其米、佛虽与同来，未必帮同犯顺，仍可善为抚绥，令由北塘至津暂住，待桂良等到后再议。该二国情形如何，尚未据恒福等覆奏。

英夷挫折之后，其兵船在天津海外者无多，计必或赴上海，或召广东兵船，重来报复。著何桂清密派妥员赴沪查探，有何动静，暗中防范。其天津被创之事，不可漏泄。倘该夷果有火轮船至上海，欲纠众北犯，可令该处华商与夷商等，声言若复用兵，则上年所议各条前功尽弃，岂不可惜？嘱各商从中劝阻，或挽米、佛二夷之在沪者为之劝解，令英夷弭兵消事，仍在天津等桂良等办理，庶各国可以同沾利益，亦保全抚局之一道也。惟此意须出自商人，不可官为宣露，更不可因此事先给照会。何桂清有办理夷务之责，既有变局，不可不早令知悉。

（《筹办夷务始末》，咸丰朝，第 39 卷，第 1-2 页）

18．军机处给俄使伊格纳切夫咨复

（1860 年 1 月 29 日）

办理军机处为咨复俄国使臣伊查照事：

上年十二月二十八日，据礼部送来照会一件，贵国使臣坚执奕山将绥芬、乌苏哩河等处已经允许，并大学士桂良等行文照会为据。又云无论准与不准，惟有坚守永不复还之语，所言殊非情理。两国相交，和好二百余年，奕山等办理糊涂，并未声明绥芬、乌苏哩河等处系吉林所属，乃擅行允许，是以大皇帝将奕山等分别革职、枷号，以示惩儆，断无奉旨准行之后，反将奕山等革职、枷号之理。今贵使臣总以奕山办理错误之事，哓哓置辩，殊非交好之道。至中国之事，皆须请旨遵行，从无臣下更改之理。乌苏哩河右岸，虽无人居住，然系中国地方，岂能擅行借给外国占住。傥有人到贵国侵占地方，贵大臣等岂肯允从。到来文内称，乌苏哩河地方，已有贵国人数十处居住，即海口等处，亦有兵船停泊，盖立房舍炮台戍守，亦已数年，尤堪诧异。查贵使臣于咸丰八年间，方与黑龙江将军商议地界，而今称于数年前，已盖立房舍炮台戍守，足见此处并不与贵国毗连，其为侵占之实据，已属无疑。况彼时并未言明，此时强欲定界，有是理乎！至奕山与贵国大臣木哩斐岳幅在爱珲城互换和约之处，前一日奕山并未应许，因贵国木哩斐岳幅肆行逼迫，奕山于次日始行画押，其具折奏闻，已在画押之后数日，且并未声明有吉林地界，岂得谓此件条约是奕山先经奏闻大皇帝曾经允准之事。此节贵大臣木自必深知。至吉林民人呈告后，大皇帝将奕山革职，是奕山所许并未准行，已连次知照，贵使臣岂得透为不知。惟望贵国永敦和好，勿生嫌疑为要。至贵国差派官兵二人回国，欲中国按站预备马匹，当俟本月二十一日开印以后，方能办理。为此咨复。

（《筹办夷务始末》，咸丰朝，第47卷，第1—2页）

19. 第二次鸦片战争导致中华帝国全面开放。帝国与洋人的关系越来越复杂，从来不屑于夷务的天朝上国如今也必须面对洋人洋务。1861年，清政府设立"总理各国事务衙门"，职同以后的外交部。中国已不再是君天下、抚四夷的唯一帝国，它必须学会与那些它瞧不起，但又躲不过、惹不起的其他国家打交道。

钦差大臣恭亲王、大学士桂良、户部左侍郎文祥奏：

窃为（惟）夷情之强悍，萌于嘉庆年间，迨江宁换约，鸱张弥甚，至本年直入京城，要挟狂悖，夷祸之烈极矣。论者引历代夷患为前车之鉴，专意用剿。自古御夷之策，固未有外于此者。然臣等揣时度势，各夷以英国为强悍，俄国为叵测，而佛、米从而阴附之。窃谓大沽未败以前，其时可剿而亦可抚；大沽既败而后，其时能抚而不能剿；至夷兵入城，战守一无足恃，则剿亦害，抚亦害。就两者轻重论之，不得不权宜办理，以救目前之急。

自换约以后，该夷退回天津，纷纷南驶，而所请尚执条约为据。是该夷并不利我土地人民，犹可以信义笼络，驯服其性，自图振兴，似与前代之事稍异。臣等综计天下大局，是今日之御夷，譬如蜀之待吴。蜀与吴，仇敌也，而诸葛亮秉政，仍遣使通好，约共讨魏。彼其心岂一日而忘吞吴哉？诚以势有顺逆，事有缓急，不忍其忿忿之心，而轻于一试，必其祸尚甚于此。今该夷虽非吴、蜀与国之比，而为仇敌，则事势相同。此次夷情猖獗，凡有血气者无不同声忿恨。臣等粗知义理，岂忘国家之大计。惟捻炽于北，发炽于南，饷竭兵疲，夷人乘我虚弱，而为其所制。如不胜其忿而与之为仇，则有旦夕之变；若忘其为害而全不设备，则贻子孙之忧。古人有言，以和好为权宜，战守为实事，洵不易之论也。

臣等就今日之势论之：发、捻交乘，心腹之害也；俄国壤地相接，有蚕食上国之志，肘腋之忧也；英国志在通商，暴虐无人理，不为限制，则无以自立，

总理各国事务衙门

肢体之患也。故灭发、捻为先，治俄次之，治英又次之。惟有隐消其鸷疾之气，而未遽张以挞伐之威。倘无心悔祸，贼匪渐平，则以皇上圣明，臣等竭其颛蒙之力，必能有所补救。若就目前之计，按照条约不使稍有侵越，外敦信睦，而隐示羁縻，数年间即系偶有要求，尚不遽为大害。谨悉心参度，统计全局，酌拟章程六条，恭呈御览。恳请饬下行营王大臣公同商议。如蒙俞允，臣等即遵照办理；其余琐屑事务，并间有损益之处，随时再行奏闻。

20．第二次鸦片战争失败后，奕訢分析："窃谓大沽未败以前，其时可剿而亦可抚；大沽既败而后，其时能抚而不能剿；至夷兵入城，战守一无足恃，则剿亦害，抚亦害。就两者轻重论之，不得不权宜办理，以救目前之急。"

奕訢是"洋务派"首领。所谓"权宜办理"，也就是开展洋务或外交。此次奏章中提出六条章程，即其具体策略：

1．在京师设立"总理各国事务衙门"，办理外交；

2．在南、北洋口岸（天津、上海）设立商务大臣，管理通商事务；

3．整顿新口岸关税；

4. 各省外事应及时咨报总理衙门；

5. 培养外语人才；

6. 收集海内外商情和新闻纸。

恭亲王奕訢（1833－1898）

一、京师请设立总理各国事务衙门以专责成也。查各国事件向由外省督抚奏报，汇总于军机处。近年各路军报络绎，外国事务，头绪纷繁，驻京之后，若不悉心经理，专一其事，必致办理延缓，未能悉协机宜。请设总理各国事务衙门，以王大臣领之。军机大臣承书谕旨，非兼领其事，恐有歧误，请一并兼管。并请另给公所，以便办公，兼备与各国接见。其应设司员，拟于内阁、部、院、军机处各司员章京内，满、汉各挑取八员，轮班入值，一切均仿照军机处办理，以专责成。俟军务肃清，外国事务较简，即行裁撤，仍归军机处办理，以符旧制。

一、南北口岸请饬设大臣以期易顾也。查道光年间通商之初，只有广州、福州、厦门、宁波、上海五口，设立钦差大臣一员。现在新定条约，北则奉天之牛庄、直隶之天津、山东之登州，南则广东之粤海[1]、潮州、琼州，福建之福州、厦门、台湾[2]、淡水，并长江之镇江、九江、汉口，地方辽阔，南北相去七八千里，仍令其归五口钦差大臣办理，不独呼应不灵，各国亦不愿从。且天津一口距京甚近，各国在津通商，若无大员驻津商办，尤恐诸多窒碍。拟请于牛庄、天津、登州三口设立办理通商大臣，驻扎天津，专管三口事务。直隶为畿辅重镇，督臣控制地方，不能专驻天津；而藩、臬两司各有专职，亦未便兼理其事。拟仿照两淮等处之例，将长芦盐政裁撤，归直隶总督管理；其盐政衙署养廉，即拨给通商大臣，不必另议添设，以节经费。旧管关税一

---

[1] 粤海，指广州。粤海关设在广州。

[2] 台湾，指台南。

并归通商大臣兼管，分析造报。并请颁给"办理三口通商大臣关防"一颗，毋庸加"钦差"字样。仍准酌带司员数员，以资襄办。遇有要事，准其会同三省督抚、府尹商同办理，庶于呼应较灵。其旧有五口钦差大臣一员，以两广总督领之，咸丰九年改隶两江总督。查现在新增内江三口，并广东之潮州、琼州、福建之台湾、淡水，口岸较多，事务更繁，诚恐该督曾国藩兼司其事，非特鞭长莫及，并虑未能谙悉夷情，应仍责令署理钦差大臣巡抚薛焕妥为办理。至天津、上海两处所办一切事件，应仿照各省分别奏咨之例，由该大臣随时知照总理处，以免歧异。至吉林、黑龙江，俄人从前越界侵占，历任将军隐匿不报，以致日久无从禁阻；应请饬令该将军等，于中外边界据实奏报，不准稍有粉饰。其中外交涉事件，一并按月咨照总理处察核。再，现在天津一口，将来办理通商，只有进口货物，并无出口大宗，如果日久贸易不旺，彼必废然思返。拟仍临时酌量情形，或将通商大臣裁撤，以省冗员。

一、新添各口关税，请分饬各省就近拣派公正廉明之地方官管理以期裕课也。查洋税一项，向系尽征尽解，该关税吏视为利薮，侵蚀偷漏，百弊丛生，于关税大有妨碍。现在洋税既有二成扣价，尤宜及早清结，免生枝节。天津关税，臣等现拟归新设之办理三口通商大臣管理。其牛庄一口，向归山海关监督管理；……惟事关通商，有中外交涉事件，该监督应听办理三口通商大臣统辖，以免歧误。……至登州向系私设口岸，隐匿多年，现既新立口岸，自应派员专理，应由天津通商大臣会同山东巡抚妥商具奏。其粤海、福州、厦门、宁波、上海五口，旧有管理税务之将军、监督、道员，毋庸另议更张外，至新立之琼州、潮州、台湾、淡水，长江通商之镇江、九江、汉口等，于何省附近，均由本省督抚会同上海钦差大臣奏明派员经理。……

一、各省办理外国事件，请饬该将军、督抚互相知照，以免歧误也。查办理外国摺报以及恭奉寄信谕旨，向以事涉外国，军机处既不发钞，各督抚亦不互相关会，原以昭慎密而防泄漏。惟现既令各该省及通商大臣、钦差大臣随时咨报京城总理处，而各省将军、府尹、督抚随时应办事件，亦应彼此声息相通，方不致稍有歧异。嗣后天津通商大臣、上海钦差大臣，以及各省一切奏牍及钦奉上谕事件，除咨报总理处外，均应饬令随时互相咨会。惟事宜慎密，仍令各该省派亲信可靠之人钞录知照，不涉胥吏之手，以期格外防范，而杜漏泄之弊。

一、认识外国文字、通解外国语言之人，请饬广东、上海各派二人来京差委，以备询问也。查与外国交涉事件，必先识其性情。今语言不通，文字难辨，一切隔膜，安望其能妥协。从前俄罗斯馆文字，曾例定设立文馆学习，具有深意；今日久视为具文，未能通晓，似宜量为鼓舞，以资观感。闻广东、上海商人，有专习英、佛、米三国文字语言之人．请饬各该省督抚挑选诚实可靠者，每省各派二人，共派四人，携带各国书籍来京；并于八旗中挑选天资聪慧，年在十三四以下者各四五人，俾资学习。其派来之人，仿照俄罗斯馆教习之例，厚其薪水，两年后分别勤惰，其有成效者，给以奖叙。俟八旗学习之人于文字言语悉能通晓，即行停止。俄罗斯语言文字，仍请饬令该馆妥议章程，认真督课。所有学习各国文字之人，如能纯熟，即奏请给以优奖，庶不致日久废弛。

一、各海口内外商情并各国新闻纸，请饬按月咨报总理处，以凭核办也。查新定各国条约，以通商为大宗，是商情之安否，关系地方最为紧要。嗣后新旧各口中外商情是否和协，如为钦差大臣耳目所不及者，即饬令各该将军、府尹、督抚按月据实奏报，一面咨报钦差大臣及通商大臣，不得视为具文，稍涉虚假。至办理外国事务，尤应备知其底细，方能动中窾要。近年来临时侦探，往往得自传闻，未能详确，办理难期妥协。各国新闻纸虽未必尽属可信，因此推测，亦可得其大概。广州、福州、宁波、上海旧有刊布，名目不同；其新开各口亦当续有刊本。应请一并饬下钦差大臣及通商大臣并各该省将军、府尹、督抚，无论汉字及外国字，按月咨送总理处，庶于中外情形了如指掌，于补弊救偏之道益臻详审。

（《筹办夷务始末》，咸丰朝，第 71 卷，第 17—26 页）

21．基督教进入中国，教案不断。在相当一部分中国百姓中，妖术邪教的形象始终没有改变。所谓"倡行邪教，煽惑愚民，甚至采生折割，奸淫妇女，锢蔽幼童，行踪诡秘"，也是历次教案中一贯的罪名。

南昌教案历时两年（1861—1862），百姓闹、官府和，最后还是赔了银两。这是江西匿名揭帖："扑灭异端邪教公启"。

江西阖省士民耆庶，为公立议约事：

照得外夷和议，原为通商牟利，我天朝皇帝，念其奔走跋涉，曲允其请，以示怀柔远人之意。乃有奸民罗安当、方安之[1]倡行邪教，煽惑愚民，甚至采生折割，奸淫妇女，锢蔽幼童，行踪诡秘，殊堪痛憾。本年二月，经阖省义民，齐心拆毁天主教堂，泄我公愤。正欲诛殛罗、方两贼，惜彼先期逃遁。近闻他赴京控诉，怂他国领事官来文，胆敢问我抚台大人，要赔还银七万两，并要城外育婴堂产业，盖还城里原堂，种种无赖，意图讹诈。目下军需紧急，我中国金银，岂能填无厌之求。

清末，外国传教士在中国内地活动频繁。

为此遍告同人，共伸义愤。倘该国教士胆敢来江蛊惑，我等居民，数

---

[1] 罗安当是法国传教士；方安之，广东南海人，给罗安当作翻译。

十百万，振臂一呼，同声相应，锄头扁担尽作利兵，白叟黄童悉成劲旅。务将该邪教斩除净尽，不留遗孽，杀死一人，偿尔一命，杀死十个，偿尔十命。其有中国人投习彼教者，经各乡族长查出，不必禀官，公同处死，以为不敬祖宗甘心从逆者戒。谨此告白。

（《筹办夷务始末》，同治朝，第 12 卷，第 34—35 页）

22. 林则徐的女婿沈葆桢[1]同情民众，认为是"二百年养士之报"。

以下是他调查南昌反洋教事件的"密访问答"的片段：

问：你们纷纷议论，都说要与法国传教士拼命，何故？

答云：他要夺我们本地公建的育婴堂，又要我们赔他许多银子，且叫从教的来占我们铺面田地。又说有兵船来挟制我们。我们让他一步，他总是进一步，以后总不能安生，如何不与他拼命？

问：我等从上海来，彼处天主堂甚多，都说是劝人为善。譬如育婴一节，岂不是好事？

答云：我本地育婴，都是把人家才养出孩子抱来乳哺。他堂内都买的是十几岁男女，你们想是育婴耶？还是借此采生折割耶？……

问：你们地方官同绅士主意如何？

答云：官府绅士，总是依他，做官的止图一日无事，骗一日俸薪，到了紧急时候，他就走了，几时顾百姓的身家性命！绅士也与官差不多，他有家当的也会搬去。受罪的都是百姓，与他何干！我们如今都不要他管，我们止做我们的事。

问：譬如真有兵船来，难道你们真与他打仗么？

答云：目下受从教的欺凌也是死，将来他从教的党羽多了，夺了城池也是死，……横竖总是死。他不过是炮火利（厉）害，我们都拼着死，看他一

---

[1] 沈葆桢（1820—1879），福建侯官（今福州）人，字翰宇，又字幼丹，谥号文肃。是林则徐的女婿，官至两江总督兼南洋通商大臣。曾与李鸿章主持筹建海军。

炮能打死几个人！只要打不完的，十个人杀他一个人，也都够了。

问：你们各位贵姓？

答云：我们看你是老实人，与你闲谈。连日官府都在各处访查，你是外省的口音，我们姓名，不能对你说的。

（宝鋆等修：《筹办夷务始末》，同治朝，第12卷，文海出版有限公司）

二、开洋看世界

1. 灾难是历史给予无知与健忘者的教训。

鸦片战争失败了。道光皇帝从天朝大梦中惊醒，发现自己对如此强悍的敌手竟一无所知。他谕旨"奕经等详细询以英咭唎距内地水程，据称有七万里，其至内地，所经过者几国？……该女主年甫二十二岁，何以推为一国之主？有无匹配？其夫何名何处人？在该国现居何职？……该国制造鸦片烟卖与中国，其意但欲图财，抑或另有诡谋？……"天皇大皇帝一直不屑于过问"夷"事，如今迫不得已。实际上他本不该这么无知，一百多年前耶稣会士南怀仁神父为康熙帝绘制的详细的世界地图——《坤舆全图》，现在就躺在他的宫廷里，无人过问。

传教士来华，传达了许多世界知识，利玛窦"言天下有五大洲"与欧罗巴。礼部的朝臣说"会典止有西洋琐里国无大西洋，其真伪不可知。"禁教以后，连这些将信将疑的知识都忘记了。历史想抹去一段记忆，再容易不过。鸦片战争时的中国人，忘记了耶稣会士来华时传播的欧罗巴消息，唐宋以后的中国人，忘记了丝绸之路尽头的大秦或海西国。直到真正的灾难降临，中国人才想起开洋看世界，才努力回忆起历史中被遗忘的那些知识。无知与健忘是要付出代价的。

鸦片战争结束，中国人并没有及时反省。林则徐《软尘私议》中抱怨"议和之后，都门仍复恬静，大有雨过忘雷之意。海疆之事，转喉触讳，绝口不提……"万马齐暗的时代里，只有极少数人懂得思考。1850 年前后，夏燮[1] 写成《中西纪

---

[1] 夏燮（1800—1875），安徽当涂人，字嗛甫。曾任永新知县，临城训导等职。父兄皆儒，承其家学，博涉经书。另有《明通鉴》、《述均》、《金刚愍公传略》、《五服释例》、《音学辨微校正》等多部，《中西纪事》遭时所忌。

事》，首先回顾了中西关系与中国的西方"知识"，是他将我们这个民族遗忘的"西方知识"重新贯穿起来，从大秦国到英吉利……

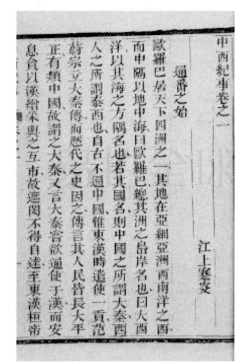

《中西纪事》清同治七年（1868）刊本

欧罗巴居天下四洲之一，其地在亚细亚洲西南洋之西，而中隔以地中海。曰欧罗巴，总其洲之岛岸名也；曰大西洋，以其海之方隅名也；若其国名，则中国之所谓大秦，西人之所谓泰西也。自古不通中国，惟东汉时遣使一贡。范蔚宗立《大秦传》，而历代之史因之。《传》言："其人民皆长大平正，有类中国，故谓之大秦。"又言大秦尝欲通使于汉，而安息贪以汉缯采与之互市，故遮阂不得自达。至东汉桓帝延熹九年，大秦王安敦遣使自日南徼外献象牙、犀角、玳瑁，始乃一通焉。大西洋之名闻中国，滥觞于此。然不列王会之图，遂阙职方之纪，故《后汉书》但知其为海西国，《晋书》始言其在西海之西（西海，即今之西南洋五印度之地），至《魏书》乃云："从条支西渡海曲一万里。"方隅之可纪者如此。若其地理之分合，建置之沿革，则均不详也。

惟元代版图之阔，亘古未闻，而太祖、世祖封建屏藩，但及于葱岭西南之五天竺。明初通贡之远，遣使频仍，而三保太监七下西洋，第尽于红海东岸之忽鲁谟斯，虽西北界接欧罗巴，西南界接利未亚，而一海之隔，苦于问津。无不自崖而反。宜利玛窦初至京师，而明之礼臣不识大西洋之为何地，意大里亚之为何国也。然中国固不识大西洋之地，而利玛窦方自海外来，亦茫然，安识其所谓大秦者？盖自与徐光启辈交，又得见大秦景教碑（详卷二），以为与其国所奉事之天主教合，故中外称之无异词。艾儒略者亦西人，既载其碑于所撰西学，凡后又考其疆域，序其岛岸之国名，而作《职方外纪》。大略言：欧罗巴洲中七十余国，其大者凡十一国，则佛郎西（即《纪》中之拂郎祭）、意大里、荷兰（即《纪》中之法兰得斯）、吕宋（即《纪》中之倚西把尼）及额力西（即《纪》中之厄勒祭）、俄罗斯（即《纪》中之莫哥斯未）之属皆在焉。又言：地中海之西有意而兰大、谙厄利诸岛国，即今之英吉利兼辖阿尔兰者是也。考其分合之由，则启汉以前，皆统于额力西（即今之希腊）。至东汉时，罗马浸强，即今之意大里亚国，并吞各部，历四百年纲纪，西洋一统最久。六朝之季，罗马衰微，为北狄峨特[1]之族所侵，分裂其地，于是各部自王，不相统摄。惟共奉一教主，而其教皇世居意大里亚国中，凡大西洋受封废立之事，皆请命焉，然不能执予夺之权也。

佛郎西兴于唐，英吉利兴于宋。而一时欧罗巴洲各国如荷兰、葡萄牙、西班牙等，经营贸易，估帆所达及于西南洋、东南洋，各开市埠，英、佛闻而继之，遂以是为通中国之渐矣。明自永乐以后，数遣人下西洋，示以通贡，凡前后随使至者以百数，而大西洋之国不与焉。迨正德间，佛郎西踞满刺加之地，遣使臣请贡方物，后又乘倭寇之间，纵横海上，占踞澳门，而荷兰、葡萄牙继之。然明之诸臣，迄不知其为大西洋人。直至万历间，利玛窦至京师，始识大西洋之名，而迄不知其与佛、荷等国之或同或异也。况自西士利、艾等与中朝士大夫往返讨论，固已备悉其山川风土，指掌列眉。而修《明史》者，尚堕云雾中，岂非卧榻之旁，被人鼾睡而不知者邪？然则通番之远，莫远于明，而勤远略于数万里之遥，遂酿近忧于二百年之久，岂细故哉！今参核《明史》及中外纪载之书，著其可考者于下：

明时，大西洋强盛之国，首推佛郎西。时南洋之地有满刺加者。即今之马六甲，佛人方欲开通市埠，遂夺而踞之，自此东行入中国，遍历澳门、粤东之地。乃于正德十三年遣使臣来贡方物，请封，诏给其方物之直，遣之还。其人久留不去，剽劫行旅，至掠小儿为食。已而夤缘镇守中贵，许入京。武宗南巡，其使火者亚三因江彬侍旁左右，帝时学其语以为戏。其留怀远驿者，

---

[1] 峨特：哥德人（Goths）。

益掠买良民，筑室立寨，为久居计。十五年，御史丘道隆请责令还满刺加疆土，方许朝贡。又御史何鳌言："佛郎机最凶狡，兵械较诸蕃独精。前岁驾大舶突入广东会城，炮声殷地。留驿者违制交通，入都者桀骜争长。今听其往来贸易，势必争斗杀伤，南（北）〔方〕之祸，殆无纪极。祖宗朝贡有定期，防有常制，故来者不多。近因布政吴廷举谓缺上供香物，不问何方，来即取货。致番舶不绝于海澨，蛮人杂遝于州城。禁防既疏。水道益熟。此佛郎机所以乘机突至也。乞悉驱在澳番舶及番人潜居者，禁私通，严守御，庶一方获安。"疏下礼部，议如御史言。未几，亚三侍帝骄甚。从驾入都，居会同馆，见提督主事梁焯，不屈膝。焯怒，挞之。江彬大诟曰："彼尝与天子嬉戏，肯跪汝小官邪？"明年，武宗崩，亚三下吏。自言本华人，为番人所使，乃伏法。绝其朝贡。其年七月，又携土物求市。守臣请抽分如故事，诏复拒之。嘉靖二年遂寇新会之西草湾，官兵追捕，生擒（二十四）〔四十二〕人，斩首三十五级，获其二舟，贼败遁。官军得其炮，副使汪鋐进之朝，即所谓佛郎机者也。

初，粤东文武月俸多以番货代，至是，货至者少，有议复许佛郎西通市者，给事中王希文力争之。由是番舶几绝。其后，巡抚林富上言："粤中公私诸费多资商税，番舶不至。则公私皆窘。"因言许佛郎西互市有四利焉，部议从之。自此佛人得入香山澳为市，而其徒又越境商于福建，往来不绝。至二十六年，朱纨为巡抚，严禁通番。其人无所获利。则内犯漳州之月港、浯屿，副使柯乔等御却之。二十八年又犯诏安，官军迎击于走马溪。生擒九十六人。纨悉用便宜斩之。怨纨者御史陈九德遂劾其专擅，纨被逮，自杀。自纨死，海禁复弛，佛郎西益纵横海上无所忌。而其市香山澳濠镜者，至筑室建城。雄踞海畔，若一国然。将吏不肖者，反视为外府矣。

濠镜在香山县南虎跳门外。先是，暹罗、占城、爪哇、琉球、浡泥诸国互市，俱在广州，设市舶司领之。正德时，移于高州之电白县。嘉靖十四年，指挥黄庆纳贿，请于上官，移之濠镜，岁输课二万金，佛郎西遂混入焉。高栋飞甍，栉比相望，闽、粤商人趋之若鹜。久之，其来益众。乃于四十四年伪称满刺加入贡，已改称蒲都丽家[1]。守臣以闻，下部议，言必为佛郎西假托，乃却之。万历中，破灭吕宋。尽擅闽、粤海上之利，势益炽。时又于隔水青州建寺，高（七八）〔六七〕丈，闳敞奇滋，非中国所有。知县张大猷请毁其高墉，卒不行。（以上皆据《明史》。）

初，诸番之互市于澳中也，率聚于虎跳门外之浪白洋，盖海中一岛屿也。大西洋人后至而思垄断焉。于是佛郎西向满剌加来，径请封贡，而葡萄牙遂以嘉靖间至。荷兰遂以万历间至。然舟舶往来，岁取其税。第羁縻之，使勿绝而已。自濠镜之徙，则佛郎西首建城台，戍兵列炮，俨若敌国。诸番乐其便而趋之，遂为逋逃之薮。万历三十五年，有番禺举人卢廷龙计偕入都，上书请尽逐澳中诸番，出居浪白外洋，当事不能用。其后，何士晋督粤，令悉隳澳中城台，诸番始稍稍有所顾忌。而佛郎西亦因戒心，怀去志矣。天启初，徐如珂署海道副使，因澳夷饰词请筑，再隳之。去志矣。（澳夷即葡萄牙也，盖请筑非以备佛夷，实以自卫，详见下。）而是时守臣复遣监司冯从龙毁其所筑之青洲城（澳中有青洲山，番人于山上建寺，即前所云隔水之地，《明史》误“洲”为“州”也），番人不敢拒。然佛以求通贸易，屡窥边境。中朝疑之，故当明之季，增兵戍澳门，专以防佛。佛亦以猜逼，不敢久留。昔时兔窟之营，已为葡萄牙发其笱，而剪其绖矣。（以上参用张汝霖《澳门纪略》。盖《明史》所记万历以后之事，多有与澳夷混者，由不知澳夷之专属葡萄牙，又不知葡与佛之均为大西洋也。）惟葡萄牙以西洋小国先后来澳，卒藉中国之援，赁廛久居。遂为二百年专利之薮。佛虽垂涎，欲与之争。而国势已不可复振，又况强邻之眈眈而议其后哉。

葡萄牙者，古之布路亚国，其地在欧罗巴洲之西境。今住澳门者或称澳夷，或称大西洋，从其阙也。其入中国，始于明正德间，贸易于舟山、宁波、泉州等处。嘉靖三十年，遂来澳门。是时，诸番互市已自广州移之濠镜。佛郎西创造城台，欲图久踞，诸番逼迫不自安。葡萄牙乃纳贿于澳中官吏，请岁以五百金赁其廛而居之。于是自其本国挈家至澳，凡为户420有奇，丁口

---

[1] 蒲都丽家：葡萄牙。

3400 有奇，孳育蕃息，遂长子孙。佛郎西来去不常，又自万历、天启间中国防之甚，遂不自安。而诸番之来者，辄藉澳夷为东道主，又假其名号以入市，遂得以奇货之居，为资生之计。然红毛屡以兵船窥香山澳，胁夺市利。葡人惧，乃筑炮台，仿造红毛火器以御之，不得，则告急于粤中官吏，请备防兵。益自托于为天朝守海门，固外围，而阴以自封殖也。

　　澳中城台之建，始自佛郎西，而澳夷因之以为利。迨粤中大府遣兵隳之，澳夷不敢言。而实不便于藩垣之弛也。值天启之初，红毛出入于濠镜，澳夷藉戍守为名，请兵请饷请木石以缮垣埔。时徐如珂为海道副使，昌言于两府曰："此狡夷尝我也。"已而夷警寂然，而澳垣日筑百丈。如珂遣中军领兵戍澳，谕之曰："垣埔不毁，尔

葡萄牙国王曼努埃尔，他在位期间（1495—1521）被称为葡萄牙历史上的"黄金时代"

人力少也。吾助若毁。"不两日而粪除殆尽，夷相顾啾唶，自是稍戒心。

　　时值倭寇方平，有言澳中诸番实为向导，请移之浪白外洋就船贸易。而粤中大吏谓香山内地，官军环海而守。彼日食所需，咸仰于我，一怀异志，我即制其死命。若移之外洋，则巨海茫茫，奸宄安诘，制御安施？似不如申明约束，内不许一奸阑出，外不许一倭阑入，无启衅，无弛防，庶几相安无患。部议从之。乃设参将于中路，增兵戍防，名为备倭，实则兼备佛郎西、葡萄牙也。然当明之季，意大利人至中国，徐光启方与之讲求历法，而葡萄牙人亦以治历闻于朝。于是光启奏用新法，悉居其人于澳门，而阳玛诺者，即葡萄牙人也（《明史》作波尔都瓦，即布路亚译音之异）。自葡人主澳，则大西洋之人方以类聚，而东南洋诸番反以为异族而驱之，故《明史》以澳夷为大西洋人，而不能辨其为何国也。惟佛郎西终明之世，窥澳不得，而葡萄牙以五百缗寄

居赁屋。遂得盘踞全岛，俨然视为故物。沿至国朝定制，外洋之贸易于粤者，船货并税。惟澳夷但限以二十五船之额，止输船钞，货则听入洋栈中，有买者为出税。又自乾隆定制。归并粤东，各洋卸货之后，悉回澳门住冬，转向澳夷赁屋栖止。于是大西洋各国之过澳门者，眈眈而视，遂启英吉利窥觊之端矣。（以上采用《澳门纪略》及《皇清通考》"四裔门"。）

葡人以忌佛郎西之故，凡大西洋人之至者，无不多方谗间之。英吉利涎其市埠，每以兵船至澳，辄托言戍兵，代为防佛，实则欲自取之。直至道光中叶，索得香港马头，不复思澳。而五港既开，外洋俱得自市，澳舶反少，又不能为有挟之求，则富庶已非昔日之比矣。其国终明之世，未通朝贡，至我朝雍正五年，始表贡方物，乾隆十八年复贡。两庙念其远道输忱，从优锡赉。而其国中人，亦以天文家入仕京师，为钦天监。今其国尚在大西洋，而《明史》无布路亚传，故其住澳之颠末，但附见于佛郎机、意大里传中，亦不能详也。

荷兰者，大西洋濒海之国，东至日耳曼，西连英、佛诸国，明人所称红毛番族者也。《明史》言："永乐、宣德时，郑和七下西洋，历诸番数十国。无荷兰者。"盖其时大西洋不通中国，荷兰贸易之舟，仅至南洋而止也。初，荷兰人勤于贸易。明时，攻佛郎西、西班牙，皆胜之。遂由五印度夺葡萄牙市埠，泛舟入南洋，又取葛剌巴而据之。至今南洋之地，有所谓大荷兰、小荷兰、新荷兰者。虽中夺于英、佛诸国，或分给其地，与之和市，而荷兰旧埠之名，至今仍之，可以知其贸易之广矣。

当佛郎西之市于香山澳也，荷兰闻而慕之。乃于万历二十九年驾大舰，携巨炮，直薄吕宋。（此南洋之吕宋。以其西洋本国之名名之，非欧罗巴洲中之吕宋也。）吕宋人力拒之，则转薄香山澳。求通贡市。当事难之，不敢闻于朝，但召其酋入城羁縻之。方遣之归，而澳中人惧其登陆，力为防御。久之无所得。乃去。之福建之漳州，直抵澎湖屿，于三十二年七月值汛兵已撤。如入无人之墟，遂伐木筑舍为久居计。时有海澄奸民李锦及奸商辈之贩于大泥者，曾与荷兰人习，相与怂恿之，许之贡市。而总兵、都司方以兵至，先以计系锦等下狱，酋始有悔意，而仍乞通市不已。于是抚按严禁奸民下海，犯者必诛。由是接济路穷，番人无所得食，始稍稍引去。而是时佛夷方纵横海上，荷兰欲与之争雄，复泛舟东攻破美洛居国（即马六甲），与佛夷分地而守。寻又至福建之台湾，侵夺其地，筑室耕田，久留不去。海上奸民复与之互市，遂再至澎湖，以求市为名，筑城而守。天启初，守臣以计毁其城，遂移舟去，然其据台湾自若也。方守臣之毁城，许以移舟之后，当为代请通市。既而事不行，番人怨，乃掠渔舟600余艘，复至澎湖，驱土人运木石，将再筑城。又分兵犯厦门，滨海郡邑无不戒严。时巡抚南居益初至，见其势益炽，乃上言："互市之求，若不见许，必至兴兵构怨。且臣闻其遣人四出，将要结交留巴[1]（即上文葛剌巴）、大泥诸国，与之合谋，此必不可以理谕也。"因列上调兵足饷方略，部议从之。四年正月，大发兵与荷兰战，屡败之。荷兰益窘，求缓兵。容运米入舟即退去。诸将以穷寇莫追，请暂许之，遂扬帆出湖，犹留其渠帅高文律等12人，据高楼自守。诸将破擒之，献俘于朝。澎湖之警以息，然其台湾之守，卒不能夺也。台湾者旧为日本倭地。红毛初至，啖以重币，求给一廛为互市区，旋诱倭人入天主教，遂逐而据焉。

崇祯中，有郑芝龙者，泉州人，初附倭家于台湾，倭既去，芝龙以其众入海为盗。旋经巡抚沈犹龙招降之，屡以平海寇功，积官至都督同知。十年，败荷兰之众，徙沿海饥民数万实台湾，荷兰遂弱。然犹拥红毛二千，踞城中。芝龙亦寻去。其子曰成功者，芝龙娶倭妇所生子也。值明之季，唐王、桂王监国，成功奉之以抗天兵，屡寇闽、浙、江南。顺治十六年，由海道寇镇江。至江宁，大兵击败之。（成功寇镇江，乃顺治己亥事，即十六年也。其自镇江败归，谋取台湾，则十七年以后事。《皇清四裔考》以为顺治九年，盖误以张名振之寇长江当之耳。今据全祖望、张煌言碑文。）成功遁归，则闽中已无寓足地，乃谋逐荷兰以取台湾。会红毛通事何斌逋夷负，遁投成功，说其以水师从鹿耳门入。十八年，乘澎湖潮涨，直抵鹿耳门登岸，克其赤崁城。又与荷兰相持半年，屡败之，荷兰遂弃台湾走。

先是，荷兰因广东巡抚请于朝，愿备外藩，修职贡。十三年，遣使赍表京师，

---

[1] 《明史·和兰传》中为"咬𠺕吧"。

《荷兰舰队进攻厦门港》西洋古画馆

诏优答之。部议以五年一贡，贡道由广东入；诏改八年一贡，以示柔远。康熙元年，郑成功卒。三年，大兵渡海，克厦门。时荷兰请率舟师助剿，以夹板船乘势追击，斩首千余，遂取浯屿、金门二岛。时成功子经尚踞台湾，然已浸弱，不敢内犯。中值耿精忠之叛，转相煽诱，郑氏复炽。十八年，福建总督姚启圣厚集水师，复檄荷兰夹板船为助。郑经既死，内乱方作，乃定计取台湾。二十年，奏请以施琅为水师提督，议先取澎湖，乘南风进攻，大败之。于是大兵乘胜直攻台湾，泊海中十二日，俟海水盛涨，方掩其不意，由鹿耳门平行而入。郑氏之党穷蹙请降，乃拥郑经子克塽肉袒赴军门，缴上成功所受明印信，台湾遂平。当大兵至鹿耳门时，郑氏闻之大骇，以为与其先人之取台湾，用兵如出一辙。而不知荷兰已先献计，请俟潮涨而取之，以报郑氏也。台湾自明以前不入版图，视为瓯脱之弃地。海上有警，则遣兵戍澎湖，以防内患。至是，台湾平。靖海侯奏言："一岛之悬，实腹地数省之屏蔽，弃之则仍以资荷兰。"遂议内隶，置郡县焉。然荷兰始欲争澳门，不得，已而去之台湾。遂与佛朗西边患相寻无已。而其窥觊澳中，则屡欲取之，而力未暇也。（以上明以前事，参据《明史》及《皇清四裔考·后叙》。国初郑氏事，则据魏源《圣武记》及《鲒埼亭集》。）

欧罗巴各国。在两汉、六朝之间莫盛于罗马。罗马者，今之意大里亚国也。《后汉书》为立《大秦传》，正其国极盛之时，全洲之地，悉禀正朔。又自王安敦遣使之后，声名遂通于上国，故后之言大西洋者托始焉。大西洋之立国，始于额力西，即今之希腊国。其首部曰雅典者，实为声明文物之区，而罗马卒并之。西人测天之学，源于希腊。罗马既得其地，遂访求其推步之师，令国中人就而讨论之。故后世之言天学者，多推大西洋人；而大西洋必首推意大里亚也。

若天主之教。起自东土之犹太国（即西印度地），而犹太以西汉时亦降属于罗马，故耶稣教法倡自意大里亚。而欧罗巴之人悉宗之。西人自序其教者。言耶稣（生）〔升〕天之后，圣徒分走四方布其教。有二大弟子，一伯多琭[1]。一宝禄[2]，皆至罗马都城，讲论天主事理，人多信从。此二圣之后，又累有盛德之士相继阐明。至于总王公斯珰丁[3]者（斯珰，即斯丹西，人称君长之词），钦奉特虔，尽改前奉邪神之宇为瞻礼诸圣人之殿，而更立专殿以奉。天主教皇即居于此，以代天主在世布教。教皇皆不婚娶，永无世及之事，但凭盛德辅弼大臣，公推其一而立焉。欧罗巴列国之王，虽非其臣，亦咸致敬尽礼，称为圣父、神师，凡有大事莫决，必请命焉。（以上据《职方外纪》。）据此，则今之教皇必在意大里亚者，从其朔也。

然自明以前，中国虽有大秦之名，而莫辨其为海西之何国。洎明万历九年，有西人利玛窦自彼国泛舟九万里至粤。二十九年始至京师，与中朝士大夫游，而其徒来者益众。其论天下形势，则著有《万国全图》，言天下有五大洲：一曰亚细亚洲，中凡百余国，而中国居其一；二曰欧罗巴洲，中凡七十余国，

---

[1] 伯多琭：彼得（Peter, Saint）。
[2] 宝禄：保罗（Paul, Saint）。
[3] 总王公斯珰丁：君士坦丁大帝（Constantine the Great）。

而意大里亚居其一；三曰利未亚洲，亦百余国；四日亚墨利加州[1]，地更大，以境土相连，分为南北二洲；最后得墨瓦腊尼加[2]洲为第五，而域中大地尽矣。又言：欧罗巴诸国，悉奉天主、耶稣教。耶稣生于如德亚白德稜之地，实为汉哀帝元寿二年庚申。又言：中国《大统》、《回回》历，皆疏舛，不合实测。乃持其本国推步之书，出示士大夫，皆为中国典籍所未道者。是时，郑世子朱载堉、金事邢云路方奏请修改历法，因与大西洋之归化人庞迪我、熊三拔等共理历事。利玛窦既卒于京师，其徒皆久留不去。时则有阳玛诺、邓玉函、毕方济、艾儒略、龙华民诸人，皆喋喋言新法有验，而汤若望、罗雅谷方自西来，遂以崇祯二年用徐光启荐，令供事历局。于是西人新法日益显，而明祚旋移，卒不能用。

国朝顺治二年，汤若望再至京师，上书言新法，得旨，令与南怀仁同入钦天监。方依西人法造时宪书颁行，而新安卫人杨光先首攻之，遂起台官之狱。（杨、汤交讼事，详二卷。）六年，以杨光先推闰不实，真之法，复起汤若望、南怀仁为钦天监正、副官。八年十二月，当置闰，南怀仁谓："雨水为正月中气，是月二十九日值雨水，即为九年之正月，不当闰，置闰当在明年二月。"钦天监奏"怀仁议是"，上亦嘉纳之。未几三藩之乱，上召南怀仁于养心殿，命依水法造炮，以备边用。旋因明季以来，历法疏舛，乃荟萃中西之同异，取其借根方对数及以量代算之法，御制为《数理精蕴》、《历象考成》二书。于是西法如欧几里得、穆尼阁、第谷诸人之书，悉荷蒐录；而西士之在中国备台官者，皆同预编纂之列。自此中西二家，悉去其门户水火之见，钦天监参用西洋人，遂为定例，实自意大里亚开之也。其国以康熙九年遣使入贡，十七年召见于太和殿，宴赉遣归。雍正元年，释西洋人之有罪者，出之狱，令递回本国，由该国教化。王表谢，亦贡方物。二百年来，意大里亚人之在京师者为多，其藉新法以阴行其教法者则有之，而边衅之启不预焉。（参据《明史》及《皇清四裔考》。）

欧罗巴各国自罗马衰后，而佛郎西、英吉利继兴。然佛之初至，明人不

---

[1] 亚墨利加洲：美州。

[2] 墨瓦腊尼加：墨瓦腊即麦哲伦（Magellan），墨瓦腊尼加即今麦哲伦海峡以南之地。

识其为大西洋，厥后占踞澳门，通市濠镜，则诸番之因缘而至者，皆大西洋人也。意大里亚之至京师稍后，而其寄寓于澳中者已非一日。故明季徐光启奏行新法，自艾儒略、熊三拔等，皆意大里亚人。而其时邓玉函则日耳曼人，庞迪我则吕宋人，阳玛诺则布路亚人（具见《明史》，其国名则译音之异耳），皆至京师，而实自澳中来，故明季之濠镜，实大西洋人一大都会也。然则英吉利未至中国乎？非也。当荷兰求市于澎湖、台湾之间，明人但以为红毛番族，而不知红毛即大西洋之种类也。英吉利之与荷兰同在大西洋，即同得红毛之称。《明史》记荷兰事，言："崇祯十年，红毛驾四舶，由虎跳门薄广州，声言求市。其酋招摇市上，奸民视之若金穴，盖大姓有为之主者。当道鉴濠镜事，议驱斥，或从中挠之。会总督张镜心初至，力持不可，乃遁去。"盖误以红毛为荷兰之专称，乃意其为郑芝龙所败，而去之澳门，其实荷兰于时并未去台湾也。《皇清四裔考》但言"崇祯十年为郑芝龙所破，余众犹据台湾"，而不叙其入澳门薄广州之事。（《考》中亦微误。盖《明史》荷兰为芝龙所破乃崇祯初年事。故其下文云："不敢窥内地者数年。"后始叙十年窥澳之事。今《考》虽删去下文，而移郑芝龙之破于后。以迁就余众尚踞台湾之语，盖未将上下文一详考也。）盖其时西人之书已出，知红毛非荷兰所得独擅，又以其尚踞台湾也。西人马利逊著《外国史略》，言英吉利通商始于明万历间，然亦无佐证。近见西士所撰《华英通商事略》，言明万历二十四年，英之女主嗣位，欲修好于中国，乃遣三艘，具书币入明。舟行至中途，遇飓风而没，事遂寝。至崇祯十年，有舟长率货船五，由苏门答剌去，之澳门，为葡萄牙人谗间，逐之。遂长驱至粤之虎门，居数日，渐辨华言，具道通商意。华官许为之请于大府，舟长喜，张白帜以待。不意又为葡人之在粤者所谗，令发兵开炮逐之。舟长愤甚，乃拔白旗，扬帆乘潮径逼炮台。华民拒战，不克，守台之卒尽溃。乃夺而踞之，焚官署，截得商艇二，小艇一。大府虑启边衅，复遣人慰谕之。舟长自言："此来非寻衅，但求通商，与他国等。"又因来者以礼物赂大府，许之，遂缴出炮。

2．第一次鸦片战争后，并没有引起中国真正的反思，雨过忘雷。研究者考察过所有参与战争的朝廷要员战后对中国的政治、军事、经济有何建策，回答都是令人失望的。

第二次鸦片战争降临时，大清帝国依旧措手不及。与第一次鸦片战争不同的是，朝廷变得软弱了。咸丰皇帝再也没有他父亲剿灭逆夷的勇力，一再降旨要"随机应变"、"抚绥柔远"、"设法羁縻"。第二次鸦片战争失败得更惨，对手已不是一个英吉利，还有法兰西、弥利坚、俄罗斯。京城陷落、圆明园被毁。割地让权，更多的不平等条约。在这一系列的打击下，中国近代关于"西方强盗"的形象逐渐在屈辱与仇恨中形成。1862 年，刚调任南昌的夏燮开始补写《中西纪事》中第二次鸦片战争与 1860 年以后的中西关系史。灾难发人深省，启蒙已经开始，中国人开洋看世界，首先映入眼帘的是海上强盗……

大西洋之强国足以抗英吉利者三：曰法兰西，曰弥利坚，曰俄罗斯，此三国者皆英夷世仇也。法在英国之南，中隔一港，累世不睦，干戈相寻。国朝乾、嘉之际，凡五十年，争战未尝息。时法国有波利稔[1] 王者，佳兵好战。英人集众国攻之，遂以嘉庆二十一年大破其师。波利稔失国，窜死在外。法人复立其旧君，与英讲和。英自兼并各国，日益强大，法处其南，密迩为邻。常怀逼处之惧，不敢以无礼先也。

道光二十一年，英人再犯舟山，乞援于法。时有法国兵头来至粤东之香港，传闻濮鼎查自浙潜回，与法国兵头见过两次。而是时已有人奏称："英逆纠集天竺、佛兰西、小吕宋等国，同恶相济，请饬晓谕解散"等因。奉旨："交靖逆将军查办。"于是法国兵头惧以助逆于天朝使臣诘责，乃自香港驾舟来粤，求见将军。靖逆闻其带有兵船在后，因勖以反攻英人，兵头答称"英、法新和无衅。此来先须讲款。若款议不允，方可藉词交兵"等语。靖逆疑之。逾年，江、浙议抚，乃趣之行。行至上海，闻英人讲和罢兵，亟驾一火轮船由海道驶入圌山关。濮鼎查、马利逊时在江宁，闻之。惧其构间于中国以摇撼抚事也，

---

[1] 波利稔：波拿巴，拿破仑（Bonaparte, Napoleon）。

乃遣舟迓之，至则握手相见，问劳有加。法之兵头谓其战则求援，和则不告，数谯让之。而英人待之愈恭，又与之游览金陵各处形胜，送之出口。是行也，传闻其受英赂，定从而归，遂为异日树援张本，此英、法和战之始末也。

《中国官员扯下了英国国旗！》，英方描绘中国人在亚罗号上的粗暴行为，为英帝国的战争辩护。

弥利坚在外大西洋，不通英、法诸国。明时有西洋大臣名阁龙[1]者，泛海西行，寻得其地，是为亚墨利加州。弥利坚即墨利加之转语。又其国中海舶皆以星旗为识，故来至粤东者，率以花旗目之。其地初为英人开垦，役服而税其饷。嗣因英人连年用兵，辄增其税，弥人不堪，乃（求）〔纠〕其十三部之众，并力抗拒，又求援于法国及大吕宋、荷兰等，大败英师。乾隆四十七年，始议和，听其自立为国。惟自粤中互市以来，英人贸易资本最巨，而弥利坚即次之。道光二十一年，奉旨停英夷贸易，各国货船照旧开舱，而屡为英之兵船所阻，不得入。迨英人破虎门，始衔尾而进，停泊省河。适英

---

[1] 阁龙：哥伦布。克里斯托弗尔（Columbus，Christopher）。

师败于凤凰冈，于是弥利坚首请通商，其略言："称兵犯顺，系英国兵头所作之孽，凡带货商，并未随同滋事，而因此阻滞年余，不得贸易。在该商为其本国兵头所累，原不足惜，而我弥利坚等国，向来恭顺，不敢私卖违禁货物，蒙天朝恩准照常贸易，极为感激。乃到粤经年，被英人牵累，不能进埔开舱，以致货物霉烂，资本折耗。现查英国商情亦甚急迫，可否于此次击退兵船之后，姑准其商船一体贸易，庶各国不被英人妒恨，免致阻梗牵留，而英人货船在埔，即有顾忌而不敢滋事，似亦制服之法"等语。果勇侯杨芳据以入奏，而一时议者，谓义律因凤凰冈之败，属弥人为此，以作缓兵之计。未几，英人闯入省河，果背前约，迫挟兵索偿烟价一千二百万，经弥人居间排解，减半偿其成本，事遂定。二十二年白门之盟，弥人不预，续赴粤中，因英人以请，耆相援案许之。此英、弥和战之始末也。

俄罗斯者，其国旧在大西洋，而边境辽阔，东接蒙古、黑龙江，故亦称北洋。国朝康熙二十八年，钦派大臣索额图等，会议于黑龙江，与俄人定边界，南属中国，北属俄疆，勒石定盟。雍正五年，复定交市在恰克图地方，不准由海道赴粤通商，永著为例。俄人复请遣子弟入京师国子监，习满、汉语言文字，居于旧会同馆。列圣意在绥怀，许之。迨乾隆五十八年，英人入贡，请援俄人例，遣人寄住京师。纯庙不许，遂有觖望意。当粤中停止英人贸易时，传闻俄罗斯使臣已自比革尔起程赴中国，将约大兵由缅甸、后藏夹攻印度以疲英人。实则俄罗斯方与英人争印度之南界，欲夺其鸦片税饷之利，连年构兵不能克，故欲以此结援于中国，非能为中国效顺也。英人闻之，谋疾趋入粤，而以兵备中印度，俄人计卒不行。是时据《澳门月报》言："英人以中国待彼不肯照大西洋、俄罗斯一样。"大西洋者，谓澳夷也。又言："俄罗斯有书馆在京师，中国事情悉知，恐有从中挑动之阴谋，不可不防其后"。俄人复以土耳其之役，与英夷血战数年。近始讲和。此英、俄交恶及中西构衅之始末也。

壬寅抚事之局，法、弥皆不与，后卒援英人例。同在五口通商。而俄罗斯亦以二十八年附英、弥船舶来粤，经大府查明驳回。然自五口畅开，俄人恃其强富，水陆兼通，即厦门、上海各口。亦屡有至者。而粤东系其熟游之地，海道争为捷足之趋。于是四国联盟，而合从称兵之议起。

咸丰六年秋九月，英夷称兵犯粤。其衅起于来粤之划艇，艇之船主英人，所载舟子则华人也。中西前约载有："不法华民逃至香港，或在英之官船、货船潜匿者。经英官查出，交付华官。若华官探闻在先，亦准照会英官移取，其英人犯法逃入中土者，亦如之。"是月初十日，有自外洋来粤之划艇，张英国旗帜，泊于粤河，粤之水师武弁见舟中所载皆华民，将治以通番之罪，遂执舟子十二人，械系入省。船主以诉领事巴夏里，巴至舟查勘。武弁不为礼。巴乃照会粤督，以武弁应移取不应擅执，且明舟子无罪，请释之。

时叶相国名琛任两广总督，不许，又因在粤之包公使[1]以请，许之。英有水师提督西某者，闻其事，欲起衅端，相国遣送舟子于领事廨中，而领事以事关水师，弗受也。二十六日，西水师[2]兴兵攻我黄浦炮台，相国遣雷州知府蒋某至领事廨中，诘其起衅之由。时西水师亦在焉，同声答曰："传言误听。屡乖二国之好，归语相国，当入城面议之。"盖水师、领事意不在舟子，欲藉面议为入城地也。相国乃以己酉徐制府与彼国公使文翰所定禁止入城之约示之，不省。二十九日，英人兴师攻粤城，粤人率团练入保，不克。英人复请释甲入见，相国不许。时相国已奉颁给钦差大臣关防，督办夷务。

十月。英之水师移兵入我虎门、横档等处炮台。越日，又毁我大角头炮台及亚西娘二炮台。维时沿河炮台皆有官兵义勇协力防守，凡英艇经其侧，即开炮击之，英之师船亦开炮相持，遂无虚日。十七日，有花旗船只自澳门来，经沿河炮台，兵勇不辨，误击其货船二。花之领事致书粤督，不省，遂与弥人有隙。

十一月，英师进攻近城炮台，克之。是月中旬，英行之在粤者凡六，同时毁于火，粤民火之也。英之在粤者不胜其愤，驰告本国主，集上下两院之大臣、绅士议之。（英制，在上院者为大臣，在下院者为绅士。）其上院之相臣曰巴米顿者，力主称兵之议，而下院绅士不从，巴请解职。有进计者，谓："宜先遣公使至中土，请重定盟约，不许，则先礼而后兵，我有词矣。"于是简其二等伯爵额罗金至粤，由粤入都。一面调派火轮兵船分泊澳门、香港，以

---

[1] 包公使：英公使包令（Bowring, J）。

[2] 西水师：英国海军上将西马糜各厘（Admiral Seymour）。

俟进止；又遣人告法兰西，约以连兵合从。法人听命。额罗金入粤，和议不成，而粤民反唇，大吏充耳，遂有次年十二月之役。

七年冬十二月，洋艘在粤，英人纠合法兰西、弥利坚、俄罗斯三国之夷，合从称兵。适法国兵船已先赴约来粤，遂与英师合攻粤省，陷焉。

当壬寅抚事之定也，英人以开通五港口市德于外洋各国，又以积年黩武，调兵调饷，疲于奔命，欲结邻邦之援。是时法、弥二国皆有领事在粤，而俄人亦自海道继至，相与探听通商事宜，以待开舱卸运，久之寂然。

额罗金之至也，初谋入城。不可。爰与水师提督、领事人等议，先将要求各款照会粤中官吏，俟其登覆，以取进止。叶相得其书，语多狂悖，置之不（达）〔答〕，亦不备。英人遂纠法兵攻城，城既陷，执相国絷之舟中。于是广州将军穆克德讷、广东巡抚柏贵等联衔驰奏，奉上谕："叶名琛以钦差大臣办理夷务，如该夷等非礼妄求。不能允准，自当设法开导，一面会同将军、巡抚等妥筹抚驭之方。乃该夷两次投递将军、巡抚、副都统等照会，并不会商办理，即照会中情节，亦秘不宣示，迁延日久，以致夷人忿激，突入省城。实属刚愎自用，办理乖谬，大负委任。叶名琛著即革职等因。钦此。"英、法踞粤之后，自知背约，因思效义律赴天津之往事，将归罪于粤中之官吏以自脱也。乃与三国合谋，议各遣其属官一员，前赴江苏，求见两江制使，将所达天朝相臣之书转寄入都，俟其照覆，以定行止。于是四国之属官由海道赴沪，探闻制使驻节毗陵，遂至苏州。时赵德辙任苏抚。见之，诘其来意，以递书故告。乃由苏抚咨送入常，两江总督何桂清据以奏闻，其达相臣之书，则满首揆裕诚也。（裕相以次年夷人至天津之月卒。）

先是，羊城之役，上授侍郎黄宗汉两广总督，赴粤查办。逾年过苏，苏抚侦知四国之公使、水师、领事人等，将由沪中海道径赴天津，欲留钦使在苏，通信到沪，阻其北行。黄以奉诏入粤，人臣无外交，遂解缆行。未几，接据江督照会："转准都中相臣照覆之文，告以两广总督钦差大臣黄某，现奉命驰赴粤东，办理夷务，令该国人等迅赴粤中，听候查办。"又另文照会俄罗斯，告以"该国向不准在粤通商，如有相商事件，应速赴黑龙江，听候该处办事大臣妥协"等因。时英酋额罗金已自粤至沪，遂由宁波、上海等处调派火轮兵船二（千）〔十〕馀号，前赴天津，法兰西亦以兵来会，花、俄二国亦有领事、翻译官同行，自云递书，非求战也。未几，大沽告警之疾置闻。

八年春三月，英、法、弥、俄四国舟泊天津海口，议先遣各国领事驾杉板小船。前赴大沽港口投文。直隶总督谭廷襄受其书上之。时英、法方谋称兵犯顺，而弥、俄二国志在请抚，制使亦遣人通款洽，牛酒馈问，相望于道。

夏四月，二国讲款之舟尚在港口，而英、法不俟命，遂以小火轮船闯入口内，毁我炮台，语具后卷中。既罢兵，二国复以抚事请。上饬大学士桂良及前两广总督耆英先后抵津，追耆相以擅回伏法，仍饬桂相议款。于是，由直隶总督行文照会，邀弥、俄二国领事同至天津郡中。遂定议。

是役也，弥人志在通商，似系诚心乞抚。而俄罗斯者，传闻是时新受黑龙江五千里之赂，谋背英、法，适闻弥人讲款，遂赞成之。继据殷兆镛奏参奕山给以黑龙江外五千里之地，核其日月，似即在都中相臣照复之后。近据西人月报言："黑龙江边界有四派蒙古宗族（四派者，即喀尔喀之四部。皆元裔也），被俄人胁之降附，所收贡赋较中国减半。俄人既得其地，遂于黑龙江之北岸建造炮台，制办火轮战船。以后逐渐收复，不知伊于胡底"等语。盖狼子野心，不可测度，此不可与为援而适足贻之患者也。

九年夏五月，英吉利、俄罗斯自上海赴天津换约，闯入大沽口，毁我防具，僧王格林沁督官兵轰击，遂大败之。迫弥利坚之舟后至，遵沪中原约，改由北塘海口行走，遣人诣直隶总督署中，求请据情代奏，准其进京呈递国书，并请换约，直督据以奏闻。奉上谕："本年五月，英国、俄罗斯到津，不遵桂良等原约，闯入大沽口内，以致挫败，实由自取，并非中国失信。其时弥利坚使臣华若翰仍依桂良等原约，驶至北塘海口，求请进京呈递国书。经恒福等具奏：该国照会，情词恭顺。是以朕准令来京呈递国书。本日，据桂良等将该国使臣华若翰照会该大臣等公文呈阅，见其词意恭敬，出于至诚，所有该国使臣赍来国书，准其呈递，即派桂良等接收。至换约一节，本应回至上海互换，朕念其跋涉远来，特准将和约用宝钤加，即交恒福前至北塘海口，与该国使臣互换。换约之后。永远和好通商，以示朕怀柔远人。惇崇信义至意。钦此。"传闻弥人时闻大沽之事，欲居间排解，而势已决裂，不可挽回，故

僧格林沁军旗，藏于法国荣军院

特卑词陈请，易倨为恭，以希渔人之获。上念夷祸方深，固结其心，或可携贰其党，是以但示赏罚之公，不存逆亿之见也。

十年，英人入寇京师，上狩滦阳，命恭王留守议抚。遂以是年九月与英、法、俄三国先后换约，详后卷中。

　　附录：西人月报（咸丰八年）

　　旧岁十二月二十三日，英吉利、法郎西、花旗、俄罗斯四国官修书一封，欲达大清都中宰相。至本年正月二十三日，由苏州巡抚赵、两江总督何邮递北京。二月十一日，四国公使接督抚回书云：本部堂等今奉北京大臣裕来札云："尔英国在广东举事，皆由叶总督办理不善，我皇上已将伊革职，并著黄宗汉赴广办理外国事务。尔英国差官欲修和好，可速赴广东与黄某会晤，本大臣参谋内政，未便预闻外国之事，故特札江苏督抚转谕"云云。法国回书大略相同。花旗回书内云："英、法二国连合起兵，尔花旗不预，独能修好排解，我皇上实嘉赖之。但英、法起兵，实因叶总督办理不善，我皇上将伊革职，并著黄宗汉赴广办理外国事务，尔花旗国官果能从中排解，可速赴广东会晤"云云。至俄罗斯回书则云："尔俄罗斯与大清向有和约，广东称兵，尔国亦不预。惟尔国向在黑龙江贸易，并无五码头通商之说。如有相商事件，可速赴黑龙江，我国自有钦差大臣在彼，可以面议，毋庸与本大臣议事"云云。后数日，四国公使同往天津。英有火轮船十余只，法有火轮船六只，花旗三只，俄罗斯一只，自沪开行。

按：江苏制抚转准都中大臣照覆之文，移知四国，此军情秘密之事，邸钞既无可查，档案亦所未见，惟西人月报详记其事。前既据以叙之，仍将原文附录于后，以资考证，核其月日，皆与邸报相符，非传闻之臆说也。弥人屡次讲款，不肯附和称兵，自是实情。而俄罗斯向不在五口通商之列，故照会之文，令其前赴黑龙江听候查办。又参以殷兆镛奏称奕山让给五千里之地，则弥、俄二国之讲款，公私各别。月报言其收服蒙古四派宗族，即此五千里之地，向为喀尔喀之四部，皆蒙古游牧之区，归于大清一统者，雍正间以封固伦额驸超勇亲王策凌者也。俄罗斯乘机要（狭）〔挟〕，惟贿之求，亦无足责，但其合词请抚，不特弥人信以为实，即英、法亦堕其术中矣。至其立学京师，其国中人来往居住，消息潜通，当英人内犯粤东，已有从中窥衅之意。迨大沽之役。寄居京师之俄人来往天津，出入自便。时圣躬偶抱腿疾，俄人妄播讹言，传入新闻纸，而四国要抚之志益坚。昔人言："卧榻之旁。岂容他人鼾睡？"国初，西洋人入钦天监，议者犹以为非计。况俄罗斯向不列王会之图，而令其置馆京师，杂居齐齿，以致英人睥睨其旁，效尤而屡请之，岂得谓非当日廷臣之失计哉！

（夏燮：《中西纪事》，长沙：岳麓书社，1988年版）

3. 张德彝[1]的《航海述奇》

张德彝 (1847—1918) 像

（1）张德彝一生有许多第一，他是中国第一个外语学校的学生、中国第一个赴欧旅游团的成员、中国第一个外交使团的随员、中国第一个出国专使的翻译、中国第一个驻外公使的秘书。张德彝一生八次出洋，写过八部游记。

1866 年，张德彝作为同文馆的学生，随斌椿使团出游欧洲。那一年四月，一个春光明媚的中午，他来到"阿来三它呀海口"，所谓"阿来三它呀"，就是中国传说已久的黎轩……

（同治丙寅年三月）十二日辛未，晴。辰正上火轮车，北行少西，四百五十里。午刻至阿来三它呀海口。一路惠风和畅，阡陌盈盈，二麦成熟，六畜蕃衍。将至时过一条曲路，左右皆水，绕行百里。至一处似城郭，进内轮车无数，新旧不一。由苏耳士至阿来三它呀，计陆程千里。是日下车登小轮舟，行十余里上大船。船名"赛达"，长约三十丈。宽三丈，亦系法国公司轮船。见口内各邦船只，大小成集，因是日埃及有喜事，各船皆挂花旗以为贺。及时放炮，开船西北行，微凉。出口浪大船摇，客皆不食而卧矣。

十三日壬申，阴云气　，海浪风拥。遥风雪山甚高，而船中亦飘飘然六出飞来矣，冷甚。

十四日癸酉，早阴，午后晴。船行尚稳。水色蓝黄，至酉刻，风起浪涌如前。

十五日甲戌，晴。早见西方风篷四只，远近不等，其形如山如树。是日更觉摇荡，盖此乃地中海，因风多而浪更急也。

十六日乙亥，晴。水平若油，船稳如石。寅正至墨西拿，乃欧罗巴西南

---

[1] 张德彝（1847—1915），汉军镶黄旗人，（亦作铁岭），本名德明，字在初。1862 年（同治元年）入北京同文馆，1865 年毕业。1866 年随斌椿游历美、法、比、俄等欧洲十国。1868 年任蒲安臣出使欧美使团通事。1870 年为崇厚因天津教案赴法道歉时的随员、秘书。1891 年充光绪皇帝英文教师。1896 年任驻伦敦使馆参赞。1901 年以记名道赏三品卿衔任出使英、意、比大臣，次年任专使英大臣。1905 年任满回国。其著有八部述奇。

之意大里国界。群山错列，紫翠凝眸。两岸灯火绵亘，楼房亦多。是国疆域不大，形如跂足。惟多火山。地长二千四百余里，北面宽约千里，南只数十里而已。卯正一刻开船西行，甚平。见晓日升于山顶，背日之山皆紫色。南北皆山，如送如迎，有峰峭然挺拔者，有壁立如削者，有作荷叶皱者。有若山水芙蓉者。有若断云横亘者。有若晓霜凝素者。是海浪逐潮，剥食日久，自成此象。山皆匝海而立，入望皆成画本，米南宫不足拟其妙也。

十七日丙子，微阴。早有日耳曼人多姓者，向明索中国字。明磨墨草诗二章赠之，其人大喜，如获拱璧。早饭有枇杷果、樱桃等。陡见山顶一石，直若白熊自上奔下之状，又有如老人拱手者、长跽者，群山错列，形状突兀，连绵百余里。又见巨鱼长丈许者，傍船而游。申刻大雨如注，迅雷烈电。戌初雨止。风起狂涛。

（2）至马赛港，港口洋楼高八九层……

十八日丁丑，晴。风浪犹大。未初，至法国海口马赛。进口四壁洋楼高八九层，皆白色。炮台石累极固。大小轮船，依次列数十只。下船乘小舟登岸。入接客厅。旁有查装房，先以四楞木渡长三丈许、宽一丈五尺者，将众人行李载入此房。后将四面铁门关闭，税官按数查点。船主交明。则以小车形如椅而无腿四轮者，将行李皆推出，按人分散。前由上海至此，一切行李皆船主经管。客人毋庸检查，倘有遗失，船主包赔。

（3）整洁的酒店与"如花朵然"的煤气灯。

明等乘车行十余里，至店名"笛路埃得拉佩"。其内铺设以及帘幕床榻、饮食器皿，无不整洁。四面石楼七层，中置玻璃照棚。四面一门。内有石梯，宽五尺许，形如螺蛳，盘绕而上，外立铁阑，上铺花毡。住屋数百间，上下皆有煤气灯出于壁上，笼以玻璃罩，如花朵然。外国所燃之煤气灯，系在郊外设厂蒸煤，令其气从水中穿过而后燃之。其光倍于油蜡，其色白于霜雪。通城人家铺户，远近高下，皆以铁管通之。其气颇臭，不可向迩。如不点时。必以螺蛳塞住，否则其气流于满屋，见火皆着，实为险事。其厂所余之煤块，可烧而力弱。又有油名石油，系在山中掘凿，久则有泉涌出如注。此汁燃之，光亮而无渣滓。

（4）酒店设施，如"传声筒"、冷热水龙头，"一转则热水涌出，一转有凉水自来"。至今我们仍称自来水……

店内各屋，有铁铸火炉倚于墙边，前围铁盘阑干。炉内盛煤，烟筒在墙内通于楼顶。壁面有小铜帽，如唤人时。以指按之，则楼下有铜铃摇响，其人应响而至。旁一大牌，上书屋数，如某号唤人，则铃响时某号小牌自起，非人按之不止。又每层设一茶房。内奴婢各一名，以备各屋呼唤。壁上有一铜嘴皮筒通于楼下，如用物之时，以口对铜管大声呼之，则下面闻如觌面，所谓传声筒者是也。又各屋墙上有二小龙头，一转则热水涌出，一转有凉水自来。层层皆有净房数间，四面暗玻璃如纸。亮而不透，绿绸帘帐、纸匣、瓷盆、水管皆备。如人懒上此四百八十余步石梯，梯旁一门。内有自行屋一间。可容四五人。内有消息。按则此屋自上，抬则自下；欲上第几层楼时，自能止住。店前门内左一小门，内达厨房。右一账房与店主卧室，后立二石人，手擎铜灯，如迎人之状。院内东一大饭厅，北一后门与下客茶房，亦皆整洁。是晚出店闲游，街市男女见明等系中国人，皆追随恐后，左右围观，致难动履。亥刻，送赫乐彬上火轮车回爱尔兰。

十九日戊寅，晴。泰西食牛乳者，如华人食点心。故早晨有驱车市冷热牛乳者。女奴皆顶大筐买菜。通衢高楼第一层向外者，皆是铺户。数铺之间一门，楼上多系住户。铺外无幌而有匾额，其字号书铺东姓名。所有人家、铺户，皆有数目记号。

（5）参观造船厂

午初，上火轮车东行二百五十里，至拉薛。沿途山水花木。阡陌连绵。又过黑山洞五，小者长二三里，大者十余里。入内黑暗，声音震耳。大者中途或有一二小灯，亦不甚亮。下轮车。复乘马车行十余里，至造船厂。其地四面数十里，内列高房百余间。先见管厂官，经德善告以来意，该员大喜，乃令取其所造各种轮船轮机图式，并一小轮船长约三尺者与看，其法备臻精巧。茶毕，又引看各处铸铁、锯木。其铸造一切，皆用火机，不需人力；虽千万斤铜铁，自能转运。此厂逼近河干，已有造就轮船二只，粗具规模。出此厂西行数武，入一厂，见高支木架，中悬一未竣工之轮船，长约三十余丈。

去此东行约五弓地，入酒楼饮茶，无他糕点，不过奶油面包而已。

（6）围观中国人、不辨男女

是时天气微热，食毕下楼，见吃茶饮酒者甚多。出门，有乡愚男妇数人，问德善曰："此何国人也？"善曰："中华人也。"又曰："彼修髯而发苍者，谅是男子。其无须而风姿韶秀者，果巾帼耶？"善笑曰："皆男子也。"闻者咸鼓掌而笑。归时一路黄童白叟，有咨询者，有指画者，有诧异者，在艳羡者。争先睹之为快。

（7）乘车游览市景，处处引人入胜

回寓晚饭后，又乘车街游。行六七里至街心，有水法与水池。迤北则市廛间阎，繁华稠密。迤南则石路一条，专行车马，左右两行桐树。四行小树，隔数武左右有铁凳一副，以便游人乘凉。又有数十书生，长者在前，少者在后，结队而行，服色一律。由通衢而西折，则所经之地，无非花树园，处处引人入胜。行至一山，车盘旋而上。陡见洋楼数处，画栋雕梁，齐云落月，花香鸟语，日丽风和；又有瀑布斜出于两楼之间，绕山而流归于大海，山下临海，一望无际，洵奇景也。后则城市台榭，烟树迷离。归时车旁有小儿乞钱。德善云："如欲给钱，当急与之。倘被公人遇见，彼必受责。盖外国鳏寡孤独六根不全之人，皆有安置之区。至于穷困之男女老幼，亦有作工养育之所。行乞实干国典。"云云。回寓又见精兵两队，腰佩钢刀，肩负火枪，鼓吹游于街市。入夜微凉。

二十日己卯，晴。早发，乘车行五里许，见本地新建总管公署，并无墙垣，四面高楼白石叠起，雕刻甚细。楼梯如螺之旋绕，屋宇彩画，四角金花，当中画彩云仙女飞舞状，工程浩大，尚未告竣。又行五六里，见礼拜堂一所，建于山顶。从下坐车绕上，花树少而乱石多，山海苍而晓风冷，蒲牢丁东，人语喧哗，又别有洞天矣。

（8）礼拜堂的礼拜仪式

回时见数群幼女，身着白衣，白帽，白鞋，乃初入礼拜堂者。盖外国凡有婚娶会客喜庆之事，皆服白色。男子之衣，只黑白红青四色而已，孝服则皆青色。惟帽顶统一青绸，其服之等差以绸之宽窄分。公服四季亦系青毡、

皮鞋、高帽。妇女孝服亦皆青色，平素则衣五色绸缎长裙，假发、小帽、皮鞋。人死殓后。则异往礼拜堂内受礼，戚友咸来，偕神父念经祝祷。出殡时堂内按人年纪鸣钟。其贫者拉埋而已。其木棺系以青车乌马，拉至瘗所。无论官民男女，皆乱葬于礼拜堂后，立一石碣云某某之墓，有功者将其生平事迹书于其上，并无邱陇，亦无烧纸祭奠等事。

（9）手提箱"方便之至"，杂货铺所售，"奇巧有用者甚多"。

是日巳初回寓，见店左皮箱铺内专造一种小箱。名曰手箱。其色黑黄不一，坚固之极，长约二尺，方三尺许。作盒形，底盖相连，内有小桶小匣，可藏细物。面一暗锁，二根皮套。可以手提，方便之至。又隔壁一杂货铺，其中所售各种物件，奇巧有用者甚多。惟一种风镜，形如鸽卵，前扁后凹，其玻璃不甚厚而颜色蓝白淡青，四围以铜丝密织蛛网，虽大风扬尘，不得迷目。记由阿来三它呀至马赛，计水程四千五百里有奇。

（《航海述奇·卷一》）

（10）从里昂到巴黎

丙寅三月，二十日巳卯，晴。午正，明等自马赛店内起身，乘车北行六里许，至一门如女墙，马道入门向西直上，东转正面高厅九间极大，乃火轮车客厅也。少坐，即上火轮车，行八百八十二里，戌初至吕阳。一路先西后北，田树园花，春光冉冉，高山有雪，绿水无波。过沙地，多红白石子，小者如卵，大者如碗，形状各异。有山冈，长七十余里，盛植葡萄，高皆二尺许，每株每岁只结实四五枚，色红味酸。国人以之酿种红酒，名"番鲁石"，其味仍酸，饮必加凉水一半。又过山洞四，有长二十余里者，长桥相望，有石有铁。过罗马教皇行宫，城高百雉，垣周突出石板，形如曲尺。下俱凿孔，一则宣泄积雨，一则严防寇敌。途中所经村镇，停车九次。

比至吕阳，见两岸楼房，明灯棋布，因城傍娄恩河也。是日往法京者，皆在客厅打尖。明等乘车入店名"得拉巴"者，四面楼高七层。当中玻璃照棚极大，下有圆池，池内鲜花金鱼，中一铜孩抱鸭，有水法自鸭口喷出，高七尺许，奇巧可爱。觅一仆名欧罗瓦，年约四旬，系意大利国人，通英、法、日耳曼等国语言。其人身高眼碧，苍白须发，性尚温恭，系马赛店主所荐。

（11）火轮车，即火车

按火轮车形如平台，每辆长二丈许，宽八尺，高七八尺，平顶无檐。铁轮铁轴，四轮各大约二尺。顶上铺铅，余皆以印度之木制造，质极坚固。内分三间，每间左右二门，门旁各两窗，有活玻璃可上可下。蓝绸小帘，自卷自舒，机关甚奇。晚燃玻璃灯于车顶。四壁糊以洋绫。前后两木床，宽一尺五寸，分四榻，可坐八人。靠背坐褥厚皆三寸，面有回绒洋呢者，有马尾缎者。其缎系马尾所织，黑者厚钱许，如缎，灰质白花者，亚于绫绢。地铺花毡。有唾盒、取灯匣。壁上有面镜、帽架，有丝络以便盛什物者。至晚两床彼此抽出，并为一坑，此上等车也。二等者次之。三等者三屋皆通，中隔一木板，无他陈设，只有木凳而已。四等者载行李货物、牛马牲口。行时一行五十辆或六十辆不等。咸以铁环联之。首尾相衔，亦有数辆开行者，以接前站。

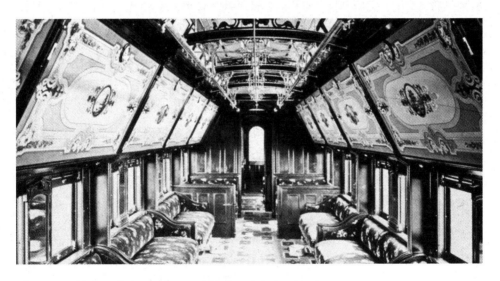

华丽的火车车厢内部（1870 年）

所有各国火轮车，沿途村镇大小均有待客厅。系客人待车之所，亦按一二三等分。一等者装饰华丽，桌凳器具备全；二等，三等者相似；四等者堆积行李货物。又有小屋十间，系卖书籍与酒食者，外有男女客人净房。有官人发卖车票者，票价之贵贱，以途之远近、车之等第而分，其形长一寸、宽五分、厚二分，上印蓝字云：由某处至某处。第一、二、三等，更有铁印暗号。客人行李多者，计算分两与货并论。两厅之间，隔以箭地，上有铁架玻璃照棚，下各有来往两轨；去者在左厅候乘，来者在右厅少憩。内有税局查验行李。登车后，有管车官将客票剪去一半，扃其车门。俟停车。该官启钥开门。收票核对，所以防宵小也。

车行多直道，其平如砥。遇小山则设法开凿之，大山则穿洞。长有三四十里者，一律齐整。遇水则叠铁桥，长有一二十里者。车行铁辙，宽约二寸。出地七八分，俱系阳辙。其轮外阔内狭，吻合于辙。若遇车路高低交错。高者以石土垒起，低者横一铁板如桥。竟有房舍叠起大路。而车行其上者。第一车系蓄火机，形如炮车，通身铁制，共六轮，四大两小。上卧圆铁筒，长约八九尺，高五尺余，内藏水火轮机，外树烟筒，长约四尺。下横二出水筒与铁轴关键，后列气管、鸣哨、机柄等物。初开时，筒内锹纵有声，浓烟突出。后立二人指使，能进能退，可迟可速。若对面来车，或将至某处，则鸣其铜哨，以便当途回避。以此一车而带数十辐重，行疾如飞，其力可知矣。第二车载煤，随行添用。第三车沿途刊印新闻纸，携带信文。后则一、二、三等客车，再则行李货物。惟末辆末间，高起一尺，后横玻璃窗，内立二人，不时外看，以防遗失不虞。每一行车有二官人管理行装货物；仆夫四五名，节节禀报地名。以及燃灯等事。

车欲回转，照棚下有大圆盖，长三四丈。只将头辆移于盖上。下有机关，一转则车便倒回矣。因各车前后，皆有铁环也。车有来辙，有去辙，以免相撞。中途按站皆有小客厅，亦卖车票。车至各村镇，皆停住少时，则有上下客人，接送信文，别者亦可下车小便、点心。临开时摇铃两次，以为知会。又各处皆暗通有电线铃，此站车开，则使铃摇，以告下站。沿途每六里之地有堆拨，车过有人手执红绿二旗，夜则燃灯，举红者过，举绿者止【编者按：此处疑作者记述有误，应为举绿者过，举红者止】，不止必有危险。在各处亦有加添煤水之具。

城中书肆卖行路簿，内云某处山川景致幽雅，某铺服用货物佳美，某店主人周旋款洽，暨各处远近路程；又云某处每日某时开车开船。或某时某地有某处车船经过，停时久暂，皆系一定。此火轮车之大略也。

车之速者日行五千余里，平时则日行二三千里而已。凡火轮车皆绅富捐资制造，每年获利，一半入官，一半自分。趋使一切夫役，多系官派。此举洵乃一劳永逸，不但无害于商农，且裨益于家国。西国之富强日盛。良有以也。

（12）火机纺织厂

二十一日庚辰，阴。早乘马车行数里至一机房，其织法与中土相似，而能以绸织人物花卉，与照相无异。德善买所织之法国皇帝并皇后行乐图二轴，赠斌大人。又行数里至一机房，所织纱绢皆用火机。尤为灵巧。又入一铺，其楼结构一连九间，两首壁上置大玻璃高丈许者，往来映照，竟成三九二十七间矣。隋炀帝镜殿。不意于泰西遇之。店主见有华人，相待甚殷，出许多绸缎与看，各色俱备，花样精奇。午正回寓。

（13）赛马场

二十二日辛巳，晴。已初，明同凤夔九、彦智轩携欧罗瓦乘车行十余里，至教场看比马。至此有门票，入者每人助钱五开，每开计银一钱二分。其场周有六十余里，观者如堵。南面看台结彩处高树大旗，为将军坐处，左右坐男女数千人。马道周二十余里，形如圆周，其中途有河沟，有土冈，有木栅，有荆篱。将军面前立一大棍，马越河沟土冈等处，先过棍者赢法元五万开，次者三万开，余皆妙手而归。马道迤东，罗列车马，中有乐兵百余。皆红裤青靠，佩刀戴盔，上扦鸡翎。马步兵亦百余，惟马兵皆执刀。官皆红衣青裤，工字毡帽插白鸡羽，亦有戴尾盔者，皆在马道内外乘马执刀，弹压一切。明等排车于东，有武官取白板一块横于车顶。看至午刻，正北放炮一声，乐声起焉。乐毕复一声炮响，则驰马者放辔直驱。其衣帽颜色不一，所以辨其马之迟速，以定胜负。初次六人，中有骑白马著蓝衣蓝帽者，先过木棍，次乃骑红马著白衣白帽者。二次五人，有服黄绿二人先过，所胜亚于初次。三次亦五人，自东而来，将转北时，只见第一匹马著青衣者已驱出二里许，而第二匹、三匹因木栅未能越过，以致落马。有马腿折而人臂亦折者，有挂于镫上拽而列者，各皆任命而已。此事虽近于戏，而武备之强可知矣。

申刻回寓，戌初起身，乘马车至客厅上火轮车。德善乃先往隔壁电报房送信，盖人如欲到某处，而欲彼处某店预备车辆屋舍等事，必先送电气信。

当日戌正开车，北行少西，过黑山洞三，停车五次，甚冷。

（14）一时传信千万里的"电报"

电报一名"法通线"，又名"电气线"，一时可传信千万里。譬如由某国往某国有此电报。则两处各设一局，当中通一铜线，周于笔管，以印度树汁裹之，永不生锈。隔大海则置此线于海底，在陆地离数武立一杆，长有丈五者。杆首有瓷碗，将此线自碗内穿过，有时一杆上横数十条者。此线恒在轮车道旁。各局内皆有电气机、字母盘等物。镇日有人在内接送信文。有送信者，先将稿付于局内，其语贵简，局内按字数计费。主信者按稿上语言，一一在字母盘上以指按之。此处随按，彼处虽千万里亦随得之，其速捷于影响。盖各局案上皆有一小铜轮，大约五寸许，其上绕一白纸条，有信到时，纸条自放，其上自有红字印出。局人急以笔录。转为饬呈，毫无耽搁。此线多系国家所设，每年获利更重。其制造之法，大都仗电气之力。欲明其理，有美国才士丁韩良所译《格物入门》在，兹不赘叙。

（15）初抵法都巴黎，酒店豪华

二十三日壬午，晴。行九百二十里，卯初抵法国京都巴黎斯。下车早有店内车辆仆从在彼等候。遂登马车行十余里，至格壁新街，入店名"阁朗达"。此店楼高至九层者，均系细白石盖造，颇为整洁，前后通街，四面计地数里，上下共房二千五百余间。北面三门极高大，可行车马。门楼六层，楼下临街，皆系洋货钟表之铺。入门正面玉石台阶四层，大厅九间，为客人闲坐之处，铺设华丽，外有芭蕉、洋花等盆景。左有大饭厅，夜燃灯烛共计一千八百余盏。其厅可容二千余人，壁上玻璃高皆丈许。右有转角楼，梯皆螺蛳形，白石造就，宽丈余，上铺花毡，外手栏干系铁铸西番莲，其横木系花梨雕刻。每数屋间以一厅，乃客人之待客所也。

是日住第三层，屋之小者长丈许，宽八九尺。床皆轮走铜架，有鸡羽褥高二尺，蒙以白洋布。有细毛羊毡，扁形袋枕。有四方红褥，厚三寸，其分两不过四两耳。眠时枕与褥左右卷起，将人裹于其内，其轻软莫可言状。若当寒夜迢迢，频来好梦，人之溺于衽席者，又焉肯负此香衾哉。其内之陈设，以及使用之器皿，精巧绝伦，更有述不胜述者。其至巧者，有如二人软椅，有圆桌能大能小，又椅名"扳不倒"者，无腿，下作圆形，人坐前后，俯仰而不能跌。所有桌椅皆轮足，运转如意。楼窗皆嵌玻璃，窗外外街，内有各色帐幔几层。四壁糊饰花纸，门皆白漆金花，光怪陆离，五色夺目。又有暗锁画子，每层上楼转角之处，悬一白牌，上画一手，指定东西南北之各屋记号。头层梯旁有一池，池满鲜花，中心出水高六七尺，盖活水法也。

时明等随带庖丁二人，令在厨内择其可食者，每饭作四盘一镟。所食之菜，有王瓜、鲜蘑、豌豆、菠菜、胡萝卜、扁豆。有白菜叶短而厚，形比西瓜。午后，有果，如樱桃大如李子；梨实青而软；地樏形如桑葚，色红味酸而微甜，大者寸许，系草本，食必加以白砂糖。酒名"三鞭"、"比耳"、"波兜"、"支因"等，其色或黄或红，或紫或白，味或苦或甘，或酸或辣不等。厨房颇大，庖丁男女俱服白色，皆操牛耳小刀。其炉灶亦奇，锅勺等件亦皆不一其式。至呼人以铃等事，与华地洋馆无异。

（16）令人叹赏不止的巴黎夜景

"道阔人稠，男女拥挤，路灯灿烂，星月无光"，"朝朝佳节，夜夜元宵"。**张德彝游览巴黎，惊羡之情，不亚于 600 年前马可·波罗游览汗八里与行在城……**

当晚乘车街边十数里，道阔人稠，男女拥挤，路灯灿烂，星月无光，煌煌然宛一火城也。朝朝佳节，夜夜元宵，令人叹赏不止。法国京都巴黎斯，周有四五十里，居民百万，闾巷齐整，楼房一律，白石为墙，巨铁为柱，花园戏馆、茶楼酒肆最多。四围火轮车道，遥望如蛛网。甬路胥以小方石墁平，专行车马，宽若三丈许。两边石砌高起半尺，宽约丈五，皆煤油与白沙抹平。数武植树一株，如桐如杨，以便行人游憩。每两三树后置一绿油长凳，又两树间立一路灯，高约八尺，铁柱内空，暗通城外煤气厂，其上玻璃罩四方，上大下小，状如僧帽。每隔半里，有一铜眼机关，通于水道。每晨每午，有人以皮筒插于铜眼，转则水出，遍涤街道，后皆顺石砌流归于海。随时有车撮取粪土，以及铺户泔水等。楼上楼下皆有铜筒通于地道，若沟洫然。又每十数树间，有圆房周约二围，以便行人便溺者。其路途之整洁，可想见也。而途中并无肩挑贸易者。行遇小儿拥一小箱，如行人皮鞋落土，给以铜钱一文，彼则伏地以唾而刷之，其鞋则焕然一新。有卖新闻纸者，半多童媪。有青服带刀，头戴饺形毡帽，八字乌须者，看街兵也。隔半里一名。皆各守汛地，往来梭巡，终日不离。至食时，别者来换。如车拥挤难行，彼即为之指拨先后，御者唯唯而听。凡有不平之事，彼即为之理论，语极公平，两造成服。

左右住户楼房，数里一橹，皆十一层。墙则一色白石，窗则一色玻璃，并帘幔栏杆亦多一律，楼下铺户亦然。门面内外大扇玻璃，门之左右各煤气灯二盏。铺门并无望幌，所有货物皆置于窗，由外可以见内。开铺者多是须眉男子，而伙计则多袅娜佳人。若铺中一无女子，恐终年不售一物也。铺店不必卖胭脂，而主顾不愁无郭华矣，此亦风俗使然也。即如手套铺，有人买物，必有娇女酬应。每启口问答，必笑容可掬，连称"莫四约"。法言"莫四约"即华言大爷也，老爷也。问毕取手套，必亲持之套于客指，以试大小，试毕始讨价值。值四开者要六开、七开，设主顾不忍驳价而欢然如其价以与之，彼必另有一番留情，以冀频来照顾。如往来已熟，至礼拜日可择其美且都者，邀而与之游，久则想必有佳境在也。铺主雇觅此等人，其价必昂。若惜其价而少靳之，是未读陶公致富之书也。每日酉刻，各铺户楼房路灯照如白昼，虽毫发无不毕见。人民皆喜夜游，入夜车马更多，至子正灯火始息。娼妓每晚在各巷口左右，往来徘徊，招致客宿，亥刻皆回。其未接客者，在家秉烛以待之。

二十四日癸未，晴。早有告假回国之福州税务司美里登来拜。其人白面乌须，能华言，其谈锋莫可御。遂同彼乘车行三里许，至法国工程处。有大官数员，上楼饮茶。有伊姓者云：法君欲将百里教场，改建百里楼房，作"考产厂"，又名"炫奇会"。按天下国都造楼，国之大者备楼十数间，小者五六间，再小者二三间。请天下郡国各将其土产、服色、器皿，置于其内，以便民间壮观，其不愿者听。余地按国数分作花园。约在次年夏间，在巴黎斯会齐。法君择其优者，奖来人以宝星。后取出图样数张与看。

话毕下楼，步行数武，至其善工局。楼上层层挂细画百张，高有丈余者，山水人物，精妙之至。其神气逼真，原系麻油所画，可远观而不可近视焉。极下二层，列两行铜人石人，雕凿极细。

去此南行七八里，出城至"万种园"，内置天下各种草木花卉，鸟兽鱼虫。车行六七里，见鸟兽不多，极其幽雅。后入一高房。系养鱼之所。鱼皆来自外邦，海产者养以海水细石，河产者养以河水荇藻。有玻璃池，高约七尺，宽六尺，上下有气管，鱼喜热者通以热气，冷者通以冷气。地在墙中，是以鱼之鳍鳞首尾，以及浮沉往来，历历如绘。每种一池。有鱼似蟹而又如螺蛳者。有鱼如菊花形，红者、黄者、白者，身皆细瓣。喂以小肉，当喂时则开大朵花，食时则闭。有红鱼蝎虎形。大海龙虾，须长二尺。又小长白鱼，身能变色。

酉正回寓，往看戏。见戏园前园后方，四壁皆楼。正面戏台。前三面陡形，层层客座；惟中腰是小屋，每屋有檀椅四五张，扶手靠背，坐褥皆红绒。上下客座亦然。屋后有门，通于外搂。居中心者，价稍贵，在最上者价甚廉。台内左右各二层看台，上插花旗者，系尊坐也。听戏有卖戏票之处，有收戏票之人，彼此核对，以防蒙混。卖座者服色一律。年齿相约，皆二八丽姝也。台池前半客座，后半为作乐之所，共二十余人，多有喇叭、胡笳、鼓、笛等物。园规凡看戏者，无茶酒、戒吸烟与喧哗。若唱时有彼此聚谈，则别者作"思思"之声以止之。楼之四面高悬煤气灯，中一灯一千百枝，灯头千盏，缘泰西戏皆夜戏也。通宵只演一事，分四、五、六出。每出将终，垂帘少歇，则有卖扇、橘、酒水、新闻纸暨戏文者，亦有凭双筒千里眼者，往来招呼；客人亦可出外乘冷吸烟饮酒，而出入亦有执照。演戏者男优扮男，女优扮女。看戏者男女成集，皆手执千里眼，有戏看戏；止戏时则以之四面看人，不论远近，罗列目前。少选，猛听静鞭数下，众皆悄然，已卷帘开戏矣。其戏能分昼夜阴晴；日月电云，有光有影；风雷泉雨，有色有声；山海车船，楼房间巷，花树园林，禽鱼鸟兽，层层变化，极为可观。演至妙处，则众皆击掌叹赏，曰："卜拉卧！卜拉卧！"法言"卜拉卧"，即华言"妙"也。若优人下场，众皆爱之，可再击掌唤回，其人则免冠鞠躬。再谢而去。

（17）照像技术

二十五日甲申。晴。早，斌大人携彦智轩往拜法国首相杜隆。已初，同众乘车往照像处。上楼玻璃嵌窗，玻璃照棚。其照法令人端坐，不可稍动。对面高支一镜匣，相隔十数步。匠人持玻璃一方，入一暗室，浸以药水，出时以青毡遮之，不见光亮，仍放于镜匣内，向人一照，则其影自入镜矣。初则人影倒立，片刻照毕，入屋以白水洗涤数次。如面目微有不肖，拭去另照，再洗如式，则隔日向阳晒之。时不可久，久则必黑；亦不可速，速则必暗。一时可印数纸，印毕仍放水内。三日后，装潢成页。玻璃照棚内，另有白布照棚帘帐，以测日光之浓淡，以正照像之黑白。并有琴拱书画，诸多陈设。以及假园林花木，山水楼台，一切任人随意布置点缀。情景各臻其妙。

（18）"法国君主气足神定，威颜凛凛"，在剧院看戏只带十数名警卫，并无仪仗。而泰西王子们也"无异庶民"，他们经常"微行于市"，很多人都不知道他们贵为王子。

回寓后，酉初复乘车行数里至邦内街锐武园观剧。知法君在彼看戏，并无仪仗护卫，只有十数名红衣兵耳。其君年约五旬，隆准大颊，重眉八字，苍白胡须，气足神定。威颜凛凛。法国土俗，男子多将上唇胡须以鹿茸拈起，愈细长愈妙，作八字形。又泰西王子无异庶民，数微行于市，而不知其为王子者比比矣。或有识之者，即免冠，彼亦免冠。或鞠躬答其礼。丑初戏散。

（19）观看马戏

二十六日乙酉，晴。辰正，斌大人携明往拜英美二国钦差。至德善家内，其父母两妹皆见，相待甚殷。又至美里登家，其母与其姨母、妹妹皆见，亦待以茶点。未刻回寓。晚又乘车往看马戏，四面高台，层层客座，上宽下窄，形如口字。地一圆池，边若米槽，周约十余丈。正面楼上作乐，临池左右各一门，为上下场。池心乃湿沙土。有二三人持长鞭驱马。先一十三四岁女孩，身服贴身肉色绒衣，远看如赤身然，腰围翠纱裙，头戴花箍。马转如飞，彼在马上跳舞作戏。又二小丑，以粉涂面，头竖红毛，直立甚长，身服贴身白色绒衣。二人曲腿折腰，装弄言语，作鬼脸之态。又二十余岁女子，

拿破仑三世（1808-1873）像

同骑一骒马，旋转跳舞作戏。又一女子驰马，后有二人一立池边，一立池心凳上，拽一幅白布，宽约尺五，长有八尺，四面共布八幅。马至布前，人离马跃于布后，马就，人即复立于马上，再跃再骑。如是者八。其轻捷如蜻蜓点水，毫无沾滞痕，女技之能事备矣。又二人白面乌须，身服白绒靠，腰围红金小裙，打筋斗爬绳等艺虽非新奇，较中土之技差胜。又一人领二马于池心，马解人言，令跪则跪，立则立。又令其后腿立，前腿拜。如挠人之状。末场出一大铁笼。下有四轮，笼内繫狮牝牡各二。一人突入笼内，手执长鞭大吓，狮皆跳跃，声吼如雷，往来冲突，从此人身上越过数次。后放手枪，众狮皆惊惧而卧。此人将头置于狮口之内，时许始出，观者为之咋舌。子正回寓。

（20）侨居巴黎几十年的宁波商人

二十七日丙戌，晴。早，斌大人携凤夔九往拜俄、丹二国钦差。午后。有中土宁波人王承荣字子显者来拜。伊在此娶妻，开设铺店，贩卖中华、日本货物，又解英法言，在此地已侨寓十数年矣。

（21）集字院与信局

彼去，明等遂登车行十余里，至集字院。其中所存，乃天下万国古今字迹，有中国字典以及篆文、八分，又有西藏、北番、日本、回回诸部落之字，皆以铜板镂成，藏于柜内。并有雕铸刷印之处，皆以火机，不假人力，印者只劳送纸而已。又至信局，见楼上书信堆积如山，有四十余人在彼分别四方路途，皆以轮船轮车携带。轮车取送信文，不停车，在车顶旁立二铁钩。应送某处之信，大包挂于头钩上；在某处车道旁立有高竿，竿头亦有二钩，有应送他处之信，大包挂于二钩上。车过时，送者自挂在竿上，取者自从竿头钩于车上，不延时刻。未初回寓。

（22）在"文人坊"拜会法国汉学家Stanislas Julien

二十八日丁亥，微阴。早乘车往文人坊，拜一人姓茹名良者[1]，年约五旬，士人云为法国翰林。彼读华书三十余年，识字之义，未闻字之音，且已翻出许多中国书。如《四书》、《礼记》、《三字经》、《千字文》、《平山冷燕》、《玉娇梨》等书，入内让坐，并不交谈，以笔书之，可通其意。又出其所翻书卷呈阅，

---

[1] 即法国汉学家儒莲（Stanislas Julien，1797—1873）。

尚不支离。所居之地，因四方人多会于此，故名曰文人坊。

（23）钱局

又至法国钱局，东楼所集乃天下各国古今金银铜钱。案上置大玻璃匣，每匣只盛一国钱。见有中国古钱，青铜钱、红铜钱、铁钱、锡钱，以及当十钱、当百钱、当千钱。其余他国钱，文字皆难以辨识。再入西面楼门，乃铸钱处。铜片切钱，凿花雕字，皆用火机，一时可得数千。金银钱分两不同，分毫不爽，洋钱质最纯净。

（24）电气局

去此又行十数里，至电气局。其电气机皆外国所用，大同小异。惟一种机法最简便，可用于天下各国。亦系两处各用电气机，无字母盘，中接以铜线。此气机与他处迥异，支于架上，中悬一铜针。将信稿以水贴于一纸如银箔者之上，铺于针下。针自往来横行，针过之处，字皆印出，在对面亦然。针下只铺银箔，彼处针动出一字。此处亦显一字，虽隔千万里亦然。其最捷者，莫过于此也。当初印之时，不甚了了。将此纸以热铁烙之，再以凉水洗之，则行行真切如初脱稿者。若上悬以铜针，印出字皆红色；用以铁针印出，字皆黑色：皆电气所使也。此线不惟能传信文，且能传送小照，其法有非拟议所可得者。

（25）初识"夜总会"

酉刻，又随广叔含、包腊等，乘车行六七里，至梦丹街"吗逼园"。园颇大，中有假山活水，歌楼舞馆，酒肆茶房等处。园系法国富人所造，每日酉刻开门，丑初闭门。通城名妓，皆集于此。凡入门时，男子每人与园费五开，女子不与，专为代园招客。迩来六七年之间，园主获利无算。游人愿与妓跳舞，则携手相抱，跳舞一番。自有作乐者随之，其高下疾徐，悉合节奏。园内饮馔一切，值甚昂。时见灯烛辉煌，游人稠密。女子淡妆浓抹，备极妖艳。有人在乐亭对跳者，亦有男女对坐畅饮者。彼见明等，有假惊者，有佯羞者，有偷视者，故作引人之态耳。少游即回。园散时有携妓回家者。有随往妓家者。

（26）洋人的淫具"肾衣"，法国人称"英国衣"、英国人称"法国衣"，互相推诿。实际上就是避孕套。

又闻英法国有售肾衣者，不知何物所造。据云，宿妓时将是物冠于龙阳之首，以免染疾。为之设想，牝牡相合，不容一间，虽云却病，总不如赤身之为快也。此物法国名曰"英国衣"，英国称为"法国衣"，彼此推诿，谁执其咎，趣甚。又云法国妓女皆净，每月有官医考验；其有病者。带往施医院疗治，愈则令归。

（27）游凡尔赛宫

凡尔赛宫

二十九日戊子，晴。早有法国总理衙门委员郎贝叶者，年逾五旬，须发尚黑，偕明与凤夔九乘马车至客厅，即上火轮车，行二十里，抵卫洒王宫游。有管宫官导引，游览各处，申刻回寓。去时见街市有湿地水车，形如北京水车，绿色，后一喷壶作月牙形，长约四尺。车行则细水喷出，往还两次，遍地皆湿，道不扬尘，如细雨之初过者。由马赛海口至巴黎斯京都。计陆程一千八百里有奇。

（28）旅行是变革的动机。

中国人的世界视野是一点一点打开的。正如马克思所说："与外界完全隔绝曾是保存旧中国的首要条件"。鸦片战争的失败，终于打破了中国与外界隔绝的藩篱，中国人从被迫接触世界逐渐转向主动了解和深入认识世界，这是一个艰辛而又漫长的过程。

鸦片战争前谢清高曾将自己"遍历海中诸国"的经历请人整理成书《海录》，其中已讲到葡萄牙、英吉利、美利坚和西方的技术，如自来水，火轮船。1849年，曾往美国教授汉语的厦门人林鍼刊行游记《西海纪游草》，介绍了美国和"火烟轮"（蒸汽机）、"神镜法"（照相术）。国人"几不知天地之大，九州之外有何物"。

遗憾的是这些书在国内并没有什么影响。鸦片战争之后真正有影响的魏源的《海国国志》，在世界观念上还有许多华夏中心主义的遗迹。而客观真实地介绍文明世界概况的徐继畬著的《瀛环志略》却因为没有尊华夏攘夷狄被指责为"轻信夷书"、"夸张夷人"。这已是鸦片战争之后30年的事。打开眼界、走向世界，绝不是一朝一夕可以完成的。从张德彝他们那一行人游历西方开始，越来越多的中国人走出国门，认识世界。中国不再是天朝，西方也不再是番夷，文明与野蛮的界限变得模糊，相互的位置甚至被颠倒过来。西方人不是在很多方面都更文明吗？张德彝自法国来到英国，所见多多，水晶宫、公共马车、动物园（万种园）、地下环绕通车（地铁），还有医院与外科手术……

（丙寅四月）初六日甲午，晴。早至英国施医院，楼高，后列铁栏六层，系学医之所。当地罗列疗病之具，广设病者之榻。病人上下楼，皆以小车推之。有一幼童染病，医生以镊自其口内抽出一牙，血流满口，继以凉水洗之，痛遂止。又以小车推入病妇，身覆绵被，移于床上，揭被，见赤身下盖红布，腹高如鼓。医生于脐下用刀割之，入以铜管，遂有黑水自管流出，盈一大盆。流尽，其疾遂消。治毕覆被，以车推回。医生持此黑水，遍告学生病源治法，又云："此腹当割，细搜其本。因此妇惧痛，故不开腹，只如此治之。然病根未拔。若再发，恐刀圭不能效灵矣。"后又推来病妇。医生以尖刀割其肩下，长三寸许，自内剖出一骨，如鸭卵形。血尽，即以线纫其口。此妇痛楚难禁，叫号不止，后闻疾亦寻愈。看罢遂至楼上男女养疾之所，见屋宇洁净，四壁设矮床三十余张，长枕大被。每室有一舍身义女，皆甘心扶持病人者。

去此至一大礼拜堂，名"贤坡罗"者，楼顶如高字形，座如土字形，内四角转心楼。堂顶内如悬磬形，中腰有铁栏，四楼皆通。明等从东角转心楼绕上至堂顶，缘铁栏而行。有老妪云："若二人一立南面，一立北面，中隔一矢之地，北面以口面壁而悄语之，南面以耳向壁而静听之，彼此问答如觌面然。"其墙以手拍之，作铿然声。再上一层，立于楼外四望伦敦，其宫殿之巍峨，城池之雄壮，市廛之繁杂，人烟之稠密，历历在目。游此堂者，须与堂费数开。晚乘车看戏，戏有大海狂涛，舟船飘荡。虽是逢场作戏，宛如海上移情。又有人自天上飞下，背生双翼，飘忽不可测。子初回寓。

（29）参观英国监狱。赞叹英国"刑书不必铸，酷吏不可为，饶有唐虞三代之风"。

（四月十六日）又至英国图圉，四面高楼，每犯净屋一间，酒食役使，一切极其优渥。譬如皮匠犯罪，官给皮、麻等料，令其作工。俟出监时，将所作之鞋靴易钱，分与其人一半。监内七日一犒，是监禁不惟饱暖，且得获利。在株连者固体其好生之德，而奸回者未免启其藐法之心。监有花园，晚间许罪人出游，只戒彼此交谈。英国刑无极刑，罪无杀罪，最重者止于绞。由此观之，刑书不必铸。酷吏不可为，饶有唐虞三代之风焉。

酉初一刻。有议事大臣戈兰孙约明等往伊家饮茶。坐车行七里许至其家，上楼见男客六七人，女客四十余人。皆系赤臂长裙，彼此坐谈，有鼓琴者、弹筝者、歌舞者。后一老者央明等歌中国曲，明等固辞不免，遂和声而歌华谣，众皆击掌称妙。盖洋女先读书，后习天文算学，针黹女红一切略而不讲，性嗜游玩、歌唱、弹琴、作画、跳舞等事。

十八日丙申，阴。午正至一古礼拜堂，高一百二十余丈，四面石建，南北距七八里。堂内结构不见梁柱，窗嵌五色玻璃，精绘山水人物。正面设十字架，前列供器，又有前王后名臣之墓。墓前有石床、石像，皆有铭赞，其工甚细。然已阅数百年，多剥蚀矣。

（30）"泰西取士，亦有秀才、举人、进士之名……大概西俗好兵喜功，贵武贱文"。

申刻乘马车至其议事厅，楼式奇巧，皆系玉石雕刻。周距二十余里，高十数丈。其第二门，禁止居民窥伺。门内如中土戏园，四面皆楼，楼下中设三极座。前有公案，左右设椅六百余张，坐各乡公举六百人。凡有国政会议，其可否悉以众论而决。其极座之三大臣，有议论不足服众者，许公举以罢其职，是日见戈兰孙亦与坐焉。楼上密坐老幼百余名，皆系城中名士在此听论者。泰西取士，亦有秀才、举人、进士之名。应试者专攻一艺，或文章，或算学，或天文、地理，或术学、医道，或化学，或格物，其他或由吏部选拔，或由廷臣荐举。大概西俗好兵喜功，贵武未免贱文，此其所短者也。虽曰富强，不足多焉。

亥初乘车往观戏法，见其先变者多与中国相似。后借座客一帽，伸手即取出银碗百个，假发一缕，小匣四枚，大炮子两个。又借一表，由帽内取出大面包一块，其表即在面包内。后取一匣，匣内一麦西国人头，回旋俯仰，能言能笑。又一妇卧床，撤床，妇人悬于空中，依然曲肱而枕。又案上置筐，将一少妇藏于筐内，以长刀乱刺，妇在筐内叫号不止。渐渐声息，如刺死之状。比即开筐，而少妇已在楼上矣，奇妙至极。寅刻回寓。

十九日丁酉，阴。早偕汉南、休士、包腊、德善等，乘四轮双马车行二十六里，至五雷治地方之造炮厂拜戈登，并其弟管理本国造炮都司戈顿。遂偕往造炮车处，见木房数十间，所有斧、锯、锤、铇，皆用火机自行运动。如造车轮，一日可得数十双。是时微雨，回至戈顿家早饭。见有铁针帯架一座，俗名"铁裁缝"，形似茶几，上下皆有关键，面上前垂一针，后一轴线。做女工时，将布放于针下，脚踏关键，针线自能运转，缝纫甚捷。遥闻钟声大作，乃通厂匠人吃饭，人语嘈杂，约一千数百人。其门首设大铁炮四尊，沿路有炸炮炮子。其各种炮位，皆以大块熟铁，内外镟之，纯以火机而成。其大喷炮，以铁条绕成者。法更精巧。又一铁房，高四丈余。内有两铁柱。中悬一方锤，长约丈二，宽一丈。人立于上，以手扶机关，按则此锤自上，放则自下。后有火炉，内炼巨铁烧红，自有活天秤移铁，以锤锤之。其声铿然如雷，屋宇为之震撼。申初回寓。

......

（《航海述奇·卷二》）

（31）伦敦交游

初一日己酉，晴。走六百六十二里，寅正回至伦敦客厅，下车仍入前店。当夜所经各村镇，虽东方将明，而灯火晶莹，如繁星密布，盖煤气灯也。将至伦敦时，犹有未息者。是日微热。

初二日庚戌，微晴。午后有魏氏者，约明等吃茶。上楼坐谈，来者皆仕宦女子。四十余人。后出门至对面花园，见众女打球为戏。木球共六个，大如茶杯，染红绿色。地上斜置木圈五个，作几字形。人以木锤击之，令斜穿木圈，使二球对击者胜。申初辞回。戌刻，同德善、广叔含乘车行五六里，至德善之友姜千总家，见其妻女，待以茶点。坐谈时许，乃回。

初三日辛亥，晴。早街游，见北面小湖岸建一暖阁。或云隆冬之际，男女来此冰嬉，有坠冰而跌伤者，置之高阁而养之。旁有隙地，四面铁阑，系夏间仕宦试马之地。又见一铺，出售一种木马，身长二尺许，高亦二尺，耳有转轴，蹄有小轮。小儿跨之，以手转其机关，自然急走，曲直随意。想武乡侯木牛流马之法，贻传西土耶？晚至听口技处，正面小台，台下列座，男女皆有，宛然京华书馆也。台上一人，手舞足蹈，自说自解，忽喜忽怒，众皆大笑。而明等究不知所可笑者缘何，因索然回寓。

初四日壬子，晴。已初上火轮车，西北行二百里，至茉兰地方。下车步至海岸，登小轮舟行数里，至大轮船名"葛来大宜四得尔恩"，译华言"大东方"也。登而观之，长有六十三丈七尺，宽七丈八尺，高六丈九尺许，货可载三万余箱，客舱上下共1920间，行李可载一万几千件，烟筒五个，桅杆7根，明轮内有32轮机，系天下第一大轮船也。专为自英国西行，走大西洋往合众国者。原载电气线等物，而造法通线于海底。今已功竣，欲作别用，因其所费甚巨，姑置之。看毕登岸，上火轮车。是日同来，有赫总税务司之友佛普四者，亥正同回。入夜阴冷。子初。晴。

初五日癸丑，晴，端阳日也。早饭食水饺，炮制一如京华。值此佳节，流寓异邦，风味犹是家乡，而回首天涯茫茫者，难禁旅况矣。蒲龙艾虎，睹物思乡，奈何奈何。晚饭后，佛普四来拜。

初六日甲寅，微雨。蝉四之姊倩吴某折柬，约明与凤夔九往伊家少叙。

酉初去，屋宇华丽，宏敞壮观，见其姊并其女公子善姒，暨眷属男女六人，相与坐谈许久。其女眷鼓琴作乐，音韵锵然。亥正辞归。

……

（32）经比利时抵荷兰。荷兰风土

十三日辛未，晴。东行六百三十里，过北海，入比利时国环柴河。巳初，抵其安土耳海口。下船，步至火轮车客厅前茶尖。其地妇女平面宽额，环眼小耳，与英法稍异。午正上火轮车，东北行五十一里，入荷兰界娄三大地方换车。又行二百里，至海茶理庄，下车即上轮舡，风顺，瞬息已绕行二百一十里，未刻抵罗得大。下舡再上火轮车，北行百二十里，申初，抵荷兰国南京名黑格，又名拉黑。一路田畴交错，林木繁杂。下车入店，名"代拉艾拉"铺，其地人民稀少，楼房峻丽，极为幽雅。土人有着木屐者，有以犬拽车者。当晚煮茗，邀店主共饮之。店后小园，园不甚大而清雅异常，花不甚多而香风馥郁。

十四日壬申，晴。天气融和，薰风扑面。饭后乘车，往拜本国总理大臣暨各国公使。复至一旧王宫，内藏中华、日本古时之绣画。又至万牲园，园小，鸟兽亦少，不知命名何意。申初，复乘车行九里许，至翼苇湖岸。临湖一店，前有乐亭，乐声大作。遥望晚潮骤长，适值日落，日形倏异，忽方忽圆。近岸白沙漠漠，厚尺余。有水车，悬以布帐，以马拽入水内，乘之可游可浴。追潮退而乐亦歇。当斯时也，月明星辉，波恬浪静，游人亦缓缓归矣。

十五日癸酉，晴。早，左近一带，犬吠鸡鸣。小步庭前，花香鸟语。未正一刻，游本国积宝院，万国货宝悉储于此。回时见小河二三，桥梁数四。记：荷兰南京居民三万，周约二十余里，街衢平净，楼屋整齐，树林荫翳，景致清幽。

十六日甲戌，晴，暖。未初起身，乘火轮车东北行百三十里，过莱丁庄至哈拉玛，一路半多沙土。又乘马车行十五六里至一处，系四百年前之陆地，因海水涌激堤岸，莫当其势，竟成大海。二十年前，有智者作火机铁激筒三架，高六丈许，置于新海三角，令所溢之水仍归大海。每日运水六千万斗，廿年来，复得肥田数万顷。沧桑之变，在天耶，抑在人耶？有司机官何某，延至其家少叙。又乘凉棚马车东行四十一里，至荷兰北京，地名安特坦。一路所行，即乾海也。其北京颇大，居民三十万，周约四十余里，地势下凹，旧被淹浸。土人修治河道，于水中立桩砌石，架木其上，建楼筑阁，一律整齐。沿河积土种树，街市壮观，湾转皆河，桥梁无数，商旅稠密，车马繁杂。楼台映水，舟艇盈眸。入店名"多多兰"，前临大街，后倚长河，楼高四层，洁净整齐。

……

（33）美丽的汉堡（酣博尔）

二十日戊寅，仍雨。走一千二百里，未正至酣博尔。地势不大，周三十余里，乃民主小邦，介诸大国之间。居民十余万，半多贸易为生。其处船只萃集，楼房鳞比。下船。因德善自巴黎斯先到，与前天津税务司威立士来迎，遂同乘马车行六里，入店名"得罗洛"，极其阔丽。前临小湖，周数百亩，大片菱花，光迷翡翠，左右楼台，相映似画。酉刻坐双马车行数里，入日耳曼界看马戏。男女骑马，百般跳舞，轻捷之甚。人在厨内摇铃，马闻而来取送菜蔬，并按乐声跳舞。又二小丑角色，头顶红黄毛，衣臣虏衣，囚首丧面，手拽胡笳，置于项上，宛转跳跃，随跑随拽，声调抑扬，并作许多贻笑之态。又孤立一梯于地，四面无倚，一人步于梯顶，亭亭直立，在上戏耍盘棒，趣甚。子正，回寓。

二十一日己卯，晴。见店前湖水溟濛，有小花轮船十数只，皆绿油窗壁。红绿相映，宛如出水芙蓉，往来游人不绝。已初，乘车往拜威立士，其妻子戚属俱见之，相待甚殷。其妻唱曲鼓琴，令乳娘将其子抱出，尚在襁褓，服白色衣。乳娘所服者宽裙窄袖，外罩褐衫，帽似华阳巾，形如道士。去此至事业工程处，每日有三千余人集于此地，皆各行工商，会议价值及建立事业，按行各有地位分立。又遇现任镇江税务司康发达之舅，晤谈时许即回。酉正起身，上火轮车。出酣博尔，入琥四坦界。北行二百里，至吉拉海口。下车在客厅内少坐，戌正上轮船，出口北行稍东，一夜颇快。

（34）游丹麦，有自行车、自行人……

二十二日庚辰，阴。行三百五十里。丑正至丹厄国海口，地名阔二三。下船即上火轮车，东行三百余里，已初抵丹国京都盆海根。乘马车入店名"菲泥克思"，一路街市楼房，与他国大同小异。末刻，往拜本国总理大臣及各国公使。戌初，至一园名"笛伍梨"，内极广大，山水花木，台榭桥梁，有女曲园、跳舞台、乐亭、戏馆、球厂及自行车、自行人、马戏、秋千、放枪等艺。每日自未初起至子正，处处接演。入内先看马戏。与他处同。其女乐馆在湖心，设数间木楼，四面以小桥相通。芦苇花草，环绕其间。过桥登楼，中设案一，坐五美女，衣服华丽，每人歌一曲。按人取钱三四开不等。其跳舞台，后有围屏，见二女着翠裙，赤背赤腿，头戴花箍，百般跳舞。捷便之至。又乐馆之外有乐亭，正面一台，约二十余人，有坐有立，各持乐器，或吹或弹；中立一人，指画工尺，以调音韵。时游人见华人至。皆追随恐后，嘻笑之声。一路不断。

中国人仿造的自行车（1905）

亭之后遥见两座高楼，中通自行车路，其路之凸凹，如山如岭。上有小铁车，可并坐二人。自此楼到彼楼，有四铁轨，一人以手推去，自能上下飞至对楼。一人再推，则又回在此楼之第二层矣。左右空悬，惟中一小路，铁木支搭，一上一下，殊觉险甚。又看打秋千、射鹄、跑船马、坐假车等处。其假车系台上有小车数辆，环成一圈，人坐则可自行。其实在台下藏马五匹，马背有铁条连于车上，一人在内策马，马驰则车自行矣。其自行人，在房内立于四壁之下，皆木片作成，有锯木者、缝鞋者、浣衣者、净面者，拨其关楗，则四肢七孔皆动，与真人无异。是日午后细雨，亥正回寓。

二十三日辛巳，阴。午初乘车至画阁之集奇馆，其楼按天下国都人物分间，各备一式。先是北极北冰洋未化之国，黑人不知用铁，斩木为兵，刻木为舟，身着兽皮鸟羽，犬拽冰床，所食者膻肉酪浆，所居者韦鞲毳幕。又有南极南冰洋之野人，食人肉着牛皮。南阿墨利加野人，唇下钉黑铅一块，其口永张，面黄色，散发赤身，茹毛饮血，穴居于野。已化之国，如欧罗巴之英、法、俄、布、日耳曼、大吕宋等，亚细亚之诸回部、番邦、日本、琉球、安南、朝鲜、蒙古、西藏等，所有土产服物，无一不有。惟中华土产器皿较多于他国，有袍套裙衫，靴鞋帽袜，皆古制，兼有画轴、钞票、铜钱、笔墨等，不可枚记。亦有南北阿墨利加暨阿非里加诸国土产货物。酉刻回寓。是日仍雨。记前在埃及国时，三月初旬，麦已割收；今已五月下旬，而麦尚未黄。前在安南国时，二月热似三伏；今乃五月下旬，竟凄凄然。凉似暮秋时也。时与地殊，信然。

（35）行至瑞典，其国林木葱郁，男多壮士，女多美人。

二十四日壬午，阴雨。午初起身，上火轮船，东行百七十里，申初至瑞典国马木海口。下船即上火轮车，北行八百五十里，亥正至云菊坪停车。入店，店以地名，高楼六层，正面百26间，两耳各48间，极其阔净。此店前接林冈，后倚村市，左跨长河，右襟大湖。湖长百七十里。其地人民稀少，车马不多。一路无肥土，多石砾。松杉密密，林木不绝，其枝干低压横斜，塞满当途，十里不见一人。地极湿。多坎陷。天时频雨，夜不甚黑，盖此地距北极约二十一二度，已近一年如一日之地矣。

……

二十五日癸未，晴。卯初上火轮车，先北后西 [编者按：当作先北后东]，共行一千三百八十里，酉初一刻抵瑞典国京都司铎火木。其地街道楼房，人民服色，与他国同。男多壮士，膂力方刚。女多美人，铅华一洗。入店名"茉达柏"，其店前向国王冬宫。右倚太弟府，左临官戏园。店之对面有铜人铜马，中横大桥，左通北海，右至王母宫。时当仲夏，不甚和暖。

二十六日甲申，晴。早见步兵四队巡街，军律整肃。有武官现充委员名安纳思者，寅正来晤。其人言语忠诚，性憎爱分明潇洒。于巳初同乘马车，行三四里至积新宫。所储者本国土产货物。有以红萝卜酿成白沙糖者。有瓷篮、瓷瓶白如沙石，其工之细如象牙，其他瓷器尤细。更有五金、木器、兽皮、洋玩，楼上楼下，密密罗列，极为壮观。司宫官请饮"三鞭"、"舍利"等酒，佐以樱桃、地椹。饮毕，主人请书名字于纸，乃去。回寓，见窗下男女老幼，如蜂拥蚁聚，群呼"土呢司"，即瑞言中国人也。

未刻至一画阁，见油画千余。壁皆精工名笔，神气毕肖，有价值千金者。遥望如白石雕成。近视则水墨画也。亦有赤身石像，或坐或卧，形容甚异。并男女阴处，伸缩开闭，成露于外，皆泰西古时故事。盖欧罗巴各国，当开创之时，不知有衣服房屋，如太古然。

酉初乘车至一大园，树木丛杂，山水静悄，有戏园、茶肆，及秋千院等处。亥刻看戏，戏皆女孩跳舞，赤背赤足，服短翠裙，手执花枝、小幡、花灯等物。戏甚精奇，所演之剧，风雷有声，雨雪有色，日月有光，电云有影，树木楼房，车船闾港，火山冰海，远近高低，非眼能辨。其变化尤觉神妙，一人站立，转瞬之间，衣皆易去，或易一半，左身旧而右身新。又演楼阁之戏，其窗隙之处，昼则野马射，入夜则灯月照临。所有乐器只用丝竹，男唱声洪而亮，女歌音媚而娇。并有人装禽兽者，身赤轻捷，不知人而兽兽而人矣。子正回寓，天尚明若申初，虽无灯火之地。物色可辨。

二十七日乙酉，阴。巳刻，乘马车往拜本国总理大臣，旋拜各国公使。后至其国王冬宫，楼皆花石砌就，内有王之御画。其床椅几案，多细瓷者，花卉颜色颇佳。是日大雨连绵，凉甚。

二十八日丙辰，早又雨。午正在积新宫见其国王之介弟。其人身高隆准，碧目虬髯，彼此立谈顷刻，即辞去，赠每人印像镀银钱一枚。

又至积骨楼，所储兽骨。皆以铁条支起，其状如生。有大鱼头长丈许，兽腿骨亦有长丈余者，亦有生于石内者。盖此骨皆自山硲海隅间寻出者。或云古多巨兽，其形亦奇，死于山内海边，久则化为石矣，古树亦然。其鸟骨皆以铜丝支之，有小鸟骨不敷一寸，有鸟骨大于象骨者。其虫鱼之骨，大小不一。后往一小馆，系以显微镜照异物映影于壁上者。屋中黑暗，西壁嵌有玻璃不甚大。观者面东壁而坐，术者以滴水放于显微镜上，向日而照，映诸对壁，则水内小虫无数，蠕蠕如鱼虾然。醋内照之有虫如蝉。千百飞舞，大皆三尺许。河水照之，有如蝎如蟹之虫，大皆三四尺。据云人之精血便溺，以及生水醋色，皆有小虫，虫体甚微，特无人见之耳。出此复入园内饮茶，往来显宦[编者按：小方壶斋本"显宦"作"堂倌"为是]皆美女。申初回寓，后步至店左戏园观剧，稍亚于前。乃往后台一观，见作戏男女皆在地楼内，其景致楼房山水树木，大小皆系木架，上连铁绳，下上如意。彼处戏园后台，非有官领不得入。丑正回寓，仍雨，更觉凉甚。

二十九日丁亥，小雨。早乘双马车至一处，见大鲸鱼皮，其骨抽出，支以铁条，其脏腑挂于壁上。皮长六丈五尺，宽二丈二尺，以木架支撑，宛然一屋，内设几案盆镜等物。其口如门，长五尺余，满口毛如棕叶，尚有腥臭之气。牙边以跳板通于楼梯，出入鱼口，其腹可受六七人。古人曾谓宁赴汀流，葬于江鱼之腹。予谓鱼腹能受一人，可为大鱼；此则腹受六七人，不更大哉！询之，此鱼出自北海，因触翻大船数只，有智者出以千人，设法擒之，乃得是皮。

去此又行十余里，至其国王夏宫。时安纳思服朝衣，黑色短衫裤，皆宽金边，左肩垂金穗一圈。明等亦公服入宫。宫中护卫，颇有威仪。王貌雍容，重眉隆准，碧目乌须，服色与庶民同，能谈英法语言，辞气谦。其君臣相见，无山呼跪拜礼，只垂手免冠而已。明等相见说如之，只不脱帽。是日王后、公主、王弟以及弟妃，暨六七大臣命妇等见毕。王后与公主、王弟妃三人皆能英法语，乃导明等遍游宫楼，指点相告。宫内古玩陈设中外瓷器，宫外前后飞泉瀑布、山树园林，自宫一望，幽阒辽曼，不可具状。游回，王劝饮"三鞭"酒，吸烟卷。明辞以烟力猛，恐吸多必醉。王乃强予数枚，令放兜中。告以华服有兜者少，王曰："何其迂也！"复亲引明等游览各处。出正门，入右雁翅六，看藏书之府。斌大人赋诗二章，令翻译官译以西文，王见之喜甚。又去左雁翅门，观聚宝之室。王以照相各赠之，送宾门外。俟明等升车后，乃与诸人亲燃烟卷一枚，以示敬宾雅意。戌初回。亥正有俄国副钦差穆拉黼敝招饮，丑初回寓。

（36）忽见中国房一所，恍如归帆故里

初一日戊子，晴。卯正，王母遣官约见，遂于午初乘马车至大桥，登小轮舟，其舟长不足三丈。船户何姓者，共有小舟数十只，以此为业，每岁可得数千金，今已巨富。此舟由桥下飞过。河内风冷，产智轩偶患腹痛，舟急傍岸。安纳思代乞药酒，主人见华人，便慨然允诺，乞诸其邻而与之。北行四十二里，至"太坤宫"。"太坤"者，华言王母也。一路江水曲弯，岛屿错列，峰回路转，但见高楼一所，直冲霄汉，共十二层，通身玉石建造，四围碧树浓荫，清静可爱。下舟入内，谒见王母，约五旬，温恭和厚。且云："华人从未有来此者，今见中土钦差大臣来此，通国乐甚。"并问所经泰西各国景象若何？斌大人答云："中华官员鲜有远涉重洋者；况贵国地近北极，非使臣亲到，不知有此胜境。"王母闻之甚喜。遂偕其宫官周游眺望。其宫独居一岛，岛之形势耸然特立于中，诸岛来朝，势若星拱，苍翠诡状，绮绾绣错。出则乘王母车，长可容十人，同安纳思、包腊、德善等遍游数处。遇一瞽者，手扶其妻，在车旁讨钱。明向仆从索银票一张与之，瞽者免冠拜谢而去。

忽见中国房一所，恍如归帆故里，急趋视之。正房三间，东西配房各三间，

瑞典中国宫，始建于 1753 年。

屋内槅扇装修，悉如华式。四壁悬草书楹帖，以及山水、花卉条幅；更有许多中华器皿，如案上置珊瑚顶戴、鱼皮小刀、蓝瓷酒杯等物，询之皆运自广东。房名"吉纳"，即瑞言中华也。少坐，食瓜佐饮，为之盘桓者移晷。门临大河，出则遥见太坤犹在楼窗眺望，众皆免冠，明等鞠躬而立，太坤一笑而去。遂即登舟，申刻回至桥边，见何姓舟子犹在焉。舟子极殷勤，并云："贵国从无人至此，今大人幸临敝邑。愿效微劳。"不收渡资，荡舟而去。

酉正至一乐馆，见男女二人，一弹大琴，一拽洋胡笳，甫出，众皆击掌呼好。二人和音而弹，众愈齐声赞好，称为妙手。惜明等不知其妙，为之怅怅，遂登车而回。瑞典国都城周三十六里，居民十八万，通国民约五百余万。丑初登程上轮船，长约二十二、三丈，其名未详。有安委员送行，船内坐谈片时，不忍言别，颇有阳关折柳之意，且言愿往中土游历，以廓眼界。丑正开船，行一夜。

（37）地广人稀的芬兰

（六月）初二日己丑，晴。东行七百余里，申刻至故芬兰国之外郡爱白鸥地方，其地居民计八千五六百，于百年前版图属于瑞典，今则属俄罗斯矣。一路大水少而小岛多，船行弯曲，有河口作"丌"字形，中横大桥，两岸大石垒起，甚整齐。遂登岸乘本地车，车小无鞍，弯木置于两榙之首，以一马拽之。车无栅亦无箱，中作簸箕形极浅，仅容二人。旁有铁阑高三寸许，四轮铁架，甚轻快。御者服长褂皮靴，宽檐矮帽，周游十数里，地势荒凉，人迹疏绝。房皆木顶石座，高者不过二层。回船后丑正开船。

（38）洋人不能理解，中国青年怎能与老太太有那么多话说，为什么不找小姐攀谈？

初三日庚寅。晴。东行六百余里，申初至芬兰国京都，地名汉兴佛，现亦属俄国，居民约二万六千余。登岸周游数里，地广人稀，田肥树茂。行至一园，内有茶座乐台，遂就憩焉。闻俄国士农工商，能法言者多，能英言者少。时众人知明等有能英法言者，便欣然谘询中华事，明乃对二妪谈论时许。忽一人进前曰："公不幸甚也。"明曰："何不幸之有？"彼曰："凤公与二艳丽小娘攀话良久，彦公亦与皓齿明眸者谈，君既通晓英语，何乃向不解事之老媪而谈耶，斯讵谓之幸乎？"明笑而不答。彼又曰："君独不爱少艾乎？"明厉色以拒之，曰："爱者人之情，男女相爱尤人之至情，然爱贵不失于正。四海一同胞耳，天下女子皆无殊于姊姐〔妹〕，又何不可伸吾爱？但吾辈少年，操持未定，涵养未深，其能自信耶？反不若无爱慕之心。庶不至因爱生情也。况别后则天各一方，又何必于顷刻之间，而因之欣欣然为幸哉。吾对老者谈，吾中华人也，以为年高有德，可以畅所欲言，无所顾忌。汝其知之否？"言毕，其人惭愧谢去。明后询其人，系来自瑞典国之合众国人，姓察名力思，游士也。盖西俗，无论男女，皆得遨游外国。

茶园窗外有数小儿，斌大人持糕点与之食，有喜而接者，有骇而哭者，众皆大笑。时有同舟之士人富姓者，延明等至其家。去园不数武，上一高楼，前有厂厅五间，内设木案铁椅。饮酒间，见前临大海炮台，四面台榭花园，芳草鲜美，落英缤纷。富云："此为极北之地，每冬大海冻冰厚五尺余，半年见日，半年不见，且昼夜无黑。"酒毕导入书室，展阅地图画轴若许。戌初回，入夜，丑正开船，而日出扶桑矣。

初四日辛卯，晴。早入大海，名芬兰海，想即波罗的海也。水黑色，海左右频见岛屿。东行七百里，未刻抵威柏阁海口。倚口有白石炮台二座，以小轮船引入内河。傍岸后，明等乘马车游九里许，至一园名"满浦泗"。入内初极狭，才通人。复行十数步，豁然开朗。得一湖，湖心有岛，中接以浮桥。桥乃四楞木板，有两绳连于左右，人上时随步拽绳，板自行矣。至岛，盘桓而上。有松实，细长如瓜。野果圆小如楮。绝顶有垣如城，步梯而上，眺望四野，惟此岛突然起于苍翠之中。四围湖水，映带左右，岸芷汀兰，郁郁青青，水平鸥浴，林静鸟鸣，山壑桥楼，迷离掩映，上下天光，一碧万顷。上有古冢，湮没无考。归旧路，度山越岭，曲径通幽，处处寂静，沿路花草，时听泉声。同游者咸取异草插帽，奇花佩襟。

（39）芬兰胜景

有俄国武官毕姓者，身着青服，金线镶边，腰佩长刀，身高力大，重眉环眼，八字乌须，彼引观各处。见一树天生塔形，上下不见梃，高逾二丈。又一井亭，前置铁凳，众皆纵身跃之。遥望一带平原，遍地青草，有男女四五人打圈为戏，见明等至，即向西山环而去。明等北转出园，乘车行廿余里，绕至高埠之后，地名休息宴密。下车盘桓至山顶，有饮茶作乐之所，游人伛偻提携，前呼后应，往来不绝于山林园囿之间。山之东西，林壑尤美，蔚然深秀。山前临胡，藻荇铺翠，两岸柳明；山后则丰草绿缛，佳木葱茏。明等就岸划舟而东，俄国武官裸衣弄桨，缘岛而行。时则温风荡漾，波澜不兴，飘飘衣裙，如在天上，洵胜境也。惜土人所言，一语不明，摇手屈指，借以达情。舟行数里，自南而东，遥见对岸，炊烟上生，楼台掩映，桥阁纵横。绕岛向北而行，西望天水澄滑，混然一色。登岸举酒属毕，约归旅舍，毕谢弗从，于是引去。继而彦智轩及包腊等乘火轮舟回船，明随斌大人乘马车而归，土民犹追随争看，瞻望咨嗟而已。戌正回，一夜大雨。亥初稍暝，至子正，天气忽明而日出矣。

初五日壬辰，晴。辰初开船入大海，南行水色深蓝，甚平。须臾遥见两水左右相接，黑白分明；正惊讶间，忽见前者白而后者黑，如一线亘于其中。午后转东行五百九十余里，申初至俄罗斯国海口，名可溧思达大。前后高建白石炮台五座，风篷一片，状如白蛾，皆隐于石墙之内。外有火轮兵船数只极大，初火轮船之未有也。在俄京河内造得大木船五六只，以便巡逻海口，因船身沉重，河水淤浅，又另造船名"罗多"者，将此船运至海口，嗣火轮出，遂废于此。

（40）游彼得堡

入口复东行四十余里，至俄国北京名贤比德恩北阁，又名彼德尔堡。见南北礼拜堂四五座，顶皆馒首形，上出铁针极长，有金色者、蓝者、绿者，卓立城中。两岸数里，楼房红白不一，系制造铁器、轮船、火车之所。岸下船只密列，中有楼船六七只。有桥长四十余丈，毗连南北两邑。及船傍岸，下船处有税局小房数间。由此穿出，乘小马车，亦如前在威柏阁等处者，行十余里过桥南。迤东有长街，南北距十余里。宽约二十弓。盖俄国多产木石，街之中心皆以石墁，宽约三丈，为走大车而设。旁有两木道，皆以六棱松木墁之，木厚半尺，中贯以钉。下仍横厚板，长约二丈许。木道宽有二丈，为走小马车而设。左右又有细石路四道，宽皆丈许，以便步行。东西市廛对峙，高阔整齐，园馆拜堂，岐路曲巷，所在皆然。往来行人，多武士匠役。是日入店名"北啦五由"，甚洁静。寝室设棉被、皮褥、火盆等物。此时正值祝融司令，炎暑流金，而客寓者非棉不克御寒。土人更有终日着皮帽者。入夜尤冷，盖地近北极故也。

初六日癸巳，晴。早乘车往拜各国公使。戌刻复乘双马车，北行过大桥十数里，至一园名"一紫衣梨"。入门即楼，由楼后门穿出，见一大院，土地平净，树木森列，有戏园、乐台、茶铺、酒肆。是晚游人看戏，有幼女歌声。呖呖如莺，宛转可听。有爬绳之技，绳长十余丈，悬于空中。一幼女甫八九岁，两手互持其绳，自下而上，其走如飞。又有走球之技，球大尺许，置于板上，板长二丈，陡立墙边，一女踏而行之，其球圆转如意。并看放枪射鹄等艺。丑刻出园，车辆盈门，观者如堤。其女子见华人皆有惊讶状，指彦智轩长呕〔讴〕一声曰："赛邦不的徐奴阿司"，即华言此中国之美女子也。中有二女，与彦智轩立谈数语，询其颠末。途中又遇二女乘车，女欲隔车携手，明饬车急行，彼亦急随，盖欲并车，以便携手交谈。归时日上三竿，东方已红。闻是日有本地人姓孔名气者投刺，能华言，自称为"孔大人"。

初七日甲午，晴。早往孔气家答拜，知其人居华京八年，能华言而不甚清，现充本国翰林，兼在总理衙门行走，其家案积诗书，壁悬画本，皆不惜重资，购自中土。约登楼饮茶，见其妻女，并食以面饺等物。孔云，众当喜食，因与中土同也。食毕辞去。中途过一礼拜堂，外高二层，有浅红花石大柱一百一十六根，高三四丈，围约丈余。阶石皆黑质白章，顶上金色。四面距二里许。殿中槅扇系铜铸，四壁嵌以云石暨各种花石。前面大柱八根，仍系花石，较之楼外大柱尤粗。正面青金石柱四，孔雀石柱八。堂高一十五六丈，地铺花毡。上挂玻璃灯。明等公服而入，司堂者欲令免冠，包腊令店主白以俄言曰："免冠者西国之礼，不免冠者中土之礼。彼华人因竭诚拜谒，故冠带而来也。"司堂者闻而哂之曰："诺。"

晚有本国人王书生者拜。其人白发长眉，曾驻华京十载，善华言，中土情形知之甚详，并能翻写满汉文字，极其精通。明遂与之游，延入其家，见其妻与三子二女，其家清苦。言自中国换班后，即设帐于俄京，授读满汉。奈所入馆俸不敷度支，而子女皆幼，不克养赡。斯人者可谓勤于为学，而拙于谋生矣。倾谈良久，时作叹息声。伊取出三四卷满俄合壁书与看，且献洋饼，形如重阳花糕者二盘劝食，并佐清茶一杯。明遂谢而辞归。

（41）俄国总理大臣说中俄近邻、通商 200 余年，竟无中国人到俄国。斌大人说：我们已开先河，日后来访者将源源不断……

初八日乙未，阴。巳初往拜本国总理大臣，伊言："中华与俄国原系邻邦，况又通商二百余年，然中土曾无一人辱临敝国。今贵国大皇帝简派诸君来此，则我两国之友谊更当敦笃矣。"斌大人答曰："中国自古臣民，鲜有至外邦者。今大清国与欧罗巴各国互换和约，各国既有公使商民驻华，是以我国大皇帝命我等游历诸国，察访风俗，以通和好。我等既开其先，他日源源而来者，不难频临贵地矣。"当时孔翰林与其友武乐富皆在署内。斌大人托寄家报一函，由陆路走恰克图而达京师。又闻赫总税务司定于七月初十日在法国马赛海口上船，屈指九月中旬，即可抵京。

出署，步至皇宫，楼高五层，五步一楼，十步一阁，大小计三千余间。东西距千余丈，阶梯栏柱皆各色花石建造，其壁所绘之画，系花石攒成，巧夺天工，罕有其匹，真蓬岛瑶池之地。相传西土宫楼，以俄国为最大。第三层楼上有玻璃照棚一块，周二十余丈。其下花草树木，一如平地。询之乃知第二层楼顶，横以铁板，积土丈许，是以花木皆生。又有水法，系从铁道通来者。嗣见一金制自鸣钟。蒙以玻璃方罩，广八尺，高丈余。中一金树上集一孔雀，下伏一雄鸡、一鹏鸟。又有芝草三枚，赤金色，云系钟钥。鹏鸟四面有小钟十数枚。若拽左边芝草，则小钟齐鸣，音声抑扬，宛如奏乐；其鸟头摇目转，两爪起落，如西人跳舞状。拽右边，则雄鸡展翼而鸣，断续可听。拽正中，则孔雀伸颈开屏，光耀夺目。机关巧妙，莫可名言。

第四层楼有二王冕，皆以金刚石攒成，顶上各嵌红蓝宝石一枚，大于鸭卵。又一金柱上插金刚石一枚，长约二寸。据国人言，此石如是之大者。共有四枚，乃天下之至宝；其他三枚，未知藏于何处。四壁玻璃匣内，镯、钏、项圈、耳环、坠子、扇股，并皆金刚石穿成，每粒如蚕豆然。是时大雨。继而瞻仰其先王之像。其像本刻，尊藏龛内。所遗之冠履几杖，及其学习工农之器皿，罗列堂前，亦子孙睹物兴怀之意。初，俄罗斯小国也，唐以前属匈奴，懿宗时始立成国，其后治乱不一。至康熙四十三年，有君名比德尔者，以国人不明耕种，不善使船，少年发愤，乃改变名姓，往荷兰暨别国学诸般技艺。及学业成，始归本国，励精图治，育人才、设学校、开垦田地、通商掘矿以富国，训练士卒、制造船炮以强兵，几二十年，遂成霸业，北极三洲之地，皆为所有。现在泰西诸国号召小邦者，惟英吉利、法郎西与俄罗斯也。土地又以俄罗斯为最广，以度数论俄倍于中华者五；其他各国有倍于中华者，亦有不及中华者，皆称王。至美国乃官[公]天下民主之国也，传贤不传子，每四年众举一人为统领，称"伯理玺天德"。如人胜其任，公正廉明，仍领之，然至多者不过十二年而已。俄国之亚细亚地多沙漠，金银铜铁胥产其地，其富有也有来由矣。其在欧罗巴暨阿美利加之区，地皆膏腴，人亦稠密。

又至车驾库。御车四轮，金檐金顶，样式不一。内挂回绒垂头，铺垫、靠背皆红紫之色，余皆金色。车厢可以启闭，两旁开门，内容四五人。四角悬以钢条，圆形，作元宝式，以便人在车内不觉颠摇，如乘轿然。车前有座如椅，覆以紫呢坐褥，四围饰以金穗，为执鞭之士所坐者。车独檐，或服四马，或服六马，盖为春秋二节所乘者也。冬令有冰床，作龙跑形，以大犬拽之，上坐八人，俱有遮身狐皮。又有太子小车、后妃小轿等物。有一古车、一大轿，皆极笨，四窗糊以云母石。从楼后门出，由石道直通楼下，乃运车路也。归时仍细雨淋漓，凉甚。

初九日丙申，微晴。早乘轮车行四十五里，至红村，易乘王弟车，行十数里，至教军场观操。兵共一万五千，手执长枪，腰佩短刀，黑衣蓝裤，行阵整齐。忽将台下兵分两翼，如对阵然，连步攻打，枪炮齐施，子母联珠，络绎不断，其声可闻数十里，有押阵官吹觱篥以催之，击铜鼓以助之，而往来行间指挥众士者，则白马将军也。其将台在土坡上垒土叠之，高约四丈，并无锣锅帐房。明等登之，俯视操兵，往来冲突，炮声连环，宛然一战场也。是时监军，系太子与王之介弟，二人皆青服金饰，白马钢刀，操罢而去。又行五六里，阅视军营，正中大白帐三座，缘以绿布，为俄主之中军。四面兵丁帐房，金顶，纯白色，方形，中容十人。营前罗列炮车，另有大车数辆，以备行兵载伤病者。闻西法：无论仕宦子孙，以及士农工商，皆十五受兵，廿五还之，不欲者必纳使费若干金，方销兵籍。为兵者，十载不得还家，留戍行营，以备日日操演，亦有专选壮丁为兵者。……

（《航海述奇·卷三》）

（42）纽约街道宽阔，楼房净丽如巴黎；人烟辏集，铺户稠密似伦敦。亦是朝朝佳节，夜夜元宵。

（同治七年闰四月）初一日己酉，晴，平。卯刻北行偏西，见左边一带白沙长岸。行百余里，距岸渐近，有村镇码头。入口转东，见东西北三面楼房鳞比，两岸相距约三十余里，往来轮渡极多，风篷火轮尤夥。地在新埠，又名纽约，为东西两洋海面通衢，三面码头计六十七处。午初停泊，有合众国委员窦理文者迎候。未初登岸，乘四轮双马车行二十余里，入"卫四德敏四达"旅舍，颇宏敞，亦整洁。由阿斯浜额至新埠，计水程六千七百里有奇。

初二日庚戌，阴雨。记：新埠与省同名。为合众之东北界。新埠城周约七十五里，居民一百五十万。街道宽阔，楼房净丽如巴里（巴里：巴黎）人烟辏集，铺户稠密似伦敦。闾巷千百，按数而名者，有自头条胡同至二百二十九条胡同。亦是朝朝佳节，夜夜元宵。其通衢驰驱车马，昼夜喧阗，而徒行者每有衔突之患，则架空横一铁桥，桥式上平、首尾陂，两边之两端各设二铁梯，一登一降，往来毫无阻碍。路途之不洁者，有兵晨昏洒扫。每日各巷皆有一车经过，车后横一圆刷，长约九尺。周八尺，车行刷转，则地净矣。酉初雨止。凉。

初三日辛亥，仍雨。戌初，乘车行五里许，入一戏园观剧，颇佳。有人游海底，月照湖山，水旅鱼国，蜻蜓飞仙，层层变化，妙难尽言。丑正回寓。

初四日壬子，阴。午后，有房后十七条胡同姓布名拉格者来拜。晚复邀看画楼，同与步行里许，至莱兴坦街入楼，见其楼之大、油画之多，与泰西者同。

初五日癸丑，微晴。未刻，随志、孙两钦宪乘车北行二十余里，至一园，名"正中"。内车路百余里，极曲折，甬道平坦，左右石栏。青山绿水，花木楼台，车马相藉。游人不绝。河心横亘九孔长桥，高一十三丈六尺，前通河海，日有轮渡往来。酉正回寓。

薄暮，随志、孙两钦宪步至哈米坦家，在画楼间壁，伊令家属参见。伊云，长子哈尔在北京总税务司署内学习华文，屈指半载，尚未接得安报，不胜悬悬。其妻女鼓琴酌茗，以佐清谈。亥正辞回。

（43）图书馆与孤儿院

初六日甲寅，晴。午初，乘车行里许至义社，系富室古柏尔建造，费数万元。高楼周十余里，广置天下书籍画本、石人泥像。令郡内居民学习，或读或画，或塑或刻，听其自便，一切支应皆伊人供给。又行三里许，至义书堂，名"阿司德尔"，亦系名人建造。周十五里，白石层楼，内储各国古今书籍七万五千余卷，国人乐观者，任其流览，以广见闻，惟禁携带出门，与点窜涂抹而已。

后至大街一银器铺。铺系巴克耳开张，珠玉铨石[1]，极天下之宝贵，无不博采旁收。而银器之新奇者，亦无不镇金错采，蔚然可观。晚，有邻居布拉格约茶，伊友杨昂陪座，戌正回寓。

初七日乙卯，晴。中正乘车至由年坊，见众兵蜂拥而来，器械鲜明，步队齐整。询之，系伊省义勇，约千人，皆绅商充当，如中国之团练，服灰色，异于官兵。彼见中国钦差，皆压旗扬刀而立，以示恭敬。

初八日丙辰，晴。午后，随志、孙两钦宪乘车行十余里，至河岸登"福来"轮船，行三十余里，至兰达岛。周数十里，四面花园，中建大楼十数处，养郡内孤独无告之人。女子教以针黹，男子教以兵法。男女各有读书燕息之所，饮食衣服，一律周备。每楼同居者齿相等，如八岁与八岁居，十岁与十岁居。通计一千五百余名。外有中国男儿一名，年九岁，未详名姓。所演幼兵一队，约五十余人，领队者十四五岁，各执刀枪，步伐齐整，可谓童子军矣。演毕，无不击节叹赏。

登舟行十二里，至其布拉乌岛，广建园囿楼房。养疾病残废疯呆之人，百方疗治，愈则送归，男女皆然。执盗贼不法之人，令其作工，终朝不息，给其衣食。使无饥馁，俟其间善则释之。酉正回寓。

初九日丁巳，阴，午后晴。戌刻，随志、孙两钦宪乘车西北行三里许，

---

[1] 铨石：钻石。

至梅地仙坊赴游人会。登楼见男女如云，举国若狂。有曾游历中土者二十余人，能华言，相谈甚得。丑初始散。

初十日戊午。晴。午初，布拉格携其子女约与街游。出巷口，入小园，花木不多，铁凳成行，男女老幼，乘凉纳爽，或谈或歌，或作针黹，或看书文，小儿则击球打圈，游戏无猜。四围绿荫。暑不逼人，亦消夏之一道也。酉正一刻回寓。

（44）初游首都华盛顿

戊辰又四月十一日，己未，晴。辰初起程，乘马车至河口驾轮渡行三里许，抵岸即登轮车，西南行六百九十余里。酉安，抵合众国京都华盛顿。一路田畴交错，村镇壮观，过江河五，其铁石桥梁长皆二三里。入都行三里许，至盘邦街，宿于"梅斗柏立田"店，楼高五层。其男女奴仆系二百年前阿非利加入之遗种，面黑而微黄，发短而冗，洋人呼"卜拉克司"，译言黑子也。盖自前明正德间，英得阿美里加，后因地旷人稀，遂于国初时由阿非利加贩黑人为奴，价颇廉，虽一尺花绸亦可换人一口。至嘉庆十三年。英以贩人为海盗目之，遂永革禁。现合众国人分三种，或土母白父，或黑母白父，或黑母土父，彼此面色不同，故其后裔有黄、黑、红、紫之各异。店中各屋皆设蚊帐，式与华同，因地近江河，巨蚊丛生，备此以避蚊患。

（45）在美国国务卿家中，见到恭亲王的像和一位剪发异服的华人。

十二日庚申，晴。午初，随志、孙两钦宪拜合众国总理各国事务大臣[1]。南行里许，遇窦理文云，该大臣公出未归，遂回车绕议事公廨北行。其公廨系百尺高楼。周约三里，汉白玉石，雕刻玲珑，四面围以花园欠栅，树木成云。回寓，至未正率伊子副总理徐赖力门外拱候，延入公堂，待以上宾之礼。凸者为山，凹者为水，余系平原。据云。合众国极北有地名阿拉思戞[2]，原属俄国，现售于合众。其价七百万圆，地多不毛，亦甚冷，其地距中国一万六千余里。申正回寓。

戌初。徐尔德约至其家，见其眷属焉。是时，俄国正公使在座，徐公具

---

[1] 合众国总理各国事务大臣：美国国务卿。

[2] 阿拉思戞：阿拉斯加。

达来意。屋内铺陈古董，供养鲜花，四壁恭悬和硕恭亲王暨总理各国事务各大臣照像。以及各国之国王、王后小照。外有中土历代古钱，如半两、五铢、嘉祐、建兴等暨大清"同福临东江"二十字之制钱，皆钉于纸板之上。放于玻璃罩内。又有阿美里加与亚细亚二洲之间海岛小国人像。其国无文。定约之据系一鱼牙，长一尺，黄紫色。又一烟具，长三尺，周二寸，形如拐棒。若行军凯旋、和约免战，即将此烟燃着，每人各吸一口则已。余有许多中外奇物，不暇记载。子初回寓。

……十六日甲子，晴，热。午正，明同凤夔九持丁冠西荐书，谒其友巴克尔，未遇而归。申刻，寓之东厢有优女倚窗而坐，二八名姝也。询之，开其姓，丽如其名。浼人属歌。伊佯羞不肯。促之再四，伊乃低手抚琴良久，按谱而歌。其声袅袅，若有余思，聆之令人魂销几许。亥初一刻，随志、孙两钦宪往徐尔德家赴约，会见各国公使及本国诸大僚二百余名。园内各树，张持红绿彩灯，大开盛筵，设有乐工侑食。登楼忽见一人，黑发黄面，貌如亚细亚人。明以为日本使臣，及谈，始知系上洋人，来此已七载矣。询其何干，云："学习传教。"曰："汝尚欲回中土乎？"曰："然。""然则汝发已剪，何得回耶？"曰："蓄之令长可也。"伊又云："公等旋归，可将西国风俗政事之善者以劝华人之不善，不数年间，华人必效西国矣。"明言："汝既中华人，当晓中土事。夫各国皆有善政美俗，以彼移此，尚有宜与不宜，况中国历来数千年，古圣先贤，所遗嘉言懿行，不可胜数，何必取彼数百年之善政，以易我数千年之善政乎？然则汝知中国有孔圣乎？"曰："知。""汝知大清国有同治皇帝乎？"曰："知。"曰："汝既知。则吾告汝，但恐汝皆忘却也。夫大清国之禁律，男子剃发长服；今汝已剪发异服，则吾不以华人视汝矣，必以为欧罗巴及阿美里加者也。然汝学习传教将何为？"曰："必得其真实善道，以劝我华人同登善道也。"曰："予惜汝何其愚哉，何其愚哉！夫所谓真实善道，非尔所知。耶稣者距生于一千八百六十年前，汉平帝之世，彼有善言教化西土，欧罗巴各国人民咸被其泽，世奉其教。孔子生于耶稣五百五十余年之前，在周之世，所遗嘉言懿行，传流教化亚细亚各国及附近岛屿，如日本、琉球、安南各国人民咸被其泽。世尊其教。汝亚细亚人也，何弃此而归彼哉？然则汝先祖即天主教乎？"曰："非也。""汝父为天主教乎？"曰："亦非也。"
曰："然则汝之随天主教也，非为行善，乃取利耳。汝今为取小利而乱大义，
忘却尔祖尔父，汝死后将何以见尔之先代祖宗乎？尔之祖父亦必不以汝为其
子孙矣。嗟乎嗟乎！亡羊补牢，未为晚也。"其人大惭。

旁有某氏女见明怒色不止，乃劝下楼往园中一游。少刻复回，侧闻各国
公使议论，皆轻贱其人，未尝有以明为不是者。丑正回寓。

十七日乙丑，晴。未刻，携本店黑仆名朱安（年约三旬，铁面银牙，双
目荧荧。如黑棋子然），北游十余里，转东，一路园林花树，楼阁飞泉，颇
觉悦目。是时天阴，复东行里许，忽大雨倾盆，苦无雨具，急入一家避之。
其眷属三男三女，系翁媪与其子媳。霎时云际瞥过巨电，少妇仓皇失色，手
指肩头作十字形，系默祝天主之意也。明尝闻泰西人云："雷电皆系电气所
致，毫无神灵。"今见少妇如此，则西人亦未尝不畏雷击也，雷则仍有灵矣。
俟雨微止，翁云："去此北行不数武，可觅海车。"遂同黑仆冒雨至第七条
胡同候之。车至时雨更大，兼有冰雹迷漫，甚冷。申正回寓。

十八日丙寅，晴。巳正出街，东北行三四里出郭。连游名园十二。处处
茂林蔽日，络绎数十里。不数武即有铁凳，以备游人休憩。一路土房不高，
然皆齐整，居住多是黑人，见明独步。众皆忸怩吃吃而言，不知其为何国人
也。少坐，即有男女来窥。小儿群立，以目视之，去则跳跃追随。或云是女，
或云是男，或云服色新奇，或云彼发黑于我面，趣甚。盖合合众国二百年来，
已化阿美里加三十六邦。已化者男女令为奴仆，服与众同，惟语音稍异，为
另种土语。其面有如铁者。有微黄者；发皆细冗，其色灰赤。其未化数邦，
仍穴居于野，攫兽为食，面图五色，身着翎毛，别之为西印度。因前明宏治[1]
年间，西班牙人哥伦伯乘巨舰西行，新得此地，不知其另为一洲，以为亚细
亚之西界，故有是名。

十九日丁卯，晴。午正，随志、孙两钦宪乘车行二里许，至合众国议事
厅，又名上会堂。步阶而入，屋宇宏敞。修饰洁丽。正中大厅圆形，北一高

---

[1] 即弘治，讳为宏治。

台，上坐正副首领，下列木凳，排坐各邦绅士二百七十余名。楼上陈座千余，系为国中男女听论者。钦宪入，众皆起立。蒲钦使与正首领寇法四立谈，彼此答谢。各绅士皆出位列为两翼，一一与明等拉手道名问好。拉毕自觉手腕酸楚。次每人各出一纸，令书名字，不胜其扰。闻合众国人人各有小书一本，凡所交结，皆令本人书名于簿，以留笔迹。竟有与朝中大僚无一面之识，亦可使人送簿于门，求其笔迹。以便后人看其名簿，知某大官某名士曾为其至交也。故明在旅邸，每日男女求书者接踵而来，即仓卒相遇于途，亦自兜内取笔令书名字而后去。出圆厅周游各屋，入一书室，共存书一十七万五千余卷，又有石像画轴等物。看毕回寓。

　　酉初。复随志、孙两钦宪往白房赴宴，系前于十五日折柬相约，云："大合众国伯理玺天德朱温逊夫妻恭请钦差大人于本月十九日酉刻晚酌，特此谨订。速候回音，是荷。"是夕，同席有各国公使及徐尔德父子。统领对明云："诸钦使光临下邑，本统领不胜荣幸，一切事宜，无不尽心照料，以臻美善，而敦和好。俟贵国与西洋各国交久，自见合众国与中国友谊厚薄。合众原与大清相隔一水，实比邻也。中国农人有稼穑善法，合众人可学；而合众有耕种省力机器，中土亦可仿。是则两国择其善者而从之，岂不日见其盛哉。"子初一刻，席散回寓。入夜阴。

（46）独立战争与南北战争

　　二十日戊辰，细雨阵阵。申初随志、孙两钦宪乘车行十数里，至漠沟河岸登官轮渡，曲折行四十八里至卧南山。一路浓阴绿树，阡陌云连。下舟拾级而上，步行四里许，抵华盛顿新移之墓。砌以红砖，前如山字，后如桥背，内长洞列二石棺，系华盛顿夫妻合葬。外有月门欠栅，左右石碣六七。皆伊子侄辈所立，表扬功德。复东北行过其旧墓，系一深坑，外以砖砌如长枕形。绕至山顶，见有石楼数间，朴素不华，后有廊楹园围，地势极宽，乃华盛顿之故宅也。前临长江，拱如玉带；后倚青山，立若锦屏。松杉枫柳，花草新奇。守墓者皆本土黑人。下山仍驾小舟登轮渡。同舟与合众人罗理谈，年近五旬，自言能解百五十国语言，并能模写，如满洲汉字皆知。戌正回寓。

　　二十一日己巳，阴雨。巳刻，有扎克逊者，约凤夔九与明乘车出游。其人曾与南邦对阵。失去左臂，国出银百圆买假手以续之，每年给养赡银四百圆。当日出郭，过木桥，长四里。行二十余里至阿陵屯，系南邦叛首李义之家，后因彼败，遂以此筑京观，而慰忠魂。四面花树，中建石楼极巍峨，前临河而后倚山，遥望无际。房右一大石冢，高一丈，长一丈四尺，宽六七尺。上书："内葬无名无考阵亡兵勇二千一百一十一名。系由沙场检白骨以瘗之。"此后义冢林立行行，共二万七百余名。墓前标以白牌，上勒某营某队、某名某籍，春秋官为致祭。白牌上挂鲜花，有作成圆圈者，有十字形者，皆国人来此吊望，供花以

罗伯特·李将军（1807—1870）

祝升天之意。是时凉风细雨，四顾无人，游子天涯。能无堕泪！昔云："一将成功万骨枯"，观此则中外一辙，武功顾可耀哉？

去此行四十余里，过铁锁长桥，河名波多麻[1]一路所经之地多沃田，然开辟者少。道旁茂林蔽日，横亘数十里，然间有大片损伤，系战时被樵采所伐者。扎云："八年前，黑人咸服役于合众。北邦因驱使者伤天害理，恐为国患，乃约各邦集议，欲放黑人为齐民。而南方各邦不允，遂构兵夺去数省，波河以南为其所有，以立尺满城[2]为京，鏖兵四载始定，黑人由是放出。南邦虽败，其大酋李义并未见诛，今在威至雅邦[3]莱杏坦城为大学院之教习，在彼严锢与监禁同。"盖南邦之人耽于安逸，所有起居饮食，需人而理，故禁黑人而不释，职是故耳。刻下黑人既弛其禁，即各听其便，富者安居，贫者佣力，洵合众国之第一仁政也。

酉初回寓。戌刻，随志、孙两钦宪乘车至布国公使高某公署。伊约至十五条胡同马素公礼拜堂，内设长案，上列花草糖果，暨各种小儿玩具，有

---

[1] 波多麻河：波托马克河。

[2] 立尺满城：里士满。

[3] 威至雅邦：弗吉尼亚州。

少妇十余在彼售卖，值一钱者讨四钱。而买者率富户，亦不较其值。盖因堂费不足，借此以取偿之。子初回寓。

二十二日庚午，晴，热。午后，随志、孙两钦宪拜客。一带兵总统固慎，有于道光十八九年间曾到中土，论及中外事体，甚属公平。一带兵总统韩皋，公出未遇。一总署总办葛士力，见其妻女，茶罢而归。戌刻，往宽街大戏园观剧，所演系俄罗斯伯多罗王[1]在荷兰学铁木匠，工成回国，百官来迎，荷兰始知为王故事。丑初戏散。

（47）美元（绿背）

二十三日辛未，晴。记：合众国因南邦之乱，军费太多，除嘉邦[2]行使银圆外，其余三十五邦一律改用官票，其银数自数十圆至半圆至一角不等。大者长半尺，广二寸五分；小者长二寸，广一寸；面印金图黑字，背则绿色花纹，俗呼"绿背"。按实银每圆值银六钱二分，而官票每圆值六钱一分以至五钱、四钱不等，市价日更。晚，有邻人马拉斯者约观剧，是时本系西历一千八百六十八年，而所演者乃假造一千八百七十二年事，亦不经之甚矣。

二十四日壬申，晴。午后，独步东行里许，过木桥入大园，石楼内储各国古董与鸟兽鱼虫之骨。游人入门，咸书名于簿，以备稽查。楼外四面绕以花树，花有木槿、红蓼、凤尾、杜鹃、鞭蓉、玫瑰、芍药、牡丹。又有洋花数颗。名曰"麻娄立雅"[3]，叶大如蕉，花色白，瓣长五寸如莲，其味清香。草、木则松、槐、榆、柳、苔荇、地椹而已。

（48）西红柿与专利权

二十五日癸酉，晴。记：合众人喜食西红柿，或生或煮，伴以油醋，或以白糖。又食甜瓜，尝佐以盐与椒面。嗜好不同，于斯见焉。闻国人有私怀手枪者罚银五圆，溺于路旁者罚亦如之。

二十六日甲戌，晴，午刻阴，细雨一阵。未正至一官署，如中国之户、工两部。楼高六层，汉白玉石建造，四围距楼六里，层层官舍，半理田亩之事，

---

[1] 伯多罗王：彼得大帝。

[2] 嘉邦：加州（加利福尼亚州）。

[3] 麻娄立雅：magnolia，木兰花。

半理工匠之事。凡国人创造一物一器，准其将图式报官存照，四年后方许他人仿造，以便创者获利。楼内存贮大小器皿百万万件，每器粘签，上书年月暨造者名姓。凡炮台、火轮、机器以及些须玩物如风筝、纸人、绫花、磁果等，无不具备。其中大物之不能置玻璃柜中者，皆造以楠木、象牙，与真无异。

（49）民主其国，荐举总统

二十七日乙亥，晴，热。记：合众国自乾隆四十年苦英苛政，叛而自立，于今百年，已化三十六邦。民主其国，公立统领一人为首，在位限以四年，每年公俸银二万五千圆；副统领佐之，每年公俸银六千圆。统领四年任满，集众议之。众以其贤，则再留四年；至多不过十二年。否则推其副者为正；副若不协人望，则另行推举。凡国人年至冠时，皆有荐举之权。其举法系众人书其所举之人。投诸甄内。毕则启甄，择其多者立之；或官或民，不拘资格。其退位之统领，与庶民同。议事厅之正副首领与各绅士，亦由公举。而议事厅又有上会堂、下会堂之别。国有大事，则集众议。先呈下会堂，择其善者转呈上会堂，末则公递于统领。若统领不允，则仍交上会堂再议；如仍执议不移，则统领亦曲从焉。

二十八日丙子，晴，午后阴。未初一刻随志、孙两钦宪乘车东行数里至教军场。正面兵房如蜂穴，以木板高搭看台，中竖合众国花旗，左右立二中国龙旗。钦宪初到，连施七声大炮恭迎。有演兵大臣韩阔者，引登看台，谒见统领并大官百员。是日，演马步兵千名，号令严肃，军马整齐。又演救火激筒，筒行如炮，后接皮龙，不需人力，水出如雨。

......

（50）西人无事不详求其理

初一日戊申，晴。未初，郎福澜与陶医生之弟陶嘉及其妹华约游郭外。时赤日当空，如撑火伞，流金铄石，遍体如焚。福澜云："如此酷热，洵为夏日可畏。而冬日可爱也。"明言不然，苟移居北极，冬日固可爱，夏日亦可爱；如移居赤道，夏日固可畏，冬日亦可畏也。然此非日力，实为地球所使。众曰："然。"车行六七里，倦憩长林。日落循路而归。遇三德兰之长女三菊，着翠裙，冠红翎帽，与其兄钟智乘马驰驱林麓之间。相见免冠拱手而别。酉初回寓。

初二日乙酉，晴。大热，巳初，郎福澜约看凌昆遇害之园，今改为集理馆，内储男女全体筋骨以及腑脏，以备医生考证。并阵亡兵勇肢体，藏以木柜，罩以玻璃。于此见西人无事不详求其理矣。

初三日庚戌，晴。记：合众街道整齐洁净，道途无歌唱者，无嘲骂者，无拾遗者，无争斗者，无乞丐，少偷儿，大小间巷皆设男女净房，违者罚无赦。

初四日辛亥，晴。闻有傅尔达者，私于武官卫卜之妻吴氏，其夫廉得之。是日，募二侦役。俟其妻出，令二役尾之，每事通一报。先报云，二人在某馆早餐，继则游于某处，末则宿于某店。其夫鸣之于官，遴干役数名，缘梯登楼，破窗而入，二人被获。盖外国风俗，妻禁其夫，不令一夕宿于外，而妻终夜街游，其夫莫之敢问。所募侦役系官设，侦毕酬以洋银若干圆。

初五日壬子。巳正大雨，未刻微止。见新闻纸云，卫卜之事经官审定，奸夫罚洋银五百圆赎罪，淫妇令伊父领回，因其夫不喜也。若其夫仍恋旧情，不忍他适，官亦听之。是壁虽不完，而镜可重圆矣。

午后。有甘大立、韩恩慈、克赖尔暨阿丹来拜。阿丹者，年约二旬，采丰韶秀，词气温和，为纽约之才子。曾游阿非利加，归里著书，历陈颠末，为人之所叹赏。按阿洲地半沙漠，素为瘠苦之区。当其游也，时而步行千里，渺无人烟，饥渴顿踣，不堪言状。故回棹后杜门不出，以棋酒自娱。有劝以再游他洲者，彼坚辞之。明言："人之生于世也，苟不著书立说，以传后世，则为虚生。况足下游历既远，见闻又多，已有成书播传遐迩。倘能继此不惮梯航，则异国他邦，尽入奚囊佳话矣。"众唯唯而怂恿之，伊亦歊然动焉。晚。有蒲钦使之内弟李文模由麻沙朱色士邦[1]来。

初六日癸丑。晴。戌初。志、孙两钦宪同蒲钦使具帖请正副统领以及大小官员六百余名，在寓晚酌。四壁悬挂中外旗帜，陈设芳华，彼此畅谈。子正始散，是日，正统领朱温逊未至。

初七日甲寅，阴。午后，同韦烈往看捕盗衙门。壁上悬挂男女小照百余张，询之乃贼盗之像也。又有小铜铁器皿千种，每器下粘一签云。某年某月某人，

---

[1] 麻沙朱色士邦：马萨诸塞州。

以是物盗于某处，如何用法。一一细载。未刻回寓。晚细雨。

（51）华盛顿天时冷暖如中国神京……

初八日乙卯。早大雨，午后止，稍凉。记：华盛顿另为一城，不在三十六邦之中，在北喀尔勒那（喀尔勒那有南北之别）邦[1]之东北，勿尔几呢阿邦[2]之南，东临海而西近山，周约三十里，居民二十余万，天时冷暖如中国神京。街道平坦，石墁者少，民房不甚华丽，率皆整齐坚固，而官署则宏敞壮观，辉煌耀目矣。街巷极宽广，有铁路、海车，与丹尼[3]法郎西二国者同。

初九日丙辰，早阴云叆叇，午后风清日朗。志、孙两钦宪往总署，将所商办之件画押盖印，以昭信守，就便往统领府暨各处辞别。

初十日丁巳，阴晴不定。是有韦烈、希腊、陶达与三德兰等数人饯别。午正一刻起程，乘火轮车，亥初抵纽约。仍宿前寓。道出宾夕尔勒尼安邦[4]之会城名非勒特尔非尔[5]，山水清幽，楼房峻丽。

（52）接吻礼

十一日戊午，晴。记：外国婴儿自褓褓至二三岁，鲜有哭泣者。凡遇庆吊之礼，其父母皆不携带，在家亦少共桌而食。每日寝兴与父母接唇为礼，遇戚友则以手抚口代之。有等不肖男女，猝遇于途，相距甚远，则彼此自啜左手背，或啜右手五指头。啜毕，持放左手心，向彼吹去，含笑而罢，洵流荡之极者也。

又：天主教之教皇，非名士不得见，见皆跪而以口啜其足为礼。虽各国王、后见之亦然，今则礼稍杀矣。

（53）邮局与印刷厂

十二日己未，晴，热。未刻，同邻居冯安坦往看信局。所收之信，随时按地而发，自本城各巷至本国各邦。以及别国，尽夜无顷刻之暇。

十三日庚申，终日细雨。戌刻，有作奇巧灯者来。如将蜘蛛腿粘于玻璃之上，

---

[1] 北喀尔勒那邦：北卡罗来纳州。
[2] 勿尔几呢阿邦：弗吉尼亚州。
[3] 丹尼：德意志。
[4] 宾夕尔勒尼安邦：宾夕法尼亚州。
[5] 非勒持尔非尔：费城。

映灯一照，则长逾三丈，骨节百余。蚊虫睛大如轮，六角形花纹甚匀。蚂蚁蛋蚕，大皆如猪。水蝎腹若玻璃，所吞蠓虫逐节可见。总之，微眇之物，映灯而照，皆极大而明晰。又以水气与生气和，盛于皮袋，上放铜嘴，湛以胰水，吹出水泡，以火燃之，则轰声如爆竹。

子正，随志、孙两钦宪乘车往看纽约贺腊新闻纸局。楼高七层，上下有活屋可以升降。其造板之法，系将零字先集一板。继以厚纸铺其上，以大锤击之。则纸即变为阴文。再倾以热铅，而板成焉。自集字而倾铅，只需一时而工就。刷印之法，共列火机四架，每架中一大轮，外绕六小轮，形似菊花。大轮敷墨，小轮置板，自刷自印，自行摺折而送出，在上者一人送纸，在下者一人接纸而已。一时可印二万余张，每日得十万，值洋银五千圆。又有方机。中横圆板，一转两面印妥，尤为快便。看毕，在集事房少坐。寅初回寓。

（54）合众国概况

（七月）二十日丙申，仍雨，凉。闻国人自北方胜后，而南方时有不逞之心，乃聚众立党，称为"分尊卑党"。仍以奴辈视黑人，只于不敢放肆。所有大小官僚。仍系"平行"，与"分尊卑"二党并进，各怀私意，彼此不睦。现任伯理玺天德将及四载，各邦人民应公举堂中二大官为一正一副。因二党不和，"平行"者欲举二人，一名戈兰达，一名寇法斯；"分尊卑"者欲举二人，一名希墨，一名布蕾。二党如此争衡，后患恐不免焉。

二十一日丁酉，大雨。记：合众国东距大西洋，西临太平洋，南通墨西哥，北界英属加拿他（又名兔那大），东西约万里，南北六千余里。东有阿嘎呢山[1]，西有罗机岭[2]，长皆万余里。田亩膏腴，土产丰盛。自畔英自立后，纯以仁政待民。欧罗巴各国游民望风引领，来隶版图。遂开垦旷野，驱逐土番。人满四万则立村镇而成邦，今共得邦三十六。天时亚于华夏，南如江浙。北如燕晋。所产五谷果蔬，亦与中国无异。各邦皆有公举之正副首领、巡察、赞议、刑官、指挥等官；所办政事一有偏私，则群议废之。通国兵只一万，分布各炮台关隘。四民除士外，所有农、工、商年力富强者，皆隶军籍；无

---

[1] 阿嘎呢山：阿巴拉契亚山脉。
[2] 罗机岭：落基山脉。

事则各操本业，有事则征为官军。再，合众国因初为英属，故语言文字与英国同，所尚者亦天文、地理、算学、格物诸学。百年来地与英、俄相埒，诸邦守望相助，严备边疆，其附近之国永不侵陵，而诸大国亦莫敢与抗。不以兵戎而以玉帛，合众有足多焉。

[张德彝：《航海述奇》、《欧美环游记（再述奇）》，

长沙：湖南人民出版社，1981 年版]

4. 王韬[1] 的《漫游随录》

（1）"王韬可能是现代第一个既受过中国经典训练、又在西方度过一段有意义时光的中国学者。"（柯文）与张德彝等同文馆的学生以及西方留学生容闳、黄胜等不同，王韬更了解中国的传统与现实，更了解中西关系与西方对现实中国的意义。

1865 年，前往欧洲游历前不久，王韬在代黄胜写的上李鸿章书中道：

"合地球东西南朔九万里之遥，胥聚于我—中国之中，此古今之创事、天地之变局，……西人来此……薄视之者以为不人类若，而畏之者甚至如虎。由是西人之事毫不加意，反至受其所损，不能获其所益；……夫天下之为吾害者，何不可为吾利。毒蛇猛蝎立能杀人，而医师以之去大风、攻剧疡。虞西人之为害，而遽作深闭固拒之计，是见噎而废食也。……天之聚数十西国于一中国，非欲弱中国，正欲强中国，以磨砺我中国英雄智奇之士。"

王韬在游历欧洲前，已在上海、香港这类西化城市生活过 16 年，与西方传教士、殖民者有过许多交往。游历欧洲，只是将他已形成的民族世界观向前更推进一步。亲身经历远胜于读书与传闻。1867 年底王韬乘船离开香港，1868 年初到达法国港口马赛，两年前张德彝也从这里踏上法国的土地。至海外方知海外之盛。

---

[1] 王韬（1828—1897），江苏长洲（今苏州市）人，少年时名利宾，18 岁后改名瀚，又名畹，到香港后改名韬。18 岁考取秀才。后屡试不中，1849 年赴沪。任职于美国教会所办的墨海印书局，1862 年上书太平军献策。后人因之称他"长毛状元"。后遭清政府通缉。流亡到香港，曾为英国传教士邀往英国译书。1874 年任《循环日报》主笔，宣传变法自强。1884 年回上海，主持格致书院。著述约四十余种。

王韬（1828—1897）像

法京巴黎，为欧洲一大都会。其人物之殷阗，宫室之壮丽，居处之繁华，园林之美胜，甲于一时，殆无与俪。居民百余万，防守陆兵三十万，按街巡视，鹄仪严肃，寂静无哗；此外亦设巡丁，密同梭织。立道左，无不威严。寓舍宏敞，悉六七层，画栋雕甍，金碧辉耀。马达兰街、义大廉街加非馆星罗棋布，每日由戌初至丑正，男子咸来饮酌，妓女亦结队成群联翩入肆，游词嘲谑亦所不拒。客意有属即可问津，舍一金钱不仅如吴市之看西施也。道路坦洁，凡遇石块煤漆稍有不平，石匠随时修补。车声辚辚，彻夜不绝。都中以宫殿最为巨丽。宫门外临街有楼翼然，其下可建十丈之旗，车马皆由此而过。入内，树木蓊然郁茂，一望青葱。再进，环之以池。铁栏之内，则为禁地，人不得入。如国王驻跸宫中，上悬一旗，出幸则否。凡欲游王宫者，俟王他出，先谒其国之驻扎公使，乞其名柬为先容，例得入而瞻仰焉。王宫左右，悉系大商巨铺，格局堂皇。酒楼食肆，亦复栉比。客至呼肴，咄嗟立办。市廛之中，大道广衢，四通八达。每相距若干里，必有隙地间之，围以铁栏，广约百亩，尽栽树木，樾荫扶疏。游者亦得入而小憩，盖藉以疏通清淑之气，俾居人少疾病焉。

至于藏书之所，博物之院，咸甲于他国。法国最重读书，收藏之富殆所未有。计凡藏书大库三十五所，名帙奇编不可胜数，皆泰西文字也。惟"波素拿书库"则藏中国典籍三万册，经史子集略备，余友博士儒莲司其事。儒莲足迹虽未至中土，而在其国中钻研文义，翻译儒释各经，风行于世，人皆仰之为宗师，奉为圭臬。

博物院中分数门，曰生物[1]，曰植物，曰制造，曰机器，曰宝玩，曰名画，广搜博采，务求其全。都中非止一所，尤著名者曰"噜哇"[2]，栋宇巍峨，楼阁壮丽，殊耀外观。余至画苑，见有数女子入而临画，或雕铅握椠，仅成粉本，或已施采色，渲染生新。余近视之，真觉与之毕肖。有一女子年仅十五六，所画已得六七幅，皆山水也，悉着青绿色，浓淡远近，意趣天然。余偶赞之，女子与导余入者固相识，特持一幅以转赠余，殊可感也。

一夕，导者偕余观影戏。时不期而集者千数百人，余座颇近，观最明晰。所有山水人物、楼台屋宇，弹指即现，生新灵动，不可思议。其中有各国京城，园亭绮丽，花木娟妍，以及沿海景象，苍茫毕肖。更有各国衙署，峥嵘耸峙，恍若身临。法京水晶宫殿，尤为宏敞巨丽，光怪陆离，几于不可逼视。他若巍峨之楼观，华焕之亭台，明窗绮牖，纤毫透彻，咫尺如在目前。尤奇者，为罗马国亚喇伯之古高山，层峦叠嶂，居天下之至峻，洵属大观。此外所影飞禽走兽，奇形诡状者，或生自上古，或产于异地，均莫能名。见之者，真不啻环行欧洲一周矣。……

（2）法京观剧。戏有四端：搬演、影戏、马戏、跳舞

法京中，游玩广场非止一所。一曰"孛黎士"，一曰"簪士伊"，别开胜境，可号名区。孛黎士正当要冲，南通巨桥，北接大街，王宫翼其西，圣院峙其北，洵足擅一都之形胜焉。簪士伊地殊宽阔，约四五里许，东狭而西广，由渐恢拓，略如张箕形。有一通衢横亘其中，两旁遍树木，青苍一色，弥望葱茏。戏馆乐院，悉在其左右。昼则车马殷阗，夜是笙歌喧沸。寻春侠客、挟弹王孙掉臂游行其间，以为乐甚；至一夕之费，动逾十万金钱，罔所吝惜。

每值良辰令节，国庆民欢，名剧登场，士女云集，人人俱欲争先快睹，娱目赏心，无以过此。戏馆之尤著名者，曰：提抑达[3]，联座接席，约可容三万人，非逢庆赏巨典，不能坐客充盈也。其所演剧或称古事，或作神仙鬼佛形，

---

[1] 生物：这里指动物。

[2] 噜哇：卢浮官，即《博物大观》一节中之"鲁哇"。

[3] 提抑达：theatre，（法兰西）剧场。

奇诡恍惚，不可思议。山水楼阁，虽属图绘，而顷刻间千变万状，几于逼真。一班中男女优伶多或二三百人，甚者四五百人，服式之瑰异，文采之新奇，无不璀璨耀目。女优率皆姿首美丽，登台之时袒胸及肩，玉色灯光两相激射。所有皆轻绡明縠，薄于五铢；加以雪肤花貌之妍，霓裳羽衣之妙；更杂以花雨缤纷，香雾充沛，光怪陆离，难于逼视，几疑步虚仙子离瑶宫贝阙而来人间也。或于汪洋大海中涌现千万朵莲花，一花中立一美人，色相庄严，祥光下注，一时观者莫不抚掌称叹，其奇妙如此。英人之旅于法京者，导余往观，座最居前，视之甚审，目眩神移，叹未曾有。

此外之戏约有四端。一曰搬演：能纳大于小，变有为无，又能使禽鸟虫鱼顷刻出诸笼中，取之不穷，幻化莫测，几疑于神。他若剪布再续，无异故体；用索缚人，立能自解；以及吞刀吐火，缘绳走壁，艺术勇力，皆臻绝技。

一曰影戏：专用玻璃画片，取光于巨镜。人物生动，意态毕肖。园林水石，屋宇河山，皆系实有其地，并非虚构，兼以日月星文，光华掩映，恍疑置身在霄汉中，其巧幻如此。

一曰马戏：多以少年妇女便娟轻捷者为之。缟衣长裙，乘马疾弛如风，能于马背飞跃。当两马电驶之时，一跃竟过，令观者瞥不能辨。技最神者，能于马上跃升高际，空中悬圈数十，圈外蒙薄纸，一路能破纸圈二十。飞燕之凌风欲翔，翩仙之踏尘无迹，未足喻其轻盈也。又能马上掷球，其大如斗，圆转盘旋，几如宜僚之弄丸，五色陆离，令观者神眩。

一曰跳舞：髫年丽姝，翻袒半身，执花翩跹而集，进退疾徐，具有法度。或有以童男女双双对舞，流目送盼，媚态横生，亦殊可观。此外如战陈纷驰，鱼龙曼衍，天魔献瑞，异状杂陈，则又五花八门，应接不暇矣。台下杂坐乐工数十人，八音竞奏，铿锵中节。或作钧天广乐，鼍吼鲸铿，几于震耳；或为和谐靡曼之音，静细悠扬，各极其妙。

余至法京时，适建新戏院，闳巨逾于寻常，土木之华，一时无两。计经始至今已阅四年尚未落成，则其崇大壮丽可知矣。

（3）卢浮宫栋宇巍峨，崇饰精丽。生物、植物、宝玩、名画、制造，其中无物不备。

法京博物院非止一所，其尤著名者曰"鲁哇"，栋宇巍峨，崇饰精丽，他院均未能及。其中无物不备，分门区种，各以类从，汇置一屋，不相肴杂，广搜博采，务求其全，精粗毕贯，巨细靡遗，凡所胪陈，均非凡近耳目所逮，洵可谓天下之大观矣。今为约举言之，已可略见一斑：

一曰生物：凡一切鸟兽虫鱼以及骨角毛羽、皮革齿牙，罔不收罗。其间珍禽瑰物，奇形异状，皆属未经目睹；始知天地间所产，有不可以寻常意计测者。

一曰植物：凡草木花卉，集自遐迩，喜寒爱暖，种类非一。苟遇远地之名葩珍木，无不多方罗致，藉以增长识见，盖非徒以益夸炫、耀观瞻也。

一曰宝玩：区以古今二种。古器如杯、碗、瓶、盏，文采内含，宝光外射，五色陆离，辉煌耀目。他若古磁古铜，色泽斑驳，声质精醇，迥非近今所能仿造。更有各种牙器、螺器，镂刻工细，款式精良，以及闺阁中之钿钗环钏，各具雅致，类皆秘诸玻璃筒中，珍护异常。每器悉编列时代、名字及作者姓氏，俾入观者一览了然。今器如各种宝石及采山搜渊所得诸品，珍奇瑰异，殆难悉数。火齐木难，未足方喻也。

一曰名画：悉出良工名手，清奇浓淡，罔拘一格。山水花鸟、人物楼台，无不各擅其长，精妙入神，此皆购自殊方异国，无论年代远近，悉在搜集。甚有尺幅片楮，价值千万金者。八法至此，技也而进乎神矣。西国画理，均以肖物为工，贵形似而不贵神似。其工细刻画处，略如北宋苑本。人物楼台，遥视之悉堆垛凸起，与真逼肖。顾历来画亦未可轻视也。另有鬻画苑，许人入而临摹，有合意者即可出重价携之以去。

一曰制造：凡物经人工所创建者，贵贱宏纤，并皆藏庋。苟能自出新意，制成一物，立即置诸院中，标其姓字，以旌其功，是亦古者"物勒工名"之意也。西国之例，凡工匠有出新意制器者，器成上禀，公局给以文凭，许其自行制造出售，独专其利，他人不得仿造。须数十年后乃弛此禁，其法亦良善也。

其巨者如行水舟舰，大小毕具；行陈器，长短利钝成备；甲胄刀矛，森列左右，皆系遍采之各国，故形式致不相同。如美洲之因甸红人[1]、澳大利亚之土番、新嘉坡之古民所用之弓箭弩矢、剑戟刀棍，亦无不有。其他各物，更仆难悉，往游者无不兴观止之叹。余以海角羁人而得睹其盛，不可谓非幸已。

导者璧满，英人之旅于法者，夏文之好友也，与法国传教者相识。导观一院，堂宇洁清，规例严肃，乃童贞[2]清修习静之所——法国处女皈教不嫁者，谓之童贞——内有掌教者为之讲贯，膜拜讽经，俱有时刻，胸际均悬十字架。院外小铺陈列十字架求鬻者，牙、角、铜、木，无一不具。相距数十武，有一院专藏机器模式，闻向时亦童贞之所居。

此外有一院曰"穆西黎"，列屋五间，深广崇宏，专藏法国古今各式军器。古时战斗之际，亦尚甲胄，其器械亦惟刀、弓、矢，自火器兴而皆废矣。法国之"法郎机"[3]，安知不由中国而传入者哉！阅其所陈战具，亦可悉古今沿革之源流，而行兵强弱之殊矣。

……

（4）巴黎万国博览会

余既游鲁哇博物院，叹为观止。璧满曰："君亦尝往观新院乎？"余曰："未也。"曰："惜君来也晚，未得躬逢盛典，而极大观。余今代为述之，尚神往焉。"余乃驱车同行。初入院中，见旷地数百弓。敞朗空阔，一望平远。导者曰："此演武场也，用以备士操习技能，止齐步伐。"法君于游观之中亦寓行军之意，其穷兵黩武略可想见矣。

所历堂宇楼阁、亭台房榭，屈曲方圆，其式不一；宏壮巍焕者，不下数十所，悉以雕石筑成，巩固异常。华贵之室，其下备有水道，聚水盈池，猝遇郁攸，立可熄灭。楼之高者，几凌霄汉，雕槛晶窗，缥缈天外，虽齐云落星，犹未足方喻也。院旁辟地为园，栽百草，植名花，乔木千章，巨树十围，无不罗致，绿荫稠叠，碧荫缤纷，人行其间，几忘炎暑。予曰："使我六月来此。

---

[1] 因甸红人：印第安人。

[2] 童贞：修女。

[3] 法郎饥：中国明代把从葡萄牙等国传入之火炮称为"佛（法）郎机"。

将以此为消夏所矣。"璧满导余遍历各处，虽重楼复阁，邃室密房，靡不曲折以达焉，足力为之告瘁。余入其中，几如建章之千门万户，莫知其所向往；又如进迷楼，不复能出。至其工作之巧妙，土木之奢华，一时无与埒者，在地球列国中，无有如是之矞皇典丽、工整恢奇者也。

盖此院之建，在一千八百六十六年，因将开设博物大会，特为万国陈设备物公所。二三年来竭资兴造，加意经营，日役工匠数千人，犹不暇给。经始于甲子[1]，落成于丁卯[2]，开院之日，通国民人，列邦商贾，遐迩毕集，均许入而游览，来往无禁。璧满排日往游，领略殆遍。

1867 年法国巴黎世界博览会盛况

---

[1] 甲子：1864 年。
[2] 丁卯：1867 年。

法驻京公使伯君，于其中创设聚珍大会，凡中外士商有瑰奇珍异之物，皆可入会，过关许免其税。于是怀宝者自远麇至，美不胜收。是日欧洲各大国君主驾临游幸者，自法外有俄罗斯，有普鲁士，有土耳机，咸至其中，恣情鉴赏。一时物玩精奇，宸游怡畅，称盛集焉。院内排列胪陈者，皆当世罕觏之珍，或有莫悉其名者。法主特简一博识宏览之大臣，细察详观，辨别其美恶，品评其高下，次第其等差。然后参定应赏多寡，编列人名，记以一牌，系于外。及颁赏之时，另委一大臣随牌所载，按次呼名，一一诣前祗受。得预斯列者，其名骤起，故受赉者无不以为荣。法主之物，例在赏中，但法主无自受理，特命太子承之；一时悦豫之情，殆流露于不自觉焉。尔后来观者日有数万人，络绎于道；逮浃十旬，至者始稀。

余闻有粤人携优伶一班至，旗帜新鲜，冠服华丽，登台演剧，观者神移，日赢金钱无算。余询璧满曰："曾见之乎？"璧满曰："微君问，吾亦将言之。一日，余偕理君雅各同游，忽与粤人遇。粤人固素识理君，或曾著弟子籍。理君谓之曰：'子向亦曾学道，何至今乃愈趋愈下耶？此事岂汝所宜为者哉？恐贻乡党讥笑耳。'粤人红晕于颊，不能作一语。旋有法国某伯爵尽售其装束去，约万数千金。"

璧满有妹曰媚黎，在法京为女塾师，教女弟子以英国语言文字。一夕以盛设茶会，特延余往塾中。女弟子长者凡二十余人，年皆十六七，无不明慧秀整，秋菊春兰，各极其妙。各乞余写诗一篇，珍为珙璧。群为余弹琴唱歌，各极其乐。席散。已更阑矣。

（5）中国既不等于世界，也不等于文明。西方与中国同在一个广阔的世界之中，彼此文明，各有千秋。当王韬有机会在牛津大学演讲时，他提倡中英交流，"益敦辑睦，共乐邕熙"，并比较儒学与基督教，一为人道一为天道，东方西方圣人，人同此心，心同此理。

"伦敦都会称泰西巨擘"。王韬终于亲眼目睹了英帝国的首都伦敦。他参观了大英博物馆、蜡像馆、圣保罗大教堂、水晶宫，并接触到小酒吧里的英国市民。伦敦的人文教化、器物风光都给他以深刻的印象："盖英邦实为西土之沃国，而伦敦又为英国之腴区焉。"

王韬在伦敦间，一直由友人与合作者理雅各陪同，后又随理雅各前往苏格兰，游历爱丁堡、格拉斯哥、雷斯等地。在爱丁堡，他参观了大学、医院、法庭、公共浴池、印刷厂，他赞叹"英国学问之士，俱有实际"。所谓"苏京"，即苏格兰首都爱丁堡。

余至伦敦，时已酉刻，阳乌藏山，昏鸦集树，易乘马车，径造寓所。从车中望之，万家灯火，密若繁星，洵五大洲中一盛集也。寓在敖司佛街，楼宇七层，华敞异常。客之行李皆置小屋中，用机器旋转而上。偶尔出外散步，则衢路整洁，房屋崇宏，车马往来，络绎如织，肩摩毂击，镇日不停。入暮，灯光辉煌如昼，真如不夜之城，长明之国。

时理君雅各尚在英伦北境，约来相迓，因少待之。由是每日出游，遍历各处。尝观典籍于太学，品瑰奇于名院，审察火机之妙用，推求格致之精微。各处督理主者，无不一一指授。间有所问，导者辄译余意以对，应答如响，随有辩论，主者叹为明慧渊博。

英之北土曰哈斯佛[1]，有一大书院，素著名望。四方来学者，不下千余人。肄业生悉戴方帽，博袖长衣，雍容文雅。每岁必品第其高下，列优等者，例有赏赉；而颁物之先，必先集于会堂听讲。监院者特邀余往，以华言进学。余备论中外相通之始，言："昔英女主以利沙伯遣人至粤，而东方之贸易以开；继有英官斯当东者始效华言，于是接踵来华者，始能通中国语言文字。夫中国在亚境之东方，英国处欧洲之西鄙，地之相去也七万余里。三百年前，英人无至中国者；三十年前，中国人无至英土者。今者，越重瀛若江河，视中原如堂奥；无他，以两国相和，故得至此。惟愿嗣后益敦辑睦，共乐邕熙。尔众子弟读书国塾，肄业成均；其已得考授秀士、孝廉，列于前茅者，皆出类拔萃之资，年少而志盛，学博而文富，皆将来有用之才也。他日出而用世，上则翼辅王家，下则流传圣道，必能有益于中国，是所厚望焉。"是时，一堂听者，无不鼓掌蹈足，同声称赞，墙壁为震。

其中肄业生之年长者，多由国家铨选，授以职官，遣至印度、中国，以备翻译人员之用，特来问余中国孔子之道与泰西所传天道若何？余应之曰：

---

[1] 哈斯佛：牛津。

"孔子之道,人道也。有人斯有道。人类一日不灭,则其道一日不变。泰西人士论道必溯原于天,然传之者,必归本于人。非先尽乎人事,亦不能求天降福,是则仍系乎人而已。夫天道无私,终归乎一。由今日而观其分,则同而异;由他日而观其合,则异而同。前圣不云乎:东方有圣人焉;此心同,此理同也。西方有圣人焉;此心同,此理同也。请一言以决之日:其道大同。"诸问者俱为首肯。

伦敦画馆请余以日影绘像,既成,悬之阁中,而以十二幅赠予。余题二律于后云:

九万沧溟掷此身,谁怜海外一逋臣。

形容不觉随年改,面目翻嫌非我真。

尚戴头颅思报国,犹余肝胆肯输人?

昂藏七尺终何用,空对斜曛独怆神。

*

安得空山证宿因,避人无地且依人。

有生已受形骸累,到死难忘骨肉亲。

异国山川同日月,中原天地正风尘。

可怜独立苍茫里,抚卷聊看现在身。

呜呼!余少时亦尝有志于用世,嗟盛年之不再,悯时事之日非,常欲投笔请缨,荷戈杀贼,以上报国家。用我无人。卒以谗去。蹈海旅粤,惟事读书,终日弦歌,声出金石,亦无有心人过而问焉者。今日羁身于数万里之外,去家益远,而心弥悲已!

......

(6)风俗类志

英伦气候少燠多寒,岁中日月阴多于晴,盛夏无酷暑,隆冬无祁寒。遍地林木花卉,舒放浓茂,花叶亦耐久不凋,风景清美,洵乐土也。其地素称沃壤,然可事耕耘植谷麦者,不过什之二三。此外平原旷野,百草蕃芜,多供牧畜。春夏之际皆不入圈,散置于郊,与中国北地之放青牧场相似,亦毋庸监守羁勒,从无攘窃事,可见风俗之淳良也。

伦敦郊外设有牧畜所，场圃宽广，中构楼阁亭台，以备游览。圃中芳草如茵，绿缛争茂，夕阳斜照，可入画图。所畜牛羊之属，类皆肥茁。此外各处，亦有所畜。岁中有一公会，凡各农人自牵其所牧者，群集而比赛。肥者由公会奖之，有如蒙古部落之较牲口、比丁壮者然。故孳生蕃育而牧畜日盛，亦可售鬻于人，论价出沽。楼阁之上，置贮农器。耰锄耒耜之类，纷错杂陈，皆有机捩可转，式亦精巧，异于寻常。

都中街衢间尝见有铁丝巨笼，下承以轮，亦能运动。笼中所畜飞走之属，多取其相制相仇者，如猫与鼠、鹰与雀，皆同处一区。然驯良亲狎，若同类相依，尤可异也。

都中桥梁之制，多高华瑰玮，有石砌者，有铁铸者。然最奇莫如悬桥，亘空飞渡，遥望之如长虹之环天而远跨，工制独创，尤为中土所稀。

英地亦产盐卤，煮井可成，颇类川、滇之盐池、盐井。惟其造盐之法，熔铁为巨池，下辟地炉，以煤火煎熬，收功似广，捷于鼎镬。

都中酒楼在在有之，酒之佳品不一而足，大抵以葡萄酿为差胜。色如琥珀，味极芳醇；最上者，瓶值数金。

亦有别墅，乃同人合建，为赋闲习静之所；藉以息尘躅、娱闲情。每室月收数金，以供经费。室皆精洁，古鼎宝彝，陈设古雅，床褥帷帐，俱极华丽。夏可逭暑，冬可避寒；阅新编异说或围棋，洵足以消忧而破寂，亦韵事也。至于酒楼寓客，晨夕饮膳，亦极丰腆。酒炙纷陈，奢于自奉，最豪者饔飧所需，月费百数十金，寓租佣值称是，旅居诚非易事。别有饭肆，司庖厨掌烹调者，法兰西人为最精。其食饮精洁，固不待言。釜之制有外铁而内磁者，式亦新异。

英人最重文学，童稚之年，入塾受业，至壮而经营四方；故虽贱工粗役，率多知书识字。女子与男子同，幼而习诵，凡书画、历算、象纬、舆图、山经、海志，靡不切究穷研，得其精理。中土须眉，有愧此裙钗者多矣。国中风俗，女贵于男。婚嫁皆自择配，夫妇偕老，无妾媵。服役多婢媪，侯门甲第以及御车者则皆用男子。

每日清晨，街衢中呼卖乳酪，挈盒提壶，类皆女子。率用横担垂于两肩，负之殊不费力。国中乳酪之用最多，茶羹饼饵恒所必需，几与菽粟同功。

英国风俗醇厚，物产蕃庶。豪富之家，费广用奢；而贫寒之户，勤工力作。日竞新奇巧异之艺，地少惰怠游惰之民。尤可羡者，人知逊让，心多悫诚。国中士庶往来，常少斗争欺侮之事。异域客民族居其地者，从无受欺被诈，恒见亲爱，绝少猜嫌。无论中土，外邦之风俗尚有如此者，吾见亦罕矣。

（7）出游小志

英都时有盛会，而博览院尤为巨观。院高数丈，椽柱皆铜铁，嵌壁皆以厚玻璃，宽广绵亘约三里之程。院中之物，无美不具，无奇不备，博采广搜，分室收贮。各海各邦奇器异物，新制巧作及日常耕织之具、动植之件，咸悉罗致。凡远近众庶，无贫富贵贱，入而纵观阅视者，日以万千人，如中土之大市会。最奇者，堂中储有大煤二方，高约二丈，黝黑光洁，几不辨其煤也，扣之渊然作金石声。

有奇观院，名"百里的廖翁"[1]，亦甚雄敞。室中藏贮上古文字器皿、名人图画及制作奇禽怪兽，形模伟巨，意态飞动。他如鳞介之属、羽革之伦、龟鼍鱼鳖、鸟雀犀兕，下而昆虫微物、蛾蛭蜂蝶，布置陈设，新巧璀璨，皆勃勃有生动流走之致。此外珊瑚珠玉、珍奇瑰宝，灿呈于几案之间，尤为稀世之玩。更可异者，洪荒太古之世，棺椁之具、死人之骨，亦并搜购而罗列。游斯地者，诧为奇逢，叹为观止。然非居其院中一二旬，亦难遍阅所蓄也。

都中藏书之库林立，咸许人入而览观。有典籍院，中贮四海各邦之书，卷帙浩繁，简编新洁，异册名篇，分储于架阁。玉轴牙签、绨函锦帙，望之如城。中土经、史、子、集，罔不赅备。都中人士，无论贫富，入而披览诵读者，日有数百人。然只许在其中翻阅，不得携一卷一篇外出，其例綦严。

英人于画院之外，兼有画阁。四季设画会，大小数百幅，悬挂阁中，任人入而赏玩。入者必予以画单，画幅俱列号数，何人所画，价值若干，并已标明。最小者亦须金钱四五枚，其价之昂如此。

偶过军器局，入而纵观。其中多制造火器枪炮之届。造法多用圆轮转掖，日役工匠千人。大小铜铁炮及丸弹、刀剑、矛戟之类，不可指数。地广数顷。

---

[1]　百里的谬翁：British Museum，不列颠博物馆。

中亦有园亭楼阁。凡炮械诸式及远近列国器械之制度长短，皆图而列之。取以为法，而以新法变通，宜其器之精良而繁富也。近日所造之枪，长皆三尺余，后膛熟铁为之。自膛而上渐狭，至口仅半寸。筒内作三棱线，弹子直出，可不乖所向，其远能击一千三百步。铁极纯而工亦精，虽装三倍火药，燃之不炸。

西人收储军器，亦极有法。恐地潮生锈，于宏敞屋中建筑木架，上接屋梁，分为数层，排列悬挂，派人专司擦抹洗刷。门扇按日开放，以通风气，不令霉湿损坏，自不致耗费帑金。中土营伍之中，购藏枪械，宜以此法；厂局所造未经施用者，其收储尤宜谨慎。

西国枪炮，其式日改。炮之头大尾小，头尾匀称及后膛堵门弱小者皆废，改铸螺蛳或胡卢形。以火药初燃力大，故炮头宜粗，乃不易炸。枪之身重口阔或用圆弹、管内不作螺蛳槽纹者亦皆废，改铸筒膛渐狭至口仅半寸，内含斜纹线路，弹子形如枣，头尖尾圆，而近尾处中空。盖有线路逼迫弹子出口，则不自旋转；又恐弹子不遵路而行，于近尾处空其中，使受火药之气，自然涨开而行依线路矣。近日尤尚棉花火药，轰力极大。试以巨木立栅，埋药八磅于其下，燃之，栅倒而木亦碎。或以铁条粗一尺者横于地，用药三两轰之，则铁条裂而为二。

又有军营渡水之具，其法甚巧。数十年前所用者，系以铁筒长八尺、粗六七尺者数十，横浮水面，驾木成桥，易于携运，然仍嫌其重滞。今则用铁带宽三寸者，根根相扣，接为两条，一端钉于次岸，令善泅者拽一端钉于彼岸，有如亘空之长虹。虽渡万人而带不断，此真捷法也。或用漆布小艇，缚小木桥以渡，谓之浮桥。艇系由底而上皆漆布两重为之，夹以木板，使布不下弛，折叠作大弓形，亦不甚重，可一人负之而走。英人之心思灵巧，造器无不适于用也如此。

（8）制造精奇

英人心思慧巧，于制造一切器物，务探奥窍，穷极精微，多有因此而致富者。此固见其用心之精，亦由国家有以鼓舞而裁成之，而官隐为之助也。按英俗，凡人创造一物不欲他人摹仿，即至保制公司，言明某物，纳金令保，年限由五六年至二十年。他人如有摹仿者，例所弗许。违例，准其控官而罚镪焉。

设贫人创物，无力请保而乏资自造者，可告富人令验；如效，则给价以求其法，往往有一二倍之价而获利至千百倍者。原其制物也，竭心思，广见闻，不惜工本，不避劳瘁，不计时日，遍访寰区，历试诸法，以务求其当，而报之官。如官验之果济于用，则给以文凭，共保若干年，禁止他人私摹其式。其有奉明仿效者，则纳资于创造之人。又恐他国私摹，于是遍告邻封，官为主持。凡有仿效而不纳资者，是倍其罚。故一物既成，其利几以亿兆计。否则几经研求，以发其秘，他人坐享其成，无所控诉，谁甘虚费财力以创造一物乎？未卒业而有惴心者，亦可报闻。如器有实用，而官不以为然，及禁人私摹，而官反阴用之者，皆可讼诸刑司。人有一得之技，虽朝廷不能以势相抑，故人勇于从事也。

钟表之制，中土人多有知者，造作以英人为最精。他如以水汽运机、以风推磨、以水舂碓，固未足为奇也。千里镜之巨者，于日中登最高处仰窥，星船樯桅，倒挂下垂，历历可辨。显微镜以之觑纤细之物，如蚊睫蚁足，察及毫芒。至于银工雕镂，尤为精绝。尝见一银塔高不盈寸，分三层，每层有人物形象，眉目面貌细巧明晰，几疑神斧鬼工，不可思议。又有以女子头发结为指环手钏，赠贻交好。男女相知者，得此以为荣。复有画工，描写形容，纤微毕肖，尽态极妍，惟妙惟肖。

英国以天文、地理、电学、火学[1]、气学、光学、化学、重学[2]为实学[3]，弗尚诗赋词章。其用可由小而至大。如由天文知日月五星距地之远近、行动之迟速，日月合璧，日月交食，彗星、行星何时伏见，以及风云雷雨何所由来。由地理知万物之所由生，山水起伏，邦国大小。由电学知天地间何物生电，何物可以防电。由火学知金木之类何以生火，何以无火，何以防火。由气学知各气之轻重，因而创气球，造气钟[4]，上可凌空，下可入海，以之察物、救人、观山、探海。由光学知日月五星本有光耀，及他杂光之力，因而创灯戏[5]，变光彩，辨何物之光最明。由化学、重学辨五金之气，识珍宝之苗，分析各物体质。

---

[1]　热学。

[2]　力学。

[3]　科学。

[4]　（利用压缩空气的）潜水钟。

[5]　幻灯和电影。

又知水火之力，因而创火机[1]，制轮船火车，以省人力，日行千里，工比万人。穿山、航海、掘地、浚河、陶冶、制造以及耕织，无往而非火机，诚利器也。

英国水晶宫

余旅于詹那家，由其地抵水晶宫，往来必乘轮车，中间凡三停车。有一卖酒处，当垆者绮年玉貌，娟丽多姿，余过必往饮，女必琐琐问华事。一日，见有长髯者在，则其父也，乃司理轮车铁路者，为言：英国初创轮车，国人莫不腾谤，蜂起阻挠，谓举国牧御由此废业，妨民孔多。岂知轮车既兴，贸易更盛，商旅络绎于途；轮车不及之处，济以马车。轮车获利，尤在载货，货多则生理大，利息倍，税课亦增，实为裕国富民之道。国中苟有变乱，闻报调兵，朝发而夕至，有如疾风之扫叶，兵行速而军需省，无过轮车者。苟无轮车，征夫骑行，时虞盗劫。自建铁路后，人行万里，无意外之警；即有急务，顷刻可达。饮毕，送余至轮车所，指谓余曰："火车之行，轮铁迅捷，

[1] 蒸汽机。

辄生火焰,昔地车每被焚。有阿士贝者,创造凉油使车行久而轮不热,遂获厚利,富甲一乡。"泰西制造精微,于此可见一斑。

（9）三游苏京

余自夏间游览各处,苏境诸名胜阅历殆遍。归卧杜拉,旅居多病,思乡念切,殊觉郁伊鲜欢,因思复作出游计。适女士周西鲁离折简来招,遂命车就道,往宿其家。甫至,女已迓于铁路旁,一见欢然,执手相慰问,以别车载行李,偕坐同归。登堂谒其母,则已注酒于杯,盛汤于碟,谓当小憩玉体,以资休息。女士特洒扫己房以舍余,帷帐之华,陈设之丽,殆无其比。

于是与女士排日游玩。所有博物之院、生灵之囿、画馆书楼,无不遍历,以供浏览。有一旧家别墅在西境,相距十里,命车而往。至则绿荫匝地,古木参天,扶疏罨霭中,蓊郁葱秀,几于衣袂皆作碧色,余与女士穿林而行,翠鸟嘲啾鸣于树颠,松花柏叶簌簌堕襟上。园四围几十许里,行稍倦,坐石磴少息。女士香汗浸淫,余袖出白巾,代为之拭曰:"卿为余颇觉其劳矣,余所不忍也。"女士笑曰:"余双趺如君大,虽日行百里不觉其苦,岂如尊阃夫人莲钩三寸,一步难移哉!"言毕,起而疾趋,余迅足追之不能及,呼令暂止。女士回眸笑顾曰:"今竟何如?"余曰:"抑何勇也?"然云鬟蓬松,娇喘频促,扶余肩不能再行;良久喘定,始从容徐步。余代为掠鬓际发。女士笑谢焉,觉一缕幽香沁入肺腑。园中珍葩异花,不可名状。入一玻璃巨室,芬芳透鼻观。女士摘一红花系余衣襟,并令园丁猱升花架,采紫葡萄一枝畀余,曰:"试尝之。"其味之甘,胜如灌醍醐也。

余常与女士并车而出,半道或饥,必入旅店小饮。其店肴馔之精,称为苏京巨擘。名酒数十种,无一不备,余曾一日遍尝之。女士不肯多醴,强之始尽三觥,玉颜已觉微酡矣。店中奔走趋承者,皆婴年女子也,见余屡至,睨之而笑,私问余曰:"彼姝非君之所爱,将结为伉俪欤?"余曰:"非也,特好友耳。"女士闻之,笑曰:"余固中华人,汝不知耶?"

余自苏京言旋,道经斯德零,陟观卫所,雄丽奇壮,不亚于苏京。中有一园,苏女王媚李[1]曾驻跸焉。园西隅有台，幽一强侯于此；后诱之临台远眺，遽推之堕，折肱而死，今其遗迹犹存。斯德零为中央八府之一，所铸铁器甚坚好精泽，又善制琴。

车行经阿罗威，往访波氏，爱伦女士出见。女士少失怙，依母而居。其父本瑞士国人，娶于英，以故女士少长英土。工画善书，通法国语言文字之学。盖瑞士西境本与法兰西毗连，故其风俗亦相同也。爱伦女士母出自贵家，淹通经籍，因设塾授女弟子书。绛帷佳丽三十余人，悉出谒见。争以识一面为荣。女士母与诸女弟子辩论往复，妙思泉涌，绮语霞蒸，曹大家、谢道蕴之流也。午后设筵相款，异馔珍肴，远胜韦厨食品。列座两行者，皆裙钗少女，稚齿韶颜，并皆佳妙。珠光四照，花影双摇，余在座中，正如游琼林而倚玉树，恐马扶风未能修到此艳福也。驱车回杜拉，明星在天，新月挂树，已近黄昏矣，时从得厘[2]至杜拉，尚须别易马车，计程九里，颇觉纡回。己巳春间始筑铁路，由是行者称便捷焉。

（王韬：《漫游随录》，长沙：湖南人民出版社，1981 年版）

5. 志刚初使泰西

恭亲王开办洋务，一直想派使团出访西方。但由于"礼节一层，尤难置议"，所以迟迟无法成行。一直到 1867 年，才找到一个合适的人选，美国刚卸任的驻华公使蒲安臣。于是由蒲安臣、志刚、孙家谷、英国人左协理柏卓安、法国人右协理德善组成的第一支中国外交使团，前往欧美访问。至于遣使的原因，用奕䜣的话说："近来中国之虚实，外国无不洞悉；外国之情伪，中国一概茫然。其中隔阂之由，总因彼有使来，我无使往。……"

使团两位中国成员之一的志刚系总理各国事务衙门章京。出使期间，他以锐利的眼光观察到西方文化与政治、经济的特征、意义，在他那个时代游历欧美的人中，志刚可谓"器识闳通"。他发现西方经济制度中大机器生产

---

[1] 女王媚李：玛丽女王。
[2] 得厘：小方壶斋本作"得厘姑得厘"。

与通商的意义，了解到西方民主制度中君民关系："泰西立君，不拘于男女。然为君而不能尽君道者，国人不服，则政令有所不行，不得安其位矣。故西国君主，治法不必尽同，而不敢肆志于拂民之情，则有同揆焉。"

出使归来，志刚写成《初使泰西记》，介绍了所历诸国的情况，并分析了中西关系与世界格局……

（同治七年四月）二十三日，登岸。乘火轮车东行百四十里，至阿斯宾末尔海口，为大西洋西岸。盖东洋之东，即西洋之西也。易"阿里足纳"轮船，东北行。

帕那马之地，介于南、北米里坚之间。北自落机大山迤逦至帕那马万余里。又自此而南，接连而为安底斯大山，至于南洋尽处，又将万里。是一脉大山，绵延南北，纵二万余里。而北境横九千余里，南境横亦六千余里，而中间折腰处仅百数十里。地球地势之奇，无逾于此。然地土虽狭，实居东西两大洋，南北两大山之腰。其间山势，高下参差。当赤道下，不及一度。所产蕉本合抱，叶耸拔复下垂约二、三丈余。铁树径尺许。棕榈亦高一、二丈，其荫轮囷。椰树孤干二、三丈，枝叶如翎毛，攒于树杪，风动树摇，则巨拂拂空。椰子青时，其中有浆，味酢如酒。凿孔吸之，亦能醉人。曼果如梨，色赤，面质而味酸。蕉蕊嫩黄累累，其甘如饴。野草离离，修竹猗猗，青藤蔓生，紫杉林立。居人率皆阿非里嘎黑人，肤黑如釜底。男则匹布缠腰而骑于裆。女无裤履，仅著无袖花布直裰。犹有首戴木盘，向过客卖瓜，摇摆而来者。所居之室多寮棚，或结团蕉。闻昔修铁路时。因其地水土恶劣，天气炎燠，西班牙国用所贩"猪仔"、粤人两万余执其役。乃听其穴居野处，餐生饮冷，逼以苦工，而疾困死者殆尽。很哉！故以阿非里加热地之人处之，稍为适宜也。

二十四日，东北行，大风。

二十六日，东北行。过古巴岛。岛中皆西班牙国人所贩粤省"猪仔"，驱于此岛种叶烟。如中国之台片而卷之，亦名"旦把孤"。为西洋各国所同嗜，西货之大宗也。

闰四月初一日，在大西洋西偏"阿里足纳"轮船行次，向东北行。

初二日，北行至美国东界纽约海口，海程六千七百余里。闻其地有公局，招徕各国谋食之人。有愿为之氓者，问其所能之业，农则授之田，工则居之肆，商则纳诸廛，其秀者则使之就学焉。盖米里坚立国才数十年，犹患土满，必求其人以实之，而后富庶有加，及进口，亦有免税之例。入"委斯敏斯特尔"客寓。见其街市喧阗，楼宇高整。家有安居乐业之风，人无游手好闲之俗，新国之气象犹存。

初七日，观书院。本地富人古博尔者，老而无子，乃竭产独力建造大书院。凡西国所应学者，区以别之，各有教师。又各有男女学习之所。藏书之室，熔铁为架，倚壁成城。择人专司，许观不许借。略同宁波天一阁之制。可谓善用其富者矣。

初九日，往阑达岛及布拉岛。岛中有养济院、育婴堂。惟养疯院，其法深于体会。疯之为病，颠者迷于痰，狂者郁于情。迷者，豁而醒之。郁者，遂而开之。有非针灸药石所能治者，西国则设局以养之。所谓养之者，或开迷，或解郁，归于适其性，散其心，娱其情而已。为之择园林以逍遥之，为之置钓弋以消遣之，为之设丝竹以娱乐之。调饮食以适其饥渴，易衣服以适其寒热。至于医药，不过为佐治之具。亦有久而渐忘其旧而化解者。甚则专人守之，而施重剂以豁其痰，而降其火。稍轻则仍以消遣诸事善其后。然则世人果能不待迷而早求其悟，不待郁而自求其解，岂不免落于昏乱之域哉。

蒲安臣和他的外交使团

十二日，乘火轮车西南行七百里，至米里坚国之华盛顿都邑。寓盘邦街"梅豆伯欧力田"客店。

十三日，往拜其外部大臣华尔特。晤谈数语，即将国书捧出与看。柏协理译洋语。读过，即存于其署。华大臣气概朴老，与蒲使系旧交。今见中国举行此典，深以为然，遂约次晚在伊家杯茗候叙。盖华大臣每隔数日，即作一会。届时而往，已有各国使臣及各大员咸集。并有女客，亦系各客内眷。逐一执手相见。因言：凡地球四面七、八万里之人，能于一夕一处相会，实为罕有。众宾无不欢悦。因思此等聚会，虽系西国之俗，而实具深意。盖总理各国事务者，时与各国亲信大臣聚首言欢，融为一气。无论潜消衅隙，即偶有抵牾，无不可尽之言，言无不可输之情。而连环交际，无非排解调处之人。是以各国之势，易于联属。与此人臣无外交之义，其用不同。

……

十二月初一日，在法国都邑"巴里司"租寓。偶往通衢一游，则道途平坦，中为车路，旁走行人。夹路植树，树间列煤气灯，彻夜以照行人。道旁水管，下通沟渠。每日，司途者以牛喉汲水洒路，净无尘。牛喉者，以树胶作成软圆筒，长数丈，藉以为汲筒之用者也。顺途而上，为大宫。前为禁园一段，其外接长林，有水法飞空喷洒为美观。长林大树千章，时有小憩之座。凡都人之婴童幼女，任于其中往来嬉戏，有欢娱长养之趣。而置之于大宫之前，颇有意味。

煤气灯：夫灯之为用，所以照暗以继明。大而庭燎，细而书檠，无时无地而不用也。力不能备，而或凿壁以偷之；精之所感，而或燃藜以照之。则是需之殷而用之广，而不可不求其便捷之术、运用之方者，无如西人之煤气灯。其法掘地为圆窨，径四、五丈不等。支铁屉如其窨，屉上铺挟硫气之煤，冒以铁盖。屉下热火以蒸之。窨边植铁柱四，柱上有环。屉四角设环。以链连屉环，而上贯于柱。环可以提落之，提冒热火以蒸煤，落冒以压气。气之所以运于远近者，则有铁筒以通之。窨四围设大铁筒于地中，内通煤屉为干，干生枝，枝枝相生，引于城邑用灯之所。每一家一肆，用灯各若干，即赴司灯者买之。斯由所通之筒，达于用灯之所。或层楼壁上以旁出，或广厦梁间而下垂。若戏园，则数百间楼阁，恍如白昼。若通衢，则数十里康庄，忘其为昏黑。彻夜荧煌。则由于屉中所蓄之煤气，有屉冒以盖之。所挂之链由提渐落，气之郁于屉中者，愈积愈多，则铁冒之下垂，愈轧愈紧。而气之贯于群筒者，自有不择地而涌出之势焉。并且无油污，无花爆，终宵焰焰，不劳剪摘，无虑止熄。其沿通衢道旁之灯，植铁筒，下粗上细，槃以上丰下收之玻璃方罩。不患风扑雨淋。以之照行人，查奸宄，无所隐蔽。用之宫廷，守卫巡逻，最宜稽查。至于仓库、监狱各项重地，尤为得力。惟有止焰或忘拧塞，或开塞未及引焰，俾煤气放于屋中，若一经见火，则盈屋烘发，最为危险。有利有弊，虽妙法弗得免焉。

其煤经蒸炼而为焦渣，用于熔铁之炉。渗下黑油，用以涂地如漆。又取其油而煎炼之，激其浊而扬其清，以药物凝之如白蜡，可谓尽其材矣。

……

十六日，巴里司府尹约往其公署，观聚跳。

[西洋之跳，乃其通俗。男女相偶，女扶男肩，男携女手，进退有节。]

二十一日，法君那波仑第三约往宫中观聚跳。泰西之跳，略似中国之舞。揆其意则在和彼此之情，结上下之欢，俾之乐意相关而无不畅遂者也。有久处中国之法人，曾以泰西之跳相质，使者以前说答之、颇为首肯。然不可行之中国者，中国之循理胜于情，泰西之适情重于理，故不可同日而语也。

二十五日，灯下观玩戏法者，奇巧至不可思议。其虚实影射变幻，术亦犹人。至用电气、动物、光学取影，匪夷所思者，以仅供耳目之欲，与夫奇技淫巧而无裨于国计民生者，概不赘述。

……

（同治八年八月初一）西人有天船，可升空际，以资瞭望，泄不通之信，非止作奇器、炫奇观也。其法，缝皮为大球亩许，鼓空气于中，而掣出炭养之气，止留淡气。则中气轻于外气，如沈木于水而自浮。球底系皮兜，恰受两三人。俟气球浮空，连兜带起。谓之船者，借称也。夫空气而有三名，所谓淡气者，空中冲淡之气。其中有养气，则人物资之以为生者，常附地近则有；若离地高，则其气亦淡矣。炭气，即万物之死气与湿气，其气重浊，常附于地。西人既能考其分数，又能离之而成水，合之而成气。总计天空气千分中，有养气二百一十，淡气七百七十五，湿气十四分二，炭气仅一分之八，是炭气、湿气重于养气，养气又重于淡气。故天船所鼓入之空气，以法掣出重浊之气，则不能附着于地，飘空而起也。常于巴里见空中有圆如升斗之物，下坠一物，如碗飘空而行，即天船也。然以亩许大之球。空际止如升斗。真不啻船如天上坐矣。后闻布、法交战，巴里被困时，即以此物飞空求救。而布营亦以此应之，乃携枪击其球而落之，则是空中斗法，几同小说中神怪之事，而亦千古战阵兵法之所不及知者矣。

法国西海岸有地，依山面海，木茂繁荫，土净无尘，当暑清凉。居人选幽据胜，建楼筑馆，以待夫家富身闲，不远千里而来消夏者，谓之洗海澡。问其故，则称人当夏日，腠理疏漫。海水咸，能固腠理，洗之久则腠理坚，而夏日风湿不为患矣，是盖卫生之一道也。其洗之也，皆着澡衣。男仅裈裆，女加背心，攘臂掷足于平滩浅沙之上，微潮卷至，搏跃而乐。朝暮日三洗，余则笙歌聒耳，燔炙纷纭，或斗叶射球，或博弈饮酒，或鸣琴聚跳，入凉秋则热场散矣。遥闻其事而艳之，惜忙，未得一往观焉。又从而思之，此乐惟西土之为宜也。盖欧洲之人，大率血燥，故心急、皮白、发赤而性多疑。虽不赴海澡，亦必每日冷水沐浴而后快。得海潮而弄之，乐可知也。至其优游逸豫，士女偕臧，则以适其情者，畅遂其天。如聚跳、冰嬉、戏剧，皆不拘于男女，而不止海澡之一事。故曰：中国重理而轻情，泰西重情而轻理。

（十二月）初四日。布国太子游归。君后约往宫中食茶，因见其太子与妃焉。妃乃英国女王之女也。

都邑之郊，为国人游行之所。茂林幽净，随地可以小憩。使者遇游人同憩。有一妇人，问中国亦爱其君上否？使者闻此言而心动，因告之曰："中国人若不爱君，三十年之变乱，何能一律平定。"其人曰："我国之君主，无不爱之者也。"盖此言虽小，关系甚大。西国之炮大船坚，不如此言之可以深长思也。

[昔晋之觇国者，谓：宋阳门之介夫死，司城子罕哭之哀，而民悦，殆未可伐也。是国家安危之机，未有不系民情之爱恶者也。且宋子罕亦非有奇才异能，不过以不贪为宝，且不肯以人之所宝自丧其宝，已足以

取悦于民，而杜强邻之衅。若非洁己爱民于平素，亦未必因洒一夫之泪，遂得以保社稷民生之固也。因布人妇有爱其君主之言，而其君已能取威定霸于欧洲。然则今犹古也。］

……

（同治九年）十月初一日，在上海公寓覆江苏巡抚丁雨生中丞函云："目下时势，无如中外交涉之难。通商繁重，传教纠缠，实皆执其鼎俎以求鱼肉者也。今以各国之势观之：米里坚纵横七、八千里，物众地大，足以自雄。惟空旷尚多招徕，是亟愿与中国联和，实不甘坐视各国之沾润也。英吉利富强已极，颇有持盈之虑。虽时以声势吓人，不肯轻施残暴。现在竭力经营印度，俟其根深蒂固，斯左提中国，右携西洋矣。

"法郎西夸诈相尚，政以贿成，其君初以公举，四年为期。其间剥民养兵，广置私人。及期应代，则私人借兵挟民，保留十年。其间加税愈重，养兵愈多，货物愈贵。而作苦之人终岁勤动，不得暖饱。皆已觉其剥民养兵，借兵挟民之奸。又及期则久假不归，于是国人连年聚哄。适与布人有隙。民会公称，战则留兵，不战则去兵，否则民不堪命。法君迫于烦言，乃集兵出战。战则军实不敷，盖久为私人所侵矣。诸将复互相妒嫉，卒至覆军杀将，国君被执。初得意于诈力者，究自败于诈力。天理人心之可验，有如此者。

"布路司窃管子作内政、寄军令之法，招携诸侯，远交近攻，与法人战。不旬日而十数万众皆集于边境，器械刍茭咸备。法人三战三北，困于沙陇。布人攻之急，法人弃兵不战，遂入法军，降其卒四万，大炮五百，转肚群子炮七十，遂将法君掳去。而法都人士，就势逐其君、后、太子出境。国事抢攘，讫无定局。国中教士，散而之四方者，千万人矣。先是罗马教皇被逐，法人纳之，以兵留戍焉。及法败，征戍兵入援，而教皇失恃，仍被逐遵中海滨而处，计无复之矣。或言英人允以中海小岛栖之，尚未定也。凡教人向倚法国为护法者，树倒猢狲散矣。近闻布兵已围法都，而法人犹与相持，未知作何了局。

"俄罗斯强大为体，阴巧为用，专俟鹬蚌之持，而享其利。自与布、奥瓜分波兰之后，欧洲各国恐其肆行，乃连横以抵，使之不得南。故近数十年间，但致力于浩罕诸回部，以为南窥印度、东迫中国之计。然毫无启衅之形，而制造枪炮，孜孜矻矻，如恐不及，将何为哉？

"至诸小国，皆欲市重于中国，借图获利。虽不肯显为抵牾，若处之不善，大国因而借口。其与中国关切最深者，无如南英、北俄。法人多故，虽可缓议。尤宜早为之所。布，美视中国之强弱，为交际之亲疏；亲则相观而善，疏则坐视事机耳。苟能急于自治，使内外有固结之势，使之知难而退，或较胜于兵连祸结也。"

二十六日，至京。因受海风，病惫甚，未以具摺请安覆命，遂寓于总理各国事务衙门。（自天津行二百四十里）或问周历瀛寰，各国之意究竟如何？可知乎？使者云：不必问各国之意如何，但自问立意如何，则各国之意，概可知矣，孙子云："败军引胜。"孟子云："祸福无不自求之者。"法人内讧，布国兴师，可为西国殷鉴。不但横而观之天下，即纵而观之古今，不过如是。孔子云："虽百世，可知也。"

溯自同治六年十二月十一日，自总署乘公车起程，至九年十月二十六日回京。通计水陆行程一十二万六千余里。其在各处赴约游历，百数十里内者，不暇计也。因忆《史记》孟荀传载：邹衍以为儒者所谓中国，于天下乃八十一分居其一耳。禹叙九州之外，如赤县神州者九，乃所谓九州也，于是有裨海环之。如是者九，有大瀛海环其外，云云。今以西士所考地球图，及使者所历环大地一周见闻所及，约举地上人类分殊之区证之，邹衍之说，似不皆谬。如中国之北，蒙古为一区；甘肃之西，回疆为一区；回疆之南，卫藏、印度为一区；欧罗巴为一区；阿非里加黑人为一区；美里加南、北为两区；东南群岛、麻拉加为一区合之；中国为一区：大势固有九焉。每区错处，皆在万里内外。然自西人轮船、火车水陆互通以来，是人与禽兽皆可相通也。即谓此九大区为九州，亦无不可。以赤道言之，四面可以环海而行。南北极则各有冰海，别无所谓大瀛海环其外者。然以此九大区为九州，在昔已以为不经，而今尚可强证其说。若其所称大瀛海所环之九州，既称"人民禽兽莫能相通"，邹衍又奚从而闻知耶？是真所谓闳大不经者矣。

（节选自志刚：《初使泰西记》，长沙：湖南人民出版社，1981年版）

6. 刘锡鸿的《英轺私记》

　　1875年，郭嵩焘出任第一任中国驻英国公使。因此被人称为"鬼使"，"骂名穷极九州四海"。如此出类拔萃的人才，怎么能去屈事"洋鬼子"。时人有一副对联：出乎其类，拔乎其萃，不见容尧舜之世；未能事人，焉能事鬼，何必去父母之邦。郭嵩焘在一片骂声中出使英国，在出使日记中详细介绍了英国的政治经济制度，对西洋发达的商贸与科学技术赞叹不已。他一针见血地指出，现在西方看中国犹如过去中国看西方，文明与野蛮的位置颠倒了过来，在西方人眼里，中国是个野蛮的，半开化的国家。

　　郭嵩焘的使西日记刊行引起了朝野公愤。不久他也被诏回国，因为随他出使英国的副使刘锡鸿不停地奏劾他，诸如参观炮台时披戴洋人的衣服，见巴西国王时起立致意，仿效洋人在听音乐会时取阅节目单……有负天朝国体。由此可见，"尊夏攘夷"天朝观念绝不是一朝一夕可以放弃可以克服的。而且，它不仅是中国的帝王臣子的思想，也是那些受尽苦难与奴役的小老百姓的观念。后者那种莫名其妙的傲慢就更难以改变。

　　然而，世道毕竟已经变了，西方强行进入中国，中国不可能不面对世界。即使是那些依旧沉湎于天朝大梦中的士大夫，也必须接受西方文明的现实。那位随郭嵩焘出使英国的副使刘锡鸿，也写过一本出使日记，名叫《英轺私记》，其中的议论与记述都很有意思，他发现英国凡事均与中国相反，国政由民及君，家政尊妻卑夫，文字自左而右，书卷始底终面。什么原因事事必反呢？刘锡鸿的答案："盖其国居于地轴下，所戴者地下之天，故风俗制度咸颠而倒之也。"

　　妙不可言。

　　郭嵩焘是先驱之声，而刘锡鸿则代表那个时代中国接受的普遍的西方形象。

　　（1）西历不应天象

　　西历每岁三百六十五日，仍分十二月。每月三十日者，惟四月、六月、九月、十一月，其余皆三十一日，二月则二十八日，无所谓晦、朔、弦、望。四年则加一日于二月。如中历之置闰焉。夫一月之命名，系乎天之月魄。月魄尽，则一月以终；月魄生，则一月以始。天显其象于上，上遂因而名之。至于因余置闰，而月魄之死生，仍适协其时而不稍舛。容成之造历，所以可为万世法也。西人测算之学号称最精，乃参差其日以为月，致一月之终始日，与月魄绝不相符，命名日月，其实则全乖矣。因言西人元旦，类记之。

（2）伦敦

伦敦街景

伦敦街道两旁，白石平垫，通男女往来。中则沙土碎石筑成，车马所经也。道之广者，可七、八车并驰，狭者亦可四、五车，皆洁净无稍垢秽。民居、官署规模不甚悬异，结构类皆四层，并入地者计之则五层（各屋皆有入地一层，为下房、为厨、为屯煤所）。白石为墙、为柱，铸铁为护栅，为栏杆，环于门外。

其内糊壁以花锦，铺地以细毡毯，嵌窗以玻璃数尺，亦铁栅护之。估肆则临街大玻璃楄货物咸鉴澈于外。惟耶稣堂、银行、客店、信局、电报局、施医院，制度独崇闳。每游聘道上观之，左右房舍峻整华洁，数百街如一式。问其房价，动须数十万金钱，可以知其地之富足矣。数街辄有广囿一区，荫以杂树，有池沼而无亭台楼榭。沿路安长铁几，以便游者憩息。地由国主建置，百姓男女均往焉。盖以其人所居皆层楼叠阁，无呼吸通天处（居民估肆皆无院子），虑以气郁生疾疫，故特辟此囿，俾民人闲暇，散步舒怀，以畅其气，重育民也。每夜九点钟前，市肆犹烘闹，男女络绎。途间路灯，皆煤气为之。

昴、虚、星、房四宿值日之辰，即耶稣教礼拜日。廿二日，虚宿所值也。正使与余往拜德尔秘，未遇。道上车行稍迟，正使曰："何不鞭之？"马格理曰："今日礼拜，不鞭马。且不特礼拜而已，伦敦有仁心会，禁人虐使牲畜，鞭马酷则捕役执讯（捕役为罗地美亚所辖，犹中国之团练壮丁，工食由各行良捐给），故以为戒。"查礼拜日，官不治事，民不力作，马不效驾，牛不负犁，所以节群劳也。届期前一日（其俗谓之礼拜六），过午，遂各游息。闾左之奴雇，店肆之帮伙，莫不探视亲属，以遂其情，逶迤园囿，以畅其志。张而弛之。七日一周则复张，时气又一振，力必倍劲，无疲惰偷安之患。

马格理云：伦敦昔多偷盗，最为巧黠。过路者，囊金腰间，一偎身已被摸去。铸铁为室以储宝，环庐逻守终夕，比晓而宝已亡。故街衢分段置巡捕（疏通道路，弹压喧争，皆捕役事），近宫数武一火枪兵，皆昼夜更替，坚立其地不远离。别有马队二十人为一班，顶盔披甲，挟枪周巡，日数轮转。每窃盗，发一呼呵，而巡捕已至。巡捕一鸣哨，而近街兵捕亦至，防范严紧。

伦敦无城，其巩若城阙者，火车所经之桥梁也。民居稠密，不可以行火车。爰以巨石为飞桥，于万家烟户之巅，驾以铁板，垫以沙土，俾往来焉。卧百尺楼，时闻其上雷轰隐隐不断，则火车过也。乘车眺望，遥见其下行人如织，街市间巷渺若重渊，几疑其穴地为之，而不知身在桥上也。又或高凌宝塔之尖，俯拾帆樯之顶。初至其地，骇心惊目，无非异观。闻人言：南至海口，北至苏葛兰，铁路共数十道。每行百里，人纳车价仅一息零，较之未有火车时，省费数倍。故商旅之车，有群居之室，有别室，皆漆皮软几，玻璃明窗，坐卧殊觉畅适。其贵者所乘，则锦壁、绣帘、文褥、画案。瓶添净水，盘供鲜花。虽轮行如飞，风霆贯耳，终不改书斋闲憩之乐。车后厕牏浣器。亦极整洁。其价则百里一金钱，或不可少矣。

马车式亦不一，有单马车、双马车，以木夹漆布两重为车屋，可敞可蔽。寻常出游，以之有四马车，则富人以之行数十里内者。又有街道车，形如画舫，而卑其轮，两马驾之，上下两层，可坐数十人。每人附载三里，仅给价一边士。其高轮采画大车亦然。

余尝问不立城郭之故于英人，据云：前百余年，固有之。自火炮盛行，城不足自卫。闭关以守，伤人愈多，故毁去。今增固海口炮台，御敌较可得力。即不幸被敌闯进，犹可出兵各路以驱逐之。外洋之无城郭，正不独英。

（3）总论英国政俗

到伦敦两月，细察其政俗，惟父子之亲，男女之别全未之讲，自贵至贱皆然。此外则无闲官，无游民，无上下隔阂之情，无残暴不仁之政，无虚文相应之事。

宰相而下，各署皆总办一人、帮办四人、司事数人不等。每日自十二点钟后，咸勤其职，至六点钟乃散归。庶僚固奔走维烦，即国相、曹长亦五官并运，有应接不暇之状：是谓无闲官。

士农工商各出心计，以殚力于所业。贫而无业者驱之以就苦工。通国无赌馆、烟寮，暇则赛船、赛马、赌拳、赌跳，以寓练兵之意：是谓无游民。

城乡镇埠，各举议院绅一、二人，随时以民情达诸官。远商于外者，于伦敦立总商会，亦以议院绅主之，为上下枢纽。民之所欲，官或不以为便，则据事理相诘驳，必至众情胥洽，然后见诸施行：是谓无隔阂之情。

制治最恕，无殊死刑，亦不事鞭扑。犯罪者辄监禁，而仍优养之。牛马之类，且戒箠楚。孤穷废疾与异方难民，皆处以养济院，国君时遣人查验其寝食。每数里即有广厦，为病人调摄之所，亦由国君派太医临视之。凡构兵，惟阵前相杀死者勿问，戮俘囚、伤百姓并严禁：是谓无残暴不仁之政。

有职役则终其事而不惰，有约令则守其法而不渝。欺诳失信，等诸大辱。事之是非利害，推求务尽委折，辩论务期明晰，不肯稍有含糊。辞受取与，亦径情直行，不伪为殷勤，不姑作谦让。男女尽人皆然，成为风俗：是谓无虚文相应之事。

两月来，拜客赴会，出门时多，街市往来，从未闻有人语喧嚣，亦未见有形状愁苦者。《西洋杂志》江氏刻本以下有："地方整齐肃穆，人民鼓舞欢欣，不徒以富强为能事，诚未可以匈奴、回纥待之矣。"观其自直布罗陀以东以南，如摩儿大，如印度，如亚丁，如锡兰、槟屿、新嘉坡、香港，如澳大利亚，沿海数万里，往来冲要，可以泊舟，可以成市者，皆篡取其口岸而布置之，独无所蚕食于其内地，则其营谋只在商贩可见。且西洋例，凡入万国公会者，同盟之国不能无故加兵。俄罗斯谋并土耳其以通海道，执土政之乱为词，英人约会各国夹持之，俄遂未敢公然用武。余于二月初七日，举出洋后所见大概，致书都中诸贵暨直督李相国云然。

孔子言：治国之要，曰节用。用而无节，则罄天地之藏，不足以供之，英国是也。英之政治，无一不殚力讲求。其于教民、养民、整军、经武，尤能不惜重费，然常有不必用而用，不当用而用者。如今年印度上尊号，颁诏大赦，民之告贷被禁者，国君代偿所欠，释出万数千人之多，此不必用者也。珍奇玩好罗列纷纶，一木一石之异，越数万里而舟车致之，此不当用者也。维多里亚在位，而后构兵屡胜，国势日强。迄今每岁所入，皆不敷出，积欠国债至八万万金钱，实中国银二十六万七千二百四十万两有奇。初七日，张斯枸、姚岳望至丽如银行，司出纳者为其言之，按每两输息三厘，计岁息已八千零十七万余两。

（4）西人不重后嗣

西人不重后嗣，积产数千百万，临终尽舍以建义塾及养老济贫等院，措置既已，即自谓没世无憾。询以祀事何人，则曰："吾舍吾赀以成善举，虽千百载犹奉吾像于其地，奚祀事足忧乎？"语以祖父血食之斩，则曰："鬼犹求食，中国谬语也。人死则气散诸天地，仍毓而为人，无所谓鬼。祖父之殁，相距数十载，气散久矣，求食何云？且独不思祖父生吾一人，养吾一人，吾乃以其财生千万人，养千万人，大孝不即在是乎。"其道殊近墨子，视私其子孙者，意量似相远。抑以产业传世，遇不肖者，辄易代亡之。即有贤子孙，亦不能保诸曾玄以降。故以是为绵延血食者，皆指雪为冰，指冰为铁之见也。

第圣人教孝、教慈，义固有在，不能舍亲亲而惟言仁民耳。阿木士汤无子女，因论及此。

（5）阿尔兰之游

西洋有代君行事之说，头等公使所至（头等公使谓是代君亲行），主国以君礼待之，各国使亦以君礼见焉。登宝座受朝参（三鞠躬，即其朝参礼），不赧颜也。使伦敦者三十四国，惟俄、法、德、奥、意、土六国所遣以头等。其他公使，举不敢抗颜行。惟不以其体制施诸中国使者，使者咸平视之。五印度、阿尔兰两总督亦然，入朝位在储君上。

今之督阿尔兰者曰马尔博罗，公爵也。十九日，余往拜会，因其先期远出（赴远乡钓鱼），未得见。有僚佐导入其殿庭游览，御座殊巍巍然。随至其私寓，赴园围游。又访其罗地美亚曰多孙者，多孙置酒相陪，自言是天主教，见笑大国（阿尔兰长九百一十里，宽五百八十二里，民数五百四十一万余，天主教实四百十四万余人，耶稣教一百十八万余人，杂教七万四千余人）。答之曰："敝国虽小，何教蔑有？苟为善，斯爱敬之，不以此分疆畛也。"多孙喜甚，顾其奥德门曰："大国选派来此，固知无劣才。"旋约明日以所乘车奉迎，躬亲伺候游观，余再辞不获，遂诺之。

二十日十点钟，多孙以车来，偕游学塾、书院（藏书处）、监牢、博物院（鸟兽、虫鱼、金石、草木等类，庋置于庭，听人观览，以资博识）、贫女院等处。男女集观者，千数百人。有日报馆，执铅笔相随，以记使者言动。书有翻译《书经》，华洋合文。监牢有教凶犯读书识字，以诱其善良一法。女学塾有教画绘、教缝织、教烹调诸事。其余举无异伦敦，街道之洁，贸易之大，宫室之崇丽，则稍逊。据多孙云：德布灵男丁十一万五千余，妇女十三万零七百，民房一万五千零四十间，是亦繁盛之区也。

游毕，多孙请至其署，款以酒，令妻子出见。酒既酣，谓余曰："昨言中国不以教别疆畛，然而天主教屡被焚杀，则何也？"答曰："此敝国匪人累之也。匪人或犯官法，或负债结怨。乃入贵教以自求庇。教士不知其由而受之，且爱护之，于是益无忌惮，动借教堂为名，逞凶播毒于众。百姓愤入教者深，因而恨及贵教耳，在教士岂有意纵匪殃民哉？"多孙曰："然则听其焚杀乎？

抑禁使不得传教乎（传教系彼国百姓以为做人第一要事）？今日幸获相见，敢乞主持。"答曰："贵国传教，意在广修功德。诚能由地方官查明良莠，乃予收录。迨既入教，察其肆恶，仍摈退之，以卫良民，此则功德无量，咸服贵教之善矣。他日回国，当筹保护贵教，俾不受玷于匪人，愿教士能从吾言也。"多孙闻言，起立俯而舐余手（此礼之最重者）。泊归送出，又倚车舐如前，示感激之至也。

英人尚舌辩，专以能言为才。尝见其丞相秘根非儿士、前相葛兰斯敦，皆词令翩翩，能发人之所不能发。盖其立国首重邦交，非此不足排难解纷耳。余以讷讷之口，强膺使职，苟不前定其言，乌能遇辩问而不跲哉。总督请赴戏园，听演唱至夜。偕刘、禧二人践约，在座男女数千，皆鼓掌欢迎。谓阿尔兰人豪纵夸大，抑亦尚知敬客乎。

格棱得兰阁距德布灵约一百四十里，山水胜境地，禧在明谓当往游。遂于二十一日九点钟，乘火车行一百十一里，至葛兰斯林雇坐马车，二十余里抵其地。沿途所过曰塞温车遮士（有塔）、曰维觉罗（有山甚长），其民多结草为庐。累碎甓为短垣，陋室尘垢，鸡鹜并集，不可驻足。其重楼而居，门堂整洁者，未尝无之。然亦仅矣。

英人最喜种树（其言种树有数利：一、气清令人少病；二、阴多地不干燥；三、落其实；四、取其材），伦敦繁闹处所，二、三里即有园林，屋后、门前稍得隙地半弓，莫不植以美荫。近郊以外，贲木尤多，动成丛薄。苏、阿两岛皆然，环山抱水之地，往往一望弥漫，无非绿障，笼天绮雾，扑地凉痕，村居隐约其间，洵画景也。[江氏刻本录以上一段，题作《西人喜种树》]格棱得兰阁其佳处即此，长溪激水，竟日潺湲出于树荫之下，临流酒店、花坞，通桥簇簇，嫣红弄影。玻璃窗外，群山蜿蜒其后，湖光潋滟其左。余至此，不觉复动买山之想。奈前一日接沪上电报，知国书将至，不日当束装，欲不舍去而不得耳。回寓后，知官绅有请看花者，有请饮者，以明日将渡海过苏葛兰而南，皆辞之。

二十二日，由德布灵乘火车，沿海东北行三百三十九里，至毕黎发士[1]。所过村落六、七处，遄行甚疾，未及询其地名。然居民无多，倚窗远眺，惟见老麦攒黄，芳塍绣绿而已。毕黎发士，市镇也，织麻布店萃于此，有大学塾、大花圃，距赫德所居六十里。其弟告假回籍，屠迈伦亦闲游至此。闻余至，趋赴客店，相随游观。四点钟，复趁火车行七十五里，至拉恩地方东北渡海。海道如峡，两旁皆山，中有巨石，遇风常不易行。是日小雨如风，一百二十三里至司特郎来儿，投客店宿。

（6）英人讲求教养

英国教人之法，绅宦殷富或自延师，或公建学堂，以课子弟，皆不与贫儿混。贫而无力就学者，则收之以义塾焉。都会乡镇各有义塾，自数所以至数十所，每所延师数人以至十数人，均按其地大小酌行之。经费公捐、独捐，亦视其地有无巨富为断。学徒皆居宿于塾，供其衣服、饮啜，不听他出。人家生育子女，咸报乡官。乡官岁核户籍，省知已届五龄，即驱率入塾。初学教诵耶稣经，既长学书算勾股开方之法，是之谓小学。小学成，则令就工以谋食。其资禀特优者，益使习天文、机器、画工、医术、光学、化学、电学、气学、力学诸技艺，是之谓大学。大学之处，刊卜吏治[2]（地名）十书院，以光、化、电学为主。岳斯笏[3]（地名）三十余书院，以各国语言文字为主。又或舍巨舟为学塾，教练航海各工。总之，不离乎工商之事者近是。虽然，其教术则工商，其教规则礼乐也。塾中子弟，言语有时，趋步有方，饮食行立有班行，虽街市遨游，不得逾越尺寸。歌声乐节，孩而习之，无任差忒。每入其塾，规矩森肃。抑不惟此，群萃之地，有筑宫储册籍，遍揭图画者；有罗致动植诸物状，珍异诸名色，陈于庭者；有聚百兽而畜之，汇众芳而莳之，以为园囿者；有辇木材药料，别其名物功用，而灿列于室者；有构馆舍，聘名师，主讲光化电气各学者，莫不远近棋布，纵百姓男女观览摹效，以为学识之助。其各种机器，亦时集一区，运用演试，使人得审视之。

---

[1] 毕黎发士：贝尔法斯特。

[2] 刊卜吏治：剑桥。

[3] 岳斯笏：牛津。

夫喜逸而恶劳者，人之情也。难善而易恶者，人之习也。设学以训子弟，人不志是，则姑听之，未有皆驯然束身以就吾范者。英人虑此，特为官法督治之。不循其教令，虽三尺童子犹拘诸改过房，俾习苦于布、麻、金、木诸匠作，以制为有用之器，故监牢亦学塾焉。英之众庶，强半勤谨，不自懈废。商贾周于四海，而百工竭作，亦足繁生其物，以供懋迁之需。国之致富，盖本于此。非然者，火车轮船即能致远，而可贩之货，国中无从造而成之，金币究如人何哉？

（6）德国议政院

布国上下议政院之制，与英伦无殊。上议院首领为伯爵初司多尔伯世非尼士罗达，下议院首领为世爵贝宁生。自威良模[1]称帝后，又设有德意志议政院二。上院曰邦达司拉士，则列国会议之堂也，首领为毕司马克。下院曰来世斯德士，则诸绅会议之堂也，首领为福根倍克，次为申克芬斯多文波克，又次为初何恩罗合冷恩波克。布国会堂开于西历每岁十一月朔，散于十二月杪。德意志会堂开于正月朔，散于二月杪。其下议院绅士，皆定有额数。布国会堂之绅，按各城乡民数，约十万人中公举一人。德意志会堂之绅，则布鲁斯属十七人，白阳[2]属六人，索吉孙属、越儿敦伯尔时属皆四人，巴敦[3]属、乞辛[4]属皆三人，乜克林播时舍郊[5]属二人，其余各国所属皆一人。议事之日，一点钟齐集，六点钟暂退，至夜九点钟复集，一点钟乃散。

（7）西人厌有家之拘束

洋妇喜出游，亦喜见男子，然必与夫偕。夫不在而出游见客者，巨家多不如是。途间每见男子曲右肘，妇人以左手插入其肘中，并肩而行者，皆夫妇居多，顾亦有戚友而相扶掖者。夫在前而戚友扶掖其归，则夫喜，以人之敬爱其妇也。有客则让其妇，使客扶掖之，与之偕行并坐，谓以是为敬客也。狎昵笑语，咸所不避，第不至于乱。有所犯，则其夫亦愤恚于心。故女子恒厌有夫之拘束，不如无夫之放荡自得。以是终身不嫁者比比。男子亦然，虑

---

[1] 威良模：威廉。

[2] 白阳：拜晏，即巴伐利亚。

[3] 巴敦：巴登。

[4] 乞辛：黑森。

[5] 乜克林播时舍郊：梅克伦堡。

钤束于妇，亦往往终身不娶。德人白欧得、阿欧得来见，年皆四五十，且富于资，询其有室与否，皆曰无之。今法使桑倭厘，年四十五矣，并未尝娶妻，富贵中人尚如此，况贫贱者乎？

（节选自刘锡鸿：《英轺私记》，长沙：湖南人民出版社，1981 年版）

7. 黎庶昌[1] 的《西洋杂志》

（1）耶稣复生日

西洋教堂林立，予来欧洲逾年，从未一窥教士等所为。西历 4 月 19 日，为耶稣刑死之期；至 21 日，传为复生。此两日中，西人信传者，率皆素餐，或饿而不食，如中国寒食为介之推不举火故事。复生之日，各礼拜堂皆讽经作乐。予在伯尔灵，是日曾赴大礼拜堂一观。

堂圆顶，纵横八九丈，环分十二楹，中央座位数百。北面有台，铺垫红毯。近壁有石案，上设宝座，供镀金十字架，上悬耶稣像，以缃色绸帐罩之。前列巨烛十余，金瓶插花，与之相间。左楹植四小柱于地，张布为棚。又左一楹，一玻璃匣盛红绒包，上缀金线卷。右楹为耶稣像。再右为教士宣讲台。窄小仅容一人，度置在两楹之间。南面小楼三间，中设大风琴，左右为女子讽经歌唱之所。宝座两旁，张挂五色旗帜，燃红灯二。

既入座，男女数百千人，环台跪立。教士衣白衣，袭金短袄如背心式。一童子衣黑旁侍。须臾，持金碗，盛白饼如小钱，以次纳环跪者口中。一教士持短金棒，两童子衣红，挟经册随之下台，以水洒于人丛夹道中毕，取案上金盏所盛水自饮之，灭烛。乐暂作。一教士宣讲，众跪，起立听毕，复燃烛，摇铃铎者三教士出，两童子持铃与烛随后。一教士捧金牌至案前，圆心而有金丝数十道四出，取像日光。又从宝座下取一小者出而合之，供于座上，讽经作乐，教士伏，众亦伏。旋起，至案前持小手炉焚香薰之。三教士合掌退，楼上讽经相应。一人移白旗置案上。三教士复出，撤下，倚案宣讲。楼上女

[1] 黎庶昌（1837—1897），贵州遵义人。字莼斋。曾入曾国藩幕，与张裕钊，吴汝伦。薛福成合称"曾门四弟子"。历任驻美、法、德、日四国参赞。

士歌乐并作，教士再燃炉香扬之，乐止，持经宣读。众或伏，或以指倚额，歌乐复作。是时，有三教士持袋向人丛中敛钱，多寡随意布施。教士退而复出，取白绫一幅，上饰金十字，横加于肩，数数摇铃起伏。末从宝座下取出金盏二，内盛小白饼，持向众前，一一纳诸口中。已纳者退，余人以次进前接受。一教士举日光牌与众视，众皆伏。旋纳其小者于座下，遂合掌退。众散。其服教之深者，尚跪于台左右，约数十百人。堂后一圆房，设有耶稣像，亦有持经跪伏未去者。

耶稣窃释氏绪余以设教，其立言虽以劝人行善为主，而词皆肤浅，远不如释理之深。西人虽阳为遵从，实迫于习俗使然，不过奉行故事而已，非真于此心折也。

（2）西洋游记第二

瑞士在法国之东，奥国之西，意大利之北，德国之南，山水佳胜。为西洋冠。郭星使将次回国，始一往游，挈余从行。正月十三夜七点半钟，自巴黎南路公司曰利涌者，乘火轮车启行。

是夜经过地茸[1]，法国有名城镇也。地茸以东，渐次坡陀有山。入瑞士境后，山皆峻。时方大雪，积厚一二尺许，逐望弥漫，与翠柏苍松互为掩映。火轮车经山腰行走，俯看两山间低平处，有小溪一道，迤逦曲折，时有冰冻。人家多临水而居，屋皆白板，零星而卑陋。无甚巨村落。十四日已刻，行至两峰尽处，忽然开朗，有大湖横列于前，清澈可鉴，所谓勒沙得勒湖也。湖东诸山，连绵不断，石骨秀露，层晕分明。绝似倪云林画意。回望两崖上，云气蓊然涌出，旭日射之，皆成黄金色。自是沿湖行，过一巨镇，街市颇觉整齐，亦名勒沙得勒。湖尽处，复有小湖续之，名为必焉纳。

午初至拜尔愣[2]，瑞士都城也，至一客寓早尖。寓窗凭临虚处，望见容弗鲁数峰高出云表，积雪皑然，白光射目。饭后至街市一游，道路不甚修洁。旋入其上下议事院，局面稍不及他国之宏敞，而规模则同。中一室列坐百余，为各绅议事处，又一室为总办七人办事处。瑞士分 22 县，每县举上议政院绅

---

[1] 地茸：狄戎。
[2] 拜尔愣：伯尔尼。

二人；下院绅则以人数之多寡为额，大率二万人得举一人。其入议院者，共130余人，办事则推七人为首；七人之中推一人裁决，定例每岁一易。西洋民政之国，其置伯理玺天德本属画诺，然尚拥虚名。瑞士并此不置，无君臣上下之分，一切平等，视民政之国又益化焉。盖其地本山国，各邦无欣羡之心，故得免兵争，而山水又为欧洲绝胜，西洋人士无不以乐土目之。

游毕，复乘火轮车向西南行，抵鲁桑纳[1]，近热勒弗湖[2]边。时已昏暮，微辨湖光荡漾而已。自此沿湖行，至十点钟，抵热勒弗。城与湖同名。湖如初四五月形，长百余里。会城跨湖西角尽处，水从西出，逐渐低下，置闸限之，铁桥数道架于其上。东面有石坝二，其中阿为船只收泊处。坝外别有小火轮船往来，湖中公司所置也。是夜寓一大客舍，名诺得尔拉地相纳尔。主人适有跳舞会，请下楼一观。

十五日清晨，坐车一游。过桥登其天文台最高处，远视濒湖两岸诸山，巉巉挺秀。积雪未消，林木森然，云霞掩映，湖山清迥，涤荡尘襟，可谓名副其实。东南一带峰峦崷崒，与白山相接。白山者，欧洲南面最高之峰，其高一万五千七百四十四尺，积雪终年不化，法语谓之"忙不郎"。下至湖心亭，散步半晌，往游市肆。瑞士无他土产，惟钟表、乐器最精。入店一观，所有陈设之物，如盛水瓶、座椅、榻脚凳、针黹盒、装小照之书册，无一而非八音琴音。又有翠鸟数枚，引钥开其机关，即飞鸣上下，声音宛然，极其精巧。星使购置数器而归。

三点钟，至火轮公司。公司之旁，有巨室一所，系电公会以瑞士永无兵争，特设于此，以期久远，惜未一睹其规模。旋即开行，出会城西不远，过一山峡，即入法国界。未几，过一长山洞。其山甚大，名为"付尔达哀尔格吕司"。自是皆顺河流而行。

夜中至利涌[3]，与巴黎南大道合。天明抵马赛，缘星使眷属先期至马赛，约于此间相会也。

---

[1] 鲁桑纳：洛桑。

[2] 热勒弗湖：日内瓦湖。

[3] 利涌，里昂。

凡西人往游瑞士者，率皆夏日，此行尚非其时，然名胜之区，虽匆匆一历，亦足以畅惬胸怀矣。

（节选自黎庶昌：《西洋杂志》，长沙：湖南人民出版社，1981年版）

8. 曾纪泽的[1]《使西日记》

（1）曾纪泽感慨"外国人不讲理，中国人不明事势。"他继郭嵩焘出使英国，最后"数年豪气，一朝丧尽"。中国走向世界的路仍很漫长……

曾纪泽（1839—1890）像

（光绪四年十二月）初九日辰正，凭栏瞰市肆人众车马。是日为西人元旦，甚喧闹也。巳初，总督来答拜，一谈。至上房久坐，饭后，与兰亭一谈。遣随行员弁先赴巴黎。申初，提督来答拜，一谈。亥初，偕兰亭至戏园观剧半折，因总督有华美官座，欲余一往为荣，故特一往。亥正归。

初十日，卯初醒，不复成寐。卯正起，天未明也。思电报如此昂贵，拟撰集简明句法，分类编列，以省字数。略具腹稿，复睡，极久。饭后至上房久坐。偕眷属坐机器房，升至九层楼上，观眺良久。西洋客店最华美，往往赛胜王宫。寻常民居，楼高五六层；客店高者九层，以火轮机器运物上下，亦可坐人。最高顶俯瞰驾车之马，小如羊犬。望西南山顶有教堂矗立，高可十余丈。闻堂中有铜质涂金神女大像，高二丈，盖亦伟观也。偕兰亭游花园，观狮、象、獏、豹暨诸异种鸟兽。游博物院，观诸物骨架皮鞹。偕兰亭步游市肆，闻西南海塘风景绝胜，曛黑不及往游。归与兰亭商雇火车良久。

---

[1] 曾纪泽（1839－1890），湖南湘乡人。字劼刚。曾国藩次子。历任驻美、法大臣。后任驻俄大臣，与沙俄谈判，签订《伊犁条约》，收回伊犁和特克斯河地区。后又与美国议定洋药税厘，为政府每年增加几百万两收入。

十一日茶食后，偕兰亭至火轮车公司，阅视座位，以便安置眷属员役。已初归，饭后查取金钱及汇券，清给店寓食用各帐。未正。偕兰亭步游市肆良久。兰亭言有二城，至马赛东南百许里，一名西卧他，一名桑纳，有法国制造局及船坞，道远不能往而归。发遣行李。饭后督仆役清检店中什物等件。酉正，乘车至火轮公司，小坐，督仆役安置铺盖等件。率眷属登火车，旋开行。自戌初至子正，停轮五次，下车三次。子正停处名立墉城，自马赛至此七百十六里。兰亭言：立墉居民约四十万，驻防兵约三万人，有都察院驻焉。有苏安江、龙纳江由东北来汇于城下，经马赛而入地中海。此城为水陆通衢，商贾辐辏。有大机房织美锦，织工几六万人。别有议塾、佛堂、苑囿之属，为法国第二大城。惜停车不久，又值午夜，不得观览也。

十二日辰初醒，与兰亭闲谈。巳正，车抵巴黎，盖八时而行二千余里。照料家眷下车，良久，乃乘马车至使馆，已午正矣。郭筠仙丈腹疾卧床，俟其起坐，乃诣榻谈极久。夜写一柬，请莼斋、李湘浦办理拜外部递国书之事。

十四日饭后，法国接引大臣穆纳来，一谈。夜饭后，批定随行员弁分驻英法单。

十五日，午饭后偕筠仙丈、莼斋、子振，至外部拜大臣瓦定敦，一谈。

十六日卯初二刻起，送筠仙丈。坐视良久，辰初天明，始得一谈。筠丈旋登车赴英。至楼上，斟酌随员住房什物。

十七日饭后，日意格来，谈极久。日意格欲充中国驻法总领事馆，曾求之筠仙丈，筠翁正色拒之。本日复问于余，余应曰：此事非使者所能建议，若总署果派足下充总领事，则使者之责任轻松多矣。余面软，不能效筠翁直言拒之也。

十八日未正。法国御前接引大臣穆纳，以朝车一辆从骑数匹来迎。余率参赞官翻译官暨松生、开生、仁山等，同至其勒立色宫。余与穆纳及外部翻译大臣葛士奇，同坐朝车，松生、兰亭，乘穆纳之车，余人别为二车也。宫门外陈兵一队，奏笳鼓军乐以迓客。余入其便殿，三鞠躬而进。伯理玺天德向门立待，亦免冠鞠躬。余手捧国书，宣读诵词。外部翻译大臣葛士奇侍立余旁，以法文再为宣读。伯理玺天德手受国书，签词既毕，慰劳甚殷，颂及先人。礼毕，鞠躬退出，仪文甚简而肃。宫门兵队复奏军乐以送。复与穆纳、葛士奇乘朝车回寓，二客小坐乃去。偕兰亭、莼斋、子振，再拜外部，不晤，归。夜饭后，作摺稿，恭报呈递国书，及分派随从各官片稿。

十九日饭后，兰亭来。一谈。偕之游于市肆，见有作伪象牙、玳瑁、珊瑚、玉石等器者，以纸为之，皆能乱真。此新法也，尚止一家制卖，未有分店。西人思得良法制一适用之物，国家许以独擅其利，若干年乃准分店学制。是以人人鼓励，研精殚思，趋之若鹜也。

二十一日饭后，偕莼斋、春卿、子兴出门拜客。各国头等公使英国使黎镛斯、教王使梅格里亚、德国使佛尔司特、日斯巴尼亚使穆林士、土耳其使阿里费巴沙等处，各一坐。俄国使阿尔罗夫，引看画像、房屋，谈稍久。意大利使些狄民、奥国使波斯特，不晤。午正三刻出，申正归。

二十五日申初二刻，至那威勇处久坐。偕那威勇、松生观圆屋画景。屋大亩许，盖以玻璃，圆如覆碗。入则别有天地，云霞砂砾，皆由绘成。所画德国攻破巴黎，毁败庐舍，人物伤毙，枕藉狼狈之状，不知其为画也。

二十八日戌正二刻，偕兰亭至戏园观剧。伯理玺天德以其官座相假，又遣穆纳代为主人，是以衣冠往观。同去者，松生、莼斋、开生、春卿也。子初，剧二出未毕，起，观后台装扮各处。至外亭，待车良久，子正归。

（光绪五年正月）十五日夜，偕兰亭乘车游市肆。有大铺，售卖各色衣服裁料及诸零物玩器，如中国极大墟场，屋大楼高，灯火繁密，使人至三千余名之多，真伟观也。其店主引观各厅极久，戌初归。

十六日，核改函牍稿数件，致粤东刘岗岘、俊星东榷使暨税务司。添购应存官书。兰亭、日意格先后来，谈甚久。偕兰亭出，拜日意格不晤，游于市肆。见铜器铺甚壮阔，铸鸟兽仙灵，形模极多。巴黎为西国著名富丽之所，各国富人巨室往往游观于此，好虚縻巨款，徒供耳目玩好，非尽能专心壹志以攻有益之事也。

十七日，至兰亭家，谒其母，谈极久。言德国地瘠民贫，民多出而谋食，不足深畏云云。盖法人以破国之仇，上下一心，卧薪尝胆以思雪耻。其言德人不足畏，正其怨毒之深而冀幸其衰也。

二月初二日〔一本作初一日〕辰正起。茶食后，为杨仁山书《华严偈颂》楷字二百六十。核阅公项用数簿。至上房一坐，清检宫扇可送人者，将携往英伦也。饭后在上房一坐。偕兰亭、子振、莼斋至小赛奇会一观。法国瓷器、丝绣，日精一日。而家家皆酷嗜中国古瓷、顾绣。其理甚不可解。人方欣羡吾之所有，自愧弗如而日事探讨，盖不独民间好之，国之官长亦留意经理，为政务之一大端，颇有周官考工之遗意。若中国有留心时事者，于此等细微器物，亦肯整理而精进焉，或亦富民通商之一助也。

申初二刻，至伯理玺天德格勒斐家，谒其夫人。前数日发帖约期者也。子初，至跳舞场，观男女跳舞极久，亦前数日下贴迎请者。西人婚姻皆男女自主之。跳舞会之本意，盖为男女婚配而设。官民常设公会劝捐，以拯困穷，多以跳舞为题。本日跳舞，系法国兵部尚书主政，其题则捐钱以助义塾。中国使馆亦捐一百佛郎，约一十三两有奇也。子正二刻归。

初三日饭后，偕兰亭出门，拜下议政院首领刚必达。自法国改为民主之邦，国之事权，皆归于上下议政院。两院首领，邦人亦称之曰伯理玺天德，而总伯理玺天德但主画诺而已，如中国各直省公事，先由布政、按察两司具详，然后督抚据而行之。顾督抚有劾黜两司之权，意所欲为，犹可授意两司令其具详，两司不敢违拗；伯理玺天德则并此势力而无之，位虽尊崇，权反不如两院。下议政院首领驻巴黎，余访得其友，请其先容，订于本日往拜。晤谈时，意甚殷挚。其弦外之音以为：中国与法国交涉，他无辩难棘手之处，有时断断相持意见不睦，但因教士无理取闹故耳。本首领素不以教士横恣为然，此后遇有民教交涉之事，定当主持公道，断不偏袒教士、神父，务使中法之好，日益亲睦云云。言之可信与否，良不可知。然去冬在阿马松轮船，即闻法之副将白某昌言诋毁教士，本日刚必达复为兹语，意者教焰渐有衰耗之机邪？

（光绪五年二月）二十二日，夜饭后清检书籍。偕松生、清臣、兰亭至"小学公会"中，纵观良久。中华所谓小学，有古今之分。汉学家以文字、声音、训诂为初学津梁，古小学也；宋学家以洒扫应对进退为童蒙基址，今小学也。西人所谓"小学"，则以显微镜察验纤细幺麽之物，以助格致，考究万物材质凝重之分、生死之异，动植之类胎卵湿化之所以别，由细而知巨，由表以验里，由无用以求有用，由同种以察异种；以此为"小学"，与光学、电学之属，争奇而并重。设公会邀人观览，亦集思广益之意也。亥正归，阅外部函，知君主已订本月二十八日，在温则行宫接见中国使者。

二十三日夜，与松生一谈。松生言，西人政教多与周礼相合，意者，老子为周柱下吏，其后西到流沙，而有周之典章法度，随简册而俱西，但苦无确证耳。其说甚新而可喜。余谓欧罗巴洲，昔时皆为野人；其有文学政术，大抵皆从亚细亚洲逐渐西来，是以风俗人物，与吾华上古之世相近。尝笑语法兰亭云，中国皇帝圣明者，史不绝书；至伯理玺天德之有至德者，千古惟尧舜而已。此虽戏语，然亦可见西人一切局面，吾中国于古皆曾有之，不为罕也。至于家常日用之器物，无一不刻镂绘画，务求精美，则亦吾华尊、罍、斝珧、椸禁、桮、洗之遗意也。或者谓，火轮舟车、奇巧机械，为亘古所无。不知机器之巧者，视财货之赢绌以为盛衰。财货不足，则器皆苦窳；苦窳，则巧不如拙。中国上古，殆亦有无数机器；财货渐绌，则人多偷惰，而机栝失传。观今日之泰西，可以知上古之中华；观今日之中华，亦可以知后世之泰西，必有废巧务拙、废精务朴之一日。盖地产有数，不足以供宇宙万国之繁费，则由精而入粗者，势使然也。

二十七日饭后，阅上海寄来《申报》新报函牍等件。兰亭来，谈甚久。偕之至大书店一观。又至蜡人馆，纵观极久。以蜡塑诸名人及各国君王之像，多能乱真。

（光绪五年三月）初八日，清臣来谈极久，论天主、耶稣两教甚详。余言：教者所以束缚凡民，使不为恶。贤智拔萃者创其说，而拜国之君师，因之以劝惩百姓。举天下为天堂地狱之说者，立旨虽异而本源实用。上智不为教所缚，然亦不肯昌言攻之，以其有益于政治，可以补赏罚之不足也。清臣自言：生平读教书甚熟，然于其荒诞不经、愚蒙可笑之语，常腹诽之，顾不敢公言其惑于稠人广坐之中，亦不肯使子弟习为背教之语，所谈与余意大略相合。末谈化学良久。

十二日午初三刻，偕清臣至伦敦画报局，观印书画各种机器。器之灵巧，工程之捷速，不胜纪述。最奇者，能取中国字迹，照影上板而后刷印，亦能毫忽无差，形神毕露，印千万纸如新落笔者。又有整幅纸，长逾中国十二里，卷为一筒，径二尺许。以筒登架，则机器自印自切，而自订成册。鬼斧神工，真可怪诧。未初二刻，归。饭后，兰亭来，一谈，偕之游于市肆，避雨而归。马尔工来谈。日本公使之夫人来拜内人，传话良久。至上房一坐。

夜饭后，偕清臣、兰亭至耶稣庙学馆中，观幼童晚餐。初到，与会首阿尔克洛福、教师金恩士一谈。同至饭厅，幼童八百人倚食案排列立迎。余与会首、教师及诸公教之师，坐于台上，清臣、兰亭傍余而坐。幼童之长，登栏宣讲福音一段，楼头大风琴奏乐，阖堂大众歌赞颂上帝耶稣之诗，童子跪伏坐立，部勒不紊。歌毕而食夜餐，人仅面饼、牛乳油之属，云童子不令灯后食肉也。食毕复跪伏坐立，歌颂如礼。礼毕，皆绕至后前鞠躬，以谒会首教师。每班约二十人，以最幼者执双烛为班首引导，以一妇人护之；班中皆二人并立，鱼贯而进退。会首于其鞠躬，坐而颔之。戌正一刻，退尽。余与会首下台，至别厅小坐而归。闻是馆已设三百余年，馆中学徒有文事武功得令名者，则铸铜像以肖之，食则陈之案也。学徒皆青袍黄袜，赤皮为带。教师着青氅，持绿杖，列坐而临观焉。章服如一，无间杂色服饰。所肄之业，则希腊之文诗，历代之史策，水师之军制，皆其大端；军旅之乐，亦为专习之专，文事与武功并重也。亥初归。

十四日，日本驻英公使吴雅娜来，谈极久。言日本密迩中华，通商之利益，彼此同享，视与西洋各国通商，更为紧要。余言：欧罗巴洲诸国，幅员皆不甚广，所以能强盛者，同心一志以御外侮，得古人合纵之义。中华与日本皆在亚细亚洲，辅车依倚，唇齿毗连，中华之富庶，日本之自强，皆欧洲之所敬畏也。是宜官民辑睦，沆瀣一气。中华财产，足以沾润于东邻；日本兵力，足以屏蔽于东海。邦交既固，外患可泯，盖不独通商之利而已。吴雅娜深然之。又谈及高丽、琉球诸国。余言：西洋各国以公法自相维制，保全小国附庸，俾皆有自立之权，此息兵安民最善之法。盖国之大小强弱，与时迁变，本无定局。大国不存吞噬之心，则六合长安，干戈可戢。吾亚细亚洲诸国，大小相介，强弱相错，亦宜以公法相持，俾弱小之邦足之自立，则强大者亦自暗受其利，不可恃兵力以陵人也。

十五日饭后，清臣来，谈极久。言法国律度量衡之法，为天下第一。以地球周径四千万分之一，为一"美德"，合中华工部营造尺三尺一寸；千美德为一里；十分美德之一，为"地西美德"；百分之一，为"桑的美德"；千分之一为"密利美德"：此度名也。地西美德立方容量之物，为一"立德"，以为升；十立德为"地立"，以为斗；百立德为"桑立"，以为石：此量名也。桑的美德立方容蒸汽为"喀马"，以为分；〔编者按：此处曾氏有误，应为一桑的美德立方（立方厘米）的水重量为喀马（克），而不是蒸汽。〕十喀为"地喀"，以为钱；百喀为"桑喀"，以为两；十喀为"密喀"，以为斤：此衡名也。欧罗巴洲学者，以其合于天度，多遵信之。英国议政院，亦有欲据法尺以改英之度量衡者，议之而未定也。麦西哥总领事余斐勒来，谈极久。于植物之学，尤剖析入微。

（光绪五年五月）二十日，理雅各来，谈极久。其人为倭格师福尔德书院教师，专教中国学问，即前寓广东三十余年，曾译五经四子书者也。自言诸经皆能晓大意，惟《周易》难于解说。余告之曰：《易》之深处未易聚谈，请为君举浅处三数事证之。可见西洋人近日考求者，中国圣人已曾道破。如西人不信五行而言水、火、气、土，以为创论。不知《易》以乾坤坎离为四正，即水、火、气、土也。〈革〉之象曰"泽中有火，革。君子以治历明时"；即大地全体，中心皆火，大力相摄，斡旋不息，故得自转以成昼夜，绕日以成岁之说也。"云雷经纶"，圣人预言电线之理。"出入无疾，七日来复"，圣人预存西医之说。〈蛊〉言"先甲""后甲"，〈巽〉言"先庚""后庚"，〈震〉、〈既济〉皆言"七日得"；则礼拜之数，亦圣人所前知。西人纪数号码，九与六颠倒相背；《易》则九为老阳，六为老阴，凡爻之阴阳皆以九六别之。水火〈既济〉、火水〈未济〉二卦，皆言"曳其轮"，皆言"伐鬼方"，〈未济〉又言"利涉大川"；则火轮汽饥，以制舟车，以勤远略，圣人亦于数千年前见之矣。《易》于中国学问，仰观天文，俯察地理，形上谓道，形下谓器，探颐索隐，钩深致远，诚未易言。即以西学而论，种种精巧，亦不能出其范围，安得谓之无关学问哉！

（2）往来英法参观访问

六月初六日巳初，偕松生、清臣、湘浦、子兴、夔九、莘耕赴英国水师隘口波尔子茂次，阅看中国新制之"蚊子船"。车至瓦德尔路车栈，偕英国兵部官二员、海部官三员，同登火车。午正，抵波尔子茂次海口，炮台战舰甚多，以时日迫促不能处处细观，将挨异日更来一次。未初，乘兵部之小轮舟，行二十余里以登"蚊子船"。税务司金登干及造船匠头某，与新船主拉翁等，接待使馆诸人。金登干之夫人，请女客数人亦登舟游观焉。船凡四艘，船身长十二丈五尺。余与清臣乘第一艘，松生、子兴乘一艘，湘浦、莘耕乘一艘，夔九乘一艘，出洋演试。余登舟后，与金税司等同饭。饭后试炮。炮重三十五吨，吨合中国一千八百斤，计重六万三千零斤；炮子重五百三十五斤，食药二百三十五斤。炮之进退高下以及装药盛子，皆以汽机运之，启闭其机极为灵便，不过用斤许力耳。第一炮装药、盛子、进炮，皆余自启其机。船进退各燃一炮。燃炮以电机，炮声不甚震耳。子出，高者行三十余里 [?]乃濡于水，复奋起三四次，乃落海中。第二船之炮燃二次，皆金登干之妻持电发机。古人称妇人在军，兵气不扬，英人殆无是说。四船，进退各燃二炮。毕，余船磨旋三次，第一次专使暗轮，第二次专使前舵，三次专使后舵。计方边或圆径三十丈之地，足以旋舟。舟旋一次，时表三分五秒。水兵再加练习，当更速也。

（节选自曾纪泽：《使西日记》，长沙：湖南人民出版社，1981 年版）

9. 李凤苞[1] 的《使德日记》

《使德日记》介绍了德国的社会文化概况，并且首次提到社会民主党和共产党，即"平会"。

（光绪四年十月）二十日，英使卢赛尔函询，监国已回，欲先见否？亦以答巴使者答之。

今之德意志列邦有王国四：曰普爱孙（译者作布路斯），曰萨孙，曰拜晏，

---

[1] 李凤苞（1834—1887），江苏崇明（今上海市）人，字丹崖。肄业于同文馆，精通历算、测绘。捐道员，历办江南制造局，吴淞炮台工程局、翻译科技书籍。1878 年使德，后兼任驻奥、意、荷三国公使。1884 年暂署驻法公使。

曰威登布希；大公邦六：曰巴敦，曰黑辛，曰梅令布希水林，曰梅令布希锡特利子，曰萨孙外迈生那，曰奥登布希；公邦五：曰布伦瑞希，曰萨孙麦宁恩，曰萨孙阿廷布希，曰萨孙可部固代，曰安好尔得；王邦七：曰实字部尔孙特好生，曰实字部尔鲁德司签，曰瓦尔代克，曰荷怀士允合林尼，曰荷怀士爱脱林尼，曰桑布额律百，曰立贝；自主城三：曰汉布克，曰律百克，曰伯磊门；德相管理者一：曰爱尔赛士洛脱零恩；其余已入于布。布有十三省：曰普爱孙，曰波森，曰班等布希，曰朴门，曰式里秦，曰萨孙，曰回世脱发仑，曰尔恒兰德，曰奥恩初良，曰黑孙拿搔，曰汉奴乏，曰式伦瑞希荷尔士登，曰洛恩布希。

李凤苞在德国订购的"济远"舰

二十一日，接金登干税司电报，知上海汇来经费五千四百八十镑，合库平银二万两。午后，掌东方书籍者赫美里邀观柏林书库，在新王宫之旁，西名扣尼希力喜比伯里乌台克。同往者，傅西士及刘、罗两员。先观左屋，罗列数千年前乐谱，及各国古字，俱羊皮为之。次入右门，过掌书所，架有书目二百册。副总办波士门迎入，短小诚悫，彬彬儒雅，洵绩学士也。穿过长巷，右屋为各国地图说；左屋为观书之所，鳞比设坐，每日九点集，四点散，任领何书，按籍检付，目耕手挥者恒二百余人。每日十点钟，可上楼遍阅他书。讶其房舍曲折，不若英法书库之轩敞。则云："1775 年，弗里格磊王饬建书库，恩格请颁式，王指书柜以示之，故作此式，五年而成。"又过数室，庋藏各国史记，标题曰英史、法史……，分国列架，秩然不紊。

次到大书厅，排列古时写本，以玻璃匣函之。有希腊古书，以楷书字母连贯，而无段落。有始为聚珍板之古登白克所印第一书，亦羊皮为之。回部之"哥仑经"，写作八边形式。有路得及米兰登手抄之"耶稣经"。或以名人真迹见重，或以年代湮远见重，皆希世宝也。临窗数架，为布、法战事之书图数百种，装裱华丽，绘印精纱，亦足宝也。厅分上下层，周有飞廊，下层皆格致性理，西名"费昔克司"之类。中列布国历代王像，白土搏成，精致如石，末座即今之德君也。右上为亨保尔脱像，著书人也。

上螺梯，循廊而右，为各国语言书，西名"费劳洛直"之类。又进为东方国之原书，则赫美里所掌也。土耳其、阿剌伯、波斯古籍甚多，西藏、缅甸、暹罗、印度各有写本、印本。三四千年前之印度书，皆坚薄牛皮，大半作葵黄色、象牙色、古香色，迥非唐宋藏经笺所及。其婆罗门教之"里格飞答经"，则四千年前物也。梵文字汇、蒙古旧史、吐蕃记载，皆中国所罕见。赫君任取何种文字，辄能成诵，且领略其大旨。前在中国十年，通华文，操华语，明晰了当，知其于东方学问，枕胙深矣。又进一门，为中国、日本之书，有《大清会典》、《三才图会》、汲古阁《十七史》、《元史类编》、《明史稿》、《西清古鉴》、《尔雅图》、《文献通考》、司马《通鉴》等书，《古今图书集成》只存草木图。有《性理真诠》一册，为乾隆朝西国教士所撰，虽发明西教，而元妙如禅理，精微似宋学，盖其时教士尤多通儒也。日本书较多，大半是唐土名胜、画谱、类书、绵谱、花谱、杂记、小说而已。统计藏书九十万册，又手抄者一万五千册，每日四点钟闭门。

赫君又陪往"迈克罗士谷比施阿夸林"，译即"显微镜水族院"也。人纳马克一，上楼，有室三楹。中室左案置显微镜七，各嵌水晶、宝石，微如纤尘。以镜窥之，灿然五色，面面不同。右案置"迈克罗芬显声机"及压气机、三角分元镜、"台拉芬传声饥"。室中以五丈线悬一铜球，自然摆动，数秒时往来一次，恒循子午线偏右十度，谓可证地动绕日之理。左室作大喇叭二，径约五尺，由树胶细管中作语，声可及远。或以耳属管口，可闻远处絮语，可证声音聚散之理。又置"芬奴格拉非传语饥"，以手摇转，左用飞轮助之，其声不甚分明。壁悬验血器，木板长二尺上下，各缀玻璃空球，以细玻管盘曲通之，中贮红水。别有玻璃管直通上下两球，令红水自上球循直管下注，逼气从曲管上行。既见红水滴滴鱼贯随行，相离各半寸，行速于蚁，排列极匀。若以手指轻击木板，则见两滴相近而不匀，以证人身血随气行周流不息之理。右室排置显微镜六十余架，各嵌猪肉虫、疥虫、晴翼、蚊晴、蚁足及毛肤等物，又见生蛤蟆足、鲜鱼翅，其中血脉红色，流行汩汩如泉。又有一微点，为极小活螺，窥其呼吸匀速，与人相似。大约为水中微虫居多，故取名水族院，实则为售显微镜之所。镜光之大，自七十五倍至四百五十倍。

二十二日，微雨。近日感受潮湿，癣疥烦热，夜不成寐。商之西医，则云治不寐有多术，一以"摩飞耶水"用水管注入肩臂之皮中，少选即寐，其水大约每次用干者六分厘之一以化水。一以"克路尔海生"，则更毒，而能立时昏卧。最烈者"克路尔房略"，嗅之则昏厥如死，脔割不觉。半日方苏，体弱者往往不醒，医生用此以施剖割者也。予皆不敢用。

二十三日。议员拜阿及前驻英使之子班生来拜，且谓一千八百八十年，将于阿丕尔设"鱼会"，广集各种咸淡水鱼，及养鱼捕鱼之器，将以扩充一千八百七十三年之博物院也。请中国亦以鱼种及养捕各法运送来会，惟须开明门类、所占尺寸，先期详告。定在一千八百八十年元旦以前三个月送来，其运费由各匹自备；惟到会火车之费，及会中房室器具，均由会备。其保护一切，亦为会中责成。会毕，俱各送还，愿就地出售者听。其条目，则一为水族，有十类：曰水中酒中可浸者，曰风干或火炙者，曰蛎、蛤、珍珠、玳瑁。曰海星，曰长虫及食鱼子之虫，曰蟹类，曰鱼类，曰四足类，曰食鱼之禽，曰食鱼之兽；二为捕鱼器；三为养鱼法；四为运鱼器；五为薰、咸各法；六为渔房、渔衣；七为鱼水；八为鱼志；九为鱼史。盖鱼最养生，乃日用所需，且为天地自然之利。精求其理，广播其种，实与农、圃并重。闻美国久有鱼会，英国亦议设之。德国鱼会，则德储君主之，而朝臣、议员任之，非玩物丧志者可比，岂臧僖伯所能窥见哉！

二十四日，接李节相八月二十三日函。傍晚，答拜藏书楼副总办波士门，并见其妻及妻妹，皆有儒雅风。出其亡友亨保尔脱手稿一箱，是《考司马司》原稿，而波为续成《美国土番记》者也。尝谓狂獠之所以渐化，教化之所以覃敷，必由于士商之来往，纪载之详备。苟无导其先路，孰能步其后尘？是地理之学，为足尚矣。欧洲上古，自乏尼斯、希腊、罗马历有载记，类皆缺略纰缪。自1800年后，地理渐明，论者每归功于日耳曼人。其学之精者，尤推亨保尔脱，尝游亚细亚各国及美利坚人迹未到之区，著《考司马司》等书。苟于十年前广采地志，摘译其要，知亨保尔脱以地学通于格致，其时又有尔力德耳，以地学通于史传，皆为布国人，而皆卒于1859年，尝心慕之，而思继起者必有其人。今权摄使篆，阅藏书楼，获交波士们，方知续亨氏未竟之绪者。数年有心求之，一旦无意遇之，幸何如也。检其遗稿，涂乙丹黄，手泽如新。夫亨氏学精品粹，固足以共信，而其考订之慎，著撰之勤，非亲阅其稿不知也。其得波士们而续成之，尤为相得益彰。亨氏往矣，而犹得交其挚友，睹其手稿，亦何异我身亲见之哉！因题数语，以志欣幸。

二十五日，外部订观布国开议院。午刻往大王宫，登西南隅白厅之楼。各省议员，咸集于厅。厅宽七丈，雕镂甚工，全敷白漆。向南设宝座，上复红缕华盖，下承三级，铺以红毯。丞相士吐尔白希奉书、率各部尚书至，南向立宝座东，各部以次并立，各议员北向。丞相宣读曰："布王两次被惊，幸叨天佑，众情欣慰。冢嗣监国，亦臣民所爱戴。今订诸君开设布国议院，首以筹款为要。去年出入相抵，所存虽多，而因赔垫德国要款，以致存款将罄，本年必形支绌。良由德国新成之事尚未获利，出款无定，而进款有常。且国中商务未兴，恒虑不能周转。日后拟改税则以为补救，今先须定国债单式。凡布国各部，事烦人众，款项不敷，亦须以此次国债弥补之，其筹款用人等事，均须诸君商定。又内部拟定新章，系随时改妥。至要之事，如各村修路、设学，经赞宜筹。而地方首务莫重于教。如何幼弁可备将才？如何下僚可胜大任？务须从长酌议。萨孙省教堂事，仍应共议。刑例数条，亦须商定，著为成例，俟明年十一月初一日，纂入律书。前者，各大学之律师纷纷辞去，今宜妥定新章，俾各遵守。去年学部未定之稿，亦宜发出再议。若广添民塾，需费不赀，亦宜酌中妥议。至于关系通商之农田工艺，国家常设法提挈，俾可日胜一日，总望本国所出土货渐多，鸠合资本，懋迁远方。又应立通商公会，添设各省银号，俾农工商贾均沾实惠。其火车栈章程，能否较胜于前？应添铁路处，曾否确查？公司铁道购归国家者，曾否加多？各处水利，曾否兴修？去年所商保护园林之事，应否续议？均请诸君逐一斟酌。近年筹款甚难，唯望撙节估计，以副诸君爱民保国之心。"宜毕，各议员举帽应之。傍晚，庆常回，述及刘京堂于二十三日马赛上船，与英公使威君同舟，又有英人麦士尼为能及海关扦手其伴送。

二十六日，阅西门士哈尔士该电机厂。主人引入，先观各种电灯，及西门电机，大约喀仑母法之后，唯西门士法最精。其俄人耶白尔考夫之电烛，每十六支者用汽机十二马力，四支者三马力。其配合精致，似胜于法。厂中夜间工作。俱用电烛照之。次观其机器厂，车床俱用棱轴，兼可磨刮。钻床所钻之物，必以钢壳为模，亦一劳永逸。开齿轮之机，亦灵活而占地甚少。次观其机器厂，则新创者甚多。一为车栈大报钟，中有重锤下坠，而以电气连于活闸，机脱钟鸣。一为火车之行速表，有针盘旋，以指每点钟行若干路；如速至五十二克罗迈当，则钟鸣不绝，闻者罚其司机。一为火警表，每街设一长方匣，联以电线，如第十二号失慎，则各匣俱现十二字样，且钟鸣不绝，俾赴救者知所趋向。一为电报伏线，布法战时，陆路电线易于割断，其后布国遂用埋土之伏线，与过河之电缆相同，合七线为一，而夹以麻绳六绺，加麻丝钢线各一层；再加麻线左旋绕之，髹黑漆一层；又右旋绕之，髹黑漆一层。今柏林及诸大城，已全用伏线，不似伦敦之飞线纵横如蛛丝也。一为探报线，系陆军前锋巡探所用，以三铜线合成细电线，联于台拉芬传声之机，令二兵曳之，一负电线，一负电池箱。凡有所见地势夷险、敌兵情形，以传音机告于大营，俾可筹备。其传声机中函小电机二枚，外套叫管，此处吹之，彼处闻叫，即摘去管而属耳焉，数十里外如闻隔壁人语。此器为本厂所创，实陆军之利用；俄之攻土，已购用之，士兵惊以为神。是厂所造之器，大至大洋电缆，小至电器自鸣钟及电报小机，其各种齿轮机器，以及纤悉秒钟，皆分类储之。每种千百，无毫发之差，凑合各种，便成全器。工之精良，实造其极，较之伦敦之昔尔乏唐电器厂，殆异曲而同工者欤。……

（光绪四年十月二十九日）……

近日新报馆友私论曰："华之与俄，从无衅隙。通商于恰克图，而楚喀查、由琅基均有俄人行栈。喀什噶尔既畔，俄人恐喀酋据伊犁，遂乘机先据之；且与中国约，收复喀地，当即让还。及喀地既复，俄人又思在喀通商，而左帅禁不与通，违者拘其人，没其货。俄民在喀者，限半月出境，否则改籍；且欲令让还伊犁，交出喀酋。近闻中国简放崇大臣，将往俄京专办此事，谅俄人不能食言。苟俄人恃强败盟，则中亚细亚非又添一劲敌乎？盖近年英国极愿与中国合力同心，而俄恒阴间之，因恐中英合谋，则百年以来横行于中亚细亚者，即不能复逞耳。

"今闻俄人私议，无论若何，总应延约不还伊犁。以用兵论之，唯伊犁为必争之地。三面距山，形势险要，山径深曲，安设小炮，守以数人，即莫能飞越。俄人得之，南可并喀什噶尔、叶尔羌，北可兼楚喀查、塔尔巴哈台，是伊犁实为南北之枢纽。以通商论之，伊犁土脉沃饶，为中亚细亚之菁华，舍此而外，皆入不敷出矣。地松易耕，山深多矿，铜铁尤多，煤炭最佳。从前华人在此开垦，米谷丰收。有伊犁河东西横贯，转输利便，贸易流通。地志云，是城筑于乾隆二十八年，周不过四十中里。既城三十年，民日蕃庶，又拓新城，有大书院、俄文馆，及文武衙署，驻防兵二万二千。百年来阛阓喧嚣，居然都会。及同治年间，回民蠢动，遍地瓦砾，鞠为茂草，俄人得以经营之，遂视为长久之计。而今之中国，兵械精良，心志坚定，西征之兵，精练不亚于欧洲。俄人见中国有自强之机，不敢显背前言，计必虚与委蛇，以阴行其蚕食。然延搁不还，虽中国不遽兴兵，而俄必设重兵于伊犁，且不敢逞志于回疆，亦非计之得也。中亚细亚之俄督考夫门，即前年以兵阻左帅者也，语伊犁人曰：'此地既为俄属，永无更改。'语华人曰：'暂管伊犁，实助中国，非为利也。'又渭：'中国能保永无回番起衅，则可让中国管辖；苟有边疆不靖，则是中国不能管辖，势必贻患邻国也，我俄人必取其地。'夫俄人善用阴谋。挑动盗贼，助之军械，以为借端吞并之计。从前谋基发、布哈尔、土耳其，俱用此术。今恃为长技，又欲施诸中国。我恐中国渐悉外洋情形，不能如从前窃取东三省海疆之易易矣。"

接刘丞孚翊自荷兰来信云："昨由北路赴英，叩送郭筠帅。黄昏时过荷兰南境，火车相撞，几濒于危，死者二人，伤者数人。向渭轮船有风波之险，火车则更速而无险，岂知撞车出轨，层见叠出。德国铁道最少，而联其前月内共有出轨者三十余次，相撞者十八次，死者十人，伤者百人，岂利大者害亦大耶。"

十一月初一日，乘马车往汶赛乡，谒房主芬得海德，为前户部尚书子也。其宅四面轩敞，林木森秀，前对河口，烟波浩渺，左望柏林，屋宇参差，傍舍栽花，四时不绝。其园中有钢铁为棚，屈曲如廊，而罩以藤蔓者。主人指曰："此中夏令枝密垂缨，花深覆幄，纳凉佳处也。"是宅为别墅，使寓则正宅也。

使寓在柏林西，峒氏耳噶屯园林之南，半村半郭，流水弯环。昔为河唇洲渚，恩得伯磊门建造此屋，檐桷廊楣，悉仿希腊之式。大门向北，白石为梯，文石为壁，旁列布王、布妃石像四。向两大厅，雕镂工丽，高宏爽垲。旁有房厅二，客厅五。皆雕石为格顶，镂木为地板。上层为房厅二，卧房五，又有庋衣阁，则不合华人之用。下层为仆房、厨房。西旁小屋三楹，上下三层，车马房在其下。舍后有园，花木数百株，牡丹、芍药咸备，园中各处水法不同，最高者可五六丈。每年房租一万五千余马克，外加赋税，其租价廉于旧寓；而屋较多者，因廛市稍远，且急于求售，不计租价多寡也。今自光绪四年八月始，订租二年，如有售主，则三月前可通知，三月后让屋，不必满二年之限也。其售价房屋四十五万马克，器具一万七千马克。

初二日，往虚村街六十号之印地图处，在第四层楼。先用映相法留影于玻璃，可令永不脱落。以黑漆护其四边，用油墨印之，则玻片即为印版。又有铜板、铅板，雕镂甚工，实非人力所为，乃先敷强水，而以日光晒成之，衬以木板，可用印书法印之。登楼顶之玻璃房，见试印中国字之地图，精细明白，与原本无异，系用风琴式映相镜映于玻片。镜头径不及三寸，而收放可以自如。虽玻片可作印版，而不能修改，且易破裂。须以油墨印之移于石板，乃可任意修改，即至千百不渝。其刻锌板，先敷以粉，用针画纹，以强水蚀之。凡包印华字地图，每千纸计二百马克；欲海边作线纹，加二十马克；欲套印他色，加一百马克；取回石板，则每石十五马克。因令试印一百纸，计付七十马克。……

（十一月）初七日，晴。连日拜客余暇，摘译记载，参以见闻，撮要如左。柏林都城，在士普里溪上，通爱尔珀河。以达波罗的海。有民百万，附郭民二十五万，为欧洲第四城。兵二万五千，犹太人一万六千，西教之法国人六千，乃罗意十四徙于此城，洋教人五万。

地高于海面九十八尺，旧城仅在士普里河右，即今王宫迤东一隅。道光十年后，贸易制造渐兴，寝为要城。地皆砂碛，全赖引水栽树，人力经营。又无山石，造屋以砖，陶埴颇工，胜于刻镂。古时吸饮溪水，民多疾病，厥后设水公司，置吸水机八所，民始便之。

城中街道，纵七，横十余。横街之温德尔得令登街，宏丽喧阗，甲于全城。是街东抵大王宫，以旭洛士桥通之，桥列古仙石象八。西抵白仑丁哀格之得胜门，房屋齐整，刻镂精巧，希腊，罗马，各式俱备。绿荫夹道，中为御道，旁为马道，又旁为马车道，又旁为步行道。市肆罗列，士女如云，实欧洲所仅见。新旧王宫、新旧博物院、储君宫、军器院、太学试院、书楼、画院、大戏园、水族院、蜡像院咸在焉。

得胜门：甃石为门五道，建于乾隆五十四年，计费金钱七万五千。上有神女御四马铁车，嘉庆十一年法王拿破仑夺去，越八年取回。其南半里有来伯吸士街，房屋工整，市肆繁盛，稍逊于温德尔得令登。

其纵街则以福尔得利街为最长，直贯城中一千一百四十丈，有铁道马车，而房屋廛市则稍逊。其东平行数街，如沙路电、马噶芬则较短；唯其西之维耳令街，自得胜门内折南斜东，工整宏敞，为纵街之最。亲王之府、相府、大衙署咸在。

出得胜门，迤西为氏尔噶屯之囿，绿树万章，幽径四出，溪沼潆洄，车马络泽，广八百余丈。礼拜日游人尤众，彼都人士方诸文王之囿，盖古为禁中兽院，而近年与民同之者也。园中有西吸士少欧勒得胜塔，下方上圆，顶立金神，乃胜法后所建也。

德为文学荟萃之区，格致词章，自古著名。其各书院教习，多老师宿儒，是以各国访道之士，咸来印证。其游观之地，则有博古院、博物院、油画院、冶金院、营造学、艺工院、拳勇学、水族院；其太学中有生物院、矿学院、矿质院、肢体院、大医学院，又有植物院，亦属太学，而不在柏林；又有议政院、工学院、聋哑院、商议院、铸钱局、钞票局、官银号、电报局；及奥伯来路、耶耳维克、多利福里得利等大戏园，德君尝微行观剧焉。

城厢火车栈九所，德语谓之"本好甫"：在北者曰汉奴乏，曰罕倍克，曰士旦丁；在东南者曰奥士，曰佛郎福格，曰居里式；在西南者，恩好士狄，次曰普士丹麦，曰得来士屯；皆以所通之地命名焉。

德之民俗：喜礼貌，惜妄费，尚显荣，耽烟酒。凡识面者，每遇必举冠，英人谓德人之冠无五分时安稳。武官则举右手于鬓为礼，虽提督见兵丁亦答礼。名片之官衔，衣襟之宝星，皆以多为贵，官衔有多至四五行，宝星有多至四五十枚者。女人见亲长尊客，必屈双膝。昔无握手礼，近十余年始行之。卑者不与尊者握手，尊者出手则握之。紧握重顿者，以示亲暱。最亲之友可接吻，须发皓白者亦然。遇稔友之妻，可以吻接其手。每筵罢又各握手，礼文甚周也。凡男女称谓，须带官阶。英人称"式尔"已为尊敬，而德人称"迈音罕尔"未为尊敬，称妇人曰"马代姆"、女曰"马代马赛"，亦未为尊敬；必查其职守称之，方不为简慢。如称男人必称官职，称女人之有爵者曰某爵夫人，有官者曰某官夫人，及学士夫人、教习夫人之类。或自尚书夫人以下，乃"氏希弗老尔"，其女则概称"福来林"。凡男人大半加一"芬"字，则世爵相连之字，犹法国之"特"也。德之世爵，嫡派支派，世及罔替，男女无异，故几无人非爵，即无人不"芬"矣。又有商人自称"好夫尔拉脱"者，每年须纳税一百马克左右。其余职衔，皆国家论功赏锡，不准自称，唯他人称之者或可过尊也。

德国烟酒之嗜甚于他国，市廛亦烟酒居半。自将相至佣工，每衔二尺长之大烟袋，斗大如杯。每筵罢，入旁室饮加非，尽人吸烟，云霞满室，虽妇女未散不顾也。昔有将军送王女嫁于英，舞会未终，将军出烟呵吸，捕役逐之，主人不能缓颊也。德国崇尚学问，各书院学士甚众，其邀游街市者，衔烟呼酒，衣冠与齐民等，不似英之方巾深衣，易于辨别也。柏林附郭多园林，每日下午，士女游行，扇影衣香，往来杂沓，常有听乐饮酒之所。王宫西边之加非庖，则终年沽酒，晨夕无闲。礼拜日午后，游人尤众，贵贱杂处，耦俱无猜。每有工匠。蓬首垢面。挟其妻女浓妆华服，姗姗而来，坐饮村沽。围坐七八人，中设皮酒一大瓯，男女合饮之。唯从未见有丁役工匠酒醉滋闹者。此其谨身节用，较胜于英、法、班、葡诸国也。

富贵之家，恒上午用茶点一次；午后大餐一次，荤腥二三味，皮酒一杯；日入后又茶点一次，冷肴一二味，足了一日。而牛羊鸡鹅，恒隔数宿，不似法之日餐四次，英之大块脔切，糜费甚多也。街市饭馆甚夥，每人每餐六马克者，已可宴客。其佣工匠作，有每日仅费一马克者，其民俗勤俭实冠于欧洲焉。

十一日，连日气候潮湿，胃火内燃，烦热不寐。日间乘车拜客。间有入门小坐者。客之来拜者亦然，大率多寒暄泛语。有询及中国商务、税务者，必签以赋税本轻，幅员甚广，征税抽厘，乃按约办理。并无越收之事。中国内地，未与洋人交往，莫不少见多怪；故不准内地通商者，实系保护洋商。又中国货物出入，不过此数，马头虽多，亦属无益；故不准添开马头者，实恐亏折洋商。语繁不及备录，闻者每多领会。

彼中通例。凡二等公使莅任，函请外部订见。既见后，乃请头等公使订见。毕见后，乃遍拜二、三等使及其夫人，充署使者亦然。既见头等使，乃到头等使夫人、二、三等使及其夫人处投刺既遍，乃到参赞随员寓投刺。俟其报拜投刺，则再往请见。遍拜出使人员之后，可拜所驻国之各部尚书、司员及总教习、提督、总统；亦初次投刺，俟答刺后，乃往请见。唯亲王将相，则非署使应拜。此外爵绅及文武员弁、书院教习、告假官员，则俟其先施而后答拜，欲坐谈则延入之。凡拜客，可说明是投刺，是请见。既投刺者，第二次必应请见，不当再投刺也。不愿见者，男可云将出门、将用膳，女可云未穿衣、未梳洗，不为慢客也。凡必欲见而不在家者，不留刺，次日再往。如有公事面谈，则必先日函订。凡拜妇女，而仆人辞曰主家某时在家，或某日在家，则届期应往。如专拜妇女，其夫不必陪坐。如拜客兼拜其妇女，则或男人接见，或男女同陪，或并令子女出见，各随其便焉。

十七日午后，赴弗利德里噶尔公爵夫人之善会，即大家妇女罗列什物，招人择购，以资济人者，西名"法尔恩"。是日系捐养阵亡弁兵之妻、子，设会于刑部署。入门，公爵噶尔夫人谢苞前日之捐助，妇女五六十人咸鞠躬相迎。陈物四屋，标明价值，所贵无几，亦不强劝，约购七十马克。又赴帕士代洛齐太太之善会，乃储君妃维克多理亚冈伯恒司为会首，欲捐费以瞻书院教习之孤寡也。设会于好代耳罗马之大厅，宦家闺女四十余人，列物不多，相劝甚殷，计费百马克。按欧洲养老恤孤各善堂经费偶绌，或他国有水旱偏灾，则王公将相之命妇闺秀相约成会，或歌舞，或演戏，函招绅商观听；或出亲制之针黹、石刻、油画，或捐己之首饰玩存，或设花果酒肴，或集衣饰什物，函招相识者来会，抬价劝购；或会集教堂，跪求布施；但以招徕之广、劝募之多者为荣，即笑语诙谐，勉效市井，亦不惜也。国后、王妃，亦乐为会首，以为之提倡，殆有舍身救世之遗风焉。

（十二月）十七日晚五点，偕陈季同往噶西努会馆用膳，看甚精洁，价亦不贵。在第二层楼，纵横五六间，为阅报、打球、用膳、议事诸厅。仆人数辈，皆绒裤金钮，执事甚恪。是夕同膳者，提督及营官十余人，出使者十余人。溯前年到柏林时。即闻有出使及本国官员之会馆曰"噶西努"，为会讲学业、访问时世之地。今令陈季同入其会。会馆为德君主政，而举总管、副管及提调六员、帮办六员以专理之。每西二月下旬总会一次，以议应改章程、应置器具，须与会者三分之二允於，方可举办。其会友分为三等；以殷实官绅有恒产在柏林者，及使署人员、驻防武员列为一等，每年纳费一百四十四马克；如无恒产在柏林者，又非出使人员，则列为二三等，不得干预选举之事，不得与于总会，不得引人进会；二等者年纳九十马克，三等者到则纳，不到则否。其初进会，俱先纳二百马克。凡欲进会，必由一等会友引入，谒见执事，登记姓氏籍贯于册，并悬示于厅。越十四日，集会友，设柜，提调宣言："今有某欲入此会。请各会友定之。"于是各记准否，作纸阄纳于柜，提调启柜检之，如有二十八人准者令入会，不足者弗纳焉。按欧洲都会，每有官商会馆，所以聚会友朋、通达时事，法至善也。柏林之"噶西努"，选择甚精。规条尤善，冠盖相望。道谊相资，岂饮食征逐者可同日语哉？

十八日，大雪。晚五点，学士芍克请茶会，与傅兰雅、陈季同同往。芍夫人甚恭，献茶点三四次，酒肴二次，必躬亲焉。芍克出所注佛经数种，及清文数种，又见《中国文法解》一书，援引甚博，皆其二十年前著作也。同会者有赫美里及教习夫妻闺女。皆彬彬儒雅者流。是夕马建忠自法国来，述所学政治交涉之学，颇多心得；近日兼习矿学，亦窥门径。

十九日，与马、陈、罗各员观"格凡尔白缪相"，译言工件博物院也。屋宇古朴，地亦阴湿。为楼一行计三层，长十六间，中层为刻石刻木之櫓桶、斗栱及箱笼、橱柜，小至首饰奁匣，自古及今，工致朴陋，无不兼搜并蓄。上层为金银首饰、钟表、洗盆、杯、盏、盘、匜，大半为刻镂金类之物。又有各色瓷器、玻璃器、陶器，其玻璃之染五彩者，首饰之嵌七宝者，皆工巧绝伦。惟屋宇黑暗，楼板参差，颇不饰观。按西国博物院之设，不但资考证、广见闻也，往往有构屋置器者，择其式样，而命工仿制，宜古宜今，各从其愿。则由高曾规矩，而无穷出新，博物院诚有益于民生者矣！

（节选自李凤苞：《使德日记》，长沙：湖南人民出版社，1981 年版）

10. 徐建寅[1] 的《欧游杂录》

1878—1880 年，徐建寅在德、英、法考察工业技术，订造铁甲舰。其《欧游杂录》的价值是深入全面地介绍了西方的工业、科技与管理。他考察了几十个工厂的设备、工艺、生产过程，技术与材料状况，以及多种金属加工工艺……

（光绪五年十月）初九日，到亚丁。四点钟上岸，见地极瘠苦，尘沙涨天，不雨二年，寸草不生。人皆黑色，女人用巾蒙首，仅露两目。此地有英国炮堡，惜无熟人导引，不及往观。六点回船，见添载客货甚多，皆由南洋及印度各处换船而来者。夜三点开船。

初十日，船向西北行，进红海口。虽名红海，而水并不红。天气酷热，与新加坡同。

十四日，天气骤冷，穿重棉衣。三点半，到苏

徐建寅（1845—1901）像

---

[1] 徐建寅（1845—1901），江苏无锡人，一名寅，字仲虎。1878 年任驻德使馆参赞，赴英、法各国考察。1886 年会办金陵机器局。戊戌政变后调湖北，总办全省营务，督办保安火药局。因试制无烟火药失事身亡。

爱士海口泊船。

十五日早六点钟，船入运河。两岸砂砾堆积，皆未填平。遥望堤外，全是沙漠，一片荒凉。晚六点停船。

十六日早六点钟开船。见连珠斗挖河船数只，适在开挖。又用大船数只运泥，装满水泥后用汽机行走。见两岸斜坡驳岸，均用灰土与乱石砌成。十二点到帕赛上煤，五点开船。

二十日二点钟，船上大伙将往伦敦之客人行李开单，另给客人一票。客人可先搭汽车往伦敦。俟船到埠后，行李由火车送至伦敦，客人持票向公司行提取行李。往他处者不送。

船行地中海。四点钟，左右俱见山，山上有房屋甚多。五点半，到捺坡里泊船，上船卖什物者甚多。又有歌妓，乘小舟，傍船弹琵琶唱曲调，服饰奇怪，音韵铿锵。亦有上船卖唱者，皆意大里人也。

二十一日，给客人行李票。凡入舱大宗之行李，均由该船送至海关。

二十二日三点钟到马赛。四点钟坐小船至海关码头上岸，换马车至客寓。所有卧房随身行李，由陈敬如同来寓中接客者招应，雇大车径送客寓，但须自行点明件数。

客寓甚精洁。登楼不必由梯，有小房如亭，人坐其中，用压水柜机可以缒升上下。欲至某层楼，亭即小驻。跨亭而出，已登四层楼矣。

……

十一月初一日二点钟，同陈敬如往观溜冰之戏。聚男女数百人，在大林中水池内。池面已结坚冰，男女即在冰面溜行。或作雁行，或如鱼贯，或捷如脱兔，或闲如泳鱼，或数人携手同行，或两人互相倾跌，纵横驰逐，往来如梭，观之甚为畅悦。其履底均有铁条，一溜数丈，非练习纯熟，不能步其后尘也。

三点半，又往观水族院。院内叠石为山，上下盘旋曲折，与狮子林相似。两旁穴壁为龛，面嵌玻璃，盛水以养各种水族。每龛皆有通水管，时换新水。惟养海中水族，则盛以海水。上漏天光，人入其中，如入水晶之宫。上下周观，鳞鬣纤悉可数。

次观蜡像院，熔蜡以塑各种人像，悲欢喜怒，惟妙惟肖。有酣睡者，呼吸如生。有受伤者，如闻呻楚。种种形态，与真人无异，诚奇观也。以上三处，观者人输马克一枚。

初三日十点钟，刘鹤伯偕往澡堂洗浴。人输一马克，男女区分两处，人各一房，约方丈余。中辟小池，作葵花形，长六尺，宽深各二尺。有阶三级，由此入池。池用坚石灰筑成，坚滑如石。穴墙以通水管，一通热水，一通冷水，一通海水。均有塞门，可任意开取。凡客入门，侍者放水入池，以寒暑表测准冷热。房内小桌一，椅一，巾镜梳篦，无一不备。较之上海盆汤，不啻上下床之别。浴毕，给侍者镍钱一二枚。

初四日一点钟，偕陈敬如往拜署外部尚书非里司的蒲恩，见。又拜美国公使之夫人，见。余如俄国、澳国、葡国、檀香山岛国、中亚美利加列国，及其余各国公使，俱送名片，未进见。

初五日三点钟，偕陈敬如往拜署外部尚书赖尔回齿，谈换约事。在外部又遇义大里及土耳其公使。又拜各国使署参赞，俱送名片，未进见。五点回。

初六日续往拜各国使署参赞，俱送名片，未进见。

初七日八点钟往观格致院，见电气吸铁附，电气真空管长三尺余，管内电光照耀如同白昼。又有算器、记声器，一人对其管说话，少顷管内回音句句传出，且能酷肖原音。

初八日一点钟乘马车出外拜客，俱由洋仆送名片，未进见，四点回。五点邀陈敬如赴洋菜馆便饭，共费十三马克，及赏侍者一马克。七点钟，买零物而回。凡精致之物价皆甚昂，粗用之物价则颇廉。

初十日十点钟，冬至节，随星使偕各随员恭诣大厅拜牌，行三跪九叩首礼。又各向星使贺节。恭送星使出厅，各人重复团拜而散，不再交互拜贺，免来往繁文也。

十一日三点钟出门拜客，均未见而回。凡应拜各客，是日皆拜毕矣。

二十六日九点钟，偕陈敬如谒澳国头等公使之夫人。入门上梯，有侍者数对站立。客堂门外有号房，吏据小桌，书客姓名于簿。澳国公使出外接客，延入客堂，至其夫人前晤面。寒暄立叙，即招呼数熟客同入大厅。见男妇数十人坐立聚谈，皆来谒之客也。先于数日前，夫人登告白于新闻纸，订期于

二十五、六日两日，自九点至十点见客，故届期咸来谒见。

[十二月] 初四日十一点钟，偕荫五楼上街，买一随身携带之药箱，未得。因柏林出门人少，且非海口埠头，故无此种药箱。

初五日，偕陈敬如赴德朝官夫人之茶会。男女客赴会者数十人。内有法、美、土、澳公使，皆携眷属。惟土耳其国公使不携眷。军师毛奇亦到，貌不甚扬而韬略盖世。少顷，德后来临，各客恭肃而迎。德后向各客逐一寒暄。俄德皇亦临，众客亦鞠躬致敬。德皇亦向男女众宾闲谈问好。间有女宾坐而德皇反立于其旁闲谈者。一堂之内，与朋友无异。未尝因君后而更加尊严，不过鞠躬致敬而已，所见各国公使皆然。余初到未赴朝会，故与德君后皆未接谈。

初十日十点钟，偕罗稷臣及洋供事赛飞往放枪院，试罗物厂所造之后膛枪。任取一枪，连放一百次，带回铜壳五十个，以便用分厘尺量其曾否涨大。三点半，复往游生灵苑。苑内虎、豹、犀、狮、象、麋、鹿、狗、马、牛、羊、鹰、鸥、鹊、鸽及各种禽兽鳞介皆备。

十一日九点半钟，偕王弁得胜及洋供事赛飞，复往放枪院。昨日所放之枪筒系用英国钢，今日所放之枪筒则用德国钢。亦连放百次，中间略停二次，取回铜壳五十个。

又往善会买物。善会者，贵家女眷列肆于家，陈设百货，亲出应客，殷勤劝买。又设茶酒点心各采物以款客。买客皆贵官，虽货价稍贵，亦不计较。且其所得之资，尽充善举而不以自私。凡饮食其茶点，给价亦须较寻常丰厚。

十四日十二点钟，再往善会听乐。是日游客，女多于男，住大厅列坐百余。每人出三马克，亦充善举也。

十五日二点钟，偕翻译官赓韶甫往游机器印书厂，观其铸造铅字。其旧字母之铜模，每枚一马三十分，新者一马五十分，此昨日往询之价也。今日则谓新模须加料价十分、工价七十分，共二马三十分。可见西人言语，亦不尽无欺。故买其旧者大小各一副，每副一百四十五枚。厂中尽用女工，将铅字以指按在砂砖而磨工。虽系粗工，人颇修洁。

十八日八点钟往赴朝会。先四五日，德外部送束邀请，另附礼单载明礼节，系礼官出名，奉德皇命所请者。偕星使及陈敬如、罗稷臣、刘鹤伯、钱瑟斋、赓韶甫、荫五楼分坐二车，至老王宫宫门（德国有新旧两宫，以德皇所居称老王宫）。车夫将前日送来之车票各缀于帽上，车始可到宫门之前。门外有马巡捕，雁行鹄立者数十人，每人相距二丈余。车到，有上前询问者，车夫指验车票，即放车入到宫门下车。上梯数重，进入，历过十余厅，而至跳舞厅。所过楼梯及各厅内，均列卫兵，手执长刀，相对鹄立。每户之内外，各立二人。厅内沿路，亦皆排列卫兵如仪。

跳舞厅长约二十丈，宽约六丈。各国公使、参赞、随员及文武各员，咸携眷属陆续而至。十点钟毕集，约有一千七百余人，妇女居其大半。每一男一女，联耦跳舞。楼廊奏乐，乐之节奏与跳舞相合。妇女皆袒胸露背，皇后亦然。有武学生数十人，犹中国之侍卫，均立于御座后，伺候皇、后。

至十二点钟，男女相携，同至饭厅。厅内有长桌，罗列肴馔，各客任便往取，先送与所携之女食之，而后自食。皆立而饮啖，无桌无倚。食顷，德皇及后先后来厅招呼。客在前列者，肃恭对之；在后者则饮啖自若。食毕，回至舞厅，重复跳舞。如足力甚乏，祗能借妇女之座而坐，男人固无座位也。一点半钟，始各散回。

二十日九点钟，赴兵部尚书家之跳舞会。先三日，兵部尚书夫妇具名出帖邀请，当嘱洋供事答缄允往。是晚，德皇、后皆到。昨于朝会余已见过，故皆鞠躬致礼，皇及后亦鞠躬答礼焉。

二十二日，与王弁得胜观炮台图。询以德国军制，据称：凡民年至二十，即调充兵，操练三年（每名月饷十九马克，另给馒头），遣归为民，仍执本业。

队长管二十五人，由民兵之操练精熟而自愿充当者挑补。既当此差，不遣归农，满二十年，方准告退，给以恩俸。如当差不满二十年而告退者，恩俸减少。此队长与所辖之兵同房寝食，严加管束，不率教者可任意扑责；惟不能升作武官。

合十队为一哨，共二百五十人，领以哨官一员、副哨官三员、哨长一名。此哨长亦由队长挑充，亦不能升作武官。盖武官必由武学堂正途出身，非比中国有营伍、军功二途，亦可荐升武官也。哨长专管本哨钱粮账目，并分派差使。皆奉哨官之令而行，不得自专。哨官、副哨官欲行令，皆由哨长传达各队长。哨长手下另有书识二名，由兵丁挑充，不加口粮。

以三哨为一营，共七百五十人，领以营官。营官有中军一员，以副哨官充之，而无亲兵。三营为一分军，共二千二百五十人。统以分统。分统下亦有中军官一员，而无亲兵。二分军一军，共四千五百人，统领统之。统领下亦有中军官一员，而无亲兵。

……

（光绪六年五月）十一日下午二点钟，谒驻扎溪耳之海军镇将，因病未晤。晤副镇帕来费辛克，及陆路镇将哈屯欠希，面订明日陪阅各处。四点钟至观星台总办处，引观子午仪、经纬仪、转动之赤道仪、自记风雨寒暑等器。凡海军防境，必设观星台，以考天度，以验气候，以察飓风，以测罗经变差，实为行海最切要之事。

子午仪在台上，径六尺许。托枢用平重法，因仪体甚重，若全重任于枢枕，则转动涩滞，易致消磨。故两枢端俱作更长，伸出枕外寸许，加于两个小轮之上。两小轮之轴，另连于小架，架悬于秤杆之端，一端悬重物以称之。使仪体之重，全任于此二枢端之小轮，而不任于枢枕，则活灵而无弊矣。

仪之大圈，有四物逆四显微镜，得四处平匀之度分，能知十分秒之一。用电气定秒，二针画平轴之黑纸上，每秒成"З"形，以手握之则成"Ͻ"，于镜中作"曲"斜线。

又有赤道仪，可随天星之行而旋转。其镜镜筒甚小，内有三角镜，可辨各星之原质。

子午仪所置之台，以砖石砌成，将地面挖深四十迈当，然后砌起，高于地面四迈当，故与地面不相连属，可免震动之弊。子午仪之望镜，长尺有半，内有凸形折光镜。经纬仪购自汉倍克，价三千马克。自记风雨表，用空盒法。自记风力表，用四杓旋转法。

十二日九点钟，坐车到镇将处。镇将派一船主，引坐"阿耳苦那"兵轮之舢板，渡到河东船厂。先观新造之铁甲船，长二百八十四尺，阔六十三尺，入水深二十尺，入水积七千吨。最大速率每小时行十四海里，如缓行几海里，则可省煤。船中之煤，足敷自德国北海口，直行至美国纽约口，不须添载。用双螺轮、双汽机。每汽机有三汽筒，各自进汽，而不用康邦，因恐要紧时进退停行，或有不便而误事也。锅炉八座，每两座置于分隔之一舱内。二炉相背，而炉门对船旁之煤舱。二炉合一烟通，共四烟通。船之中段，汽机锅炉之外，有铁甲护之。船之首尾，作分隔之多舱，无铁甲。外层铁甲厚十寸，内垫木厚六寸。内层铁甲厚六寸，内垫木厚十四寸。再内即船铁板两层，厚一寸半。船底平而船旁直。舱而上铁甲垒，甲厚八寸，内垫木厚八寸，中空而上面无盖。内用炮四尊，皆自甲垒之顶上放出，无炮洞。前有小甲垒，内用炮二尊，同置于一转盘上。各炮内径，皆二十六生特。船与汽机，全价七百万马克，炮价在外。船壳与汽机，均造于伏耳铿厂，铁甲造于氏令恩厂。

又观"来伯取吸"行海快船，每小时行速十五海里，长三百尺，阔四十尺。炮十二尊，内径皆十七生特。左右各五尊，形短；前后各一尊，形长。此为练船，以教幼弁。船身铁板，外包木板二层，再外包铜皮，尚有电气侵铁生锈之弊。

又观新造之头等行海快船，名"毛尔凯"，同式者共六号，各以大臣之名名之。每船用长炮十二尊，内径各十五生特。每小时行速十四海里。桅三枝。船身铁板外包锌皮，虽免电气侵铁，而有易生海草之弊。见雷艇二种，大者前浅后深。在船首水而之下，有一管能放鱼雷。小者在船首水面上放鱼雷。又大行海船，在船旁水面下有管放鱼雷。凡水面下者，皆用球门及压气送放法。因该处海水，较地中海水为淡，故鱼雷常失之过深，宜用铜者为佳。

炮库内储各兵船之大炮与架，依次排列，每船各有定处。标列船名，不相混杂。其收泊之船，船泊船池，将其炮与架及随件，皆起上岸，收藏此库。及派出当差，仍运入船。见有短架之炮，用于船旁者，有夹板六条，以阻退力，后有横枕，新式也。又有义大利式之短架，用"格色令"在筒内阻其退力。惟压下太重，须用极固之舱面，方可任之。

厂中有石船坞四区，外连船池，皆砖石筑之。各有闸门，用抽水大汽机三具，各有大飞轮。其轴下各运轮扇起水机，在深处推水由管向上，不用吸法，每六点钟可去尽一坞之水。另有小汽机，可抽出泄漏之水。绕船池四周，排列栈库。船上物件，除炮位炮架外，俱储于此栈库。凡二船合用一库，一船出差，一船停泊。将停泊之船，所有物件尽皆拆卸，收藏栈库。其舢板厂，左右有架，各置舢板三层。有小河通入门内，深约五丈。上有钩络及托架，有转轮，可推托架向前后。又上有转轮，可推舢板向左右，以至于架。其枪库，则储不当差各船之枪。每船另储一房，各枪皆置于枪架，排列井然。库内派有看守并揩擦之人，皆系资深兵目，故耐劳诚悫，规矩整肃。阅毕，登"荷恩初良"明轮船，系德君之坐船也，有时亦派令送信及侦探，每小时行速十五海里，用十二生特炮二尊。其中饭厅、客厅、君后坐卧之房，皆用栗木装修，雕镂极工，汉倍克工人所为也。

一点钟，镇将来拜。同步至码头，坐舢板登明轮船，升中国龙旗北驶。约二十分时登岸，先观福里得里炮台少南之水雷库。储有五铅管之伏雷数千枚。放雷所用之电线，浸于房中池水内，每日用量雷器试一次，以验雷线有无疵病，如有病立即取出修理。又储鱼雷约千枚，每五枚共置一架，上一，左右各二。上有移动起重架，架有络带，可提起鱼雷，移至他处。每架旁有一桌，桌上有木牌，记本鱼雷试得之偏左、偏右、偏上、偏下及一切各数。鱼雷之螺轮，用双个相叠，向左右反转。镇将云：钢鱼雷每年修擦费须九十马克，且阻力不匀。今试造磷铜者甚佳。此处系修鱼雷，若欲新造，则中段铜壳须购于民厂。近来试得极准，速率二十二海里，相距六百迈当以内左右尚可命中，惟深浅无法能定。既试准者，若一经装卸，又不能准。其值有贵贱二种。价贵者每尾六千六百马克，今共有千余尾。已发各船者空其架。其射雷之蓄气柜，有十二小管、八小管之别，大略与英国之法无异。惟筒后有铜球，外径七八寸，以蓄气者，为新法。其鱼雷尾有俯仰二页，左右有小直页，后有弧，以消息左右偏差，皆前所未见。

阅毕各库，即观各炮台。先阅福里得里炮台，系四方形，有旧式葵花角。垒外有水济濠，门在南方，本系二百年前旧台屡经修改者也。中有兵房，参杂不整。近年培厚东北边之垒，添置大炮，参用新式。北边之垒上，置有二十八生特炮四尊。东边之垒上，置有二十四生特炮八尊。各炮间之各隔堆，后半作空房，每房有一门一窗，以送子药，下通药弹库。隔堆高于垒顶六尺，垒厚四五丈。两炮相距七八丈。炮架宽三尺。炮基高于后路三四尺。基后路宽十尺，有铁路自东角斜坡通来，可以运炮来往上下。路高于垒内平地二丈四尺。隔堆后半空房顶,高于炮基五尺,上有砖石砌成之穹顶,下有铁路条密排。因独用铁路条,则有湿气,易生锈,故必用砖石作穹顶,方可经久。然砖石之穹顶,恐战时被敌弹震坍,故下仍架密排铁条。则穹顶虽坍,有此铁条承托,不致压下。此铁条每越二、三年,必取下重加油饰,方不生锈。凡炮基下,俱以砖砌穹环。此炮台最大,可住人二千名。

复向东北行约一里。有白隆布格炮台,系五角形,门左有堡。是台筑于高阜之上,濠沟无水。濠中筑隔墙,低于壕岸。濠之两坡,皆不用砖砌驳岸。台内平地,高于海面三丈余,炮口高于海面六丈五尺。海口深水船路,距岸边一千八百尺至五千尺。向东北面之垒,置二十八生特炮四尊。向东面之垒。置二十四生特炮四尊。炮基高于垒内平地二丈余,有斜坡及炮基后周围铁路。此路宽丈余,炮基高于此路三尺余。炮前之垒。厚约五丈。向外斜下。又有腰路,宽五尺,与濠面相平,以防土坡坝卸也。各炮间之各隔堆,前杀圆而后杀尖,后二面用砖砌,内有小房,下通药弹库,略与前同。惟台中横亘屋一行,分全台内为二屋。顶上有土,厚六七尺。中系监狱,监禁水手。其中为杂乱板屋,作解索、刨木、缝帆等工。

此亦旧台,近年更改。而中间隔屋,亦系新添,以阻敌弹之击西垒也。其就高阜建立者,因前后有稍低之阜多座,而岸边有陡坡,故台不妨稍高。因新炮放出之弹,行线较直,尚易于命中也。是台可住炮兵四百名,洋枪兵一百名。海口中有浮木栅作炮靶。以木排承之,距岸二千迈当,中绘黑白圈,预备明日海部派员来试炮也。

又登轮船渡至东岸,有石筑码头伸出海中,长七丈,为运炮之路。登岸见沿岸边低处,有人字形炮垒,置二十一生特炮五尊,与正炮台成犄角之势。人字形炮垒后面,以木为栅。其东北渐高处,相距四五十丈,则为士叨取之新炮台。旧名燕格而布格,此系海部尚书士叨取所经营改造者,故即以其名名之,可见其为得意之笔也。

亦作五角形,而西北二边之垒尤高且厚,以当敌冲。西边之垒约长四十丈,置二十四生特炮七尊。北边之垒长五十余丈,置二十八生特炮八尊。各炮之间作隔堆,堆后半之内作空房。后面为门,人可入房。两旁为窗,以出药弹。

西北两边之垒，炮基之下，作兵房及药弹库。垒之内面，高二丈七尺余，有石梯宽二尺，每级八寸许，共三十八级。垒中兵房库房，向内之面，俱作铁栅。玻璃窗外为长廊，深五迈当。廊内兵房宽六迈当，深十迈当。房顶俱用砖砌作穹环。以廊作一环，房内分作二环。环下用砖砌柱，方一迈当。三药弹库，较兵房为深。故内巷有曲折以让之。兵房内有火炉等，以备冬季兵丁御寒。兵丁卧床用铁架，分上下二层，每层卧一人。平时药弹常储于他处太平库，有警方运至炮台库内。然存储此库内，亦可二年不坏。

垒上炮基之后，有铁路，为移炮之用。向前为炮基，较此路更高三尺余。炮口处又高于炮基五尺余，是为女墙之顶，共高三十五尺。其隔堆后半及空房穹顶，皆用砖砌。前半及顶上堆土，由出弹药之窗，接铁路向外，达于炮之后。隔堆后半空房之顶，作微穹形，下置铁路条密排。二三年取出，刮净刷油一次。大约隔堆砖穹顶高于炮基三尺，空房底低于炮基二尺，上堆土顶，高于女墙顶六尺半。其东南二边之垒，皆略薄，临时可置小炮。其垒亦较低，内亦作穹环，为储杂物之库及水井等。垒外作濠，无水。濠之两岸，不用砖砌驳岸。而濠底之中砌砖墙，墙内作枪孔。墙厚二尺。高十二尺。垒外濠岸留路，约宽二尺。在濠内转角处，以砖砌小堡三座，右、左二座为空心者。自垒内地道斜下，两旁有砖壁为甬道。小堡左右有门，可达于濠中砖墙之后。其中堡为实心者，不通台内。垒中各房，均有换气之管。大门在南边濠中，小堡即在其一旁。又一旁有横濠之砖壁，亦有枪孔，以防守大门。

凡敌舟入此海口，则先用人字垒内二十一生特炮迎击之。再入，则以是台之二十八生特炮击之。及敌舟既入，则以二十四生特炮击之。如再深入，则南五六里之山下，沿水处有低方台，北西两边之垒，各有十五生特炮五尊，击之。镇将云：是处新旧各台，建造工料，每座共约一百四十万马克。

十三日镇将引观海军医院。屋宇极轩敞，宽一百二十五迈当，共楼四层。中上两层，皆中间为梯，右左各八间，每间三窗，可置八床，住病人八名。服役二人，一供杂差，一司药饵，遵医官之令，给药与病人服食，不用女人（西国常例，各病院皆女人服役）。平地一层，为验视伤病之房，刀针药饵，部署井然，汽机及食物、厨房、病床等房俱备。上一层为外伤病房。再上一层为内症病房。再上层为毒疮病房，另自一层，以防传染。又上为栈房。其病房向，内外相背。中留穿堂，宽二丈，有气道、气门，以达各病房。冬天先过热管而入房，夏天则不加热。下通二隧，以铁梁及穿砖砌之，用十四实马力汽机，运动吹气器，吹风以达各处。

院有头等医官一员，穿三道金线戎服，二、三等医官八员，每日轮流到院，往各病房看视二次。又常有一员，轮班住宿院中。又有监院一员，位次于医官，常住院中，综理杂事。兵入病房，先由医官诊验，换著院中之衣。其原衣洗净，并随带各物，另置于一房。学堂、礼拜堂、浴房、药房，俱在平地下一层。另有二房，一储兵船之药，一储兵船医器及验水器。分别船史，各盛一橱。兵船出差，即发上船。食物及药饵，皆先在化学房由医官验过，方可用。

天平之盘，多用牛角，取其价廉而不碎。其缝纫疮口，用猫肠，细如丝，浸于药水，云此法传自中国。米、麦、豆、菽，各有存样。凡病兵之衣，先悬楼顶吹风一二日，然后送兵衣所蒸洗之。凡兵之原衣、兵器，必缴出，储于最上层楼之房。养病之舟、车、轿、椅，另储一房。有铜床之抬病兵，据云不如竹扛之轻便，故储江浙竹杠甚多。又荷兰小艇，可横置病床，系德世子取来之小样。

地平下一层，为厨房及汽机，以运动吹风器，由总管达于各房。厨房煮物，用锅炉中通来汽管之热，入夹底锅内。食饮之水，有器先验过而后用之。吹风器所吸之清气，由院北林中空旷处筑高筒如烟通，周围蔓生藤草，枝叶茂盛。气既入此筒。又层层以铁纱隔之，防蝇蚋尘土之随入也。楼之西北数十丈，有平屋一座，有多窗，光明轩敞，亦病房也。医官察其病，有宜于透风光亮者，移于此屋，可容一百余人。凡院中执事人等，俱有家室，给地以令栽种焉。

下午，见总镇之夫人，端庄凝重，绰有大家风范。一子方十岁，一女八岁。谈及已在溪耳三年。中国王弇得胜，前年在此，亦常与谈。六点钟回。

（光绪七年闰七月）十八日早六点钟，曾侯由俄国赴法，道出柏林，往火车站相迓。同游圆画馆、生灵囿。复游蜡像院。院中新到蜡像一位，面目衣履与生人无异，能据案疾书。足有轮，可任意推置何处。揭其襟，则见胸鬲间机轮甚繁，表里洞然。开其机椟，则蜡人一手按纸，一手握管横书。试书数字于掌心，握拳叩之，则口不能言，而能以笔答，往往出人意表。曾侯在掌心写中国字，问余到外国几年？则蜡人书一月数。余亦写数华字掌心，问余几时能返中国？则答以冬间。其时余未有归志，其后卒如其言，不知蜡人何以能先知也？此事若非目击，出于他人之口，鲜有不河汉其言。在外洋数年，所见奇异，终以此事为第一。其神妙莫测，真觉言思拟议之俱穷矣！

（节选自徐建寅：《欧游杂录》，长沙：湖南人民出版社，1981年版）

11. 崔国因[1] 的《出使美日秘日记》

出访与交流扩大了中国人的眼界，中国是世界体系中的一个普通国家，西方不仅不能以古旧之夷狄视之，而且西方文明中还有许多值得中国效法学习的。华夏中心主义的幻觉已逐渐消解。中国视野中的西方形象逐渐从野蛮变得文明。

19世纪40—50年代，在林则徐、龚自珍那一代人的著述中，西方国家的名字多加上表示禽兽的偏旁。直到70年代，用"夷"表示西方国家仍很普遍。但早在50年代，先驱者魏源就提出西方有教化、讲文明，不可作夷狄观。不久一些开明人士，均避免用"夷"称西方。黄恩彤称"远"，丁日昌称"外国"，恭亲王、薛福成等称"西洋"。西方人在道德上文化上，既非禽兽亦非夷狄。西方是有文明技艺之长的师长。70—80年代的著作中，西方均被称为"洋"了。

（光绪十七年）四月初一日，元吉，晴。

近日，智利国乱党有船一艘，驶至美国嘉省之圣地埃哥埠[2] [近墨西哥界] 购买枪弹、粮食。智利驻美公使访闻，即照会美国政府，请将该船扣留，不准出港。美政府即派巡捕委员上船看守。该船之管驾人潜于夜间私行开驶，行至九米之远 [合中国三十里]，方送美国委员登岸，随即放洋而去。美廷闻知，即电饬渣尔士顿各兵舰尾追务获；又电饬美国现驻智国之水师提督，迅派兵

---

[1] 崔国因 (1831—1909)，字惠人，号宣叟，安徽省太平县（今黄山市黄山区）甘棠人。光绪十五年三月（1889年），出使美国、日斯巴尼亚（今译作西班牙）、秘鲁。光绪十八年十二月，任满回国。归国后，弃官经商，居住在安徽芜湖。著有《出使美日秘三国日记》16卷，对三国政治、经济、军事、外交及华侨生活和人民友好交往，都作了客观记述。

[2] 圣地埃哥：即圣地亚哥。

舰两艘，迎截兜拿云云。

英人闻德人欲于槟榔屿之北，暹罗与巫来由[1]之间，请逼罗给一地屯煤。谓缅甸与新加坡等处，皆属英国。今德人所欲之地，横亘在英国属地之中，英人当与彼处土人来往亲睦，以免他人鼾睡其间云云。

因谨按：英国国都在中国之西北，而所辖槟榔屿、新加坡诸地在中国之南。前此侵犯中国，其兵舰皆自南至者，恃有接济水、煤之地也。查新加坡各处，中国人数百倍于英人，而皆为英人所制，衣其租，食其税，唯所欲之，无不如志焉。华人中有华盛顿其人者，则善矣。

初二日，晴。天气转暖。

美国东北、英国属地奴淮史考谑[2]之中，近有一矿尽是镍质。勘矿之人已试验，以便采取。按镍之为物，其色如银，多出于德国，故俗名为"德国银"。

德国前相毕思麻致仕以来，德人之不忘其功德者，已为立"去思碑"。今通国又集德银八十余万马克，为之立像于德京。

昨日伦敦来电，言该处报馆驻伯林之访事人函称：德、奥、义三国会盟，订立条约，以五年为期，遇有兵事，则合兵攻守。义国初尚犹豫，兹闻亦已允从。义国外部已与德、奥两国共画押、盖印云。

因谨按：欧洲各大国，盖无日不存防患之心也。俄人好拓地，法人好佳兵。德、义、奥三国，东近俄，而西近法。俄与法又深相交结，但有衅隙，则东西皆受敌。以一国而敌两国，应接不暇，岌岌殆哉！德为法之仇，俄之重兵常屯于奥界，故德与奥皆自知利害切身，同舟共命。惟义则距俄稍远，距法亦稍远，故犹豫也。然唇亡则齿寒，奥入于俄，俄即并义，受害虽分速迟，究不能免。故辗转思维，仍不得不合纵也。因尝考欧洲大势，故于三国之会盟而略记其用心之苦焉。

初三日，晴。

谒科司达。查总统尚未回，外部在纽约。

美之欧海欧省有新开出煤油之井，其装箱之速，每一时可装二千箱，皆用机器。

---

[1] 巫来由：即今马来西亚。

[2] 奴淮史考谑：即新斯科舍。

因按：美之煤油，每一时装二千箱，则每日可装二万余箱。虽不常装，然其多亦可见矣。其煤油销路以中国为大宗。若欧洲之义国、日国，多用煤气灯，且地势、民数不过十一，所销亦不过十之一也。此又中国一大漏卮也。

初四日，晴。中夜微雨。

光绪十三年，各国出口货价按磅计银：英国二百八十兆，德国一百五十六兆，美国一百四十六兆，法国一百二十九兆，印度九十兆。俄国五十七兆，比国五十兆，义国四十兆，中国二十一兆，日本十一兆；又各国进口货价按磅计银：英国三百六十二兆，法国一百六十一兆，德国一百五十六兆，美国八十五兆，印度七十三兆，义国六十四兆，比国五十七兆，俄国四十八兆，中国二十五兆，日本九兆。

因谨按：各国出口、入口之货。美之出口多于入口者几一倍，宜其富也。美之税章，出口之货均无税，故多；入口之货均重税，故少。所以使本国之物产不滞，而利源不漏卮也。日本合出入乘除，多入银八百万两。中国合出入乘除，漏出银一千六百万两。愿筹交涉者，于此三致意焉。

李傅相往威海卫、旅顺口等处阅验炮台及船坞诸巨工、各营军士。

初五日，晴。

近年，美国整顿水师，造船制炮，精益求精。以兵舰之所恃者铁甲，而铁甲之名目不一，遂将现在天下驰名之铁甲逐加试验。向来钢面铁甲不如全钢铁甲之坚，而全钢铁甲又不如白铁钢甲之坚［英语名为尼克尔］。今年遂将全钢甲与白铁钢甲比较试验。试验之法，即以此数种钢甲造成靶子，长八英尺，宽六英尺，厚三英尺，以大块坚厚之木衬于后，钉使相著立于土坡之前；用乞司开士连珠速放炮，距靶三十五英尺之近，轰击二十次，验得各厂全钢靶尽被轰碎，各厂白铁钢靶亦被洞穿，惟夏玮所制之白铁钢靶竟无破裂，而炮弹反被碰碎［夏玮系美国宾省秘司堡[1]埠加厄克厂主］。

因以近年中国设立海军，讲求战舰，故于外洋铁甲及炮弹时常留心。近日新出之法，火药以无烟火药为最，炮以全钢为最，铁甲以夏玮白铁钢甲为

---

[1] 秘司堡：即匹兹堡。

最也。考之于平时，而后仿法以制造，则无苦窳之虞。循其名以购买，则得上等之器，于海军庶有裨乎？

初六日，晴。

前二十日，英国议院近日饬员详查水、陆二军所用各项大炮，每尊制造之费若干。兹据查称：近日造成十三英寸半口径大炮九尊，业已给发水军收用，每尊费银五万五千九百零五元；又查十寸径口大炮，每尊费银二万八千四百八十元；五寸径口大炮，每尊费银二千八百四十元。

因谨按：近日兵事，非复百年前之情形矣。船与炮均求其巨，船巨则能当炮，炮巨则能洞船，乃至炮台亦用铁甲。俄国彼得堡之炮台铁甲厚至四尺有余。前此英、法各国攻之，遂不能入，此明效大验也。顾其费殊不易筹，一炮台而费千万，一船而费数百万，一炮而费十余万 [炮之百顿者，连炮架及起重机器已过十万]。弱小之国何以筹之？即大国之贫者，亦难继之，因故以为富强二字实相因，通商之政实与国事相维系也。

初七日，阴。

上海来电：芜湖土人焚毁礼拜堂数间、洋人住屋数所。当时适有货船泊于芜湖江面，洋人固避于此船之中。英国兵船名"印干士田"已调赴该处，保护行旅。

因谨按：自天主教入中国，华人之狡猾者依之，为城狐社鼠，因为正人所不容，即狡猾者亦不相容，而地方从此多事矣。镇江焚毁洋房之案，甫结一年，已赔十余万金。而此案继出，地之相去只三百余里，防不胜防，将来又不免赔累。是亦中国一漏卮也。为之扼腕。

又闻俄太子至日本游历，方其

芜湖教案后重新修建的圣若瑟主教座堂

登岸，为巡捕名散茶者所刺，适中其首，伤不致命，然亦不轻。日本又费调停矣。

因谨按：怨毒之于人，甚矣哉！俄于日为邻，而俄人常侮日。漾夷岛[1]，日本所管也。俄人初约分属，乃自北而南，渐侵其地；十年前，已尽据之，今则竟为俄有。或日人不能平，故以刺泄忿乎？秦王政[2]并吞六国，而有荆轲之刺，又有搏浪沙之椎，皆不平之气使然也。俄之本国有尼希利士之党。防不胜防。今日之难又发于外邦，其所以致刺之由，传闻不一。或佳兵者不祥。现在地球，孰为佳兵之国乎？

初八日，小雨。

美国富户名万得比所管铁路，计长二万三千七百余英里；以为不足，尚拟再买至三万英里。其他富户，买者亦多。美国家恐其垄断，为议定载运人、货之价值，以期持平，准以长年得利三厘八毫为止云。

因按：此欲便民，而仍不损于商也。民政之国，以民为重，商亦民也。故为持平之计，以使不相妨焉。

美绅雪白订宴。

美总统出巡，于本日返美都。外部布连因病，尚留纽约。

英京本年锡阑所产之头等佳茶，每磅售英金二十五磅十先令，其价几与黄金相埒。

英国户部大臣高川，莅任三年，一切经费出入，细心察核，以期撙节。向之有绌无盈者，高君接手后，初年即盈五十万磅，前年增盈一百二十余万磅，去年又增一百八十万磅。由是观之，天下无难事，只患不得其人耳。英国自高君为户部大臣后，每年可盈如许巨款，则得人之效也。

初九日，阴。

南墨洲银国，小国也。近日讲求富强，势渐盛。前于英厂订造兵舰一艘，计长三十二丈五尺，宽四丈三尺，吃水一丈六尺，载三千二百顿。有大炮二尊，中炮八尊，快炮十二尊。每一时行七十余里，机器马力一万三千匹。查此船容三千余顿，不足为巨。而机器之力甚大，故其行速。

---

[1] 漾夷岛：为北海道的古称。
[2] 秦王政：即秦始皇，姓嬴。名政。

美绅寄到公函：拟于前总统格阑脱墓所立纪功碑，邀各国公使往度地势。

德国去年一年民人来美者，计九万五千七百九十一人。

因谨按：德国一年来美之人数，即可抵中国在美之人数；而不闻工党之妒、政府之禁者，何也？入籍故也。

初十日，晴。

金山来电，言德国兵船一艘，由日本调赴智国；以智国不靖，故至该处保护商民也。

因谨按：智利为民主之国，在南墨洲之极南，已到天南尽头矣。中国天文家向以赤道为天地南方之尽处者，误也。亚洲无通商之国，欧洲大国均与通商，盖其地广人稀，风气未开，获利较易故也。德国派兵舰至智利，当越大西洋，过赤道，而后能到。否则。由地中海过大浪山，计程皆三万里，亦可谓远略矣。

十一日，晴。

辰刻启行赴纽约，未刻到。随雇马车，谒格总统夫人、外部布连、前驻华公使杨约翰、邮政局总办凡吴客脱、议绅雪白。回寓已戌刻矣。

意大利国近有公举大臣之事，所有新举之各大臣，皆欲固德、奥、义三国同盟之局。三国同盟益固，则欧洲可以无兵患云。

英国云：华人之在西洋各国肄业者，虽日见其多；然欲求其专门名家，则不可多得。今有年幼华人在英属岛纽齐兰大书院中学为状师，每逢考试，必得奖赏，名遂噪甚。盖在该岛已数年，当其初至之时，曾不能操英语者也。华人之心思才力，不甚可畏乎云云。

因谨按：中国多聪颖之士，而以雕虫琢篆锢之，所谓"足迹囿于方隅之地。闻见限于耳目之前"也。太史公谓："读万卷书，行万里路。"然则士之欲淹通而致用者，固非仅恃伏案之功矣。

十二日，晴。

赴格总统墓所，此地离纽约约三十里。一路花木青葱。马车约数百辆，来往如梭。经过博物院，入内一观，大约油画居多，有一帧值数万金者。妇女携纸笔，就学之专心致志，终日不息。又有埃及国掘地所得上古所葬之棺，其身已化为石。此外尚有石器、刀剑之类。观逾时，仍乘车到格总统之墓。墓地坐东向西，对面临江。棺用铁板，棺首有字，即其名也。棺之下承以白石几，约高一尺。棺傍近南一方空之，豫留格夫人之地也。离棺高数尺，以红砖卷成半月之形，如桥之洞，外有铁栏，内多花，皆每年人所送者。墓之西南有小房，东北有房屋一所，可容二人，守墓者居之。上有竿，悬美国旗。墓前有巡捕往来。官民到此者，环视一周，多不忍去，其遗爱深矣。因亦以得见为幸！循旧途而回，已戌初矣。遂赴雪白之席。席中，格总统之第二子，外部布连之子，又三人为某省察院、银行。主人为雪白。席散，已子初矣。遂乘车至火车厂，子正开车。

因谨按：美自自主以来，其总统之著名者，惟华盛顿、临艮[1]、格阑脱三人。华盛顿为创业之君，其功尤大；临艮、格阑脱为中兴之主。敉平南北花旗之乱，其功在北花旗。又闻当南北花旗争战时，南花旗之主谋者为爹矮士，其才足与临艮、格阑脱颉颃；惜粮饷不充，致势不敌。未可以成败论人也。

十三日，晴。辰正到使馆。

昨赴雪白之席。宅中陈设穷奢极侈，酒用五种，水果四色，盛以大金盘。其余刀、匕皆银制。中设鲜花一丛，值三十金。自馔毕，后食茶点、水果。则盘、盂、刀、匕之类皆赤金。服用之奢，至斯而极。

法京来电，言俄廷于本月初与法国沙爹罗枪厂订立合同，制造新式洋枪二百万杆。并言定以后该厂之机器、工匠，一概不准为他国分用，专为俄国制造云云。

因昨天雪白席间闻此言：美绅因论欧洲时局可畏。美国远隔大西洋，可以无虞，然武备亦宜急讲也。因韪其言。席散后，寝不成寐。因思俄国之地跨欧、亚两洲，欧洲合纵以拒之。现德、义、奥三国新盟已固，俄人当不生心；即使生心，不必操胜算也。亚洲两国，日本侈然自大，与中国不和。中国东三省之地，俄人觊觎久矣。珲春铁路已成，西比利亚又营铁路，其成功约四、五年。法国定造之枪，其告竣之期亦如此。此后断不能无事于亚洲，所望当

---

[1] 临艮：即林肯（1809—1865）。

国者绸缪未雨也。

十四日，晴。

比国本国之疆土甚少，而于阿非利加洲所辟之地名孔果者，大于本国，所出之产甚多。近复拟开铁路。

俄国里海地方之铁路既成，数年以来贸易日盛。前四年中，每年运出棉花九十万浦达［一浦达合二十七斤］，今年增至一百七十七万。

英公使来晤，言及英国驻秘鲁办理开矿之公司，由英赴秘，纤道来见，请订见期。定于十八日。

十五日，晴。天暖，单衣汗出。

俄国产火油之海口名巴屯[1]，水深二丈六尺，其宽可容大船二十艘。近年火油出产日多，去年出油十三万五千石。现将海口开阔，可容大船三十三艘，有贮火油铁池一百处，用工人一千五百名。其销路皆运中国及印度。前此不过二、三千人，近日人烟之盛。十倍往年，且有兵弁驻扎，居然一大镇市矣。

因谨按：此次秘鲁之行，途中曾过一处，名打拉埠。舟人为因言：三年以前，此地荒凉，并无一人。后有商家探得此地实产煤油，雇人开井，验之信然。遂筑室招人开采，年盛一年。近来，每年竟出数百万斤矣。船至此必停，以上煤油，而下各货。此因所亲见亲闻者。《曲礼》云："地不爱宝。"古人岂欺我哉？

十六日，晴。夜雨。

美国前此议造气船，由空中往来。兹闻与英人合股，筹费一万万元。于美国仙路伊市[2]兴工制造，数年可望成功。

美国议于尼亚嘉剌河道借水力以运电机，费省而功多。拟造机器为九百万匹马力，分传于各处。业已兴工，将来之利大矣。

因谨按：前此法人犯越南，美国即有造气船以破敌之议。中国议购而未成。迄今七年，尚未中辍，足见西人心志之一，不肯废于半途。电气之用渐广，美国已用于行车矣。今又拟生电，以传至各处。随其所用，由人自出心思，

---

[1] 巴屯：即巴统。
[2] 仙路伊市：即圣路易斯。

则用更广。向之以电寄信者，一变而为德律风[1]，再变而为行驶舟车。今则惟所用之，无不如意。其奇妙百出者，无非本于格致之学，而悟得其原。然则格致一道，其可不亟讲乎？

十七日，小雨。

见美署外部，询卜雷耳事。答以须俟布连回都，（与）总统商定。因谓布连所允，二十日定夺，今已过二十日矣。署外部谓布连非病当已回部；今病少愈，想不日可与总统面商。因询布连病势既减，何日可回？且能否先于总统处请示？署外部言："布连之回，难以预定日期。惟卜雷耳当时业已启行赴中国。布连闻中国不肯接待，而电令折回。此时既不启行，似可无容急迫。"因额之。遂辞出。

美之毗连地方名卡拿大者，英之属地也。十三日来电。谓该地工商会议华人入境一事，谓现在所征身税日短，由华人规避之故。且可仑比亚地方矿务之工人，均不愿华人入境。似宜禁之，使不得来。该地总督名麦克堂纳而得者云："华人入境，已令纳身税五十元，何至多来？其假道者，将以入美境耳。我等甚愿与中国敦睦谊，通商务，不便阻禁华人。"众遂无言而止。

因谨按：自光绪十四年，美国背约，径禁华工。华人之至金山者，悉被税关阻遏折回，遂由英属卡拿大潜越而入美境。卡拿大于华人入境，收身税五十元。每年计收十三万以上，亦岁入一巨款也。美之工党憎拒华人，而卡拿大因以为利。故英、美意见不同耳。

十八日，晴。中夜大雨。

午刻，英国赴秘办理开矿之公司来见，年约三十余岁。言伦敦总公司自与秘立约后，今凑集金磅二千万，特派伊赴秘鲁办理开矿事务，将来需用华人，特来相商。因答曰："秘鲁纲纪不立，不能保护华人。前此智、秘构兵，及土人妒忌，华人之被杀者约五千人；其余各寮之虐毙者不下万人。中国鉴于前事，已立约禁招工矣。"该公司云："秘国无政，已所深知。惟此次开矿系英公司，英廷必为保护，断不如前之虐待。"因答曰："新金山、新加坡、

---

[1] 德律风：即电话。

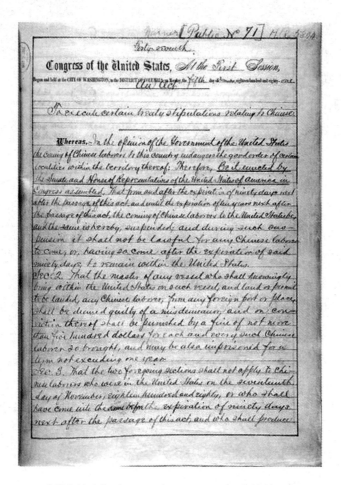

《排华法案》（Chinese exclusion act）的第一页

美国毗连之域多利、卡拿大，皆英属地也。华人之入境者，须纳重税。新金山至纳每人百元，而域多利、卡拿大之例：华人入口纳身税五十元者；但经出口，即不许来。来则仍须纳税。何其苛也！我中国人数甲于地球，但准招工，则来者麇麇至，必不能容，又将设苛例矣。故不敢允。"该公司固请，且云："秘鲁开矿，已于秘订定五十年。本公司断不如此之苛待。"因答曰："寓秘华人，尚有四五万名。中国之人不可招。现在寓秘华人，贵公司以善待之意招徕，当亦敷用。何必舍近图远？"该公司额之。遂辞去。

　　因谨按：同一华工也，美禁之，而英招之，皆为利起见耳。美之禁之也，工党之欲专其利也；英之招之也，公司之欲助其利也。至于英属之卡拿大，则有身税，即许入境，一似招之也；如无身税，不准入境。又似禁之也。无非为利起见也。

十九日，雨。

为英公司赴秘开矿，欲招华人，即函致驻秘参赞吴浚、领事张曾诏，并立一章程：属其防该公司创招工之议；且乘此该公司需用华人之时，易就范围，先之妥商，以免华人受虐。

接驻英、法大臣薛福（成）咨文。以因前所言厄瓜多（尔）、智利两国华人，由英公使、领事保护，请其照会英外部道谢，并求以后仍为保护等因。经已照会外部矣。此事因以厄瓜多、智利两国，中朝未与立约，无可措手。而华人又实可怜，再四思，维（惟）辗转设法，为之咨托英廷。此后两国华人，当不至大受凌虐矣。

日本所开之官矿——失杜矿，中值日银四十二万，其中十三万为所得之利；意格奴矿，中值日银十八万零六百，得利银六万。

因谨按：开矿之举，利不待言。欧洲各大国无不以开矿致富强也。中国之不尽得利者，一由于矿学之未精，一由于办理之非人也。

二十日，晴。夜雨。

昨日义大利来电云：美国煤油运入义国各口，为数甚巨。既夺本国之利，又有火患。现应加增入口之税。适义君驾赴米兰埠［义国旧都］，外部大臣即前往奏，闻批准下令遵行云。

因谨按：此义国因美国之虐杀义民，而示以报复者也。闻美固煤油入中国者居多，入义国者尚少。以中国之地大于义，而民数十倍之也。中国大吏亦有请加煤油税则者，业已照会美廷，继而中止。美国之虐待华人，肆行无忌也。语云："见兔而顾犬，未为晚也"，"失之东隅，收之桑榆"，岂必不可行哉？

德国克虏伯厂，今为俄国造成一极大之钢炮：炮身长四十英尺，炮口大十三英寸半，重二百三十五顿。每分时可放二次。今在德国爱森地方，由驻德之俄官试放，以十九寸厚之铁板为靶，其弹既洞穿而过。复直至一千四百码之远而始止。每放一次，药弹之费计英银三百磅。

因谨按：此种巨炮，未必可用于兵舰。置之炮台，则铁舰不敢近矣。俄之克龙斯达炮台，其铁甲厚四尺八寸，既足以当铁舰之炮矣。而又益之以二百余顿之炮以守炮台，则极巨之铁舰亦不能当。其于海防可恃矣。

二十一日，雨。

英国来电云：近因美国与巴西国订立报施条约，美国货产运入巴西，较英国之货产，税则已减二成。英商以货物难于销售，禀告英国政府。闻英外部已与巴廷理论矣。

因谨按：此即"一体均沾"之意也。巴西既减美国入口之税则，英国亦应援"一体均沾"之义，以求一律减税。惟意虽同，而其实不同耳。盖巴西之独减美国货产入口之税者，所以报美国之减巴西货产入美之税也。有所施者，应有所报；不得无所施，而求其报也；且不得求其施，而不言报也。虽然此国势相敌者之所言所行也。因势不相敌，则虽言而不能行，或且不敢言。此弱国之所以益贫也。

二十二日，雨。

光绪十一年，总理各国事务衙门、北洋大臣李鸿（章），以采办外洋军火滋弊甚多，咨由出使大臣派员，平时与各国制造厂讲求。因到美后，当派纽约领事沈桓向各厂考究。本日来文，据称：纽约省枪厂五处、炮厂三处，华盛顿炮厂一处。炮之新制，则以炮口径一尺者，炮身须长三十倍，则可及远至二十五里。华盛顿炮厂所造炮身长四十五倍者，尤能格外及远；且每分时可出三十弹。炮架用活动机器，可升可降。可盘旋转动，灵便非常。枪厂虽未出新式，然林明敦枪以前所装五锭陆续而发者，今则增为八锭陆续而发。盖以新锭之底不起棱，故不占地步也。其铅弹，向用纯铅，今则铅外加以钢铁，中处所入尤深。每二十秒八弹可以陆续出尽。新式火药为大块，每块随所用之炮口之式，中间有圆洞，所以透火力，使一时并着，则力更猛。

二十三日，晴。

又查得美国兵舰最新者三号，今年将可造成。每舰有十二寸口门后膛炮四尊、八寸者八尊、六寸者四尊、六磅火药快炮二十尊、格林炮二尊、鱼雷六个。

船身长三百四十八尺，阔六十九尺，入水二十四尺，容一万一千顿，马力九百匹，每一时辰行中里一百零七里。铁甲厚一尺八寸，船面之铁厚三寸。现在美国兵舰三十五号：内铁甲五号、白铁及钢三号、钢甲二十七号。又气炮船一号、鱼雷船两号，均系钢甲。每艘有六磅火药快炮二尊、鱼雷五个，容一百零八顿，计九百匹马力，每一时辰行中里一百四十七里。总计：美国水师十二寸口门后膛炮十六尊、十寸者二十尊、十六寸者一尊、十五寸者一尊、八寸者三十四尊、六寸者一百零八尊、五寸者二尊、四寸口门快炮四十尊、六寸者八尊、三寸者六尊、一寸者六尊、格林炮二尊、鱼雷二十八个。惟"收乎巍亦司"船内有十五寸口门气炮三尊。

因谨按：美国水师尽在是矣。兵舰虽不多，而多新式。除英、法、俄、德、义五国之外，亦可称雄矣。因今年至秘鲁谒各国公使时，法国公使言颇洽，因与商小吕宋设领事事，该公使以为日廷决意不允。既而其言果验。因启行返美，再谒之，谈次，夸其卓识。该公使云：使臣者，国家之耳目也。所驻之国，必知该国之情形。凡陆兵之数，水师之数，库款之所入所出，交邻之何亲何疏，胸中了然，交涉方有把握云云。因志之，故以平日所考据者，笔于日记焉。

二十四日，晴。

接金山电，言华商二人，随带学生一人至金山，美国税关阻之，不令登岸，当即与外部订见。

查美国气炮，创于一千八百八十三年［中国光绪九年］，渐次加精。其初只能造四寸、六寸口门，至八寸而止。今所造者，已至十五寸，其口门可卸下，换上六寸、八寸、十寸之口门。炮身长五十尺，重八十顿，以熟铁铸成。价银七万五千元，连气机在内。炮架以铁为之，形圆，可旋转如意，升降用气机，不费人力。其口门六寸者，放五十磅之炸弹，远及五千二百五十码［每码三尺］；八寸者，放一百磅之炸弹，远及四千八百码；十寸者，放二百磅之炸弹，远及四千四百码；十五寸者，放五百磅之炸弹，远及二千五百码。其炸弹之价，五十磅者，价一百二十五元；一百磅者，价二百五十元；二百磅者，价三百元；五百磅者，价五百元。弹身钢铁厚二寸一分二厘半，长六尺，径十五寸。计十一分三十四秒时，可放五次。用之海防口岸。"收乎巍亦司"气船，亦用三尊，每十七分钟可放十五次。炮口比船面高六尺，由渐而低，至炮身低船面二尺处，可卸开装药弹；装毕，用气机合之。陆路气炮则不能卸，均从后膛入药弹。其收空气也，系另一机器中有扇轮，用火机转动，可收至二万磅之力。置诸远处，以铁管至炮所，放之大气炮。现在美国家共买九尊：陆路六尊、水师三尊。英国买一尊，试之均称合用。

因谨按：光绪十年，法国为越南事与中国构兵。北洋大臣李（鸿章）曾电出使大臣郑藻（如），令购美国气炮，已向该厂订定，再三试验，迄未合用，遂以中止，至今垂七年矣。该厂考究不已，卒以成功，亦可见坚忍专一之有济于事也。然非国家牌照之力不及此。查泰西各国之例，有能独运心思，创造一物有益于民生国用者，给予牌照，准其专业二十年。他人不能挽效，故人人愿竭力殚虑以为之，至于耗财破家而不惜，为其有宏名大利在后也。闻创气炮之始，股分数百万两，尽归无着。至近日，而始渐次收回。以后则利益溥。固由民心之坚忍专一，而亦立法之善，足以劝之以告成功也。

二十五日，晴。

二十四日。接金山电云：华商三人附船至金山，美税关阻其登岸。当日系美国清明节，例不办事。次日又系礼拜，故约今日晤言。因于午初到外部，副外部已到。因出电文令阅之。外部曰："领事无发照之权。该商所带护照，系领事之照，故税关不准。"因答曰："领事即中国朝廷所设之官，不得谓其无权。且美国但当查其是商非商，如其是商，即无领事之照，亦不能阻。"外部曰："俟商之户部，但须中国补一照会。"因曰："可。"遂退。是夜外部复文，已电金山准华商登岸矣。

东洋西字报云：日王因俄储被伤，出谕旨晓示民间：嗣后，如俄罗斯与朝鲜有龃龉之事。日国决不再问。

因谨按：此所谓"名不正，则言不顺"也。刺俄储者，日本人，俄当与日本龃龉，何至与朝鲜龃龉耶？俄与朝鲜龃龉，按"万国公法"，日本例处局外，何得而问耶？朝鲜为中国属藩，中国例应问者，日本例不应问，又何得而问耶？俄与朝鲜果龃龉，日本方将有殃及之虑，又何敢言问耶？且日本欲承顺俄廷，应向俄廷昌言，何必出谕示民耶！

二十六日，晴。天气热。

前《新报》刊出，美国一年进款，计四万六千二百九十六万三千零八十元五角五分。因向户部查其入款细数，本日查到照录，计开：关税入款二万二千九百六十六万八千九百八十元五角七分，内地税一万四千二百六十万零六千七百零五元八角一分，铸金银元、存金银条出息一千二百零一万七千二百四十四元二角五分，售出官地六百三十五万八千二百七十元五角一分，领事牌照买卖田地规费三百一四万六十六百九十二元三角二分，北施域铁路公司还欠款一百八十四万二千六百四十元五角二分，国家银行牌饷一百三十万零一千二百六十元五角八分，税关罚款充公一百九万九千三百二十四元五角五分，北施域铁路公司交息七十五万零五千六百九十一元五角二分，售出烟甸人土地三十七万二千二百八十八元一角五分，老病兵院存款息三十万零八千八百六十六元九角九分，海龙皮税二十六万二千五百元，外国人民来美犯例二十万一千四百六十四元。发卖国家物件十九万二千一百二十三元九角九分。履勘官地存款十一万二千三百一十四元七角九分，损坏官地罚款三万五千八五十二元三角七分，美都入款二百八十万零九千一百三十八元九角三分，杂项一百六十万零十四元八角一分，邮政局六千零八十八万二千零九十七元九角二分。合之如数。

因谨按：美国入款之多，较之中国已有五倍。其地不如中国之广也，其民不如中国之多也，其俗不如中国之勤俭也。因始闻而疑之，继而访之，乃得其概。其入款以关税为第一。关税之多，一由于入口之税重，一由于经理之人精明耳。试以中、美两国较之：美国收中国入口米税每包至二元二角五分，每年以五十万包计之，税银百余万矣。而美国之麦粉入中国口者，曾不纳税焉。以油计之，中国之油入美国者，计成本纳税百之二十五。而煤油之入中国者，计成本纳百分之五。两相比较。则十万两之税，中国少收八万两矣。丝绸一项，美国收百之五十焉；中国于美之绸布，则仍百之五焉。两相比较，十万两之税，中国少收九万两矣。烟、酒二项，美国收税极重；而中国且不收税焉。外国之药材，如屈臣氏、德记各号，分布各省。每年所售出之药，计银数百万两，一概无税。而中国药材，仅为中国人所用者，其数甚微，金山入口收税极重。中国入口如衣服、烟、酒、蜜饯，始以为洋人自用不纳税者，今则各洋行出售，亦无税焉。中国之衣入金山口者，无不纳税，已属不公平矣。而华人附体之衣过五层者，仍纳税焉。何其锱铢必较，一至于斯耶？鸦片一物，美国计两，收税银一两。中国仿之，则每年收税一万万两矣。邮政一项，美国入款六千万，中国则出款三百万。一转移间，则六千三百万矣。或以为美之税则，美之内政也。"万国公法"内政由自主，非他国所能干预也。似也，中国不能干预美之税则矣。中国之税则独不能自主乎？他国独能干预乎？煤油加税，非中国之内政乎？何以甫议加税，为美使田贝所阻而中止乎？此非美国干预中国之内政乎？中国何以不能自主乎？或又谓因所言者，实不可行也。因以为为徒托空言而无实际乎？此由见诸实际，而后发为言者也。不得谓无实际也。外国初创一物，如火车、轮船之类，其始皆不能行；气炮初创。亦不合用。今皆能行而能用矣。有坚忍之力故也。创例亦犹是也。今先存难行之心而自阻，即以为此不可行，则实不可行矣。因何辨焉？

二十七日，晴，热，夜雨。

闻中国光绪十六年一年，海关十九处，共收税银二千零八十九万八千四百四十七两零，较前十年多一百余万，而以美国较之，合十之一。

美人云：中国北洋水师兵舰二十余艘之上，只有西人四名襄助其中云。

《字林报》云：丹阳教堂火烧时，地方百姓劝外来乱民不可动手。乱民置之不理，一面抢掠，一面放火，均付一炬云。

因观此而知闹教之事，非良民之愿。而莠民之谋也。不过明火抢劫之为，而另创一名目耳。乱民所得甚微，而国家所损甚巨。教堂毁，则赔造必大于旧观；洋人伤，则赔恤均过于万数。国体损，库储亏。每一教案出，而洋人之势焰必益张，不禁拊膺而太息也！

二十八日，晴。

俄国信云：所造西比里亚之铁路，即可造至珲春。所有工程师与铁路所用之料，皆已由水路载往珲春矣。

德国京中出示欲借国债，计德银四万五千万马克。乃不逾时，而愿应者多于欲借之数四十五倍。民信其上故也。

因谨按：中国前此贷银于汇丰。及至归还而磅价骤涨；以至交息之外，又受磅价之亏。若贷诸民间，则息之外，无所受亏矣。且汇丰贷中国之银，其中即多中国商人所凑合，而汇丰出名，其中又扣用费。则国家所出之息，商人不能尽得，是洋人所得者多，而中国商人所得者少也。然则中国何不仿欧洲各国，自贷于民耶？曰："民未信也。"民何以未信？则以咸丰年间户部所出之钞未尝收回，民是以惩前而毖后也。

二十九日，晴。

本日智利国来电云：智国乱党之兵船名"意打达"者，前在美国嘉省圣地埃哥[近墨西哥界]埠私购枪弹。为美国地方官侦知，扣留后而私行驶回本国。当时美国政府即派兵舰一艘名"查尔司顿"，尾追之不及。兹闻该乱党之船，已抵智国之意基忌[1]港口。乱党自知理屈，即将该船与所购回之枪五千杆，一并解交美国现驻该处之水师提督收管，请押回美国，由美国朝廷公办云。

因阅此而知"万国公法"之不可不熟也，海军之不可不讲也。公法载：一国有乱及两国构兵，地球各国不得有所左右袒，并不得售以军火。此美所以扣留智国乱党私购军火之船也，此美国所以派兵船尾追也，此乱党所以解还私购之枪也。然美国苟无兵舰，则惟有坐视而已。坐视不办，则智国朝廷战胜，必据"公法"向美国以论曲直。不出于战，即出于罚赔兵费。疆场为之多事，国帑为之虚糜。贻笑于邻国，则轻于他邦，所损巨矣。然则鄙洋务而不屑言者，当深究此中之曲折也。

三十日，雨。天气转凉，可着夹衣。

出使一役，十年以前视为畏途。以为水陆均万里，舟车亦兼旬；远涉他邦，深虞彼族，想当然耳。厥后熟察外洋情形，无猜无忌。详考火轮迅速，易往易来，盘费虽多，而取诸国帑；食用虽浩，而足于俸薪。无出洋之难，而有出洋之乐。故每遣一使，求随带者常数百人。其熟于此途者，且必携带眷口。频数往来，

---

[1] 意基忌：即伊基克。

故有出洋未久，而求差使以言旋者；且有请假为名，而带眷口以复出者。略一举动，即费千金。员额空悬，又须添派。此所以经费日增而丛脞愈甚也。因于求差回国者，一切拒之；于请假求领归装、挈带眷属者，则咨呈总理衙门请立章程，不居恩怨。今奉函示，限制维严矣。人之欲善，谁不如我？已照总署所云，分行各处。既于公事有益，亦于国帑无糜。窃自喜焉。

（节选自崔国因：《出访美日秘日记》卷七，合肥：黄山书社，1988年版）

12．薛福成的《出使四国日记》

（1）旅行和探索，既是时间与空间的旅程，也是思想的旅程。鸦片战争之后，经过一两代人的这种令人兴奋也令人痛苦的思想的旅程，中国人的西方形象逐渐改变了。西方从夷到洋，从野蛮到文明的形象变化，实际上索引着中国人自身的文明与历史观念的变化。二十年前郭嵩焘出使英伦骂声一片，如今薛福成"通洋务"反被人羡慕。

（光绪十六年正月）二十一日记。晴。风顺，船平。寒暑表八十六度。自昨午至今日午正，行三百四十五海里，在赤道北四度四分，北京西十一度十一分（巴黎东一百零二度四十七分）。

偶阅《瀛环志略》地图，念昔邹衍谈天，以为儒者所谓中国者，乃天下八十一分之一耳。中国名曰赤县神州。赤县神州内，自有九州，禹之所尊九州是也，不得为州数。中国外，如赤县神州者九，乃所谓九州也；于是有裨海环之，人民禽兽莫能相通者，各为一区，乃为一州。如此者九，乃有大瀛海环其外，为天地之际焉。司马子长谓其语闳大不经。桓宽、王充并讥其迂怪虚妄。余少时亦颇疑，六合虽大，何至若斯辽阔？邹子乃推之至于无垠，以耸人听闻耳。今则环游地球一周者，不乏其人，其形势方里，皆可核实测算。余始知邹子之说，非尽无稽；或者古人本有此学，邹子从而推阐之，未可知也。

盖论地球之形，凡为大洲者五，曰亚细亚洲，曰欧罗巴洲，曰阿非利加洲，曰亚美理驾洲，曰澳大利亚洲，此因其自然之势而名之者也。亚美理驾洲分南北，中间地颈相连之处，曰巴拿马，宽不过数十里，皆有大海环其外，固截然两洲也。而旧说亦有分为二洲者，即以方里计之，实足当二洲之地，是大地共得六大洲矣。

惟亚细亚洲最大，大于欧洲几及五倍。余尝就其山水自然之势观之，实分为三大洲。盖中国之地，东南皆滨大海，由云南徼外之缅甸海口，溯大金沙江直贯雪山之北而得其源，于是循雪山、葱岭、天山、大戈壁以接瀚海，又由瀚海而东接于嫩江、黑龙江之源，至混同江入海之口，则有十八行省、盛京、吉林、朝鲜、日本及黑龙江之南境、内蒙古四十九旗，西尽回疆八城暨前后藏，剖缅甸之东境，括暹罗、越南、南掌、柬埔寨诸国，此一大洲也。由黑龙江之北境，讫瀚海以北，外蒙古八十六旗及乌梁海诸部，西轶伊犁、科布多、塔尔巴哈台，环浩罕、布哈尔、哈萨克、布鲁特诸种，自咸海逾里海以趋黑海。折而东北，依乌拉岭划分欧亚两洲之界，直薄冰海，奄有俄罗斯之东半国，此又一大洲也。雪山以南，合五印度及缅甸之西境。兼得阿富汗波斯阿剌伯诸国、土耳其之中东两土，此又一大洲也。

夫亚细亚既判为三洲，余又观阿非利加洲内，撒哈尔大漠之南有大山，起于大西洋海滨，亘塞内，冈比亚之南境、几内亚之北境、尼给里西亚及达尔夫耳之南境，延袤万余里，直接于尼罗江之源，此其形势，殆与亚洲之雪山、葱岭界划中外者无异；尼罗江又曲折而北以入于地中海，是阿非利加一洲显有南北之分矣。今余以《志略》所称北土中土者，谓之北阿非利加洲，《志略》所称东土西土者，谓之南阿非利加洲，此又多一大洲也。而南洋中之噶罗巴、婆罗洲、巴布亚诸大岛，则当附于澳大利亚一洲。

夫然，则大九州之说，可得而实指其地矣。虽其地之博隘险易不同，人民物产之旺衰不同，然实测全地之方里。谓其八十倍于昔日之中国，自觉有盈无缩。所谓裨海者，若红海、地中海皆是矣；即有沙无水之瀚海，亦可谓之裨海；即中国东隅之黄海、渤海，有日本三岛障其外，亦可谓之裨海；是裨海与大瀛海，殆一而二、二而一者也。而彼所谓大九州者，在邹衍时岂非人民禽兽莫能相通者乎？

至于禹迹之九州，要不出今之十八行省。若福建、广东、广西、贵州诸省，则《禹贡》并无其山川，今以置余以上所叙一州〔洲〕之中，约略计其万里。

要亦不过得九分之一。然则禹迹之九州，实不过得大地八十一分之一；而《禹贡》所详之一州，又不过得大地七百二十九分之一，其事殆信而有征也。舟中无事，睹大海之汪洋，念坤舆之广远，意有所触，因信笔书之。

（2）登埃菲尔铁塔、游蜡人馆、油画院、兵器博物馆，所记均有所致意。

（闰二月）二十三日记。与世益三同登法国新造之铁塔，高三百迈当，合中国之一百丈。乘机器而上，凡四换机器而至顶。每高一层，则下见川原庐舍人物车马愈小一倍，俯视巴黎，全城在目，飘飘乎有凌虚御风、遗世独立之意。

法国陆兵近六十万，户口三千六百万。

二十四日记。赴蜡人馆观蜡人。其法，以蜡仿制生人之形，自王公卿相以至工艺杂流，无不可留像于馆。或立或坐，或卧或俯，或笑或哭，或饮或博，无不毕具。凡人之发肤、颜色、态度、长短、丰瘠，无不毕具，殆所谓神妙欲到秋毫巅者。闻其法，系一老媪创之，今盛行欧洲各国，未百年也。

又赴油画院观普法交战画图。其法为一大阒室，以巨幅悬之四壁，由屋顶放进光明。人入其中，极目四望，则见城堡、冈峦、溪涧、树林，森然布列。两军人马杂，放枪者、点炮者，搴大旗者、挽炮车者，络绎相属。各处有巨弹坠地，则火光迸裂，烟焰迷漫。其被轰击者，则断壁危楼，或黔其庐，或赭其垣。而军士之折臂断足、血流殷地、偃仰僵仆者，令人目不忍睹。仰视天，则明白斜挂，云霞掩映。俯视地，则绿草如茵，川原无际。情景靡不逼真，几自疑身外即战场，而忘其在一室中者，迫以手扪之，始知其为壁也，画也，皆幻也。夫以西洋油画之奇妙，则幻者可视为真；然普法之战逾二十年，已为陈迹，则真者亦无殊于幻矣！

二十五日记。距使馆里许，滨赛纳江之南，有巨院曰安佛里特，法前王拿破仑第一陵寝在焉，其旁有历代兵器博物院。武库二，所列铜铁锁子甲千余件，件各异制；刀矛弓剑，分映玻厨。有洋枪、手枪各一，遍嵌百宝赭石。炮台一座，兵房瞭台悉具。库之中又有二院。一为历代兵卒蜡像院。草昧之初，衣皮张革以卫身，削竹砺石以御敌。其人率非巨鼻深目，故考古者谓西人之种实来自东方，迨数世之后，服其水土，始渐变其形状云。进内一室，所列之像始有弹弓刀铤，身服甲胄。或仅露目，或半遮面，或脱上服，持盾以为杆。至火枪之制，距今仅二百年耳。一院之中，古今并列，于以验兵器之沿革焉。一为五洲兵卒蜡像院。地球人种有四，白种、黄种、黑种、红种也。其族有十五，陪而陪族、黑人族、北美印度族、中美印度族、南美印度族、柏布族、爱斯既马达族、欧洲印度族、乌拉朵阿尔堆格族、蒙古族、爱拿族、排思格族、达拉惟弟爱吴族、巫来由族、阿刺伯族也。红黑种类，形极丑恶，所操兵器，亦尚铦利。末室列中国楚军马队一人、乡勇一人、绿营兵一人、营将一人。一院之中，五大洲之人物具焉，于以考兵器之伏劣，军事乌有不精者乎？

（3）欧洲人分三大类，罗马人种、希腊人种、德意志人种……

光绪十六年庚寅三月庚午朔记。日耳曼各国兵权、饷权、用人之权，近数年来已被德皇、德相设法收尽。其各国兵政，皆由德派武员经理。关税则由德设统关，始名为总收分给，今则用以支给兵饷吏俸，亦由德为之经理。其用人，则由议院议之而德国核定之。各国旧王皆已无事，不过在伯林议院为议员，食王爵之俸。惟巴华里国。即通商条约之拜晏国，向称强大，尚未尽削其权，许其自派公使往驻各国，各国亦可派公使往驻其都；兵政虽由德派员代为经理，而统关代巴华里所征之税，尚给还巴王，俾自发自兵饷吏俸。

波兰国为俄、奥、德三国所分。该国幅员本大，共有二十二兆人民，而俄分得其人民十四兆。

初三日记。法人称德国为阿里曼，英人则称为日耳曼，其土人则自称为德意志，名异而实同也。中国翻译英书最早，故《瀛环志略》犹沿日耳曼之称。《海图图志》作"耶马尼"，乃日耳曼之转音。至咸丰十一年与中国通商立约，始知其为德意志，然其时尚未合众之一。考通商约章云："大布路斯国暨德意志通商税务公会各国"。至同治十一年，其使臣奉其国命，来告德意志变更情形，自是改称为德意志合众国云。盖布路斯者，昔为德意志公会中之一国，后以国势渐强，推为领袖；自战胜法国后，各国遂戴之为共主；近者，各国王侯之权日削月朘，而德意志之全势将归前于布路斯一国。布路斯，《志略》作普鲁士，《图志》作普鲁社，皆单举言之，或不与于日耳曼列邦之数，或不入于耶马尼总记之内者，皆误也。考德意志三字本非地名，乃一种人民族类之总称。盖欧洲之人分为三大类，曰罗马人种，曰希腊人种，曰德意志人种。德意志者，所以别乎罗马、希腊两种人而言之，不限以地也。凡欧洲中部北部人民，皆此一族，故奥地利、荷兰、比利时、瑞士，从前皆在德意志列邦之内。奥、普两国最大，故先后迭兴，为之盟主。至德意志南北之分，因普鲁士初强时，惟北方诸邦附之，是为北德意志联邦公会。迨后南方近来因河之四邦亦入公会，遂去南北之畛域，号为德意志合众国云。偶按地图，北方诸邦皆参错于普国境内，间以郡县杂居而治。殆有一合不再分之势。南方四邦，皆足自立，去普稍远，后来之分合，尚未可知也。

（4）西方制造火轮的历史

初四日记。余在法呈递国书后，久欲驰赴伦敦，因芝田中丞儿女数人皆染痧症，不可以风，骤难迁让使馆。兹于初一日。先令参赞许静山，随员钱念劬、沈逌梅，学生胡馨吾、王省山，由法赴英。余于本日率同眷属及参赞黄公度，翻译那华祝，随员赵静涵、扬叔平，供事王鹏九等，乘马车至火车北栈。遂登火车，行二百洋里至葛赖（一译作坎来司，又作加利）海口。易轮舟渡海峡，约一点钟零十分，行二十洋里至英国之多甫（一译作都发，又作渡浮）海口，仍坐轮车，行七十八英里，抵伦敦之维多利亚车栈。芝田中丞已在此相迓，与同坐马车至使馆。

由法赴英渡海有两口。一由葛赖至多甫，仅行一点钟有奇，峡稍窄而涛浪掀激，船易颠簸。一由法之布伦海口至英之福克司敦，约行两点多钟，峡稍宽，浪亦稍平。伦敦在赤道北五十一度三十二分，北京西一百十六度二十九分。按北京在赤道北三十九度五十三分，则伦敦在北京之北又十一度三十九分矣。以经度推算，伦敦午正，应迟北京午正七点钟三刻五十六秒；北京午正，实伦敦丑正十四分四秒也。

初五日记。接受英馆文案卷宗及移交应办各事。英馆旧员，余留用三人为：二等宝星总领事衔、英文二等参赞官英人马格里、二等翻译兼随员、二品衔候选道张斯枸，供事王文藻。

初六日记。尝考火轮船之权舆。乾隆元年，英人或议造小火轮船，运行之力不用水气而用风气，船头置轮，船尾置机，以大绳运转其轮，欲拖大船。

使出海口，未成。三十九年，法人造一水气火轮船，因轮力不足，亦未成。明年，法人造一可抵一马力之汽机，安于船上，施二轮于船之两旁，转于水中，船虽成而行甚迟。四十八年，美人用汽机安于船中，以代人力，用棹以代轮，然船行亦不能甚远且速。五十二年，美人造一船，长五丈。船头汲水而上，出于船尾；出水之力，用汽机加于汲水筒上，一点钟能行十二里。美国富商迟疑不用，其人遂适英国，劝英富商用之。是时，苏格兰有三人，精究轮船之制十余年矣。一曰迷罗耳者，创用旁轮之法，以助风力之不足。其友代路耳，以太费人力，拟改用汽机而轮转，船行可以加速。代路耳之友曰塞明敦者，又变通其法，使汽机内上下起落活塞之力，改为旋转运行。五十三年，塞明敦造一汽机，安于迷罗耳双船之上，船轮在中，汽机在此一旁，蒸釜在彼一旁，气管宽四寸，每点钟行十五里。明年，三人又造大十二倍马力之汽机，其船每点钟行二十一里，而迷罗耳家资已罄矣。嘉庆八年，美国人富罗敦，询造船之法于塞明敦，返至纽约，造火轮船，其制益精。迄今英国颇用其法，汽机安于船内。无在船上者。二十三年，苏格兰造成一轮船。可抵三十马力，往来于苏格兰、阿尔兰之间，常行海外之火轮船自此始。自后，船多改用尖头，遇有巨浪，直冲而过，其行尤稳且速。道光十八年，英人造一大火轮船，载货一千四百吨，开行十五日内可抵美国之纽约，是为轮船出大西洋之始。咸丰二年，始造铁船，即遇飓风，可免迸裂沉没之虞；后又有隔舱之法，以防渗漏。自是，轮船之制全备。……

（5）基督教将衰落，孔子之教如日月经天，必传西方。

十五日记。西人之恪守耶稣教者，其居心立品，克己爱人，颇与儒教无甚歧异。然观教会中所刊新旧约等书，其假托附会，故神其说，虽中国之小说，若《封神演义》、《西游记》等书，尚不至如此浅俚也。其言之不确，虽三尺童子皆知之。余偶遇西国积学之士，与谈耶稣教旨，似皆已觉之而不肯明言；亦竟有言一二百年后，西国格致之学日精，必多鄙弃教会诸书者。及论孔子之教，则皆同声推服，并无异言。虽西人亦雅善酬应，然余察其辞色，似出于中心之诚然。盖圣人之道，不偏不易，深入人心。以耶稣之说比儒教，不仅如水晶之比玉，虽洋人未尝不知。从前中国之杨墨佛老，非不鼓动一时，

富尔顿设计的第一艘投入商业运营的明轮轮船

积久已自衰息；孔子之教，则如日月经天，阅万古而益明。欧亚诸洲，不与中国相通则已；通，则其教未有不互行者。余是以知耶稣之教之将衰，儒教之将西也。

（6）大清帝国皇帝致英国女王的国书

十七日记。外部前日函订，英君主于今日三点钟在温则行宫延见。余率同参赞黄公度、马清臣，先乘马车至火车栈，外部侍朗弗尔先生，已在此相候。遂同乘火车，行三十英里，至温则宫外一二里，君主预备对骑马车来迓入宫。先赴朝堂，宴饮毕，礼官及弗尔克生引入便殿。余见君主鞠躬，黄参赞以国书递交余手，余宣读颂辞，呈递国书。君主手受国书讫，宣读答辞，慰劳周至，皆由马参赞译传一遍，余遂鞠躬而退。礼官复导余游宫殿，规模颇极闳丽，有该国历代君主后妃及名臣名将画像石像，暨古今彝器。国书云：

> 大清国大皇帝，问大英国大君主、五印度大后帝好。朕诞膺天命，寅绍丕基，眷念友邦，言归于好。兹特简二品顶戴、候补三品京堂薛福成出使，为驻扎贵国钦差大臣，亲赍国书，以表真心和好之据。朕稔知

薛福成忠诚素著、明练有为，办理交涉事件，必能悉臻妥协。惟愿推诚相信，俾克尽厥职，以与贵国益敦友睦，长享升平，朕有厚望焉。

颂辞云：

大清国钦差大臣薛福成，钦承简命，驻扎贵国。恭维大英国大君主、五印度大后帝德化懋昭，治功显著，为遐迩所钦仰。使臣亲奉国书，上呈尊览，以为永敦和好之据。惟冀大君主大后帝，体中国大皇帝之意，万年辑睦，同享隆平，使臣不胜庆幸之至。

答辞云：

本君主敬问贵国大皇帝好。本君主深愿贵国派一有名之人来驻本国，闻贵钦差学问极好，著书颇多，我意亦甚欣悦。贵钦差所宣贵国大皇帝之意旨，与本君主之意相同。本君主益喜两国永敦和好，共享升平。

......

（7）西方普及地理知识

（五月）初七日记。西人皆知舆地之学。每村塾中，童子七八岁者，先读舆地诸书，四壁悬地球诸图，塾师随时指示。迨十三四岁后，则又择舆地书之精者读之。盖凡为官为士为兵为工为商，皆当周知舆地，惟其童而习之，所以无人不洞悉形势，谙练世务。西士每言地之衰旺，须察其气之冷暖。即如丹国所属之吉莲兰者，在美洲北境，一绝大之岛也。其地实在寒带。从前海中有热水一股，自南洋来，环岛北趋，所以岛中民物繁茂。而其地大于丹马本国，不止十倍，丹人恃之，稍称富强。近数百年来，海水趋向忽改，地气顿寒，民物衰耗，寝成荒岛。而二十年前，丹又为德人所败，割其本国之大半，并其都城割去，遂为欧洲最弱小之国矣。至英伦三岛，本在温带之北，已近寒带，亦因赤道下之海水一股，由南亚美利加洲之墨西哥海面北趋，环绕三岛，所以入冬不甚寒冷；地近寒带，又四面皆海，常有海风吹送，所以入夏不甚炎热。迩来伦敦民物之殷阜，实已甲于地球，则海水趋向为之也。大抵地球精华所萃，以居温带之中者为最善，如中国及美国是也。其次，则地势虽偏，而得海水温煦之气。但海水有时或改所向，而轨道积久亦当变易。余因问西士，英伦三岛地气何时当冷，据云约在四五千年之后；又问中国地气何时当冷，据云约在二三万年之后。

……

（8）西洋各邦立国规模，以议院为最良。

（光绪十六年七月）二十二日记。西洋各邦立国规模，以议院为最良。然如美国则民权过重，法国则叫嚣之气过重；其斟酌适中者，惟英、德两国之制颇称尽善。德国议院章程，尚待详考。英则于八百年前，其世爵或以大臣分封，或以战功积封，聚而议政，谓之"巴力门"，即议院也。其后分而为二。凡世爵大者、富者，辅君治事，谓之劳尔德士，一名比尔士，即上议院员绅也。其小者、贫者，谓之高门上，即下议院员绅也。宋度宗元年，英廷始令都邑公举贤能，入下议院议事，而上议院之权渐替。

上议院人无常额，多寡之数因时损益。曰王、曰大教师、曰公侯伯子男、曰苏格兰世爵，每七年由其院之爵首以时更易；至阿尔兰世爵，则任之终其身。世爵古有专职，今止存其名。上议院之谳狱，皆以律师之贤者封爵以充之，不得世袭。政府必有世爵数人，故上议院中皆有政府之人，宰相得举百官之有才能者入上议院。

而下议院之人，皆由民举。举之之数，视地之大小、民之众寡。其地昔寡而今众，商务日兴，则举人之数可增；反是，则或减或废。举而不公，亦废其例，使不得举。英伦与威尔司，分五十二部，举一百八十七人；大邑百九十七，举二百九十五人；有国学之邑三，举五人。苏格兰分三十一部，举三十二人；大邑二十二，举二十二六人；有国学之邑四，举二人。阿尔兰分三十二部，举六十四人；大邑三十三，举三十九人；有国学之邑一，举二人。

上议院世爵，多世及，无贤愚皆得入。故其人多守旧，无故不建议。下议院所议，上诸上议院，允者七八，否者二三，其事简。下议院为政令之所出，其事繁。西例每七日一礼拜，则休沐；礼拜一二四五日，议事时长；礼拜三日，议时较短；礼拜六日，议否不定。每岁大暑前后则散，议院议绅皆避暑居乡，订于立冬前后再议。然使国无大事，则常俟立春前后始再开议院云。议院人无早暮，皆得见君主，上议院人独见，下议院人旅见。凡议院坐次，宰相、大臣及与宰相同心之官，皆居院长之右；其不同心者居左；其有不党者，则居前横坐。世爵不在议院及各国公使入听议者，皆坐楼上。余于前月尝往听一次焉。

······

（9）余观泰西各邦治国之法，或暗合《管子》之旨，则其擅强盛之势亦较多。《庄子》与近代泰西之学亦有相出入者。

（光绪十六年十月）二十六日记。《管子》一书，以富国强兵为宗主，然其时去三代未远，其言之粹者，非尽失先王遗意也，余观泰西各邦治国之法，或暗合《管子》之旨，则其擅强盛之势亦较多。《管子》云："量民力，则无不成。不强民以其所恶，则诈伪不生。不欺其民，则下亲其上。"西国之设上下议政院，颇得此意。又云："事者生于虑，成于务。不虑则不生，不务则不成。"西国各学之重专家，各业之有公司，颇得此意。又云："兵也者，审于地图，遍知天下。审御机数，兵主之事也。有风雨之行，故能不远道里矣；有飞鸟之举，故能不险山河矣。"彼之行军于水陆者，似之。又云："财盖天下，工盖天下，器盖天下，器成卒选，则士知胜矣。"又云："致天下之精材。来天下之良工，则有战胜之器矣。致材若何？五而六之，九而十之，不可为数。来工若何？三倍不远千里。"彼之殚力于船械者，似之。又云："上有丹砂者，下有黄金；上有慈石者，下有铜金；上有铅者，下有银；上有赭者，下有铁；此山之见荣者也。"彼之矿学化学，所以日献精华也。又云："关者。诸侯之陬隧也，而外财之门户也。明道以重告之，虚车勿索。徒负勿入，以来远人。"又云："商无废利，民无游日。财无砥。"彼之通商惠工，所以日臻丰阜也。此外，指归相同、措施相合者，尚未易以一二数。岂非开辟稍迟，天地之气运有不斯然而然者钦？若夫一二旧国，实已盛而复衰，及其他弱小诸国，皆不得与于此数。又有国势外强中干者，亦已流弊潜滋矣。

二十七日记。《庄子》一书，寓言也，亦卮言也，而与近来泰西之学有相出入者。《外物》篇云："木与木相摩，则燃；金与火相守，则流。"此电学、化学之权舆也。《齐物论》篇云："一与一为二，二与一为三，自此以往，巧历不能得。"《秋水》篇云："计四海之在天地之间也，不似礨空之在大泽乎？计中国之在海内也，不似稊米之在太仓乎？"此天算之学、舆地之学之滥觞也。《逍遥游》篇云："野马也，尘埃也，生物之以息相吹也。天之苍苍，其正色邪？其远而无所至极邪？其视下也，亦若是则已矣。"今之登氢气球者，仿佛见此景象。《则阳》篇云："有国于蜗之左角者，曰触氏。有国于蜗之右角者。曰蛮氏。相与争地而战。"此与《列子》所谓"焦螟群飞而集于蚊睫"者，大旨相符；今之窥显微镜者，仿佛见此景象。《养生主》篇云："指穷于为薪，火传也，不知其尽也。"按罗马等处教门，好蓄古时之火，有传之五六百年而不灭者，正即此意。又《天运》篇云："天其运乎？地其处乎？日月其争于所乎？孰主张是？孰纲维是？孰居无事推而行是？意者，其有机缄而不是已邪？意者，其运转而不能自止邪？"此则启西洋谈天之士之先声矣。夫庄子当时著书，不过汪洋自恣以适己意而已；岂知实验其事者，在后世、在异域也？然则读《庄子》者，安得概谓荒唐之辞而忽之？

二十九日记。欧洲德法等国水师，兵丁即系水手。惟英国水师船中，有兵丁，有水手，盖以其所操之职不同，不能不各专其业。所以英之水师，尤胜于他国也。

中国六畜，惟牛马之用为最巨，马以行地，牛以耕田也。西国之马，于御车乘骑之外，并以耕田，实兼中国牛马之用。而牛独无事，不过加意牧养。待其肥硕而宰之耳，盖与中国豢豕相同。然牛之死也甚苦，不杀以刀，谓恐其味之不美也。每将宰牛，有力者以巨铁椎击牛之首，三四击而牛始倒下，复连击之，乃死。西人养生之具，大半恃牛，苟非甚贫苦者，皆啖牛肉；婴儿始生，多饮以牛乳，其颜色格外肥白。惟极贫者，始以人乳哺之。豕肉，则谓其损人之处甚多，食者颇少云。

（10）西洋各国经理学堂、医院、监狱、街道，无不法良意美，绰有三代以前遗风。

（光绪十七年正月）初十日记。西洋各国经理学堂、医院、监狱、街道，无不法良意美，绰有三代以前遗风。至其所奉耶稣之教，亦颇能以畏天克己、济人利物为心，不甚背乎圣人之道。所设上下议院，亦合古之刑赏与众共之之意。惟流弊所滋，间有一二权臣武将，觊窃魁柄，要结众心，潜设异谋，迫令其君退位，如近日巴西、智利之事。而数十年前，则此等事尤多，颇如孔子未作春秋以前列邦情势。此其君臣一伦，稍违圣人之道者也。

（11）夫各国当勃兴之际，一切政教均有可观；独三纲之训，究逊于中国。

子女年满二十一岁，即谓有自主之权，婚嫁不请命于父母。子既娶妇，与父母别居异财，甚者不相闻问。虽较之中国父子贼恩、妇姑勃谿者，转觉稍愈，然以骨肉至亲，不啻推远之若途人。国家定律，庶民不得相殴。子殴父者，坐狱三月；父殴子者，亦坐狱三月。盖本乎墨氏爱无差等之义，所以舛戾若此。此其父子一伦，稍违圣人之道者也。

西俗贵女贱男。男子在道，遇见妇女则让之先行。宴会诸礼。皆女先于男。妇人有外遇，虽公侯之夫人，往往弃其故夫，而再醮不以为异。夫有外遇，其妻可鸣官究治，正与古者扶阳抑阴之义相反。女子未嫁，每多男友，甚或生子不以为嫌。所以女子颇多终身不嫁者，恶其受夫之拘束也。此其夫妇一伦，稍违圣人之道者也。

夫各国当勃兴之际，一切政教均有可观；独三纲之训，究逊于中国。即洋人抑或推中国为教化最先之邦，似未尝不省悟及此；然一时未能遽改者，盖因习俗相沿之故。余谓耶稣当西土鸿荒初辟之时，启其教化，魄力甚雄，然究霭生于绝域，其道不免偏驳。失之毫厘，差以千里，不信然欤。

十二日记。总理衙门寄到"谢英君主致贺大婚国书"，已于初一日赴英外部传旨致谢，并请有转递君主矣。兹录存国书底稿云：

> 大清国大皇帝，问大英国大君主兼五印度大后帝好。前以朕躬庆典，贵国使臣华尔身，恭传大君主雅意申贺。兹复由贵国使臣华尔身，赍到国书，并自鸣钟一座。良工巧制，十二时备致嘉祥；吉语遥颁，亿万年永膺福祚（原刻钟上祝辞云：日日同明，报十二时吉祥如意；天地合德，庆亿万年富贵寿康。）接阅之余，莫名欣悦。我两国国家和好有年，益敦睦谊。今特派驻扎贵国大臣薛福成，恭赍国书，亲递致谢。从此邦交永固，共享升平，朕实有厚望焉。光绪十六年九月初九日。

十三日记。马清臣钞送英君主前年谢贺登位五十年国书底稿。兹译录其书云：

> 维多利亚奉天承命英吉利爱尔兰君主五印度后帝，请中国大皇帝安。今接得大皇帝来函，贺我登位五十年之喜，并赠物。大皇帝函内，友睦

之意及庆贺之辞，与本处所接别国君民同式贺函，令我极为欣忭，曷胜感谢。又惠赠珍物，以志此番盛事，见贵国工艺制造之精美，尤深感谢。我想此必由于贵使臣遵大皇帝之谕，办理得法，仰邀大皇帝之悦豫。我趁此机会，表我极睦之谊，并深祝大皇帝万寿无疆，洪福齐天，神明保佑。耶稣降世1887年，即登位之第五十一年，十二月初一日自温则宫发。

十五日记。新加坡《太晤士日报》云：荷兰领事开列华人先为佣于坡埠、而后就鬻于别埠者之总数，前年共有十六万四千余人，去年共约十五万人。所以较少于前年者，缘近日荷兰驻华之领事，知会华官，准由汕头装载华佣直往日里埠，不必如前者到坡之后而始折往也。由斯以观，荷兰南洋各岛之不能不招华佣明矣。抑闻荷人苛待华工，甚于英法等国，华人往往不得其所，且迫之入籍，所以多去而少还。而荷人之不愿中国设领事官者，亦实由此。然领事之设，实为要著。倘彼不允我设领事，我亦不准彼招工，彼断无不就范之理。若但用文牍往商，口舌辩论，殆无益也。

十六日记。科鲁苏厂，法国著名之巨厂也。在巴黎东南一千余里，乘汽车行八点钟可到。地居万山之中，有煤井、铁矿。法民司内德设大厂于此，开煤炼铁，造成各种机器、汽车，并代各国造钢甲、钢炮。厂内工匠共一万五千名，每日造成之物极多，皆由铁路运出。又有山沙孟制造厂，较科鲁苏稍小，工匠共约万人，所造亦铁甲、大炮并汽车各机器，而炼纲之法，则与科鲁苏相异而更妙。巴黎以外，沿路稍小之铁厂、煤井，不下数十百处，工人数百至数千名不等。

……

（12）世界上有三种政体

二十九日记。地球万国内治之法，不外三端：有君主之国，有民主之国，有君民共主之国。凡称皇帝者，皆有君主之全权于其国者也。中国而外，有俄、德、奥、土、土本五国；巴西前亦称皇帝，而今改为民主矣。美洲各国及欧洲之瑞士与法国，皆民主之国也。其政权全在议院，而伯理玺天德（译作总统）无权焉。欧洲之英、荷、意、比、西、葡、丹、瑞典诸国，君民共主之国也。其政权亦在议院，大约民权十之七八，君权十之二三。君主之胜于伯理玺天德者无几，不过世袭君位而已。英主在英伦三岛称君主，而又称五印度后帝，则其君权在印度较重。其本国所以仍称君主者，以数百年来为其民所限制，骤难更张也。法国前称皇帝，而今改为民主，始稍安谧。夫法国人心好动恶静，固多事之国也；既为民主，其权乃散而不一，佳兵黩武之风，其稍戢乎。

（13）中西官制相似，语言文字不同

（光绪十七年辛卯正月丙寅朔记）欧美诸洲，从古与中国隔绝不通。欧洲近数百年来，稍稍能通中国；其往来通行无阻，不过在数十年之内。然观各国设官之意，颇有与中国暗合者。如英法义比等国办事，亦各分厥部，每部设一尚书。有内部、户部、学部、兵部、刑部、工部、藩部等尚书。内部即吏部，学部即礼部，藩部即理藩院也。又有外部、海部，中国近亦仿照其意，已设总理各国事务衙门、总理海军事务衙门矣。又户部之外有农部，颇见重农之意。外部之外有商部，殆犹中国之通商大臣，惟在内在外之不同耳。印度部尚书，军机处尚书，惟英国有之。又英法义等国有邮部尚书，比国有所谓铁路驿递电报部者，核其义实即邮部；近年各国以此为要务，故特设专官也。世袭之爵亦有五等，译者即以公侯伯子男称之；惟俄德等国有君主之全权者，五等之上又有王爵。王有二等，无异亲王、郡王之分。丞相只有一人，往往有以首相而兼一部尚书者。或内部，或外部，或户部，或兵部，各视其时所重而兼之，亦与中国相仿佛。惟出使一途，系属专门。随员可升参赞或总领事。参赞、总领事可升公使。亦有由外部侍郎及总办，出为头二等公使者；有由宰相、外部尚书，出为头等公使者；有由侯伯等爵，简授头二等公使者：必视其娴习外务者而用之。亦间有以王爵、公爵而充参赞、随员者，则以其自愿借途以资历练也。盖西人平时多好讲求公法，揣摩各国形势，故凡出任使事，多不至辱命焉。

初二日记。中国之字，以形生义，故有一定之形义。外国之字，以声传意，故凡字不必以形求，亦不能以义求；往往有以数音拚作一字音，有以数字缩作一音者。中国之字，分喉、舌、唇、齿、牙五音。而西人之音，又往往在喉舌之间、唇牙之间，或且多用鼻音。尽有西人有此音而中国并无此字者，故中西之文不能合一，天实限之，即有翻译好手，只能达其大意，断不能逐字逐句一一吻合。今试以西人之文书书信，交数人翻之，则句语无一相同，

即地名人名之字形，亦往往不同。但能使大意无甚讹舛而已，盖断不能强不齐者而使之齐也。

（14）教育为立国之本

初三日记。西洋各国教民之法，莫盛于今日。凡男女八岁以下不入学堂者，罪其父母，男固无人不学。女亦无人不学，即残疾聋瞽喑哑之人亦无不有学。其贫穷无力及幼孤无父母者，皆有义塾以收教之。在乡则有乡塾，至于一郡一省，以及国都之内，学堂林立，有大有中有小，自初学以至成材，及能研究精微者，无不有一定程限。文则有仕学院，武则有武学院，农则有农政院，工则有工艺院，商则有通商院。非仅为士者有学，即为兵为工为农为商，亦莫不有学。其书多，曲折赅备，有读之十年不能罄其奥者。平时所见所闻，莫非专门名家之言，是以习之而无不成，为之而无不精。近数十年来，学校之盛，以德国为尤著，而诸大国亦无不竞爽。德国之兵多出于学校，所以战无不能。推之于士农工贾，何独不然？推之于英法俄美等国，何独不然？夫观大局之兴废盛衰，必究其所以致此之本原。学校之盛有如今日，此西洋诸国所以勃兴之本原欤？

（15）地球最大之城市有八

初五日记。地球最大之城市有八。其一英京伦敦，约五百余万人。其二法京巴黎，约二百七十余万人。其三美国纽约埠，约一百六十余万人。其四中国京师，约一百五十余万人。其五日本东京，约一百五十余万人。其六德京柏林，约一百四十余万人。其七美国司嘎哥埠，约一百余万人。其八美国费厘爹露费亚埠（即费地里费城），约一百余万人。

（16）欧洲教皇与教会

二十二日记。罗马教王，昔时权力最大。隐操欧洲各国君主废立之权。自法败于德，撤回保护教王之兵，意大利国王遂入据罗马，建为国都，尽夺教王产业，防制颇严，教王惴惴然敢怒而不敢言。德国多立新法，限制天主教民；既而法国立法，亦寓裁抑之意。二十年来，教王之势大衰矣。近闻德相毕士马克告退以后，德之新法颇行不动；德国南境天主教民，与国家寖不能相安，遂议除去新法，渐复旧章。而法自茹勒斐礼告退以后，限制之法亦稍宽。惟意国与教王已成不解之仇，一旦欧洲有事，教王有迁往他国之意。

（17）欧洲十八国，形势犹中国春秋战国时代

二十四日记。今欧罗巴一洲，有头等之国五：曰英，曰俄，曰德，曰法，曰奥。二等之国四：曰意大里，曰荷兰，曰西班牙，曰土耳其；意国虽在二等，骎骎乎有欲列头等之势。三等之国五：曰葡萄牙，曰丹马，曰瑞典挪威，曰比利时，曰瑞士。又有土耳其分出之四国：曰罗马尼亚，曰布加利亚，曰希腊，曰塞尔斐亚，殆皆四等之国也。以上共十八国，大小相维，强弱相制，盟约相联，莫能相并。今日欧洲之形势，与昔日之中国相衡，其犹春秋战国之间乎！此外，尚有日耳曼诸邦，均已统属于德；其中一二国尚有调兵遣使之权，然要不过四等之国，且为德所钤制矣。匈牙利，即马加，本系大国，今已与奥地利亚并为一国，故日奥斯马加国云。

（节选自薛福成：《出使四国日记》，长沙：湖南人民出版社，1981 年版）

13. 李鸿章"外人多望中国之中兴，……"

中国曷为而有头等钦差大臣远使泰西也？曰：将以贺俄皇加冕之喜也。西国新君除丧即吉，群臣恭上尊冕，威仪肃穆，典礼崇隆。越在近世，英君主践阼，以巾帼而膺玉藻，史乘尤艳称之。顾亦有崇实黜华，雅不欲举行是礼者；德国今皇，此其选也。光绪丙申，俄国聂格尔第二[1]皇即位，率循旧典，扬厉铺张。先期遍请五洲万国君王，同襄盛事。中国亦预接俄礼官公牒，乃谋使才于译署王大臣。或谓：各国皆特简懿亲，代君申庆，同一一纡尊降贵，我国家礼亦宜之。或曰：不然，中国天潢贵胄，向惟遇凶郊、视师等诸大事，间或一出都门耳。今欲使之远涉重瀛，微论情谊中睽，体制究嫌未合，非计也。然则有曾任出使大臣如张樵野侍郎诸公在，简书载道，当不致陨越贻羞欤？顾议者又曰：否，否！俄人素昵于我，日本难作，俄更纠德法二国代返辽东侵地。中国方将遣一介行

---

[1] 聂格尔第二：尼古拉二世。

在福里德里斯鲁,李鸿章与德国前首相俾斯麦。

李,往展谢忱。况今值其君庆典之开,又承折柬相招之雅,若仅以卿寺等官往,周旋于各国贵戚之间,恐非所以示永好。则奈何?无已,请以文华殿大学士、一等肃毅伯、合肥李仪叟傅相,充头等钦差大臣出使俄国;且先由译署备文,遍告各国驻使,分别转电本国。彼都人士,类皆欣喜过望,且深冀傅相之惠而好我,得亲东土之伟人。其在宏通博雅者流,闻傅相之衔命而西也,则作而曰:俄国举行加冕大典,中国亲王不能往贺,降格而思其次,微合肥其谁与归哉?

合肥之在中华也,勋名鼎盛,天下皆知。迹其生平,屡膺重任。中国荣光四照,惟合肥从而增之。今虽精力渐衰。不足以敌蕞尔之日本;然胜败第兵家常事,微瑕不掩全瑜。窃料身入俄都,俄人必特加优礼。是岂徒代君行事,敬其为头等钦差已哉?俄礼即毕,则移节至德法英美诸国。是诸国者,素皆以商业著名者也。且其人之曾至中华者,商贾之流无论矣,上而钦使领事等官，次而游历人员，无不知有李中堂，更无不目之为良友；一旦越重瀛而戾止，投桃报李，分在则然。然在合肥视之，则不过从公之外事耳！

各国更有以合肥为中国之明哲之冠者，今竟垂老远游，必有益于我两国之睦谊。故公家必待以上宾之礼，绅商亦必竭诚尽敬，一申其愿见之忱。然其深意之所存，华人殊不可误会也！

中国广土众民，威望著于四远。今之专使，即或有不逮李中堂者，各国亦将推敬华之心以敬之，而况其为李中堂也？一也。西国通例，皆以头等钦差承代君行事之任；故各国朝廷之优待专使者，即所以优待其国之君王也，二也。各国商人之震于诸葛大名者，皆以为中西商业之广通，端惟李中堂是赖，今苟以盛礼款迎，必于我业大有裨益，三也。外人多望中国之中兴，以成天下太平之局；而知李中堂实能操中兴之管钥，且能洒前耻以显今荣，故不视为已敝之相臣，而视如将兴之元老，四也。此四端者，华人苟了然于心，则知中堂之获敬于外人，实为中国增荣之渐；中堂亦喜动颜色，而以幸不辱命为荣矣。呜呼噫嘻！又岂料历聘而归，中国待之乃竟如今日乎！

然鄙人所私忧过虑者，不但为合肥一身惜也。惜夫外人相率闻风，无望于中国之中兴，即不免于侵凌之四起也。何况中堂为各国尊敬之人，中国乃置散投闲，实不啻开罪于各国也。各国重视中堂，深冀其回华而后，优加信任，重畀大权。今乃以不赀之身，听其为伴食之宰相。于是向有厚望于中国之外国，相与心灰意懒，而益以证中国之积衰，藐视即相因而起。嗟哉！中国亦尝知之否乎？向者，外人以华人之未有所知，遇事每曲为容忍。幸而通材远至，一一呈请察阅。固知中堂重入都门，必将转告墨守之辈。今乃不蒙清听，则是无可救药，无可冀幸。分华之议，或即由此而生，未可知也。

或曰：中国以中堂为不足用，故姑舍之耳，非以新法为不足重而轻弃之也。然专就中堂言，中国之败，不能专为中堂罪。中国素有鄙薄外人之意，不屑简使出洋。迨至无奈而修通好之仪，爰有奉使诸公，目击外洋全盛之漠，不能不默识于心，或更笔诸简册。盖自美国蒲安臣大臣以迄于李中堂，皆如此也。乃中国于其所知之事，笑为海外奇谈；于其所著之书，竟至劈其板而焚其纸。是避明而就暗也，自愚以愚民也。京中之满汉大僚，尚夜睡而闭其目也，华事尚可为乎！

若与李中堂交战之日本，则大异矣。日本伊藤、井上诸人。年齿皆弱于中堂也。然而在王所者，皆远胜于中国之京官。其人于三十年前，早已旷观外事，共知不改之必败，因而遇事力行。中堂乃只以一人之力敌之，夫安得而不败哉？噫吁嘻！吾用是益为中国痛也！中国略知外事，实与日本同时，假使亦于此三十年中有进而无退，日本方敬畏之不暇，岂敢辱及中堂？无奈自视过高，而以蛮夷待欧美，故外人之所述不足信也。甚至本国遣出之重臣，亦斥其书为妄诞。凌夷以至今日，其咎果谁属乎？乃专以咎中堂乎？中堂历聘名邦，行箧中度必有纪述，而以惩于往事，不敢寿诸枣梨，鄙人尤窃有憾焉。

鄙人寓华垂四十载，虽无与闻国政之责，而业既具有耳目，岂能无所见闻？今作此书，以纪此事，非有所于求也。惟自命为寓华之老友，而冀逆旅主人有渤然而兴之一日。因而出其所知所能，著书作报，冀邀刍荛之俯采，有益无损之事，庶几即在其中。至若李中堂者，鄙人更久不与通音问；今彼此皆已斑白，岂复有所贡谀？总而言之，实悲中国不迎已至之光。而自甘居漆室也。鄙人前作《中西关系略论》，业已大声疾呼。乃空山之中，徒弹琴而向明月，伤心忤目，匪今斯今。然终抱不忍绝望之心，业既别著《中东[1]战纪本末》三编，今复重为此译。或者华人不悦于彼而悦于此，如屈原之冀幸君之一悟、俗之一改也，则余心其稍慰矣乎！

光绪二十四年（西历一千八百九十八年）岁在戊戌春壬正月。美国林乐知序，上海蔡尔康译。

（选自李鸿章：《历聘欧美记·林乐知序》，长沙：湖南人民出版社，1981 年版）

14. 梁启超[2] 游新大陆

（1）梁启超 18 岁在上海购得徐继畬的《瀛环志略》，读罢"始知有五

---

[1] 中东："中"指中国，"东"指日本，"中东"即"中日"。

[2] 梁启超（1873—1929。或 1928），广东新会人，字卓如号任公。17 岁中举，1890 起拜康有为为师。1895 年进京会试，参与"公车上书"，主张变法。参加强学会，任上海《时务报》主笔。戊戌政变后流亡日本，主编《清议报》，创办《新民丛报》，宣传保皇立宪，与《民报》论战。晚年在清华研究院讲学。

大洲各国"。近半个世纪，两代人的努力，已逐渐改变了中国人的西方观念。尽管中国的旅行家、使臣或学者从未像两个世纪以前欧洲传教士那样热情夸张地赞美异域，但他们的观察之详细、体会之深刻，丝毫不逊色。变法失败后，梁启超出游美洲。西方文明的形象，如今出现在中国改良主义者具有批判色彩的眼光中。

四月三日，由温哥华首途，乘汽车往纽约，即 C.P.R. 公司之铁路也。此铁路横贯美洲大陆，长三千余英里，实中国万里矣。当俄国西伯利亚铁路未成以前，此路实世界第一之长线（美国铁路，虽贯大陆者数线，然非全成于一公司之手）。当初议建筑时，资本家多目笑之。募股份，应者寥寥，谓其工程之断难就也，今则利数十倍矣。加拿大联邦之巩固，实自此铁路始。铁路与国政群治之关系，伟矣夫！

行经落机大山而东，层峰积雪者千余里。汽车所经行最高点，距海平殆三千尺。以机器车三座推挽，始得上。沿山螺旋，蜿蜒而进。一目见三铁路，若作平行线形，亦一壮观也。车中有感，口占一绝：

四月犹为踏雪游，光明世界入双眸。

山灵知为谁辛苦，如此华年也白头。

行五日抵阿图和。阿图和为加拿大首都，总政府在焉。加拿大之政体，与澳洲略同。名虽英属，实则一独立国也。七省各自有政府，各自有议院，复合为一联邦，有联邦之总政府，有联邦之总议院，其性质亦皆大类美国。

加拿大与美国，万里接壤，仅地图上以一直线为界。其历史上发达相类，其现行政体相类，顾何以百余年来不合并于美，此实一疑问也。考其历史，当独立战争时，美军侵入加拿大者亦数次，然其时美国以十三省起义，只求完十三省之自由独立而已，他犹非力所能及也。而加拿大东部之殖民（其时西部全未开辟，加拿大美国皆然），法国人最占势力（至今犹然）。美国之倡独立者，皆前此清教徒之子孙；其信仰其习惯，皆与加拿大东部之民不相容。故彼时不能合并，此其理由一。千八百十二年，英美海战开。彼时美人并吞加拿大之志始萌芽，然战端不久即熄，且美国国力未充，犹未以外竞进取为国是。至千八百二十三年，门罗为总统时，宣告亚美利加与欧罗巴之关系，即今日美国人所奉为金科玉律之"门罗主义"是也。其宣言中有云："欧罗巴诸国现在之属国及殖民地在美洲者，美国决不干涉之，且将来亦不干涉之"云云。此门罗主义，在今日固一变为进取的，而在十年以前则一向皆为保守的也。以此之故，苟加拿大非有自谋叛英之举，则美国势不得强迫之，此其理由二。英政府自美国独立以后，其对殖民地之政策一变，舍干涉主义而取放任主义。加拿大无论属英，无论合美，其所得政治上自由之权利等耳，而何必为此一举？此其理由三。迨南北战争以后，全美国人狂热于战事，倡并吞加拿大之论者，一时沸腾。然老练之政治家，见夫经营南部诸省，已经尔许艰难，深察夫国群之离合，由历史上自然发达，不能强求。故持重之论胜，而并吞之论卒不敌，此其理由四。自兹以往，而英美两国之感情日加亲密，同种同文相友相助之义，深入于两国民之脑中。苟从事并吞，势不得不诉于兵力，而两国民皆有所不欲，此其理由五。自 C.P.R. 公司横贯大陆之铁路既成，加拿大联邦之力日以巩固；且大西洋海运日盛一日。故其与母国之关系，亦日亲一日。至于今日，美国虽锐意实行帝国主义，而加拿大之势力，亦已不可侮，此其理由六。吾研究此问题，欲以兹六者解释之。其犹有未尽欤，则非吾游客皮相之所能道也。

位于美国之北者为加拿大，位于其南者为中美、南美诸国。以名义论，则加拿大者，君主国之一附庸也；中南美诸国者，则独立之共和民主国也。以实际论，则加拿大人所获之自由、所享之幸福，以视中南美诸国何如？使加拿大非以宏毅慎重之条顿人种为其中心点，而一任彼轻儇浮傲无经验之拉丁人种主持之（加拿大东部，拉丁人种居其半，条顿及他人种居其半），妄为无谋之革命独立，则其现象或竟与今之秘鲁、巴西同，未可知也。天下事有与名实不相属者，此类是矣。

阿图和国会议堂，其结构之美丽，在世界诸国会中，号称第一。余至此得保守党领袖褒尔君之介绍遍游之，诚壮观也。全厦以红白大理石相间构造。居中一最大座，为上下议院；左右两座，其大稍逊。为行政各部官公署，亦可见英人之视立法重于行政也。堂中于上下议院之外，复有实业会议所、藏书搂、书记房、议员治事室、议中休憩室等，俱极壮丽。堂中一高塔，凡拾五百余级，始达绝顶，全市皆历历在目矣。其中最伟观者为藏书楼，楼为一圆形，凡六层，藏书三十一万册，在堂下一望，可以尽见之。

初十日。抵满地可。满地可者，加拿大最大之都会也。人口约四十余万，工商业大盛，视西部各市，过之远矣。其中法国之移民强半。市内除最旺之一隅外，多有以英语不能通行者。吾未尝至法国，观此亦可以见法人社会之一斑焉。

凡在阿图和二日，在满地可五日。其地素未有中国维新会，至是始设，人心大好，会所咄嗟成立焉。

（2）天下最繁盛者宜莫如纽约，天下最黑暗者殆亦莫如纽约。

天下最繁盛者宜莫如纽约，天下最黑暗者殆亦莫如纽约。吾请略语黑暗之纽约：

1909 年，新年里的纽约唐人街。

排黄热者流，最诋华人不洁。以吾所见之纽约，则华人尚非不洁者。其意大利人、犹太人所居之数街，当暑时，老妪、少妇、童男、幼女，各携一几，箕踞户外，街为之塞。衣服褴褛，状貌猥琐。其地电车不通，马车亦罕至也，顾游客恒一到以观其风。以外观论，其所居固重楼叠阁也。然一座楼中，傫居者数十家，其不透光不透空气者过半，燃煤灯昼夜不息，入其门秽臭之气扑鼻。大抵纽约全市，作此等生活者，殆二三十万人。

据一八八八年之统计，纽约之赫士达及摩比利两街（大半属意大利人所居。德国人、中国人、犹太人亦间有）。其人口死亡之比例，每千人中至卅五人有奇。其五岁以下之小儿死亡者，每千人中至百三十九人有奇；较之纽约全市普通统计，每千人实应死亡二十六人有奇耳。其贫民生活之艰难，可以想见。此等率皆由住宅缺空气缺光线所致云。

又一统计家言，全纽约赁人合居之房屋，凡三万七千间，住于其中者百二十万余人云。

此等住居，非特有妨于卫生也，且有害于道德。又据统计家言，纽约某街有一楼，居者483人，而一年之间，犯罪者百有二人，其影响亦大矣。

杜诗云："朱门酒肉臭，路有冻死骨。荣枯咫尺异，惆怅难再述。"吾于纽约亲见之矣。据社会主义家所统计，美国全国之总财产，其十分之七属于彼二十万之富人所有；其十分之三属于此七千九百八十万之贫民所有。故美国人之富人则诚富矣，而所谓富族阶级，不过居总人口四百分之一。譬之有百金于此，四百人分之：其人得七十元，所余三十元，以分诸三百九十九人，每人不能满一角，但七分有奇耳，岂不异哉，岂不异哉！此等现象，凡各文明国罔不如是，而大都会为尤甚。纽约、伦敦，其最著者也。财产分配之不均，至于此极。吾观于纽约之贫民窟，而深叹社会主义之万不可以已也！

此等情形，既日日刿心怵目，于是慈善事业起焉。据统计表。则纽约既有之慈善事业凡千二百八十八所，其类别如下：

公立	28	常川救助	67
特别救助	51	救助废疾	16
传道会附属救助	49	医院	101
教会附属救助	590	改良事业	16
临时救助	83	相互救助	78
救助外国人	26	杂类	183

现在纽约全市，每年慈善事业所费，亦恒在千万元以上云。虽然，慈善果遂足以救此敝乎？慈善事业，易导人于懒惰，而生其依赖心，灭其廉耻心者也；此所以此等事业虽日兴，而贫民窟之现状亦日益加甚也。观于此，而知社会之一大革命，其终不免矣。

观各公司之制造工场，更令人生无穷之感。近世之文明国，皆以人为机器，且以人为机器之奴隶者也。以分业之至精至纤，凡工人之在工场者，可以数十年立定于尺许之地而寸步不移。其所执之业，或寸许之金，或寸许之木，磨砻焉控送焉；此寸金寸木以外，他非所知、非所闻也。如制针工磨尖者不知穿鼻之事，穿鼻者不知磨尖之事，而针以外之他工无论矣，而工以外之他事业、他理想更无论矣。以是之故，非徒富者愈富，贫者愈贫而已；抑且智者愈智，愚者愈愚。如彼摩尔根、洛奇佛拉之徒，以区区方寸之脑，指挥数千兆金之事业，支配数十百万之职员，历练日多，才略日出。而彼受指挥受支配之人，其智识乃不出于寸金寸木。呜呼！何其与平等之理想太相远耶！此固由天才之使然，然亦人事有以制之。准是以谈，则教育普及这一语，犹空言耳。呜呼！天下之大势，竟滔滔日返于专制。吾观纽约诸工场，而感慨不能自禁也。

纽约省统计，对于男子一人，而有女子六七人之比例。闻由近日东方之民，谋食于太平洋岸一带及大北铁路一带者日多，而其细弱则仍居东部，故悬绝至此甚云。此事于道德上影响亦不少。美国号称最尊女权，然亦表面上一佳话耳。实则纽约之妇女，其尊严娇贵者固十之一，其穷苦下贱者乃十之九。

娇贵者远非中国千金闺秀之所得望，下贱者亦视中国之小家碧玉寒苦倍蓰焉。以文明之地，结婚既难。而女性复多于男性数倍，故怨旷之声，洋洋盈耳。以华人之业贱工者，而中下等之西女，犹争愿嫁之，则其情形略可想矣。此摩门教所以岁月侵入，而卖淫业者之数殆逾三万，其号称良家而有桑濮之行者且遍地皆是也。此亦纽约黑暗之一大端也。

（3）美国最奇怪的事是没有首都。世界上其他没有首都的国家，当惟中国。

美国有最奇者一事，曰无首都是已。华盛顿，美之首都也，曷云无之？曰：吾之所谓首都者，谓全国中各种权力之集中点也。若英之有伦敦，法之有巴黎，德之有柏林，奥之有维也纳，意之有罗马，俄之有彼得堡，日本之有东京；举国中人口最多者此地也，财力最厚者此地也，商务最胜者此地也，工业最繁者此地也，富豪权势之人最乐居者此地也，最大学校之所在者此地也，最大新闻纸发行者此地也；一国中政治势力之源泉在是，学问智识之源泉在是，财富通输之源泉在是；国中诸地，万海朝宗，归集于此一点，复由此一点以分布于诸方，如血轮之在心房然：是之谓首都。若此者求诸美国中，何地足以当之乎？将曰华盛顿乎？以最近之统计，其人口仅二十七万八千余人，黑人居三之一焉；与诸市府比较，班在第十五。其社会之交际，仅议员、官吏、外国公使等耳，大商业家不在是，大文学家不在是，大美术家不在是，大工场、大新闻不在是；其不足以当此名，昭昭然也。

将曰纽约乎？纽约诚人口最多、财力最厚、商务最盛、工业最繁之地也。虽然，其在政治上，除选举大统领投票占多数外，无一毫特别之势力。（此亦指纽约省耳，非指纽约市也。）实业上之伟人虽多，而文学上之伟人殊少。其新闻纸诚最良最广销者也，然究为纽约之新闻纸，以视伦敦巴黎之一国新闻纸自固有间。故纽约非首都。将曰费尔特费乎？波士顿乎？当独立时。此两地虽几有此资格，而今则无有也。将曰芝加高乎？圣路易乎？此两地将来之发达虽不可限，然充其量固无以逾纽约明甚也。若是乎美国洵无首都，且殆将终无首都也。

又不徒全国为然也，于各省亦有然。政治之中心点，与社会之中心点，常不相合并，是美国之特色也。纽约省总督所在，阿尔拔尼也，而非纽约。

滨士温尼省总督所在，哈利士卜也，而非费尔特费。伊里女士省总督所在，士庇灵弗也，而非芝加高。加镈宽尼省总督所在，沙加免图也，而非旧金山。阿海和省总督所在，哥仑布士也，而非先丝拿打。柯利根省总督所在，西林也，而非钵仑。自余各省，大率类是。以吾侪外国人之眼观之，实千万不可思议。

美国以何因缘而无首都？由自然耶？由人造耶？此问题吾犹未能断之。大率两者各与有力焉。若华盛顿，则全由人造者也。彼自其始未尝不可择一繁盛之都市，若波士顿若费尔特费者以为首善，但以各省互相嫉妒，且大市府竞争剧烈，虑其于政治上起骚扰，故避之而宅于一林莽未辟之地。故华盛顿者，在美国诸省中，不属于一省，别以七十英方里之地，自名哥林比亚，为联邦政府之直隶。（略与我顺天府不属于各省者同，而其性质微异。）此所谓由人造者也。其余亦有由天然者，若纽约省当独立以前，阿尔拔尼市之繁盛实过于纽约市。后此以交通大开，其商业中心点随而移动，而政府所在尚未易也。（如我中国直隶省会本在保定，通商以后忽移于天津；但我则政治枢纽随之而移，彼则尚仍其旧耳。）其余他省，亦有类此者。此所谓由天然者也。

凡殖民地之现象，往往如是。如英属加拿大最繁盛之市为满地可，而其政府国会乃在阿图和。澳州初为联邦时，维多利省与鸟修威省争联邦之首都，卒乃于两省之界，划一瓯脱而建置焉，是亦美之华盛顿也。

除美国外，其无首都之国，当惟中国。中国之北京，本有完全首都之资格者也，近则势力已渐坠落。其政治上之权，多分散于各疆吏。学术思想界之权，当乾嘉间，悉萃于北京，今翻其反矣，若夫商工业则更不足道。以将来之趋势测之，则上海骎骎乎有将为中国首都之势。夫至以上海为首都，则亦列国公共殖民地之首都。而非复我之首都矣，一叹！

余在美时，有西教士杜威者偶为余言曰：华盛顿市民无选举权。余初闻大骇愕，及察之，信也，此真一怪现象也。考美国例，有所谓某省某省之市民（citizen），而无所谓合众国之市民。（外人欲入美籍者必入某省籍，得省籍而国籍亦同时俱得矣；若欲竟入国籍，则无从入也。）市民者，选举权所从出也。哥仑比亚（即合众国直隶华盛顿所在地）无市民，则华盛顿人无市民权也亦宜。虽然，此则真普天下立宪国之所无矣。（华盛顿市民欲求选举者，则各归其本省求之，盖各有原籍故也。）

欧洲、日本诸立宪国，其选举区与被选举人，常不相属。甲地之人，可以运动乙地以竞选举，甚自由也。惟美国不然，此省之票，决不投彼省人；彼市之票，决不投此市人。此亦美国与诸国相异处也。此皆由联邦政治，各自保其邦之权利然也。

（4）王韬在牛津大学演讲时一个甚为得意的观点是品学兼优的一等良材应该从政。这是学而优则仕的思路。梁启超发现，"美国第一流人物，不肯投身政界。"

前引布利斯言，谓美国第一流人物，不肯投身政界。此其理由究何在乎？请毕布氏说。

"第一、则以无首都故。彼欧洲各国政治中心点所在，即职业中心点所在。故如英法之政治家在伦敦巴黎，一面运动国事，一面仍照常操其职业。美则不然，苟欲为联邦政治家（如国会议员之类），势不得不别家乡抛职业以居于幽静之华盛顿，非人情所甚欲故也。

"第二、欧洲诸国国会中数百议员，位置甚宽，欲得之者可以到处游说，以求选举，此地不得，去而之他。美国则诸省诸市各举其土著人。若己之选举区，本党党员候补者之额已满，则更无术可以阑入；若必阑入，则出于内竞耳。故其得为议员也，视他国为较难。怀才之士，不欲作鸡虫之争，盖亦为此。

"第三、美国政界之大问题，不如欧洲之多。欧洲政界所屡演之大话剧，则外交政略问题也，改正宪法问题也，宗教问题也。此三者，美国皆无之。所余者，惟货币问题、关税问题等一二大事耳。故奇才异能之士，往往不屑厝意也。

"第四、欧洲百年来争竞最剧者，则地主富豪家压抑下等贫民，而贫民亦日思上进，以迫彼辈也。一则欲保守其特别之权利，一则欲争其应享之权利，咸思舌战于议会，以决胜负，凡以为自为计也，故两阶级中，皆多产政治家。美国则建国以来，已墨守人类平等主义，除放奴问题外，更无足劳辩争者，此亦政界所以少活气也。

"第五、美国之法权，由联邦议会与各省议会分掌之，各有其权限。如外交、关税诸问题，则属于联邦；社会改良、慈善事业诸问题，则属于各省。以分之，故其范围遂狭。政治家入联邦政界，则不能为本省有所尽；入本省政界，又不能为联邦有所图。故第一流之经世家，为功名心所驱迫者，以其地小不足以回旋也，故望望然去之。

"第六、欧洲各国凡在政界得意之人，其于社会交际，常得特别之名誉利益。美国则万民平等，虽大统领犹一市民，故慕虚荣家不趋焉。

"第七、美国人欲求出身之路，与其入政界也，宁入实业界。盖以无尽之富源，新辟之地利，怀抱利器之士，投身于商业、工业、矿业、铁路，可以数年之间，起蓬荜而埒王侯。故美国当今第一流人物，咸愿为所谓铁路大王、煤油大王、钢铁大王、托辣斯大王者，而不屑在'喀别德儿'中争一座位也。"

以上所论，真有特识，观此则美国社会之情状，可睹一斑焉，故并译之。

（5）归途中的思考

九月初五日，遂自旧金山首途归亚洲。余本拟乘"高丽"轮船经檀岛西返，适高丽船开罪于檀岛之华人。我同胞与之断交通，以挟制之，故吾不便附焉。归后乃知檀人预备欢迎，意盛且厚，吾深愧无以对檀人也。遂由旧金山经沙加免图、尾利允、钵仑、舍路，复至温高华，乘"中国皇后"船返日本。所经诸市，诸同志皆至车站，握手依依，余亦有余恋焉，惟钵仑小住一日乃行。

余在美所见美国政俗，其感触余脑者甚多。丛稿满箧，欲理之为一美国政俗评，匆匆未能卒业，姑述其略。若夫全豹，愿以异日。

今年美国大统领卢斯福巡行全国，所至演说，有常用之一言焉，曰"铲除村落思想"。此实美国厉行帝国主义，日趋中央集权之表征也。然卢斯福何以断断为此言？是又美国至今日犹未能铲除村落思想之表征也。何也？村落思想者，实美国人建国之渊源，经百余年之进化。而至今犹未能脱其范围者也。

吾侪以寻常之眼瞥观美国，见其有唯一之元首（大统领），有唯一之政府，有唯一之国会（上下议院），且也其外交上有唯一之宣战媾和订盟结约之机关，其外形与他国无所异，于是心目中惟有一联邦政府。吾侪游美国者。

自旧金山上岸，经芝加高、费尔特费以达纽约。凡六七千余里，四五日汽车，然始终用同一之货币、同一之邮政，途中无税关淹滞之事。亦无复言语衣服习俗之不同。亦谓在一国内之旅行，例应如是耳。夫孰知此车声辚辚、汽烟勃勃之间，已经过十一个之共和自治国而不自知也。

（6）美国的政治不可思议

美国之政治，实世界中不可思议之政治也。何也？彼美国者，有两重之政府；而其人民，有两重之爱国心者也。质而言之，则美国者，以四十四之共和国而为一共和国也。故非深察联邦政府与各省政府之关系。则美国所以发达之迹，终不可得明。其关系奈何？譬诸建筑，先有无数之小房，其营造不同时，其结构不同式，最后乃于此小房之上为一层堂皇轮奂之大楼以翼蔽之。而小房之本体，毫无所毁灭，毫无所损伤。盖小房非恃大楼而始存立，大楼实恃小房而始存立者也。设或遇事变而大楼忽亡，则彼诸小房者，犹依然不破坏，稍加缮葺，复足以蔽风雨而有余。故各省政府，譬则小房也；联邦政府，譬则大楼也。各省政府之发生，远在联邦政府以前。虽联邦政府亡，而各省还其本来面目，复为数多之小独立自治共和国，而可以自存。此美国政治之特色，而亦共和政体所以能实行能持久之原因也。

故他国之国家，皆以国民之一原素组织而成。美国之国家，则以国民及国民所构造之小国家凡两原素组织而成。故美国国会之两议院，各代表此两原素之一。其下议院，则代表国民也（美国宪法第一章第二节云：下议院议员每三万人以上举一人）。其上议院，则代表国民所构造之小国家也（第三节云：上议院议员自各省之立法院举出，每省二人）。

论者动曰：美国人民离英独立而得自由。此知其一，不知其二也。谓美国人之自由，以独立后而始巩固则可。谓美国人之自由，以独立后而始发生则不可。世界无突然发生之物，故使美国人前此而无自由，断不能以一次之革命战争而得此完全无上之自由。彼法兰西，以革命求自由者也。乃一变为暴民专制，再变为帝政专制，经八十余年而犹未得如美国之自由。彼南美诸国，皆以革命求自由者也。而六七十年来，未尝有经四年无暴动者，始终为蛮酋专制政体；求如美国之自由者，更无望也。故美国之获自由，其原因必有在革命以外者，不可不察也。

法儒卢梭言：欲行民主之制，非众小邦联结不可。德儒波伦哈克亦言：共和政体之要素有数端，而其最要者曰国境甚狭。吾观于美国，而知其信然矣。彼美国者，非徒四十四个之小共和国而已；而此各小共和国之中，又有其更小焉者存。即以新英伦海岸一带论之（新英伦者，今之马沙诸些、干捏底吉、洛爱兰、纽亨布士亚、威绵、米因六省之总名也），当时如披里门士，如沙廉，如查里士汤，各自为独立之殖民地，而不属于洛爱兰；若菩列摩士，若纽肸，若婆罗域达士，若纽海文，各自为独立之殖民地，而不属于马沙诸些及干捏底吉；诸如此类，不可枚举。自十六世纪殖民以来，即已星星点点，为许多之有机体，立法、行法、司法之制度具备焉，纯然为一政府之形。故美国之共和政体，非成于其国，而成于组织一国之诸省；又非成于其省。而成于组织一省之诸市。必知此现象者，乃可以论美国之政治；必具此现象者，乃可以效美国之政治。

（7）美国建国艰难。破坏固不易，建设良亦难。坏政府总比无政府好。谁说美国为全体人民的自由而建？

窃观美国建国之困难，有深可惊叹者。当殖民时代各小共和团体之分立也，其所恃以联合统一之之原质无一物；藉曰有之，不过曰同用一国语、同为英王之臣属而已。及其不堪英之虐政也，以同病相怜故，不得不协力以相抵抗。于是一七六九年，始由九殖民地各派代表人开公会于纽约；及一七七四年，复由十二殖民地各派代表人开公会于费城；翌年，十三殖民地复会议，是为联合之第一着。

虽然，当时此公会者，不过暂时设立之革命团体，其法律上之人格毫无所存也。及一七七六年，此公会宣告独立；翌年，又置一永久一致之条款；一七八一年，各殖民地之政府皆批准此款，是为联合之第二者，始略带法律上之性格。

虽然，彼时之公会，谓之为各政府之同盟体则可。谓之为一政府则不可。何也？彼各省者（即各殖民地），无大无小，皆有同一之投票权，不相统属。纯为群龙无首之气象。而此中央公会者，对于一市民，曾无有裁判权，曾无有征税权。中央之行政机关无有也，中央之司法机关无有也，仅恃各省之捐款以充国用。而各省所捐。又皆缓怠，时或无有；至各省及其所属之市民有不奉中央公会之命令者，公会无如之何也。

此何以故？彼等实视公会为赘疣，甚或视之为毒物故。其所以生此妄见奈何？彼等（指各省）当抗英王而自立之时，誓不欲复戴一权力于彼所固有之权力之上，即其所自择者亦不愿戴故。故当独立军未告成功以前，此公会之指挥既已不灵。读华盛顿传，观其军中屡次兵变，公会种种不相接应，其竭蹶情形，殆可想见。及一七八三年和议成后，外患既消，而内讧乃益甚。各省或不派代表人于公会，即派者亦往往后期不至。公会毫无威力。不惟不能使人服从，亦且不能使人起敬。商业上、交通上生种种障碍，各省又或滥发不换之钞币，或以金银以外之物品为通货，举国皇皇，不知所措。

故华盛顿有言：恶政府固恶也，犹愈于无政府；不图吾侪以八年血战，易此无政府之气象。其言忾乎有余痛矣。是时美国之危，间不容发，幸也。彼盎格鲁撒逊民族根基甚深，经失败之试验，遂能蟠然谋补救之方。一七八六年，五省之代表人，开会议于米里仑省之安拿坡里，谋所以整顿通商之法。遂乘此机，作一报告书，极言现时凋敝之情，及将来危险之象。遂乃倡议，以明年开大会议，再谋联合之巩固。迨翌一七八七年五月十四日。遂开宪法会议于费尔特费，是为联合之第三者。

自兹以往，而美国始得谓之一国家矣。呜呼！破坏固不易。建设良亦难。以美国之本来有无数小房者。从而加一大楼于其上，而其层累曲折也尚若此。苟非有群哲之灵，与诸国民之肃。则彼美者将不亡于战败之时，而亡于战胜之后也。嘻，亦危矣！

此次宪法会议，以华盛顿为议长，各省代表人凡五十三员，皆一时之俊也。凡经五月之久，苦心焦虑，乃以秘密会议。成彼七章二十条之宪法。论者谓此举之困难，实十倍于独立军云。其所难者，不徒在创前此所未有而已。彼离群独立之十三共和国，各有其利害，各有其习惯，地方上种种感情不能相容，彼此以恐怖嫉妒之念相见，于此而欲调和之，难莫甚焉。故哈弥儿顿（本华盛顿之书记官，联邦成后为户部大臣，当时第一流人物也，宪法草案，

美国费城独立厅中的制宪会议会场

半成于其手）尝云："当甲兵收息之后，乃能以国民全体之同意制定宪法，实可称一异事。吾盖战战兢兢，至睹其成效，而乃稍自安"云尔。谅哉斯言！犹幸也，此宪法成于秘密会议也。苟公议之，则今之所谓合众国者，其终不可得建。宪法草案既布之后，各省议论峰起。以为立此强大之中央政府，则诸省之权利，与市民之自由。将从此而危。其言曰："自由将亡，我辈以血以泪从佐治第三手中所夺回之自由，将亡于其子孙之手。"曰："中央集权灭各省政府，灭地方自治。"此等舆人之诵，嚣嚣遍于国中。其最重要之省，若马沙诸些，若纽约。其反对为最力。使当时若如今日者以普通投票法取决之（现今美国若有改定宪法之事，须由全国人民投票取决），则宪法之实行，终无望耳。幸也彼时未知用此法，各省皆以其代表人决事；而所举代表人，皆适当之人物，能知大势之所向，毅然任之。时草案所定，谓此宪法经九省认可后，即便施行。而纽约省、威治尼亚省犹且徘徊迟疑，虽他九省既已公认之后，犹自恃其省份之大，良久不从，直至千七百八十八年始画诺焉。呜呼！舆论之不可恃也久矣。谁谓美国为全体人民自由建立之国？吾见其由数伟人强制而成耳。以久惯自治之美民犹且如是，其他亦可以戒矣！

（8）美国百余年政治中，实际上是两大政党权力消长的历史。

美国政治进化史，有独一无二之线路焉。即日趋于中央集权是也。语其阶级，则自初殖民以至革命会议时而进一步，至宪法成立华盛顿为大统领而进一步，至林肯为大统领、南北战争时而进一步，至麦坚尼为大统领、西班牙战争后而进一步；此其最著者也。其余百端施设，皆着着向于此而进行。不及备述。但美国支配政界之实权者，政党也。吾今请略语其政党。

美国百余年来之政治史，实最有力之两大政党权力消长史而已。两大政党何自起？即起于会议宪法时也。当会议之际，而两政见之相战已非一日。两政见者何？其一则重学家所谓离心力，其二则所谓向心力是也。盖一则务维持各省自治之势力，一则务扩张中央政府之威严，赖华盛顿之调和，宪法案乃仅得就。及华盛顿任大统领，网罗一时之贤俊，以组织内阁，而阁员之中，两派生焉：即户部大臣哈弥儿顿为集权派之魁；国务大臣（美国之国务大臣，殆如立宪君主国之首相。译其本名，则云联邦之书记也 Secretary of States，惟性质全与宰相异，其职兼掌外交）遮化臣为分权派之桀。旗鼓相当，各不相下。初次召集议院，而国会中之此两党已划然分明。及法国大革命以后，哈弥儿顿派鉴彼覆辙，益觉中央权力之不可以已，持之愈坚。遮化臣怨华盛顿之袒哈氏也，率其同志退出内阁，以各省独立、地方（案：指各省所属之市乡）独立、个人独立三大义为揭橥，号呼于国中。及华盛顿退职后，而两党之形遂成。哈氏所率者曰"茀的拉里士"党（译言联邦之意）。即今之"利帕璧力根"党是也；遮氏所率者曰"利帕璧力根"党（译言共和之意），即今之"丹们奇勒"党（译言民主之意）是也。是为美国有政党之始。

质而论之。则遮党者自由之木铎也，而哈党者秩序之保障也。此两义之在政治界，如车之两轮、鸟之双翼，缺一不可。而美国卒以此两者之相竞争、相节制、相调和，遂以成今日之治。而国民对于此两党之感情，亦随时为转移。

当遮氏之初退出内阁也，热心鼓吹其自由主义，民多听之。时以华盛顿左袒哈氏之故，乃至谤言云起，昔也尊之曰国父，今乃嘲之曰国之继父云，其激烈可见一斑矣。（附注：华盛顿实不偏于两党，当时敌党以嫉哈氏，故波及之耳。）虽然，哈党之根据地，在新英兰诸省，为美国最有势力之地；且承华盛顿之教，民思幕之。故华盛顿八年退任之后，继任者为约翰亚丹，实哈党也。

及千八百年选举之际，遮化臣以其辩才及其伎俩，卒能被举为大统领（哈弥儿顿副焉），复再举，共任八年。退职后，其党人马丁逊继之者八年，门罗复继之者八年。于是凡二十四年间。政权归于利帕璧力根党。而莆的拉里士党一八一〇、一八一四年间累失败，以失败而遂至灭亡。虽然，利帕璧力根党之所以能独占政权，非其才力之果能如是，实缘莆的拉里士党失其首领，而后此无复英才足以继之也。（附注：当遮化臣再任大统领时，其党人有名布尔者，妒哈弥儿顿之能，乃挑之决斗，遂毙哈氏，全美国无不痛惜，此实美国政党史不可磨灭之耻辱也。呜呼！以最文明最自治之美国民，犹有此等举动，完全民政成立之难如是耶？）至是，而美之政党一衰。

凡生息于自由政体之下之国民，其万不能无政党者，势也。故旧党一灭，而新党直随之而生。至千八百三十年，复有两党者起。一曰丹们奇勒党，即受持旧利帕璧力根党之主义者也。一曰利帕璧力根党，即受持旧莆的拉里士党之主义也。其时所争者，为奴隶问题。南方诸奴隶省皆丹党，北方诸自由省多利党，而丹党复制胜者十余年。及千八百六十年之选举，丹党南北分裂，内讧以争候补者。于是利党乘此机，举林肯为大统领，至此而哈弥儿顿之灵魂始复继续，利党之势披靡全国。而南方十一省，遂相率脱联邦以谋自立，遂有南北之战。而此两大政党及其党名，遂继续以至今日。

要而论之，则美国建国以来之历史，可中分之。其上半期为地方分治党得意时代，其下半期为中央集权党得意时代。虽然，尚有一事宜注意者，即遮化臣派所揭橥之主义，谓节制中央政府之权力也。然及其得政也，固亦知集权之不可以已，且决为有利而无害。故彼党柄政数十年间，人民此等僻见亦渐化去。至林肯时，而全局已大定。两政党所争者，已非复国权省权之问题矣。此后所争者，则自由关税、保护关税，其一也。用金、用银，其二也。侵略主义、平和主义，其三也。此皆南北战争以后之大问题也。自林肯以还，其党势力继续以至于今（中间虽亦有十数年政归丹党者，然总可谓之利党时代）。近今之麦坚尼、卢斯福，皆利帕璧力根党员也。

利党之大多数为资本家，丹党之大多数为劳动社会。现今之美国，对于内而实行干涉主义，对于外而实行帝国主义，皆利帕璧力根党之最新政策，抑亦其最旧政策也。盖自哈弥儿顿以来，其精神传于今日者，殆相一贯也。二十世纪之天地。纯为十九世纪之反动力。所谓自由、平等之口头禅，已匿迹于一隅。吾料利帕璧力根之党势，正未艾也。

（9）美国的官场如市场

美国政治家之贪黩，此地球万国所共闻也。吾昔求其故而不可得，今至美，悉心研究此问题，质诸彼地之口碑，参以书报之论断，今所略发明者如下：

凡认报国之义务以投身于政治界者，各国中固亦有其人矣，虽然凤毛麟角，万不得一焉。其余大多数，则皆有所利而为之者也。其所利若何？则社交上之特权，其最歆者也。而此物固非美国之所能有，其最可歆之一端已失矣。而彼美国之政治都会，与职业都会常分离。一国之首都与各省之首府，皆在一僻陋之小市。苟投身于政治，势不能兼从事于他职业，其视欧洲政家之营业自由者迥殊趣矣。以此诸因，故高才之士，常不肯入政治界（其说详见华盛顿篇）。且美国政治家之种类，与欧洲亦异。欧洲政党所竞争者，大率在政府之诸大臣、国会之诸议员而已；而美国大小官吏，率由民选，且任期甚短。故选举频繁，一投身政党，势不得不以全力忠于本党，终岁为此仆仆，毫无趣味。故上流人士多厌之，除一党中数十重要人物之外，其余党员皆碌碌之辈也。而此重要人物者，又势不得不借彼碌碌辈以为后援。而此碌碌辈，果何所利，而为一党供奔走乎？既无社交之特权，亦非有可歆之名誉，然则所借以为饵，官职而已。官职所以能为饵者，廉俸而已。故美国殆无无俸之官（欧洲则此等名誉职多有），此即所以驱策中下等人之具也。

美国自一八二八年以后，至一八八三年以前，其任用官吏法，殆如一市场。每当大统领易人之年，则联邦政府所属官吏，上自内阁大臣、各国公使，下及寒村僻县之邮政局长，皆为之一空。使新统领而与旧统领同党派也，则犹或不至此甚。若属异党，则真如风吹落地，无一留者，此实千古未闻之现象也。此例自戾臣氏为大统领时，（一八二八年）始开之，一就任即易官吏五百余人（前此华盛顿在任，八年中所免黜官吏不过九人。自遮化臣至门罗为大统领，二十年间免黜者不过六十人），以酬选举时助己者之劳。此风一开，遂为成例。故大统领林肯尝云，区区白宫（案：即大统领官邸），遂将为请谒者（案：宁谓之要求者）所踏倒。而某氏稗史记大统领加弗自就任以至被弑时，凡七月间，除应酬党员之索官者，更无他事。纲纪泯棼，至是而极。盖数十年间，美国之官吏，成一拍卖场耳。

专制国之求官者，则谄其上；自由国之求官者。则谄其下。专制国则媚兹一人；自由国则媚兹庶人。谄等耳，媚等耳，而其结果，自不得不少异。虽然，以之为完全之制度，则俱未也。

英国亦有政党，英国之政党亦竞争，然其弊不如美国之甚者，何也？窃尝论之，英国政党之战，惟有大将有参谋有校尉而已。美国政党之战，则并有无量数之兵卒。兵卒者何？即吾前所谓碌碌之中下等人物是也。此辈于生计上学业上皆不能自树立，而惟以政治为生涯；其尽瘁于党事也，以是为衣食之源泉也。故此辈者，实政界之虱也。

论者或以此为民主政治之弊，以余论之，则此弊实缘美国之地理上习惯上而生者（参观华盛顿篇"第一流人物何故不入政界乎"诸节）。使美国而易他种政体，其腐败亦当若是。使民主政体而行于他国，其腐败或亦不至若是。

虽然，美国国民何故默许此等举动乎？此不得不谓为迷信共和之所误也。当戾臣氏之破坏旧章而任其私人也，乃宣言曰：官职之屡屡更迭，是共和政治之原理也。于是国民咸翕然信之，流弊遂至于此极。此又与选大统领好用庸材，同一迷见者也。

官职屡屡更迭之不利于国家。近今政治学者如伯伦知理、波伦哈克辈言之详矣。夫一国中重要诸职，屡屡更迭，犹且不利，而况于各种之实务乎？官如传舍，座席不暖，人人有五日京兆之心，事之所以多凝滞也。英国每次更易政府，其所变置之职位，仅五十员内外耳（大率皆中央政府各部重要之地位。日本诸国亦然）。而美国乃至举全体而悉易之，此实共和政治之最大缺点也。迨千八百八十三年，改正官吏登庸法案，其弊稍减，然犹未能免。

历代大统领中虽多庸才，然其以贪黩闻者尚无一人。盖大统领总算一党中上流人物，终知自爱也。而其最腐败者，莫如市政。据布黎氏《美国政治论》所记，纽约一市，平均每年选举费（选举时投票场中建置、监督各费用）二十九万元，系由各候补人所担任者（无论何人，欲自为候补人可也，但无论入选不入选，必须担任选举费之一部分。两候补者争选举，则两人分任之。十候补者争选举，则十人分任之）。然公费之外，尚有各党派之运动费，共约四十余万元，合公费计之六七十万元（美金）。（附注：布氏书千八百九十年出版，近日不知有增否。）其势不得不皆出诸入选得官之人。而此辈者岂其自倾私囊以易此无足重轻之官也，其究也仍取偿之于市而已。故市中极闲散之官吏，率皆受极厚之廉俸。得官者例须割其廉俸之一部分还诸党中，以为下次争选举之用。是市也者，以己之公产，扶持己之虐主，使其势力愈积久而愈巩固也。而其滥用职权。蹂躏公益，又事势之相因而至，万不能免者矣。故美国诸大市中，如纽约、费尔特费等，常为黑暗政治之渊薮，非无故也。（附注：此布黎氏著书时之现象也，近屡改良。）

布氏又论美国选举之频数，举阿海和省为代表而论之：

今以该省中最大之市先丝拿打为代表：其市中之投票所，则每一年所行之选举凡七次，每二年所行之选举凡二十一至二十六次，每三年所行之选举凡八次，每四年所行之选举凡二次，每五年所行之选举凡一次，每十年所行之选举凡一次，合计每年平均所行选举约共二十二次。夫以欧罗巴各国，每年平均所行选举不过三、四次，最多至五次而极矣。而美国乃四五倍之，无论其人民政治上之知识若何发达、若何高尚，终不能举二十二种之人物而识别之，确信某甲宜于某职、某乙长于某才，此事之至易见也。于是乎不得不以政党运动员为虾，而自为其水母。（案：余所见美国选举多有同时并选数职者，各政党自印刷出许多投票用纸，上将某职举某甲、某职举某乙印出，投票者直取其纸而用之耳。）此大政党所以独霸政界之原因一也。又如上所陈选举费运动费如此其浩繁，其党派非有大力者断不克任，且不敢妄充候补人。

此大政党所以独霸政界之原因二也。质而言之，则美国之政治史，实其党派史之合本而已。

以上所论，言美国民主政治之缺点居多。虽然，以赫赫之美国，岂其于政治上无特别善良之处，而能致有今日者？其所长者多多，固不待问，余亦稍有所心得，但今以编辑之无余裕，姑略之。以俟异日。

第一种：联邦官职	
大统领	每四年一回
下议院议员	每二年一回
第二种：本省官职	
公共土木委员	每年一回
高等法官	每年一回
本省总督及政府各大臣	各每二年一回
代表本省之联邦上议院议员	每二年一回
本省学务委员及高等法院书记	各每三年一回
本省财政检查委员	每四年一回
第三种：各府官职	
巡行裁判官	每二年一回
民事裁判所法官	每二年一回
本省评定物价委员	每十年一回
第四种：各县官职	
县长及县委员	各每年一回
医院理事人	每年一回
县会计员及验尸员	各每二年一回
本县财政检查委员、登录者、测量家、民事裁判所书记官、遗产裁判所委员等	各每年一回
第五种：各市官职	
警察委员	每一年一回
医院理事员	每一年一回
水道委员	每一年一回
市长、市书记及市财政检查委员	各每二年一回
下等法官及警察署附属法官	各每二年一回
街道委员及工师	各每二年一回
救火局委员	每二年一回

（10）妇女的地位是衡量一个国家文明程度的尺度。在世界各国中美国妇女地位最高。

西人有恒言曰：欲验一国文野程度，当以其妇人之地位为尺量。然耶？否耶？凡游美者，皆谓美国之风，女尊男卑，即美国人亦自谓然。以余观之，其实际断非尔尔，不待辩也。虽然，谓美国妇人之地位，在万国中比较的最高尚者，则余信之。观其表面之现象，则凡旅馆、凡汽车以及诸等游乐之具，往往为妇女设特别之室，其华表远过于男室。道中男子相遇，点头而已，惟遇妇人必脱帽为礼。在高层之升降机室中，一妇人进，则众皆脱帽。街中电车座位既满。一妇人进，诸男必起让坐（此风在东方诸市，如纽约、波士顿等，不甚行）。繁文缛节，如见大宾。然此不待对于上流社会为然也，即寻常妇女亦复如是，此实平等主义实行之表徵也。

至其内容实权，亦有甚进步者。其在专门高等之职业，日与男子相争竞，如女医生、女律师、女新闻主笔、女访事、女牧师、女演说家，皆日增月盛。其他如各官署、各公司之书记，各学校之教师，尤以女子占最大多数，男子瞠乎后焉。其法律上之权利，各省虽小有异同，然其大端不相远，大抵一切私权，皆与男子立于同等之地位。无论既婚未婚之妇人，皆有全权自管理其财产；夫死之后，皆得为其子女财产之代理人。此实美国妇人权利优于他国者也。（附注：美国当一八九六年以前，犹未许妇人为子女之代理人。）妇人选举权之议，自初建国时即有倡之者。及放奴功成之后，其运动益盛。盖据独立檄文人类平等之大义，白黑种之界限既除，则男女性之界限亦不可不破，此其理想之源泉也。自兹以来，北部及西部诸省多数之国民，热心此事，屡以妇人选举权法案提出于本省立法部，且频议修正联邦宪法，加入此条。然此修正案殆未易得可决，惟威阿明、夭达、华盛顿三省之本省宪法曾许可之，而夭、华两省旋改正废弃。今美国诸省中，惟威阿明省尚有此权云。实则妇人干涉政治，在今日之社会，实利少而弊多，伯伦知理辈论之详矣，其法案之久不能通过也亦宜。（附注：澳洲之纽西仑、遇得力、西澳、忒斯米尼亚诸省皆有妇人选举权，闻前十年纽西仑曾有一妇人被选为市会长，男子皆梗其号令，不久遂辞职云。）其学务委员之选举权、被选举权，则现今有十四省许诸妇人者。然彼等大率放弃此权，不知宝贵。闻有某市人口二十万，当选举学务员投票时，妇人至者不过二三百。又马沙诸些省初行此例时，妇人至者甚众，其后年减一年云。由是观之，妇人之加入政界，非徒不可，抑亦不能矣。

（11）"劳力者神圣"

美国劳力者之地位，亦日高一日。"劳力者神圣也"，此言殆美国通用之格言也。其原因盖由社会党自争权利之思想日炽，亦由上流社会慈普事业之日盛，两者相提携，而得此进步。其庸率既日渐增高，而各大公司又往往多建房屋贷诸职工而不微其厘税，又或设特别之学校及游戏运动场者，以教育其职工之子女，此所谓富而好行其德者非耶？各市中之铁道电车，大率凡劳力者仅收车费之半额。各游戏场之景物，须纳钱乃能入观者，劳力家大率皆减半焉。要之美国之优待劳力者，大率如日本之优待军人。彼劳力者，亦商战国最重要之军人也，其特别优待之也亦宜。

……

（节选自梁启超：《新大陆游记》，长沙：湖南人民出版社，1981年版）

15. 康有为[1] 游意大利

康有为早年"薄游香港"，已知"西人治国有法度，不得以古旧之夷狄视之"。以后倡西学、求自新，变法失败后，游历世界。他所著的《欧洲十一国游记》，展示的西方形象更细致也更深刻。

先泊巴连的诗往奈波里道中

（光绪三十年）五月三日夜十二时，至意大利之巴连的诗。距钵赊

---

[1] 康有为（1858—1927）广东南海人，字广厦，号长素。早岁受业于名儒朱九江。1888年赴京应试，上书光绪帝，建议变法，未能上达。后于广州设万木草堂讲学。1895年赴京会试，发动"公车上书"，要求变法图强。同年中进士，授工部主事，未就。在京创办《中外纪闻》，组织强学会。又在上海出版《强学报》，1898年在京成立保国会。得光绪帝召见，促成百日维新。变法失败后留亡日本。后组织保皇会与孙中山对抗。由日本回国后，在上海主编《不忍》杂志，宣扬尊孔。1917年参加张勋策划的复辟。

康有为（1858—1927）像

九百三十英里，为中里凡三千一百八十九里。经五十小时而到，不及两日半，可谓迅速矣。此为小埠，人民不多。然街道屋舍甚整。亦有来船舷歌者。警察者戴雉毛冠，弹压于埠头。船客下船以序，整净不哗。自此登欧洲大陆矣。

时已一时矣，然船客皆登岸觅客舍宿，以船中运煤入舱太闹故也。然实不甚闹，吾在船酣寝竟夕，至凌晨六时乃登岸。凡一入客舍，所费不赀。自房租食费外，浴费一二饼金。赏费自侍食、铺床、守门、运行李、牵梯亭五六人，皆须赏赐，虚糜无算。然船客仅登岸宿四五时，乃无一留船者。可见欧人之俗，求安而必不少节。彼此同不节，故客舍及马车侍役，得以分养。华人则必节之，故客舍马车难闳美，而侍役亦无以为分养。故为一人计，则得其安；为大众计，则分其利。他物类是，推入轮中，而共转之，不得独息。故人人亦不得不奋而求生计，以互相灌输。其道与中国正相反，而反不匮。此为理财妙义，其中彼此得失甚多，不能以一言断。今德人亦俭啬能积贮，然合而论之，分利互输，更易致富，欧人之法尤善。今美人之效既大著矣。若仅为一人之计，亦未见其得也。

五月三日七时，汽车行，乘之入奈波里。意人皆不解英语，游之甚难。惟欧洲埠埠有一游埠公司，皆有司事者一人在车场，以代游客料理。其冠皆有游埠公司字号，英语名之曰"哭"。其人必解英、德、法三大国之语，乃能应客。余乃觅"哭"人而托之。然欺诈甚，自巴连的诗往罗马，上等车价七十八唎利（意国通行之币也。每英镑易二十五唎利，略抵中土半元，而轻小仅如双毫耳）。而"哭"代买票，欺称九十八。既查其价明告之，彼乃云在奈波里少停者八十七佛郎。衣箱一件，则云须二十佛郎，后索六佛郎，其他类是。则极难信也。

意人至贫，多诈，而盗贼尤多。一英商告曰："到罗马、奈波里客店，各行李当慎检，金钱不可置箧笥中，多遭肱箧。吾译人偶不留意，在奈波里置二金钱于房中衣内，一出房食餐而即失。吾尝在奈波里灭灯寝卧，一管房妇入室燃灯四顾。我展被举首视之。彼妇立即灭灯走出。"后雇一西仆奥人罗弼告我曰，昔在奈波里客舍夜寝挂衣，失去金数镑，与英人之言皆同。行客过此，不可不慎。与内地风俗略相近，而尤甚矣。吾之游火山也，乞儿数十，追随里许，此与印度无异。此皆吾所亲见闻者。若其褴褛之情，颠连之状，此各国所同有，又不止奈波里也。

未游欧洲者，想其地若皆琼楼玉宇，视其人若皆神仙才贤；岂知其垢秽不治，诈盗遍野若此哉！故谓百闻不如一见也。吾昔尝游欧美至英伦，已觉所见远不若平日读书时之梦想神游，为之失望。今来意甫登岸，而更爽然。意久裂于封建，乱于兵燹。虽在欧洲，而北欧各国道路宫室田野之精美，乃迥不若。自为风气，旧邦殊甚。盖自咸丰十一年立国，在我生之四年矣。此四十年中，虽经贤君相励意经营。而以贫小之国，支持海陆二军，与各大国颉颃，已极勉强。工商业虽日加奖励，而未能骤与诸大争。则贫困者，旧国固有之情。如中土然，固不能一蹴几也。能令国盛强，农工商业亦日进，已为善治矣。足食，足兵，民又能信。三者兼致，谈何容易。孔子固言，必世而后仁。意大利之新立国也，其治未至，何足怪哉。

意大利屋形，顶多平方，类于埃及，雨必少矣。其井甚深，阑甚巨，以木架辘轳而马运之。田中多井，桔槔盈望，藉以灌溉者。特怪近海如此，雨何以少，其由当细加考问也。井处皆有累石小穹庐，以息耕者，乃解《诗》所谓"中田有庐"也。

八时到马士多利。土山戴石，皆作平方形，山极秀迤。车沿海行，平原无海堤。村落多在山巅，白屋数百数十不等。沿野种桑，果树遍地，行列甚整。耕皆以马。路皆夹小石。妇女亦有耕者，白布裙，前垂带。田间农室极朴，少雕饰。绿野秀木，与碧海相望，光景甚佳。

九时半至夫特楼，屋千家，甚新。十时后，去海入山境。冈陵陂陀，千里相属，皆作青绿色。山巅耕植皆遍，与爪哇同。盖滨海之地，秀嫩已极，宜罗马之藉以统地中海也。穿山洞数十，过桥数十。正当收麦，黄云遍野。农家刈获。男女咸集。是地溪港甚多，而无大河，以山迫海滨故也。间有峻岭侵云无树木者。地形山势，肥秀如江浙而过之，吾生所未睹也，抑可谓神皋奥区矣。

意大利道多夹树，或夹以墙。墙高四尺许，以碎石用灰结之。盖北欧夹道，用木篱或剪齐草树成之，无用墙者。用墙甚古朴，不美观。此罗马旧俗，亦其类华土之一也。

华土村乡，多依原野。意人村落，独凭山巅，或下至陵麓而止。巍楼红墙，冠山抗宇。夕阳斜照，望之甚佳。胜于我国。惟少林木。其宫室连比，巷道甚窄，与广州村落同。其巨室亦无园囿，间有花木，亦在室内天井。故入其中。行其巷，风致绝无。而室屋巷道，在石山上，与石之荦确相出入，亦极不便矣。

其屋尤古旧。筑之以灰泥，饰以红白，亦有不饰者。窗狭小，长尺，如广州当店。屋平顶，上或更筑小室，或一二层。登屋平顶，多在屋旁有土梯。层级而上。其制甚类印度、埃及，盖雨少之俗然也。屋极小狭，仅丈许。类中土北方然。有楼，多二层。远不如北欧之宏丽，而胜于大江以北之人家矣。但较吾广州乡落室居之广丽，则意人尚远不如也。乃知古国多相类者。即观宫室田野，意大利与我国同者甚多，亦可知进化之故矣。道中有高桥三层，拱门数十。望如巍楼。此乃仅见。

概而论之，北欧各国，皆胜于我。意国与我国平等相类。特意人少茅屋而多一楼。近者田野亦治，葡萄盈望，桑果铺菜，胜吾北方，而与吾江浙广相仿佛者也。民之贫富亦相若。吾国求进化政治之序，亦可比拟意大利，采其变法之次序而酌行之。他国则新旧贫富皆不相类，骤难仿拟也。

罗马宫室不如中国秦汉时

吾昔闻罗马文明，尤闻其建筑妙丽，倾仰甚至。及此游也，亲至罗马而遍观之，乃见其土木之恶劣，仅知用灰泥与版筑而已。其最甚者。不知开户牖以导光。以王宫之伟壮，以尼罗之穷奢。而其拙蠢若此。不独无建章之万户千门，直深类于古公之陶复陶穴。今山西富人，尚有穴山作屋，仅取中溜以通光，穿室数十重，壁盖厚数尺，乃极似罗马古帝宫焉。凡此富人，皆我中国人所最嗤笑之，视为太古遗风之仅存，目为古董。如荷兰人之视其古民五十三族，犹衣其千年前之衣服焉。吾尝游爪哇，观其竹渣王之遗宫，以泥沙为壁，盖厚数尺，复道崇殿，幽黑杳湿，正与罗马帝宫同。此真太古野蛮之遗风，以我秦汉之宫殿视之，不几若今荷兰人之视竹渣王宫乎？

尼禄金屋正八边形主厅遗址

今以三辅故事所述汉武帝之宫比之：建章宫度为千门万户，其东则凤阙高二十余丈，上有铜凤凰，立神明台，并干楼皆高五十丈，辇道相属焉。其上有九室，形或四角八角。张衡赋谓井干叠而百层，与巴黎之铜楼何异。其北太液池，中有渐台，高二十余丈。中有蓬莱、方丈、瀛洲、台梁，象海中三神山龟鱼之属。其南有玉堂，壁门大鸟。承露盘高二十丈，大七围。以铜为之。上有金铜仙人掌，至唐尚存。李贺尚见之。有《金铜仙人辞汉歌》。其甘泉宫之通天台，高三十丈，可望长安城。其上林苑，连绵四百余里，离宫别馆，三十六所。《汉书》称成帝之昭阳殿，中庭彤朱，赤壁青琐。殿上髹漆。砌皆铜沓。黄金涂，白玉阶。壁带往往为黄金，衔蓝田璧，明珠翠羽饰之。班固《西都赋》所谓"雕玉瑱以居楹，裁金璧以饰珰"。"屋不呈材，墙不露形。裹以藻绣，络以纶连。随侯明月。错落其间。金釭衔璧，是为列钱。翡翠、火齐，流耀含英"，是也。此不过偶举一二耳。

若《汉书》称秦之骊山陵，高五十余丈，周回五里。石椁为游馆，人膏为灯烛，水银为江海，黄金为凫雁。珍宝之藏，机械之变，棺椁之丽，宫馆之盛，不可胜原。而阿房宫三百余里，作者七十万人。破各国，写其宫室。门立金人十二，每重二十四万斤。门以磁石为之。前殿东西五百步。南北五十丈，可坐万人，下可建五丈旗。二百里内，宫观二百七十，甬道复道相连。帷帐、钟鼓，不移而具。周驰为阁道，自殿抵南山。表南山之巅以为阙。复为复道，渡渭至咸阳，北至九嵏、甘泉，南至长杨、五柞，东门至河，西门至汧、渭，东西八百里。离宫相望。木衣绨绣，土被朱紫。宫人不徙，穷年不能遍。由此观之，吾国秦皇汉武时，宫室文明之程度。过于罗马，不可以道里计矣。即论驰道，汉《贾山传》：秦为驰道于天下，东穷燕齐。南极吴楚，江湖之上、滨海之观毕至。道广五十步，三丈而树。厚筑其外。隐以金椎，树以青松，亦何减于罗马哉！

况屋大维之定罗马，在东汉光武以后，而恺撒、绷标之先。当西汉末，罗马仅有今意大利蕞尔之地。而法典之大成。远在六朝之世。罗马之哲学、诗歌，虽有中兴者，然仅罗马一都市民耳，不能遍及意大利。其余并吞之属地，则概以羁縻待之。如今西藏、回疆之人。既不与政权，亦不加教学。其与汉世百郡千县，并设学校，皆有文学掌故；博士弟子，诵经习礼，大学生至三万人，而边人皆得论秀入官，执政典兵；至今英、德、法、美每一大学学生无过万人者，合各国比之尚不及我汉世。何况昔之罗马乎！其文明相去，何可道里计也。惟其丹壁、妙画、石像、铁管、"摩色"、文阶亦有可观者，石渠、剧场之伟大亦自惊人；然比之万里长城，则又不足道矣。

今欧人之文明皆本于罗马。大学皆学罗马之语言文字，不忘其祖，宜盛称之。若以我之文明较之，则渺乎在下矣。而我国人耳食而未尝亲游者，徒惊今日欧美之盛美，而误信其所出之罗马，乃亦同而尊仰之，则大谬矣。甚矣！吾国人今日之不自立，乃忘己而媚外也。故吾国人不可不读中国书，不可不游外国地。以互证而两较之，当不至为人所恐吓，而自退于野蛮也。日本著书，多震惊欧美者。此在日本之小岛国则然，岂吾五六千年地球第一文明古国而若此乎！

意大利沿革

意大利自罗马解纽，日耳曼大将阿拉烈，以重兵屠罗马。匈牙利之祖曷提拉，拥七十万众以蹈践之。此如刘渊、石勒之亡晋，惨祸同焉。其后意大利隶于日耳曼大将阿道塞，而帖阿他力与峨特亡之。其国境北自丹牛波河，西底西班牙境。衣皮带剑，而能用罗马文化，言语杂揉。于是意大利语出焉。此为苻坚、慕容垂争长中原之世，亦能用中国文化者也。时东罗马偏安，犹南朝矣，何其似耶。及西五百二十年，东罗马英主茹斯底年兴，即制定法律者也，乃平定迦太基及非洲，覆汪德罗国。降峨特狄，恢复意大利。此犹刘裕之平秦、齐复河南矣。

越四十年帝殂。日耳曼之伦巴多人寇意大利，与东罗马战争二百年。其卒也，伦巴多人与拉威那之吏中分意国，至西历八百年，伦巴多覆拉威那，此与北魏南朝之竞争又相同，而陈霸先、萧察之中分国亦相类矣。于是教皇乞兵于法王比宾而破伦巴多，法人以拉威那京与教皇，于是教皇为有土之君矣，然意地亦有属东罗马者。至比宾之子沙立曼大王，乃擒伦巴多王而代王之，与教皇并治罗马焉。时西八百年矣。此又与隋文帝之一统相类，数百年争乱。亦颇同时。华夏交争，事势迁流，若合符节，何其怪哉！

沙立曼殂，三子分国，鲁设得意大利，不能统一，分裂互起。而斐呢士、佛罗炼士诸市，亦并出而自立，此与唐亡而五代之瓜分同。当西十一世纪时，日耳曼帝阿多取意大利，兼伦巴多王号及罗马帝号，此与宋同时，亦与宋之复一统中国同矣。伦巴多者，即意之北境美兰也，盖自西六纪至此，分意境而立国五百年矣。然地不容二帝，故日耳曼帝与教皇，累世争权。而以乱政兵争，民不知学。师儒使节，皆僧为之。故教皇之权力、能使各国君王惟命是听，否则废之。是则以教王为共主。中土所无可例似者。而教皇又与东帝并掌教权，中分为二。至西十五纪时，路德新教既兴，教皇始弱，然犹得行其令于意大利中。此千年间，耶教最盛，兼君师而一之，然西人号为"黑暗时代"者也。比我唐宋之文明，乃正相反矣。

意大利北部隶于日耳曼后，数百年争乱如麻。而南部则统于教皇，不与其难。然当西十一纪时，诺曼人取奈波里，沙兰生人夺西西里，而日耳曼帝显理第六并灭之。及西十三世纪时，弗勒得力帝常都奈波里，而不还日耳曼，于是奈波里文物甚盛。学术技艺并集焉，是时斐尼士、佛罗炼士并为文美。至于十六纪时，意之学术、技艺、建筑、图画，为欧洲冠。意大利自罗马亡后，于斯稍盛，其有类南宋之临安耶？若利玛窦、南怀仁、汤若望、艾儒略之来游，与中国最先交通者矣！当千四百九十四年，法国王沙尔第八，南取美兰、佛罗炼士以入罗马，于是教皇联日耳曼、西班牙及斐呢士以抗法。逾二年，法王路易十二再下美兰，与西班牙分奈波里，又联各国袭装呢士，教皇又联各国以拒之。路易又结斐呢士以袭美兰。教皇又联英、日、西诸王以拒法。至西千五百十五年。法兵再下美兰焉。此与春秋列国之争郑同，后世无得而拟焉，而今日均势之局自此出矣。然新旧教之争盛，发于此时。而西班牙王甲列兼帝日耳曼以救意大利，与法大战而败，大扰罗马，甚于阿特拉。

意大利千年以来，争乱无穷，中分为数小国，而以教皇为正统。盖当时欧洲各国，封建盛行，故意大利自由都市，亦得保全其间，以延绵千载。或不能自立，而隶属于强国如日耳曼、法国、西班牙，而自治之国体尚存焉，或则仍为封侯也。其北部之国五，曰萨谛尼亚、斐呢士、伦巴多、摩丹拿、巴尔马。其南部之国，曰罗马、塔士加里、奈波里。三百年里，伦巴多、斐呢士隶为澳国地，余各小邦，皆制于澳。

当拿破仑盛时，胜澳，得意大利之北部，以乾隆六十年。于美兰戴伦巴多王冠，而为意王。今其纪功牌坊在美兰。吾尝见之。又使其将王奈波里焉。及拿破仑败，维也纳会议归旧地。意诸小国复归于澳。而意人多愤其压制，欲合为一国以拒澳。道光二十八年，法革命再起，伦巴多、斐呢士起而抗澳。罗马民恶教皇而放之，萨谛尼王阿尔培主民政而自立，北部各邦从之，皆背澳矣。

逾年，法人以兵戍罗马，复教皇位。各邦畏之，不敢动。惟萨谛尼王伊曼奴核第二，先立宪政，人心皆归之。咸丰三年，加富洱为相，结英法以战澳，破之，得伦巴多地。于是斐呢士国、巴尔马国、摩丹拿国、多士加纳国、拉西阿那国各小邦皆归萨谛尼，惟奈波里、西西里未定。咸丰十年，加里波的起义兵徇灭之，而归之于萨谛尼王。于是咸丰十一年，我生之四岁，意大利开国会，推伊曼奴核为意大利王，而意国统一之业成。

惟罗马尚属教皇，裴呢士尚属澳。同治五年，我生之九岁，普澳之战，意人助普而胜，得裴呢士。及同治九年，我生之十三岁矣，普法之争，法兵去罗马，意王收教皇之权，遂入都罗马，遂为今之意大利国，皆贤相加富洱之力也。以争乱如此，故贫弱。二千年来之变，其民酷矣耗哉。

意大利国民政治

意大利地方面积十一万有六百四十六英方里，人口三千二百四十五万，上溯百年前，不过一千七百万，今已倍之矣。其国土仅比云南、直隶之一省，而分九十六州，则一州不过吾两县之比。其至小之州，若利扒尔拿，仅一百三十三方里，人民十二万四千余，此不及吾粤一大乡矣。盖数百方里、四十万人民以下者，若是之类，居二十州，皆不过吾国一县耳，而设牧守之长官焉，则分治之密可见。而判官法衙之区，小者一千五百四十九，大者一百六十二。上控法衙二十。然则每州约有小法衙四五十，大法衙三，而三州有一上控法衙焉。推此以言，中国之治一县，略宜有小法衙二十余，大法衙一，而一府宜有一上控院，乃为不疏也。

意国铁路长八千八百英里，费一亿八百四十万镑，其中六千四百里皆国有也。闻得利不过百分之二，货物亦少，则以国贫故也。当道光十九年时，意之汽道不过十三英里，自一统后，同光时乃大进，然不过岁增二百二十英里，亦有限耳。邮局信箱七千七百零七，亦多矣哉。

意人民于欧洲为贫，故能耐劳苦，而南方尤著矣。其耕地仍多用人工，不甚用机器，开辟未尽，其荒地林薮，尚占全国三分之一。然较六十年前，葡萄、五谷、林木之地，开辟已增一半矣，则农民之勤，功亦大矣。苏彝士河既通，南亚之米价甚贱，输入于意，二十年前仅二万吨，十年前则增至五、六万吨。耕植之新法尚少，赋税过重，农无资本，故田地难于改良。平计每亩之入，仅十三斗。而人口日增，七十年间，亦增至倍数。故二十年前，谷入仅当国民八日之食；今则垦辟虽倍，然尚欠四十二日之食。盖全国耕地，仅五千三百万爱坎，只足养二千七百万之人口；其余百分之十五，非国力所能养矣。

故其食谷品，法兰西人每年一吨，意人仅得半吨。其农产物值，法国每人平算得五十九镑，意人仅得三十镑。其全国产肉三十九万吨，除输出二万吨外，每人每年仅得肉二十七磅，不足以养生。故医生德林树谓意人之死，百分之四者为滋养不足，血枯而死。盖比之英民，死者多百分之三十八。服食之不足，死数几多半百。民以贫而夭弱，亦可畏哉！以故意人在本国不足为养，故必须迁徙。故连年迁往南美者百一十万人，美国则二十八万六千人，其他各地六十二万，共二百余万人焉。吾闻在纽约之意人，穷苦污秽之状，甚于我国。皆由国贫而机器不开，小大工厂养之致然。不知大势者，视欧人皆豪富逸乐若神仙，则大误矣。

我国荒地尤多未辟，机器尤多未开，人民尤多而贫，肉食尤少。虽无统计之确数，而岁岁滋养不足，血枯而死，及迁徙于外国者，宜尤多矣。徒以禁工不能入境，故往美无多。然国人之往南洋者，每日千数，统计六七百万矣，略当意之三倍，皆闽广人也。虽吾民数千倍于意，然以闽广二省旅行则倍焉，则亦相伯仲矣。盖民多则必溢于外，乃事势之不得已者。今吾国旅民遍大地，随日月出入，他日必收其大益。使吾人种无地不殖。是在因势利导，善保护而推广之耳。

意之地荒人多，与中国同；贫乏少用机器，与中国同；古国多旧俗，与中国同；迁徙殖民，亦与中国同；工商未盛，亦与中国同。故意之变法，我国亦可采择焉。惟意以增扩海军，重增赋税，银行困乏，人民愁苦，则我不可不鉴也。是故见欧人而震之，愚妄之甚者也。虽然，海陆之军不修，则人将予取予求，而惟命焉。非张国威，无以保国境。夫以意贫弱，尚甚于我。而遂有三门湾之窥伺请求。呜呼！以十余倍于意之中国。而我不请其奈波里之海湾，意何胜于我，而敢请三门湾，亦可笑矣。虽然，人之轻我者，亦何由哉？

意国二十年来，机器之进步亦大矣。同治十年时，其蒸汽力一百三十二万吨。至光绪二十年，已增五倍余，为五百五十二万吨。此则过于我国者矣。吾国所宜最急务也。

意田有田主自耕者，有田主及工人均分者，有佃人之地而纳租税者，亦与中国同。地主一百六十一万人，凡地五千八百二十万英亩，每人平均得地三十六亩。盖大农少，故机器亦少欤？每亩平均价值，耕地十一镑，不耕地五镑，总值三亿七千七百万镑。林地一千万英亩，出林木九百万吨，以五百万吨供薪炭，四百万吨供木材，岁值三百五十万镑，所产值每亩值英七诗令。渔业七万人。渔船二万三千，岁入渔值七十万镑。矿工六万七千人，硫黄山六百十所。惟全国无一煤矿，岁用煤四百万吨，全藉外国输入，其损害国力甚大。其与我国煤层无限，山西一省可比英伦，宜意人福公司之力争此利也。我国人不知意之贫与我等，但望见欧人，一律畏而待之，岂不愚哉！意矿有铁、铜、铅、锑、金、银、水银，农产则小麦、米、粟、玉蜀黍、棉、烟草、葡萄酒、橄榄油、牛、马、豚、麻卵果为大宗矣。

意土产特出于欧洲者有二。一曰文石。欧人宫室最丽，承罗马之风，墙壁柱础，好用文石。而意之能用文石者，则以地多出文石故也。吾既见欧之宫庙公室，即无文石者，亦必画成文石之形。以文石价昂甚，王宫亦力多不逮，多用假文石，而文石之可宝贵益甚矣。所游博物院，剖解文石，五色并备，宝光夺目。罗马所产黄云石者，尤为奇特，宜欧之尤重之也。吾国宫室之不坚固垂久，以不用石筑故；不能精丽，以不用文石故。此亦吾国文明之大憾也。今太和殿、中和殿、保和殿及太和门阶石及阑，纯用西山白石，明陵亦然，皆开自明世。石质虽不及罗马之宝石，然亦文美矣。肇庆之七岩，皆文石也。若以为室材，岂不极文美哉。云南宝石尤多，大理最著矣，今意区区之国，文石岁输于外者，一千七百四十五万四千三百一十佛郎，其用工人六万五千。吾游爪哇宫衙及富人室，率用白云石铺地，乃荷兰之俗也，而石材闻多出于意。吾国山岳含珍，文石之材无限。若开采而运之他国，其富源岂可量哉。

一曰丝。意之蚕桑，既最先与中国通，久传于意土。今则桑麻铺菜，遍于原野矣。可磨埠为织丝厂地，机凡一百五十万，岁出丝织料四千吨。值九百万镑，倍于吾祖国矣。闻皆运于法国为多，以法之妇女甚侈，好衣丝也。吾国蚕法不精，丝市日下，所宜鉴观人之良法，而改良以求进焉。

织布厂工人八万二千，岁出值一千三百万镑，然不足本国之用，尚须输入九十万镑之布焉。织绒厂在近二十年大进，岁得六百万镑，然不足本国之用，岁输入一百二十万镑之绒料乃足，羊毛多自中国运往者。

意人海岸甚长，本善于市舶，今汽船四百零九，帆船五千余，输出之货值一三三八二四六三五三佛郎，输入一七〇〇二三五六六五佛郎，岁亏约四万万佛郎矣，则工艺不开之故耶？盖全国制造所值，不过六千三百万镑耳。

全国屋价四万万四千镑，屋租二千六百四十万镑，田地值十一万万八千万镑，商物值二万万二千三百万镑，家畜及家财略称是。

今以英、德、法考之。英织毛厂岁出六千二百万镑，德、法并四千余万镑，英棉织厂岁出九千二百万镑，皆将十数倍于意。蒸汽力尤足以验国内工艺之多少，今意仅得五十四万万八千万吨。英十倍之，德六倍之，法四倍，俄、奥倍之。其运货物。得美二十之一，英、德十之一，法六之一，奥三之一。故各国制造业之以百万吨计者，意得九五，英则四三八，德则三四五，法则二九八，俄、奥犹倍之。通商以百万镑计者，意得九五，英得三三〇，德则二七七，法则二四六。其他富商房屋货物，皆得各大国三、四、五之一。故每人之入息，美三十片士，英二十四片士，法二十片士，德十六片士，奥十一片士，意仅十片士，皆减英法之半焉。故其食用，皆比各国减半，或减三倍。则国贫民困，在欧洲与西班牙等矣。虽经伊曼奴核、加富洱贤君相之抚绥，而不能骤长，抑无如何。或加富洱寿之不长，故不能与俾士麦于成功治定后，竞于工商之业耶？

意之国税，与各国同。而有专卖盐税、烟草税、入市税、富签税，此其所独也。而烟草税倍于地税，亦大矣哉。民贫而赋重，则以治海陆军之故也。

意常备兵二十六万八千，后备兵八十八万七千三百四十五人，国民军二百一十一万六千七百二十。海军二万三千六百二十九人，战舰一等四，二等三，三等四；朽旧者铁甲巡洋舰九，防护舰十四，水雷艇十七，破敌舰九；水雷艇一等者十一，二等者百零一，三等者七十一；海底水雷一。只此海军，费帑无数。当竞争之世，岂得已哉！

意之岁入，当其一八三零年八百三十万镑，至一八六零年三千八百万镑，一八七五年四千三百八十万镑，一八九五年六千七百二十万镑，地方税二千七百万镑。三十年间至今，所入过半矣。八十年间，所入十倍。惟军费七百八十万镑，及其他经营学校、官道，出入相比，岁亏八百万镑。故公债累加，今尚五万万零五百镑，过于岁入十倍。其国富力三十一万万六千。各国公债，以国富力十之一为极。今意过之几倍，而海陆军费有增无减，支持于后，亦甚危哉。

意之银行，有国立、民立二者。惟用钞过多，至不能行，金价大涨，而货日贱。其政府所发之钞，当一八七一年，二千五百二十万镑。一八九四年，少减之为一千九百七十万镑。合民银行所发四千五百一十万镑，共六千四百八十万镑，较英国多十分之五。盖贫国开创之始，不能不藉钞法以兴百事，实势之无如何也。我国唐宋，已大用"交子"、"会子"。今当国争之世，收权于政府以便兴作，尤不得已者哉。

意为新创国，百事落人后，未开殖民地。惟近年欧人瓜分非洲，意亦分一杯羹。在红海之喀河尔峡至的眉来峡间，得地面积八万八千五百英里，人口有四十五万。然国贫如此，经营甚难。

意与奥、德为联盟国，与德、奥、法、比为金币联盟。

罗马人口五十万，然工厂甚少。大工厂多在奈波里，船厂、炮厂皆在焉。英之麦边厂，亦分于奈波里。

意大利之俗

意人既贫，而立学开化皆迟于北欧各国。宫室古朴，既一望迥异北欧。乡曲衣服褴褛，民多未被教者。其流居德、奥、法者甚多，气质粗鄙，动辄殴詈，或酒后相争，一言不舍，动至拔刀相向。故德、奥、法人多以野蛮目之，且亦畏避之也。其劫盗尤夥，即其流居美国者，其贫困污秽贱恶，且有甚于中国人。彼美之工党不攻之者，实以彼国能自立，而又同为白种故耳。未游其地，而一律重视欧人，则甚愚妄也。

统计意国，在今欧洲大国中为最贫国。自西十六世纪后，学人之发扬名世者亦少，工艺商业皆不盛。其统一在同治元年，先于德及日本十年。皆宪政国也，昔皆贫困。今德之盛强几冠薄海，而日本亦超跃为第一等国矣。夫以国体论，意无联邦，则为政易行于德国。日本起自东洋，与欧洲语言文字风俗皆隔绝，译书游学，备极艰难，岂与意国与诸强联疆接壤、风教相同比哉。其为难易，相去千万。而意之不能骤臻富强者，教之压制愚弱已久致然耶？抑以地小民寡不如德日耶？则欧洲中若比利时、荷兰、丹、瑞尤小矣。其与西班牙之贫弱，皆别有故。方今天主教国皆微，法人势亦日下，其内情甚深远，非旅人匆匆所能深知也。

惟其国势如此，彼自顾不暇，脱欲犯边。彼何能筹海军之费？更何以持久？其有请索，可力拒之。其画术及雕刻建筑，则可遣人学之，以增美术之文明焉。其工价亦贱，则其船厂或亦可资购舰之用也。美之雕刻国手库洛克、博鸦、枯罗阿尔，皆学于罗马及佛罗炼士而转移全美，岂不然哉。

意自为语言，亦稍非罗马之旧矣。其内地通英语者甚少，上等舱尚不可得遇也。惟德、法语似稍多通者，岂以旧曾混一故耶。

意之工艺不开，在罗马购影相镜及千里镜皆甚昂，盖皆自英、德、法来者，其他可推矣。除制文石、写画、刻像外，无特别精工之物。音乐昔甚有名，今亦让之德矣。南意人尤朴鄙，衣服敝恶，人肥矮，稍黄，盖真山谷之民也。其与纵横大地之英人，相去甚远。

意人贫，每日工得一佛郎足用矣。意人身之长短与华人同，然貌颇丰腴红白，似湖洲人，则以地为之耶？意之山水甚似江南，秀美静穆，三面滨海，长数千里，风景尤佳，故人才甚盛，而美术尤著，盖生有自来也。当欧洲十六世纪时，学术莫盛于意。虽教皇所为，亦其地秀美致然也。法人小说，欲于百年后以意国为地球公园，岂无故哉？

（节选自康有为：《欧洲十一国游记》，长沙：湖南人民出版社，1981

年版）

16. 容闳[1] 的《西学东渐记》

（1）容闳感慨国人公权、私权
意识的淡薄，外人侵其权利，鲜有胆
力起而自卫，外人更不复以平等待之。

中国第一个毕业于美国高等学府的留
学生——容闳（1828—1912）

（一八五六年）二月后。又值一
意外事。此事迥不如前，其结果乃令
人不适。当予所处公司停止贸易，所
有什物尽付拍卖。是日中外人士来者
夥多，予亦厕人丛中骈肩立。适有一
体量六尺余，雄伟无伦之苏格兰人，
立于予后。觉有人弄我发辫，一回顾
则彼鄹瞒者以棉花搓成无数小球系予

辫上，以为戏乐。予初不怒，仅婉请其解去。彼交叉两手于胸，若不闻者，
一种傲慢之态，令人难堪。予仍不怒，惟申言之。彼忽骤举拳击予颊，势甚猛，
特未见血耳。予勃然不复能忍，以彼伟岸，予长才及其肩，斗腕力宁有幸者。
然当时不暇计胜负，即以其人所施者反之，遽以拳冲其面，拳出至迅，且有
力，彼不及防，受创，唇鼻立破，流血被面。此苏格兰人殆体育家，孔武有
力，予之右腕旋被执不能少动。予方思以足力蹴其要害，适公司主人自旁来，
极力解散，彼乃自人丛中挤出。时有人大声谓予曰："若欲斗耶？"予即应之
曰："否，予固自卫。君友先犯予，伤予颊，殊无赖。"予发此言，声色俱厉，
故使众人皆闻之。旋退入别室，任他人之论短长，充耳不听。后有友告予，
谓是日英国领事亦在众中，目睹此事，曾发评论。谓"此中国少年，血气太盛。
设彼不自由施行法律（指还击）者，固可至英国领事公署控此苏格兰人。今

---

[1] 容闳(1828—1912)，广东吞山南屏镇(今珠海市)人，号纯甫。少时入澳门马礼逊学堂，道光二十七年(1847)
随校长布朗赴美。1854 年毕业于耶鲁大学。为中国最早的留美毕业生。次年回国，在广州粤海关任职，
后经商，并做曾国藩、丁日昌幕僚。并选派青少年赴美学习。戊戌变法后，逃出北京。1902 年再度赴美。
逝世于美国。

既已报复，且又于众辱之，此其所为为已甚，不能更控人矣。"此苏格兰人者，予前于道中尝数遇之，故能省识。自互殴后，不出现者一星期。人言彼方闭户养伤，殆非事实。盖以被创于一短小之中国人，并受侮辱之辞。故无颜遽出耳。

此事虽琐细无谓，而于租界中颇引起一般人之注意。事阅数日，外人犹引为谈助。更有多数中国人，因闻予为此事，异常推重。盖自外人辟租界于上海以来，侵夺我治外法权。凡寄居租界之中国人，处外人势力范围之内，受彼族凌侮，时有所闻。然从未有一人敢与抵抗。能以赤手空拳，自卫其权利者。此实由于中国人赋性柔和，每受外人无礼之待遇，辄隐忍退让，不敢与较。致养成一般无意识外人之骄恣。喧宾夺主，不复以平等遇我同胞也。予意他日中国教育普及，人人咸解公权、私权之意义，尔时无论何人，有敢侵害其权利者，必有胆力起而自卫矣。近如日人之战胜俄国，亦足使中国人眼界为之一广，不再忍受无礼之待遇。即外人之以强权蚕食我边疆。扩充其势力，我国人亦岂能常听其自由行动乎？国人夜郎自大，顽固性成，致有今日受人侮辱之结果。欧洲各强国，甚且倡瓜分中国之议，幸美政府出面干涉，乃不得实行。今中国人已稍稍知其前此之非，力图自振，且自慈禧太后及光绪帝逝世后，时局又为之一变。究竟中国前途若何，此时尚难逆料也。

……

（2）在《排华法案》出台之前，中国的美国形象还是较为光明的，美国的商人、教士不像英法那么多事，清政府多次与英法日俄的冲突都由美国出面调停，中国人还常常将华盛顿比作尧舜。容闳毕业美国耶鲁大学，将美国视为是他第二祖国，在他那里，对于这两个祖国的报效之路还并不是决然背反的。

自予与曾督第二次晤谈，一星期而有委任状命予购办机器，另有一官札授予以五品军功。军功为虚衔，得戴蓝翎。盖国家用兵，以此赏从军有功之人，为文职所无。文职官赏戴花翎，必以上谕颁赐，大员不得随意赏其僚属。又有公文二通，命予持以领款。款银共六万八千两，半领于上海道，半领于广东藩司。余筹备既毕，乃禀辞曾督，别诸友而首途。

予此行抵上海，为一八六三年十月。其时适有一美国机械工程师名哈司金（Haskins）者，为上海某洋行运机器来华；事毕，方欲挈妻孥返美。而予不先不后，适于此时抵沪，得与其人相值。时机之巧。洵非意料所及者。予既识哈司金，遂以购机器事委其主任，与订立合同。二人皆取道香港，经苏彝士地峡以达伦敦，本可同行，惟哈司金偕其眷属乘法公司轮船，而予则乘英公司船。哈以行期已迫，匆匆别，期会于纽约。船既放洋，途中惟至星加坡略一停泊，遂过印度洋，由锡兰地方登陆，易舟更过孟加拉海湾，于埃及之开罗城登陆。尔时苏彝士河之工程，方开凿未竣，于是予乃由开罗乘火车，过苏彝士地峡，赴亚立山大城，复由亚立山大乘舟至法国之马塞。马塞为法国南方第一海口，哈司金已由此乘舟迳赴英国。予则于马塞上岸，乘火车赴巴黎，作十日游。巴黎之公园、教堂及各处繁盛之区，游览殆遍。此世界著名繁华都会，予得大扩眼界，略知其梗概焉。十日后，遂于法国加来司地方，乘舟过英吉利海峡至英国之多尔维，由多尔维改乘火车抵伦敦。是为予初次身履英伦之一日，借此良好机会，使予得睹世界第一大都会。于愿良足。予在伦敦，曾往惠特尔司机器厂（Whitworth's Machine Shop）参观，无意中遇一十年前在中国所识之西友，其名曰克里司特（Christy）。予居伦敦一月，乃乘哥拿脱（Cunard）公司之汽船过大西洋，于一八六四年春初抵纽约。

予毕业耶路大学，于今十年。予之同班诸学友，将于七月暑假时，开十周纪念联合会。此时方在正二月间，离会期尚远。哈司金因须预备机器图样，订货条款及估价单等，故已偕眷先予至纽约。予以哈氏谙练可恃，遂以选择机器等事，界以全权。当此一八六四年时，正南北美战争之末年，美国国内多数机器厂，皆承造国家急需之要件，工作忙迫异常，而以新英国省中为尤甚。以故外来购机器者，急切骤难成议。幸得哈司金索识各厂，乃克于马沙朱色得士省非支波克（Fitchberg，Mass）城中，与朴得南公司（Putnane&Co.）订约，承造此项机器。然亦须半年后，方能造成运回中国云。

予乘此六月休息之暇，遂至纽海纹赴耶路大学，参与同班所开之十周纪念联合会。旧雨重逢，一堂聚话，人人兴高采烈，欢乐异常。虽自毕业分袂后，十裁于兹，而诸同学之感情，仍不减当年亲密。予乃有缘得躬与其盛，何幸如之。

此会宗旨，既专以联络旧情，作赏心之乐事，故予于胸中所怀，只字不道。况此时南北美战争尚未结束，美人以国事方殷，亦无暇他顾。故于予此次来美所任之事，咸未注意，几无一知之者。第予自念今兹所任购办机器之事，殆为一种应经之阶级。或由此将引予日夕怀思之教育计划，以渐趋于实行之地也。高会既终，友朋星散，予亦兴尽而返。

抵非支波克后，对于南北美战争，忽有感触。因余曩曾入美籍，美国实余第二祖国也。因嘱哈司金皆居此，主持一切，告以将赴华盛顿投效美政府，尽六月之义务。设于此六月内发生意外事，致予一时不能遽归，则此机器装运回国之事，当若何处置，拟悉以奉托。哈氏忻然允予请，乃以种种应需之要件，如订货单、提货单、机器价值单，以及保险装运等费，一一交付哈氏，并告以若何手续，点交与曾督所派驻申之委员。筹备既毕，旋即束装就道。时有斯不林非尔地方之总兵名彭司（Brigadier-General Barnes）者，方在华盛顿任将军之职，专司义勇队事务。总兵有子曰喊林（william），为香港著名律师，曾与予同时肄业于耶路大学者也。一八六三年，彭总兵至纽海纹探视其子时，予于耶路大学图书馆中，与有一面之素。此时探得彭君之办公处，在喊拉旅馆（Willard Hotel）中，予乃迳往谒之，告以来意。因言："虽他无所能，然若任予以军差之职，传递军书于华盛顿及最近之大营间，供六月之驰驱，至所幸愿。且此六月内，予当自备资斧，不敢耗美国国帑。"又言曩在耶路曾晤总兵，总兵亦尚能忆之，乃询予现任何事。予告以自耶路毕业后，向居中国。此来因奉曾大帅国藩之命，至美购办机器，以为中国建设机器厂之预备。刻已于非支波克城由朴得南公司订约承造，另有一美国机械工程师，监督其事。因此项机器制造，须六月后方能告竣，故予甚愿借此余暇，得略尽义务，以表予忠爱美国之诚也。彭总兵闻言甚悦。且极重视此事，乃谓予曰："鄙人极感君之美意，但君现受中国国家重任，故鄙意君宜仍回非支波克，调度一切，以免贻误。此间传递军书，以及趋赴前敌，尚不乏健儿也。"予闻总兵言，知其意已决，遂亦不更置辞再以为请。予此意虽未获实行，而自问对于第二祖国之心，可以尽矣。

（节选自容闳：《西学东渐记》，长沙：湖南人民出版社，1981 年版）

17. 中国女性视野中的西洋艺术

（1）章华庭四室

十五世纪时，景宗伊诺琛八建章华宫于乏氏刚景宫之邻（章华，译义），聚古雕藏之。后藏品累加，乃扩充建筑，以接于景宫而通路焉。章华庭者，章华宫之庭，亦因其形而称八角庭。游人从丰达孟答街入门，先登觌对书库之梯，经希腊十字室，进圆室，右折过摩娑室（又名九女室），出羽蹄室（均别详），即章华庭也。庭周为廊，廊隅凡为小室四，一室藏一雕，即以雕名名室：曰劳贡[1]室，曰阿博隆[2]室，曰眉沟[3]室，曰俾尔塞[4]室。室中珍藏主雕之外，亦附藏小品，名称不重，未暇及之。

（2）劳贡室

劳贡（Laocoon）集像者，名雕巨擘也。像为二蛇绕噬一老者，二少者。老者右举蛇胴，左提蛇颈，筋骨高下，一望而知为甚有力者。然长蛇绕足噬腰，纵强逾贲育，亦莫能脱。二少者，左为长子，右为次子。长子瞬息受噬，仰视悚骇，自顾不遑，无以解父厄。次子则既触毒牙，状已垂毙。凡所雕刻，筋肉脉络，无纤毫不肖，而主客之位，运动之方，配合调和，允称杰作。尤可佩者，一像一题之中，含三种瞬时：老者正被噬，长子将被噬，次子既被噬。此三瞬时者，感觉举动。迥不相同，辨别既难，表显尤匪易。此像于各人眉目间分别綦细。俾观者一瞥而区异毕见，而全像呼应，仍不少乖，神乎技矣。名曰集像，亦为具三人三瞬时于一像也。

考其所雕，事出希腊神代史中。希事在景前[5]——〇〇年以内者，有史可征；过此以前，惟凭古诗。古诗所叙，实事中参以幻想，既令读者多迷，而选词尚奇，用意务隐，尤非别具会心，不能得其真谛。后世诗人，续为神话，

---

[1]　劳贡：拉奥孔。
[2]　阿博隆：阿波罗。
[3]　眉沟：墨耳库里。
[4]　俾尔塞：柏修斯。
[5]　景前：公元前。

拉奥孔群像雕塑，现藏罗马梵蒂冈美术馆。

寓中有寓，玄之又玄矣，雕画家更从而取以为题，以挥发己技，递传迄今，虚实更莫辨别。然事迹奇古，含蓄深奥，每为艺术家所爱不忍舍，而著名之文艺美术品，遂八九渊源乎神话。

相传劳贡者，脱罗耶人。脱罗耶者，小亚细亚地，彼时一小国也。王子名巴黎斯者，美而钟于爱，神话中所谓以金苹果判三女神争美案者，即此巴黎斯。巴黎斯旅游希腊，见斯巴达国王后宫爱丽那 [1] 而悦其色，挟载以归。斯巴达者，尚武之国。希腊史中所著称，恶爱丽那之见夺也，于是约诸侯会战于脱罗耶之城。十年而城不下，围亦不解，为神话中最有名之脱罗耶战争。是役也，希将多丧，而城仍未破。乃选勇士，征战策，以图一决。再不胜，

---

[1] 爱丽那：海伦。

舍之去矣。时有阿迭色斯[1]者，巧制木马，藏机自动，挺然应募，且布流言，谓此物为女战神密讷尔佛[2]所授，苟供神前，神立福之。私隐军士于马腹，往还营阵间。脱罗耶兵睹此巨大之物，徘徊城下，又闻流言而信，羡欲得之。独劳贡洞窥诡谲，固执不可；而脱人迷信，终不可释。脱兵困守，十年于兹，军气衰颓，民不聊生，乃大合市民为海神祭。适祭官死，继者无人，循例拈阄。阄得劳贡。劳贡本曙神阿博隆庙及海神讷都诺[3]庙僧也，有被选权利。既被选，乃率长次二子，登祭坛，屠牺牲，行例礼。礼未毕，而海上陡见二蛇，金目白躯，神飞而来，攫二子环之。劳贡驰救，同陷其害。蛇围重叠，呼吸不通，肢体牵系，密勿得逃，劳贡大呼而死，二蛇片裂三尸，逸去无踪。脱人见此，益信木马有神，以为劳贡之死，神明惩戒也，用请于希人，入木马于城，献之密讷尔佛之堂，再拜而祷焉。是夜，脱市人欢乐无极，满意城围从此解矣，故军民盛宴，相庆贺而散。夜深人静，希人之匿于马腹者，持械突出，举火燔城，内外袭击，脱军大溃，一夕欢乐，弃尽十年苦守之功。

希腊人神话，论劳贡之所以死者凡三说。第一说，希腊文学家梭福克尔所著《劳贡》悲剧之言曰：阿博隆庙规。庙僧不应有子，而劳贡膺主祭重任，携子同行。忝无愧作，故有此祸。第二说，腊丁诗人维其尔之言曰：金苹果之案，密讷尔佛与争美焉，争而示隽，神其憾矣。神既司战，则脱罗耶非神所佑，决无胜理。而希人十年围攻，勇将猛士接踵死亡，在人事观之，希将不胜，而忽有奇士巧机之助，将萃一夜之功，以偿十年之志，非神力而何？乃劳贡敢以私智泄神机，其招神谴固宜。第三说。腊丁诗人君多斯之言曰：劳贡有疑于神马，既被神谴而盲。盲而不悛，故神复使二蛇食其二子，二子牵父求救，而盲目之劳贡未及于祸。前二说为劳贡及二子均死。后一说为劳贡子死而身未死。在君氏考于希腊古诗，其用蛇字，常代以别名，绎其义，为食人子者。故君氏据古义以劳贡为不死。今像劳贡目不盲，而状如畏死，知不宗第三说矣。

学者又研究其成雕之时代，曰：观乎石色。其非上古原像可知；观乎雕

---

[1] 阿迭色斯：奥德赛。

[2] 密讷尔佛：弥涅耳瓦。

[3] 讷都诺：涅普顿。

派，而知其原本必希腊洛特斯岛人所雕，而今所存像，必其仿本中最善最古者。据罗马硕学泼立纽斯[1] 所著书，以为雕原像者，必洛特斯派之三美术家。三家者，一曰亚恺散德 Agesander，一曰亚典诺特尔 Athenodor，一曰博里特尔 Polydores。后二人疑是前者之子。至 1717 年，景士某发地，得残瓮一片，传说此瓮曾以覆原像（然则原像必甚小），上有希腊文曰：ATHANODOROS AGESANDRON RHODOS EPSIESE，译即"亚典诺特尔、亚恺散得之子、洛特斯人所作"。果如泼氏所言，惟雕者姓名有徵，而时代仍无考。但由其洛特斯派推之，约在景前 250 至 200 年间耳。主罗马时代说者，以今像为始原之像。曰罗马帝谛笃[2] 建浴场时，设七殿，曾以此像为庭饰，其地即今日系链彼得寺之基，而 1506 年斐利司 Felix 发现此像，亦在是处。谛帝之置此像也见于史。而得此像也转无传，意者即由帝命而雕。然帝即位在景纪 79 年，殁于 81 年，此三年短月日，岂足成此杰作？更有为调停说者曰：谛帝御宇，罗马世运衰下，不能有此杰作，当是希腊人在罗马时代雕之。言人人殊，莫由确断矣。

　　1506 年意大利人斐利司，就谛帝浴场废址为葡萄园。氏躬种植。偶发地得此像。是时景宗豪族，竞储美术，求此像者踵不绝，卒归景宗儒略二（劳贡发见于儒略二在位时，米加勒安治适在罗马，故摩研最悉。迨阿特利安六时，几以为偶像教之偶像，而欲毁之，幸众持获免）。

　　当集像之发现也，断碎不成形。美术家合为像，而劳贡及幼子两右臂均阙。众推米加勒安治补之。氏叹为神技，仅案一图。表其意见，未敢貂续。至米氏门人孟德淑里，始施修缮。孟氏所修。与米氏所图不同。米氏以全像不见有抵抗之态，故臂曲颈后。孟氏以为全像既不见抵抗，则臂宜举，且置蛇胴于劳贡手中，示其力抗。后人或可之，或非之，辩驳争论，遂为美学美术品评学之发端。非之者谓一臂独抗，失于一致，故臂宜曲。是之者谓强者苦抗，而终不免于死，则观者心悯之情厚，反是必薄；今于劳贡全身筋骨，既示其强。而于一手却不赋以苦抗态度，是薄观者之怜悯情也。臂不宜曲。

---

[1] 泼立纽斯：普林尼。
[2] 谛笃：第度。

或又曰：诗中劳贡大呼而亡。今像无呼唤状，果孰是？曰：皆是也。夫诗与文，所以纵写时间，而为叙述之美术；雕与画，所以横描瞬秒，而为造型之美术。诗与文直而长，雕与画广而促，二者目的虽同，而方向各异，不必相符合也。倘于雕像之中，张大其口，令如唤叫，则终成一滑稽状耳。何美之有？或以为劳贡不呼，乃见其勇。评者又谓适宜之呼，无损于勇；惟引人嫌恶之状，徒薄观者悯情，为美术所宜避耳。又劳贡赴祭，必被长袍，今像且裸体，不合于事实，是又何说？曰：劳贡之强，诗中以语述之，不必有形。今雕像必借形以显，则舍筋骨莫著。果衣服翻跹，则不独不能示强，且转示弱，乌乎可！予昔年初出国境，见裸体雕画，心窃怪之，既观劳贡之像，读辩论劳贡之书，于是知学者著作，非可妄非也。顾移此像于中国。则不博赞美矣。

室之前隅右壁，有劳贡臂断片，为孟德淑里修像时初稿。其臂半伸，蛇绕于肘。迨定稿时，乃改臂为直伸，而手握蛇胴也。左臂亦有劳臂断片，右色古旧，为博拉克氏发见于约翰门处某石匠之工场者，尺度较小，且约翰门与系链彼得寺，相距颇遥。决非集像上物，而为别一本之残臂。此臂弯曲，指且接于耳上发际。是原本为曲臂之说所由起也。今两臂附陈，资游者之参证。

（3）阿博隆室

阿博隆（Apollon）立像，初世纪罗马仿古石雕也，壮年美貌。沉勇威武，允协神容。右足直立，支重全身，左足微屈，踵不著地。为疾走甫停之姿势。左臂挽衣，手拳握弓（今像弓已折），右臂舒垂，手腕微折向上，想见矢甫离弦。目尚在的，正射者精神贯注、得意失意之交也。此雕阿博隆射杀仇蛇丕东事。惟石雕之像，每每躯足巨细，有下不支上之苦，非有辅支不可，用是立柱右旁，支持上重，略施锥凿，作树干形，以示题外之雕，而仍隐刻为蛇，盘绕干上，暗点雕题，密乎工哉！

阿博隆者，雷神育斯[1]与腊董[2]所生子，与女猎神蒂安[3]为同母姊弟。古诗人以阿代日，以蒂代月，示其姊弟阴阳性殊，此阿为日神之说所自来。阿

---

[1] 育斯：宙斯。
[2] 腊董：勒托。
[3] 蒂安：狄安娜

阿波罗像

又名斐薄斯（Phebos）[1] 译义为日，剖字为光及生。诗人据之，因又以阿为日神车御，每晨导太阳来，锡人类以光，光至而万物生，此阿为光与生之神，乃日神之御，而非日神之说所自来。或又以为日神者一人，阿博隆者一人，斐薄斯者又一人；又或以为斐薄斯·阿博隆，与阿博隆亦各一人。要之此三字者，或一人，或二人，或四三人，诸说不一。今之学者多定为二人，不以阿博隆为日神。阿既非日神而为日神御，则我人类应先日而见之。先日而见者，其曙光乎？故译阿博隆为曙神。

阿博隆生于代洛斯岛，岛本浮动，神生而命之定，乃定。诗人有以为海神讷都诺与曙神之母腊董有情，命岛定以安腊董，岛本海神所创，故定亦海神所命运。

---

[1] 斐薄斯：福玻斯。

阿博隆事迹不可胜计，而以杀丕东为母复仇事为最有名。腊董本司命神刹都尔女，与育斯为同父而相私。育斯妻育侬[1]妒之，遣蛇名丕东者，追踪腊董，勿许之安；又与地约，勿畀之居。腊遍历世界，或隐岩穴，或栖树枝，均不一日而丕东骤至为害，追妊将达，仍未得定宿。海神悯之，持戟（形如Ψ字，原字译义为三齿）指海，创成代洛斯岛，俾腊得居岛而产。岛浮不定，原出神意，使勿与地连，俾地不之害。育斯遥化腊董为蛙，游水中避蛇害；比达岛，又改蛙为鹑，居岛中。鹑形小，育侬勿之见也。腊董于是乎得安产蒂安及阿博隆。阿生而知母之困于丕东，誓必报。居久之，知育侬与育斯亦胞姊弟，且同乳也，是侬与斯，亦非可以正式成婚，安得以己之不正者，转而责正于人？乃疾趋追蛇，引弓射之，蛇中矢而毙于代尔辐斯之岛。阿剥其皮，被于三足座上，置女尼坐于座，掌宣神言，此神话中极著名事也。女尼即本蛇名而丕东尼斯。或曰阿博隆原有别名曰丕的乌斯；或又曰代尔辐斯岛本名丕笃，因取名尼。孰是孰非，莫之能断。立像即写曙神死丕东时举动。

立像发见于铁穴地方，地属君牧师洛佛勒所有，时1495年也。未几，洛氏当选景宗，是为儒略二，乃移入章华宫，迄今未易地，遂有章华阿博隆之名。

嘉诺华曰：希腊美术之小品，每有阿博隆铜像，高不盈尺，而面目举动，吻合石像，以是知石像所仿为希腊本。惟小铜像右旁无短柱，左踵下亦无支，左臂之衣垂于后而不挽，为不同石像之处，然不得谓石像非仿铜像也。当其仿铜像而雕于石，有易施于铜而难施于石者，石质脆，故上下轻重不称则断，铜像无此患；又悬而无倚亦断，铜像又无此患。小铜像之无右旁短柱、左踵下支者，铜质无须用支也。小铜像之左臂无衣者，左臂虽悬虚无倚而不断也。若于石像去其右旁之柱，则像右倒而断；去其左踵之支，则像左倒而断；去其左臂之衣，则臂断。是非石像之不仿铜像，正因仿像而施之支也。又铜像中虚，实其基则稳，而石像无此利。铜石之分别如此，雕铸之难易又如此。

评雕者曰：立像容貌，备有神色矣，而衣臂之间有二病焉。像上阿博隆左手引弓，其时用力在臂，衣压于臂，决非便射，令观者代其不爽。此雕者

---

[1] 育侬：朱诺

但顾支臂，而未能体察至微之病一也。又由臂下垂之衣，皱纹定静，亦非实情。夫阿博隆方疾走而来，骤止发矢，其时身躯手足之运动甫烈，衣纹岂有定理？此雕者未以体察至微之病又一也。二病虽微，然足憾也。

或曰：当发现时右臂全失，左腕亦缺，而衣角肢膝，以及支重短干，均有损伤。今像完备，乃后人所补续者，观于支干上端，新旧交接有线，而新旧又不相贯串，可知其非初雕面目矣。旧干有月桂树叶二三枚，新补处无之。枯干自不定有叶，则旧干之叶何从来？推想原雕，阿博隆右手必执月桂枝，而枝上之叶，连触于干，故旧干有叶（阿博隆游希腊，见女神达大奈美而趋近之，达急变为月桂树，阿乃折其枝而返，从此雕画上阿博隆像必手执月桂枝。后又以阿为文艺优胜之神，故希俗以月桂树为文艺标象，以月桂冠为胜利表章。罗马蒲尔盖斯宫有柏尔宁十六岁所雕阿、达合像，即雕阿趋达，达变树之状，为新雕中甚有名之作）。今新补之干端无月桂叶，新补之右手无月桂枝，固于射状为得神，奈未存其旧何？且原像左手本缺，续雕者又何所据而谓其握弓也？臂受衣压，原不适于射，初雕或非射姿乎？然而谓阿博隆不射，则全雕究为何态？于是辩题一转，又生无穷争论。西人观察至细。论议至微，有如此者。

考古学者谓石像原本之小铜像，乃景前五世纪末四世纪初盛流行于希腊之美术品，其时希腊美术正极盛期也。

（节选自钱单士厘：《归潜记》，长沙：湖南人民出版社，1981 年版。）

三、中化或西化

1. 大不列颠的群氓崇拜与德意志的强权崇拜

……

在我看来，这场战争的根源，就是大不列颠的群氓崇拜（worship of the mob）和德意志的强权崇拜（worship of thdmight）[1]。但公正地看，

---

[1] 强权崇拜：不少学者译作"武力崇拜"。

前者对后者又负有责任。所以，在本文中，我把论述的矛头重点指向英国的群氓崇拜。事实上，正是欧洲诸国尤其是大英帝国的群氓崇拜，导致了人人憎恶个人谴责的残暴的德国军国主义。

在讨论这一点之前，让我先来谈谈德意志民族的道德秉性（moral fibre）。德国人对正义具有强烈的爱，其结果恰好是同等的对不义、分裂和混乱（Unzucht and Unordnung）的极度的恨。对分裂和混乱的恨，使德国人迷信强权。在德国，所有挚爱主义，憎恨不义的人都是迷信强权者，

辜鸿铭（1857—1928）像

施科奇·卡赖尔就是一个例子，因为他具有德国民族的道德禀性。可是，为什么说英国的群氓崇拜应该对德国的强权崇拜负责呢？这也正是由德意志民族的道德禀性决定的。德国人痛恨分裂与混乱，这使得他们不能容忍大英帝国的群氓、群氓崇拜教和群氓崇拜者。当他们看到英国的群氓和群氓政客们发动了对非洲的布尔战争的时候，出于憎恨正义的本能，[1] 他们愿意为消除这种不义而付出巨大牺牲。也是出于这种本能，整个德国民族准备勒紧裤带建立一支海军，盼望能打倒英国的群氓、群氓崇拜教和群氓崇拜者。事实上，德意志民族，可以说，当他们发现自己在整个欧洲，处于英国怂恿的邪恶势力的四面包围时，他们就越来越相信强权了，越来越迷信只有强权崇拜才是人类解决问题的唯一途径。这种出于对英国群氓崇拜的憎恨而产生的强权崇拜，最终导致了残暴可怕的德国军国主义。

我再重申一遍，正是欧洲诸国，尤其是大英帝国的群氓崇拜者、群氓崇

---

[1] 德国皇帝致克鲁格总统的那封著名电报，是拥有自身道德禀性的真正德国精神的义愤之本能爆发。这种本能驱使他们反对英国的约瑟夫·张伯伦及其伦敦佬阶级，反对这些操纵布尔战争的人。——原注。

拜教，应对德国的强权崇拜负责，是它导致了当今欧洲德国军国主义那种畸形变态的残暴和凶恶。所以，如果英国人民和整个欧美人民，想要扑灭德国军国主义，那么，他们就必须首先打倒本国的群氓、群氓崇拜教和群氓崇拜者。[1] 在欧美国家是如此，在中国和日本也是如此。当今人们爱奢谈什么追求自由，可我敢说，要获得自由、真正的自由只有一条路，那就是循规蹈矩，即学会适当地约束自己。看看革命前的中国吧——那里没有教士，没有警察，没有市政税和所得税，总之，没有这类使欧美人民苦不欲生的东西。那时的中国人享有较世界其它各民族更多的自由。为什么？因为革命前的中国人循规蹈矩，懂得如何约束自己，如何按照一个良民的标准去办事。然而革命以后，中国人的自由不多了，这是由于在当今中国有了那些剪了辫子的时髦之徒，那些归国留学生的缘故。这些人从欧美人那里，从上海的欧美群氓那里，学会了怎样放荡不羁，怎样不按一个良民的标准来约束自己的行为，从而变成了一群乌合之众。在北京，他们成为一群被英国外交官和海关税务司怂恿、娇惯和推崇的乌合之众。[2] 事实上，我强聒不舍，只是为了说明：假如欧洲人民，英国人民想要消灭普鲁士德国军国主义，他们就必须先在本国内打击群氓，使之就范。也就是说，必先打倒本国的群氓崇拜和群氓崇者。

但是，在谈到英国的群氓崇拜和怂恿者对德国的强权崇拜及军国主义应负有责任的同时，我必须公正地指出，后者毕竟对这场战争负有更直接的责任，尽管这场战争给德国人民，给德意志民族带来的灾难比带给任何其它民族的都更加深重。

为了说明这一点，首先我来谈谈德国军国主义在欧洲的历史。宗教改革运动和三十年战争之后，德意志民族，因为他们具有自己优良的道德禀性：挚爱主义、痛恨不义分裂和混乱，所以，当他们一旦紧握军国主义利剑的时候，

---

[1] 孔子对他的一个弟子说："远人不服，则修文德以来之。"然而英国贵族，如同中国的满洲贵族一样，现在没有能力反对英国的群氓和群氓崇拜者，不过我必须指出，就我所知，英国贵族中没有一个人加入到群氓的队伍并在这次战争中大声嚷叫，这是一个巨大的荣誉。——原注。

[2] 为了说明中国留学生已变成群氓，我可以提及去年北京某些归国留学生给《京报》（Peking Gazzette）写信一事。这份报纸是由一个名叫陈友仁的聪明的中国"Babu"（贬称懂得一点英语的印度人。陈友仁出身于西印度，故辜氏如此贬称——译者）主编的。他曾公开威胁要组织和发动对我的《中国妇女》一文中批评新中国妇女的观点进行一场围攻。这位聪明的中国"Babu"一场有预谋的流氓行动的怂恿者，现在是中英友谊社的一个重要成员。这个友谊社受到英国使臣和海关总税务司的庇护！——原注

就成了欧洲文明正统的捍卫者，也就是说，他们为恢复欧洲的正统秩序尽到了责任。普鲁士的腓特烈·威廉一世，和英国的克伦威尔一样，他挥舞德国军国主义之剑，力图恢复整个欧洲、至少成功地恢复了欧洲北部的秩序和统一。然而，在腓特烈一世死后，他的后继者却不懂如何使用这把利剑来保卫欧洲的文明。事实上，他是不适合掌握欧洲的道德盟主权的，其结果是整个欧洲，甚至德国的宫廷，都只是披上一件文明的外衣，而实际上却陷入了令人憎恶的无底深渊，以致于那些饱受痛苦、本性淳朴的法兰西人，也不得不奋起抵抗。可是，这些本来反抗邪恶的法国人却很快地也变成了一群乌合之众，他们找到了一个伟大而又能干的领袖拿破仑·波拿巴，[1] 在他的率领下，群氓们进行抢劫、谋害和残杀，并蹂躏了整个欧洲。直到各国最终团结在军国主义德国周围，才于滑铁卢一役，打败了这个群氓领袖，并结束他的暴政。本来从此以后，欧洲的道德盟主权就应回到德国人——德意志民族的精华普鲁士人手里的，但由于组成奥地利帝国的其它民族出于嫉妒，进行了阻止。结果使欧洲的那些群氓们逃脱了德意志民族的道德和军国主义的制裁，他们于 1848 年再度暴乱，疯狂地破坏欧洲文明。后来，依旧是德意志民族及其精华普鲁士人，以他们的道德和军国主义利剑，再度把欧洲、欧洲王权（俾斯麦称作"王朝"）及欧洲文明从群氓手中拯救了出来。

可是这次奥地利人又犯了嫉妒心。他们绝不允许普鲁人去享受整个欧洲的道德盟主权，为此，普鲁士国王威廉一世任用俾斯麦和毛奇，对他们诉诸武力，终于在 1866 年，重新获得了欧洲的道德盟主权。此后。路易·波拿巴当上了法国的皇帝，他虽然不像其伟大的叔父（指拿破仑——译注），但却也是一个流氓成性的骗子，按爱默生[2]的说法，即是一个成功的小偷。他唆使巴黎的群氓们追随自己，去同德国争夺欧洲的道德盟主权。结果，色当一役，威廉皇帝的军国主义利剑，终于戳破了这个可怜虫的美梦。淳朴的巴黎人民

---

[1] 爱默生以非凡的洞察力指出：送拿破仑到圣赫勒那岛的，不是战场上的失败，而是暴发户，他心中卑鄙的野心——要同一个真正的公主结婚、建立一个王朝的卑鄙野心。——原注

[2] 爱默生（Ralph Waldo Emerson，1803--1882）：19 世纪美国浪漫主义思想家和文学大师。也是 19 世纪世界文坛的巨人。他批判资本主义近代文明弊端的思想，对辜鸿铭的影响颇大。辜鸿铭在著作中经常引用他的言论。

相信群氓，可抢劫和焚毁他们房屋的，不是德国军国主义，不是普鲁士德国人，而恰恰正是他们所信任的群氓。实际上，1872年以后。德国人不仅在道德上，而且在现实政治上，都最终取得了在欧洲的盟主地位。他们的心灵里，蕴藏着本民族的道德禀性。他们的手中，据有军国主义的利剑，他们以此镇压群氓、维护欧洲的和平。从1872年开始，欧洲人民整整享受了四十三年的和平生活，这都得感谢德国人的道德禀性及其军国主义利剑。所以，憎恨和谴责普鲁士德国军国主义的人们应该记住：正是这种军国主义曾一次又一次地为欧洲的和平立了功。

以上，我不厌其烦地叙述德国军国主义的历史概况，只是为了使德国人明白：我之所以认为德意志民族与其它民族相比，对于这场战争负有更直接的责任，并不是出于偏见。尽管这场战争带给德意志民族的灾难比带给其它任何别的民族的都要深重得多。为什么？——因为能力就意味着责任[1]。

在我看来，正是德国人身上那种对正义强烈的爱，和对不义、分裂和混乱极度的恨，使得他们迷信并崇拜强权。可是，当他们这种恨一旦恶性发展而失去控制的时候，就会变成一种不义、一种更可怕更恐怖的不义，其罪孽甚至远为分裂和混乱所不及。古老的希伯莱——那个曾给欧洲带来过知识与正义之爱的民族，正是由于这种恶性发展的恨——狂热偏激的，冷酷刻毒的，失去控制的恨，从而毁灭了他们的国家。耶稣基督，那位被马太·阿诺德说成无法形容的，拥有最高理性的救世主，也正是为了将其子民从这种憎恨中拯救出来，才谆谆告诫他们："效法我吧，像我一样忍让、谦恭，你们的灵魂就会得到安宁。"然而，犹太人不仅不听他的教诲。反而对其大加迫害，结果犹太国灭亡了。耶稣对曾是欧洲文明保护者的罗马人，也有过同样的警告："拔剑者必亡于剑！"[2]可罗马人不仅置若罔闻，反而还纵容了犹太人对耶稣的迫害。结果罗马帝国土崩瓦解，古老的欧洲文明也随之消失了。无怪乎歌德要这样感叹："人类要学会温和地对待罪人，宽容地对待违法者，像真正

---

[1] 孔子曰："居上不宽吾何以观之。"莎士比亚说："拥有巨大的力量是伟大的，但也是专横的，必须得像巨人一样使用它。"——原注。

[2] 这里指的是一切依赖和绝对信仰物质残暴力量的人，或像爱默生所说的搞滑膛枪崇拜的人。——原注。

的人一样对待非人，还必须经过多么漫长的历程啊！的确，正是神圣的原始人最先教导这一点，为了把这种可能变作现实并推动它的实践，他们为之献出了生命。"

在此，我想引用他们伟大的歌德的几句话，来呼吁德国人民和德意志民族：除非他们设法改变那种对不义所抱的偏激、冷酷、刻毒和无节制的仇恨，除非他们铲除由此而发生的对暴力的迷信与崇拜，否则，德国就会像犹太国一样灭亡，甚至欧洲的现代文明也将同其古代文明一样走向毁灭。我认为正是这种恶性发展的恨，导致了德意志民族的强权崇拜与迷信，而这种迷信与崇拜，又使得德国的外交官、政府官员和一般百姓在与其他民族的国际交往中，变得那样不识轻重和蛮横无礼。德国朋友曾要我对此拿出证据来。我简单地举了北京克林德纪念碑的例子。北京的克林德纪念碑，是德国人强权崇拜的标志，是德国外交蛮横无礼的标志，也是德国民族在其与他国的国际交往中蛮横无礼的标志。[1]正是这种无礼与蛮横，激起了俄国沙皇的不满，他愤而言道："我们已经容忍七年了，现在一切都该结束了！"德国外交上的无礼行径，迫使真正热爱和平的统治者沙皇以及欧洲最优秀、最高尚、最可爱、最仁慈和最慷慨的俄罗斯人，同情了英法群氓和群氓崇拜者，并同他们缔结了三国协约。最后，俄罗斯人甚至还支持了塞尔维亚的那个暴徒（指刺杀斐迪南大公的凶手——译注），战争也就由此爆发了。总之一句话，正是德国外交上的无礼，或者说是德意志民族的无礼，直接导致了这场战争。

因此，我认为作为欧洲现代文明合法的、正统的保护人德意志民族，目前要想不被毁灭并试图挽救欧洲文明，就必须设法克服那种对不义所抱的狂热、偏激、冷酷、刻毒和无节制的仇恨。因为这种仇恨导致了对强权的迷信和崇拜。而这种迷信和崇拜又正是德意志民族不识轻重、蛮横无礼的根源。可是，德意志民族要到哪里去才能找到医治顽疾的灵丹妙药呢？我认为，这

---

[1] 德国驻华公使克林德（Ketteler）在中国狂热的庚子之乱期间，被狂热士兵中的一个疯子意外杀死。作为对这个疯子行为的惩罚之一，德国外交官坚持要在中国京城的主街树立这块克林德纪念碑，从而在整个中华民族的前额上烙上一个永久耻辱的标志。前俄国驻华公使喀西尼伯爵正好在庚子之乱爆发之前，与一个美国报界人士的会谈中说道："中国是一个礼仪之邦，然而英国和德国使臣的无礼——特别是驻北京的德国使臣的无礼，实在让人无法容忍。"——原注

一切他们伟大的歌德其实早就准备好了，那就是："在这个世界上，有两种和平的力量，即，义和礼。"（ES gibtzwei friedliche Gewalten auf der Welt：Das Recht und die Schicklichkit.）

这里所说的义与礼，das Recht und die Schicklichkit，实际上就是孔子赋予我们中国人良民宗教的精华。特别是礼，更为中国文明的精髓。希伯莱文明曾授与过欧洲人以"义"的知识，但没有授与"礼"，希腊文明曾给过欧洲人以"礼"的知识，但未兼及"义"，而中国文明，其教化是"义""礼"并重的。欧洲人以犹太教的《圣经》为蓝本，建立了他们现代的欧洲文明。这部《圣经》教导欧人要热爱正义，要做一个真正的人，要行得正。而中国的四书五经——孔子为拯救中华民族而设计的文明蓝图，虽然也这样教导我们中国人，但它还补充了一句："要识礼。"简而言之，欧洲宗教要人们："做一个好人"；而中国的宗教则要人们："做一个识礼的好人"；基督教叫人"爱人"；而孔子则叫人"爱之以礼"。这种义礼并重的宗教，我称之为良民宗教。我相信，对于欧洲人民，特别是那些正处于战争灾难之中的欧洲人、那些不光要制止这场战争而且要挽救欧洲文明乃至世界文明的欧洲人来说，良民宗教将是一种使其受益无穷的新宗教。不仅如此，他们还会发现这种新宗教就在中国——在中国的文明中。因此，在这本小书里，我力图阐明并揭示它的价值——中国文明的价值。我希望所有受过教育的，善于认真思考的人们，在读了这本书以后，能够对这场战争爆发的道德根源有更深刻的理解。因为这将有助于我们制止这场人类迄今为止最残酷、最野蛮、最无益而又最可怕的战争。

然而，要想制止这场战争，我们首先必须消除的是当今世界上的群氓崇拜，其次便是强权崇拜。因为正如前文所言，它们是导致这场战争的根源。可消除群氓崇拜，又须从我们每个人日常生活的每一件事做起，从我们的一言一行做起。它要求我们考虑问题不应从个人的私利出发，不应去想我将会得到什么报偿，而应当以歌德所说的"义"为出发点。孔子说过："君子喻于义，小人喻于利"。我认为只有当我们鼓足勇气，不计个人私利，拒绝参与和追随那些群氓的时候，我们才有可能在不远的将来清除群氓崇拜。伏尔泰曾说：

"正人君子最大的不幸。就是缺乏勇气。"我以为，正是我们自身的自私与怯懦导致了今天世界上的群氓与群氓崇拜。这是因为，自私使我们见利忘义，而怯懦则使我们不敢单个地去反抗群氓。人们往往认为今日世界的主要敌人和危险是德国军国主义，我则以为它们恰恰是我们自身的自私与怯懦，这二者结合，从而产生了商业主义。这种商业主义精神笼罩世界各地，尤以英美为最，它构成了当今世界的大敌。所以我认为，今日世界真正的，最大的敌人是体现在我们身上的商业主义精神，而不是普鲁士德国的军国主义。这种由自私与怯懦结合而生的商业主义精神，造成了群氓崇拜的泛滥；而又正是英国的群氓崇拜教，导致了德国的强权崇拜教和军国主义，并最终促成了这场战争的爆发。所以，要制止这场战争，我们就得首先清除商业主义精神，克服我们自身的自私与怯懦。简而言之，我们必须首先见义非利，树立孤军奋战以抗群氓的勇气。这样，也只有这样，我们才能清除群氓崇拜，从而结束这场战争。

　　一旦我们消灭了群氓崇拜，那么，强权崇拜，普鲁士和德国的军国主义就不难消除了。要清除强权崇拜，打倒普鲁士的、德国的、或世界其它任何军国主义，我们只须牢记歌德所说的另一个字——"礼"，时刻想着它，以它束缚自己的行为，一句话，循规蹈矩即可。这样一来，强权、军国主义，甚至普鲁士军国主义，都将变得无的放矢。因为在懂得如何严格以礼行事的人们面前，他们很快就将发现自己的存在既没有用也没有必要。这种"礼"就是良民宗教的本质，就是中国文明的奥秘，同样也是德国人歌德教给欧洲人的新文明的奥秘，即：不以暴抗暴，而应诉诸义礼。事实上，要想清除强权及其这个世界上一切不义的东西，都不能依赖强权，而只能靠我们每个人优雅得体的举止，以礼来自我约束。非礼毋言，非礼毋行。[1] 这就是中国文明的精华和中华民族精神的精髓所在。我在这本书中要加以阐明和解释的，也正是这一点。

　　最后，我想以法国诗人布朗格（Béranger）的几句诗作结。这几句诗。我在中国庚子之乱后写的《总督衙门论文集》那本书里曾引用过。我觉得此

---

[1] 孔子曰："君子笃恭而天下平。"——原注

时此刻，它们用在这里是再合适不过了。

J'ai Vu La Paix descendre Bur la terre,

Semant de l'or des fleurs et des épis;

L'air était calme et du Dieu de la guerre

Elle étouffait les foudres assoupis.

Ah!disait—elle, egaux par la vaillance.

Anglais, Francais, Beige, Russe ou Germain,

Peuples, formez une sainte alIlance

Et donnez vous la main!

我目睹和平徐徐降临，

她把金色的花穗撒满大地：

硝烟散尽而且战神

她抑制了使人昏厥的战争霹雳。

啊！她说，同样都是好汉，

英、法、比、俄、德人

去结成一个神圣同盟，

拉起你的手吧！

（节选自辜鸿铭：《春秋大义》"序言"，海口：海南出版社，1996 年版）

2. 良民宗教

在中国这儿，却存有一笔无法估价的、迄今为止毋容置疑的文明财富。
难道我们这样做有什么不对吗？群氓，我们只能愚弄他们；
你瞧，他们多么懒惰无能！看上去多么野蛮！
凡是亚当子民中那些懒惰无能的野蛮之辈，你都可以愚弄他们；
只要是真诚正当的，你对他们就是人道的。

——歌德

目前的这场大战，正把世界人民的注意力从其他一切事情上吸引过来。然而，我认为，这场战争本身，必须引起人们对巨大的文明问题的关注，并对此进行严肃认真的思考。一切文明都起源于对自然的征服。即，通过征服和控制自然界可怕的物质力量，使人类免受其害。必须承认，今日欧洲的现代文明在征服自然方面是取得了成功，而且迄今为止，尚没有任何别的文明能达到这一点。但是，在这个世界上，除了自然力，还存在有一种较自然力更可怕的力量，那就是蕴藏于人心的情欲。自然界的物质力量对人类所能造成的伤害，是没法与人类情欲所造成的伤害相比的。毫无疑问，如果这一力量——人类情欲——不予以调控的话，那么不仅无所谓文明存在之可言，而且人类的生存也是不可能的。

在人类社会的始初阶段，人们不得不利用物质力量来压抑和克制其内心的情欲，这样，原始人群就不得不受制于纯粹的物质力量。但随着文明的进步，人类逐渐发现，在征服和控制人类情欲方面，还有一种比物质力更加强大和更加有效的力量名之曰道德力。在过去的欧洲，这种曾有效地征服和控制人们情欲的道德力是基督教。可如今这场血腥的战争已超越了它，它似乎已经表明，基督教作为一种道德力量已然失去了效用。因缺乏一种有效的道德力去控制和约束人们的情欲。于是欧洲人民又不得不重新采用物质力量来维持社会秩序，恰如卡莱尔[1]一语所道破的，目前的欧洲"是混乱加上一条来福枪"。这种为维持秩序而对物质力量的利用，导致了军国主义。实际上。在今日欧洲，军国主义是必要的，因为它缺乏一种有效的道德力量。可是，军国主义导致战争，而战争就意味着破坏和毁灭，这样，欧洲人民便被逼迫到了这样的绝境：如果他们要摆脱军国主义，混乱就将破坏他们的文明，假如他们要持续军国主义，那么他们的文明又将经由战争的浪费和毁灭而走向崩溃。然而，英国人说他们正决心打倒普鲁士军国主义，基齐勒勋爵（Kitchner）相信他以三百万训练有素的军队是能够捣碎普鲁士军国主义的。可是，在我看来，

---

[1] 卡莱尔（Thomas Carlyle，1795—1881）：19世纪英国杰出的思想家、预言家、文学家和史学家，浪漫主义思潮的主要代表。他强烈谴责资本主义社会弊端和文明缺陷，是对辜鸿铭思想影响最大的西方人之一。据说辜氏在爱丁堡大学留学时，卡莱尔正是他的导师。

即使普鲁士军国主义真的就这样被捣碎了，那么继之而起的不过是另一个军国主义——我们又不得不予以捣碎的英国军国主义罢了。而这样似乎就没有办法能摆脱此种恶性循环。

可是，真的就不存在可以摆脱的办法吗？不，我相信有的。美国人爱默生曾经说过："我能够轻易地看到庸俗卑鄙的滑膛枪崇拜的破产——尽管大人物们都是些滑膛枪崇拜者；正如上帝存在一样，毫无疑问不能以枪易枪，惟有以爱和正义的法则，方能导致一场干净的革命。"现在，欧洲人民如果真的想推倒军国主义，那么他们就只能以一种行动方式，即用爱默生所说的不以枪易枪，而只能以爱和正义的法则去做——实际上，就是诉诸道德力量。拥有一种有效的道德力量，军国主义就会变得没有必要从而自行消亡。可是问题在于，现在基督教作为一种道德力量已丧失其效用，在这种情况下，欧洲人民何处寻找这种取代军国主义的新的有效的道德力量呢？

我相信，欧洲人民会在中国——在中国的文明里找到它。中国文明中的这种使军国主义失去必要性的道德力量，便是"良民宗教"。可是，人们会问我："在中国不也存在战争吗？"的确，在中国是存在战争的，不过自从二千五百年以前孔子的时代开始，我们中国人就没有发生过像今天在欧洲所看到的那种军国主义。在中国，战争是一种意外事故（accident），可是在欧洲，战争则是一种必需（necessity）。我们中国人是会打仗的，但是我们并不指望生活在战争中。实际上，在我看来，欧洲国家最不能让人容忍的一件事，并不在于他们有如此多的战争，而在于他们每个人都总担心其邻居一旦强大到一定程度，就要来抢夺他和谋害他。因此他自己便赶紧武装起来或者雇佣一个武装警察来保护他，这样，压在欧洲人民身上的便不是如此多的战争，而是不断地武装自己的需要，一种必须利用物质力量来保护他们自己的绝对的需要。

但是，在中国，因为我们中国人有良民宗教，所以，每个人都并不感到有用物质力量来保护自身的必要。他甚至于都不叫警察或用类似警察这种物质力量来维护他自己的利益。在中国。一个人受他邻居的正义感的保护；受他同事出于道德义务感的自觉自愿的保护。实际上，在中国，每个个体之所以不感到有用物质力量保护自己的必要，是因为他确信，公理和正义被公认

对辜鸿铭有重大影响的爱默生

为一种高于物质力的力量，而道德责任感被公认为一种必须服从的东西。现在，如果你能让全世界都承认公理和正义为一种高于物质力的力量及道德责任感为人们必须服从的东西。那么，利用物质力量维持社会秩序就会变得没有必要，而这个世界也就不会有什么军国主义了。当然，每个国家都总会有一小撮人，犯罪分子，世界上也会有少数野蛮人，暴徒，将不会认可公理和正义为一种高于物质力的力量及道德责任感为一种必须服从的东西的。因此，为镇压罪犯和野蛮暴徒起见，一定数量的物质力或警察武力乃至军国主义的存在，在世界上，在各个国家总都还是必要的。

然而，人们又会问我，你将如何使得人类承认公理和正义为一种高于物质力的力量呢？我的回答是，你必须首先使人类确信公理和正义的功效，使他们确信公理和正义乃是一种力量，实际上，就是使他们相信善的力量。然而你将怎么实现这一点呢？好，我告诉你：要做到这一点，中国的良民宗教，在每个小孩刚能识字的时候。就教给他一句话："人之初，性本善。"[1]

我认为，今日欧洲文明的基本谬误，正根源于对于人性的错误认识，即根源于人性本恶的观念。因为这种错误的观念，欧洲的整个社会结构总要依赖于武力来维系。在欧洲，人们赖以维持社会秩序的有两样东西。一是宗教，再是法律。换言之，欧洲人民所以就范于秩序，主要依靠对上帝的敬畏和对法律的畏惧。这里畏惧本身就含有使用强权的意思。而为了保持对上帝的敬畏，欧洲人民不得不养活一大批奢侈而又游手好闲之辈名曰教士。不说别的，仅就其所意味着的巨大的奢侈而言，它最终就足以变成欧洲人民不堪忍受的重累。实际上，三十年宗教战争，就是欧洲人民意欲摆脱教士的举动。在摆脱通过敬畏上帝来维持秩序的教士之后，欧洲人民又试图通过畏惧法律来维持社会秩序。可是，要保持对法律的畏惧，欧洲人又不得不养活另一个更加奢侈浪费和游手好闲的阶层名曰军警。现在，欧洲人民又开始发现用军警来维持秩序，甚至于比用教士还具灾难性。事实上，正如同在三十年战争中欧洲人民想要摆脱教士一样，在目前的这场战争中，欧洲人民真正要做的，是要摆脱军警。可是，如果欧洲人民欲意摆脱军警，那么摆在他们面前的选择，要么就是重新招回教士以唤起人们对上帝的敬畏，要么就是去寻找另一种别的东西，像敬畏上帝和畏惧法律一样，帮助其维持社会秩序。我想，如果把问题放在更广阔的背景中去看，大家都会承认，这是战后摆在欧洲人民面前的一个巨大的文明难题。

现在，已经有过教士统治教训的欧洲人，是不会愿意招回那些教士的。俾斯麦就说过："我们绝不回到卡诺沙。"[2] 况且，现在即使那些教士们被招回，也实在无济于事。因为欧洲人对上帝的敬畏之心早已消失殆尽了。所以说，欧洲人民如果想要摆脱军警，那么摆在他们面前的就仅存另一选择了，即须求得一样东西，能像对上帝的敬畏和对法律的畏惧一样帮助他们维持秩序。

---

[1] 在中国，每个小孩刚上学时，交到他手里的第一本书的第一句话，就是这句。——原注

[2] 卡诺沙（Canossa）：意大利北部的古城堡（在今勒吉奥［Reggio］附近卡诺沙村）。神圣罗马帝国皇帝亨利四世因同罗马教皇格列高利七世争夺主教叙任权，被后者开除教籍，帝国境内诸侯乘机叛离。1077年1月，亨利被迫冒着风雪严寒，翻越阿尔卑斯山到卡诺莎向教皇"悔罪"。据载，亨利身着罪衣，立于城堡门口三昼夜，始得教皇赦免。后来"往卡诺莎去"成为屈辱投降的同义语。但辜鸿铭这里有意指回归教士统治时代。

我相信，在目前，这种东西，正如我在前面所提过的，欧洲人民将在中国找到它，这就是我所谓的良民宗教。中国的此种良民宗教，是一种不需教士和军警就能保证全国秩序的宗教。事实证明，由于拥有这种良民宗教，广大的中国人民，这个人口即使不比整个欧洲大陆人口众多，至少也和其不相上下的民族，在实际上和实践上，没有教士和军警，却始终保持着和平与秩序。凡是生活在中国的人都知道，那些教士和军警，在帮助维持公共秩序方面只起极其不明显的、微不足道的作用。在中国，只有最愚昧无知的阶层才需要教士，只有那最邪恶的罪犯阶层才需要军警。所以我说，欧洲人民如果真想摆脱给他们带来无穷灾难和流血的教士和军队，他们就将不得不来到中国。取回这种我所谓的良民宗教。

简而言之，我要唤起欧美人民注意的是，值此文明濒临破产的关头，在中国这儿，却存有一笔无法估价的、迄今为止毋容置疑的文明财富。这笔财富不是该国的贸易、铁路，也不是该国的矿藏、金银铁或煤之类。在此，我要指出的是，这笔文明的宝藏，正是中国人——那拥有良民宗教且尚未遭到毁灭的真正的中国人。这真正的中国人，我说，他是一笔文明的财富，是因为他作为一个人，只花销这个世界极少或几乎不花费什么，就能规规矩矩就身秩序。确实，在此我倒愿意警告那些欧美人，不要去毁坏这笔文明的财宝；不要去改变和糟蹋那真正的中国人——就像他们今天正努力以他们的"新学"（New Learning）所做的事情那样。如果欧美成功地破坏了真正的中国人、那中国式的人，且成功地把他变成一种欧美人，也就是说，将其变成一种需要教士和军警才能就身秩序的人，那么，无疑地，他们将为这个世界徒增宗教、抑或军国主义的重累罢了——而这后者在目前已正变成对于文明和人性的一种危险和威胁。然而，从另一方面想，如果能通过某种途径或手段，来改变欧美式的人，将欧美人变作不需要教士和兵警便能就身秩序的真正的中国人，那么可以预料，世界将为此而摆脱一种多么深重的负担。

下面，我想就这次大战中在欧洲凸现出来的巨大的文明难题，作几句简明的概括。我认为，欧洲人民，起初是试图借助教士来维持社会秩序，但不久，由于教士的奢侈无度并造成沉重的负担，欧洲人民在后来的三十年战争中，送走了他们，接着便招进了军警来维持社会。可是现在，他们又发现军警导致的奢侈浪费和灾难甚至于远远超过教士。对此，欧洲人民将如何是好呢？是送走军士，再招回教士吗？不！我认为欧洲人民是不愿再招回教士的。即使招回他们也无济于事。那么，欧洲人民究竟该怎么办呢？在《大西洋月刊》上，我曾看到剑桥大学的迪金逊[1]教授的一篇题为《战争和战争的出路》的文章，他说要"招进群氓"。可我恐怕招进群氓来代替教士和军警，将会给人们带来比前者更大的灾难。在欧洲，教士和军警导致了战争，而群氓则将带来革命和混乱。且后者比前者更糟。因此，现在我对欧洲人民的劝告是，不要招回教士，为了善的缘故，也不要招进群氓，——而只需招进中国人，招进那拥有良民宗教、历二千五百年之久，用不着教士和军警，却生活在和平之中的真正的中国人。

实际上，我的确相信，欧洲人民于这场大战之后，将在中国这儿，找到解决战后文明难题的钥匙。我再说一遍，正是在中国，存在一笔无法估价的、迄今为止毋庸置疑的巨大的文明财富。这笔财富，就是真正的中国人。因为他拥有欧洲人民战后重建新文明的奥秘。而这种新文明的奥秘就是我所谓良民宗教。这种良民宗教的第一条原则，是要相信人性本身是善的；相信善的力量；相信美国人爱默生所说的爱和正义的法则之力量与效用。可是，什么是爱的法则呢？良民宗教教导人们，爱的法则就是要爱你的父母。那么，什么又是正义的法则呢？良民宗教告诫人们，正义的法则就是要真实、可信、忠诚；每个妇人必须无私地绝对地忠诚其丈夫，每个男人必须无私地绝对地忠诚其君主、国王或皇帝。在此，我想最后指出，这种良民宗教的最高责任，就是忠诚之责任（Duty of Loyalty），忠诚，不仅表现在行事上，而且蕴藏于内心，或如丁尼生[2]所言：

尊崇国王，仿佛国王就是

---

[1] 迪金逊（Lowes Dickinson，1862—1932）：英国学者。曾著《中国佬约翰来书》，批评西方近代文明，赞赏中国文化，一举成名。书中好像观点与辜鸿铭思想颇相似。后为剑桥大学教授，曾来华游历。

[2] 丁尼生（Alfred Tennyson，1809—1892）：英国诗人。1850 年发表诗集《悼念》，得到女王赏识，被封为"桂冠诗人"，作品格律严谨，声调和谐，被认为是维多利亚时代最杰出的诗人。

他们的良心，良心就是他们的国王，

打倒异教徒，捍卫救世主。

（节选自辜鸿铭：《中国人的精神》"导论"，海口：海南出版社，1996 年版）

3. 何谓西洋近代文明

（1）西洋近代文明，建筑在三个基本观念上：人生的目的是求幸福；贫穷是一桩罪恶；衰病是一桩罪恶。

今日最没有根据而又最有毒的妖言是讥贬西洋文明为唯物的（materialistic），而尊崇东方文明为精神的（spiritual）。这本是很老的见解，在今日却有新兴的气象。从前东方民族受了西洋民族的压迫，往往用这种见解来解嘲，来安慰自己。近几年来，欧洲大战的影响使一部分的西洋人对于近世科学的文化起一种厌倦的反感，所以我们时时听见西洋学者有崇拜东方的精神文明的议论。这种议论，本来只是一时的病态的心理，却正投合东方民族的夸大狂；东方的旧势力就因此增加了不少的气焰。

我们不愿"开倒车"的少年人对于这个问题没有一种彻底的见解，所以不能没有一种鲜明的表示。

现在高谈"精神文明""物质文明"的人，往往没有共同的标准做讨论的基础，故只能作文字上或表面上的争论。而不能有根本的了解。我想提出几个基本观念来做讨论的标准。

第一，文明（civilization）是一个民族应付他的环境的总成绩。

第二，文化（culture）是一种文明所形成的生活的方式。

第三，凡一种文明的造成，必有两个因子：一是物质的（material），包括种种自然界的势力与质料；一是精神的（spiritual），包括一个民族的聪明才智，感情和理想。凡文明都是人的心思智力运用自然界的质与力的作品；没有一种文明是精神的，也没有一种文明单是物质的。

我想这三个观念是不须详细说明的。是研究这个问题的人都可以承认的。

一只瓦盆和一只铁铸的大蒸汽炉，一只舢板船和一只大汽船，一部单轮小车和一辆电力街车，都是人的智慧利用自然界的质力制造出来的文明。同有物质的基础，同有人类的才智作动力，这里面只有个精粗巧拙的程度上的差异，却没有根本上的不同。蒸汽铁炉固然不必笑瓦盆的幼稚，单轮小车上的人也更不配自夸他的精神的文明，而轻视电车上人的物质的文明。

因为一切文明都少不了物质的表现，所以"物质的文明"（material civilization）一个名词不应该有什么讥贬的涵义。我们说一部摩托车是一种物质的文明，不过单指他的物质的形体；其实一部摩托车所代表的人类的心思智慧决不亚于一首诗所代表的心思智慧。所以"物质的文明"不是和"精神的文明"反对的一个贬词，我们可以不讨论。

我们现在要讨论的是（1）什么叫做"唯物的文明"（materialistic civilization），（2）西洋现代文明是不是唯物的文明。

崇拜所谓东方精神文明的人说，西洋近代文明偏重物质上和肉体上的享受，而略视心灵上与精神上的要求，所以是唯物的文明。

我们先要指出这种议论含有灵肉冲突的成见，我们认为错误的成见。我们深信，精神的文明必须建筑在物质的基础之上。提高人类物质上的享受，增加人类物质上的便利与安逸，这都是朝着解放人类的能力的方向走，使人们不至于把精力心思全抛在仅仅生存之上，使他们可以有余力去满足他们的精神上的要求。

东方的哲人曾说："衣食足而后知荣辱，仓廪实而后知礼节。"

这不是什么舶来的"经济史观"，这是平恕的常识。人世的大悲剧是无数的人们终身做血汗的生活，而不能得着最低限度的人生幸福，不能避免冻与饿。人世的更大悲剧是人类的先知先觉者眼看无数人们的冻饿，不能设法增进他们的幸福，却把"乐天""安命""知足""安贫"种种催眠药给他们吃，叫他们自己欺骗自己，安慰自己。西方古代有一则寓言说，狐狸想吃葡萄，葡萄太高了，他吃不着，只好说："我本不爱吃这酸葡萄！"狐狸吃不着甜葡萄，只好说葡萄是酸的；人们享不着物质上的快乐，只好说物质上的享受是不足羡慕的，而贫贱是可以骄人的。这样自欺自慰成了懒惰的风气，又不足为奇了。于是有狂病的人又进一步，索性回过头去，戕贼身体，断臂，绝食，焚身，以求那幻想的精神的安慰。从自欺自慰以至于自残自杀，人生观变成了人死观，都是从一条路上来的，这条路就是轻蔑人类的基本的欲望。朝这条路上走，逆天而拂性。必至于养成懒惰的社会，多数人不肯努力以求人生基本欲望的满足，也就不肯进一步以求心灵上与精神上的发展了。

西洋近代文明的特色便是充分承认这个物质的享受的重要。西洋近代文明，依我的鄙见看来，是建筑在三个基本观念之上：

第一，人生的目的是求幸福。

第二，所以贫穷是一桩罪恶。

第三，所以衰病是一桩罪恶。

借用一句东方古话,这就是一种"利用厚生"的文明。因为贫穷是一桩罪恶,所以要开发富源，奖励生产，改良制造，扩张商业。因为衰病是一桩罪恶，所以要研究医药，提倡卫生，讲求体育，防止传染的疾病，改善人种的遗传。因为人生的目的是求幸福，所以要经营安适的起居，便利的交通，洁净的城市，优美的艺术，安全的社会，清明的政治。纵观西洋近代的一切工艺，科学，法制，固然其中也不少杀人的利器与侵略掠夺的制度，我们终不能不承认那利用厚生的基本精神。

这个利用厚生的文明，当真忽略了人类心灵上与精神上的要求吗？当真是一种唯物的文明吗？

（2）西洋近代文明是理想主义的，精神的……

我们可以大胆地宣言：西洋近代文明绝不轻视人类的精神上的要求。我们还可以大胆地进一步说：西洋近代文明能够满足人类心灵上的要求的程度，远非东洋旧文明所能梦见。在这一方面看来，西洋近代文明绝非唯物的，乃是理想主义的（Idealistic），乃是精神的（Spiritual）。

我们先从理智的方面说起。

西洋近代文明的精神方面的第一特色是科学。科学的根本精神在于求真理。人在世间，受环境的逼迫，受习惯的支配，受迷信与成见的拘索。只有真理可以使你自由，使你强有力，使你聪明圣智；只有真理可以使你打破你的环境里的一切束缚，使你戡天，使你缩地，使你天不怕，地不怕，堂堂地做一个人。

求知是人类天生的一种精神上的最大要求。东方的旧文明对于这个要求，不但不想满足他，并且常想裁制他，断绝他。所以东方古圣人劝人要"无知"，要"绝圣弃智"，要"断思维"，要"不识不知，顺帝之则"。这是畏难，这是懒惰。这种文明，还能自夸可以满足心灵上的要求吗？

东方的懒惰圣人说："吾生也有涯，而知也无涯，以有涯逐无涯。殆也。"所以他们要人静坐澄心，不思不虑，而物来顺应。这是自欺欺人的诳语，这是人类的夸大狂。真理是深藏在事物之中的，你不去寻求探讨，他决不会露面。科学的文明教人训练我们的官能智慧，一点一滴地去寻求真理，一丝一毫不放过，一铢一两地积起来。这是求真理的唯一法门。自然（nature）是一个最狡猾的妖魔，只有敲打逼拶可以逼她吐露真情。不思不虑的懒人只好永远作愚昧的人，永远走不进真理之门。

东方的懒人又说："真理是无穷尽的，人的求知的欲望如何能满足呢？"诚然，真理是发现不完的。但科学决不因此而退缩。科学家明知真理无穷，知识无穷，但他们仍然有他们的满足；进一寸有一寸的愉快，进一尺有一尺的满足。二千多年前，一个希腊哲人思索一个难题，想不出道理来，有一天，他跳进浴盆去洗澡，水涨起来，他忽然明白了，他高兴极了，赤裸裸地跑出门去，在街上乱嚷嚷"我寻着了！我寻着了！"（Eureka!Eureka!）这是科学家的满足。Newton，Pasteur 以至于 Edison 时时有这样的愉快。一点一滴都是进步，一步一步都可以踌躇满志，这种心灵上的快乐是东方的懒圣人所梦想不到的。

这里正是东西文化的一个根本不同之点。一边是自暴自弃的不思不虑，一边是继续不断的寻求真理。

朋友们，究竟是哪一种文化能满足你们的心灵上的要求呢？

其次，我们且看看人类的情感与想象力上的要求。文艺，美术，我们可以不谈，因为东方的人，凡是能睁开眼睛看世界的，至少还都能承认西洋人并不曾轻蔑了这两个重要的方面。

我们来谈谈道德与宗教罢。

近世文明在表面上还不曾和旧宗教脱离关系，所以近世文化还不曾明白建立他的新宗教与新道德。但我们研究历史的人不能不指出近世文明自有他的新宗教与新道德。科学的发达提高了人类的知识，使人们求知的方法更精密了，评判的能力也更进步了，所以旧宗教的迷信部分渐渐被淘汰到最低限度，渐渐地连那最低限度的信仰——上帝的存在与灵魂的不灭——也发生疑问了。所以这个新宗教的第一特色是他的理智化。近世文明仗着科学的武器，开辟了许多新世界，发现了无数新真理，征服自然界的无数势力。叫电气赶车，叫"以太"送信，真个作出种种动地掀天的大事业来。人类的能力的发展使他渐渐增加对于自己的信仰心，渐渐把向来信天安命的心理变成信任人类自己的心理。所以这个新宗教的第二特色是他的人化。智识的发达不但抬高了人的能力，并且扩大了他的眼界，使他胸襟阔大，想象力高远，同情心浓挚。同时，物质享受的增加使人有余力可以顾到别人的需要与痛苦。扩大了的同情心，加上扩大了的能力，遂产生了一个空前的社会化的新道德。所以这个新宗教的第三特色，就是他的社会化的道德。

古代的人因为想求得感情上的安慰，不惜牺牲理智上的要求，专靠信心（faith），不问证据，于是信鬼，信神，信上帝，信天堂，信净土，信地狱。近世科学便不能这样专靠信心了。科学并不菲薄感情上的安慰。科学只要求，一切信仰须要禁得起理智的评判，须要有充分的证据。凡没有充分证据的，只可存疑，不足信仰。赫胥黎（Huxley）说的最好：

如果我对于解剖学上或生理学上的一个小小困难，必须要严格的不信任一切没有充分证据的东西，方才可望有成绩。那么，我对于人生的奇秘的解决，难道就可以不用这样严格的条件吗？

这正是十分尊重我们的精神上的要求。我们买三亩田，卖三间屋，尚且要一张契据；关于人生的最高希望的根据，岂可没有证据就胡乱信仰吗？

这种"拿证据来"的态度，可以称为近世宗教的"理智化"。

从前人类受自然的支配，不能探讨自然界的秘密，没有能力抵抗自然的残酷，所以对于自然常怀着畏惧之心。拜物，拜畜牲，怕鬼，敬神，"小心翼翼，昭事上帝"，都是因为人类不信任自己的能力，不能不倚靠一种超自然的势力。

现代的人便不同了。人的智力居然征服了自然界的无数质力，上可以飞行无碍，下可以潜行海底，远可以窥算星辰，近可以观察极微。这个两只手一个大脑的动物——人——已成了世界的主人翁，他不能不尊重自己了。一个少年的革命诗人曾这样的歌唱：

> 我独自奋斗，胜败我独自承当，
> 我用不着谁来放我自由，
> 我用不着什么耶稣基督，
> 妄想他能替我赎罪替我死。
> I fight alone and win or sink,
> I need no noe to make me free,
> 1 want no Jesus Christ to think
> That he could ever die for me.

这是现代人化的宗教。信任天不如信任人，靠上帝不如靠自己。我们现在不妄想什么天堂天国了，我们要在这个世界上建造"人的乐园"。我们不妄想做不死的神仙了，我们要在这个世界上做个活泼健全的人。我们不妄想什么四禅定六神通了，我们要在这个世界上做个有聪明智慧可以戕天缩地的人。我们也许不轻易信仰上帝的万能了，我们却信仰科学的方法是万能的，人的将来是不可限量的。我们也许不信灵魂的不灭了，我们却信人格是神圣的，人权是神圣的。

这是近世宗教的"人化"。

但最重要的要算近世道德宗教的"社会化"。

古代的宗教大抵注重个人的拯救，古代的道德也大抵注重个人的修养。虽然也有自命普渡众生的宗教，虽然也有自命兼济天下的道德，然而终苦于无法下手，无力实行，只好仍旧回到个人的身心上用功夫，做那向内的修养。越向内做工夫，越看不见外面的现实世界；越在那不可捉摸的心性上玩把戏，越没有能力应付外面的实际问题。即如中国八百年的理学工夫居然看不见二万万妇女缠足的惨无人道！明心见性，何补于人道的苦痛困穷！坐禅主敬，不过造成许多"四体不勤，五谷不分"的废物！

（3）西洋近世文明不从宗教下手，而结果自成一个新宗教；不从道德入门，而结果自成一派新道德。

近世文明不从宗教下手，而结果自成一个新宗教；不从道德入门，而结果自成一派新道德。十五十六世纪的欧洲国家简直都是几个海盗的国家，哥伦布（Columbus）马汲伦（Magellan）都芮克（Drake）一班探险家都只是一些大海盗。他们的目的只是寻求黄金，白银，香料，象牙，黑奴。然而这班海盗和海盗带来的商人开辟了无数新地，开拓了人的眼界，抬高了人的想象力，同时又增加了欧洲的富力。工业革命接着起来，生产的方法根本改变了，生产的能力更发达了。二三百年间，物质上的享受逐渐增加，人类的同情心也逐渐扩大。这种扩大的同情心便是新宗教新道德的基础。自己要争自由，同时便想到别人的自由，所以不但自由须以不侵犯他人的自由为界限，并且还进一步去要求绝大多数人的自由。自己要享受幸福，同时便想到别人的幸福，所以乐利主义（utilitarianism）的哲学家便提出"最大多数的最大幸福"的标准来做人类社会的目的。这都是"社会化"的趋势。

十八世纪的新宗教信条是自由，平等，博爱。十九世纪中叶以后的新宗教信条是社会主义。这是西洋近代的精神文明，这是东方民族不曾有过的精神文明。

固然东方也曾有主张博爱的宗教，也曾有公田均产的思想。但这些不过是纸上的文章，不曾实地变成社会生活的重要部分，不曾变成范围人生的势力，不曾在东方文化上发生多大的影响。在西方便不然了。"自由，平等，博爱"成了十八世纪的革命口号。美国的革命，法国的革命，1848 年全欧洲的革命运动，1862 年的南北美战争，都是在这三大主义的旗帜之下的大革命。美国的宪法，法国的宪法，以至于南美洲诸国的宪法，都是受了这三大主义的绝大影响的。旧阶级的打倒，专制政体的推翻，法律之下人人平等的观念的普遍，"信仰，思想，言论，出版"几大自由的保障的实行，普及教育的实施，妇女的解放，女权的运动，妇女参政的实现，……都是这个新宗教新道德的实际的表现。这不仅仅是三五个哲学家书本子里的空谈；这都是西洋近代社会政治制度的重要部分，这是已成了范围人生，影响实际生活的绝大势力。

十九世纪以来，个人主义的趋势的流弊渐渐暴白于世了，资本主义之下的苦痛也渐渐明瞭了。远识的人知道自由竞争的经济制度不能达到真正"自由，平等，博爱"的目的。向资本家手里要求公道的待遇，等于"与虎谋皮"。救济的方法只有两条大路：一是国家利用其权力，实行裁制资本家，保障被压迫的阶级；一是被压迫的阶级团结起来，直接抗拒资本阶级的压迫与掠夺。于是各种社会主义的理论与运动不断地发生。西洋近代文明本建筑在个人求幸福的基础之上，所以向来承认"财产"为神圣的人权之一。但十九世纪中叶以后，这个观念根本动摇了；有的人竟说"财产是贼赃"，有的人竟说"财产是掠夺"。现在私有财产制虽然还存在，然而国家可以征收极重的所得税和遗产税，财产久已不许完全私有了。劳动是向来受贱视的；但资本集中的制度使劳工有大组织的可能，社会主义的宣传与阶级的自觉又使劳工觉悟团结的必要，于是几十年之中有组织的劳动阶级遂成了社会上最有势力的分子。十年以来，工党领袖可以执掌世界强国的政权，同盟总罢工可以屈伏最有势力的政府，俄国的劳农阶级竟做了全国的专政阶级。这个社会主义的大运动现在还正在进行的时期。但他的成绩已很可观了。各国的"社会立法"（social—legislation）的发达，工厂的视察，工厂卫生的改良，儿童工作与妇女工作的救济，红利分配制度的推行，缩短工作时间的实行，工人的保险，合作制之推行，最低工资（minimum wage）的运动，失业的救济，级进制的（progressive）所得税与遗产税的实行，……这都是这个大运动已经做到的成绩。这也不仅仅

美国宪法原稿第一页

是纸上的文章，这也都已成了近代文明的重要部分。

这是"社会化"的新宗教与新道德。

东方的旧脑筋也许要说："这是争权夺利，算不得宗教与道德。"这里又正是东西文化的一个根本不同之点。一边是安分，安命，安贫，乐天，不争，认吃亏；一边是不安分，不安贫，不肯吃亏，努力奋斗，继续改善现成的境地。东方人见富贵说，他是"前世修来的"；自己贫，也说是"前世不曾修"，说是"命运如此"。西方人便不然，他说："贫富的不平等，痛苦的待遇，都是制度的不良的结果，制度是可以改良的。"他们不是争权夺利，他们是争自由，争平等，争公道；他们争的不仅仅是个人的私利，他们奋斗的结果是人类绝大多数人的福利。最大多数人的最大幸福，不是袖手念佛号可以得来的，是必须奋斗力争的。

朋友们，究竟是哪里一种文化能满足你们的心灵上的要求呢？

我们现在可综合评判西洋近代的文明了。这一系的文明建筑在"求人生幸福"的基础之上，确实替人类增进了不少的物质上的享受；然而他也确然很能满足人类的精神上的要求。他在理智的方面，用精密的方法，继续不断地寻求真理，探索自然界无穷的秘密。他在宗教道德的方面，推翻了迷信的宗教，建立合理的信仰；打倒了神权，建立人化的宗教；抛弃了那不可知的天堂净土，努力建设"人的乐国""人世的天堂"；丢开了那自称的个人灵魂的超拔，尽量用人的新想象力和新智力去推行那充分社会化了的新宗教与新道德，努力谋人类最大多数的最大幸福。

东方的文明的最大特色是知足。西洋的近代文明的最大特色是不知足。

知足的东方人自安于简陋的生活，故不求物质享受的提高；自安于愚昧，自安于"不识不知"，故不注意真理的发现与技艺器械的发明；自安于现成的环境与命运，故不想征服自然，只求乐天安命，不想改革制度，只图安分守己，不想革命，只做顺民。

这样受物质环境的拘束与支配，不能跳出来，不能运用人的心思智力来改造环境，改良现状的文明，是懒惰不长进的民族的文明，是真正唯物的文明。这种文明只可以遏抑而决不能满足人类精神上的要求。

西方人大不然。他们说"不知足是神圣的。"（divine discontent）物质上的不知足产生了今日钢铁世界，汽机世界，电力世界。理智上的不知足产生了今日的科学世界。社会政治制度上的不知足产生了今日的民权世界，自由政体，男女平权的社会，劳工神圣的喊声，社会主义的运动。神圣的不知足是一切革新一切进化的动力。

这样充分运用人的聪明智慧来寻求真理以解放人的心灵，来制服天行以供人用，来改造物质的环境，来改革社会政治的制度，来谋人类最大多数的最大幸福，——这样的文明应该能满足人类精神上的要求；这样的文明是精神的文明，是真正理想主义的（idealistic）文明，决不是唯物的文明。

固然，真理是无穷的，物质上的享受是无穷的，新器械的发明是无穷的，（社会制度的改善是无穷的。）但格一物有一物的愉快，革新一器有一器的满足，改良一种制度有一种制度的满意。今日不能成功的，明日明年可以成功；前人失败的，后人可以继续助成。尽一分力便有一分的满意；无穷的进境上，步步都可以给努力的人充分的愉快。所以大诗人邓内孙（Tennyson）借古英雄 ulysses 的口气歌唱道：

> 然而人的阅历就像一座穹门，
> 从那里露出那不曾走过的世界，
> 越走越远，永远望不到他的尽头。
> 半路上不干了么，沉闷呵！
> 明晃晃的快刀为什么甘心上锈！
> 难道留得一口气就算得生活了？
> ……
> 朋友们，来罢！
> 去寻一个更新的世界是不会太晚的。
> ……
> 用掉的精力固然不回来了，剩下的还不少呢。
> 现在虽然不是从前那样掀天动地的身手了，

然而我们毕竟还是我们，

——光阴与命运颓唐了几分壮志！

终止不住那不老的雄心，

去努力，去探寻，去发现，

永不退让，不屈伏。

（胡适：《我们对于西洋近代文明的态度》，原载《东方杂志》，第 23 卷第 17 号）

4. 不仅西化，而且全盘西化

（1）全盘西化是必然的。 "中国人这六七十年来对于西洋文化的态度，的确有不少的变更。"

我们在第三章里，已说明折衷派的缺点，在第四章里又指出复古派的缺点；折衷派和复古派既不能导我们以可通的途径，我们的唯一办法，是全盘接受西化。全盘西化的理由很多，我们这里只能举其大概罢。

我们先从全盘西化的态度的趋向方面说起。

大约在鸦片战争以前，恐怕没有人想到西化的必要，李之藻、杨廷筠、徐光启一般名士，对于利玛窦的天算，固愿意效法，然与其想说导中国于西化，不如说是专为学问上的好奇心，所以差不多整个中国还是醉生梦死于复古排外。自鸦片战败以后，中国屡

陈序经 (1903—1967)，曾任中山大学副校长、广州暨南大学校长。

受外人之压迫，中国人逐渐知道排外是势所不能，因为西方文化的东渐，决非顽固不准外人来中国所能阻止。这种的觉悟我们于薛福成记胡林翼一段故事中可以见之。

> 有合肥人刘姓，尝在胡文忠公为戈什哈；尝言楚军之围安庆也，文忠曾亲往视师，策马登龙山，瞻眄形势，喜曰，此处伏视安庆如在釜底，贼虽强不足平也。既复趋至江滨，忽见二洋船鼓轮西上，迅如奔马，疾如飘风，文忠变色不语，勒马回营，中途呕血，几至堕马。文忠前已得疾，自是益笃，不数月薨。盖粤贼之必灭，文忠已有成算；及见洋人之势方炽，则膏肓之症，着手为难，虽欲不忧，而不可得矣。阎丹初尚书向在文忠幕府，每与文忠论及洋务，文忠辄摇手闭目，神色不怡者久之，曰：此非吾辈所能知也。

胡林翼死后，当时大臣名士最负盛誉的要算曾国藩。国藩不但觉悟到西洋文化势力大，而且觉到中国非效法西洋不可。然他所谓西化，不外是西洋的机器。容纯甫先生在其《西学东渐记》（原本英文本，乃容先生自传中译此名）有一段话，足以证明曾氏所欲采用之西洋文化，录之于后：

> 数日后，总督果遣人召予。此次谈论中，总督询余曰：若以为今日欲为中国谋最有益最重要之事业，当从何处着手？总督此问，范围至广，颇耐吾人寻味。设余非于数夕前与友人谈论知有建立机器厂之议者，予此时必以教育计划为答，而命之为最有益最重要之事矣。今既明知总督有建立机器厂之意。……于是余乃将教育计划暂束之高阁，而以机器厂为前提。

曾文正除了设立机器厂，还设立兵工学校。而对于留学生的遣派，均所赞成。他的儿子纪泽，也学习外国语言文字。然留学生之遣派，及兵工学校的设立，均不外为采用机器文化的预备。国藩死后，继国藩而在当时负重望的要算李鸿章。李氏对于各种洋务提倡较多，自他所谓洋务也不外是求所以强兵之术。他在答郭嵩焘书里说："……鄙人职在主兵，亦不得不考求兵法。……兵乃立国之要端。"然欲强兵，则兵器不能不讲求。所以留学生之派送，亦不外求此。

比较李鸿章的见解稍进一步者是郭嵩焘。郭氏出使伦敦，见闻较广。他在寄李鸿章书里说："兵者末也。各种创制，皆立国之本也。中堂方主兵，故专意考求兵法。愚见所及，各省营制万无可整顿之理，募勇又非能常也。……嵩焘欲令李丹崖携带出洋之官学生，改习相度煤铁炼冶诸法，及兴修铁路与电学，以求实用。"嵩焘的见解虽高于李鸿章，然也注重于机器的西化。

到了张之洞主张中学为体，西学为用，其所包含的西学范围，比李郭等所主张似为较广。然张氏仍以中学为本，西学为末。张氏的《劝学篇》出版以后，当时人士多以为至言。然对于张氏做严刻之批评的，要算三水胡礼垣先生。胡氏著《新政真诠》内有《劝学篇书后》专为批评张氏的书而做。他说：

> 自《同心》至《去毒》，所谓内篇者，细思其自治之法，竟无一是处。由此以观其外，则外篇虽有趋时之言。与泰西之法貌极相似者，苟仿而行，亦如无源之水，可立而待其涸；无根之木，可坐而见其枯。（《新政真诠》五编卷 17 第 19 页）

他又说：

> 综观《劝学》外篇各论。其合于西法者不无一二，然皮之不存，毛将焉附？以内篇诸说，蔽塞其中故也。是故由其内篇诸说而观，则中国振兴之机无由而冀。虽然论必有其源说，必由其本，其所以颠倒错乱，或不自知其非者，则以民权之理，绝未明也。

观了上面二段话，我们知道翼南已不像南皮之以中学为本，西学为末，而做再进一步的接受西化。他尝说道："中国之学西法，错在不学其心，而但学其法。"这种一刀断根的见解，则半世以后能言之的，还是寥寥无几！但是胡氏之重心，却在于政治上的民权的介绍，而他所说的民权又不外是君主立宪。（按胡氏以总统制为民主制，而以民权为君主立宪。）

胡氏的《劝学篇书后》著于光绪晚年。从光绪晚年到满清倾覆，国人的言论的焦点，全注于君主立宪及民主立宪。主张革命者属于后，反对革命者属于前。后者固以满清若能翻倒，则一切问题可立解决；前者也以为君主立宪，若能实行，中国也能兴盛；但是事实上，清廷晚年，既宣布立宪，以遂前者之欲望，而革命成功，也实现后者之理想；然中国终不能反弱为强者，由于国人不明白政治不外文化各方面之一方面，而且所谓民权论者，（指广义而言）因为欲迁就中国人之守旧顽固心理而求速效，于是穿凿附会，以为民权之说，本我国数千年前的固有制度。胡翼南之以君主立宪比之夏禹，民主比之尧舜，因此而赞赏尧舜之孔孟也当做提倡民权之哲人，结果是复古派有所藉口。而洪宪复辟层出不穷，而一般所谓苦心冥索，以求中国的政治的西化，也不可得，而所谓从政治上的改革。推及于他方面的计划，也成画饼。

对于这点的错误，加以根本上纠正的要算民国四年（1915）后的《新青年》的著作者。他们对于孔家思想，极力反对。试看《孔子平议》、《宪法与孔教》、《孔子之道与现代生活》、《吾人最后之觉悟》等篇，便能知道。他们以为民主主义，是和孔家思想不能并立的。陈仲甫先生说：

> 要拥护那德先生便不得不反对孔教，贞节，旧伦理，旧政治；要拥护那赛先生，便不得不反对旧艺术，旧宗教；要拥护德先生又要拥护赛先生便不得不反对国粹和旧文学。（《新青年》6卷1号第10页《本志罪案之答辩书》）

德先生就是民主主义。赛先生就是科学。我们看了这段话便能了然他们不但只要积极的提倡民主主义，还要提倡科学。同时又要消极的去打倒孔家店。这样的态度连了提倡孔子文化的梁漱溟先生，也禁不止的赞道：

从前人虽然想采用西方化，而对于自己根本的文化，没有下彻底的攻击。陈先生他们几位的见解，实在见得很到，我们可以说是对的。

陈先生所反对的中国文化，是包括旧伦理，旧政治，旧艺术，旧宗教，旧文学。质言之；差不多是包括中国文化的全部分。陈先生所欲推倒的旧文化的范围固很广，然在西洋文化的采用上，却特别注重于德先生和赛先生。要拥护德先生和赛先生。固然不能不反对差不多包含全部的中国旧文化，然所谓西洋的德先生和赛先生，是不是也包括了西洋的全部的文化呢？

在我们上面所引的《本志罪案之答辩书》一文陈先生说：

> 大家平心细思，本志除了拥护德赛二先生之外，还有别项罪案没有呢？若是没有，请你们不用专门非难本志。要有气力，要有胆量来反对德赛两先生，才算是好汉，才算是根本办法。

若是照这段话的语气意想来看，陈先生所要的西化不外是民主主义和科学，除此以外别没所要，则陈先生所要的西化，恐怕非全部的西化。自然的，陈先生也许以为这两位先生是西洋文化的最重要最根本的，但是积极的主张接受全盘西化的工夫，陈先生还做不到。陈先生在中国思想上能别开一个纪元，却在他根本的否认中国一切的孔教化，并非主张全盘西化。[1]

陈先生后来的思想的变化，我们可以不必把来讨论。但在同《本志罪案之答辩》书发表那年，我们找得像下面一段宣言：

> 我们相信世界上的军国主义和金力主义，已经造了无穷的罪恶，现在是应该抛弃的了！

---

[1] 陈先生在《再论孔教问题》一文里（《新青年》二卷五号）以为既以科学为正轨，一切宗教皆在废弃之列。照这样看来，陈先生也许反对西洋的宗教。但在《基督教与中国人》一文（《新青年》七卷六号）却表赞同的意见。——原注

这种思想本来是欧战方完了一种流行思想。欧洲人因为感觉到战争的惨状，而生出一种的反响。然这种反响，我已说过，是一种心理的变态。欧洲人现在早已忘记了！无奈我们中国人也会上了欧洲人的当。我并非是主张军国主义和金力主义，而出此言，我不外是就事言事。原来所谓近代军国主义和金力主义，都是和赛先生有了密切的关系。他们不外是西洋文化的各方面之二方面罢。要是赛先生为欧西近代一切文化的主脑，那么军先生和金先生是他所制造出来的，至少是他所赞助。陈先生在他的《吾人最后的觉悟》一文里岂不是要抛弃我们数千年来的萎靡不振的旧国家，而建设一个新国家吗？这种新国家是不是要和世界各国处于同等的地位呢？要是的，那么我们照旧的萎靡不振，可以不可以生存呢？就使我们而觉得军国主义金力主义是不好的东西，然因为了世界各国的军国主义和金力主义的猖獗，我们愈要有军国和金力主义去防备他，去抵抗他。设使我们以为军国主义和金力主义产生出不少罪恶来，所以要反对，那么赛先生和德先生也造出不少罪恶来，那么我们也不要德赛两先生了。结果我们只好再提倡提倡孔子之道吧。其实要是我们觉得中国的文化是不适时需，西洋文化是合用了，孔子之道是不好了，赛先生是好了，那么要享受赛先生的利益，应当要受受赛先生发脾气时所给我们的亏。比方：要是我们觉得单轮手车是太不合用，无人道，而要坐火车，那么吾们应当预备火车也许跑得太速，而出轨，以致生命的危险。要是吾们绝对要火车公司去担保的确没有半点危险，而像坐单轮车一样的两脚时时可以到地，火车公司一定劝我们道：你只好坐单轮车吧，不要来乘火车。

　　欧战后所给中国人一种反响，实在是利害得很。所谓精神救国，所谓西洋文化的崩坏，所谓东方文化的复兴，形形色色，举不胜举，而比较头脑清楚的文士名流，也只会说什么东方的精神文化和西方的物质文化相调和。这种论调显然是开倒车，显然是比不上民国七八年间的新青年。

　　对于这种开倒车而施以攻击的，也有其人；而尤以胡适之先生及林语堂先生们为透彻。我们为篇幅起见，专把胡先生的意见来讨论。胡先生的重要著作要算他的《我们对于西洋近代文明的态度》一文。这篇文章的影响如何，我们未得而知。但是广告方面的力量很大。后来他在《胡适文选》里介绍《我自己的思想》一文，更作简短而很有力量的表示。他说：

> 我很不客气的指摘我们的东方文明，很热烈的颂扬西洋的近代文明。
>
> 人们常说：东方文明是精神文明，西方文明是物质文明，或唯物的文明；这是有夸大狂的妄人捏造出来的谣言，用来遮掩我们的羞脸的。其实一切文明都有物质和精神的两部分。材料是物质的。而运用材料的心思才智都是精神的。[这一点最好看林语堂先生在《中学生》（1930年）第2号所发表的《机器与精神》]

胡先生又说：

> 少年的朋友们。现在有一些妄人，要煽动你们的夸大狂，天天要你们相信中国的旧文化比任何国高，中国的旧道德比任何国好；还有一些不曾出国门的愚人，鼓起喉咙对你们喊道：往东走！往东走！西方的这套把戏是行不通了！我要对你们说不要上他们的当，不要拿耳朵当眼睛，睁开眼睛看看自己，再看看世界。我们如果还想把这个国家整顿起来，如果还希望这个民族在世界上占了一个地位，——只有一条生路，就是我们自己要认错，我们必须承认自己百事不如人；不但物质机械上不如人，不但政治制度不如人，并且道德不如人，文学不如人，音乐不如人，艺术不如人，身体不如人。

这样的议论，在我们的出版界是不能多得的。他比陈仲甫先生的见解还进了一步。胡先生在这里虽不明说全盘接受西洋文化，然所谓"百事不如人"，正和我们的全盘西化相差没有几多。假使胡先生这话是代表整个胡先生，那么我们不能不佩服他是我们一位最好的医师。不过假使整个胡先生是在胡先生一切的言论里找出，那么我们免不得要怀疑胡先生对于整个西洋近代文化，是否热烈的去颂扬，而对于整个东方文化，是否不客气的指摘。

胡先生以为西洋文化的第一特色是科学，（看《我们对于西洋近代文明的态度》。在评梁漱溟的《东西文化及其哲学》一文他以德赛二先生为西洋文化的特色。）然而胡先生却处处表示近数百年来的中国学问，是合乎科学的方法。胡先生曾说过：

> 一千年的黑暗时代，逐渐过去之后，才有两宋的中兴。宋学是从中古宗教里滚出来的。程颐朱熹一派，认定格物致知的基本方法，大胆的疑古，小心的考证，十分明显的表示一种"严刻的理智态度走科学的路"。这个风气一开，中间虽有陆王的反科学的有力运动，终不能阻止这个科学的路重现。而大盛于最近的三百年。这三百年的学术，自顾炎武、阎若璩，以至戴震、崔述、王念孙、王引之，以至孙诒让、章炳麟，我们决不能不说是"严刻的理智态度走科学的路"。

我读东西学术接触史，曾发生过一个疑问，这就是这三百年来的学问的工夫稍合于科学方法，而又正合于西洋科学输入中国的时期，究竟这两件东西，有没有关系呢？正确的证据固然是不易多找，然有理的假设，每每使我相信他们有了不小的关系。原来中国人的排外及门户意见最深，受了人家的影响，却还是闭口不说。我上面所举的陆象山，就是一例。又像戴震的思想与西洋思想相合之处甚多，然偏偏要说出自孔子。因此之故。我遂以这疑问暂作为肯定，——就是这三百年来的科学方法是受过西洋的影响——以为研究的假设。不过胡先生在这处说，这种科学的方法，是始自程颐朱熹，显然是中国的固有东西。这一点至少是胡先生的意见。假使大家都是科学方法，至多只有程度上的差异，没有性质的不同。但是为什么这么长久的科学方法，除了用以鉴别古董外，没有发生他种效力？西洋物质文化的发达，完全靠于科学，要是中国自己已有了科学，为什么在物质文化上没有半点影响！

其次在胡先生所著的《中国哲学史大纲》的导言里，我们找出了下面一段话：

> 世界上的哲学，大概可以分为东西两支。东支又分为印度中国两系。

西支也分希腊犹太两系。初起的时候。这四系都可以算作独立发生的。到了汉以后，犹太系加入希腊系，成了欧洲中古的哲学。印度系加入中国系，成了中国中古的哲学。到了近代，印度系的势力渐衰，儒家复起。遂产生了中国近世的哲学，历宋元明清直到于今。欧洲的思想，渐渐脱离了犹太的势力，遂产生欧洲的近世哲学。到了今日，这二大支的哲学互相接触，互相影响。五十年后，或一百年后，或竟能发生一种世界的哲学，也未可知。

我是从民国十四年的第十一版抄出来的。胡先生有了一篇再版序，他声明有点见解，本想改正。他是指哪一点，我们未得而知。但是再序是民国八年写的，我阅梁漱溟先生的《东西文化及其哲学》对于胡先生这段话，曾提出严重的抗议（第18页）。胡先生在十一年（？）的评梁漱溟先生《东西文化及其哲学》一文，却没有一言提及。也许胡先生对于上面一段话，还是负责。但是胡先生而果负责，那么胡先生所说的西化，不外是部分的西化，非全盘的西化。其实中国的哲学是与中国的文化有很密切的关系，若是中国的哲学能和西洋哲学相接触，而产生世界哲学，则其与一般所谓东西文化接触，而产生世界文化，相去几何呢？

总括上面的话来看，我们觉得中国人这六七十年来对于西洋文化的态度，的确有不少的变更。把曾国藩来和李鸿章的西洋文化的见解来比较，相差固然有限。然把胡林翼来和胡适之先生相比一比，却有天渊之别。这是无论是谁。都要承认的。

自然的，假使我们对于胡适之先生的批评是不错的,则主张全盘西化的人，还是不易找得。然从曾国藩张之洞一般的西洋文化的观念的逐渐从很小的范围，而趋到较大的范围，从枝末的采用主张，而到根本的采用的主张，则全盘西化的主张是一种必然的趋势。

我们已指出他们的错误。其实，他们之中能够知其错误，并非没有人，我们且看看罢。

甲午丧师，举国震动。年少气盛之士，疾首扼腕，言维新变法，而疆吏若李鸿章张之洞辈亦稍稍和之。而其流行语则有所谓中学为体，西学为用者，张之洞最乐道之，而举国以为至言。盖当时之人，绝不承认欧美人除能制造，能测量，能驾驶，能操练之外，更有其他学问，而在译出西书中求之，亦确无他种学问可见。康有为梁启超谭嗣同辈，则生育于此种学问饥荒之环境中，冥想枯索，欲以构成一种不中不西，即中即西之新学派，而已为时代所不容。盖固有之旧思想既深根固蒂，而外来之新思想，又来源浅觳，汲而易竭，其支绌灭裂，固宜然也。

这是梁任公《清代学术概论》里的一段话。十年前的梁先生已见到这层。今后的我们，假使不痛定思痛去变换态度，则过三二十年后，恐怕也只会自悔道："深根固蒂"，没有法子了！

六七十年来的西化的错误，本来是在于迟疑不决的态度。俾士麦老早说过：中国和日本的竞争，日本必胜，中国必败，因为日本到欧洲来的人，讨论各种学术，讲求政治原理，谋回国做根本的改造；中国人到欧洲来的，只问某厂的船炮造得如何，价值如何，买了回去就算了。

（2）中国在历史事实上正趋于全盘西化。

态度上的西化，既如上面所说；事实上的西化，又怎么样呢？历史告诉我们，中西文化的接触，是始于景教的传入；然当时不但因交通的不便而阻止其滋长，且欧洲当时的文化，并不大高于中国，所以她的命运，不久断绝。元时，天主教也传入，但当时的欧洲，仍是醉梦于中世纪的基督教统治之下，加以元初天主教徒之来华，与其说是为传教，不如说是探元朝的虚实，以及劝元帝停止西侵；读过 Friar John of Plan de Caspini（一二四五——一二四七）东来的游记者，当能了解。况且十三世纪的欧洲文化，并无进步于景教东来时的欧洲文化，所以这次东来，结果也无异于景教。

十五世纪的欧洲则不然。她已朝向新文化的路。她已逐渐脱离中世纪的乌烟瘴气。她正像旭日初升，如花初发。地球是四方的学说，已经打破。航海家已不再畏惧驶船到地之尽处，不复再还。科学的种子，已出了萌芽。这

沈葆桢主持的福州船政局

时的欧洲是一个新欧洲，而非中世纪的欧洲。

在这种环境之下，西洋人开始和我们做海道的交通，而开东西文化接触的先河。西洋人从海道而来中国的，是1516年的葡人伯斯特罗（Perestrello）。继伯斯特罗而起者为安德来德（Andrade）于1517年至上川岛，及同年葡人马加来哈（Mastcarenhas）至福建。这般东来的先锋的目的，本来是在于商业上的赢利，但是商业上的往来日繁，宗教的输入遂因之而发生。Francis Xavier 虽不得志而卒于上川岛（1552），然继他而起者像利玛窦（1579），却在中国的文化上影响不少。利玛窦在广东时的信徒虽不多，然在北京却有很好的成绩。此后教士之逐渐增加，信徒的日多，圣经的传布，教堂的建设，在其最盛之时，教堂之建设在广东有了七所，江南百余所。1663 年十八省的信徒约在十四五万，而 1696 年单在北京受洗礼者，也有了六百三十人。

十八世纪以后，因为政府之禁止传教事业，表面上固若失败，然根蒂已深。至了十九世纪初叶，新教又逐渐趋入。此后基督教在中国的势力，漫延全国，我人纵不赞成这种宗教，然而事实上的基督教化，是没有可疑的。

但是一般教士最初于西洋文化的输入，而贡献于中国的，与其说是宗教方面，不如说是科学方面。而这时的科学最重要的，却是天文算术。据说利玛窦在韶州时已与其弟子译述《几何原本》。后来在北京，得了中国人士之赞助，于算术上的翻译，更因之而增。至于天文上的历法的推算的精确，且为政府所采用。我们试看杨光先之恢复古历的错误，不但自己因而入狱，则满廷群臣，也觉得西法之当采，以及光先的错误。

除了天算以外，西洋的兵器像铳炮也已为明末政府所采用。不过兵器及机器的需要及机器厂的设备，特别盛于洪杨乱后。同治四年（1865）设江南机器制造局于上海，五年奏设轮船制造厂于福建，九年设机器制造局于天津，十一年派选学生留美，请开煤铁矿设轮船招商局。到了光绪元年的筹办铁甲兵船，请设洋学局于各省，分格致、测算、舆图、火轮、机器、兵法、炮法、化学、电学诸科。从此以后。一切的建设，像电报局，开矿务，均是西化的表征。

在教育方面，所谓废除科举，设立学校；在政治方面的派大臣出洋考察政治，请洋人顾问，均是实行西化的表示。到了现在，所谓教育及政治上的西洋化，差不多处处都可以指出。其实不但是政治教育已受了不少的西化，就是在思想哲学方面我们也要西洋化。外国的学者像杜威、罗索我们也请过来演讲，连了所谓以文载道的中国人，逐渐且觉到在文学上不如西洋人，所以西洋文学上的介绍和翻译，也逐渐的增加起来。

上面的叙述，当然是太过简单。然也可以给我们一个印象：这就是中国在事实上是趋于全盘接受西洋文化。不过三百年来的西化，终不见得中国的文化能够和各国立于对抗的地位，是因中国人不愿去诚心诚意来接受西洋文化的全部，而只求目前的部分的西洋文化。比方张之洞未尝不觉到采用西法的必要，然又要保存中学以为根本；未尝不知西洋文化胜于日本文化，然又要劝人留学西洋不如留学东洋,这种的不彻底和非全盘的西洋化,结果是养出不中不西即中即西的梁任公一班学者。学问上固是如此,全部文化亦何莫不然?然其实,文化是没有东西之分,要是我们觉得人家的文化是优高过我们,是适用过我们,我们去学人家,已恐做不到,何况还要把有限的光阴脑力,去穿钻这已成陈术的古董!

(3)文化没有东西之分,近代西洋文明比我们进步,是因为它常常和外界文化接触,善于吸收他者文明的特性,而中国对外来文化却排斥、藐视,不愿去学他人。"文化本来是变化的,而且应时时变化,停而不变,还能叫做什么文化呢?"

要是理论上和事实上中国已趋于全盘西化的解释,尚不能给我们以充分的明瞭,则全盘西化的必要。至少还有下面二个理由:

①欧洲近代文化的确比我们进步得多。

②西洋的现代文化,无论我们喜欢不喜欢,它是现世的趋势。

想对于第一的理由有充分的明瞭,最好把西洋文化的发展,和中国的文化的发展比较来看。周秦时代的中国文化,比之古代希腊的文化,没有什么愧色,这是一般人所承认的。汉朝统一以后,中国文化遂走入黑暗时代;然欧洲在中世纪的趋向,正像汉以后的中国。中世纪的欧洲和汉以后中国的文化的异点,从大体来说,前者深染宗教彩色,后者偏于伦理;然而文化的性质,不但只包含宗教或伦理,而且包含了政治和其他方面。我们所谓深染宗教彩色或伦理彩色,不外是指其文化的趋向的重心所在罢。

但是欧洲的宗教彩色虽浓,欧洲中世纪的宗教和政治自始至终,成为对峙的势力。中国的政治道德却互相利用,儒家给专制君主以统治的理论,而专制君主又给儒者以实力的保护和宣传。这二者调和起来,所以延长的时间较久,而其势力也大。反之,在欧洲政教分开,差不多是中世纪最流行的观念。他们的意见是:教会所应管理的事是精神的(Spiritual),而皇帝所应管理的事是世俗的(Temporal),他们各人有各人的范围而不能逾越。我们以为事实上政教的关系是很密切的,正像我们上面所说的文化的各方面的密切关系而不能分开,理论上若硬要把他们来分开,结果是使二者互相冲突,欧洲中世纪的政教的冲突的原因，未尝不因此。

所以从一方面看去，欧洲的中世纪，固然与汉以后的中国相像，然他们究有异处。专从文化的各方面来比较，中国固然不下于欧洲，然从文化发展的目的上看，欧洲的确已占了优势。其实，我们可以说中世纪的欧洲文化，也是我们所谓文化过渡时代，因为所谓中世纪的欧洲文化，并非欧洲哪一部分的国有文化，而是希腊、罗马、希伯来三种联合的文化。希腊的文化的特性是偏于伦理方面，希伯来是宗教方面，罗马是统治世界的帝国。设使最初一般教父，而始终绝对主张政教合一，中世纪的欧洲，也许成为教会式的帝国。无奈他们总趋于政教分离的主张，结果是政教的合一，到了十四五世纪后才能实现。加以政教未趋一以前，欧洲文化又得了十字军的东征，和元朝的西侵，而和东方文化相接触。反之，在我们中国，自三代以下，都自成一种系统。佛教的侵入，固有不少的影响，然中国人的脾胃已存着老庄的气味，所以佛教之来，既非大异，也没有什么利害的冲突。

欧洲因为了常常和外界文化接触，及内部的特殊环境，而时换新局面，所以他的文化里，所含的各种特性较多，而改变也易。我们试读欧洲史，而见其像我们中国人对于外来文化那样排除藐视的，能有几人？我们的文化，所以到这样单调和停滞，不外是不愿去学他人。所以从东西文化发展上看去，不但这两三百年来，我们样样的进步，没有人家这么快，何况二三百年前的西洋所占的位置，已比我们好得多。文化本来是变化的，而且应时时变化，停而不变，还能叫做什么文化呢？

假使文化发展上的比较，尚不能彻底使我们明白欧洲文化的确比我们的文化为优，我们再把文化的成分来分析而比较，则我们所得的结论也是一样。

衣、食、住差不多是人生物质生活的要求。没有到外国的人，也许不觉得我们的生活的简陋，然一到外国的人，总免不得要觉到我们自己的生活，若不客气来说一句，还是未完全开化的生活。"欧洲没有穷人"，一位住在欧洲好多年的朋友有一次这样的对我说。其实，我们若看欧洲报纸，见得欧人天天都在那边说得他们的穷况何等利害，然而平心来说：欧人所谓穷，是没有舒服，中国人的穷，是穷到非人的生活。我们不要远跑，只在上海、北京、广州附近的地方看看，便能了然。这些的人，一天二餐还没法子去弄好，说什么来和欧洲人比较？

这不过是从经济方面来说，我们若从农、工、商业来看，那么我们比诸西洋人，更有天渊之别。说起农业，中国现在有什么出产是值得和世界相媲美的呢？说起工业，一个这么大的广州，数不出五枝烟筒，比起从比利时而入德境以至柏林的那条路的数不尽的工厂，有什么分别呢？说起商业，中国人不但没有法子去在世界市场上竞逐，连了国内也比不上外人！

若把政治教育以及他方面的情况来和西洋比较，我们实在说不出来。我们要和西洋比较科学吗？交通吗？出版物吗？哲学吗？其实连了所谓礼教之邦的中国道德，一和西洋道德比较起来，也只有愧色。所以西洋文化之优于中国，不但只有历史上的证明，就是从文化成分的各方面来看也一样。

应该全盘接受西洋文化的第一理由，略如上说。现在可以解释第二个理由，西洋文化是世界文化的趋势。质言之：西洋文化在今日，就是世界文化。我们不要在这个世界生活则已，要是要了，则除了去适应这种趋势外，只有束手待毙。我们试想，设使我们而始终像王壬秋、义和团那样顽固，现在的中国又要怎么样呢？

试看美国的印第安人，为什么到这田地呢？照我的意见，不外是不愿去接受新时代的文化，而要保存他们自己的文化，结果不但他们的文化保存不住，连了他们自己，也保存不住。反之，美国的黑人，能够蒸蒸日上，不外是能够适应新时代的文化。平心来说，美国白种人之仇视及压迫黑人，比诸印第安人利害得多，然一则以存，以盛；一则以衰，以灭。这种例子，可为吾国一般踌躇不愿全盘接受西洋文化的良剂，我们试想假使一个黑人愿为美国人照旧的做奴隶，而不愿努力去同白种人作同样的生活，我们必定看不起他。然一个中国不愿去接受现代趋势的西洋文化，而要保留过去的文化，从一个旁观人来看起来，他必定说道：其异于奴隶者几希？

其实要是我们看看我国的黎人、苗人的历史，已足为我们殷鉴。比方：在海南数百年来，耗过无数金钱，费过无数头颅，去征伐黎人，然到今，我们一谈到海南，总会谈到扶黎救黎。其原因也不外是因为黎人不愿接受我们的文化，结果他们的情况日弄日蹩。我们若不痛改前非，则后之视今，恐犹今之视昔。

（4）**民族精神的真谛，并不在于保存文化，而在于创造文化。全盘采用西洋文化，民族不会衰亡，反而再生。**

我们已解释全盘采纳西洋文化的必要，我们现在可以将一般反对这种主张的人的意见，略为说明，以为本章的结论。

反对全盘采纳西洋文化的人，以为每一民族，有一民族之文化，所以文化成为民族的生命。他们的结论是：文化亡，则民族亡。这种意见的错误，是在于不明了文化乃人类的创造品，民族的精神，固然可于文化中见之，然他的真谛，并不在于保存文化，而在于创造文化。过去的文化是过去人的创造品，时境变了，我们应当随着时境而创造新文化，否则我们的民族，只有衰弱，只有沦亡。

又有些人以为全盘采用西洋文化，就使民族不至于沦亡，然我们何忍把祖宗之创业，置于沦亡而不取。我们的回答是：全盘采用西洋文化，决不会生出这种结果，因为固有的文化乃文化发展史上一部分。固有的文化固不适用于现在，然在历史上的位置，却不因之而消灭。就使我们中国人而不顾及，西洋人也会注意，因为他是世界文化历史的一部分。十七世纪的欧洲学者，也许写世界史，而不包括中国史，然二十世纪的历史家，若对于中国历史没有相当的了解，他决不敢去写世界史。况且我们已说过，文化是变化的，我们祖宗曾经结绳以记事，我们用了文字，已是变化，我们若一定要保存祖宗的创业，吾们何不再结绳以记事？

又有些人说，西洋人曾竭力去提倡东方文化，难道中国人不要提倡自己文化吗？我们以为西方人提倡东方化，是西方人的事，东方人要西化，是东方人的责任。其实西方人之于东方文化的研究，正像他们研究非洲土人的文化一样。难道西方人去研究非洲土人的文化，是要提倡非洲文化吗？

反对全盘西化的人的理由，当不止此。然其浅陋，也可以见其大概了。

（节选自陈序经：《中国文化的出路》第 5 章，上海：商务印书馆，1934 年版）

5. "我们的世界尚是一个缺乏理性的世界"

（1）林语堂[1] 看到西方的陋俗恶习

东方文明与西方文明之间的一个重大不同就是：在行相见礼时，西方人以手互握，而东方人则握自己的手（即拱手）。我以为一切可笑的西俗当中以握手为最。我虽然是一个极前进的人，也能领略西方的艺术文学、美国丝袜、巴黎香水，甚至英国的战舰的好处，但我终不能懂得前进的欧洲人何以竟会听任这个握手的野蛮习俗存留到今日。我相信欧洲人中必有私下很反对这个习俗，如有许多人反对同样可笑的戴帽和戴硬领习俗一样。但他们并无成就，因为旁人总认他们为小题大做，对这种小节不值费心思。我是一个极注意小节的人。为了我是中国人，所以比欧洲人更憎恶这个西方习俗。我和人相见或离别时，宁可照中国古礼对人拱手作揖。

林语堂（1895—1976）像

我们当然都知道这个习俗也和另一个脱帽习俗一般，还是欧洲野蛮时代的产物。这类习俗都是起于武士道盛行的中古时代。那时的绿林豪客，英雄武士遇到非敌人时都须除去面具或头盔以示他们的友态或善意。现在的人已不戴什么面具或头盔，若还沿用这个姿势，岂不可笑。但野蛮时代所遗留的习俗，每每为人所不肯委弃，例如决斗之风，至今犹存。

我为了卫生的和许多别的理由，反对这个习俗。握手是人类彼此之间的一个接触方式，握时的姿势和表情各自不同，种类不一。别出心裁的美国大学生当他为毕业论文时，大可以"各种握手式中的时间和动作之研究"为题，

---

[1] 林语堂（1895—1976），福建龙溪人，1916年上海圣约翰大学文科毕业，1919年赴美国哈佛大学留学，后转入德国莱比锡大学，获博士学位。1923年回国，在北京大学任教授。1931年参加中国民权保障同盟。创办、主编《论语》、《人间世》《宇宙风》等杂志。1936年赴美，1966年回台湾定居。

以严肃的体裁讨论其握时的轻重，时间的久暂，是否带着幽默性，对方有无感应等等，再进而研究不同性者握手时的种种变态，身体长度的关系，因为高矮之不同，所以握时的姿势亦就各自不同，因职业和阶级的不同，皮肤的颜色也如何的不同等等。此外并可附上几幅图像和表格。这篇论文如若做得充分深奥冗长，则我敢保他博士头衔唾手可得。

现在可以谈谈卫生上的反对理由。居住上海的西方人说我们的铜元是微生物的寻常集合所，所以碰都不敢碰。但是在街上随便和张三李四握手时，倒并不觉得什么。这实属不合逻辑。因为你怎能知道这张三李四的手没有摸过你所畏如蛇蝎的铜元呢？更坏的是，有时你或许遇到一个咳嗽时常用手帕掩着口部以示卫生，但也露出已患肺病气色的人竟也伸出手来和你相握。在这一点上，中国的习俗实较为科学化。因为中国人不过是握了自己的手拱拱而已。我不知道中国这个习俗从何而起，但从医学卫生的观点说起来，我们不能否认他的长处。

此外对于握手还有感受上和心理上的反对理由。当你将一只手伸出去时，就等于听人宰割。对方可以由着自己的意握得或轻或重，或久或暂，手是人体上感觉最敏锐的器官之一，极易感觉压力，辨其轻重。例如：第一、你所遇到的或许是青年会式的握手。对方一手拍你的肩膀，另一手则握着你的手，重重的抖动一下，直抖得你浑身骨头都几乎脱节。如若这青年会书记同时也是一位棒球名手（往往是如此的），则竟可以使被握者啼笑皆非。这种款式的握手，再加他的坦直好作自我主张态度，简直是等于向你说："听着，你现在已在我的掌握中，你必须买一张下次开会时的入场券，或答应买一份艾迪的小册带回去，我方能放你。"遇到这种情形时，我无非是赶紧掏出皮夹来。

我如挨次列述下去，可以举出许多种轻重不同的握手，从那种漠然无诚意因而毫无意思的握手，到那种伸伸索索，微微颤抖，表示畏惧的握手，最后还有那种态度高雅的社会交际花，和人握手时，不过微微伸出指尖，好似不过让你看看她那染色指甲一般的握手。所以从这种人身的接触，很可以看得出双方关系的深浅亲疏。有几位小说家以为从握手的款式，可以看出其人的性格，如：独断的、退缩的、不诚实的、懦弱的和令人畏惧的重手，都是能一见而辨的。但我极愿省去这种遇到人时即须分析其个性的麻烦，或从他用力的轻重当中，去揣度对我的感情增减的麻烦。

脱帽的习俗更为没有意思。这里面包括许多种极不通情理的礼节。例如女人在礼拜堂，或下午室内茶会时都须带帽子。这个礼拜堂内须戴帽子的习俗是否和第一世纪小亚细亚的习俗有关系？我不知道。但我颇疑心它实是起源于盲从圣保罗在礼拜堂中男子不应戴帽而女子则须遮没其头部的教训。倘若是如此的话，则这个习俗简直是基于西方人所弃绝已久的男女不平等的亚洲哲学，这岂不是可笑的矛盾吗？电梯中有女人时。男子须脱去帽子，也是一件可笑的事情，简直没有理由可言。第一点，电梯不过是走廊的延长部分，男子既然无需在走廊中脱帽，则何以须在电梯中的脱帽。凡是偶然戴着帽子在走廊中行走的人，如若仔细想一想，当即能知道这是极没有意义。第二点，电梯和别种行具如汽车之类实在没有什么合于逻辑的分别，一个有良心感觉的人既无需在和女人同坐一辆汽车之中时脱去帽子，则又何必禁止他于同样情形时在电梯中带帽子呢？

总而言之，我们的世界尚是一个缺乏理性的世界，没有一处地方不看到人类的愚钝，从现代国际关系的愚钝直到现代教育制度的愚钝。人类的聪明虽足以发明无线电，但不足以制止战争。将来也是如此。所以我对于许多小节上的愚钝，宁可听其自然，而不过旁观暗笑罢了。

（2）西装的不合人性

虽然西装已经风行于土耳其、埃及、印度、日本和中国，虽然西装已经为全世界外交界的普遍服装，但我仍依恋着中国衣服。常有许多好友问我为什么不改穿西装？他们问到这句话，尚能算是我的知己吗？这等于问我为什么用两足直立。凑巧这两件事正是有相互关系的。下文可以说明我所穿的是世上最合人性的衣服，更何必举出什么理由来？凡喜欢在家中穿着土著式长袍，或穿着浴衣拖鞋在外面走来走去的人，何需举出为什么不裹札于窒息的硬领、马甲、腰带、臂箍、吊袜带中的理由。西装的尊严，其基础也未必较稳固于大战舰和柴油引擎的尊严，并不能在审美的、道德的、卫生的或经济的立场上给予辩护。它所占的高位，完全不过是出于政治的理由。

我所取的态度是矫情的吗？或这是我中国哲学已有进步的象征吗？我以为都不然。我取这个态度，富于思想的同辈中国人都和我同情。中国的绅士都穿中国衣服。此外如名成利就的中国高士、思想家、银行家，有许多从来没有穿过西装，有许多则于政治、金融或社会上获得成就，立刻改穿中装。他们会立刻回头，因为他们已经知道自己的地位稳固无虑，无需再穿上一身西装，以掩饰他们的浅薄英文知识，或他们的低微本能。上海的绑匪决不会去绑一个穿西装的人。因为他们明知这种人是不值一绑的。你可知道中国现在穿西装者是怎样一些人吗？大学生、赚百元一月薪俸的小职员、到处去钻头觅缝的政治家、党部青年、暴发户、愚人、智力薄弱的人。最后，当然还有那亨利溥仪，俗极无比的题上一个名字，穿上一身西装，还要加上一副黑眼镜。单是这身装束，已足使他丧失一切复登大室的机会，即使日本天皇拿出全部兵力来帮助他，也不会中用。因为你或许可以用种种的谎话去骗中国人，但你决无法使他们相信一个穿西装戴墨镜的家伙是他们的皇帝。溥仪一日穿着西装，一日用亨利为名，则一日不能安坐皇位，而只合优游于利物浦的船坞中罢了。

　　中装和西装在哲学上不同之点就是，后者意在显出人体的线形，而前者则意在遮隐之。但人体在基本上极像猢狲的身体，所以普通应该是越少显露越好。试想甘地只围着一条腰裙时是个什么样子？西装之为物，只有不识美丑者方会说它好。其实呢，"完美的体形世上很少"这句话，也是迂腐之谈。你只要到纽约游戏场去一趟，便能看到人的体形是如何的美丽。但美点的显露，并不是像穿了西装使人一望而知其腰围是三十二寸或三十八寸的说法。一个人何必一定要被人一望而知他的腰围是三十二寸呢？如若是一个颇为肥胖的人，他何必一定须被人知道他腰围的大小，而不能单单自己明白呢？

　　因此，我也相信年在二十到四十之间，身材苗条的女人，和身体线形没有被现代不文明生活所毁损的儿童，确是穿西装较为好看。但是叫所有男女不分好丑，都把身体线形显露于别人的眼前，则又是另一句话了。女人穿了西式晚礼服的优雅好看，实不是东方的成衣匠所能梦想到的。但一个四十多岁的肥胖妇人，穿了露出背脊的礼服，出现于剧院中，则其刺目也是西方所特有的景象。对于这样的妇人，中国衣服实较为优容。也和死亡一般使大小美丑一律归于平等。

所以，中国衣服是更为平等的。以上都是关于审美方面的讨论。以下可以谈谈卫生和常识方面的理由：凡是头脑清楚的人，大概都不会矫说硬领——首相列区流和许尔脱劳莱爵士时代的遗物——是一种助于健康的东西。即在西方，也有许多富于思想的人屡次表示他们的反对。西方女人的衣服已在这一点上有得到了许多以前所不许享受的舒适。但是男人的颈项，则依旧被所有受过教育的人们当做丑恶猥亵、不可见人的部分，而认为须遮隐起来，正和腰围大小之应尽量显露成一个反比例。这件可恶的服饰，使人在夏天不能适当的透气，在冬天不能适当的御寒，并一年到头使人不能做适当的思想。

从硬领以下，竟是一大篇连续不断同样厉害的加害人类常情的记录。能发明霓虹灯和第塞尔柴油引擎的聪明西方人，何以竟会缺乏常识到这个地步，至于桎梏人的全身，而仅仅留出一个头部的自由，实令人不解。其种种服饰的不近人情毋庸一一细说。——例如紧绷在身的内衣裤，妨碍了身体的透气自由，马甲使人连背脊都弯转不来，背带或腰带使人在饿饱不同的时候没有宽紧的分别。其中最不合情理的是马甲，凡略略研究过人体线形者都知道人的胸背两部，除了在身体笔挺的时候之外，是决不能同时平直的。凡穿过硬胸衬衫的人都从经验知道，当身体向前俯时，衬衫必定拱起来。但马甲是假定人的胸背随时都是平直而裁制的，因此令人须将身体时时笔直的挺着。但实际上决没有人能始终维持这个姿势，于是马甲的边沿尖角都因起了皱痕，便时时触刺人身。如果是一个肥胖的人，这马甲简直是画了一个突出的弧形线，尽头之处触出空中，再由腰带和裤子接续着向下面渐渐弯去。人类诸发明中，再有比这个更离奇的事物吗？无怪现在已有人在那里发起一种裸体运动，以反抗这个束缚人体的离奇东西了。

如果人是四足动物，则腰带还有情理可说。因为还可以如马的肚带一般宽紧随心。但人类已经改为直立的地位，然而这腰带则依旧是假定人是四足动物而制的，正如腹膜肌肉一般的根据四足地位完全将它的重量系于背脊骨上。这种不合理的生理配置，使孕妇易于流产。在兽类并无此弊——而男人的腰带也因易于向下脱落，不能不束得极紧。结果是妨碍脏腑的自由活动。

我深信西方人对于身外之物有了更大的进步后，必有一天会对本身所用的物件更费一些心思，而于衣服这件事上变为较近情理。西方人为了对这件事不肯费力革新，已受了长久的重罪。但西方女人则早已于衣服一道上，达到简单和近于情理的地步了。我深信在远期中，——近期中尚办不到——男人必会以直立姿势为根据，而终久发展出一种合于情理的衣服，如女人所已经达到的一般。一切累赘的衣带必会被废弃，而男人的衣服必将改为很自然合适地悬挂于两肩的制法。衣服的肩部必不再塞上许多棉花垫高起来，必将改为比较现式更舒适像便袍一般的样子。据我的眼光，那时男女服色的区别，必只在男人穿裤，而女人穿裙。至于上半身，则将以同样舒适自在为基本原则了。男人的颈项将和女人一般的自由，马甲将被废弃。男人的外褂也将如时下女人的外褂一般的穿法，并且也将像现在的女人一般以不穿外褂的时候为多。

这个改革当然包括更改衬衫的制法，衬衫将不再是单为穿在里面之用。它的颜色必改为较深的，而可以穿在外面。所用的材料将改为从最薄的绸到最厚的呢绒，以合时令。并改良式样，以求更为美观。外褂可穿可不穿，将以天气的寒暖而不以虚文为标准。因为这一种服色将成为不论到哪里都可以穿着的衣服。为了解除令人难受的腰带和背带起见，衬衫和裤子将联在一起，穿时只需像现在的女衣一般的从头上套进去。腰部的宽紧可以看情形做得大些或小些，以适应身体的肥瘦。

就是现在式样的男服，也未始不可以保持原式略加改良，而即能将腰带或背带废除。它的整个原则是全部重量须悬挂到两肩上去，并均匀分配开来，而不应该借着约束之力紧系于肚皮上面。男人的腰部束缚须加解放，人们须在能领略这个原则时，男人的衣服方有渐渐改变为宽松的长袍的可能。我们现在倘以废除马甲为改革的第一步，我们只需将衬衫如儿童衣服一般用钮扣扣在裤子上。等到衬衫渐渐变成外衣时，我们即可以改用较好的材料做衬衫，做成和裤子同料同色或相配的颜色。又如我们倘不便把马甲马上废除，则我们可把马甲和裤子联在一起，以保持其形式。马甲的背部应该改为两条阔带子。

此外，马甲即使不和裤子联在一起，腰带或背带也有弃置的方法。我们只需在马甲的反面前后钉上六条带子，前四后二。扣在裤子上，则就可以把裤子系住了。因为扣带是在马甲的里面，而马甲是遮在裤子的上面，所以形式上将和现在的束腰带或用背带并无两样。只要改革一旦实行，人们觉得现在的衣服式样实在不合情理时，他们便会逐步改进，废除马甲，将上下衣裤做成仿佛现在的工人裤子，但较为好看的式样。

在适合时令的调节上，中国衣服也是显而易见的最近情理。穿西装不论寒暑表低到零度以下，或高到一百度以上，总是限于一身内衣裤，一件衬衫，一件外衣，连或不连马甲。但中国衣服则可以加减随心。据一个故事说：有一个中国妇人，看见她儿子打了一个喷嚏，即替他加上一件袍子；打两个喷嚏，再加一件；打第三个喷嚏；再加一件。这是西方做母亲的人所办不到的。她到儿子打第三个喷嚏时，恐怕就要手足无措，而只有去请教医生之一法了。我不能不信中国民族所以能够不被肺痨和肺炎所灭尽，全靠那一件棉袍的力量。

（3）美国三大恶习

"一个人以为不要紧，就什么都不要紧了。"这一种中国人所特有的美妙的观念，同美国人的观念形成了奇特的对比。人生真的是要麻烦到"心为形役"的境地吗？这种观念被悠闲哲学的崇高精神所排斥。在一家工程公司的广告上，我曾看到一条大字标题："差不多正确是还不够的。"这是我所见到的最特殊的一张广告。求全的欲望已近于淫。美国人的错处也就是一定要把已经差不多正确的东西造成更正确些；而中国人则以为差不多正确已经是够好的了。

讲求效率，讲求准时，及希望事业成功，似乎是美国的三大恶习。美国人所以那么不快乐，那么神经过敏，原因是因为这三种东西在作祟。于是享受悠闲生活的天赋权利被剥夺了，许多闲逸的、美丽的、可爱的下午使他们错过了。一个人第一步应相信世界上并无灾难，也应相信"把事情放着不做"比"把事情做好"更要高尚。大体上说，一个人在接信后马上写回信，结果是好坏各居其半。如果不写回信，虽然一个人也许会错过几次良好的约会，但也会避免几次不欢而散的约会。假如把搁置在抽屉里已三个月的信件拆开来看一下，觉得多数的信是毋需答复的；三个月后再拿起来看，那么你竟或觉得全无答复的必要了，答复只是把光阴浪费掉。写信实也可以变成一种罪恶，它使写信者变成推销货品的优等掮客，能使大学教授变成有效率的商业经理。在此种意义上，对那些时常上邮局的美国人抱轻视心理的梭罗，使我颇能了解他。

讲求效率能够把事情做完，而且做得甚为良好，这是毋庸争论的。我老是不喜欢用中国的自来水龙头，而喜欢美国制造的，那也是一种安慰，因为美国所制的自来水龙头不漏水。可是我们对大家"必须有用，必须有效率，必须做官，必须掌握大权"的这个旧观念，我们不约而同地回答："世界上自有许多傻子，他们愿意有用的人，不怕烦恼，劳碌终日，喜欢掌握大权，而自会将一切事业都办好的。"紧要的问题却是：是谁比较聪明——悠闲者呢？还是劳碌者呢？我们不赞成讲求效率是因为讲求效率太费功夫，为了想把事情做得十全十美，连享受悠闲的乐趣也失掉，并且连神经也跟着损坏了。美国有一个杂志编辑者，为了要严密校正错字，就连头发也校得灰白。中国的编辑便聪明得多，他把几个没校出来的错字留下，以便增加读者发现错误的乐趣，增加读者细心观察的能力。不但这样，并且中国杂志上，都是按期刊登一篇连载小说，登了几期之后，便突然失踪，而读者和编者也就淡忘了；这在美国，那编辑或许因此会大受攻击，但中国的编辑是没有关系的，原因是没有关系而已。美国工程师在建设桥梁时，核算准确，两端的接榫点，一寸的十分之一也不会相差。要是两个中国工人，在山的两面分工掘山洞，结果是会掘成两个进口，两个出口；只要山洞掘得出中国人就觉得是没有关系的，有二个山洞反而可以筑双轨铁道了。如并不匆忙的话，两个和一个是没有关系的，山洞总是山洞，掘也算掘了，工作也算完毕了，要是火车能够行走如常，那也就算不错了。中国人也极守时，不过你须给与他们充足的工作时间。只要这规定的时间是够长的话，那么他们总能把一份工作按照规定时间做完。

这种伟大的悠闲生活在现代工业生活的速度下已使我们没法享受。何况，现在拿钱来计时，使每个人的脑中对于时间这件物事印下一种特异的观念，以致连我们聪明的人类也变成了钟。这种情形自然会传到中国。譬如一家雇用二万个工人的工厂，如若全数的工人都依着各人的兴趣随随便便依着自己的时刻进厂做工，这情形岂不要变成非常可怕，于是这种按时按刻的上工规则便定了出来，造成了生活之所以那样困苦，那样紧张。一个人如要在下午五时准时到达某地，结果连五时以前所有的时候，都会因此牺牲在预备这件事上。在美国，几乎每个成人都参照小学生上课方式去决定他自己的工作时刻——三时做这件事，五时做另一件事，六时三十分换衫衣，六时五十分上汽车，七时到达旅馆。这样一来，生活险乎失掉了他的重要价值了。

美国人过于注意安排时间，已使这件事渐臻于凄惨之境。他们不但把明天的工作时刻预先排定，不但把下星期的工作时刻完全排完，并且连下一个月的工作时刻也完全排好，甚至三星期后的一个约会时刻也会预先排定，这似乎是太过分了一些。一个中国人接到他朋友一张请帖时，不必答复他的朋友到或不到，如在请客名单上写一个"到"字，即表示要来的。不来的话呢，即写上一个"谢"字，这样就算了事，可是另有多数被邀者直截了当地写上一个"知"字，意思即是已经知道。来不来不一定。一个即将离开上海的美国人或欧洲人，他会很有把握地告诉我说，他将在一九三八年四月十九日下半天三时正，在法京巴黎参加一个委员会议，之后，又将在五月二十一日乘早班七时的火车直达奥京维也纳。假如我们要把一个下午判处死刑，难道一定将行刑期判决得这样早吗？一个人既然做了自己的主人翁，难道竟不能随着他的趣味旅行，任着自己的意思来去吗？

但是美国人之所以不懂悠闲，还有一个更重要的原因在：他们做事的情趣太高，把工作看得高于生存，比生存来得紧要。世界上一切出名的艺术，大家都一定要求要有一个名副其实的特性，我们的生活同样地也该要求他具有一种特性。但特性这件奇妙的东西是跟酒的醇熟一样的，它必须要静止着不动，并且还需要经过一个相当的时间，而并不是马上就可以制造出来的。在东方人的心目中，中美的男女老少，一概都觉得十分好笑，因为他们统想做工作，用尽方法来获得宝贵的自尊心和使后起者尊敬。其实老年人做工作，正如在教堂上装设播音机，播送爵士音乐的节目罢了。老人家做了一辈子还不够吗？难道他们一定要永远做工作吗？壮年不悠闲已经是很糟糕的了，若到了老年再不优游岁月享享清福，这真是人类天性上的一种罪恶。

特性常和那些古旧的事物，那些依靠时间去生长的事物保持着密切的联系，特性在创造中的标识很多，人到中年时，面孔上一些美丽的线条，就是这标识的表现。但特性在每个人都把旧型汽车去贴换新型汽车的那种生活方式中，是很难找到的。我们对于自身的好坏正和我们对所造的物事一般，随着时代而变换。在一九三七年，我们男女都是一九三七年的式样，到了明年，每个人又都具有明年的式样了。古教堂、旧式家具、版子很老的字典以及古版的书籍，我们是喜欢的，但大多数的人都忘却了老年人的美。这种美是值得我们欣赏，在生活上是十分需要。我以为古老的东西，圆满的东西，饱经世变的东西才是最美的东西。

有一些时候，我会发生一种先知式的幻觉。幻想在一千年之后，纽约曼汉旦市区的住户都变成了行动缓慢者，美国的"进取者"（Go—getter）都成了东方式的悠闲人。美国的绅士们或许都披上了长袍，着上了拖鞋，要是学不会像中国人的模样将两手缩在袖中呢，那么将两手插在裤袋内，在百老汇大街上踱方步。十字路口的警察同踱方步的人搭讪，车水马龙的马路中，开车者相遇，大家来寒暄一番，互问他们祖母的健康。有人在他店门口刷牙，一边却叨叨地向他邻人谈笑，偶然还有个自称为满腹经纶的学者跟跟跄跄地走路，袖子里塞着一本连角都卷的烂书。午馆店的柜台拆除了，自助饮食店里低矮而有弹力的安乐椅子增多了，以供来宾的休息，有一些人则会到咖啡店去坐上一个下午，半个钟头才喝完杯橘汁，喝酒也不再是一口气地灌上一大杯，而是沾唇细酌，品味谈天，体会其中无穷的乐趣。病人登记的办法取消了，"急症房"也废除掉，病人同医生可以讨论人生哲学。救火车变得像蜗牛那样地笨，慢慢地爬着，救火人员将会跳下车来，赏识人们的吵架，他们是为了空中飞雁的数目而引起的。这种快乐的时代可惜在纽约曼汉旦市区是没有实现的希望的。如若一旦能实现，则人民一定可以尽情享受许多悠闲的下午了。

（节选自林语堂：《生活的艺术》，《林语堂文集》第七卷；北京：作家出版社，1995 年版）

后　记

　　这套丛书是在周宁老师编著的《2000年中国看西方》、《2000年西方看中国》的基础上修订的，周宁老师谦虚地称其为"读本"，由此可以看出他一贯的学术理路。在给我们这些博士生上课的时候，周宁老师一再强调，做学术要力避空疏、浮泛，只有立足在大量具体的文本材料上，才不会空发议论。周宁老师从20世纪90年代开始致力于跨文化研究，他早期的研究都是文献整理与解释性的，理论研究是在扎实的文献基础做完之后才开始的。2013年底周老师吩咐我修订这套书，将他自己的学术经验与我分享，希望我借这个机会，再多熟悉一下中西文化交流史的材料，为今后的研究奠定更坚实的基础。

　　周宁老师在上课、交流时，常常以带有灵光的幽默话语一针见血地说明了原本晦涩难明的问题。让我们惊叹。他说学术不应该是与生活剥离的冷僻的知识，知识要融入生活才是智慧，学术和生活都应该追求"趣味"。本书选取了那些有代表性的，兼顾知识与趣味的文章，它不仅是一部饶有趣味，也是一部具有专业研究价值的资料汇编，其中可以发现中西交流中那些令人感动的理解与让人瞠目结舌的误解。回顾这段历史，我们也许感到好笑，但掩卷细一思考，又有些失落与担忧，我们今天仍在经历同样的误解，人类的智慧与同情究竟是如何成长的？

　　修订这套丛书对我来说是收获颇丰的学习过程，一点点做笔记、一条条编写题记的工作毕竟不同于原来的阅读，使我得以以新的视角重新审视这些材料。感谢周宁老师给我这样一个难得的机会，周宁老师也一直在关注本书修订的进程，并给出了很多宝贵意见。此次修订距上次出版已过去 15 年了，周宁老师的学术思想一直在发展，我努力在这次修订中跟进周宁老师的学术进程，尽可能呈现其不断闪耀新火花的思想。但由于本人学力不逮，修订会有不当之处，当由本人负全部责任，唯望读者批评指正。

王寅生
2014 年 5 月 16 日